왓츠 더 퓨처

What's The Future?
Copyright © 2017 by Tim O'Reilly

왓츠 더 퓨처

4차 산업혁명과 우리의 미래

팀 오라일리 지음

김진희 · 이윤진 · 김정아 옮김

와이즈베리
WISEBERRY

차례

PART 1
올바른 미래 지도를 그려라

PART 2
플랫폼으로 사고하라

현재보다 더 나은 미래를 위해
노력하는 사람들에게

"팀 오라일리는 실리콘밸리의 숨겨둔 천재다. 그는 우리 시대의 가장 통찰력 있는 평론가 중 한 사람으로서 장차 우리가 살게 될 미래를 준비하는 팀을 이끌어왔다. 이 책에서 그는 한 번 더 도약해 10년 후에는 일상처럼 보편화될 일들을 강조하고 있다."

세스 고딘, 《린치핀》의 저자

"팀 오라일리는 오늘날 지구를 휩쓸고 있는 기술의 파도 가운데 특유의 독창적 통찰력과 도덕적 투명성을 앞세워 신뢰할 만한 리더로 자리매김하고 있다. 지금보다 나은 미래를 원하는 독자라면 혼자만 이 책을 읽지 말고 친구들에게도 권하기를 바란다."

에릭 비욘욜프슨, MIT 이니셔티브 디지털 경제 분야 이사이자 《제2의 기계시대》의 공동 저자

"미래를 준비하는 방법은 물론 기술 및 기업 엘리트와 사회에 폭넓은 혜택을 줄 그런 미래를 미리 알고 싶은 독자에게 이 책은 없어서는 안 될 지침서다."

리드 호프만, 링크드인의 공동 설립자이자 〈뉴욕타임스〉 베스트셀러 1위 《4차 산업혁명 시대의 인재 관리법》의 공동 저자

"오라일리는 앞으로 무슨 일이 일어날지를 예측하는 데 신비한 능력을 지닌 인물이다. 이 책에서 그는 우리에게 앞으로 펼쳐질 미래를 보여주는 노하우를 직접 선보인다. 획기적인 변화의 시대를 사는 우리에게 이 책은 기운을 북돋우고 영감을 불러일으킨다."

앤 마리 슬로터, 뉴아메리카 재단 회장이자 CEO

"오라일리는 이 책에서 스스로 언급하고 있는 여러 사람과 스스로도 완전한 등장인물이 되어 우리의 미래에 관한 큰 통찰력을 제시한다. 나 또한 책장을 한 장 한 장 넘길 때마다 끊임없이 배우고 있다."

제임스 마니카, 맥킨지 글로벌 연구소 소장

"오라일리는 실리콘밸리를 성공으로 이끈 과정을 발 빠르게 파악해왔다. 이 도발적인 책은 경제와 삶을 만들어가는 기술의 힘에 대해 우리가 배워야 할 교훈의 정수를 선사한다."

할 배리언, 구글의 수석 경제학자

피할 수 없는 미래, 우리 손에 달렸다

이 원리를 명백하게 보여주는 사례를 꼽자면, 경제 강국으로 탈바꿈하는 데 한국만큼 성공한 곳이 없다. 한국은 6.25전쟁의 폐허와 가난에서 벗어나 당당히 현대 사회를 이끄는 나라 가운데 하나가 되었다.

지금 우리는 미래를 묻는 질문, 특히 인공지능 같은 기술을 활용하는 방법에서 어떤 선택을 내려야 할지에 대한 질문과 마주하고 있다. 이번에도 한국은 다시 한 번 앞장서서 국가의 우선순위를 명확히 세우는 것이 나라의 성공에 도움이 된다는 사례를 틀림없이 보여줄 것이다.

우리 눈앞에는 21세기의 첨단기술이 세계인에게 불리한 쪽이 아니라 유리한 쪽으로 작동하도록 해야 하는 시험대가 놓여 있다. 인공지능과 로봇공학을 이용해 수억 명을 일자리에서 몰아내고 소수의 배만 불릴 것인가, 아니면 모두에게 이롭도록 생활수준을 향상시킬 것인가? 방대하게 수집한 개인정보를 활용해 이전에는 생각지도 못했던, 눈부시게 새로운 편의를 얻을 것인가, 아니면 기업과 정부가 고객과 시민을 조종하고 이용하도록 할 것인가? 우리의 사고방식을 결정짓는 소셜 네트워크의 능력이 우리를 갈라놓게 할 것인가, 아니면 하나로 연결되게 할 것인가?

지금껏 한국은 언제나 기술 변화와 경제 변화를 위협이 아닌 기회로 보는 쪽을 택했다. 이 책의 내용이 한국의 산업과 국가 우선순위에 도움이 될 전략적 청사진 역할을 하면 좋겠다.

21세기에 성공으로 가는 길은 바로 이것이다.

첨단기술로 인간을 대체하려 들지 말고, 인간의 역량을 강화하라. 세계가 안고 있는 가장 어려운 문제를 해결하라. 20세기에 유용했던 해결책이 이제 더 이상 적합하지 않은 현실을 이해하고, 지금 가능한 것이 무엇인지를 바탕으로 산업과 경제를 대담하게 다시 생각해보라. 지금 확보한 가치보다 큰 가치를 창출하라.

과거를 길잡이로 보건대, 21세기의 첨단기술을 동력 삼아 더 나은 세상을 세울 길을 보여줄 이는 한국의 기업가들이다. 나는 이들에게 기대를 건다.

2018년 1월

팀 오라일리Tim O'Reilly

미래에 펼쳐질 경제

오늘 아침 나는 부엌에 있는 150달러짜리 장치에다 대고 큰 소리로 내 비행기가 정각에 뜨는지 확인해 달라고 한 후 리프트Lyft에 전화를 걸어 공항에 데려다 달라고 부탁했다. 몇 분 후 리프트에서 보낸 차량이 나타나자 내 스마트폰에서 차가 도착했다는 알림이 왔다. 그리고 몇 년 후 이 차량은 자율주행으로 도로를 종횡무진 질주할 것이다. 이 광경을 처음 본 사람은 당연히 이런 말을 던질 것이다.

"도대체 미래는 어떤 모습일까?"

'도대체 미래는 어떤 모습일까?'라는 말은 놀라움의 표현인 경우도 있다. 하지만 인공지능, 자율주행차량, 드론과 같은 기술에 관한 기사를 읽은 많은 사람은 깊은 불안과 실망에 사로잡힌다. 우리 아이가 일자리를 얻을 수 있을지, 로봇이 일자리를 모두 앗아가 버리는 것은 아닌지 걱정하는 마음이 앞서는 탓이다. 이때도 사람들은 "도대체 미래는 어떤 모습일까?"라는 말을 입에 올린다. 하지만 이때는 놀라움보다는 불편한 심경을 내비친다.

그렇다면 어떤 것이 놀라울까? 예를 들어보자. 우선 스마트폰은 인근에서 가장 맛있는 맛집이나 가장 빠른 출근길을 알려준다. 인공지능은 뉴스 기사를 써주거나 의사에게 조언을 해준다. 또 3D프린터는 인간의 생체를 대신할 인공 생체조직을 만들어준다. 유전자 편집Gene Editing은 질병을 치료해 주거나 멸종된 종을 다시 살려준다. 그런가 하면 새로운 형태의 기업 조직은 소비자가 앱만 누르면 수천 명의 직원이 언제든지 서비스를 제공할 준비가 되어 있다.

반대로 실망하게 되는 사례로는 어떤 것이 있을까? 우선 로봇과 인공지능은 일자리를 빼앗는 대신에 고용주에게는 상당한 이익을 안겨준다. 반면, 기존 중산층 노동자를 빈곤층으로 전락시킬 것이라는 공포심을 일으킨다. 또 기존의 수천만 개에 이르는 직업으로는 먹고살기 힘들 것이라는 걱정도 안겨준다. 도무지 일반인은 이해하기 힘든 금융상품과, 전 세계 경제를 무너뜨리고 수백만 명의 집을 앗아갈 수 있는데도 그저 이익만 좇는 금융 알고리즘도 이런 두려움에 한몫 한다. 우리의 일거수일투족을 추적해 기업과 정부기관 데이터베이스에 저장하는 감시사회도 실망을 안겨주기는 마찬가지다.

모든 것이 놀랍고, 모든 것이 끔찍하고, 모든 것이 숨 가쁘게 진행된다. 온통 두려움투성이에 둘러싸여 제대로 이해도 못 한 채 기술이 만들어가는 새로운 세상으로 황급히 달음박질치고 있는 것이 바로 우리의 모습인 것이다.

도대체 미래는 어떤 모습일까? 인공지능 프로그램인 구글의 알파고는 20년은 더 걸릴 것이라는 예상을 뒤엎고 세계 최고의 바둑기사를 이겼다.[1] 만일 알파고가 20년 전에 나타났다면 지금쯤 또 어떤 일이 예상을 뒤엎고 불쑥 등장해 우리에게 충격을 줄까? 인공지능이란 개념이 아직 낯설게 들리는 사람을 위해서 참고로 말하면, 35달러짜리 초소형 초저가 개인용 컴퓨터 라즈베리 파이Raspberry Pi에서 실행되는 인공지능은 전투 시뮬레이션에서 공군 전투기 조종사를 가르치는 미국 최고의 트레이너를 이기기도 했다.[2] 또 세계에서 가장 큰 헤지펀드는 자사 인력의 고용과 해고를 포함한 의사결정의 4분의3을 인공지능에 일임하겠다고 공표하기도 했다.[3] 옥스퍼드대학의 연구자들에 따르면, 20년 내에 각종 화이트칼라를 비롯한 인간 직업의 47퍼센트가 기계와 컴퓨터로 대체될 수도 있다.[4]

도대체 미래는 어떤 모습일까? 택시기사가 아닌 일반인이 자신의 차로 승객을 태울 수 있게 하고 전 세계에 수백만 개의 부업 일자리를 창출한 우버 때문에 택시기사들이 설 자리를 잃고 있다. 하지만 우버는 여기에 그치지 않고 부업 기사가 제공하는 서비스마저도 향후 무인 자율차량 서비스로 대체하려는 뜻을 내비치고 있다.

도대체 미래는 어떤 모습일까? 실제로 객실이 하나도 없는 에어비앤비Airbnb는 세계 최대의 호텔 그룹보다 객실이 많다.[5] 현재 에어비앤비의 직원 수는 3,000명 정도인데, 힐튼호텔의 직원 수는 15만 2,000명이다. 새로운 형태의 기업 조직이 내는 실제 성과는 그동안 대부분 비즈니스 리더들이 평생 이룬 최고의 성과를 앞지르고 있다.

도대체 미래는 어떤 모습일까? 소셜미디어 알고리즘은 2016년 미국 대선 결과에 영향을 미쳤을 것으로 보인다.

도대체 미래는 어떤 모습일까? 새로운 기술 덕분에 어떤 사람은 돈방석에 오르지만, 어떤 사람은 소득이 늘지를 않는다. 처음으로 선진국 자녀 세대의 수입이 부모 세대의 수입을 밑돌고 있다.

인공지능, 자율주행차, 주문형 서비스, 소득 불평등의 공통점은 무엇일까? 이들은 모두 직업과 비즈니스, 경제에서 엄청난 변화를 겪고 있는 우리의 모습을 분명히 보여주고 있다.

하지만 그저 미래가 지금과 매우 다를 것을 예견한다고 해서 정확히 언제 또는 '어떻게' 펼쳐질지를 안다는 말은 아니다. 어쩌면 '도대체 미래는 어떤 모습일까?'라는 말은 정말로 '미래가 어떻게 펼쳐질지 모르겠다'라는 말일 수도 있다. 과연 기술은 우리를 어디로 끌고 갈까? 온통 놀라움뿐일까? 아니면 실망만 안겨줄까? 무엇보다도 미래를 결정하는 일에서 과연 우리는 어떤 역할을 담당할까? 살고 싶은 미래를 만들려면 지금 우리는 어떤 선택을 해야 할까?

나는 기술 전도사, 출판업자, 콘퍼런스 주최자, 투자자로 평생 살아오면서 이런 질문에 맞서 답을 내리려고 발버둥 쳐왔다. 내가 몸담은 오라일리 미디어O'Reilly Media는 중요한 혁신을 파악하고 그에 관한 지식을 전파할 뿐 아니라, 혁신의 영향력을 확대함으로써 혁신의 채택을 가속화하고 있다. 또한 기술이 비즈니스나 사회에 대한 규칙을 어떻게 바꿔놓고 있는지 잘 알지 못해 잘못된 길로 가고 있을 때 경종을 울리려고 노력해왔다. 이 과정에서 셀 수 없이 많은 기술의 호황과 불황을 맛보았고, 겉으로 보기에는 승승장구하며 질주하던 기업이 어느 날 갑자기 전혀 기술과 무관한 곳으로 전락하는 모습도 지켜봤으며, 아무도 주목하지 않던 초기 단계의 기술이 세상을 바꾸는 모습도 목격했다.

우리가 신문에서 머리기사만 훑어보듯 현상을 피상적으로만 보면, 마치 어떤 기업에 대해 투자자들이 매긴 가치가 마치 그 기업의 기술력을 평가하는 중요한 잣대라고 오해하게 된다. 우리는 680억 달러에 달하는 우버의 '가치'가 제너럴모터스나 포드의 가치보다 높다는 말을 끊임없이 듣는다. 또 300억 달러에 해당하는 에어비앤비의 '가치'가 힐튼호텔의 가치보다 높으며, 메리어트호텔의 가치와 맞먹는다는 말도 듣는다. 이런 엄청난 숫자는 우버나 에어비앤비가 마치 이미 성공을 거둔 것 같은 착시를 불러일으킨다. 하지만 어떤 회사의 지속가능 여부는 투자자에게서 자금을 받을 때가 아니라, 오직 자생적으로 수익을 낼 때만 확신할 수 있다. 결국 우버는 8년이 지난 지금까지도 전 세계적인 규모로 성장하기 위해 매년 20억 달러의 손실을 보고 있다.[6] 이는 아마존이 입은 손실(2001년에 첫 이익을 보기 전 첫 5년 동안 입은 손실의 합계는 29억 달러)이 작아 보일 정도로 어마어마한 규모다. 과연 우버가 입은 손실이 소매, 출판, 기업 컴퓨팅을 바꿔놓고 대단한 성공 기업으로 자리매김하기 위해 아마존이 입어야 했던 손실과 비슷한 종류일까? 아니면 실패할 운명이던 닷컴 회사가 입은 손실과 맥락을 같이하는 것일까? 또 투자자들의 투자 열기는 전체적인 비즈니스 구조의 근본적인 변화를 알리는 신호탄일까? 아니면 2001년 닷컴의 몰락을 주도했던 과잉 투자의 조짐일까? 그 차이는 어떻게 구별할 수 있을까?

오늘날 10억 달러 이상의 자산 가치를 지닌 신생기업은 그만큼 많은 주목을 받고 있고, 실리콘밸리에서 '유니콘unicorn'이라고 불리며 더욱 많은 관심을 받는다. 〈포춘〉도 이처럼 주목받는 신생기업의 리스트를 지속해서 싣기 시작했다.[7] 실리콘밸리의 뉴스 사이트인 〈테크크런치TechCrunch〉도 이런 '유니콘 리더'[8]들을 잇달아 업데이트하고 있다.

하지만 이 기업들이 성공한다고 해서 그 사례가 미래에 대한 가장 확실한 지침서라고 단정할 수는 없는 노릇이다. 나는 인터넷을 처음 도입한 혁신가들과 이런 일을 가능하게 한 오픈소스 소프트웨어를 지켜보면서 매우 다른 신호에 귀 기울이는 법을 터득했다. 혁신가들은 돈을 벌기 위해서가 아니라 혁신에 대한 애정과 호기심으로 인터넷과 오픈소스를 만들어냈다. 이 과정에서 나는 새로운 산업이 근본적으로 사업을 잘 일으키는 대단한 사업가와 벤처 투자자의 작품이 아니라, 언뜻 보기에는 불가능해 보이는 미래에 심취한 인물의 작품이라는 사실을 목격했다.

세상을 바꾸는 사람은 실리콘밸리의 10억 달러 가치보다도 훨씬 중요한 유니콘을 손에 넣으려고 애를 쓰는 사람이다. 이런 유니콘은, 한때는 주목할 만한 발견이지만 일단 획기적인 발전을 이루고 나면 매우 보편화되어 결국 당연하게 여겨지는 대상이 된다.

톰 스토파드Tom Stoppard는 자신의 희곡《로젠크란츠와 길덴스턴은 죽었다Rosencrantz & Guildenstern Are Dead》에서 유니콘에 대해 아래와 같은 설득력 있는 글을 남겼다.

한 남자가 이름도 없고, 특징도 없고, 사람도 살지 않고, 대단할 것도 없는 곳을 여기저기 여행하다가 쉬던 중 유니콘 한 마리가 나타났다가 홀연히 사라지는 장면을 목격한다. … 그 장면을 본 두 번째 남자는 말했다.

"맙소사! 이건 생시가 아니라 꿈이 분명해. 유니콘을 본 줄 알았네."

그 남자는 유니콘을 본 순간 몹시 놀랐다. 세 번째로 유니콘을 발견한 남자는 오직 유니콘을 본 사실만 남고 놀라움은 약해졌다. 네 번째 남자는 놀라움이 더 약해진다. 이렇게 목격자가 많아질수록 유니콘을 본 사실에 대한 놀라움은 약해지고, 유니콘을 본 사실은 점점 그럴싸한 사실로 자리 잡혀

가다가 결국 누구나 보편적으로 경험하는 사실이 된다.[9]

오늘날 세계는, 한때 '도대체 미래는 어떤 모습일까?'라는 의문을 던지게 했지만 이제는 일상의 일부가 된 것들로 가득 차 있다.

리눅스 운영체제는 유니콘이었다. 한때 중앙이 아닌 곳곳에 흩어진 프로그래머로 구성된 커뮤니티들이 세계 정상의 운영체제를 구축하고 이를 무료로 배포한다는 것은 절대 불가능한 일처럼 보였다. 그런데 이제 수십억 명이 리눅스 운영체제를 사용하고 있다.

월드와이드웹은 팀 버너스 리Tim Berners-Lee(월드와이드웹의 창시자 - 옮긴이)를 억만장자로 만들어 주지는 않았지만, 그것은 일종의 유니콘이었다. 1993년 어느 기술 콘퍼런스에 참석한 나는 참석자들에게 월드와이드웹의 링크 하나를 클릭해 보이며 말했다.

"자, 이 그림은 하와이대학에서 인터넷으로 방금 받은 그림입니다."

당시 아무도 내 말을 믿지 않는 눈치였다. 그저 지어낸 이야기인 줄로만 알았던 것이다. 하지만 지금은 누구든 링크 하나만 클릭하면 언제 어디서나 무엇이든 찾을 수 있다.

구글 지도도 유니콘이었다. 얼마 전 버스를 타고 가다가 한 노인이 구글 지도의 작은 파란색 점으로 표시되는 버스 운행 상황을 옆 사람에게 알려주는 장면을 보았다. 당시에는 이런 장면을 처음 본 사람은 눈이 휘둥그레졌다. 하지만 이제 스마트폰으로 자신의 위치를 정확히 파악한다든지, 자동차로, 대중교통으로, 자전거로, 도보로 목적지까지 정확하고 자세한 길을 안내 받는다든지, 근처 식당이나 주유소를 찾는다든지, 친구들에게 우리의 위치를 실시간으로 알려주는 모습은 우리에게 흔한 일상이 되었다.

최초로 출시된 아이폰은 1년 후 앱스토어의 도입으로 스마트폰 시장이 완전히 바뀌기 전부터 유니콘이었다. 키보드가 아닌 스마트폰 화면에 손가락을 대거나 미는 간편한 동작을 경험하고 나면 절대 과거 방식으로 돌아갈 수 없었다. 사실 스마트폰의 바로 전 버전인 휴대전화도 유니콘이었고, 이보다 앞서서 세상에 나온 전화기, 전보, 라디오, 텔레비전도 당시에는 유니콘이었다. 하지만 우리는 이런 사실을 잊곤 한다. 그것도 아주 빨리 잊고 있으며, 혁신 속도가 가속화될수록 더 빨리 잊는다.

아마존의 알렉사Alexa, 애플의 시리Siri, 구글의 어시스턴트Assistant, 마이크로소프트의 코타나Cortana도 유니콘이다. 우버와 리프트 역시 유니콘이지만, 이는 이 기업들의 가치 때문은 아니다. 통상 유니콘은 우리에게 긍정적 의미의 '도대체 미래는 어떤 모습일까'라는 말을 입에 올리게 하는 앱이다.

인터넷 검색 한번만 하면 어떤 문제든 해결할 수 있다는 것을 처음 알았을 때를 기억하는가? 스마트폰만 있으면 어느 곳이든 찾아갈 수 있다는 것을 처음 알았을 때는 또 어떤가? 이런 기술을 당연시하기 전까지는 얼마나 대단해 보였는가? 그리고 어느 날 이런 기술이 잘 작동하지 않을 때는 당연시하는 마음을 넘어 얼마나 짜증과 불평을 퍼부어 댔던가?[10]

이는 마치 새로운 마법이 나타났다가 서서히 일상으로 스며드는 것과 같다. 스마트폰 앱으로 자동차를 호출한다거나, 식료품을 주문한다거나, 몇 시간 안에 아마존에서 주문한 물건을 배송 받는다거나, 인공지능 개인 비서에게 일을 시키고 결과를 기다린다거나 하는 등의 일을 이제 갈수록 대수롭지 않게 여기는 세대가 늘고 있다.

내 평생 기술 분야에 몸담게 된 것도 바로 이런 유니콘 때문이었다. 그렇다면 이처럼 놀라운 진정한 유니콘의 특징은 무엇일까?

1. 처음에는 믿을 수 없는 기술 같다.
2. 세상이 돌아가는 방식을 바꿔놓는다.
3. 새로운 서비스, 직업, 비즈니스 모델, 산업으로 구성된 생태계를 형성한다.

첫 번째 특징인 유니콘을 '믿을 수 없는 기술'로 여기는 점은 이미 앞에서 살펴보았다. 그렇다면 두 번째 특징인 '세상이 돌아가는 방식을 바꿔놓는다'라는 것은 어떤 뜻일까? 혁신 기술을 사용하는 사용자들은 어떻게 달라져야 할까? 마이클 슈라지Michael Schrage는《고객이 어떤 사람으로 변화하기를 바라는가?Who Do You Want Your Customers to Become?》에서 이렇게 말한다.

성공하는 혁신가는 고객이 뭔가 다른 일을 하도록 요구하기보다 고객의 마인드가 달라질 것을 요구한다. … 그들은 고객이 새로운 가치, 새로운 기술, 새로운 행동 습성, 새로운 어휘, 새로운 아이디어, 새로운 기대, 새로운 열망을 받아들일 것을 요구한다. 그들은 고객을 변화시키는 자이다.[11]

슈라지에 따르면 애플은 (구글, 마이크로소프트, 아마존도 마찬가지로) "고객들이 망설이지 않고 지능이 있는 비서인 자신의 스마트폰과 대화를 나눌 것을 요구한다." 아니나 다를까, 아래와 같이 말하기를 대수롭지 않게 여기는 새로운 세대가 등장하고 있다.

> "시리, 까미노 레스토랑에 오후 6시로 두 명 예약해줘."
> "알렉사, 잔잔한 노래 좀 틀어줘"
> "구글, 내가 다음번에 식료품점에 들를 때 건포도를 사라고 알려줘."

사람의 음성을 올바르게 인식하는 것만도 어려운 일인데 수백만 명의 사용자가 하는 말을 듣고 그에 따른 복잡한 대응을 하려면 거대한 데이터센터의 놀라운 컴퓨팅 능력이 필요하다. 이런 데이터센터는 훨씬 복잡한 디지털 인프라를 지원한다.

다음번에 식료품점에 들를 때 건포도를 사라고 내게 알려주기 위해 구글은 내가 항상 어디에 있는지 파악해야 하고, 식료품점에 들르는지 추적해야 하며, 들르는 순간 알려주는 일련의 과정을 수행해야 한다. 시리가 까미노 레스토랑에 예약하기 위해서는 까미노가 오클랜드에 있는 식당이고, 오늘 밤 영업을 한다는 사실을 알아야 한다. 또 오픈테이블OpenTable과 같은 예약 서비스를 통해 예약하려면, 레스토랑의 예약 시스템과 스마트폰 간 커뮤니케이션을 지원해야 한다. 또 예약 시간에 맞추어 모두 레스토랑에 오게 하려면, 스마트폰이나 클라우드에서 다른 서비스를 호출해 달력에 내 예약 날짜를 표시하거나 친구들에게 날짜를 공지해야 한다.

한편 구글의 경고 서비스와 같이 내가 요청하지 않은 것까지 알려주는 기능도 있다.

"제시간에 공항에 가려면 지금 출발하십시오. 25분 지연될 것으로 예상됩니다."

"교통이 정체되고 있습니다. 더 빠른 경로가 있습니다."

이 모든 기술은 서로 더해지고 섞인다. 즉 서로 연결되고 축적되면서 갈수록 강력해지고 마법이 되어간다. 일단 우리가 새롭고 강력한 기술에 익숙해지면, 이런 기술이 없는 삶은 마치 한때 마술 지팡이던 것이 졸지에 평범한 막대기가 되어버린 듯한 불편함이 생긴다.

이런 서비스는 인간 프로그래머가 만들었지만, 인공지능으로 더욱 발전할 것이다. 이 말은 왠지 많은 사람에게 소름 돋는 말로 들릴 수도 있다. 그렇지만 인공지능이라는 이 유니콘도 현재는 놀라운 것이지만, 다음 단계에는 익숙한 것이 되어버릴 것이다. 인공지능이나 AI라는 용어의 진정한 의미는 자율적인 지능이지만, 사실 자율적으로 그 지능을 발휘하는 것은 먼 미래에나 있을 법한 일이다. 결국 인공지능도 인간이 나아가야 할 방향에 따라 그 발전 방향이 좌우되는 하나의 도구일 뿐이다.

이처럼 그 방향의 본질이 무엇이고, 어떻게 그 방향을 실현해 나가느냐가 바로 이 책의 핵심 주제다. 2세기 전에는 가히 상상할 수 없던 부를 창출한 제1차 산업혁명 기술이 잠재력을 지녔던 것처럼, 이제는 인공지능과 그 밖에 다른 유니콘들이 더 나은 세상을 만들 수 있는 잠재력을 지니고 있다. 이 말은 기존의 컴퓨터 프로그램 기술이 인공지능으로 발전하는 것은 마치 증기기관이 내연기관으로 발전하는 것과 같다는 뜻이다. 현재의 혁신 기술은 과거보다 훨씬 다양하고 강력하며, 갈수록 더 많은 용도로 사용될 것이다.

과연 우리는 이 혁신 기술을 더 나은 세상을 만드는 데 사용할 것인가? 아니면 오늘날의 세상을 더 나쁘게 하는 데 사용할 것인가? 그 대답으로는, 실망스러운 어조로 '도대체 미래는 어떤 모습일까'라는 말을 내뱉게 된다는 예상이 아직 우세한 것 같다.

미래의 '모든 것은 놀랍지만,' 동시에 우리에게 깊은 두려움을 심어주기도 한다. 미국인의 63퍼센트는 20~30년 전보다 일자리가 불안정하다고 느낀다.[12] 즉 3명 중 2명이 자신이 거주하는 곳에서 좋은 직장을 찾기 어렵다고 여긴다. 그들 중 상당수가 기술을 향해 비난의 눈길을 보내고 있다. 또 미래에는 갈수록 지능적인 기계가 사람이 하던 일을 대체하게 될 것이라는 뉴스가 끊임없이 들려온다. 이미 곳곳에서 이런 고통을 체감하고 있다. 미국에서는 처음으로 평균수명이 줄었으며,[13] 한때 풍요로웠던 많은 산업의 중심지가 절망스러운 곳으로 전락하는 일이 빈번하게 일어나고 있다.

우리는 모두를 위해 다른 길을 선택해야 한다.

일자리 손실과 경제적 혼란은 피할 수 없는 일이 아니다. 사실 오늘날 경제의 많은 부분에서 혁신을 위한 의지와 상상력이 심각할 정도로 발휘되지 못하고 있다. 일론 머스크Elon Musk와 같은 모든 혁신적 기업가가 볼 때, 즉 세계 에너지 인프라에 혁신을 일으키고, 획기적인 수송수단을 만들고, 화성에 인간을 정착시키고 싶어 하는 그런 기업가가 볼 때, 기존의 많은 기업은 그저 비용 절감이나 주가 상승의 수단으로 기술을 이용하면서 투자자들에 장단을 맞추며 자신의 배만 불리고 있다. 또 정책 당국은 기술을 만들어가는 것이 아닌 그저 흘러가는 대로 내버려두는 대상으로 여겨 무기력한 상태에 빠져 있다.

진정한 유니콘의 세 번째 특징은 바로 가치 창출이다. '이는 금융적 가치 창출이 아닌 정말로 세상을 위한 가치 창출'을 말한다.

과거의 놀라운 기술이 일군 결과를 한번 생각해보자. 과연 현대적 토목 장비 없이도 우리가 필요한 자재를 쉽고 빠르게 실어 날라 산을 가로지르거나 땅 밑으로 다니는 터널을 건설할 수 있었을까? 사람과 기계가 조합된 강력한 힘 덕분에 수천만 명이 살고 있는 도시를 건설했고, 전체 인류 중 일부만 먹을 것을 생산해도 나머지 인류를 먹여 살렸으며, 현대를 인류 역사상 최고의 번성기로 만든 여러 가지 경이로운 문명을 탄생시킬 수 있었다.

기술은 사람의 일을 앗아갈 것이다! 맞는 말이다. 이는 기술의 부정적인 면이며, 바로 이런 연유로 고통과 혼란이 발생한다. '그렇지만 이와 동시에 새로운 종류의 일자리도 생겨날 것이다.' 역사는 우리에게 기술이 전문적인 일자리는 앗아갈지라도 생계를 위한 일자리는 앗아가지 않는다고 말한다. 이전에는 감히 해낼 수 없던 일이 새로이 속속 등장하고 있지만 이제는 오늘날의 놀라운 기술력으로 충분히 해낼 수 있다.

레이저 눈 수술을 예로 들어보자. 나는 콜라병 밑면처럼 두꺼운 렌즈의 안경을 쓰지 않으면 사실상 시각장애인이라고 할 만큼 시력이 좋지 않았다. 그러다가 12년 전에 안과에서 로봇의 도움을 받아 내 눈을 수술했다. 이 수술은 로봇의 도움이 없으면 불가능했을 것이다. 현재는 기술이 더욱 발전해 그 당시에 불가능하던 다른 수술도 할 수 있게 되었다. 40년 넘게 엄청 높은 도수의 안경을 썼고, 안경 없이는 시각장애인이나 다를 바 없던 내가 이제 내 눈으로 또렷이 사물을 볼 수 있게 되었다. 수술을 받은 후 나는 몇 달 동안 계속 이렇게 중얼거렸다.

"지금 내 눈으로 보고 있는 거 맞아?"

그런데 사실 알고 보면 당시 안과의사는 내가 안경이라는 보조기구를 쓰지 않아도 되게끔 또 다른 보조기구인 컴퓨터 레이저를 이용해 각막 수술을 한 것이다. 수술을 하는 동안 의사가 한 일이라고는 절개한 각막을 들어 올리고 레이저 시술이 완료된 후 각막을 펴주는 것 외에는 고작 내 머리와 눈꺼풀을 고정시키고, 안심하라는 말 몇 마디를 건네며, 때때로 급하게 빨간 불빛을 보라고 주의를 주는 것이 전부였다.

사람의 손을 움직여서 하는 의술에는 한계가 있기 때문에 정교한 각막 수술은 사람이 절대로 할 수 없다. 뛰어난 의사의 손놀림과 복잡한 기계의 초인간적 정확성을 합친 이런 21세기의 '하이브리드 기술'이 지금으로부터 8세기 전 이탈리아에서 최초로 발명된 보조기구인 안경에서 나를 해방시켜준 것이다. 21세기에는 센서, 컴퓨터, 제어기술의 혁명에 힘입어 일상의 상당수가 하나하나 재발명되어 20세기의 일상이 옛스러워 보이는 상황에 이를 것이다. 이것이 바로 기술이 초래하는 진정한 기회이며, 이 기회는 인간의 능력을 확장시킨다.

기술과 미래의 모습을 놓고 논쟁을 벌이다 보면, 기술이 이미 우리 삶에 얼마나 많은 영향을 끼쳤으며, 우리 삶을 얼마나 많이 바꿔놓았는지 간과하기 십상이다. 새로운 기술이 놀라움을 주는 단계를 지나 뉴 노멀New Normal(금융위기 이후 장기 저성장 국면을 설명하는 새로운 경제 질서 – 옮긴이)로 자리 잡을 즈음, 우리는 이런 기술을 활용해 새로운 문제를 해결할 수 있어야 한다. 과거의 우리 모습에 비춰볼 때 낯설어 보일지라도 우리는 새로운 기술의 확립이라는 한 우물을 파야 한다.

우리는 계속 자문해야 한다. '과거에 불가능했던 것 가운데 어떤 것이 새로운 기술 덕분에 가능해질까? 이 기술은 장차 우리가 살고 싶은 세상을 만드는 데 도움을 줄까?'

이런 질문을 스스로 던지고 답하는 일에 바로 경제를 재창조하는 비결이 담겨 있다. 구글의 수석 경제학자 할 배리언Hal Varian은 한때 내게 이런 말을 건넸다.

"지금 제가 하는 일은 우리 할아버지 때에는 있는지조차도 모르는 일이었어요."

21세기에는 어떤 새로운 직업이 나타날까? 컴퓨터에서 생성한 데이터와 이미지를 실제 모습과 결합시켜 원래 존재하는 것처럼 보이게 하는 증강현실 기술이 이 질문을 해결하는 실마리를 줄 수도 있다. 증강현실은 확실히 다가올 미래의 요건을 만족시킨다. 벤처 투자자인 내 친구가 아직 출시되지 않은 증강현실 플랫폼을 처음 접하고는 이렇게 말했다.

"이제 환각제 따위는 쓸모없겠어."

증강현실은 유니콘이었다. 하지만 증강현실 기술에서 가장 흥미로운 점은 환각 체험이 아니라 앞으로 이 기술이 바꿔놓을 미래의 일하는 방식이다. 증강현실에 힘입어 노동자가 '숙련된 노동자'가 되는 그림은 어렵지 않게 그려볼 수 있다. 특히 비영리 건강기구인 건강의 동반자Partners in Health의 활용 모델이 증강현실과 원격현실에 힘입어 얼마나 활성화될지는 생각만 해도 흐뭇해지는 대목이다. 이 기구는 무료 헬스케어 서비스를 받는 커뮤니티 내에서 일할 사람을 모집하고 훈련시켜 그들이 직접 빈민층에게 서비스를 제공하게 하는 모델이다. 필요하면 의사가 참여할 수도 있지만, 업무의 대부분은 일반인이 수행한다. 커뮤니티 출신의 건강기구 노동자들이 구글글라스^{Google Glass}나 차세대 웨어러블 기기를 착용하고, "의사 선생님, 여기 이 환자 좀 봐주세요!"라고 말하는 광경을 한번 떠올려 보자(믿어도 좋다. 그들이 구글글라스를 떼어먹는 일은 없을 것이며, 글라스를 돌려받을 때쯤이면 구글은 패션모델보다도 커뮤니티 출신의 건강기구 노동자들에게 주목하게 될 것이다).

이 관점에서 전체 헬스케어 시스템을 다시 생각해보면, 어떻게 비용을 줄이고, 건강 결과를 개선하며, 환자 만족도를 높이고, 일자리를 창출할지 쉽게 눈에 들어온다. 헬스케어 센터에서 집으로 왕진하는 일이 다시 유행을 타는 모습을 한번 떠올려 보자. 여기에 증강현실과 더불어 웨어러블 센서를 활용한 건강상태 모니터링,[14] 시리나 구글 어시스턴트, 마이크로소프트 코타나와 같은 인공지능을 활용한 건강 컨설팅, 우버와 같은 주문형 서비스를 더해보자. 이렇게 그려나가다 보면 기술이 이끄는 차세대 경제의 자그마한 단편이 서서히 그 윤곽을 드러내기 시작할 것이다.

이는 우리가 익숙한 기존 세상을 어떻게 혁신하는지에 대한 하나의 예일 뿐이다. 운이 좋으면 항공기, 고층건물, 엘리베이터, 자동차, 냉장고, 식기세척기가 그랬듯이, 새롭고 경이로운 것이 결국 어느 시점에는 자연스러운 우리의 일상으로 보편화될 것이다.

* * *

미래의 많은 부분은 우리에게 경이로움을 선사하기도 하지만, 아직 우리가 모르는 위험을 몰고오기도 한다. 고전문학 전공자인 내게 '로마의 몰락'은 늘 참고해야 할 본보기다. 에드워드 기번Edward Gibbon의 《로마제국 쇠망사》 초판이 출간된 1776년은 공교롭게도 미국의 독립혁명이 일어난 해였다. 아무리 실리콘밸리가 아이디어와 기술을 조합해 역사의 끝날까지 길이 남을 독창적인 미래를 꿈꾼다고 해도 역사가 우리에게 주는 교훈은 기업, 경제, 국가 모두 너나 할 것 없이 얼마든지 몰락할 수 있다는 사실이다. 위대한 문명도 무너질 수 있으며, 기술도 퇴보할 수 있다. 로마의 몰락 이후, 콘크리트로 놀라운 구조물을 만드는 기술은 거의 1,000년이나 묻혀 있었다. 지금의 놀라운 기술도 얼마든지 그렇게 묻혀 버릴 수 있다.

지금 전략가들이 이른바 '사악한 문제'라고 부르는 문제는 날이 갈수록 증가하고 있다. 사악한 문제란 불완전할 뿐 아니라 모순적이고 자꾸 변하는 탓에 해결 자체가 만만치 않거나 불가능한 문제를 말한다.

이런 상황에서 오랫동안 인정받아온 기술조차 뜻밖의 단점을 드러내고 있다. 자동차도 한때는 유니콘이었다. 자동차는 사람들에게 마음대로 이동할 수 있는 엄청난 자유를 선사했다. 온갖 물건과 상품을 운송하는 인프라를 구축함으로써 번영을 누리게 했다. 또 생산 장소에 관계없이 소비자가 소비 장소를 정하는 소비자 주도의 경제를 활성화하기도 했다. 하지만 자동차를 위해 건설한 도로는 도시를 온통 파헤쳐놨고, 앉아서만 생활하는 라이프스타일을 부추겼으며, 기후 변화의 위협을 무시하는 데 일조했다.

값싼 항공 여행, 컨테이너 운송, 전기 공급의 보편화도 마찬가지 결과를 낳았다. 이런 모든 기술 발전은 커다란 번영의 원동력이었지만, 결국 수십 년 동안 고통을 안겨주는, 생각하지 못한 결과를 낳았다. 하지만 이런 상황에서 딱히 해결방안이랍시고 어떤 안을 섣불리 들이밀 수도 없다. 상황을 되돌리는 데 따른 혼란이 너무 클 것이 뻔하기 때문이다.

오늘날 우리는 이와 비슷한 역설적 상황에 놓여 있다. 수십 년 전, 세상에 가치를 더할 것이라고 여겨 선택한 마법과 같은 기술들이 오히려 우리를 복잡한 문제와 알 수 없는 위험, 나아가 어떤 결과를 낳을지도 모르는 결단으로 이끌고 있다.

특히 인공지능과 로봇공학은 업계, 노동계 지도자, 정책 당국, 학계에 경종을 울리는 일련의 사악한 문제의 중심에 서 있다. 자율주행차의 등장은 운전으로 생계를 꾸려나가는 사람들에게 어떤 영향을 미칠까? 이제 인공지능은 비행기를 조종하기도 하고, 의사에게 가장 좋은 치료법을 조언하기도 한다. 또 스포츠 기사와 경제 기사를 작성하기도 하고, 실시간으로 가장 빠른 출근길을 알려주기도 한다. 기업의 인력 수요를 실시간으로 파악해 직원들에게 권장 출퇴근 시간을 공지하기도 한다. 기존의 컴퓨터가 사람을 위해 일했다면 이제는 갈수록 인간이 컴퓨터를 위해 일하고 있다. 알고리즘이 새 상급자가 된 것이다.

기술이 활성화된 네트워크와 시장에서 사람들이 일하는 시간과 일의 양을 선택할 수 있다면 미래의 비즈니스는 어떻게 될까? 주문형 학습으로 최신 지식과 기술을 습득하는 것이 기존 대학 교육보다 앞선다면 교육의 미래는 어떻게 될까? 알고리즘이 자신을 만든 소유주의 이익을 위해 우리가 무엇을 보고 읽을지 결정한다면 미래의 미디어와 대중매체는 어떻게 될까?

지능형 기계가 사람을 대신해 사람보다 많은 작업을 수행한다거나, 사

람이 기계와 협력해야만 수행할 수 있는 일이 많아진다면 미래의 경제
는 어떻게 될까? 또 노동자와 그 가족은 어떻게 될까? 또한 소비자의 구
매력에 의존하는 기업은 어떻게 될까?[15]

　인간의 노동을 단순히 없애야 할 비용으로 여기는 것은 대단히 심각
한 결과를 초래할 수 있다. 맥킨지글로벌연구소McKinsey Global Institute에 따르
면, 선진 25개국 가구 중 65~70퍼센트에 해당하는 5억 4,000만~5억
8,000만 명의 수입이 2005~2014년에 감소했거나 제자리였다. 이는
1993~2005년의 1,000만 명에 비하면 매우 큰 숫자다.[16]

　지난 수십 년 동안 기업들은 의도적으로 관리자와 '슈퍼스타'와 같은
최고경영자에게 믿을 수 없을 정도의 급여를 지급해 왔지만, 일반 노동
자의 임금은 최소화하거나 축소해야 할 비용으로 여겼다. 1980년에 미
국 최고경영자는 일반 노동자가 받는 평균 임금의 42배를 받았지만, 지
금은 노동자 평균 임금의 373배를 받는다.[17] 경제 성장으로 얻은 이익과
기술 생산성 향상의 결과를 오늘날 기업들이 하는 식으로 나눈 결과, 상
류층과 빈곤층의 격차는 매우 커졌으며, 상당수의 중산층은 사라져 버
렸다. 스탠퍼드대학의 경제학자 라즈 체티Raj Chetty가 최근 발표한 조사에
따르면, 1940년대에 태어난 세대가 부모 세대보다 수입이 높을 확률은
92퍼센트였지만, 1990년대에는 50퍼센트로 감소했다.[18]

　또 기업은 사람들이 돈을 빌리도록 장려해 임금이 하락하는 것을 당
장 체감하지 못하도록 해왔다. 미국의 가계부채는 12조 달러[19](2016년 중
반 GDP의 80퍼센트[20])를 넘어섰으며, 학생 부채만 해도 1조 2,000억 달러
에 이르렀다(기본적으로 채무자만 700만 명 이상이다[21]). 우리는 또한 사람들
이 원하는 것과 경제가 실제로 제공하는 것 사이의 격차를 줄이기 위해

정부가 제공하는 부의 재분배를 감당해왔다. 물론 재분배를 더 많이 하려면 세금을 더 많이 거두거나 빚을 더 많이 져야 했지만, 둘 중 어떤 방법도 구태의연한 정치계에서는 받아들이기 쉽지 않았다. 이런 구태의연한 정치는 망하는 지름길이다.

한편 '시장'이 일자리를 제공하고 비즈니스에 대한 투자가 활성화될 것이라는 기대를 품고 중앙은행들은 시장에 더 많은 돈을 쏟아 부었다. 하지만 현재 기업 이익은 1920년대 이후 전례 없는 최고치에 이르렀는데도 기업 투자는 줄었고, 30조 달러 이상의 현금은 여전히 투자되지 않은 채 금고에 쌓여 있다.[22] 시장의 마술이 도통 먹혀들지 않고 있는 것이다.

지금은 역사의 흐름에서 상당한 위험이 도사리는 시기다. 세계의 엘리트 상류층의 손에 놀아나고 있는 부와 권력은 국가의 힘과 주권을 좀먹고 있다. 전 세계 기술 플랫폼은 수십억 명이 보고 이해하는 것을 형성하고 시장경제의 이권 분할을 이끌면서 알고리즘을 통해 기업, 기관, 사회를 좌지우지하고 있다. 소득 불평등과 기술 변화의 속도는 과학에 대한 반대, 정부기관에 대한 불신, 미래에 대한 두려움을 특징으로 하는 대중의 반발에 불씨를 댕겨 문제 해결을 위한 노력에 찬물을 끼얹고 있다.

이는 고전적인 사악한 문제의 모든 특징으로서 지금도 이 특징이 고스란히 나타나고 있다.

사악한 문제의 개념은 어떤 유기체든 '적응 지형도 Fitness Landscape (유기체의 유전자 특성과 자손을 생산하는 능력 사이의 관계를 시각화한 일종의 3차원 지도-옮긴이)'가 있다고 하는 진화생물학의 개념과 밀접히 연관된다. 물리적인 지형도와 마찬가지로, 이 적응 지형도에는 자연환경에 적응하는 과정에서 봉우리가 될 수도 있고, 계곡이 될 수도 있는 갈림길과 같은 이른바 극댓값(주위의 모든 점의 함숫값 이상의 함숫값을 갖는 점 - 옮긴이)이 존재한다. 문제는 이런 극댓값과 같은 봉우리와 봉우리 사이를 지나는 과정이 만만치 않다는 것이다. 이처럼 진화생물학에서 말하는 극댓값은 우리가 수백만 년 동안 변함없이 종속되는 안정된 종으로 살아남을 수도 있고, 아니면 변화하는 조건에 적응하지 못하고 멸종될 수도 있다는 것을 뜻한다.

우리 경제에서도 상황은 급변하고 있다. 지난 수십 년 동안 디지털 혁명은 미디어, 오락물, 광고, 소매업을 변화시키고, 케케묵은 기업과 비즈니스 모델에 큰 영향을 미쳐왔다. 이제는 디지털 혁명이 모든 사업, 모든 직업, 사회의 모든 분야를 재구성하고 있는 상황이다. 지금 이런 재구성과 혼란에서 자유로울 수 있는 기업, 직업, 정부, 경제는 단 한 군데도 없다. 컴퓨터가 자율주행차를 스스로 운행하듯이, 우리의 돈을 관리하고, 우리의 자녀를 감독하며, 우리의 삶을 주도할 날이 곧 다가올 것이다.

이처럼 가장 큰 변화가 한창 진행 중에 있고, 몇 년 내에 모든 산업과 조직이 다양한 형태로 바뀔 것이며, 일부 산업과 조직은 쇠퇴하거나 사라져버릴 것이다. 이런 변환기에도 선진국의 기존 사회적 안전망이 그대로 유지될지, 아니면 기존 것을 갈아 치우고 새로운 것이 나타날지는 스스로 자문해봐야 할 문제다.

《제2의 기계시대The Second Machine Age》의 공동 저자인 앤드류 맥아피Andrew McAfee는 나와 조찬을 나누는 자리에서 인공지능이 인간의 일자리를 대체할 위험을 언급하면서도 그렇게 되지 않을 결과를 분명히 지적한다.

"기계가 부상하기 전에 사람들이 들고일어날 겁니다."

이 책에서는 이처럼 복잡한 퍼즐의 자그마한 한 조각을 바라보는 관점, 경제에서 기술혁신이 차지하는 역할, 그리고 특히 인공지능과 주문형 서비스와 같은 미래에 펼쳐질 기술이 담당할 역할을 짚어볼 것이다. 또 기술이 새로운 가능성의 문을 열어 놓으면서도 한때 번영으로 향하는 듯 보이던 또 다른 문을 닫아버릴 때, 그 갈림길에 있는 우리가 직면하게 될 어려운 선택의 문제에 대해서도 살펴볼 것이다. 하지만 무엇보다도 기술업계의 개척자들이 수십 년 동안 변화를 관찰하고 예측하며 그려낸 미래에 대해 우리가 생각해볼 방법을 제시할 것이다.

참고로 이 책은 미국의 사례와 기술을 중심으로 서술했기 때문에 미래의 경제를 조망할 모든 요소를 담고 있지는 않다. 즉 다른 나라를 중심으로 벌어진 사례나 세계의 다른 영역에서 다른 방향으로 벌어지는 상당수 사례는 이 책에서 다루지 않는다. 맥킨지글로벌연구소 출신의 리처드 돕스Richard Dobbs, 제임스 매니카James Manyika, 조너선 워첼Jonathan Woetzel은 공저 《미래의 속도》에서 기술은 다가오는 세상을 이루는 네 가지 파괴적 힘 중 하나일 뿐이라고 정확히 꼬집는다.[23] 그들 말마따나 기술 외에도 인구 변화(특히 세계 인구의 급격한 연령별 구성 변화에 불씨를 당기고 있는 고령화와 출생률의 변화), 세계화, 도시화는 다가올 세상에서 적어도 기술만큼이나 큰 역할을 할 것이다. 아울러 치명적 전쟁이나 전염병, 환경 파괴가 미칠 영향력도 다가올 세상에서 꼭 챙겨보아야 할 요소로 손꼽힌다. 다만 내가 이 책에서 이런 주제를 다루지 않은 이유는 전체 기술혁신 기반 경제에서 실리콘밸리가 차지하는 부분이 더 중요하다거나 미국이 더 중요해서가 아니다. 그것은 단지 이 책이 미국이란 나라에서 기술 분야에 뿌리를 내린 나의 개인적인 비즈니스 경험에 토대를 두고 있기 때문이다.

이 책은 네 부분으로 구성되었다. 첫 번째 부분에서는 인터넷 상용화, 오픈소스 소프트웨어의 등장, 닷컴버블의 붕괴 이후 웹의 르네상스를 이끈 핵심 동력, 클라우드 컴퓨팅과 빅데이터로의 전환, 메이커 운동 등과 같은 혁신의 흐름에 대해 내가 몸담은 기업이 앞서 인식해 예측해온 기법들에 대해 공유해볼 것이다. 나는 이 과정에서 우리가 미래에 벌어질 일을 이해하려면 현재를 바라보는 관점을 버려야 하며, 당연하거나 불가피해 보이는 지금의 아이디어들도 과감히 포기해야 한다고 본다.

두 번째와 세 번째 부분에서는 주문형 서비스, 네트워크와 플랫폼, 인공지능과 같은 기술이 비즈니스, 교육, 정부, 금융시장, 전체 경제의 특성을 어떻게 바꿔놓고 있는지에 대해 프레임워크를 제시할 것이다. 또 알고리즘이 주도하는 전 세계적인 디지털 플랫폼의 부상과 이 플랫폼이 사회를 재구성하는 방식에 관해 살펴볼 것이다. 또한 이런 플랫폼과 그 토대가 되는 알고리즘에 대해 우버, 리프트, 에어비앤비, 아마존, 애플, 구글, 페이스북에서 우리가 배워야 할 점을 짚어볼 것이다. 그리고 우리가 너무 당연시하기 때문에 잘 인식하지 못하는 하나의 마스터 알고리즘에 대해서도 다룰 것이다. 아울러 알고리즘과 인공지능 기술이 어떻게 최신 기술 플랫폼에 편입되었으며, 우리의 이해 범위를 넘어 얼마나 폭넓게 비즈니스와 경제를 재구성하고 있는지도 쉽게 설명할 것이다. 나아가 우리의 기업과 경제의 길잡이가 되도록 한 많은 알고리즘 시스템이 사람보다는 기계 위주로 설계된 사례도 살펴본다.

네 번째 부분에서는, 우리가 한 사회의 구성원으로서 선택해야만 하는 사항을 짚어볼 것이다. 앞으로 놀라운 '미래'를 경험하느냐, 실망스러운

'미래'를 경험하느냐는 미리 정해진 것이 아니다. 이는 우리 손에 달려 있다.

엄청난 경제적 전환기에 발생하는 문제를 두고 무조건 기술을 비난하기는 쉽다. 하지만 문제를 일으킨 주체든, 그 문제를 해결해야 하는 주체든, 주체는 모두 사람이다.

산업혁명 동안 자동화의 결실은 주로 기계의 소유주를 배불리는 데 들어갔다. 노동자는 거대한 조직에서 쓰다가 버린 부품으로 취급받기 일쑤였다. 하지만 영국은 빅토리아 시대에 노동시간을 줄이고 아이들에게 일을 시키지 않고도 더욱 번영을 누렸다.

우리는 지난 20세기 동안 미국에서도 같은 현상을 목격했다. 지금 돌이켜 보면 괜찮은 중산층 일자리는 제2차 세계대전 이후에 이례적으로 많이 생겨났다. 하지만 이 현상은 그냥 우연이 아니다. 이렇게 되기까지 노동자의 투쟁은 물론 자본가, 정책 당국, 정치 지도자, 투표자의 현명한 판단이 큰 몫을 했다. 결과적으로 우리가 한 사회의 구성원으로서 생산성의 결실을 더욱 폭넓게 공유하는 사회를 선택한 것이다.

우리는 또한 미래에 대해 투자하는 길을 선택했다. 전후 생산성의 황금기는 도로, 교량, 전기, 급수, 위생시설, 통신에 대한 막대한 투자의 결과였다. 제2차 세계대전 이후에는 전쟁으로 파괴된 땅을 재건하기 위해 막대한 자원을 투입했으며, 기초 연구에도 투자를 아끼지 않았다. 우리는 또한 항공우주, 화학, 컴퓨터, 통신과 같은 새로운 산업 분야는 물론 아이들이 우리에게서 넘겨받을 세상을 준비하는 교육에도 투자를 게을리하지 않았다.

미래는 정신없이 움직이다가도 멈추면 언제 다시 시작될지 모르게 진행되며, 가장 어두울 때 가장 밝은 미래를 싹틔우는 경우가 많다. 제2차 세계대전의 잿더미 속에서 우리는 풍요로운 세상을 일구어냈다. 이는 운명이 아니라 선택과 힘든 노동을 통해 얻은 결실이었다. 더 이전 세대의 큰 전쟁은 실망의 악순환만 증폭시켰다. 두 전쟁의 차이점은 무엇일까? 제1차 세계대전 후에는 참전자를 홀대했다면, 제2차 세계대전 후에는 참전자의 재기를 도왔다. 가령 미국은 제1차 세계대전 후에 복귀한 재향군인이 극빈자가 되도록 내버려 두었지만, 제2차 세계대전 후에는 참전자가 대학 공부를 하도록 지원했다. 이때 디지털 컴퓨팅과 같은 전시 때 사용된 기술도 일반 대중이 활용해 미래를 위한 기술로 전환될 수 있었다. 아울러 부유한 사람도 공공 이익을 위한 재원 마련을 위해 기꺼이 세금을 냈다.

1980년대 미국에서는 '욕심은 좋은 것'이라는 생각이 팽배했다. 하지만 이 생각이 그때까지 지속되어온 번영을 지켜내지는 못했다. 당시 우리는 주식, 채권, 파생상품으로 이루어진 '금융시장'이 애덤 스미스가 말한 물품과 서비스를 거래하는 '시장'과 같다는 신념 아래에 있었다. 그래서 금융시장에 좋은 것이 모든 사람에게 유익할 뿐 아니라 주식시장을 활성화하는 경제 구조를 만들어 간다고 믿었다. 하지만 이런 잘못된 맹신이 실제 경제를 좀먹었다. 사람들은 직장을 잃거나 월급이 물가를 따라주지 못해 제자리걸음을 했으며, 기업의 이익은 일부 계층의 배만 불리는 데 쓰였다.

우리는 40년 전에 잘못된 선택을 했다. 하지만 이 일에 매일 필요는 없다. 다만 전 세계 개발도상국의 10억 명이 빈곤에서 벗어나는 동안 선진국 대부분의 일반인 소득이 뒷걸음질을 치고 있다는 것은 우리가 진로를 잘못 들어섰다는 반증이다.

21세기에 바라본 미래 기술에는 모든 산업의 생산성을 극대화할 잠재력이 있다. 하지만 생산성의 향상은 단지 첫 단추를 끼는 작업일 뿐이다. 우리는 높은 생산성으로 얻은 열매를 공유할 뿐 아니라 생산성을 높이는 기술을 똑똑하게 활용해야 한다. 기계 때문에 우리가 일자리를 잃게 된다면 이는 더 나은 미래를 일구려는 우리의 상상력과 의지가 턱없이 부족하다는 반증일 뿐이다.

PART

1

올바른 미래 지도를 그려라

WTF?

지도는 영토가 아니다.

_ 알프레드 코르지프스키|Alfred Korzybski

01
현재에서 바라본 미래

WHAT'S THE FUTURE

미디어에서 나는 미래학자로 불린다. 하지만 나는 스스로 지도 제작자라고 생각한다. 미래의 가능성을 한결 수월하게 볼 수 있도록 현재의 지도를 그리는 사람이다. 지도는 실제 위치와 경로를 나타낼 뿐만 아니라 우리가 지금 있는 곳과 앞으로 가고자 하는 곳을 모두 볼 수 있는 일종의 시스템이다. 내가 가장 좋아하는 인용문 중에 에드윈 슐로스버그Edwin Schlossberg의 "글쓰기 기술은 독자들이 생각할 수 있도록 특정 상황을 만드는 것이다"[1]라는 글귀가 있다. 바로 이 책은 생각할 수 있도록 특정 상황을 만드는 일종의 지도다.

우리가 쓰는 지도는 실제 현실을 단순화한 것이다. 지도는 한 곳에서 다른 곳으로 가는 경로를 나타낼 뿐 아니라 우리 삶의 모든 면모를 보여준다. 우리가 집안을 돌아다닐 때는 어두워도 빛을 비출 필요가 없다. 방 배치, 의자 위치, 테이블 위치 등 집 내부 공간에 대해 훤히 꿰고 있기 때문이다. 기업가나 벤처 투자가도 매일 기술이나 비즈니스 현황에 대한 지도를 머릿속에 그리며 출근한다. 우리는 범주로 세상을 구분한다. 친구와 지인, 연합과 경쟁, 중요한 것과 그렇지 않은 것, 긴급한 것과 사소한 것, 미래와 과거 등 이런 범주를 그린 지도가 머릿속에 하나씩은 다 있다.

하지만 맹목적으로 GPS를 따라 가다가 더는 존재하지도 않는 다리에 이르렀다는 안타까운 이야기에서 깨닫게 되듯이 지도는 얼마든지 잘못될 수 있다. 비즈니스와 기술 분야에서도 우리는 낡은 지도나 심지어 나쁜 지도(주변 환경에 대한 중요한 세부 사항을 생략하거나 아예 잘못 표시한 지도)를 이용해 길을 찾고 있기 때문에 앞에 무엇이 나타날지 도통 명확하게 보지 못하는 눈뜬장님이 되는 경우가 많다.

기술과 같이 급변하는 분야에서는 알려진 내용이 너무 빈약하기 때문에 지도가 잘못되는 경우가 더욱 빈번하게 일어난다. 이런 측면에서 기업가와 발명가는 '가능성'과 '실효성' 여부를 판단해 어떻게 앞으로 나아갈지를 고민하는 일종의 탐험가다.

19세기 중반, 미국의 대륙 간 철도 개발에 나선 기업가들을 한번 떠올려보자. 이 아이디어는 1832년에 처음 나왔지만, 그 실행 가능성은 미국 하원이 모든 실제 건설의 첫 무대였던 미국 서부의 광범위한 조사에 대해 기금을 마련한 1850년대까지도 사실상 불투명했다. 하지만 이런 우여곡절 끝에 시작된 3년간(1853~1855년)의 탐사를 통해 미국 서부 100만 제곱킬로미터에 대한 12권 분량의 방대한 태평양 철도 설문조사 데이터가 수집되었다.

하지만 수집된 데이터만 가지고는 건설할 철도의 경로를 완벽히 제시할 수 없었다. 그에 따라 가장 좋은 경로에 대한 치열한 논쟁이 일어났다. 논쟁은 북부 노선 대 남부 노선의 지구물리학적 장점과 노예 제도의 확장에 관한 것이었다. 하지만 이런 논쟁 이후에도 상황은 나아지지 않았다. 심지어 경로가 정해지고 1863년에 시공에 들어간 상태에서도 예기치 않은 문제가 불거졌다. 예전에 보고된 내용보다 경사가 더 가팔라 기관차가 달리기에 까다로웠을 뿐 아니라 날씨 때문에 어떤 구간은 겨울 동안 통행 자체가 불가능했다. 지도에 선만 그려넣은 채 모든 것이 실제와 완벽히 들어맞기만을 기대할 수는 없는 노릇이었다. 그들은 실제로 사용할 수 있을 만큼 명확해질 때까지 필수 데이터를 추가해 지도를 다듬고 다시 그려야 했다. 이 과정에서 답사자와 조사자는 최종 경로를 결정하기까지 많은 시행착오를 거쳤다.

올바른 지도를 그리는 것이 현재 시점에서 바라본 미래 기술을 예측하는 첫 번째 과제일까? 인공지능, 주문형 애플리케이션, 중산층 직업의 실종에 대한 대처법은 물론, 이들이 어떻게 한데 모여 우리가 살고 싶은 미래를 형성할지 이해하기 전에 낡은 아이디어에 눈이 멀지 않도록 주의하자. 관건은 낡은 아이디어의 경계를 넘나드는 패턴을 보는 능력이다.

미래로 나아가기 위해 따라 가는 지도는 많은 조각이 빠진 퍼즐과 같다. 우리는 여기저기 흩어진 조각에서 유추되는 한 패턴의 윤곽만을 볼 수 있을 뿐이며, 조각들은 서로 상이하고 연결 짓기도 어렵다. 그러다가 어느 날 누군가 테이블 위에 또 한 부분의 퍼즐 조각을 쏟아 놓으면, 그 조각들의 새로운 패턴이 눈에 들어온다. 미지의 영역에 대한 지도와 그림 퍼즐의 차이는 아무도 전체 그림을 미리 알지 못한다는 것이다. 미지의 영역에 대한 지도는 직접 눈으로 볼 때까지는 존재하지 않는다. 지도는 우리가 가는 곳마다 그 조각을 함께 만들어내는 퍼즐이자, 조각이 발견되는 만큼 새롭게 만들어지는 퍼즐이다.

미래로 나아가는 길을 찾는 것은 남들이 앞으로 나아갈 수 있도록 각 탐험가가 중요한 조각을 채워나가는 일종의 공동 작업이다.

리듬과 같은 패턴을 찾아라

마크 트웨인은 "역사는 반복되지 않지만 리듬이 있다"라는 유명한 말을 남겼다.[2] 역사를 연구하고 그 패턴을 파악하자. 이것이 바로 내가 미래에 관해 생각하는 방법에서 배운 첫 교훈이다.

우리는 1998년 초에 '오픈소스 소프트웨어'라는 용어가 어떻게 생겨나고 정제되고 채택되었는지 알아야 한다. 요컨대 우리가 변화하는 소프트웨어의 본질을 파악하는 데 오픈소스가 어떤 도움을 주었으며, 이런 새로운 이해가 어떻게 산업의 방향을 바꿔놓고 또 장차 다가올 미래에 관해 어떤 예측을 내놓고 있는지 알아야 한다는 말이다. 그래야 우리 머릿속에 그려진 지도가 어떻게 우리의 생각을 제한하고 있고, 이 지도를 수정하면 우리의 선택이 어떻게 바뀌게 될지 파악할 수 있다.

지금 고리타분한 과거를 캐내기 전에 우선 우리의 마인드를 1998년 시점으로 돌려놓아야 한다.

당시 소프트웨어는 포장 박스로 판매했고, 통상 2~3년에 한 번, 그리고 기껏해야 1년에 한 번 신규로 출시되었다. 이때 개인용 컴퓨터를 보유한 미국 가구는 42퍼센트에 불과했고, 휴대전화를 가진 미국 인구는 20퍼센트뿐이었다. 참고로 현재는 미국인의 80퍼센트가 스마트폰을 보유하고 있다. 당시 인터넷은 흥미로운 투자처였으나, 전 세계 사용자는 1억 4,700만 명으로, 오늘날의 34억 명에 비하면 턱없이 작은 규모였다. 인터넷에 접속하기 위해 당시 미국 인터넷 사용자의 절반 이상은 AOL 을 썼다. 1998년 당시 아마존과 이베이는 출시된 지 3년이 지난 시점이 었고, 구글은 그해 9월에 막 설립되었다.

마이크로소프트의 창립자이자 CEO인 빌 게이츠는 세계 최고의 갑부로 등극했다. 마이크로소프트는 개인용 컴퓨터 소프트웨어 분야에서 독점적 지위를 거머쥐며 기술 산업을 정의하는 기업으로 자리매김했다. 미국 법무부는 그때로부터 30여 년 전 IBM에 대해 취한 행보와 마찬가지로 1998년 5월 마이크로소프트에 대해 독점금지 조사를 벌이기 시작했다.

마이크로소프트에 큰 성공을 안긴 독자적 소프트웨어와는 달리, 오픈소스 소프트웨어는 누구든 자유롭게 연구하고, 수정하고, 구축할 수 있는 라이선스 형태로 배포된다. 오픈소스 소프트웨어에는 리눅스와 안드로이드 운영체제, 크롬과 파이어폭스와 같은 웹브라우저, 파이선Python과 PHP, 자바스크립트와 같은 인기 있는 프로그래밍 언어, 하둡Hadoop과 스파크Spark와 같은 최신 빅데이터 도구, 구글의 텐서플로TensorFlow, 페이스북의 토치Torch, 마이크로소프트의 CNTK와 같은 최첨단 인공지능 툴킷이 들어간다.

컴퓨터 시대 초기에는 대부분 소프트웨어가 오픈소스였다(물론 그때는 이 이름으로 불리지 않았다). 당시 일부 기본 운영 소프트웨어가 컴퓨터와 함께 제공되기는 했지만, 실제로 컴퓨터에 유용한 소프트웨어 코드의 상당수는 특정 문제의 해결을 위해 만들었다. 이 중에서도 특히 컴퓨터

과학자와 연구원이 만든 소프트웨어는 공유되는 경우가 많았다. 하지만 1970년대 말부터 1980년대에 기업들은 소프트웨어에 대한 접근 권한을 제한할 때 경제적 이익을 얻을 수 있다는 것을 깨닫고 제한적 라이선스를 통해 접근 권한을 차단하기 시작했다. 그 후 1985년 MIT의 프로그래머인 리처드 스톨만^{Richard Stallman}은 〈그누 선언문^{GNU Manifesto}〉을 통해 이른바 '자유 소프트웨어'라는 소프트웨어 원칙을 내놓았다. 여기서 자유는 무료라는 금전적 자유가 아닌 구속되지 않는 자유[3]로서 승인 없이 소프트웨어를 연구하고 재배포하고 수정할 수 있는 자유를 말한다.

스톨만의 야심찬 목표는 본래 AT&T의 연구부서인 벨연구소^{Bell Labs}에서 개발된 유닉스 운영체제를 완전히 자유 버전으로 만드는 것이었다.

1970년대 후반 처음으로 유닉스가 개발될 당시 AT&T는 정부 통신기관의 관리를 받는 전화 서비스를 합법적으로 독점 공급하며 엄청난 이득을 챙기고 있었다. 그 결과 AT&T는 컴퓨터 산업에서 경쟁이 되지 않았고, 주도권은 IBM에게로 넘어갔다. AT&T는 1956년의 법무부 법령에 따라 관대한 조건으로 유닉스를 컴퓨터과학연구그룹에 넘겼다. 전 세계 대학과 기업의 컴퓨터 프로그래머는 유닉스 운영체제의 핵심요소를 구축하는 데 기여하는 것으로 이 호의에 응답했다.

하지만 AT&T는 컴퓨터 시장에서 경쟁이 허용된 대가로 7개의 작은 회사(베이비 벨^{the Baby Bells})로 쪼개지는 데 합의한 1982년의 결정적인 판결 이후, 유닉스를 독점적인 자산으로 만들고자 했다. 또 유닉스의 대체 버전(버클리 소프트웨어 배포^{Berkeley Software Distribution})을 만든 UC버클리대학을 고소했으며, 처음부터 운영체제의 제작을 도운 대학 내 공동 연구모임을 실제로 폐쇄하려고 했다.

버클리의 유닉스가 AT&T의 법적 공격으로 발이 묶여 있는 동안, 스톨만은 그누 프로젝트('GNU는 유닉스가 아니다 GNU's Not Unix'라는 뜻으로, 의미가 없는 재귀적인 약어)를 통해 커널을 제외한 유닉스의 모든 핵심요소를 복제했다. 이 커널은 애초에 리누스 토발즈 Linus Torvalds라는 핀란드 컴퓨터 공학도가 만든 것으로, 그는 1990년 석사학위 논문에서 다양한 컴퓨터 아키텍처에 이식할 수 있는 최소한의 기능만을 모아놓은 유닉스 같은 운영체제를 다룬 바 있다. 토발즈는 이 운영체제를 리눅스라고 불렀다.

그 후 몇 년 동안은 자유 운영체제의 상업화 움직임이 맹위를 떨쳤다. 이는 기업들이 토발즈가 만든 커널과 자유소프트웨어재단 Free Software Foundation이 재현한 나머지 유닉스 운영체제의 결합이 완전한 자유 운영체제를 만들 것이라는 가능성을 포착했기 때문이다. 이제 업계의 주요 타깃은 AT&T가 아니라 마이크로소프트였다.

개인용 컴퓨터 업계의 초창기에는 IBM을 비롯해 델과 게이트웨이 Gateway 같은 'IBM과 닮은꼴 기업'이 하드웨어를, 마이크로소프트가 운영체제를, 다수의 독립 소프트웨어 기업이 워드프로세싱, 스프레드시트, 데이터베이스, 그래픽 프로그램 등과 같은 '킬러 앱'을 제공함으로써 새로운 플랫폼의 채택을 이끌었다. 마이크로소프트의 도스는 업계 생태계의 핵심이었으나 사용하기가 영 만만치 않았다. 하지만 마이크로소프트의 윈도우가 도입되면서 이 부분에도 변화의 바람이 일기 시작했다. 윈도우의 확장된 응용 프로그래밍 인터페이스 Application Programming Interfaces, API가 응용 프로그램 개발을 훨씬 수월하게 해준 것이다. 다만 이때도 마이크로소프트의 플랫폼은 외부 개발자에게 개방되지 않았다. 당시 IBM에서는 OS/2와 같은 경쟁 운영체제를 보유하고 있었지만 OS/2가 마이크로소프트 윈도우의 독주를 막기에는 역부족이었다. 곧이어 마이크로소프트는 운영체제에서 점한 우위를 발판 삼아 패키지 공급 방식으로 대규모 고객에게 마이크로소프트 워드, 엑셀, 파워포인트, 엑세스에 이어 나중에 인터넷 익스플로러(현재는 마이크로소프트 엣지)와 같은 자사 애플리케이션 사용 권한을 제공했다.

나아가 마이크로소프트는 다른 애플리케이션 업체들마저 잇달아 인수하면서 독립 소프트웨어 업계의 숨통을 서서히 죄었다.

이것이 바로 내가 목격한 리듬과 같은 패턴이다. 즉 1세대 컴퓨터를 주도하던 IBM의 독점을 깨뜨리는 혁신으로 시작한 개인용 컴퓨터 산업이 또 하나의 '승자 독식'이라는 독점 체제를 낳았다. 반복되는 패턴을 찾고 다음에 또 무엇이 되풀이될지 자문해보자.

이제는 너나 할 것 없이 과연 데스크톱 버전의 리눅스가 판도를 바꿔놓을 수 있을지에 촉각을 곤두세우고 있다. 신생기업뿐 아니라 IBM과 같은 대기업도 최고 자리의 탈환을 놓고 베팅하고 있다.

하지만 당시 리눅스에 대한 이야기에는 마이크로소프트의 경쟁사라는 것 이상의 훨씬 많은 의미가 담겨 있었다. 리눅스는 아무도 예상하지 못한 방식으로 소프트웨어 업계의 규칙을 다시 쓰고 있었다. 리눅스는 당시 이미 명성을 날리던 아마존이나 구글과 같은 세계 최고 웹사이트의 상당수를 구축하는 플랫폼으로 자리매김했을 뿐 아니라, 소프트웨어를 만드는 새로운 방식을 만들고 있었다.

1997년 2월, 독일의 뷔르츠부르크Würzburg에서 열린 리눅스 회의에서 에릭 레이먼드Eric Raymond는 〈성당과 시장The Cathedral and the Bazaar〉[4](몇몇 건축가가 만드는 성당 건축 방식을 개발자 몇몇이 폐쇄적으로 개발하는 상용 소프트웨어 개발 방식에 비유하고, 사람들로 북적이는 시장을 리눅스처럼 인터넷을 통해 누구나 개발에 참여할 수 있는 개발 방식으로 본 글로서, 자유 소프트웨어의 철학을 대변함 – 옮긴이)》이라는 글을 발표해 리눅스 커뮤니티를 깜짝 놀라게 했다. 이 글에서 에릭은 리눅스에 대한 소견과 더불어 장차 '오픈소스 소프트웨어 개발'이라고 불리는 것에 대한 자신의 경험을 들어 소프트웨어 개발 이론을 제시했다. 에릭은 이렇게 썼다.

> 5년 전에 과연 누가 감히 '전 세계 수천 명의 개발자가 인터넷이라는 가느다란 선만으로 연결된 상태'에서 파트타임으로 해킹을 하면서 세계 최정상의 운영체제를 뚝딱 만들어 내리라고 상상할 수 있었을까? … 리눅스 커뮤니티는 서로 다른 의견과 접근방법이 난무하는 도떼기시장과 같았다(리눅스 아카이브 사이트가 이것을 적절히 상징하고 있으며, 이곳에서는 누구나 파일을 올릴 수 있다). 당시 이런 시장 바닥에서 조리 있고 안정적인 시스템이 나오는 일은 기적이 몇 번 일어나야만 가능한 일로 보였다.

에릭은 지난 수십 년간 이른바 소프트웨어 개발의 바이블이 된 몇 가지 원칙을 내놓았다. 이를테면, 소프트웨어는 완벽해지기를 기다리기보다 미완성 상태에서 '조기에' 그리고 '자주' 출시되어야 한다는 것, 사용자는 '공동 개발자'로 취급되어야 한다는 것, '보는 눈이 충분히 많으면 찾지 못할 버그는 없다'와 같은 원칙이다.

오늘날 프로그래머는 오픈소스 소프트웨어를 개발하든, 기업 자체의 소프트웨어를 개발하든, 오픈소스 커뮤니티가 개척한 툴과 방법을 사용한다. 하지만 여기서 더 중요한 사실은 오늘날 인터넷 소프트웨어를 쓰는 모든 사람이 이미 에릭이 말한 원칙을 경험해 보았다는 것이다. 아마존이나 페이스북, 구글과 같은 사이트에 방문해보자. 그러면 우리는 이미 개인용 컴퓨터 시대에는 알 수 없던 방식으로 개발 프로세스에 참여하게 된다. 우리는 에릭 레이먼드가 예상했던 '공동 개발자'도 아니고, 기능 제안과 코드를 제공하는 또 다른 해커도 아니다. 그렇지만 우리는 '베타테스터'로서 끊임없이 진화하는 미완성된 소프트웨어를 테스트하고, 예전에는 상상도 할 수 없는 규모의 피드백을 제공하는 사람이다. 인터넷 소프트웨어 개발자는 끊임없이 응용 프로그램을 업데이트하고, 수백만에 달하는 사용자를 대상으로 새로운 기능을 테스트하며, 새 기능이 미치는 영향력을 측정해 그 결과를 습득한다.

에릭은 소프트웨어가 개발되는 방식에서 변화를 감지했다. 하지만 1997년에 〈성당과 시장〉을 처음 발표할 때까지만 해도 자신이 내놓은 원칙이 자유 소프트웨어와 소프트웨어 개발 개념을 훨씬 뛰어넘는 것은 물론, 위키피디아와 같은 콘텐츠 사이트가 만들어져 결국 주문형 운송(우버와 리프트)이나 주문형 숙박(에어비앤비) 같은 서비스에서 소비자를 공동 제공자로 만드는 '일대 혁명'의 불씨를 댕길 줄은 꿈에도 몰랐다.

나는 뷔르츠부르크에서 열린 같은 회의에서 강연 요청을 받았다. '하드웨어, 소프트웨어, 인포웨어Infoware 5'라는 제목으로 진행된 내 강연은 기존 강연들과는 사뭇 달랐다. 당시 나는 리눅스뿐 아니라 아마존에 한껏 매료되어 있었다. 아마존은 리눅스를 비롯한 다양한 자유 소프트웨어의 토대 위에 구축된 것이지만, 내 눈에는 예전 컴퓨팅 시대의 소프트웨어와는 근본적으로 다른 소프트웨어로 보였다.

오늘날에야 웹사이트를 응용 프로그램이라고 하고, 웹을 플랫폼이라고 부르는 것이 당연하지만, 1997년에는 상당수가 웹브라우저를 응용 프로그램으로 여겼다. 하지만 그들이 웹 아키텍처에 대해 조금이라도 지식이 있었다면 웹 서버와 관련 코드, 데이터를 응용 프로그램으로 여겼을 것이다. 당시 콘텐츠는 마이크로소프트 워드에서 문서를 관리하는 것이나 엑셀에서 스프레드시트를 만드는 것과 마찬가지로 브라우저에서 관리하는 것이었다. 하지만 이와는 반대로 나는 콘텐츠 자체가 응용 프로그램의 핵심 부분이며, 콘텐츠의 동적인 특성이 소프트웨어의 다음 단계를 위한 완전히 새로운 아키텍처 디자인 패턴을 주도하고 있다고 확신했다. 당시 나는 이 개념을 '인포웨어'라고 불렀다.

에릭이 리눅스 운영체제의 성공에 초점을 맞추며 이를 마이크로소프트 윈도우의 대안으로 보았을 시점에 나는 웹에서 이런 새로운 패러다임의 가능성을 보여주고 있는 펄Perl 프로그래밍 언어의 성공에 특히 관심이 있었다.

펄은 본래 1987년 래리 월Larry Wall이 만든 언어로, 컴퓨터 네트워크 초기에 무료로 배포되었다. 나는 1991년에 래리가 쓴 《프로그래밍 펄Programming Perl》을 출간했고, 1997년 여름에 펄 콘퍼런스의 론칭을 준비하고 있었다. 당시 내가 펄 콘퍼런스를 시작할 수 있었던 것은 1996년에 출간된 《프로그래밍 펄》의 중판이 그해 보더스의 전체 도서 판매량에서 상위 100위 안에 들었다는 점을 알고부터였다. 그때는 펄을 지원하는 회사가 없어서 업계 전문가들 눈에도 띄지 않았다.

당시 마이크로소프트는 '액티브엑스 ActiveX'라는 새로운 기술이 '인터넷을 활성화'하는 방식을 텔레비전에 광고하고 있었다. 하지만 앤드류에 따르면, 이 광고의 소프트웨어 데모는 사실상 대부분 펄 언어로 작성되었다. 그만큼 내 눈에는 동적인 웹 콘텐츠 전달 방식을 주도한 것은 액티브엑스가 아니라 펄로 보였다.

이 사실을 알게 되자 마음이 요동쳤다. 아무래도 펄을 좀 더 알려야겠다는 생각이 들었다. 1997년 초, 나는 펄의 홍보 수단으로 첫 콘퍼런스 계획을 발표했다. 사실 뷔르츠부르크 리눅스 회의에 참석한 이유 중 하나도 펄을 언급하기 위해서였다.

나중에 이 강연을 토대로 쓴 글에서 나는 이렇게 언급했다.

"인터넷의 덕트 테이프(생활에서 여러 가지 분야에 널리 쓰이는 접착 테이프로서 우리나라의 청테이프와 비슷한 용도임 - 옮긴이)'라고 부르는 펄은 덕트 테이프처럼 온갖 종류의 예기치 않은 상황에서 유용하게 쓰이고 있다. 덕트 테이프로 붙여놓은 영화 세트와 마찬가지로 웹사이트도 종종 하루 만에 만들었다가 닫을 수 있을 만큼 가벼운 툴과 빠르고 효과적인 솔루션이 필요하다."

나는 소프트웨어 인터페이스가 아닌 정보 인터페이스로 컴퓨터를 제어하는 '인포웨어' 패러다임의 핵심 동력이 바로 펄의 덕트 테이프 방식이라고 보았다. 당시에도 설명했지만 웹 링크는 극히 제한된 인간 언어가 기존의 소프트웨어 프로그램으로 변환되는 드롭다운 소프트웨어 메뉴 방식이 아니었다. 이는 컴퓨터에 내린 명령이 일상의 인간 언어로 쓰인 동적 문서로 변환되는 방식이었다.

이 강연의 다음 부분에서는 그 후로도 몇 년 동안 나를 사로잡았던 역사적 닮은꼴에 중점을 두었다. 당시 나는 예전에 마이크로소프트와 개별 소프트웨어 산업이 IBM을 대체한 방식과, 오픈소스 소프트웨어와 인터넷의 개방형 프로토콜이 마이크로소프트를 놓고 취하던 방식 사이의 닮은 점에 상당한 관심이 있었다.

1978년 내가 처음 컴퓨터 업계에 진출했을 때, 당시 업계는 IBM의 독점을 무너뜨리려고 발버둥치고 있었다. IBM이 맹위를 떨치던 지위는 마이크로소프트가 20년 후에 점령한 지위와 별반 다르지 않았다. IBM은 소프트웨어와 하드웨어가 긴밀히 결합된 방식의 통합 컴퓨터 시스템을 토대로 업계를 쥐락펴락하고 있었다. 당시 새로운 유형의 컴퓨터를 만들려면 새로운 하드웨어와 이를 제어하는 새로운 운영체제를 두루 개발해야 했다. 그런데 주도적인 소프트웨어 업체가 거의 없던 시절에는, 오늘날 휴대폰 개발자들이 하드웨어에 맞추어 아이폰용과 안드로이드용 소프트웨어 버전을 따로 만들듯이 소프트웨어 업체가 어떤 특정 하드웨어 업체에만 공급할 소프트웨어를 따로 만들거나, 여러 하드웨어 아키텍처로 만든 소프트웨어를 포팅하는 방법 가운데 선택해야 했다. 한술 더 떠서 1980년대 중반에 내 고객 중 한 명은 무려 200가지가 넘는 다른 버전의 소프트웨어를 유지해야 한다고 말하기도 했다.

1981년 8월에 출시된 IBM의 개인용 컴퓨터는 이 모든 상황을 뒤집어 놓았다. 1980년, IBM은 새로운 마이크로컴퓨터 시장을 놓치고 있다는 사실을 깨닫고, 새로운 컴퓨터 개발을 위해 관료주의에 얽매이지 않고 자율성을 부여 받아 창의성을 바탕으로 진행하는 스컹크워크스skunkworks 프로젝트를 단행했다. 여기서 IBM은 비용을 절감할 뿐 아니라 협력업체에서 라이선스를 취득한 소프트웨어를 비롯해 자신들이 산업 표준 부품을 사용하는 개방형 아키텍처 개발을 앞당긴다는 중대한 결정을 내렸다.

IBM의 개인용 컴퓨터는 시장에 선보이자마자 날개 돋친 듯 팔려나갔다. IBM은 첫 5년간 판매량을 25만 대로 예측했다.[6] 하지만 소문에 따르면 첫날에 팔린 물량만 이미 4만 대였고,[7] 2년도 되지 않아 100만 대 이상이 팔려나갔다.

'하지만 IBM의 경영진은 장차 자신들의 의사결정이 가져올 전반적인 파장을 인식하지 못했다.' 당시 소프트웨어는 컴퓨터 업계에서 소규모였고, 컴퓨터의 필수요소이기는 했지만 사소한 부분이었으며, 별도로 판매되기보다는 하드웨어에 딸린 패키지로 제공되는 경우가 많았다. 따라서 새로운 컴퓨터와 함께 운영체제를 제공할 시점이 되자 IBM은 마이크로소프트에서 소프트웨어 라이선스를 취득하기로 결정하고 IBM이 주도하지 않는 시장 부문에 한해서 마이크로소프트가 자사의 소프트웨어를 재판매하는 권리를 주었다.

당시 개인용 컴퓨터 시장 규모는 폭발 직전이었다. IBM이 컴퓨터 시장에서 성공을 거머쥐자 IBM 컴퓨터와 닮은꼴인 컴퓨터가 수십에서 수백 종이 봇물 터지듯 쏟아져 나온 것이다. IBM의 개인용 컴퓨터 아키텍처는 점차 다른 개인용 컴퓨터 디자인뿐 아니라 향후 20년에 걸쳐 미니 컴퓨터와 메인 프레임 디자인을 대체하는 표준으로 자리매김했다.

하지만 이처럼 수백 개에 달하는 크고 작은 제조사가 일제히 덤벼들어 IBM을 본뜬 개인용 컴퓨터를 제작하면서 IBM은 주도권을 잃게 되었다. 이제는 소프트웨어가 컴퓨터 산업에서 태양과 같은 중심으로 떠올랐으며, 마이크로소프트는 가장 중요한 회사로 등극했다.

인텔 역시 대담한 의사결정을 통해 독보적인 역할을 구축했다. 당시

IBM은 어느 공급업체도 자사를 압박하는 위치에 서지 못하도록 자사의 개방형 하드웨어 아키텍처의 모든 구성요소를 적어도 두 곳에서 공급을 받는다는 방침을 세워놓았다. 이 방침에 따라 인텔은 경쟁업체인 AMD에게 8086 칩과 80286 칩을 라이선스 형태로 판매했다. 하지만 1985년에 인텔은 IBM에 맞서기 위해 80386 프로세서의 출시와 함께 IBM의 경쟁사인 컴팩에 제일 먼저 80386 프로세서를 공급하는 대담한 결정을 내렸다. 인텔은 IBM을 본뜬 컴퓨터를 찍어내던 당시 시장이 이미 포화되었다고 확신했다.

IBM, 마이크로소프트, 인텔의 사례는 미래를 알려주는 또 하나의 교훈이다. 그저 우연히 일어나는 일이란 없다. 일은 사람이 한다. 중요한 것은 개인의 결정이다.

1998년까지 컴퓨터 산업의 흐름은 대체로 되풀이되는 양상을 띠었다. 마이크로소프트는 개인용 컴퓨터 운영체제의 유일한 공급업체라는 입지를 발판 삼아 데스크톱 소프트웨어의 독점 체제를 구축했다. 소프트웨어 응용 프로그램은 마이크로소프트가 경쟁업체에 대해 의도적인 진입장벽을 쌓아가면서 갈수록 복잡해졌다. 이에 따라 단일 프로그래머나 소규모 회사는 더 이상 개인용 컴퓨터 소프트웨어 시장에 발붙일 수 없게 되었다.

하지만 이제는 오픈소스 소프트웨어와 인터넷의 개방형 프로토콜이 그 지배력에 도전장을 내밀면서 소프트웨어 시장 진입장벽이 무너지게 되었다. 이처럼 역사 자체는 반복되진 않더라도 적어도 리듬과 같은 패턴이 있기 마련이다.

현재 사용자는 새로운 소프트웨어를 무료로 써볼 수 있다. 심지어 오픈소스 소프트웨어를 바탕으로 각자 자신만의 새로운 소프트웨어를 만들 수도 있다. 그것도 무료로 말이다. 소스 코드는 수많은 개별 사용자가 볼 수 있도록 공개되어 있다. 누군가 어떤 부분이 마음에 들지 않으면 덧붙이거나 빼거나 완전히 새롭게 만들 수도 있다. 그렇게 보완된 소프트웨어는 다시 커뮤니티로 배포되고, 또다시 삽시간에 퍼져나간다.

무엇보다 오픈소스가 출현한 이후에는 개발자들이 (적어도 처음에는) 돈벌이를 놓고 경쟁하기보다 실제 문제의 해결에만 중점을 두었기 때문에 돈 문제를 떠나 다양한 실험을 해볼 수 있었다. 오픈소스 소프트웨어를 사용하다 보면 심심찮게 들리는 말이 있다. 바로 '가려운 곳을 스스로 긁어라'는 말이다. 오픈소스 프로그램은 개발 방식이 분산된 형태로 이루어지기 때문에 사용자들이 새로운 기능을 자체로 추가하면서 스스로 설계하는 만큼 '진화한다.'

바로 이 다양성 때문에 우리는 마이크로소프트가 제공하는 현재의 기술이 아닌 자유 소프트웨어와 인터넷에서 미래의 씨앗을 발견하게 된 것이다.

언제나 그렇듯 미래를 보고 싶다면 주류가 가진 기술이 아닌 비주류의 혁신가가 만든 기술을 살펴보아야 한다.

40여 년 전 개인용 컴퓨터 소프트웨어 업계에 뛰어든 사람들의 대부분은 기업가가 아니었다. 그들은 '나만의 컴퓨터를 가질 수 있다'는 발상에 얼토당토않은 호기심을 품은 어린 친구들이었다. 그들에게 프로그래밍은 일종의 마약과 같았다. 아니, 마약을 하거나 록밴드에 가입하는 것보다 신나는 일이었고, 그들이 상상할 수 있는 어떤 직업보다도 재미있는 일이었다. 이제 리눅스라는 오픈소스 운영체제는 전 세계 9,000만 명이 이용하는 개인용 컴퓨터 운영체제이고, 수십억 명이 이용하는 주요 인터넷 사이트의 운영체제이며, 모든 안드로이드 휴대전화기의 기반 기술로 활용되고 있다. 이런 리눅스를 어떻게 개발했는지를 소개한 리누스 토발즈의 책 이름을 아는가? 바로《재미로 만든 리눅스Just for Fun》[8]다.

월드와이드웹도 같은 방식으로 출발했다. 처음에는 아무도 월드와이드웹을 진지한 돈벌이로 여기지 않았다. 그저 일을 나누는 기쁨이 있으면 족했고, 링크를 클릭해 지구 반대편의 컴퓨터와 연결되는 쾌감이 있으면 족했고, 그곳에서 만난 동료들과 비슷한 목표를 일궈나가는 기쁨이 있으면 족했다. 모두 열광적인 지지자였고, 그중 일부는 기업가였다.

새로운 것을 찾는 열정이 세상을 주도하고, 기술 공유가 새로운 경제의 요람이 될 수 있음을 확실히 알았던 자는 개인용 컴퓨터 시대의 빌 게이츠, 스티브 잡스, 마이클 델, 그리고 웹 시대의 제프 베조스Jeff Bezos, 래리 페이지Larry Page, 세르게이 브린Sergey Brin, 마크 저커버그와 같은 기업가였다. 그들은 재정적인 후원자를 찾았고, 장난감으로 도구를 만들었으며, 시대적인 흐름을 산업으로 전환시켜 사업을 일으켜 세웠다.

우리가 얻을 교훈은 분명하다. 호기심과 경이로움을 미래를 위한 지침으로 삼자. 그 경이로움의 감정은 앞에서 말한 열정이 넘치는 자들이 우리가 아직 보지 못하는 무언가를 먼저 보고 있다는 뜻일 것이다.

자유 소프트웨어를 중심으로 성장한 소프트웨어의 엄청난 다양성은 나의 출판 비즈니스를 이끈 베스트셀러에도 반영되었다.

나는 자유 프로그램의 개발자 중 상당수가 실제로 생판 모르는 남이라는 것을 깨달았다. 리눅스를 중심으로 모인 자유 소프트웨어 커뮤니티는 인터넷 사용자들과는 그다지 교류가 많지 않았다. 나는 이 두 영역을 유심히 눈여겨보다가 결국 하나로 묶기로 마음먹었다. 그들은 서로를 같은 맥락의 일부로 볼 필요가 있었다.

1998년 4월, 나는 당시 주요 자유 소프트웨어 프로그램의 제작자들을 한자리에 불러 모으기 위해 '프리웨어 서밋Freeware Summit'이라고 부르는 행사를 주최했다.[9]

팔로알토에서 열린 이 행사에서 나는 리누스 토발즈, 브라이언 벨렌도프Brian Behlendorf(아파치Apache 웹서버 프로젝트의 창립자 중 한 명), 래리 월, 귀도 반 로섬Guido van Rossum(파이선 프로그래밍 언어의 창시자), 제이미 자윈스키Jamie Zawinski(모질라 프로젝트의 수석 개발자), 에릭 레이먼드Eric Raymond, 마이클 티만Michael Tiemann(자유 소프트웨어 프로그래밍 도구를 상용화한 시그너스 솔루션스Cygnus Solutions의 창립자 겸 CEO), 폴 빅시Paul Vixie(인터넷 도메인 네임 시스템 소프트웨어인 버클리 인터넷 이름 데몬Berkeley Internet Name Daemon, BIND의 저자이자 관리자) 그리고 인터넷 이메일의 대부분을 전송한 소프트웨어인 센드 메일Sendmail의 저자인 에릭 올먼Eric Allman을 한자리에 불러 모았다.

이 회의에서 제기된 주제 중 하나는 '자유 소프트웨어'였다. 당시 리처드 스톨만의 자유 소프트웨어 운동은 모든 소프트웨어의 소스 코드가 자유롭게 공유되어야 하며, 그렇게 하지 않으면 부도덕하다는, 겉으로 보면 급진적인 주장을 펼쳐 많은 적을 만들어내고 있었다. 한술 더 떠서 당시 자유 소프트웨어라는 용어를 놓고 많은 사람은 개발자들이 '자유 소프트웨어'의 상업적 이용을 극도로 꺼린다는 의미로 받아들였다. 이 회의에서 리누스 토발즈는 "나는 (영어로) 자유free라는 말에 '자유libre'와 '무료gratis'라는 두 가지 뜻이 있다는 사실을 미처 깨닫지 못했다"라고 덧붙였다.

펄을 만든 래리 월은 자유 소프트웨어에 대한 내 사고를 정립하는 데 도움을 준 멘토였다. 한번은 그에게 왜 펄을 자유 소프트웨어로 만들었는지 물었다. 그러자 그는 "먼저 내가 남들이 한 작업에서 많은 가치를 얻었고, 나도 무언가를 돌려줘야 할 의무를 느꼈기 때문"이라고 답했다. 래리는 또한 스튜어트 브랜드Stewart Brand의 고전적 관찰에 대한 인용구를 변용해 이렇게 말했다.

"정보는 자유로워져야 하는 게 아니라, 가치 있어야 하는 것이다."

많은 다른 자유 소프트웨어 제작자와 마찬가지로, 래리도 자신의 정보(소프트웨어)를 더욱 가치 있게 만드는 유일한 방법이 거저 주는 일뿐이라는 사실을 깨달았다. 남들이 자신에게서 공짜로 받은 소프트웨어에 변화를 가하고 향상시킨 결과물을 다시 래리 자신뿐 아니라 다른 모든 사람이 쓸 수 있었기 때문에 결국 자신이 만든 소프트웨어의 효용성을 높일 수 있었던 것이다. 이처럼 소프트웨어는 보편화될수록 발전된 소프트웨어를 만드는 자연스러운 토대가 된다.

하지만 당시 또 한 가지 분명하게 깨달은 사실이 있었다. 그것은 (대부분 자유 소프트웨어 지지자들이 부도덕하다고 여기던 마이크로소프트와 같은 기업을 포함한) 독자 소프트웨어 기업도 과거에 자사 정보에 대한 접근을 제한하는 식으로 자사 정보를 가치 있게 만들 수 있다는 점을 알았다는 사실이다. 이 방식을 활용해 마이크로소프트는 자사는 물론 자사의 주주에게도 막대한 가치를 안겨주었고, 개인용 컴퓨터의 보편화를 이끈 핵심 기업이 되었으며, 오늘날 글로벌 컴퓨팅 네트워크에서 없어서는 안 될 선도기업으로 자리매김했다. 이는 사회 전반에 걸쳐 제공된 가치였다.

래리 월과 빌 게이츠는 닮은 점이 많았다. 그들은 (물론 여러 사람과 협력하기는 했지만) 지적인 제작자로서 가치를 극대화하는 최선의 방법에 대한 전략적 결정을 내린 인물이었다. 역사를 통해 그들이 세운 개별 전략이 효과가 있었다는 사실은 이미 밝혀졌다. 다만 궁금한 점은 어떻게 한 개인이나 회사의 단순한 '가치 포획value capture'이 아닌 사회 전체의 '가치 창출value creation'을 극대화했느냐다. 소프트웨어를 공짜로 주는 안이 자체 소프트웨어를 유지하는 안보다 나은 전략이 되는 조건은 무엇이었을까?

이 질문은 내가 업계에 몸담은 기간 내내 더욱 폭넓게 되풀이되었다.

'비즈니스가 어떻게 자신보다 사회를 위해 더 많은 가치를 창출할 수 있을까?'

'미래에 사는 사람'을 한데 모아라

우리가 자유 소프트웨어의 새 이름을 놓고 골머리를 앓고 있을 때 여기저기서 다양한 대안이 올라왔다. 그중에서 에릭 레이먼드는 '오픈소스'를 제안했다.

모두가 새 이름을 좋아한 것은 아니었다. 어떤 사람은 "발음이 아물지 않은 상처open sores처럼 들리는데요?"라고 말하기도 했다. 하지만 우리는 모두 '자유 소프트웨어'라는 이름에 심각한 문제가 있으며, 새 이름을 널리 채택하는 것이 앞으로의 발전에 중요한 발판이라는 데 의견을 같이 했다.

새 이름의 탄생은 내가 마지막 날 〈뉴욕타임스〉, 〈월스트리트 저널〉, 〈산호세 머큐리 뉴스〉(당시는 〈실리콘밸리 신문〉), 〈포춘〉, 〈포브스〉를 비롯한 여러 나라의 기자들을 불러놓고 간담회를 열면서 중요한 터닝 포인트를 맞았다.

그 후 몇 주 동안, 나는 수십 번의 인터뷰를 통해 인터넷 인프라의 가장 중요한 부분이 '오픈소스'라고 설명하는 자리를 가졌다. 나는 아직도 초반에 진행한 많은 인터뷰에서 맞닥뜨렸던 불신과 놀라움의 반응을 기억한다. 하지만 몇 주 후, 이런 불신과 놀라움은 지혜이자 새로운 지도로 받아들여졌다.

이것은 미래를 보는 방법에 관한 중요한 교훈이다. 이미 미래에 사는 사람들을 한데 모아라. 공상과학 소설가인 윌리엄 깁슨William Gibson은 "미래는 이미 여기에 와 있다. 아직 모든 사람이 인식하고 있지 못할 뿐이다"라는 인상적인 말을 남겼다. 리눅스와 인터넷의 초기 개발자들은 이미 더 넓은 세상으로 나아가는 미래에 살고 있었다. 이들을 한데 모으는 것이 지도를 다시 그리는 데 필요한 첫 번째 단계였다.

지금 보고 있는 것이 '지도'인가 아니면 '도로'인가?

여기에는 또 하나의 교훈이 담겨 있다. 자신이 언제 '도로가 아닌 지도'를 보고 있는지 스스로 인식할 수 있도록 훈련해 나가자. 끊임없이 도로와 지도를 비교하면서 지도에서 빠진 모든 것을 주의 깊게 살펴보자. 이 방식으로 나는 리처드 스톨만과 에릭 레이먼드가 제시한 자유 소프트웨어에 대한 설명이 정작 가장 성공적인 자유 소프트웨어, 즉 인터넷의 토대가 되는 자유 소프트웨어를 간과했다는 사실을 깨달았다.

'지도는 보는 것을 대체하는 게 아니라 보는 데 도움이 되어야 한다.' 이는 도로가 아닌 지도만 보고 갈 경우 방향을 틀 곳을 미리 알아서 준비할 수는 있지만, 예상 지점에서 방향을 틀 곳이 나타나지 않을 경우 잘못된 길로 접어들게 되는 것과 같은 이치다.

길 위에서 눈을 떼지 않는 훈련은 내가 15살 때인 1969년에 시작되었다. 당시 17살이던 나의 형 숀은 장차 내 지적인 삶에서 중요한 역할을 할 조지 사이먼George Simon을 만났다. 조지는 보이스카우트의 18세 이상 소년 단원으로 구성된 익스플로러 스카우트의 부대장이었다. 숀이 가입한 이 조직이 중점을 둔 내용은 비언어적 의사소통이었다.

조지는 언어 자체가 일종의 지도라는, 언뜻 보면 말도 안 되는 생각을 품고 있었다. 통상 언어는 '우리가 볼 수 있는 것'과 '그것을 보는 방법'을 형성한다. 당시 조지는 1933년에 《과학과 건전한 정신Science and Sanity》이라는 책을 낸 알프레드 코르지프스키의 작품을 연구했다. 참고로 코르지프스키의 작품은 1960년대에 그의 제자인 하야카와Hayakawa의 작품을 통해 다시 주목받았다.

코르지프스키는 실재reality 자체가 근본적으로 알 수 없는 것이라고 믿었다. 어떤 실재가 '무엇'인지 알게 되는 것은 신경계가 인식하는 것으로 한정되기 때문이다. 이를테면, 개는 인간과는 매우 다른 세계를 인식하며, 사람도 개인별로 세상에 대한 경험이 천차만별이다. 하지만 관건은 우리의 경험이 우리가 쓰는 말로 형성된다는 것이다.

예전에 말을 키우던 캘리포니아의 작은 도시 세바스토폴Sebastopol로 이사 간 지 수년 후, 나는 지금도 잊지 못할 생생한 순간을 경험했다. 예전에는 풀밭을 바라볼 때면 그저 '잔디'라고 불리는 것들로만 뒤덮인 것 같았다. 그런데 시간이 지날수록 살갈퀴와 같은 다른 종류의 마초뿐 아니라, 귀리, 호밀, 과수원 풀, 알팔파의 차이점도 구별할 수 있게 되었다.

이제 풀밭을 보면 내가 모르는 종류의 풀까지도 볼 수 있다. 풀에 관한 용어를 많이 알게 될수록 더 깊이 볼 수 있게 된 것이다.

언어는 또한 우리를 잘못된 길로 이끌 수도 있다. 코르지프스키는 우리가 쓰는 단어들이 우리의 경험을 어떻게 형성하는지 보여주고 싶어 했다. 즉 한 유명한 일화에서 그는 갈색 종이에 싼 비스킷[11]을 자신이 가르치는 학생들과 공유했다. 몇 초가 지나고 모든 학생이 우적우적 비스킷을 먹고 있을 무렵, 그는 갈색 종이를 찢어 자신이 나누어준 비스킷이 애완견 먹이였다는 사실을 학생들에게 보여주었다. 그러자 몇몇 학생이 수업을 듣다 말고 뛰쳐나갔다. 코르지프스키가 전해주고자 한 교훈은 바로 이것이었다.

"저는 단지 사람들이 음식만 먹는 게 아니라 말로 표시된 관념을 먹으며, 말로 표시된 맛이 음식의 맛을 압도해 버리는 경우가 많다는 사실을 밝혀냈을 뿐입니다."

코르지프스키는 언어 문제로 인해 많은 심리적·사회적 착오가 발생할 수 있다고 주장했다. 가령 인종차별주의를 떠올려보자. 사람들은 근본적으로 인간성을 부정하는 인종차별이라는 말 때문에 인종차별을 한다. 코르지프스키는 모든 사람이 사물의 구체적인 속성 중 어떤 속성은 취하고 그외는 배제하는 추상화의 과정을 본능적으로 인식해야 한다고 강조했다. 추상화의 과정을 통해 실재는 실재에 관한 일련의 말로 된 설명으로서 우리를 잘 인도할 수도 있지만, 잘못 인도할 수도 있는 지도로 전환된다는 것이다.

이런 통찰력은 특히 2016년 미국 대통령 선거에 큰 걸림돌이 되었던 가짜 뉴스와 같은 사건이 발생할 때 중요해지는 것 같다. 문제는 워싱턴 DC의 피자 가게가 힐러리의 아동 학대 근거지라는 터무니없는 가짜 뉴스가 터져 나왔다는 것뿐 아니라, 잘못된 선입견을 부추기는 이런 가짜 뉴스가 알고리즘을 통해 갈수록 체계적으로 채택되었다는 것이다.

지금 사회의 모든 부문은 각기 매우 다른 지도가 이끌어가고 있다. 우리가 실제 도로와 같은 현실을 반영하는 지도를 만들기보다 정치적 또는 사업적 목표만을 추구하는 지도를 만든다면 전 세계의 가장 시급한 현안을 어떻게 처리할 수 있을까?

몇 년 동안 조지와 함께 일하면서 나는 실재에 관해 쓰는 말의 혼란에 휩싸일 때는 물론 실제로 경험한 것에 집중하게 되거나, 나아가 이 경험을 넘어서는 사물의 본질에 도달하게 될 때 이런 시점을 거의 본능적으로 인식하게 되었다. 기존에 알려지지 않은 새로운 것에 직면하게 될 때 훈련된 수용력, 즉 미지의 것에 대해 열린 감각을 지니게 되면 그저 과거의 지도를 덮어씌우는 차원이 아닌 더 나은 지도를 그릴 수 있다.

사실 과학 연구의 핵심은 지도의 단순한 수정이 아닌, 세상을 있는 그

대로 관찰하는 이런 훈련이다. 나는 이 책에서도 비즈니스와 기술에서 이런 사례를 만들려고 노력했다.

전설적인 물리학자 리처드 파인만Richard Feynman이 자서전인《파인만 씨, 농담도 정말 잘하시네요》에서 밝혔듯이, 그는 안식년에 브라질에 있으면서 자신의 수업을 들은 많은 학생이 스스로 배운 것을 잘 적용하지 못하는 모습에 몹시 놀랐다. 사실상 그는 학생들에게 편광 필름의 스트립을 이용한 시연과 함께 빛의 양극화에 관한 강의를 한 직후, 해수면에서 반사된 빛을 필름에 투과하기만 하면 얼마든지 답할 수 있는 질문을 던졌다. 하지만 그 질문(브루스터 각Brewster's Angle 또는 편광각)을 받은 학생들은 정작 관련 공식은 달달 외우고 있으면서도 그 공식을 알면 그 질문에 답할 수 있다는 생각은 미처 하지 못했다. 공식을 이루는 부호와 연산 기호(지도)는 배웠지만 실생활에서 활용하기 충분할 정도로 공식과 기본 현실을 관련 지을 수 없었던 탓이다.[12] 파인만은 이렇게 썼다.

"나는 도무지 사람들이 이해가 안 된다. 그들은 이해하면서 배우는 게 아니라 기계적 암기 같은 방법 등으로 배운다. 그들의 지식은 너무나도 얄팍하다!"

자신이 말로 표시된 관념에 매인다는 사실을 스스로 알면서도 '도로를 보기보다 지도를 보는 법'을 터득하기란 여간 어려운 일이 아니다. 이때 우리가 기억해야 할 핵심 사항은 경험하고 실행해봐야 한다는 것이다. 이는 그저 읽어서 습득되는 게 아니라, 실제로 해봐야 한다는 말이다. 다음 장에서 살펴보겠지만, 이것이 바로 내가 오픈소스 소프트웨어의 중요성을 이해하려는 끊임없는 투쟁 가운데서 터득한 것이다.

02
글로벌 브레인의 탄생과 진화

WHAT'S THE FUTURE

리눅스보다는 인터넷에 중점을 두면서 나는 다른 오픈소스 옹호자와는 전혀 다른 행보를 취하게 되었다. 그들은 최고의 오픈소스 라이선스에 대해 논쟁하고 싶어 했지만, 나는 다른 사람들이 생각하는 것만큼 라이선스가 중요하다고 여기지 않았다.

그도 그럴 것이 당시 나는 구글이 구축한 대규모의 차세대 인프라와 비즈니스 프로세스에 온통 마음을 빼앗기고 있었다. 다른 사람들도 여기에 관심을 두기는 했지만, 그들은 구글과 같은 종류의 인프라가 필요한 회사나 구글과 같은 종류의 기술을 사용하는 회사가 거의 없을 것이라고 속단했다. 하지만 그들의 생각은 틀렸다.

이것이 바로 내가 다음으로 얻은 교훈이다. 미래가 이미 와 있는데도 아직 모든 사람이 모른다면 미래의 씨앗을 찾아 연구하고 그것이 새로운 표준이 되었을 때 상황이 어떻게 달라질지 자문해보자. 이 트렌드가 계속되면 과연 어떤 일이 벌어질까?

그 후 몇 년 동안 나는 내 주장을 다듬어 나갔다. 그리고 마침내 '오픈 소스 패러다임 전환Open Source Paradigm Shift'[1]이라는 제목의 강연에서 비즈니스와 기술 분야의 청중에게 수백 번에 걸쳐 내 주장을 전달했다. 이 강연에 설 때면 나는 항상 "리눅스를 쓰는 분 계신가요?"라는 질문으로 화두를 열었다. 손을 든 사람이 별로 없을 때도 있고 많을 때도 있었다. 하지만 "구글을 쓰는 분 계신가요?"라는 질문에 대해서는 거의 모두가 손을 들었다. 그러면 나는 이렇게 말했다.

"여러분은 지금 쓰고 계신 소프트웨어가 여전히 본인의 PC에서만 실행된다고 말하는 것과 같습니다. 하지만 구글은 리눅스를 토대로 구축되었기 때문에 사실 여러분은 지금 '모두' 리눅스를 쓰고 계신 겁니다."

우리가 세상을 바라보는 방식은 시야를 제한한다

마이크로소프트는 데스크톱 컴퓨터에서 실행되는 독자 소프트웨어를 통해 경쟁우위를 얻고 사용자를 주도하는 패러다임을 이끌었다. 대부분의 자유 소프트웨어와 오픈소스 지지자들은 당시 상황을 세계를 아우르는 일종의 지도로 받아들였으며, 마이크로소프트 윈도우와 경쟁할 데스크톱과 노트북 운영체제로 리눅스를 점찍고 있었다.

하지만 나는 그 자리에서 오픈소스가 차세대 컴퓨터 응용 프로그램의 '인텔 인사이드Intel Inside(인텔의 CPU를 공급받는 개인용 컴퓨터 업체들이 자체 홍보 시에 인텔의 CPU가 장착되어 있다는 내용도 포함함으로써 컴퓨터 핵심요소가 인텔 CPU라는 것을 부각하는 브랜드 전략 - 옮긴이)'가 되고 있다고 주장했다. 당시 나는 이런 차세대 소프트웨어의 실행 방법이 기존 소프트웨어와는 어떻게 다른지, 또 이런 차세대 소프트웨어가 그동안 리눅스가 데스크톱에서 치러온 어떤 경쟁보다 얼마나 더 강력하게 컴퓨터 산업의 경쟁 역학을 흔들어 놓을지 생각해봤다.

오픈소스 개발자들이 소프트웨어를 무료로 제공했을 때 많은 사람의 머릿속에 떠오르는 것은 오직 한때 엄청난 가치의 핵심이던 소프트웨어가 평가 절하되는 모습이었다. 이런 연유로 레드햇^{Red Hat}의 창립자인 밥 영^{Bob Young}은 한때 내게 "제 목표는 운영 시스템 시장의 규모를 줄이는 겁니다"라고 말한 바 있다(그러면서도 레드햇은 작아진 시장에서 거대한 부분을 차지할 목표를 세우고 있었다). 또 마이크로소프트의 짐 알친^{Jim Allchin} 부사장과 같은 기존 체제 옹호자는 '오픈소스는 지적재산권의 파괴자'[2]라고 주장하며, 오픈소스가 보편화될 경우 큰 산업이 파괴되고 복구가 불가능할 것이라는 암울한 전망을 내놓았다.

이처럼 운영체제, 데이터베이스, 웹서버와 브라우저, 관련 소프트웨어의 범용화는 실제로 마이크로소프트의 핵심 사업에 위협을 가했다. 하지만 범용화라는 파괴는 인터넷 시대의 킬러 앱에게 기회를 마련해 주었다. 범용화가 가져온 결과인 우버와 같은 주문형 서비스, 자율주행차, 인공지능의 효과를 고려할 때 이 역사는 기억될 가치가 있다.

나는 《혁신 기업의 딜레마^{The Innovator's Dilemma}》와 《성장과 혁신^{Innovator's Solution}》의 저자 클레이튼 크리스텐슨^{Clayton Christensen}이 발전시킨 프레임워크를 보면서 이 프레임워크가 내가 그간 관찰해오던 것을 잘 설명해주고 있다고 생각하게 되었다. 2004년에 출간된 〈하버드 비즈니스 리뷰〉의 한 기사에서 클레이튼 크리스텐슨은 '매력적인 이윤보존의 법칙'이라는 개념에 대해 이렇게 언급했다.

"제품은 모듈화와 범용화의 단계를 거치기 때문에, 가치사슬의 한 단계에서 매력적인 이익이 사라지면 독점 제품으로 매력적인 이익을 얻을 수 있는 기회는 일반적으로 인접 단계에서 나타난다."[3]

나는 오픈소스 소프트웨어가 요구하는 패러다임 변화에서 크리스텐슨의 매력적인 이윤보존의 법칙이 적용되는 장면을 목격했다. 예컨대 IBM의 개인용 컴퓨터 기본 디자인의 범용화 덕분에 소프트웨어 분야에서 이익 창출의 기회가 나타난 것처럼, 인터넷을 토대로 한 범용 오픈소스 덕분에 새로운 자체 응용 프로그램에서 이익 창출의 기회가 생겨나고 있다.

리눅스를 토대로 구축된 구글과 아마존은 자유·오픈소스 소프트웨어에 대한 기존의 인식에 맞서 진지한 도전장을 내밀었다. 물론 여기에는 리눅스를 토대로 구축된 응용 프로그램도 있었지만, 이런 응용 프로그램은 토대가 리눅스라는 점만 빼면 지나치다 싶을 만큼 자체 표준으로 구현된 것이었다.

하지만 이런 구글과 아마존 같은 사이트가 소스 코드를 거저 준다고 해도 사용자가 실행 중인 응용 프로그램의 전체 복사본을 쉽게 만들 수는 없다. 나는 리처드 스톨만과 같은 자유 소프트웨어 지지자들에게 그들이 아마존이나 구글이 리눅스 위에 구축한 소프트웨어를 전부 가지고 있다고 해도 아마존이나 구글을 소유하지는 못할 것이라고 말한 바 있다.[4] 그 까닭은 이 사이트들이 일련의 '소프트웨어 프로그램'으로만 구성되지 않았기 때문이다. 그들은 대용량 데이터는 물론 해당 데이터를 통해 지속해서 서비스를 수집하고, 관리하고, 구축하는 데 사용되는 '사람과 비즈니스 프로세스'로 구성되어 있다. 이런 것은 복사할 수 없는 법이다.

내가 이런 일련의 논점을 탐구하고 있을 때, 기술은 자체적으로 지각 변동을 일으키는 과정에서 지도에 반영되어야 할 새로운 대륙들을 추가해 나가고 있었다. 1999년 6월, 파일 공유 사이트인 냅스터Napster는 사용자가 인터넷을 통해 음악 파일을 무료로 공유하는 방식으로 업계를 이끌었다. 기술적 관점에서 가장 흥미로웠던 점은 냅스터를 비롯한 프리넷FreeNet, 그누텔라Gnutella, 조금 나중에 나온 비트토렌트BitTorrent와 같은 파일 공유 사이트들이 기존의 온라인 음악 사이트처럼 모든 파일을 한곳에 보관하지 않는다는 것이었다. 그들은 인터넷을 통해 수백만 명에 달하는 사용자의 하드 드라이브에 파일을 저장했다. 오라일리 출판사의 편집자인 앤디 오럼Andy Oram은 이런 파일 공유 사이트의 비즈니스적 의미보다 구조적 의미가 중요하다고 강조한 바 있다(이는 비트코인과 블록체인으로 15년 후에 반복된 역사다).

파일 공유는 월드와이드웹을 초월한 일종의 분산화였다. 미래에는 인터넷이 차세대 소프트웨어 응용 프로그램과 콘텐츠를 위한 플랫폼이 될 수 있다는 사실이 분명하게 와 닿았다.

또한 미래는 파일 공유에만 국한되지 않았다. 1999년 중반에 시작된 외계 지적 생명체 탐사 프로젝트인 세티앳홈SETI@home에서는 인터넷 사용자들이 자신의 컴퓨터에서 남는 자원을 제공해 외계인의 흔적을 찾는 전파망원경 신호 분석에 직접 참여한 바 있다. 이때 수천 대의 컴퓨터는 파일과 데이터뿐 아니라 컴퓨팅 작업까지 나누어 수행할 수 있었다. 또 당시 개발자들은 웹의 강력한 응용 프로그램이 다른 프로그램에서 호출할 수 있는 구성요소가 될 수 있다는 사실에 눈뜨기 시작했다. 바로 '웹 서비스'를 두고 하는 말이다. 이제 API는 마이크로소프트와 같은 운영체제 공급업체가 개발자에게 시스템 서비스 접근 권한을 제공하는 인터페이스일 뿐더러, 나아가 사용자들이 다양한 업체의 사이트에 들러 안전하게 데이터를 검색하도록 열어둔 문으로 쓰이고 있었다.

프로그래머들은 이처럼 숨겨진 방식을 통해 초창기부터 웹사이트를 원격으로 제어하고 있었다. 예컨대 수백만 개에 달하는 방대한 웹사이트를 잇달아 방문해 페이지 복사본을 생성해 문서를 수집하는 '웹 스파이더링Web Spidering'은 검색엔진의 필수 부분이었지만, 이제 사람들은 복사보다 좀 더 세부적인 작업을 위해 원격으로 웹사이트를 호출하는 과정을 일반화하는 방법을 생각하기 시작했다.

이 모든 것이 한데 모여 컴퓨팅 분야의 완전히 새로운 패러다임으로 발전했다. 인터넷은 개인용 컴퓨터를 대신해 차세대 응용 프로그램을 위한 플랫폼으로 자리매김하고 있었다. 월드와이드웹이 이런 플랫폼의 가장 강력한 면모이기는 했지만, 피어투피어Peer-to-Peer 파일 공유, 분산 컴퓨팅, ICQ와 같은 인터넷 메시징 시스템도 당시 훨씬 큰 흐름이 진행되고 있다는 사실을 여실히 보여주었다.

따라서 2000년 9월, 나는 새로운 패러다임에 관한 공통적인 의견을 확인할 목적으로 관련 있는 사람들을 다시 한 번 한자리에 불러 모았다.

이듬해 초반, '피어투피어' 서밋에서 얻은 통찰력을 토대로 우리는 '오라일리 피어투피어 및 웹서비스 콘퍼런스'를 시작했다. 2002년에는 이 콘퍼런스를 오라일리 신기술 콘퍼런스로 개명했으며, 주제도 '인터넷 운영 시스템 구축'으로 재구성했다.

아직도 당시 내가 기조연설로 내세운 주제를 놓고 일부 사람들이 보인 반응을 떠올리면 그때 느꼈던 당혹감이 스멀스멀 올라온다. 기조연설의 주제는 냅스터와 파일 공유, 분산 컴퓨팅, 웹서비스였다. 당시 사람들은 내게 이런 질문을 던졌다.

"도대체 이 내용이 서로 어떤 관련이 있나요?"

하지만 당시 내게는 이 모든 것이 인터넷 진화라는 사실이 너무나도 분명하게 와 닿았다.

전체 그림을 끼워 맞추기 위해 첫 번째로 할 일은 제대로 된 퍼즐 조각들을 테이블 위에 올려놓는 것임을 명심하자.

2001년에 열린 우리의 첫 번째 피어투피어 및 웹서비스 콘퍼런스에서 클레이 셔키Clay Shirky는 메인 프레임 컴퓨터의 탄생과 IBM의 전 회장 토머스 왓슨 시니어Thomas Watson Sr의 일화를 통해 이른바 '네트워크 컴퓨팅으로 가는 전환'을 짧게 요약했다. 당시 우리가 왓슨을 언급한 까닭은 왓슨이 전 세계적으로 5대 이상의 컴퓨터는 필요 없다고 이야기한 적이 있었기 때문이다. 클레이가 말했다.

"이제 우리는 토머스 왓슨이 틀렸다는 사실을 알고 있지 않나요?"

클레이의 말에 우리는 수억 대의 개인 컴퓨터가 판매된 사실을 떠올리며 피식 웃었다. 하지만 그때 클레이는 급소를 찌르는 말로 놀라운 반전을 선사했다.

"왓슨이 숫자를 넷이나 더해서 사실을 과장했지 뭐예요?"

클레이의 말은 옳았다. 실제로 모든 목적만 따지고 보면, 이제는 정말 단 하나의 컴퓨터만 존재하는 셈인 까닭이다. 구글은 현재 수백만 개 이상의 서버에서 실행되고 있다.[5] 또 이들 서버에 분산된 서비스를 통해 1억여 개의 다른 독립 웹서버에서 사용 가능한 문서와 서비스가 '수십억 개의 스마트폰과 개인용 컴퓨터를 실행하는 사용자'에게 실시간으로 제공되고 있다. 이 모습을 보고 있노라면 마치 빈틈없이 하나로 짜인 유기체와 같다. 일찍이 썬마이크로시스템즈의 수석 컴퓨터과학자인 존 게이지John Gage도 1985년에 '네트워크가 곧 컴퓨터다'라는 썬의 슬로건을 처음 선보였을 때, 통합 컴퓨팅이라는 선구자다운 통찰력을 처음 입에 올린 바 있다.

웹2.0의 시대

퍼즐의 마지막 부분은 2003년에 도착한 '웹2.0'으로서 '오픈소스'와 마찬가지로 해당 조직에 속한 사람이 아닌 외부인이 그 용어를 만들어 냈다.

오라일리 미디어의 초창기 직원이자 내가 점차 공동 창업자로 여기게 된 인물인 데일 도허티Dale Dougherty는 1992년 여름에 팀 버너스 리를 내게 소개하며 내 관심을 웹에 집중시켰다. 당시 막 걸음마를 뗀 인터넷을 다룬 책에서 우리가 관심을 가져야 할 진정으로 중요한 기술은 웹이라고 확신하는 데는 얼마 걸리지 않았다.

그 결과로 출판된 《모든 인터넷 사용자 가이드와 카탈로그The Whole Internet User's Guide & Catalogue》는 100만 부 이상이 팔려나갔으며, 뉴욕 공립도

서관에서 20세기의 가장 중요한 책 중에 한 권으로 꼽혔다.[6] 이 책은 처음으로 월드와이드웹을 세상에 소개했다. 이 책을 출간했을 때만 해도 웹사이트 수는 전 세계적으로 약 200개뿐이었다. 하지만 불과 몇 년 뒤에는 수백만 개로 늘어났다.

데일 도허티는 웹 뒤에 가려진 웹 관련 인물, 웹 트렌드, 가장 흥미로운 웹사이트의 카탈로그를 담아 오라일리의 온라인 잡지인 〈글로벌 네트워크 내비게이터Global Network Navigator, GNN〉를 론칭했다. 이 사이트는 (야후Yahoo!가 론칭되기 1년 전에 출시된) 첫 번째 웹 포털이자 광고를 담은 최초의 웹사이트였다. 웹은 작은 민간 기업인 우리가 따라 가기 버거울 정도로 빠르게 커나가고 있었다. 당시 벤처 투자자들에게 오라일리의 경영권을 빼앗기고 싶지 않던 우리는 1995년에 닷컴 붐을 맞이하는 첫 번째 콘텐츠 거래로서 GNN을 AOL에 넘겼다.

닷컴 버블이 붕괴된 2000년, 당시 벤처 투자자들의 기세가 꺾이고 시장이 급속히 쪼그라들었지만, 우리는 아직도 이 시기가 웹의 초창기라고 굳게 믿고 있었다. 이에 따라 2003년 오라일리 미디어의 경영진 워크숍에서는 우리의 핵심 전략 목표를 '컴퓨터 산업의 재점화된 열정'으로 정했다. 데일 도허티는 콘퍼런스에서 오라일리와 오랫동안 파트너 관계를 맺어온 콘퍼런스 회사인 미디어라이브 인터내셔널MediaLive International의 크레이그 클라인Craig Cline과 브레인스토밍을 하면서, 닷컴 붕괴 후 다가올 월드와이드웹의 두 번째 전성기 도래를 설명하기 위해 웹 2.0이라는 용어를 언급했다.

한편 우리는 내가 오픈소스에서 진행했던 작업과 마찬가지로 구글의 클릭당 광고료 지불 모델, 위키피디아, 냅스터, 비트토렌트와 같은 파일 공유 시스템, 웹서비스, 블로깅과 같은 신디케이트 콘텐트 시스템Syndicated Content Systems을 같은 프레임에 넣으려고 애쓰며 하나의 새로운 지도를 만들어가기 시작했다. 새로운 용어인 웹2.0은 오픈소스에서 그랬던 것처럼 시대정신을 완벽하게 수용했을 뿐 아니라 업계에 발 빠르게 스며들었다. 당시 기업들은 자신을 '웹2.0 회사'로 재브랜딩 했으며, 실제로 이런 새 행보를 취한 여부와 상관없이 낡아빠진 '닷컴'이라는 별칭에서 스스로 거리를 두기 시작했다. 이런 기업들의 움직임에 발맞추어 컨설턴트들은 기업이 새로운 패러다임을 채택할 수 있도록 도와주겠다는 공약을 내걸고 슬슬 시동을 걸기 시작했다.

2005년에 나는 웹2.0이라는 용어를 뒷받침할 무언가가 좀 더 필요하다는 사실을 깨닫고, '오픈소스 패러다임의 전환' 이후 내가 습득한 모든 것을 요약한 한편의 글을 완성했다. 이 글이 바로 〈웹2.0은 무엇인가?What is Web 2.0?〉이다.[7] 당시 이 글은 무엇보다도 미래학자로서 내게 유명세를 안겨주기도 했는데, 이는 내가 이 글을 통해 차세대 컴퓨팅에서 등장할 수많은 핵심 트렌드를 찾아냈기 때문이다.

나는 미래를 예측하지 않았다. 현 시점에서 기술과 비즈니스 지형을 형성해나갈 원동력을 찾아내는 지도를 그렸다.

플랫폼으로서의 웹

웹2.0의 첫 번째 원칙은 인터넷이 차세대 응용 프로그램이 구축되는 주 플랫폼으로서 윈도우를 대체한다는 사실이었다. 오늘날 이것은 너무 당연한 사실이라서 당시 누군가가 이를 간과했다는 점이 감히 상상도 되지 않을 것이다. 하지만 1990년대 후반만 해도 마이크로소프트의 우세한 지위에 강력한 도전장을 내밀었던 넷스케이프는 마이크로소프트의 방식을 게임의 법칙으로 받아들이고 같은 방식으로 경쟁한 탓에 고배의 잔을 마셔야 했다. 넷스케이프는 케케묵은 지도를 사용한 것이다. 하지만 웹2.0을 정의하는 회사인 구글은 새로운 지도를 사용했다.

넷스케이프 또한 '플랫폼으로서의 웹'이라는 용어를 쓰기는 했지만 이는 낡은 소프트웨어 패러다임의 관점에서 쓴 것이었다. 그들의 주력 제품은 웹브라우저와 데스크톱 응용 프로그램이었고, 그들의 전략은 브라우저 시장에서 얻은 지배력을 활용해 고가의 서버 제품 시장을 공략하는 것이었다. 마치 자동차가 처음 나왔을 때 친숙한 마차라는 개념을 확장해 '말 없는 마차'를 내세웠던 것처럼, 넷스케이프도 데스크톱을 대체할 제품으로 '웹톱'을 내세웠다. 이처럼 넷스케이프에서는 데스크톱을 대체할 '웹톱'의 활성화를 꾀하면서 이 웹톱에 넷스케이프 서버를 구매한 정보 제공 사업자들이 정보 등의 업데이트와 애플릿을 푸시해서 채워 넣도록 하는 안을 세웠다. 이론적으로 브라우저에서 콘텐츠와 응용 프로그램을 표시하는 표준을 주도할 수만 있었다면 넷스케이프도 마이크로소프트가 개인용 컴퓨터 시장에서 누린 것과 같은 시장 지배력을 누렸을지도 모르지만 실제로는 그렇지 않았다.

결국 웹브라우저와 웹서버는 모두 범용화되었으며, 비즈니스 가치는 웹플랫폼 위에서 전달되는 서비스로 이동해 버렸다.

구글은 넷스케이프의 행보와는 대조적이었다. 구글은 태생이 판매되거나 패키지로 전달된 적이 없는 기본 웹 응용 프로그램으로 출발했지만, 해당 서비스를 사용하려면 고객이 직간접으로 대가를 지불해야 했다. 구글에서 기존 소프트웨어 산업을 상징할 만한 것은 아무것도 찾을 수 없었다. 예정된 소프트웨어 출시 계획도 없고, 그저 지속적인 개선만 있을 뿐이었다. 라이선스도 없고, 판매도 없으며, 오직 서비스에 대한 사용량만 있을 뿐이었다. 고객의 환경에 맞추어 소프트웨어를 다양한 플랫폼에 이식할 필요도 없었다. 회사 사람들 외에는 본 적이 없는 자체 개발 응용 프로그램과 유틸리티를 오픈소스 운영체제 위에서 실행할 수 있는 매우 확장성 높은 개인용 컴퓨터만 있을 뿐이었다.

넷스케이프와 구글은 모두 소프트웨어 기업이라고 부를 수 있다. 하지만 넷스케이프가 로터스, 마이크로소프트, 오라클, SAP 등 1980년대에 소프트웨어 혁명에서 태어난 기업과 같은 소프트웨어 세계에 속해 있었다면, 구글은 이베이, 아마존, 냅스터, 더블클릭DoubleClick, 아카마이Akamai 등의 인터넷 응용 프로그램 기업과 같은 그룹이었다.

웹2.0 시대를 지나 '모바일 소셜' 시대로 옮겨갔고, 이제 '모바일 시대'를 지나 '사물인터넷' 시대로 옮겨가고 있는 현재 상황에서 이런 똑같은 원칙이 계속해서 적용되고 있다. 즉 응용 프로그램은 사용자 손에 있는 장치뿐 아니라 그 장치와 원격 서버 사이에 있는 인터넷 자체에도 존재한다. 이 아이디어는 내가 한 논문에서 '단일 장치 이상의 소프트웨어'라는 또 하나의 원칙으로 내세운 것이다.

지금 이 원칙이 지닌 의미는 계속해서 확대되고 있다. 내가 처음 '단일 장치 수준 이상의 소프트웨어'라는 아이디어에 관해 글을 썼을 때 구글과 같은 웹 응용 프로그램만 생각한 것이 아니라 클라우드 기반 뮤직 스토어, 개인용 컴퓨터 기반 응용 프로그램, 핸드헬드 장치(당시 아이팟)에서 구동되는 세 계층의 소프트웨어를 운영하는 아이튠과 같은 하이브리드 응용 프로그램을 염두에 두고 있었다. 오늘날의 응용 프로그램은 훨씬 복잡한 양상을 띤다. 우버를 한번 떠올려보자. 우버 시스템(우버는 더는 '응용 프로그램'이라고 보기 어렵다)은 이제 데이터센터와 GPS 위성에서 실행되는 소프트웨어 코드, 실시간 교통 정보, 수십만 명의 운전자, 수백만 명의 승객이 보유한 스마트폰, 스마트폰에서 실행되는 앱과 데이터 등을 모두 아우르는 개념이다.

집단지성의 활용

닷컴 붕괴에서 살아남은 웹 응용 프로그램과 몰락한 웹 응용 프로그램을 구분하는 또 하나의 열쇠는 모든 살아남은 웹 응용 프로그램이 어떤 방식으로든 사용자의 집단지성을 활용하려고 애썼다는 점이다. 구글은 전 세계인이 만든 수억 개의 웹사이트를 다루면서 사용자와 웹사이트를 만드는 사람에게서 감지되는 이면의 정보에 대해 우선순위를 매기고 조직화하고 있다. 아마존은 전 세계 공급업체의 제품을 거래하면서 고객이 제품에 대한 리뷰와 순위를 매기는 과정을 통해 최상의 제품을 골라내는 대중의 힘을 비즈니스에 활용하고 있다.

내가 처음 이 패턴을 목격한 것도 인터넷이 오픈소스 프로젝트를 중심으로 의욕을 다해 전 세계적 협력을 활용하는 모습에서였다.[8] 그리고 시간이 흐르면서 다시 한 번 이 패턴이 사실로 드러났다. 아이폰의 경우에는 터치스크린 인터페이스와 매끈하고 혁신적인 디자인이 있었을 뿐 아니라, 앱스토어에서 전 세계 개발자 커뮤니티가 앱 형태로 기능을 추가할 수 있었기 때문에 초기 모바일 시대에서 우세한 지위를 점하게 되었다. 유튜브, 페이스북, 트위터, 인스타그램, 스냅챗Snapchat과 같은 소셜 미디어 플랫폼은 수십억 명의 사용자가 모두 기여할 수 있는 방법을 활용해 자사 미디어 플랫폼의 힘을 키워나간다.

이런 까닭에 나는 사람들이 웹2.0 이후 등장한 것을 물을 때면 서슴없이 '사람을 통해 키보드에 입력되는 데이터가 아니라 센서에 입력되는 데이터로 구동되는 집단지성 응용 서비스'라고 답하곤 했다. 그도 그럴 것이, 음성 인식과 이미지 인식, 실시간 교통 정보와 자율주행차와 같은 영역에서 일어나는 개선은 하나도 빠짐없이 연결된 장치의 센서에서 수집한 엄청난 양의 데이터에 달려 있기 때문이다.

지금 자율주행차 분야에서 벌이는 경쟁은 '새로운 알고리즘을 개발하기 위한 경쟁'일 뿐 아니라 수많은 운전자에게서 얻는 갈수록 많아지는 도로 정보 데이터와 유사 이래 가장 자세한 지도 정보를 수집하기 위한 경쟁이다. 2007년에 스탠퍼드 팀이 방위고등연구계획국DARPA이 주최한 자율주행차 그랜드 챌린지 대회에서 수상의 영예를 차지했을 때, 그들이 7시간에 고작 11킬로미터를 완주하는 데 그친 사실은 간과하기 쉽다. 하지만 그 후 구글은 2011년에 일반 고속도로에서 무려 160여만 킬로미터를 완주해내는 쾌거를 달성했다. 당시 그들의 비밀 무기 중 하나는 바로 인간 운전자가 운전하는 구글 스트리트 뷰 차량으로, 이 차량은 카메라, GPS, 라이다LIDAR(거리 측정 장치)를 이용해 데이터를 수집했다. 한번은 구글의 연구 책임자 피터 노르빅Peter Norvig이 내게 이런 말을 건넸다.

"자율주행차량이 비디오 이미지에서 교통 신호등을 인식하는 일은 인공지능이 필요할 만큼 어려운 문제예요. 일단 신호등이 어디 있는지 알면 녹색인지 빨간색인지만 구분만 하면 되니까 문제가 한결 수월해지는데 그렇지 않기 때문에 인공지능이 필요한 거죠(몇 년 후에 이 문제는 쉽게 해결되었지만 여기서는 참고삼아 언급해둔다)."

오늘날 테슬라와 우버 같은 기업은 자율주행차 분야에서 리더십을 발휘하고 있다. 그들이 보유한 다수의 차량에 부착된 센서가 당면한 작업에 쓰이고 있을 뿐더러 미래의 알고리즘 시스템에 입력값을 제공하는 데도 이용되는 덕분이다. 하지만 명심하자. 자율주행차량을 움직이는 주체는 바로 인간이다. 테슬라나 우버 같은 기업이 수십억 명의 일상생활에서 모으는 데이터가 바로 웹2.0 이후 등장한 집단지성의 활용 사례인 것이다.

데이터는 차세대의 '인텔 인사이드'

사용자 데이터를 모아 집단지성을 형성한다는 말이 마치 해방을 기다리는 흑인 노예들의 영가인 쿰바야처럼 들릴 수도 있다. 하지만 21세기 초부터 위키피디아와 같은 사용자 참여 사이트나 블로깅과 같은 새로운 미디어 네트워크를 신봉해오던 많은 사람이 이미 여기서 유토피아의 가능성을 발견했다. 나는 데이터가 구글이나 아마존과 같은 기업들이 지닌 시장 지배력의 핵심이 될 것이라고 주장했다. 당시 한 강연회에서 말했듯이 "집단지성을 활용하는 것은 웹2.0 혁명의 시작이며, 데이터가 인텔 인사이드만큼 중요하다는 것은 웹2.0 혁명의 끝이다."

물론 인텔은 모든 개인용 컴퓨터에 인텔 인사이드라는 스티커를 부착해 마이크로소프트와 함께 개인용 컴퓨터 시장에서 독점적 지위를 잡았다. 이렇게 하기 위해 인텔은 개인용 컴퓨터의 두뇌에 해당하는 프로세서의 유일한 공급자로 자리매김하는 방식을 썼고, 마이크로소프트는 소프트웨어 운영체제에 대한 접근을 제어하는 방식을 썼다.

오픈소스 소프트웨어와 인터넷의 오픈 프로토콜은 마이크로소프트와 인텔이 주도하던 게임의 판도를 바꿔놓았다. 하지만 내가 그리던 지도에 따르면 게임은 거기서 끝나지 않았다. 나는 클레이튼 크리스텐슨의 '매력적인 이윤보존의 법칙'에 따라 기존의 것이 아닌 그 외 새로운 것이 가치가 높아지리라는 것을 직감하고 있었다. 한마디로 말하면, 그 새로운 것이란 바로 데이터다. 특히 나는 사용자가 기여하는 데이터의 양이 충분히 수집되는 체계가 구축되면 그 데이터 덕분에 스스로 강력해지는 네트워크가 구축될 것으로 내다보았다.

'네트워크 효과'는 통상 어떤 시스템과 유틸리티를 사용하는 사람이 늘어날수록 그 제품을 소비하면서 얻는 효용이 증가한다는 뜻이다. 하나의 전화기는 그다지 유용하지 않지만, 많은 사람이 쓰면 이 네트워크에 참여하지 않기란 매우 어려워진다. 마찬가지로 소셜 네트워크에서 벌어진 경쟁도 방대한 사용자를 끌어 모았다. 이른바 잠금 효과(소비자가 새로운 상품이 나와도 다른 제품으로 소비 전환을 하지 않고 기존 제품이나 서비스에 계속 머무르는 현상 – 옮긴이)는 소프트웨어가 아니라 같은 서비스를 사용하는 수많은 사람이 만드는 것이다.

당시 내가 사용자 데이터를 관찰하면서 깨닫게 된 네트워크 효과는 아직 간접적인 효과를 보고 있는 상태였으며, 기업이 시스템 사용자에게서 가치를 거둬들이는 방식을 터득해가고 있는 단계였다. 반즈앤노블Barnes & Noble은 아마존과 제품이 똑같았지만, 아마존의 사용자 리뷰와 댓글이 더 방대했다. 즉 사람들이 사이트를 방문하는 까닭은 제품뿐 아니라 다른 사용자가 추가한 지성(정보)을 얻기 위해서였다. 구글 검색도 구글 자체가 제공하는 우수한 알고리즘과 끊임없는 개선 약속 외에도, 점점 많은 사람이 사용하면서 서비스의 질이 계속 향상되었다. 이 말은 구글이 더 많은 데이터를 축적함으로써 끊임없이 앞서나갈 수 있었다는 의미다.

'자율주행차 분야의 승자가 누가 될까'라는 질문으로 돌아가 보면, 우리는 누가 가장 좋은 소프트웨어를 보유하게 되는가뿐 아니라, 누가 가장 많은 데이터를 얻게 될지에 대해서도 자문할 수 있어야 한다.

2016년에 나는 우버 경영진과 대화를 나눈 적이 있다. 당시 그들은 운전자와 승객의 스마트폰 앱에서 수집한 수억 킬로미터에 이르는 운행 데이터가 자신에게 경쟁우위를 안겨줄 것으로 내다보았다. 하지만 스마트폰 앱에서만 얻는 데이터가 구글의 특수장치 차량을 통해 얻는 세부 데이터와 경합을 벌일 수 있다고는 선뜻 믿어지지 않는다. 아마 이런 연유로 우버는 구글과 경쟁하기 위해 일부 서비스를 자율주행차 서비스로 전환하는 것을 시급한 과제로 인식하고 있는 듯하다. 참고로 테슬라 역시 모든 차량이 정밀한 원격측정 기능을 갖추고 있다. 게다가 2세대 차량의 경우 카메라와 원격측정 레이더를 통해 데이터 수집이 가능한 자율주행 기능이 탑재되어 있다. 다만 테슬라와 같은 강점이 없는 다른 자동차 제조사들은 이런 테슬라를 놓고 강한 의구심을 표출하기도 한다. 일반적으로 사고의 회피나 자동 주차에 사용되는 센서가 과연 경쟁을 벌일 만큼 충분한 데이터를 수집할 수 있겠느냐는 것이다.

관건은 얼마나 많은 양의 데이터를 보유하느냐뿐 아니라, 모은 데이터를 어떻게 이해하고 활용할 수 있느냐이다. 이런 면에서 구글과 테슬라, 우버는 전통적인 자동차 회사보다 유리한 고지를 점하고 있다.

소프트웨어 출시 주기의 종말

개인용 컴퓨터 시대에서 우리는 소프트웨어를 일종의 '제품'으로 여겼지만, 이제는 기업이 점차 소프트웨어를 '서비스'로 여겨야 하는 시대에 살고 있다. 이제 우리는 소프트웨어 개발에 대해 완전히 새롭게 접근해야 한다. 나는 이 아이디어를 웹2.0의 특징에 관해 앞에서 언급한 세 가지 아이디어만큼 충분히 구체화하지는 못했다. 하지만 우리가 지금 '반복적이고, 사용자 중심적이고, 데이터 중심적인 개발'이라고 부르는 개념은 이미 2005년부터 뉴 노멀이 될 징후가 농후했다. 우리가 지금 '클라우드'라고 부르는 환경에서 구축된 소프트웨어는 끊임없이 업데이트되고 있다.

하지만 오늘날 소프트웨어는 개인용 컴퓨터 시대의 소프트웨어보다 훨씬 빨리 업데이트될 뿐 아니라, 실시간으로 사용자의 업무를 관찰하는 방식으로 개발된다. 이 과정에서 일부 사용자를 대상으로 한 선호도 조사, 개발 상황에 대한 지속된 업데이트, 유효한 것과 그렇지 않은 것에 대한 평가가 더불어 진행된다. 이처럼 오픈소스 소프트웨어 개발의 협력 모델은 '보는 눈이 충분히 많으면 찾지 못할 버그는 없다'라는 논리적 결론에 도달했으며, 자유·오픈소스 소프트웨어의 본래 라이선스 모델과는 완전히 동떨어진 노선을 걷게 되었다.

결국 내가 미래를 더 분명하게 미래를 볼 수 있었던 까닭은 당시의 구도를 독자 소프트웨어와 자유 소프트웨어 라이선스 모델 간의 싸움으로 본 다른 지도보다 내 지도가 유용했기 때문이다. 올바른 방향성을 갖는 일은 중요하다. 하지만 그렇다손 치더라도 지도의 모든 빈 공간을 채울 만큼 충분한 지형을 탐험하는 데는 여러 해가 걸렸다.

벡터로 생각하기

우리는 모두 세상이 변한다는 것을 안다. 하지만 사고의 폭을 넓혀 현재 트렌드를 살피면서 '이렇게 계속된다면 어떻게 될까?'라고 반문하기보다는 익숙한 데서 위안을 찾으려고 할 때가 많다. 우리는 또한 일부 트렌드가 잠재적으로 다른 트렌드보다 훨씬 도드라지게 나타나거나, 더 빨리 발전하거나, 익숙함의 단순한 지속이 아닌 근본적으로 다른 방향이 진행될 때 이를 잘 깨닫지 못하고 놓쳐버리는 경향이 있다.

벡터는 수학에서 크기와 방향을 모두 가지는 양을 가리킨다. 그런데 우리는 이 둘을 모두 고려할 수 있어야 한다. 컴퓨터 업계에서 인용되는 내로라하는 법칙의 일부는 기본적으로 이런 벡터로 설명된다.

인텔의 공동 설립자인 고든 무어Gordon Moore가 1965년에 처음 내놓은 무어의 법칙에는 집적회로의 트랜지스터 수가 해마다 두 배로 증가한다는 그의 경험적 예측이 담겨 있었다. 그 후 무어는 10년 후인 1975년에 자신의 이론을 '해마다'가 아닌 '2년마다'로 보완했다. 하지만 당시 인텔

중역이던 데이비드 하우스 David House가 프로세서의 속도와 칩 밀도의 증가 때문에 실제 성능 향상은 18개월마다 두 배로 증가할 것이라고 제안하면서 이 말이 이후 수십 년에 걸쳐 정설로 통용되었다.

이런 무어의 법칙에 대해 내가 가장 좋아하는 대중적 정의 중 하나가 7~8년 전 샌프란시스코에서 링크드인 LinkedIn 설립자이자 회장인 리드 호프만 Reid Hoffman과 상원의원 셸던 화이트하우스 Sheldon Whitehouse와 저녁을 먹던 자리에서 나왔다.

"헬스케어 분야에서도 무어의 법칙이 나타나는 걸 봐야 해요."

내가 이렇게 말하자 화이트하우스 상원의원이 무어의 법칙이 무엇이냐고 물었다. 그러자 리드 호프만 회장이 불쑥 끼어들며 말했다.

"워싱턴에서는 매년 제품의 원가는 늘어나고 성과는 저하될 것으로 예측하지만, 실리콘밸리에서는 매년 제품의 원가는 줄어도 제품의 성능은 향상될 것으로 내다보고 있지요."

무어의 법칙을 통해서든, 아니면 이와 관련된 발전을 통해서든(메모리 저장 속도, 메모리 집적도, 하드디스크 집적도, 네트워크 연결, 달러당 디스플레이 픽셀의 발전을 비롯한 다른 많은 체계적 발전), 그날 이후 내가 자칭 '호프만의 법칙'이라고 부른 버전, 즉 '매년 기술 제품의 원가는 줄어드는데 제품의 성능은 향상된다'라는 말은 매우 오랫동안 유효했다.

호프만의 법칙과 컴퓨터 업계에서 말하는 성능 향상의 일부 기본 조건에 대한 벡터는 명확하다. 즉 장차 어떤 요인 때문에 제품 성능이 향상될지는 정확히 몰라도 과거처럼 계속 향상되리라고 하는 예측이 타당해 보일 만큼 충분한 예측 데이터가 있기 때문에 벡터의 선을 그릴 수 있는 것이다.

그렇지만 우리는 오래된 것이 혁신적으로 새로운 것에 자리를 내주는 변곡점에 대해 항상 경계해야 한다. 이를테면 우리는 무어의 법칙이 트랜지스터 집적도의 물리적 한계 때문에 영원히 지속될 수 없다는 사실을 알고 있다. 원자보다 작은 입자인 아원자 입자를 사용해 연산을 하는 양자컴퓨터 같은 획기적 기술이 없이는 트랜지스터의 밀도는 원자의 크기 때문에 제한될 수밖에 없을 뿐더러 몇 세대 만에 무어의 법칙이 갖는 한계점에 다다를 수밖에 없다. 하지만 무어의 법칙이 제시하는 발전 속도가 느려질 때 멀티코어 프로세서 업계에서 일시적 해결 방안을 찾아낸 덕분에 트랜지스터와 CPU 클릭 속도가 한계에 도달하더라도 데이터 처리량은 계속 늘어나고 있다.

벡터는 무어의 법칙과 같이 잘 정의된 트렌드에 대한 생산적인 사고 방식일 뿐 아니라 변화하는 모든 것을 이해할 방법이기도 하다. 미래는 예기치 않은 방식으로 '더해지고 서로 가로지르는 수백만 개의 벡터가 모인 결과'다. 따라서 중요한 벡터를 골라내고 미래의 전망을 낚아채는 그물망을 짜는 것이 바로 미래를 예상할 수 있는 기술이다.

오라일리 미디어에서는 새로운 트렌드에 처음 주목할 때, 크기와 방향을 모두 지닌 벡터로 규정하고 정량화할 만큼 아직 데이터를 충분히 갖추지 못했다고 할지라도 일단 벡터를 그리고 나서 새로운 데이터들이 수집될 때마다 벡터선을 연장해 그리며 보완해 나간다. 따라서 크기와 방향이라는 정량화에 너무 매일 필요는 없다. 하지만 벡터로 생각하려면 항상 새로운 정보가 유입된다는 사실, 여러 시나리오와 여러 미래가 펼쳐진다는 사실, 모든 것이 가능해 보여도 이런 모든 정보가 단계에 걸쳐 현실로 귀결된다는 사실을 수용할 줄 아는 자세가 필요하다. 2005년에 만난 '시나리오 기획Scenario Planning'이라는 기술을 개척한 글로벌 비즈니스 네트워크의 공동 창립자 로렌스 윌킨슨Lawrence Wilkinson은 이런 내 사고방식을 투영한 듯한 근사한 표현 하나를 소개했다. 바로 '미래에서 온 뉴스'였다.

이제 예를 들어 '집단지성의 활용'이라는 벡터가 우리에게 명확해지는 과정을 아래 내용을 통해 한번 파악해보자.

1. 1980년대 후반과 1990년대 초반, 우리는 오픈소스 소프트웨어라고 하는 초기 유닉스 커뮤니티의 협업 소프트웨어 공동 개발이 시작되는 광경을 목격했다.

2. 우리는 첫 번째 책의 출간을 진행하면서 인터넷을 통해 많은 일반 대중으로부터 지식을 얻는 크라우드 소싱을 추진했다. 1987년에는 《UUCP와 유즈넷에 대한 관리Managing UUCP and Usenet》라는 책을 쓰면서 유닉스에서 유닉스로 복사하는 프로그램Unix-to-Unix Copy Program, UUCP을 통해 오늘날 소셜 웹의 선도격인 전화 접속 방식의 보급형 유즈넷에 연결하는 방법을 설명했다. 유즈넷은 전 세계 소프트웨어 개발자들이 처음에는 자신의 업무에 대한 대화와 조언을 나누다가, 갈수록 섹스에서 정치에 이르는 모든 주제를 놓고 거리낌 없이 대화를 나누게 된 장이 되었다. 처음에 유즈넷에 시스템을 연결한 내 경험을 토대로 작성된 이 책은 그만큼 제한적일 수밖에 없었다. 그런데 이때 독자들이 내가 몰랐던 장비의 사용법을 보내주는 식으로 책의 부족한 부분을 메워주었다(이를테면 이런 정보들이었다. "디벨콘 사의 스위치를 통해 전화를 걸 채팅 스크립트가 있어요.", "일부 특정 브랜드 모뎀

을 위한 RS-232 케이블에 연결할 핀이 있어요").

우리는 이 책을 6개월마다 중판했다. 그런데 중판할 때마다 늘어난 30~40쪽에 달하는 지면은 거의 대부분 독자가 보내준 내용으로 채웠다. 그렇게 처음에 80쪽에 불과하던 책이 3년 후에는 200쪽을 훌쩍 넘어섰다. 그 책은 종이에 인쇄된 일종의 초기 버전 '위키피디아'였다.

3. 1992년과 1993년에는 '전체 인터넷 카탈로그'를 오라일리의 온라인 포털사이트인 GNN에 포함시키면서 매일같이 월드와이드웹에 가입한 사이트 중 단연 으뜸인 곳을 찾아냈다. 아울러 이 사이트에서 양질의 콘텐츠를 선별해 자신의 열정을 좇는 사람들의 분산 네트워크가 만들어낸 풍성한 카탈로그를 제작했다.

4. 1994년, 우리는 웹크롤러를 필두로 초기 검색엔진이 최고 웹사이트는 물론 '모든' 웹사이트에 연결된 링크를 자동으로 수집하는 광경을 목격했다. 아울러 1998년에 구글이 웹크롤러를 능가하는 성과를 보이며 등장했을 때 그들이 웹 링크에 감추어진 지능을 발견했다는 사실이 분명하게 와 닿았다. 통상 링크 수는 해당 사이트의 가치에 대한 사용자 평가를 나타내는 척도였으며, 검색엔진은 그 링크들의 특성과 가치를 통해 그 페이지의 가치를 판단할 수 있었다(해당 사이트는 언제 만들어졌는가? 해당 사이트의 방문객이 얼마나 되는가? 방문객이 사이트의 링크들을 얼마나 가치 있게 여기는가?) 구글은 그야말로 금광을 찾아냈으며 절대 뒤돌아보지 않았다.

나는 아직도 사용자의 기여가 검색엔진에서 얼마나 중요한 요소인가를 여실히 보여준, 실리콘밸리의 유명 블로거 로버트 스코블Robert

Scoble의 글을 잊지 못한다.

"저는 방금 시애틀에 있는 새로운 식당을 발견했는데요. 이 식당의 웹사이트는 구글에서 찾을 수 없답니다. 하지만 내일이면 구글에서 검색할 수 있어요. 제가 방금 이 식당의 웹사이트 주소에 링크를 걸어놨거든요!"

5. 1995년에는 이베이와 지역 중심의 생활 정보 커뮤니티 및 분류 광고 웹사이트인 크레이그리스트Craigslist가 어떻게 자사의 제품과 서비스에 크라우드소싱을 도입했는지 목격하면서, 마법과 같이 수백만 명이 모여 새로운 종류의 서비스로 탈바꿈하는 서비스는 비단 '콘텐츠' 영역에만 국한되지 않고 물리적인 세계에도 적용될 수 있다는 사실을 깨달았다.

6. 우리는 아마존이 어떻게 온라인 서점에서 '구글이 더 효과적인 검색엔진을 만드는 데 사용했던 것과 똑같은 원리'를 적용해 반즈앤노블과 보더스를 앞질렀으며, 효과적인 전자상거래를 구축해 냈는지 지켜보았다. 반즈앤노블은 출판사들이 온라인 도서 검색 순위를 돈으로 조작하도록 부추겼다. 즉 반즈앤노블에 가장 돈을 많이 낸 출판사의 책이 온라인 도서 검색 순위의 상위권에 노출되었다.

하지만 아마존은 집단지성을 바탕으로 제품 판매를 돕는 회원들에게 일정 비율의 수수료를 지급해주는 수익 배분 프로그램인 '어소시에이츠Associates'와 기타 요인에서 나온 판매, 긍정적인 리뷰, 인바운드 링크 등 다양한 정보를 통해 '관련성'이 가장 높은 책이 온라인 서점에서 노출되도록 했다. 당시 아마존 검색 결과 최상단에서 우리가 출간한 책을 발견할 때마다 기쁨을 감출 수 없던 기억이 아직도 생생하다. 이 검색 결과 자체가 수만 명의 독자가 우리 책을 최고로 꼽는다는 증거였기 때문이다.

이런 모든 예전 데이터를 수집한 결과, 내가 '웹2.0'을 정의하려고 하고 닷컴 붕괴에서 기업의 성패를 가른 원인을 곰곰이 타진해보던 2004년 당시, 이른바 생존싸움에서 살아남은 모든 기업은 어떻게든 제품을 만드는 데 '사용자 힘'을 활용하려고 발버둥을 쳤다는 사실이 분명하게 와 닿았다.

그리고 2009년에《웹 스퀘어드: 5년간의 웹2.0의 행적 Web Squared: Web 2.0 Five Years On》을 쓸 즈음, 나는 다음에 무엇이 등장할지 직관적으로 예견할 수 있었다.

"스마트폰 혁명은 웹을 책상에서 우리의 주머니로 옮겨놓았다. 집단지성 응용 프로그램은 이제 사람의 키보드 타이핑을 통해 갈수록 센서를 통해 실행되고 있다. 지금은 우리의 전화기와 카메라가 집단지성 응용 프로그램의 눈과 귀가 되고 있으며, 동작과 위치 센서가 우리가 어디에 있는지, 무엇을 보는지, 얼마나 빨리 움직이는지를 전송하고 있다. 즉 데이터가 실시간으로 수집되고 전송되며 실행되고 있다. 이처럼 집단지성 응용 프로그램에 쓰이는 데이터는 엄청난 규모로 증가했다."[9]

"웹은 이제 더는 세상의 어떤 대상을 묘사하는 HTML의 정적 페이지 모음이 아니다."

나는 이어서 이렇게 썼다.

"갈수록 웹이 곧 세상인 시대가 다가오고 있다. 즉 전 세계의 모든 사물과 모든 사람은 지금 '정보그림자 Information Shadow(디지털로 접근할 수 있는 사물 정보 – 옮긴이)'를 드리우고 있다. 이 정보그림자는 집단지성으로 데이터가 수집될 때 세상에 엄청난 기회와 더불어 강력한 영향을 미친다.

그런데 여기서 한 가지 주목할 점이 있다. 우리가 미래에 대한 벡터를 그릴 수 있다고 해서 벡터가 뜻하는 모든 내용을 이해할 수는 없다. 예컨 대 나는 센서가 차세대 응용 프로그램의 핵심이 되리라는 것을 2009년 에 감지할 수 있었다. 하지만 자율주행차량과 함께하는 구글의 획기적 인 발전이나, 우버가 주문형 운송수단에서 혁명을 몰고 올 휴대폰 센서 의 잠재력을 알게 된다는 사실은 예측하지 못했다.

나는 또한 통찰력이 있어도 그 통찰력을 행동에 옮길 시간을 못 낼 때 가 많았다. 기술 저널리스트인 존 드보락 John Dvorak 은 웹 초창기 시절 내 가 도메인 이름을 사고 파는 시장이 생길 것이라고 자신 있게 예측한 사 실을 상기시켰다. 당시 내 눈에는 도메인 이름이 엄청난 가치를 띨 것이 분명해 보였다. 하지만 그 생각을 결코 실천하지는 못했다.

일단 우리가 하나의 트렌드를 파악하면 어떤 새로운 개발이 중요한지 일찌감치 감지하기가 한결 수월해진다. 이는 한번 벡터를 그리면 벡터 가 가리키는 방향대로 다음 단계를 진행하기가 수월한 것과 같은 이치 다. 미국의 시인 월러스 스티븐스 Wallace Stevens 의 말마따나 기업가와 발명 가는 미래에 무엇이 가능할지를 끊임없이 찾아내야 한다.[10] 그래야 미래 지향적인 사고방식에서 얻은 뉴스를 통해 옳은 일에 집중하고, 옳은 일 에서 배울 수 있다.

트위터는 외부 개발자를 위한 플랫폼을 현실화한다

인터넷이 차세대 응용 프로그램을 위한 운영체제라는 것을 인식하기까지는 오랜 시간이 걸렸다. 2010년경 이 개념은 업계를 장악했다. 개발자들은 너나 할 것 없이 위치 인식, 검색결과, 소셜 네트워크, 음악, 제품 등 인터넷 서비스에서 수집되는 데이터를 토대로 일상적으로 응용 프로그램을 만들어내고 있었다. 또 신생기업은 로컬 응용 프로그램을 더는 자체 데이터센터에 구축하지 않고, 지금은 클라우드라고 부르는 가상공간에 구축하고 있었다. 내가 '차세대 운영체제로서의 인터넷'이라는 복음을 전파할 필요가 더는 없게 된 것이다.

그리고 솔직히 털어놓자면, 당시 나는 T. S. 엘리엇의 인상적인 시구처럼 새로운 것을 찾아 옮겨갈 준비가 된 상태였다.

> …우리는 이미 할 말이 없거나
> 이제는 말하고 싶지 않다는 것을 말하려고
> 말을 잘하는 법을 배울 뿐이다.
> 그러므로 모든 시도는 새로운 시작이며,
> 말할 수 없는 것에 대한 과감한 도전이다.[11]

당시 나는 웹2.0에 대해 말하는 데 지친 상태였다. 게다가 당시에는 컴퓨터 응용 프로그램을 위한 클라우드 기반 플랫폼 외에도 더 많은 일이 일어나고 있었다. 즉 당시 소셜미디어는 어떻게 인터넷이 전 세계적인 규모로 사람들을 연결시키는지 보여주고 있었다. 여기서 나는 또 다른 은유의 힘을 보기 시작했다. 은유도 일종의 지도다. 이 지도는 안개에

싸인 새로운 영역을 처음으로 마주할 때 우리가 가진 전부일 수도 있다.

갈수록 나는 기존 데스크톱의 웹과는 질적으로 다른 집단지성 응용 프로그램에서 일종의 캄브리아기 대폭발(5억 4,000만 년 전 생물종이 폭발적으로 증가한 현상 – 옮긴이)을 목격하고 있었다. 스마트폰은 모든 사람의 손에 카메라를 쥐어주었고, 트위터는 사진과 텍스트 업데이트가 전 세계로 즉시 확산될 수 있는 실시간 플랫폼을 만들어냈다. 수십억에 달하는 연결된 인간과 장치가 인터넷상에서 얽히고설켜 이른바 글로벌 브레인이라는 것을 탄생시킨 것이다. 이 브레인은 곧 증강되고 연결된 우리 모두였다.

특히 트위터는 재창조를 낳는 비옥한 토양이었다. 지금은 당연시하는 다음의 기능은 모두 사용자가 만들어낸 것이며, 나중에 플랫폼에서 이 기능들을 채택했을 뿐이다. 우선, 사용자 간 회신을 위한 '앳@' 기호[12]는 2006년 11월에 처음 등장했다. 그 후 2007년 5월에 공식 플랫폼으로 채택되면서 트위터는 상태 업데이트와 동시에 대화를 위한 장소로 탈바꿈했다. 또 다른 사람의 글을 퍼뜨리는 트윗에 대한 첫 번째 '리트윗'은 2007년 4월에 등장했다. 물론 이 기능은 2009년까지 공식적으로 채택되지 않았다.

2007년 8월에는 구글의 개발자 크리스 메시나Chris Messina가 트위터에서 이벤트나 트윗의 그룹에 '샵#' 기호를 쓰는 방법을 제안했다.[13] 몇 달 후, 샌디에이고에서 일어난 산불[14]은 집단지식과 집단감성이 얼마나 강력한 증폭기 역할을 할 수 있는지를 여실히 보여준 사례였다. 머지않아 해시태그hashtags라고 불리는 기호는 어디든 빠짐없이 등장하기 시작했다. 아직 많은 사람이 참여하지는 않았지만 일단 충분한 수가 해시태그에 참여하면 영화 〈스타워즈〉의 오비완 케노비가 "포스에서 엄청난 요동이 느껴졌다. 마치 수백만 개의 목소리가 갑자기 아우성치는 듯이…"라고 말한 것처럼 바라던 것이 현실이 될 것 같았다.

그리고 마침내 '#이란선거, #아이티지진, #월가 점령시위'와 같은 목소리가 트위터상에서 아우성을 쳐댔다.

2009년 7월에 접어들면서 트위터는 제품이나 서비스에 대한 아이디어와 기술을 외부에서 도입하는 기술 혁신에 응답하면서 해시태그에 링크를 달기 시작했고, 그때부터 사용자들이 해시태그를 누르면 똑같은 해시태그를 단 글의 검색 결과가 노출되었다. 트위터는 이미 (똑같은 해시태그가 없어도 일반적인 이벤트를 감지하는 알고리즘을 쓰는) '트렌드 토픽'이라는 인기 급상승 태그를 제공하기 시작했지만,[15] 해시태그는 이 움직임에 박차를 가했다.

(정작 플랫폼을 개발한 당사자는 상상도 못 할 기능을 제공해온 외부 개발자에 의해[16]) 또다시 사진이 트위터에 추가되었을 때, 실시간으로 전 세계인의 활발한 움직임을 보여주는 트위터의 힘은 더욱 막강해졌다. 2009년 1월 15일, 새 떼와 충돌해 엔진이 멈춘 US에어웨이즈 1549편이 기장에 의해 허드슨 강에 성공적으로 불시착한 지 4분 만에 짐 한라한Jim Hanrahan이 첫 번째 트윗을 올렸다.[17] 잠시 후 재니스 크럼스Janis Krums가 아이폰으로 비행기 날개에 서 있던 승객들 사진을 찍어 트윗픽이라는 앱을 통해 트위터에 올렸다.[18] 이 사건은 텔레비전 뉴스를 타기도 훨씬 전에 이미 전 세계로 공유되었다.

페이스북도 세계에서 벌어지는 일에 점차 영향력을 미치기 시작했다. 2010년, 웨일 고님Wael Ghonim이라는 이집트 구글 직원은 경찰에게 고문

당하다 목숨을 잃은 이집트 젊은이를 기리는 '우리는 모두 칼레드 사이드Khaled Said'다'[19]라는 이름의 페이스북 페이지를 개설했다. 이 페이지는 2011년 1월 25일의 혁명에서 반정부 시위를 절정으로 이끄는 데 구심점 역할을 했다.

위키피디아 역시 전 세계의 실시간 집단지성을 활성화하는 지렛대 역할을 했다. 후쿠시마 원자력 발전소의 붕괴를 초래한 2011년 일본의 도호쿠 대지진과 후쿠시마 쓰나미 이후, 나는 문법도 철자도 무시한 영어 한 줄로 시작된 이 위키피디아 페이지가 제대로 된 하나의 완성된 백과사전으로 변신하는 모습을 경외심을 갖고 지켜보았다. 그 첫 글은 지진이 일어난 지 불과 32분 만에 작성되었는데 이때는 쓰나미가 밀려오기도 전이었다. 이를 시작으로 단기간에 수백, 수천 명에 이르는 기여자가 무려 5,000건 이상의 편집 작업을 수행하더니 급기야는 이 재앙에 대한 종합적이고 믿을 만한 기사가 탄생했다.

나는 아직도 내 강연에서 집단지성으로 전환되는 미래에 관한 애니메이션을 보여준다. 누가 되었든 그 애니메이션을 보는 모든 사람이 미래에 펼쳐질 순간을 목격하게 하려는 취지에서다.

위키피디아 '사용자 토론' 페이지에서 소리 소문 없이 진행되는 '토론'을 들여다보는 일도 눈이 번쩍 뜨이는 경험이 될 수 있다. 대중 인터넷이 실현하고 있는 과학의 교훈을 담은 훌륭한 저서《발견의 재발명Reinventing Discovery》에서 저자 마이클 닐슨Michael Nielsen은 이렇게 말한다.

"위키피디아는 그냥 백과사전이라기보다 마치 가상의 도시 같다. 전 세계로 내보내는 것은 주로 백과사전의 기사지만, 그 내용은 도시 안에서 벌어지는 삶을 담고 있기 때문이다."[20]

블로깅과 소셜미디어의 속도에 반응하면서 구글은 웹크롤링의 속도를 가속화했으며, 구글의 검색 결과도 갈수록 실시간에 버금갈 정도로 빨라졌다. 이 발전은 정보 전달 속도에 대한 질적인 차별성을 가져왔고, 구글 검색 사용자에 대한 영향력을 확대시켰다. 이제 뉴스, 아이디어, 이미지는 몇 주나 몇 달이 아닌 단 몇 초 안에 글로벌 브레인에 전파되는 수준에 이르렀다.

어떤 의미에서는 이런 모습이 전혀 새삼스럽지 않다. 글로벌 브레인은 항상 존재해왔기 때문이다. 제프 베조스가 2005년에 열린 신흥 기술 콘퍼런스의 강연에서 언급했듯이, 컴퓨터 과학자 대니 힐리스^{Danny Hillis}는 한때 그에게 이런 말을 했다.

"글로벌 의식이란 바로 카페인을 제거한 커피포트의 색이 주황색이 마땅하다고 여기는 것과 같은 겁니다."

주황색이 디카페인을 의미한다는 말은, 제2차 세계대전 당시 미국 전역의 레스토랑에서 커피 브랜드를 홍보할 때 주황색 테를 두른 커피포트를 무료로 제공한 데서 비롯된 것이다. 즉 이 개념이 사람들 머릿속에 굳어져 일종의 패턴으로 자리 잡아 전파되기에 충분했고 어느새 디카페인 브랜드인 생카^{Sanka} 커피뿐 아니라 전 세계로 전파된 것이다.

그런데 사실 '주황색'과 '디카페인'을 묶은 이 개념은 진화생물학자인 리처드 도킨스^{Richard Dawkins}가 '밈^{meme}'(도킨스는 인간의 진화를 생물학적 진화와 문화적 진화로 보고, 생명체에서 다른 생명체로 복제되는 유전적 진화 단위를 '유전자', 모방을 통해 한 사람의 뇌에서 다른 사람의 뇌로 복제되는 문화적 진화 단위를 '밈'이라고 함－옮긴이)이라고 칭한 자기복제 개념의 한 예다. 오늘날 사람들은 밈을 소셜미디어에서 공유하는 이미지와 슬로건으로 여기지만 머릿속에 자리 잡은 개념은 모두 일종의 '밈'이다. 1880년에 찰스 다윈의 진화론을 옹호하는 선봉에 서며 '다윈의 불독'이라는 별명을 얻은 토머스 헨리 헉슬리Thomas Henry Huxley도 "생존을 위한 투쟁은 물리적 세계에서와 마찬가지로 지성의 세계에서도 벌어진다. … 생각하는 종의 생존권과 생존을 위해 경쟁자에 맞서는 힘은 떼려야 뗄 수 없는 관계다"[21]라고 언급한 바 있다.

지식은 쓰는 능력이 출현하기 전부터 사람과 사람의 지성을 통해 퍼져나갔다. 하지만 인쇄된 단어 덕분에 아이디어와 뉴스가 먼 거리에 있는 사람들에게도 걷는 속도로, 말의 속도로, 증기선과 철도의 속도로 갈수록 빨리 전달될 수 있었다. 전화와 전신을 통한 최초 전자 전송은 수 주에서 수개월이 걸리던 것을 단 몇 분으로 단축했다. 라디오와 텔레비전의 경우 전송은 거의 실시간으로 이루어졌다. 다만 당시 미디어는 전파 채널이 매우 제한적이었으며, 전파될 내용의 제작과 검토도 방송사 사무실에서 여전히 느리게 진행되었다. 하지만 그 후 인터넷, 특히 인터넷과 스마트폰의 결합은 이 모든 상황을 바꿔놓았다. 누구든 원하는 콘텐츠를 언제든 공유할 수 있었고, 또 이 정보를 골라 전보다 빨리 전파할 수 있었다.

네트워크를 통해 퍼져나가는 것은 비단 아이디어와 최신 뉴스만은 아니다. 우리는 정보에 대해 '입소문이 퍼진다'라고 말하지만 실은 우리의 의지와 상관없이 스스로 복제와 확산을 일삼는 악성 프로그램도 이와 똑같은 일을 하도록 설계되었다. 하지만 악성 바이러스라는 부작용보다 중요한 것은 네트워크에서 익명의 사람들이 서로 기꺼이 협력한다는 점이다.

조지 다이슨^{George Dyson}은 현대 컴퓨팅의 기원에 관한 그의 훌륭한 저서 《디지털 세계의 근원^{Turing's Cathedral: The Origins of the Digital Universe}》에서 디지털 컴퓨팅에 관한 초기 사상가 중 일부가 컴퓨터 간 프로그램 코드의 확산이 바이러스의 확산과 비슷하다는 점을 깨달았다고 말한다. 이 말은 프로그램 코드가 숙주에 해당하는 컴퓨터를 차지한 후 벌어지는 자기 복제와 확산 양상이 더 복잡한, 살아 있는 유기체의 확산 양상과 비슷하다는 것이다.

"숫자로 구성된 이 유기체들은 네트워크를 통해 전파되고 일을 수행하는 자신의 능력에 따라 복제되고 확산되었다. 그들은 연산을 수행하기도 하고, 언어를 처리하기도 하고, 핵무기를 설계하기도 하고, 온갖 형태의 자금을 처리하면서 자신을 만든 창조자에게 엄청난 부를 안겨줬다. … 그다음에는 초기 미생물이 방출한 산소가 그 후 자연 생태계에 영향을 미쳤듯 컴퓨터 생태계 구석구석에 영향을 미쳤다. 그들은 수백만 줄의 프로그래밍 코드에 이르는 운영체제에 스며들어가 우리와 컴퓨터가 서로 좀 더 효율적으로 운영될 수 있도록 해주었다. 즉 그들은 데이터 패킷 형태로 분할되어 네트워크를 가로지르고 중간 경로에 발생하는 오류를 정정한 다음, 반대쪽 네트워크에서 다시 원래의 유기체를 형성하는 법을 터득했다. 마치 게놈이 수많은 세포에서 자리 잡아 존속하는 식으로, 그들은 수많은 컴퓨터 프로세스에서 다세포 유기체와 같이 작동했다."[22]

사람들은 웹에 가입하거나 새로운 모바일 앱을 다운로드 할 때, 로컬 컴퓨터에 응용 프로그램 코드를 복제한다. 이때 사람들이 로컬 컴퓨터의 프로그램과 상호작용 하면서 프로그램은 사람들의 행동양식에 영향을 미친다. 이것이 현재 모든 프로그램이 실행되는 방식이다. 하지만 네트워크 시대에는 사용자가 프로그램을 더 널리 공유하도록 하는 데 목적을 둔 일련의 프로그램에 촉각을 곤두세워야 한다. 바로 이런 공유 목적의 프로그램에 힘입어 글로벌 브레인이 활발하게 새 역량을 구축하고 있기 때문이다.

글로벌 브레인의 '사고' 양상은 개인의 사고 양상이나 글로벌 브레인에 참여하지 않는 사회의 사고 양상과는 다르다. 글로벌 브레인을 갖추면 최선의 경우 예전에는 불가능하던 규모의 조직화된 기억뿐 아니라, 때로는 예상치 못한 독창성과 새로운 협동을 끌어낼 수 있다. 하지만 최악의 경우 글로벌 브레인을 구성하는 네트워크의 한 부분을 이루는 사람들이 다른 사람들을 희생시키고 눈앞의 이익을 좇으며 사회를 좀먹고 잘못된 정보를 진리인 양 받아들이도록 유도할 수도 있다(스팸과 사기, 최근 수십 년간 금융시장 행보, 2016년 미국 대선 중 가짜 뉴스 사이트의 횡행을 한번 떠올려보자).

하지만 글로벌 브레인이라고 할 때 가장 눈길을 사로잡는 점은 글로벌 브레인이 조금씩 그 몸체를 갖추어가고 있다는 것이다. 글로벌 브레인은 지금 눈과 귀(수십억 개의 연결된 카메라와 마이크), 인간의 것보다 훨씬 정확하고 강력한 위치와 모션 감지 기능(GPS와 모션 센서), 특수 센서 그리고 우리 자신을 훨씬 능가하는 데이터 수집 기능을 갖추고 있다.

이처럼 몸체를 갖춘 글로벌 브레인이 이제 움직이기 시작했다. 자율주행차는 글로벌 브레인의 발현이다. 자율주행차의 기억은 인간 운전사의 감독 아래에서 운행된 도로에서 생성된 기억이지만 특별한 센서로 받아들여 저장된 기억이다. 하지만 선뜻 짐작이 가듯 여기서 글로벌 브레인이 물리적 세계에까지 얼마나 세력을 뻗칠 수 있느냐는 로봇이 아니라 인간 행동을 이끄는 네트워크 응용 프로그램의 힘에 달려 있다.

차세대 기술의 모범을 보여주며 패러다임을 이끄는 기업이나 그룹이 있기 마련인데 이때 해당 기업이 얻은 교훈을 '파악'할 수 있다면 우리의 미래 지도를 그릴 수 있다.

1998년부터 2005년까지 나는 아마존과 구글에서 배운 교훈을 떠올리며 개인적인 미래 지도를 구축해왔다. 오늘날 미래를 형성하는 트렌드에 대해 우리에게 가장 많은 교훈을 줄 수 있는 두 회사가 있다면, 이는 바로 우버와 그 경쟁사인 리프트다.

많은 독자는 우버가 미래 기술주도 경제의 긍정적인 모델이라는 견해에 발끈할 수도 있다. 그도 그럴 것이 우버는 사업 초기부터 논란에 휘말렸다. 비평가들은 우버 서비스를 놓고 이런 질문을 던진다. 진정으로 운전자에게 경제적 기회를 제공할 것인가? 아니면 불가능한 수입[23]에 대한 기만적인 약속으로 운전자를 함정에 빠뜨릴 것인가? 우버 사업 지역에 속하는 도시들은 당국의 규제에 뻔뻔히 맞서며 비껴가는 술수만 쓰고 있는[24] 우버에 대해 손가락질 하고 있다. 또 경쟁사들은 도난당한 기술에 대해 소송을 제기하고 있다.[25] 또한 전직 직원들은 성희롱을 용인하는 악독한 직장 문화에 대해 비난을 퍼붓고 있다.[26]

미래를 창조하는 많은 사람이 장벽을 뛰어넘고, 경쟁자를 무너뜨리며, 의지와 지성의 힘으로 새로운 산업을 장악한다는 사실은 간과되기 쉽다. 이 과정에서 때로는 더러운 속임수가 횡행하기도 한다. 토머스 에디

슨과 존 록펠러, 빌 게이츠와 래리 엘리슨^{Larry Ellison}은 모두 자신이 몸담은 업계에서 여러모로 마땅한 비난을 받았다. 내가 컴퓨팅 분야에서 처음 일을 시작했을 때 마이크로소프트는 걸핏하면 '악의 제국'이라는 칭호로 불렸다.

하지만 우버를 어떤 관점으로 보든 간에 우버가 우리 경제에 미친 영향력을 부정하기는 어렵다. 미래를 이해하고 싶은가? 그렇다면 우버에 대해 알아야 한다. 좋든 싫든 우버의 사례는 기술이 비즈니스와 산업 세계를 변화시키는 많은 방법을 보여주는 상징적 존재이기 때문이다.

우버의 경쟁사인 리프트는 우버와 같은 비즈니스 모델이기는 하지만 좀 더 바람직하고 직원 친화적인 기업이다. 공교롭게도 두 회사는 상대 회사가 도입한 주요 혁신 사항을 서로 모방했다. 하지만 두 회사는 여러모로 미래의 도시 교통 프로젝트를 공동으로 개발하고 있다. 우리는 이 책 전체에 걸쳐 이 두 회사를 함께 살펴볼 것이다.

03

우버와 리프트를 통해 미래 지도를 그린다

WHAT'S THE FUTURE

2000년 여름, 임원진과 나는 전략 컨설팅사인 빔BEAM사의 단Dan과 매러디스Meredith 부부와 함께 우리 회사의 전략적 계획 프로세스에 대한 협업을 수행했다. 우리는 이제 한 가지의 주요 사업만 수행하기보다, 도서 출판, 콘퍼런스 기획, 온라인 출판이라는 세 가지 사업에 모두 발을 들인 상태였다. 이 세 사업은 고객 면에서 중복되기도 했지만, 투자 요구사항, 시장 진출 전략, 매출 경로 면에서는 차이점을 보였다. 우리에게는 이 세 가지 서로 다른 비즈니스 라인을 일관되게 통일할 방안이 필요했다.

단과 매러디스 부부는 기업이 자신의 비즈니스 모델 지도 즉 '비즈니스의 모든 요소가 어떻게 잘 어우러져 시장우위와 회사 가치를 창출할 수 있는지'를 보여주는 한 장짜리 그림을 작성하는 작업을 돕고 있다.

두 부부는 본래 마이클 포터Michael Porter가 작업한 내용을 토대로 자신들이 비즈니스 모델 지도를 만든 사우스웨스트 항공사의 사례를 활용했다. 다음의 도표에서 보듯이 사우스웨스트의 모델에서는 다양한 차별화 요소가 한 전략의 일부로 잘 어우러져 있다. 그들은 좌석을 지정하지도

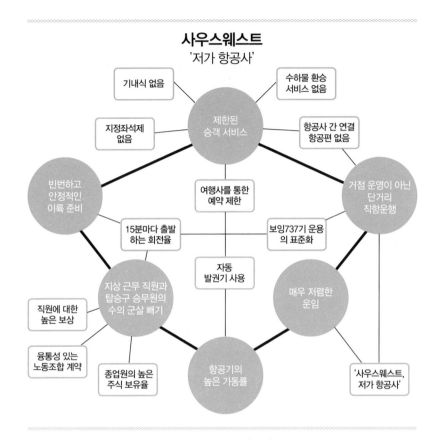

사우스웨스트
'저가 항공사'

- 기내식 없음
- 수하물 환승 서비스 없음
- 지정좌석제 없음
- 제한된 승객 서비스
- 항공사 간 연결 항공편 없음
- 빈번하고 안정적인 이륙 준비
- 여행사를 통한 예약 제한
- 거점 운영이 아닌 단거리 직항운행
- 15분마다 출발하는 회전율
- 보잉737기 운용의 표준화
- 자동 발권기 사용
- 지상 근무 직원과 탑승구 승무원의 수의 군살 빼기
- 매우 저렴한 운임
- 직원에 대한 높은 보상
- 융통성 있는 노동조합 계약
- 종업원의 높은 주식 보유율
- 항공기의 높은 가동률
- '사우스웨스트, 저가 항공사'

않았고, 출발지와 도착지를 한 번에 연결하는 직항노선만 운행했으며, 다른 항공사와 상호간 연계도 하지 않았다. 이 모든 것이 고객에게는 저렴한 요금, 기업에는 최소 인원의 지상 직원 운영과 신속한 탑승을 가능하게 해준 전략의 일부였다.

비슷한 제품과 서비스를 판매하는 두 회사가 있을 때 섣불리 이들의 비즈니스가 같다고 결론 내리기는 쉽다. 하지만 두 사람은 다른 의견을 내놓았다.

물론 사우스웨스트는 여느 항공사와 비슷하다. 하지만 비즈니스 가치를 창출하기 위해 모든 비즈니스 요소가 함께 맞물려 돌아가도록 되어 있는 그들의 비즈니스 모델은 전통적인 거점경유 hub-and-spoke 모델(사우스웨스트는 거점공항을 경유해 여러 지역으로 갈 수 있는 방식 대신 직항노선을 활용함 – 옮긴이)을 채택한 다른 항공사와 매우 다르다. 이런 사우스웨스트의 모델과 비슷한 방식으로 우리는 기술 도서와 콘퍼런스 비즈니스에서 경쟁업체에 대비한 우리만의 차별성을 이해하려고 애썼다.

이 과정에서 빔사는 통상 고객에게 자신의 핵심 전략 포지셔닝에 대한 비전과 기업 비전을 개발하도록 요구한다. 빔사는 우리에게도 이런 요구사항을 내걸었다. 나와 모든 임직원은 이 과정을 통해 우리 회사가 그저 어쩌다 보니 콘퍼런스와 온라인 출판까지 하게 된 컴퓨터 도서 출판 기업이 아니라, 그보다 훨씬 중요한 핵심 사업을 수행하는 기업임을 확신하게 되었다. 내가 이것을 깨달을 무렵, 우리의 사업은 진정으로 '혁신가의 지식을 전파해 세상을 변화시키고 있었다.'

이런 비전을 개발하려면 출판과 콘퍼런스 비즈니스뿐 아니라, 다른 관련 비즈니스도 가능하게 하는 일련의 핵심 역량이 필요했다. 당시 우리의 핵심 역량은 아래와 같았다.

◆ 참신하고 중요한 것의 의미를 알며, 이를 세상에 전파하고 있다.
◆ (내가 '알파 긱스 Alpha Geeks'라고 부르곤 하는) 영향력 있는 얼리어답터를 파악하고 전문 지식을 활용하고 있다.
◆ 학습곡선, 즉 기술도서를 통한 학습 소요시간을 줄이는 대신에

정보의 깊이와 정보의 질을 높이고 있다.

◆ 비즈니스에 영향을 미치는 고객과 사람을 직접 만난다.

◆ 직원들이 자신의 일을 통해 더 나은 세상을 만들 수 있다고 여길
만한 직장과 직장문화를 일궈가고 있다.

미래를 보기 위한 '밈맵'을 그려라

빔사와 함께 작업을 하고 나서 어느 순간 되돌아보니 이미 나는 오픈
소스 소프트웨어 맵을 구축하기 위해 본능적으로 빔사가 보유한 다양한
기법을 활용하고 있었다. 당시 내가 만든 지도는 어떤 단일 회사의 지도
가 아니었다. 이보다는 새로운 소프트웨어 비즈니스 모델의 핵심 원칙
과, 그 원칙을 가장 잘 보여주는 기업들로 구성된 생태계 지도였다. 나중
에 나는 월드와이드웹과 냅스터와 같은 파일 공유 프로그램, 분산 컴퓨
팅, 웹 서비스를 하나로 묶는 원칙을 찾으려던 자칭 웹2.0이라는 것을
탐구할 때에도 이와 비슷한 방식을 활용해 지도를 만들었다.

나는 이것을 밈맵Meme Map이라고 불렀다.[1] 밈맵에서 나는 일련의 관련
기술을 아우르는 하나의 통합된 비전을 마련하면서 기준 기업은 물론
기술의 새 물결을 정의하는 근본 원칙을 제시해 보려고 애썼다.

이처럼 오늘날 기술이 갖는 의미를 이해하려고 할 때 가장 좋은 출발
점은 자신이 지닌 퍼즐 조각을 펼쳐놓는 것이다. 이 퍼즐 조각은 우리가
볼 때 반드시 서로 연관성이 있어야 하지만, 그 조각들이 어디에 어떻게
들어맞을지는 명확하지 않다.

오늘날 기술 주도형 경제 변화의 최전선에 있을 법한 기준 기업과 기

술은 무엇일까? 이들이 우리에게 주는 교훈은 무엇일까?

구글은 여전히 핵심 기업 중 하나다. 구글의 검색엔진은 정보 경제에 보편적인 신피질이자 글로벌 브레인의 핵심 구성요소로서 수십억 명을 (그들이 집단지성으로 만들어내고 있는) 데이터와 문서에 연결하고 있다. 내가 구글을 웹2.0의 상징으로 보게 된 원칙들이 여전히 미래를 여는 원동력으로서 역할을 톡톡히 하고 있다. 이를테면 빅데이터, 알고리즘, 집단지성, 소프트웨어(서비스로서의 소프트웨어)는 물론, 새롭게 조명 받고 있는 기계학습과 인공지능이 이런 원동력의 주역이다. 이처럼 알고리즘 시스템이 새로운 서비스와 사회를 형성해가는 방법을 파악하는 것이 바로 이 책의 핵심 주제다.

지금 구글 서비스는 안드로이드 폰 운영체제가 탑재된 스마트폰을 통해 수십억 명에게 제공되고 있다. 구글은 자율주행차 분야에도 뛰어들어 어느새 자율주행차 개발의 선두주자로 우뚝 섰으며, 의료와 물류, 도시 디자인, 로봇과 같은 분야에서도 커다란 야망을 내보이고 있다. 무엇보다 구글의 광고 기반 비즈니스 모델은 구글의 거의 모든 서비스가 무료로 제공될 것을 암시하고 있다. 다만 그 시사점은 우리도 지금 파악해가고 있는 상태다.

구글이 정보화 시대를 정의하는 회사라면, 페이스북은 소셜미디어 시대를 정의하는 회사다. 페이스북의 응용 프로그램은 대학 캠퍼스에서 학생들이 서로 찾고 만나는 수단으로 시작되었다. 그 후 범위가 더욱 확대되어 친구와 가족이 연락하고 지내는 방법으로 발전했고, 지금은 전 세계 약 20억 명의 회원을 보유한 명실 공히 집단지성의 마스터로 자리매김 했다. 이렇게 페이스북은 구글의 자리를 호시탐탐 노리면서 콘텐츠를 찾아 공유하는 대체 라우팅 시스템Alternate Routing System의 베일을 한 꺼풀씩 벗겨나가고 있다. 구글과 같이 페이스북은 인공지능에 막대한 돈을 쏟아 부었으며, 장차 인공지능 분야에서 맞이할 성패는 페이스북의 향후 행보에 큰 영향을 미칠 전망이다. 이렇게 두 회사를 대조해 나가다 보면, 알고리즘 시스템이 어떻게 작동하고 있으며, 앞으로 이 시스템에 어떻게 대응해 나가야 할지 파악할 수 있다.

아마존 또한 우리가 주목해야 할 흐름에서 당당히 한 축을 형성하고 있는 기업이다. 제프 베조스는 두말할 나위 없이 인터넷 시대의 가장 위대한 기업가로서 여러 산업을 끊임없이 재창조해 나가고 있다. 아마존은 온라인 서점으로 출발했지만 결국 미국 온라인 소매점의 모든 측면을 주도하게 되었다. 아마존은 또한 전자책 분야를 개척했다. 즉 킨들과 함께 신흥 시장을 장악해 도서출판의 미래를 선점할 채널마저 확보했다. 또 차세대 영화·텔레비전 스튜디오인 넷플릭스Netflix와 경쟁을 거쳐 모든 종류의 온라인 엔터테인먼트 분야에서 선두주자로 자리매김 했다. 또한 아마존 에코Amazon Echo를 통해 지능형 에이전트와 인공지능을 소비자 영역으로 끌어들이는 한 축을 형성하기도 했다. 하지만 아마존이 추진한 일 중 가장 중요한 것을 꼽자면, 전자상거래 응용 프로그램을 실리콘밸리 신생기업 대부분이 운영하고 있는 클라우드 컴퓨팅 플랫폼으로 전환한 일이다. 클라우드 모델이 성숙해지면서 기존 대기업도 이런 컴퓨팅 플랫폼으로 전환했다. 이처럼 비즈니스 혁신에서 얻을 수 있는 교훈은 이것만으로도 한 권의 책으로 낼 수 있을 만큼 어마어마하다(이 내용은 책의 뒷부분에서 살펴보겠다).

애플은 개인용 컴퓨터에서 스마트폰에 이르는 세대교체는 물론 웹에서 모바일 애플리케이션에 이르는 세대교체도 이끌어냈다. 아이폰은 최첨단 응용 프로그램이 처음 출시된 플랫폼이다. 스티브 잡스의 죽음 이후, 급류같이 재빨리 돌아가던 애플의 혁신 속도가 늦추어진 감도 없지 않지만 모바일 시장에서 애플은 여전히 선두를 꿰차고 있다. 애플의 디자인 리더십도 미래 가능성에 대해 달리 생각하도록 끊임없이 도전의식을 심어주고 있다.

미래에 펼쳐질 기술을 탄생시키고 시장에 출시하는 기업은 이 외에도 많다. 마이크로소프트는 사티야 나델라Satya Nadella의 리더십 아래에서 최근 몇 년간 활기를 되찾고 있다. 이에 따라 인공지능에 대한 투자와 그 개발자들이 응용 프로그램에서 사용하는 '인지 서비스Cognitive Services'를 통해 페이스북, 아마존, 구글과 창의적인 갈등 관계에 돌입한 상태다. 바이두Baidu, 텐센트Tencent, 알리바바Alibaba와 같은 중국 기업은 기술의 본산지와도 같은 미국의 한편에서 소리 소문 없이 성장하고 있으며, 틀림없이 미국을 추월할 미래를 만들어가고 있을 것이다. 아직 연구 중에 있거나 발명가의 꿈이 실현되지 않은 기술은 물론 크고 작은 수많은 신생기업도 이 대열에 속속 합류하고 있다.

다음 몇 장에 걸쳐 우리는 이 회사들을 비롯한 다른 많은 회사가 얻는 교훈들이 어떻게 서로 중첩되면서 미래 지도에 수렴되어 가는지 살펴볼 것이다.

공통된 패턴을 찾는 지름길은 우선 개별 회사나 개별 기술을 나타내는 지도를 하나 선택하는 것이다. 다음으로 그 지도가 제시하는 주요 원칙을 찾아낸다. 그다음에는 오늘날 우리를 기쁘게 하거나, 당혹스럽게 하거나, 놀랍게 해줄 이른바 미래에 펼쳐질 다른 기술과 이 지도를 한데 묶을 만한 공통분모를 찾아내는 것이다. 지도가 올바로 작성되었다면, 지도의 모든 구성요소가 21세기 주요 서비스를 구축하는 다른 회사에도 드러날 것이다.

우버와 리프트의 비즈니스 모델 지도

많은 새로운 트렌드의 중심에 있는 한 회사는 단연 우버이며, 우버의 최대 경쟁사인 미국의 리프트, 중국의 디디추싱Didi Chuxing, 전 세계 주문형 자동차 회사들이 그 중심에서 나눠먹기를 하고 있다.

초창기의 페이스북 직원에서 우버의 초기 투자자로 변신한 벤처투자자인 매트 콜러Matt Cohler는 한때 스마트폰이 '실제 생활을 위한 원격제어'[2]의 역할을 담당한다고 말한 바 있다. 그만큼 우버와 리프트는 '인터넷이 미디어 콘텐츠뿐 아니라 실생활에서 벌어지는 서비스도 이용할 수 있게 한다'라는 개념을 실현하고 있다.

많은 스타트업의 탄생 신화가 그러하듯 우버도 혁신적인 대단한 아이디어가 아닌 단지 '자신의 가려운 데를 긁는' 기업에서 시작되었다. 2008년에 개릿 캠프Garrett Camp는 리무진(우버블랙)을 호출하는 시스템을 꿈꾸기 시작했다. 그러다가 웹사이트를 찾아 추천해주는 자신의 스타트업인 스텀블어폰Stumbleupon을 매각해 크게 성공했다. 처음에 그는 근사한 자동차를 한 대 샀지만, 운전을 좋아하지도 않는 데다가 악명 높은 샌프란시스코 택시 시스템 탓에 돌아다니기가 영 만만치 않았다.

그 후 2년 동안 캠프는 아이디어를 개발해 친구이자 또 한 명의 성공적 기업가인 트래비스 캘러닉Travis Kalanick을 프로젝트의 아이디어 파트너로 영입했다. 캠프는 원래 주문형 리무진을 운용할 계획이었으나 캘러닉은 이에 반대 의사를 내비쳤다. 캘러닉은 당시 실리콘밸리 전문기자와 인터뷰 자리에서 이렇게 밝혔다.[3]

"캠프는 고급스러움을 강조했고, 저는 효율성을 선택했지요. 우리는 자동차를 소유하거나 운전자를 고용하지 않아요. 제 말은 차를 소유한 기업과 운전을 제공하는 개인과 일한다는 뜻이죠. … 제가 구상하고 있는 서비스는 고객이 버튼만 누르면 탈 수 있는 그런 차량 서비스예요."

2010년 여름, 처음 설립 당시부터 우버의 서비스에는 이미 부유한 창립자들의 요구사항이 담겨 있었다. 바로 '모든 사람의 개인 운전기사'라는 컨셉트이다. 하지만 이는 틈새시장용에 불과했으며, 세상을 바꾸지도 세상에 알려지지도 않았다. 이 서비스는 오직 샌프란시스코에서만 제공되었던 것이다. 하지만 이후 몇 년에 걸쳐 우버는 주문형 운송 서비스 시장의 혁신 세력으로 숨은 발톱을 드러냈으며, 지금은 기존 택시와 리무진 업계 전체의 운전자보다도 많은 운전자를 보유한다. 어떻게 이런 일이 일어났을까?

게임의 판도를 바꿔놓은 것은 2012년 초 사이드카Sidecar와 리프트가 시장에 내놓은 피어투피어 모델이었다. 이 모델에서는 라이선스를 보유한 '리무진 운전자가 아닌 일반인'이 개인 차량으로 서비스를 제공한다. 이는 고용에 대한 우리의 사고방식을 완전히 바꿔놓은 획기적인 혁신으로서, 회사는 운전자에게 일거리를 보장하지 않고, 운전자도 회사에 자신이 언제 일할지 보장하지 않는다. 그 대신 알고리즘을 통해 실시간 온라인 서비스상에서 조건이 맞는 운전자와 승객을 연결시켜 적합한 운전자를 찾아낸다. 또 승객 수요에 비해 운전자가 모자라면 자체적으로 요금을 높이는 탄력요금제를 실시해 더 많은 운전자를 끌어 모은다.

과거에도 이런 피어투피어 방식의 대중교통 서비스가 여럿 있었다. 리프트의 전신으로 로건 그린Logan Green과 존 지머John Zimmer가 창립한 카풀 서비스 기업인 짐라이드이다. 이들은 짐바브웨에서 경험한 비정규 소형 버스 시스템에서 영감을 받아 피어투피어 방식과 유사한 대중교통 서비스를 제공했다.[4] 다만 스마트폰을 사용해 실제 공간에서 실시간 양면시장Two-sided Market(하나의 기업이 판매자와 구매자 간 플랫폼 같은 연결고리 역할을 함으로써 거래가 이루어지는 시장 – 옮긴이)을 형성한 것은 당시로서는 완전히 따끈따끈한 신개념이었다.

초반에 미덥지 못한 행보를 벗고 1년 후 피어투피어 모델을 모방한 우버는 공격적인 CEO 아래서 물류와 시장 인센티브에 더 확실히 집중했고, 일절 타협하지 않는 기업 문화를 만들었으며, 수십억 달러의 막대한 자본을 투자해 경쟁자를 앞질렀다. 리프트는 여전히 미국에서 우버의 강력한 경쟁자지만, 아직까지는 큰 격차로 2위 자리를 유지하고 있다.

우버가 투자받은 자본금은 놀라우리만치 중요한 부분이었다. 통상 스마트폰으로 승객과 운전자를 연결해주는 운송네트워크회사Transportation Network Companies, TNCs들은 자동차 구매에 돈을 쓸 필요가 없다. 하지만 우버는 고객과 운전자라는 가장 큰 네트워크를 구축하는 경주에서 마케팅과 운전자에 주는 인센티브[5] 등에 수십억 달러를 투자했다.

규제에서 벗어나려는 의지 역시 우버의 성공에 한몫을 톡톡히 했다. 사이드카와 리프트도 자신의 새로운 접근법을 합법화할 새 규칙을 만들기 위해 캘리포니아 공익사업위원회California Public Utilities Commission와 협업하는 데 공을 들였다. 이보다 훨씬 이전인 2008년에 창립된 택시매직Taxi Magic

은 단지 기존 택시업계에 편입됨으로써 그 규칙을 수락했다. 이후 택시매직은 택시 호출 시스템과 통합되었다. 한편 당시 기존 택시 호출 시스템이 제공하던 인센티브는 고객에게 더 나은 서비스를 제공한다는 명목으로 유지되었지만 사실상 모두 실효성이 없었다. 승객을 먼저 태울 기회가 승객과 가장 가까운 택시가 아닌 가장 오래 기다린 택시에 주어지는가 하면, 승객이 많은 시간대에는 아예 호출 시스템은 뒷전이고 도로에서 곧바로 승객을 태우려는 택시만 넘쳐났던 것이다. 이후 2009년에 시작된 카뷸러스Cabulous도 엄격한 기존 택시업계 규제 안에서만 서비스를 제공하는 데 그쳤다.

이런 관점에서 볼 때 캠프와 캘러닉이 고급 차량 서비스인 우버블랙 서비스를 시작한 점은 뜻밖이었다. 당시 리무진은 택시보다 규제가 적기는 했지만(가령, 규제 당국이 정한 요금이 아닌 자체 요금을 정할 수 있었다) 한 가지 커다란 제약이 있었다. 즉 택시와 달리 리무진은 반드시 사전 예약제로만 운행해야 한다는 점이다. 하지만 앱이 등장하면서 '사전 예약'이란 용어도 상대적인 말이 되었다. 예전에는 예약이 들어올 때까지 마냥 손 놓고 기다려야 했던 운전자가 우버 앱을 통해 승객의 운행 요청에 실시간으로 응할 수 있게 되면서 앞 다투어 우버에 가입했다. 이처럼 승객과 운전자에 대한 인센티브가 조정되면서 양측 모두 시장의 일부로 자리를 잡았다.

새로운 앱이 리무진을 택시보다 경쟁력 있는 서비스로 만들었다는 사실을 비교적 일찌감치 인식한 택시회사들은 목에 핏대를 세워가며 우버가 무면허 택시회사라고 주장했다. 우버의 초기 명칭인 우버캡UberCab은 이런 논쟁에 불을 지폈다. 하지만 우버는 '택시Cab'라는 말을 빼버리는

(어떤 식으로든 취하고 싶던 조치인) 작은 양보로 당국에 우버를 여전히 택시업계보다는 리무진 업계의 규칙을 적용해야 한다는 점을 인식시켰다.

그 후 우버가 피어투피어 서비스를 추가하면서, 가뜩이나 휘청대던 택시업계는 더는 손쓸 수 없는 궁지에 몰리게 되었다. 이제 우버는 우버블랙 서비스를 택시보다 경쟁력 있는 서비스로 만드는 정도를 넘어 도시 교통 서비스 분야에서 완전히 새로운 접근법을 제시했다.

우버 웹사이트의 '소개'란에 드러난 우버의 기업이념만 보아도 이런 새로운 접근법을 실천해낼 가능성이 엿보인다.

> 일부 대도시 지역에서 프리미엄 블랙 차량 탑승 요청 앱으로 시작한 우버는 현재 전 세계 도시의 물류 서비스를 변화시키고 있습니다. 승객을 모시든, 샌드위치를 배달하든, 패키지를 배달하든, 우버는 적절한 기술을 사용해 승객에게 원하는 서비스를 언제든 제공해 드리고 있습니다.
>
> 우버 앱은 우버와 함께 일하는 기사님에게는 편한 시간에 일하고 수입을 올릴 수 있는 새로운 길입니다. 도시에서는 지역 경제를 살리고, 교통을 편리하게 이용하며, 거리를 안전하게 할 길입니다. 여러분이 이 교통 서비스를 수돗물처럼 안전하고 원활하게 쓸 수 있도록 만들어 나간다면 모든 사람이 그 혜택을 입을 것입니다.[6]

다음 그림은 단과 매러디스 부부가 사우스웨스트 항공사를 위해 그린 지도와 유사하게 만든, 우버나 리프트에 적용 가능한 비즈니스 모델 지도이다.

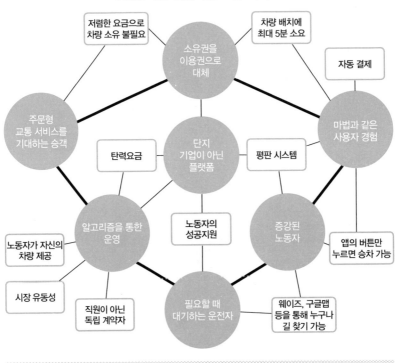

우버
'수돗물처럼 안정적인 교통 서비스'

- 저렴한 요금으로 차량 소유 불필요
- 차량 배치에 최대 5분 소요
- 자동 결제
- 소유권을 이용권으로 대체
- 주문형 교통 서비스를 기대하는 승객
- 마법과 같은 사용자 경험
- 탄력요금
- 단지 기업이 아닌 플랫폼
- 평판 시스템
- 알고리즘을 통한 운영
- 노동자의 성공지원
- 증강된 노동자
- 노동자가 자신의 차량 제공
- 앱의 버튼만 누르면 승차 가능
- 시장 유동성
- 직원이 아닌 독립 계약자
- 필요할 때 대기하는 운전자
- 웨이즈, 구글맵 등을 통해 누구나 길 찾기 가능

우버·리프트 비즈니스 모델의 핵심요소

<u>소유권의 개념을 이용권의 개념으로 대체</u> 결국 우버와 리프트는 택시회사와 경쟁하는 것이 아닌 차가 필요한 사람들에게 '왜 차를 소유해야 할까?' 라는 의구심을 불러일으키며 신개념 경쟁을 부추기고 있다. 즉 전화기의 버튼만 누르면 얼마든지 저렴한 비용으로 자동차와 운전자를 호출할

수 있는 상황에서 사람들, 특히 도시에 사는 사람들은 차를 소유해야 할 이유에 대해 근본적으로 회의를 품고 있다. 지금 우버와 리프트는 스포티파이Spotify와 같은 음악 스트리밍 서비스가 음악 CD 구입의 필요성을 없앴고, 넷플릭스와 아마존 프라임Amazon Prime이 DVD 구입의 필요성을 없앴듯이 차량 소유의 필요성을 없애고 있다.

한번은 로스앤젤레스에서 우버를 이용하는 한 고객에게서 이런 말을 들은 적이 있다.[7]

"저는 뉴욕에서처럼 로스앤젤레스에 사는 사람들에게도 우버와 리프트가 제 대중교통 수단이라고 말하고 다닌답니다."

우버와 리프트는 또한 차량의 소유권을 이용권으로 대체하고 있다. 운전자는 자신이 구입한 차량을 놀리지 않고 활용해 추가 수입을 얻을 수 있다. 본인의 차량이 없는 경우에는 우버나 리프트에 소정의 비용을 내고 회사 측이 제공하는 차량으로 운전자 서비스를 제공할 수 있다. 이처럼 우버와 리프트는 차량을 소유할 필요가 없으므로 차량을 소유할 때 발생하는 자본 비용을 감당할 필요가 없다.

고객이 어떤 서비스를 기대하는가 마이클 슈라지가 자신의 저서 《고객이 어떤 사람으로 변화하기를 바라는가?》에서 자세하게 언급했듯이, 우버와 리프트는 자사의 고객이 예전에 손쉽게 다른 온라인 콘텐츠를 이용하던 것처럼 차량 서비스도 손쉽게 이용할 수 있는 서비스로 여기기를 바라고 있다. 즉 '우버와 리프트는 세계가 어떻게 돌아가고 있는지에 대해 고객이 스스로 자신의 지도를 다시 그리도록 요청하고 있다.'

일찍이 우버와 리프트는 도시의 많은 전문 분야에 몸담은 인력이 이미 자동차를 소유하지 않는다는 사실을 간파하고 있었다. 하지만 우버가 주요 도시 중심부와 부유한 고객층에만 국한되지 않고 더 확장해 나가려면, 더 많은 사람이 우버를 받아들이고 이용해야 했다.

문제는 응용 프로그램이 제공하는 안정성, 편의성, 서비스의 범위만으로는 사업 확대라는 목표를 달성하기가 녹록치 않았다는 것이다. 따라서 그들은 저렴한 요금제를 적용해 우버나 리프트를 호출하는 것이 자동차를 직접 소유하는 것보다 여러모로 편리하고 감당할 만하다는 사실을 어필했다.

멋진 사용자 경험이 서비스 채택을 가속화한다 전화기를 꺼내 버튼만 누르면 몇 분 후 차량과 운전자가 대기하는 마법과 같은 사용자 경험을 얻는 일은 마치 도시라는 모래밭에서 바늘을 찾는 것만큼이나 어려운 일이다. 하지만 일단 이 경험을 해본 사용자는 소유하지 않고도 원하는 대로 마음껏 차를 이용할 수 있다는 확신을 얻는다. '이처럼 새롭고 근사한 사용자 경험이라는 미래에 펼쳐질 순간을 목격하는 일은 사용자의 행동을 바꾸고 사용자의 서비스 채택을 가속화하는 핵심 요인이 되곤 한다.' 주문형 교통 서비스 모델을 시장에 처음으로 선보인 것이 리프트였다면, 모든 필수요소를 투입해 처음으로 고객에게 손쉽고, 원활하고, 훌륭한 서비스 경험을 제공한 것은 우버였다.

필요할 때 대기하는 운전자 주문형 교통 서비스를 위해서는 많은 운전자가 필요하다. 본래 우버가 자사의 우버블랙 운전자에 대해 가진 비전은 잠재 시장의 좁은 범위에서만 서비스를 제공하는 것이었다. 하지만 갈수록 야망이 커지면서 우버는 피어투피어 모델에서 제공하는 것과 같은 훨씬 많은 운전자가 필요하게 되었다.

증강된 노동자 GPS 기술과 자동 차량배치 기술은 참여 운전자 수를 본질적으로 증가시킨다. 이 기술만 있으면 초행길인 운전자도 외진 곳의 승객에게 쉽게 찾아갈 수 있기 때문이다. 그동안은 길을 잘 아는 노련한 택시와 리무진 운전자가 유리했지만, 이제는 스마트폰과 올바른 응용 프로그램만 있으면 누구나 똑같은 능력을 지니게 된다. 가령 런던에서 택시 운전사가 되는 데 필요한 운전면허시험은 세계에서 가장 어려운 시험으로 유명하다.[8] 하지만 이제 그런 지식은 필요 없다. 응용 프로그램이 그런 지식을 대신하기 때문이다. 그러므로 우버나 리프트의 운전자는 응용 프로그램이 보유한 능력까지 갖추게 되는, 이른바 '증강된 노동자Augmented Worker'이다.

기존 회사와 플랫폼이 다르다 전통적인 비즈니스의 관점에서 볼 때 기업이 성장하려면 사람을 고용하고, 공장과 장비에 투자하며, 관리 계층을 구축해야 한다. 하지만 우버와 리프트는 그 대신에 수십만 명의 개별 운전자를 관리하고 배치하는 디지털 플랫폼을 구축했다. 이 디지털 플랫폼에서 그들은 '충분한 수의 운전자가 가입해 자신의 차량으로 서비스를 제공하는' 시장 자체의 메커니즘에 신뢰를 가지고 있다(가령 월마트나 맥도날드에서 근무시간을 명확히 정하지도 않고 근무 가능이라는 공지만 띄웠는데 많은 지원자가 현장에 나타난다고 상상해보자. 또 일할 사람이 부족할 때 높은 급료를 준다는 말 한마디로 부족한 인력을 공급할 수 있다고 가정해보자. 월마트나 맥도날드 같은 기업에서 이런 일이 가당키나 한가?). 이처럼 우버나 리프트의 기업조직은 근본적으로 기존 기업의 조직과 차이가 있었다.

한편 우버와 리프트를 두고 그들이 자사의 운전자를 직원이 아닌 개인사업자로 유지함으로써 사업성과에 따라 응당 발생하는 비용을 피해간다고 주장하는 사람이 있다. 그런데 이 문제는 그리 간단하지가 않다. 물론 이런 방식으로 비용 절약을 시도할 수도 있겠지만,[9] 개인사업자와 기업 간의 이런 계약 형태는 비용 절감 측면뿐만 아니라 피어투피어 모델의 확장성과 유연성 측면에서도 중요한 사항이다. 또한 기본적으로 택시와 기사의 운영비용을 충당할 만큼 충분한 수입을 내기 위해 풀타임으로 운행해야 하는 택시와 달리 우버와 리프트는 더 많은 운전자가 부업으로 일할 수 있게끔 허용하므로 마치 공급(운전자)이 밀물 썰물과 같이 자연스럽게 수요(승객)에 맞추어지게 하고 있다. 따라서 운전자가 많을수록 더 많은 고객이 이용하고, 대기 시간을 더 줄이며, 더 많은 지역에 서비스를 제공할 수 있다. 실제로 우버나 리프트 같은 기업들은 기존의 택시와 리무진보다 훨씬 넓은 지역에서 5분 이내에 응답하는 서비스를 제공하고 있다.

알고리즘으로 관리한다 '알고리즘을 통한 관리는 우버나 리프트와 같은 비즈니스에서 핵심요소다.' 운전자를 모으고, 실시간으로 운전자와 승객을 연결하고, 모든 승차 상황을 자동으로 추적해 청구하거나 승객을 통한 운전자 서비스 평가 시스템을 통해 서비스 품질을 관리하는 것은 강력한 컴퓨터 알고리즘 없이는 불가능한 일이다. 따라서 이런 알고리즘을 만들고 배포하는 일은 회사의 핵심 업무라고 할 수 있다.

이처럼 모든 승객은 서비스를 이용한 후 운전자에 대해 평가하게 되어 있으며(운전자 역시 승객을 평가한다), 평가 결과에서 등급이 일정 수준 이하인 운전자는 서비스에서 제외된다. 얼핏 보기에 이런 실시간 평판 시스템은 인정머리 없는 관리체제로 보일 수 있다. 하지만 일전에 정치과학자 마거릿 레비Margaret Levi가 내게 말했듯이, 이는 승객이 볼 때 일종의 '사적 규제'의 창구로서 안전성과 고객 경험에 대한 높은 기준을 설정한다는 면에서 기존 택시의 규제 기준을 훌쩍 뛰어넘는다.

수요를 만족시킬 수 있는 충분한 운전자를 확보하는 일은 사실상 시장 관리의 문제다. 그런데 승객이 단 몇 분 만에 승차할 수 있도록 운전자가 충분히 공급되고, 운전자가 별도의 임금 없이 서비스를 제공할 수 있도록 충분한 승객이 확보되는 이른바 '시장 유동성'을 달성하는 일은 여간 복잡하지 않다.

하지만 제한된 수의 '택시 면허'를 발행해 희소성을 인위적으로 만들어내는 택시산업과 달리, 우버와 리프트는 이런 시장 유동성을 달성하고 있다. 즉 특정 위치나 특정 시간에 도로의 운전자 수가 적을 때 요금을 올리는 알고리즘을 통해 적정 수의 운전자가 계속해서 서비스를 제공하도록 하고 있다. 처음에 고객들은 이런 탄력요금제에 대해 볼멘소리를 내기도 했다. 하지만 우버와 리프트가 승객과 운전자 간 상충하는 요구의 균형을 맞추는 데 시장의 힘을 사용하면서 수요(승객)와 공급(운전자) 간 균형이 거의 실시간으로 맞추어졌다.

우버와 리프트에는 탄력요금제 외에도 운전자에게 운전자의 수가 더 많이(또는 더 적게) 필요하다는 것을 알리는 다른 시스템도 있다. 특히 새롭게 서비스를 시작하는 도시에서 운전자에게 인센티브를 지급하는데,

이 때문에 이들 업체에서 새로운 시장 진출에 자금을 많이 들이게 된다. 우버의 이런 행보를 두고, 처음에는 시장을 장악하고 다른 판매자를 몰아내려고 원가 이하로 재화와 서비스를 파는 덤핑을 하다가 결국 독점력을 얻고 난 뒤에는 가격을 올리는 꼴이라고 비판하는 사람도 있다. 그들은 가격을 올리거나 운전자가 배분 받는 수입을 줄이는 것이 우버나 리프트와 같은 기업이 돈을 버는 유일한 방법이라고 주장한다.

하지만 우버와 리프트의 입장에서 보면, 일반적으로 원가(비용)를 줄여야 구매자와 판매자 수가 자생적으로 유지될 정도의 일정 수인 임계량Critical Mass에 도달하게 되어 시장을 성장시킬 수 있고, 이렇게 해야 승객 요금과 운전자 모집에 들어가는 비용을 낮출 수 있다. 가격이 낮아져야 새로운 수요가 창출된다는 이야기다. 그도 그럴 것이 서비스 가격이 비싸서 엄청 부유한 사람만 이용할 수 있다면, 누가 과연 이런 주문형 차량을 이용할까? 또 필요할 때마다 차량이 대기하는 서비스를 당연한 것으로 받아들일 사람이 과연 얼마나 있을까? 또 서비스 비용이 계속해서 내려갈 것으로 보이는 미래에 이런 서비스를 당연한 것으로 여길 사람은 얼마나 될까?

내 관점에서 우버와 리프트에 묻고 싶은 가장 큰 전략적 질문은, 과연 그들이 운전자의 이직률 문제를 어떻게 다루고 있느냐 하는 것이다. 운전자의 수입과 업무 조건은 운전자를 꾸준히 공급하기에 충분한 상태인가? 아니면 틈만 나면 더 나은 일자리를 찾아 헤매는 운전자들 때문에 운전자를 공급하기가 아주 어려운 상태인가? 매주 근무시간이 많거나 자사의 플랫폼에서만 일한 운전자에게 주었던 인센티브를 중단할 경우 과연 어떤 일이 벌어질까? 참고로 운전자는 이미 요금 인하와 인센티브

축소로 곪어 죽을 지경이라고 볼멘소리를 내고 있다.

'기존 택시 및 리무진의 라이선스 제도'와 '노동 당국' 간 논쟁이 그러했듯이, 노동 조건과 고용 상태에 관한 '피어투피어 플랫폼'과 '노동 규제 당국' 간의 논쟁 결과는 피어투피어 플랫폼의 향후 성패에 결정적인 역할을 할 수 있다. 즉 피어투피어 모델의 모든 부분이 어떻게 조화를 이루어 작동하는지 잘 모르는 상태에서 노동 당국이 이들의 비즈니스 모델을 아예 작동할 수 없게 하는 제재를 가할 수도 있기 때문이다.

* * *

비즈니스 모델 지도의 가장 중요한 기능 중 하나는 이를 통해 비즈니스의 모든 부분이 서로 어떻게 어우러지는지 파악할 수 있다는 것이다. 이 게임에 뒤늦게 합류한 많은 택시회사는 겉보기에 리프트나 우버와 똑같은 기능을 갖춘 많은 수의 앱을 출시하고 있다. 하지만 그들은 수요(승객)와 공급(운전자)이 균형을 이루는, 이른바 유동적인 시장이 없는 탓에 우버와 리프트가 정립한 요금과 신속한 서비스 공급 능력에 대한 기대치에 부응할 수 없을 때가 많다. 일반적으로 그들은 제한된 도시택시 면허(메달리온 medallion) 수와 택시 유지에 드는 비용 때문에 택시와 운전자 수를 무한정 늘릴 수가 없다. 그러다 보니 자연스레 수요가 절정인 시간대에는 공급이 수요를 따르지 못하는 결과를 낳는다. 그렇다고 수요가 가장 많은 때를 기준으로 택시 대수를 덥석 늘릴 수도 없다. 그렇게 되면 정작 바쁘지 않은 시간대에 이 택시들을 놀릴 수밖에 없다. 이처럼 기존 택시의 비효율성을 생각할 때, 우버와 리프트가 자사의 대다수 운전자를 언제든 충당할 수 있는 부업 형태로 운영하는 것은 결코 우연이 아니다. 수요가 높을 때는 공급을 늘리고, 수요가 낮을 때는 공급을 줄이는 것이야말로 피어투피어 모델의 근본적 장점 중 하나다.

기존 택시회사는 감독기관과 마찰을 벌이는 경우가 많기 때문에 비용이 높아지고 택시의 가용성도 악화되기 마련이다. 하지만 일반적으로 우버와 리프트의 운전자는 기존 택시회사의 운전자보다 시간당 수입도 많고, 승객은 더 나은 서비스와 더 저렴한 요금을 경험한다. 우버와 리프트가 '규칙을 지키지 않는다'라고 불평하는 사람은 과연 그런 규칙이 목적도 달성하지 못하는 '비판을 위한 비판'은 아닌지 스스로 물어봐야 한다.

'그렇다고 리프트와 우버가 직원 복지와 노동 보호의 문제에서 완전히 벗어난다는 말은 아니다. 9장에서 살펴보겠지만, 이에 대한 올바른 해법은 주문형 비즈니스 모델만큼이나 유연하고 시장 대응력이 높은 사회안전망과 기준을 개발하는 것이다. 우버와 리프트(그리고 에어비앤비)는 감독기관의 허가를 얻기보다 면제를 구하는 접근법을 취했다. 또한 소비자가 자사의 서비스를 신속히 채택해 서비스가 확대되기를 기다리면서 서로 동맹을 맺어 감독기관에 맞서 나갔다. 물론 의심의 여지없이 향후에는 우버나 리프트와 감독기관 사이에 소정의 합의가 이루어질 것으로 보인다. 즉 그들은 규제와 관련해 자신들의 비즈니스 모델만큼이나 혁신적인 제안으로 문제의 해법을 찾아나가는 현명한 행보를 보일 것이다.

비즈니스 모델 지도를 활용한 전략적 선택

좋은 비즈니스 모델 지도는 회사가 바람직한 전략적 선택을 하도록 도와준다. 이런 지도는 기업이 문제를 너무 늦게 발견해 성공의 핵심요소를 놓치게 하는 것이 아니라 중요 사항에 대해 현명한 선택을 할 수 있도록 그때그때 문제를 짚어준다.

이를테면, 우버와 리프트는 미래의 여러 계획에 자율주행차를 포함시켰다. 이런 행보를 두고 우버나 리프트의 사업에 대해 이해가 부족한 사람은 운전자에게 지불하는 비용의 70~80퍼센트를 절감해 더 많은 수익을 창출하려는 속셈이라고 속단할 것이다.

하지만 앞에서 요약한 비즈니스 모델 지도를 활용해보면, 이와는 좀 다른 질문들이 떠오를 것이다. 우버나 리프트와 같이 (상당한 돈벌이가 될 때만 차량을 운행하는 운전자로 구성된) 유동적인 시장에 의존하는 기업이 자사의 서비스 플랫폼에 자율주행차를 도입하면 어떤 일이 벌어질까? 잠재적으로 자율주행차는 시장을 불안정하게 만들 것이다.

우버나 리프트가 자사가 보유한 자율주행차로 고객에게 현재 수준의 운행 서비스를 제공하려면 현재 운전자 수에 해당하는 자율주행차를 보유해야 하기 때문에 상당한 비용이 들 것이다. 시스템의 모든 차량 수는 최대 승객의 수를 충족하기에 부족함이 없어야 한다는 사실을 기억하자.

또한 우버나 리프트가 자사가 보유한 자율주행차를 가장 바쁘고 수익성이 높은 시간대에 인간 운전자와 경쟁하려는 목적으로 사용한다면,

자연스레 운전자의 참여의지가 떨어질 위험성이 있다. 따라서 단순히 회사 이익을 극대화하는 것이 아닌, 마치 물이나 전기를 사용하듯 진정으로 신뢰할 수 있는 교통 서비스를 만드는 것이 목표라면 기존 운전자와 경쟁하는 것이 아니라 부족한 기존 운전자를 보완하려는 목적으로 자율주행차를 배치해야 한다. 이때 현재 서비스가 잘 제공되지 않는 지역을 중심으로 (비록 자율주행차에 대한 수요가 부족해 자주 사용되지 않을지라도) 서비스를 제공하는 것도 좋다. 해법은 마치 전력망이 재생 에너지로 하루 최대 수요 전력을 맞추면서도 '기저 부하(발전할 때 시간이나 계절에 따라 달라지는 발전부하 중 가장 낮은 수치의 연속적인 수요 발전 용량 – 옮긴이)'를 위해 석탄, 천연가스, 원자력을 사용하듯이, 인간과 기계(자율주행차)의 최적 조합을 찾기 위해 수학 모델과 알고리즘을 조정하는 방법일 것이다.

만약 우버나 리프트가 시장 모델의 이점을 유지하고 싶다면, 직접 자율주행차를 사서 배치하는 대신에 운전자가 자율주행차를 사서 회사의 서비스에 사용하도록 인센티브를 마련할 수도 있다. 많은 면에서 이 행보는 우버나 리프트의 비즈니스 모델을 (시장 참여자가 자신의 노동력보다 자산을 제공하는) 에어비앤비의 비즈니스 모델에 한층 가까운 모습으로 바꿔놓을 것이다. 하지만 이 계획이 효과를 보려면, 우버나 리프트는 자사만의 자율주행차를 개발하기보다 다른 공급업체의 자율주행차와 자사의 서비스 플랫폼 간에 상호연동을 촉진할 수 있어야 한다. 가령 이 계획이 '여러분이 테슬라 자율주행차를 구매해서 출근용으로 쓰시되 나머지 시간 동안에는 저희가 쓰겠습니다'와 같은 계획이라고 치자. 그러면 이는 자율주행차와 일반 차량이 뒤섞인 상태에서 우버나 리프트가 자율주행차와 서비스 플랫폼 간 상호연동 제어와 배치에 대해 투자할 수 있어야 한다는 뜻이다(다만 테슬라가 자사의 운전자가 테슬라를 우버와 리프트에 쓰지 못하도록 금지한 행보를 보면 테슬라에 다른 꿍꿍이가 있어 보이기는 한다. 하지만 비즈니스 모델은 따로 고립된 것이 아니기 때문에 고객과 공급업체의 요구에 따라 달라지기 마련이며, 경쟁에도 적응할 수 있어야 한다).

이런 논의는 또한 정책 입안자에게도 중요한 사안이다. 즉 한편으로 이처럼 상호연동이 가능한 자율주행차의 세계는 현재의 주문형 운전자와 미래의 자율주행 트럭, 독립 트럭 운전자가 차량 소유자이자 서비스 제공자로서 시장에 참여할 기회를 제공할 것이다. 하지만 또 한편으로 차량 소유자가 다른 경쟁사의 서비스를 위해 운전하는 것을 테슬라와 같은 회사가 제한할 수 있는 세계는 운전자를 니콜라스 카^{Nicholas Carr}가 처음 지칭한 디지털 셰어크로핑^{Digital Sharecropping} 10 (플랫폼 소유주는 이익을 챙기지만 콘텐츠 제작자는 이익을 분배받지 못하는데도 공짜로 도와주는 현상을 가리키는 것으로, 여기서는 테슬라가 이익을 챙기는 반면에 운전자는 이익을 분배받지 못할 수도 있는 상황임 - 옮긴이)의 현실로 내몰게 될 것이다. 자율주행차의 상호연동에 대한 보장은 인터넷 혁명을 주도한 원래의 상호연동만큼이나 중요한 사항이다. 따라서 이 분야의 개방형 표준은 대기업뿐 아니라 일반인에게 차세대 자동화의 혜택을 선사해줄 것이다.

우버의 공공정책 담당으로 일하고 있는 벳시 마시엘로^{Betsy Masiello}는 피어투피어 모델이 자율주행차와 어떤 모습으로 공존하게 될지 묻는 내 질문에 장차 피어투피어 차와 자율주행차가 공존하는 양상을 띠게 될 것이라고 답했다.

결국 증강된 노동자가 실제로 우버와 리프트의 비즈니스 모델의 핵심이라면, 아마도 자율주행차를 바라보는 바람직한 관점은 새로운 종류의 서비스를 제공할 수 있는, 한 단계 나아간 증강이라고 보는 것이다.

그런데 여기서 한번 자율주행차가 등장하면서 운전이 마치 기계를 통해 값싸게 수행되는 상용품과 같이 되었다고 상상해보자. 그러면 자율주행차 덕분에 이제 새로운 증강 능력을 갖추게 될 노동자는 이 엄청난 새 능력으로 무슨 일을 하게 될까? 또한 교통이 수돗물처럼 저렴하고 신뢰할 만큼 안정적으로 공급될 때 사회에는 또 어떤 새로운 가능성이 열릴까?

차세대 경제를 위한 비즈니스 모델 지도

다양한 기업의 본질을 포착하고자 하는 지도를 만들 때 중요한 점은 깔끔하게 구분하려고 애를 쓰는 일이 헛수고임을 알아야 한다는 점이다. 이를테면 에어비앤비는 우버나 리프트처럼 네트워크로 연결된 시장이지만 아파트, 주택, 객실로 구성된 네트워크이며, 부차적으로 보면 손님이 왔다가 떠난 후 머물렀던 공간을 청소하는 노동자 네트워크다. 구글과 페이스북은 콘텐츠를 제작하고, 공유하고, 사용하는 사람들의 네트워크이자 그들에게 다가가고자 하는 광고주의 네트워크다. 또 아이폰 앱스토어나 구글 플레이는 응용 프로그램과 응용 프로그램을 만드는 개발자 생태계로 구성된 네트워크를 통해 물리적 장치(스마트폰)에 가치를 더하는 네트워크다.

또 분산형 태양광 발전과 전기 자동차를 비롯해 탄소 기반 에너지에서 재생 가능 에너지로 전환하는 그 외 여러 다른 징후들도 겉보기에는 위에서 말한 분야에서 조금 벗어난 것처럼 보이지만, 이런 태양광 지붕^{Rooftop Solar}도 결국 우버와 에어비앤비와 같은 주문형 기업이 지닌 분산 네트워크의 특성과 많은 영역에서 닮아 있다.

미래를 이해하려면 태양계의 주변이 아닌 중력 중심의 관점에서 사안을 바라보자. 마치 태양의 중력이 명왕성의 궤도 너머까지 도달하면서 행성은 물론 혜성을 비롯한 특이한 궤도를 지닌 미확인 행성에까지 미치듯이, 미래를 형성하는 힘에는 중력 중심이 있어 중심에서 멀어질수록 힘의 영향력은 약해진다. 아울러 태양계에서 큰 행성들이 자신의 위성을 끌어당기는 동시에 스스로도 태양의 중력을 받으며 태양 주위를 돌듯이, 중력의 상호작용은 서로에게 영향을 미치기도 하고 한데 모여 증폭되기도 한다.

이런 사실을 염두에 두면서 내가 '차세대 경제를 위한 비즈니스 모델 지도'라고 이름 붙인 우버와 리프트 지도의 일반화된 버전을 한번 생각해보자. 다음 그림에서 일부러 파란색 빈칸에 기여하는 일부 네모 칸은 빈칸으로 남겨뒀으니 자신의 회사나 자신이 소비하는 서비스에 대해 이 빈칸을 어떻게 채울지 한번 생각해보자. 또 그중 몇 개는 내가 채워 넣었는데, 그 까닭은 이것들이 앞으로 펼쳐질 미래의 중심으로 자리매김할 것 같기 때문이다.

자원을 정보로 대체한다 디지털 발자국^{Digital Footprint}(소비자가 온라인 활동을 하면서 남긴 구매 이력, 소셜 네트워크, 웹서핑 등의 다양한 디지털 기록 - 옮긴이)을 활용하면 물리적 자산을 더욱 정보 자산과 같이 관리할 수 있다. 나는

차세대 경제를 위한 비즈니스 모델 지도

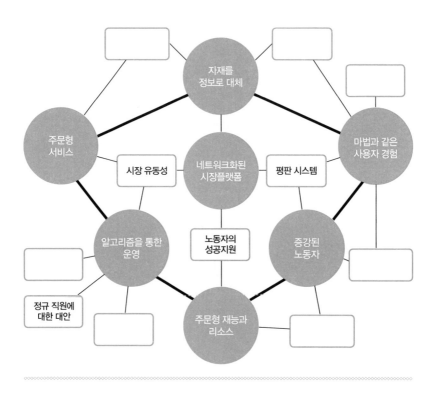

이 개념을 선전深圳, 샌프란시스코, 아일랜드 등지에 사무소를 두고 PCH 인터내셔널이라는 전자산업용 디자인·물류회사를 운영하고 있는 아일 랜드 출신의 리암 캐시Liam Casey에게서 차용해왔다. 현재 PCH인터내셔 널은 고객인 전자제품 소매업체에서 온라인 주문을 받으며, 무재고 생 산 방식으로 적기에 제품을 생산해 중국에서 직접 배송하고 있다.

리암은 내게 재고를 정보로 대체하고 있다면서 호주 시장이 미국 시장보다 훨씬 작기는 하지만 어떻게 실시간 데이터 관리 시스템을 갖춘 미국 고객용 재고가 현지에 재고 창고를 둔 호주 고객용 재고보다 훨씬 적을 수 있는지 설명했다.

또 예를 들면, 자원을 정보로 대체하는 방식을 자율주행차량에 적용할 때 어떤 일이 벌어질까? 대부분 자동차는 1960~2010년에 무게가 두 배로 증가했다. 크럼플 존Crumple Zone과 같은 충격 완화 구역과 에어백, 그리고 사고가 났을 때 유용한 온갖 지능화된 기능을 추가해 안전성을 높인 것이다. 하지만 이 덕분에 엔진의 효율은 높였지만 대부분 자동차가 더 크고 무거워지는 바람에 연료 면에서는 큰 이득을 보지 못했다.

우리가 아주 스마트하고 자동화된 자동차를 만들어 자동차끼리 서로 충돌하지 않게 한다면 어떤 일이 벌어질까?

이는 곧 생물이 감각을 통해 서로 부딪히지 않는 방식과 같다. 차량이 서로 방해하지 않거나 충돌하지 않는다면 차들은 가다 서다를 반복할 필요 없이 계속 주행할 수 있다. 이렇게 되면 엔진 운동과 엔진 점화가 계속 일어나면서 자동차 내부의 전원 공급이 원활해져 전기 에너지를 더 효율적으로 활용할 수 있다. 결국 우리는 운송에 소비되는 에너지를 3분의2 이상 손쉽게 줄일 수 있다.

'자원을 정보로 대체'하는 일은 '소유권을 이용권으로 대체'하는 일보다 강력한 원칙이다. 물론 주문형 미디어를 이용하기 위한 가입 모델과 우버와 에어비앤비와 같은 서비스에서 일어나는 일들 간에도 연속성은 있다. 하지만 더 폭넓은 관점에서 이 원칙을 바라보면 현대 사회에서 벌어지는 일을 훨씬 많이 이해할 수 있다.

'자원을 정보로 대체'하는 것과 같이 간결하게 정리한 새로운 개념을 들으면 잘 기억해두자. 이 개념을 주변의 세계를 보는 방법으로 활용하자. 이 개념은 우리가 달리 생각하는 데 어떤 도움을 줄까?

이 원칙이 심지어 노동의 세계화라는 논리를 뒤바꿔놓을 수도 있을까? 경제학자 로라 타이슨Laura Tyson과 마이클 스펜스Michael Spence는 최근 논문에서 지난 수십 년 동안의 세계화 논리는 제조업이 최저비용의 노동력에 집중하는 쪽으로 갔다고 했다. 하지만 지금은 "자본집약적 디지털 기술이 제조 공급망의 일상적인 노동집약적 부분에서 사람을 대체하는 쪽으로 가고 있다. … 또한 그들은 디지털 기술 덕분에 어디에서든 거의 불이익 없이 제조할 수 있고, 실제 제조활동에 시장 인근이 더 효율적이므로 노동력보다는 시장 수요에 집중하는 쪽으로 가게 될 것"이라고 말한다.[11]

네트워크화된 시장 플랫폼 우버와 리프트뿐 아니라 구글, 페이스북, 아마존, 유튜브, 트위터, 스냅Snap, 바이두Baidu, 텐센트Tencent, 애플은 자신들이 알고리즘으로 관리되는 네트워크 플랫폼이라는 사실에서 엄청난 힘을 얻는다. 5장에서 살펴보겠지만, 이 기업들은 지난 20세기에 자신이 경쟁을 벌여온 기업들과는 근본적인 차이가 있다.

네트워크와 기술 플랫폼이 케케묵은 기업 형태를 뛰어넘어 훨씬 강력한 새로운 형태의 조직을 제공할 수 있을까?

주문형 소비자가 앱에서 물건 나르기, 청소, 정원 관리 등을 해줄 임시 노동 인력을 구할 수 있는 태스크래빗TaskRabbit 같은 플랫폼은 우버나 리프트의 지도에 잘 들어맞는다. 또 전 세계 인력 시장에서 전문 프로그래머, 디자이너, 기타 숙련 인력에 대해 단기적인 '긱gig' 형태로 고용 계약을 맺는 업워크Upwork 사이트도 우버나 리프트와 같은 주문형 기업의 지도에 잘 들어맞는다. 차세대 경제에 주목하는 많은 사람에게 이런 주문형 기업의 지도는 차세대 경제의 시작과 끝을 나타내는 도구다. 그렇다면 지금 점점 많은 제품에서 당일 배송을 실시하고 있는 (때로는 기존 패키지 배달 회사가 아닌 주문형 운전자의 네트워크를 통해서도 이런 당일 배송을 실시하고 있는[12]) 아마존은 또 어떤 기업일까? 마찬가지로 아마존도 주문형 기업의 지도에 딱 들어맞는 기업이다. 그렇다면 전 세계 기업들이 자율주행 드론을 통한 배송을 시험하고 있고, 아마존의 자동화된 창고에서 복잡한 소프트웨어와 기계가 대부분 업무를 수행하며, 인간 노동력은 패키지 1건당 1분이면 족한 상황에서 이 주문형 서비스는 앞으로 어떻게 변모하게 될까?

주문형 배송은 톰 스토파드의 유니콘과 같이, 기술 기업이 선보인 미래 서비스가 어떻게 보통의 일상으로 변모하고 있는지를 보여주는 사례다. 대체로 주문형은 소비자가 기대하는 서비스로 자리매김하고 있다. 아마존은 빠른 '무료' 배송을 제공했으며, 이제는 어떤 대형 소매점도 똑같은 조건을 제공하지 않고는 경쟁하기 힘든 상황에 처하게 되었다.

앞에서 언급한 '차세대 경제를 위한 비즈니스 모델 지도'에서 두 개의 원 안에 주문형을 대표하는 '주문형 서비스'와 '주문형 재능과 리소스'가 있다는 사실에 주목하자. 즉 주문형은 네트워크화된 시장에서 이 두 분야에 영향을 미친다.

알고리즘을 통한 관리 우버와 리프트 같은 회사의 핵심 알고리즘은 검색

엔진, 소셜 네트워크, 금융 시장의 핵심 알고리즘과 같이 고도의 연산 작업을 토대로 한다. 대부분 경우에는 최고의 연산 역량을 보유한 회사가 이긴다. 물론 똑똑한 알고리즘의 최첨단은 인공지능이다. 하지만 사실 인공지능은 현대화된 세상에서 우리가 이미 많이 사용하는 것으로, 갈수록 자동화되는 많은 다른 알고리즘 시스템의 연장선상에 있다.

알고리즘 시스템이 어떻게 우리 사회를 형성하고 있는지 이해하는 것은 이 책의 핵심 주제다. 우리 자신과 아이들을 위해 더 나은 미래를 만들 기회를 얻으려면, 우선 이런 알고리즘의 본질이 어떻게 변모하는지 알아야 한다. 나아가 우리가 가장 두려워해야 할 알고리즘은 인공지능 알고리즘이 아닌 우리 경제를 지배하는 검증되지 않은 알고리즘이라는 것도 알아야 한다. 이 점에 대해서는 이 책의 3부에서 살펴보겠다.

증강된 노동자 첫 번째 산업혁명의 경이로운 성과는 새로운 종류의 기계로 무장한 노동자들이 일군 것이다. 인간을 더 강력하고, 더 빠르고, 더 막강하게 해주는 기계 없이 우리가 과연 고층건물을 건설하거나, 하늘을 날거나, 70억 인구를 먹여 살릴 수 있었을까? 오늘날의 기술도 이와 마찬가지다. 제대로 적용하기만 하면 기술은 우리가 이전에 할 수 없던 일을 할 수 있게 해준다.

노동자가 증강되는 정도는 다를 수 있다. 임시 노동 인력을 고용할 수 있는 태스크래빗과 같은 서비스는 고객을 찾을 수 있는 노동자의 능력을 증강시키지만 노동자가 그 일을 직접 수행하지는 않는다. 우버와 리프트의 운전자는 고객을 탐색하고 찾아내는 능력이 추가로 증강되었다. 외과 의사와 종양 전문 의사는 전통적인 조직에서 일하는 사람이지만 의료 증강현실 장치의 힘으로 선조들은 감히 보유할 수 없었던 '감각'이 증강된 노동자이다. 마찬가지로 증강현실 덕분에 조사관, 건축가, 공장 노동자의 능력 또한 증강될 것이다.

현재보다 나은 미래 경제를 만들려면 노동자에게 새로운 기술과 새로운 기회를 부여함으로써 노동자를 증강시키는 새로운 방법을 찾아야 한다. 인간이 하던 일이 계속 자동화되어 가는 상황에서 어떻게 인간을 증강시켜 새롭고 가치 있는 일을 수행하게 할 수 있을까?

노동자를 증강시키고 성공하도록 돕는 일은 차세대 경제에서 성공하고자 하는 기업이 수행해야 할 필수 덕목이다. 이것이 바로 우버가 우리에게 선사하는 교훈이다. 하지만 추진력 강하고 거침없는 우버의 전직 CEO 트래비스 캘러닉에 대한 기사를 접해본 적 있는 독자라면 이런 의견에 다소 혼란을 느낄 수도 있다. 2017년 초반에 우버는 요금 인하 때문에 파산했다는 한 운전자를 호되게 꾸짖는 캘러닉의 바이럴 영상에 큰 충격에 빠졌다. 당시 영상에서 캘러닉은 미국의 자유주의 철학자이자 소설가인 아인 랜드Ayn Rand의 이기적인 나르시시즘 철학이 떠오를 만한 말을 버럭 내질렀다.[13]

"자신의 힘든 일을 책임지려 들지 않는 인간들이 꼭 있단 말이야. 그런 자들은 살면서 벌어지는 모든 문제를 꼭 남 탓으로 돌리지."

이런 캘러닉의 행동은 비즈니스가 돌아가도록 하는 '사람'이라는 자원에 높은 가치를 두어야 할 리더의 행동이라고는 보기 어렵다.

미래의 지도를 그리려고 할 때 지도의 영토는 이상적 풍경이 아니라 때로는 모순으로 가득 찬 실제적 풍경이라는 점을 기억하자. 미래를 여는 사람은 훌륭한 면모와 결점을 모두 지닌 복잡한 면모를 보인다. 그들은 우리가 보지 못하는 어떤 것은 보지만, 또 어떤 것은 보지 못한다.

1998년에 내가 마이크로소프트는 언젠가 오픈소스 소프트웨어를 끌어안을 것(결국 실제로 끌어안았다)이라고 내다봤듯이, 우버는 언젠가 자신이 구축한 제품의 핵심 구성요소가 사람이라는 사실을 깨달을 것이며, 사람을 경쟁 전략의 중심에 두고 지원하게 될 것이다. 리프트는 이미 이 교훈을 깨달았으며, 이를 자사의 장점으로 활용하고 있다.

앞으로 원하는 미래를 만들어갈 책임을 진 고객으로서 우리가 자신의 역할을 이해하는 것도 중요하다. 우버에서 나쁜 소식이 있을 때마다 우버를 버리고 리프트로 갈아타는 고객이 있기도 하지만, 대부분은 우버를 고수한다. 인간 중심의 미래를 원한다면 인간 중심의 가치를 보여주는 기업을 지지하자.

마법과 같은 사용자 경험 마법은 사라지는 것, 곧 허상이지만 그 허상 같은 마법이 눈앞에서 펼쳐질 때는 놀라움을 경험한다. 이 마법처럼 다가오는 미래의 순간은 우리에게 지금 우리가 미래로 향하는 문을 들여다보고 있다고 말한다. 하지만 누가 그리고 어떻게 이 문을 연 것일까?

미래로 향하는 그 문을 활짝 열어놓던 스티브 잡스는 이렇게 말했다.

"우리는 자라면서 '세상이란 원래 있던 그 자리에 그대로 있는 법이다'라는 말을 듣는다. … 하지만 일단 우리가 한 가지 간단한 사실을 발견하면, 삶은 훨씬 폭이 넓어질 수 있다. 우리가 삶이라고 부르는 우리 주변의 모든 것은 우리보다 그다지 똑똑하지 않은 사람들이 만든 것이다. 우리는 삶을 변화시킬 수 있다. 우리는 삶에 영향을 줄 수 있다. 삶을 변화시킬 수 있다는 이 사실을 터득하게 되면 우리의 삶은 절대로 예전과 같지 않을 것이다."

04
미래는 하나가 아니다

WHAT'S THE FUTURE

과거에서 바라본 미래는 불확실해 보이지만, 지나고 나서 돌이켜본 미래는 분명한 것 같다. 그러면 어째서 우리는 이 미래를 놓친 것일까?

기사를 보면 끊임없이 암시가 등장한다. 테러리스트 공격이나 대규모 총격 사건이 발생할 때마다 우리는 경찰과 정보기관이 실제로는 사전 경고를 받았다는 말을 듣는다. 즉 안개와 같이 폐쇄적인 국가기관의 보호막을 뚫고 사건이 일어날 조짐을 알리기 위해 애쓴 사람이 있었다는 의미다. 이럴 때면 우리는 '공무원들은 장님에 귀머거리였던가?'라는 의문을 품게 된다. 우리는 어떤 일이 일어나기 전에 다양한 경우의 수가 있고, 그 경우의 수 중 어떤 것도 일어날 수 있으며, 그 확률이 가변한다는 사실을 잊을 때가 많다. 통상 사전에 보고된 모든 잠재 위험 중 상당수는 결국 발생하지 않는다.

일단 어떤 일이 발생하면 모든 가능성 중 한 가지 경우가 현재라고 불리는 실제 현실이 되며, 시간이 지나면서 그 현실마저도 순식간에 과거가 된다. 하지만 겉보기에 고정된 것처럼 보이는 과거도 현재의 새롭게 업데이트된 지식으로 바라보기 때문에 끊임없이 업데이트되고 있는 일종의 착시다.

이런 일은 국가 안보 문제에서와 마찬가지로 기술 문제에서도 나타난다.

지난 2000년 리처드 스톨만은 아마존의 전자상거래 특허인 '원클릭 1-Click' 건으로 내게 호소를 해왔다.[1] 그는 당시 아마존의 경쟁사인 반즈앤노블이 자사 홈페이지에 원클릭과 비슷한 기능을 추가했다는 이유로 소송을 제기한 사실을 우려하고 있었다. 리처드는 아마존과 거래하는 최대 출판사 중 한 곳인 우리에게 아마존 서비스를 보이콧 해줄 것을 요청했다. 리처드는 이에 관해 제프 베조스와 이야기한 적이 없었다. 그래서 나는 제프에게 이메일을 보내 (당시 나는 그를 만난 적이 없었다) 소송에 대한 재검토를 요청했다.[2]

며칠 후 제프는 내 편지에 정중한 거절의 답신을 보내왔다. 그때 나는 이 문제를 공개하기로 결정하고 제프에게 보낸 내 이메일과 함께 고객과 다른 이해관계자에게 서명을 구하는 공개서한을 발표했다.[3] 나는 이틀 만에 1만 건의 서명과 함께 제프의 전화를 받았다.[4]

제프는 내게 특허의 정당성을 주장했다. 핵심은 도서 판매 사업에서 가장 큰 약탈자와 같은 반즈앤노블이 아마존을 그대로 모방하고 있으며, 아마존으로서는 생존을 위한 법적 조치를 펼칠 수밖에 없다는 것이었다. 그러면서도 그는 열린 혁신이 특허 전쟁보다 낫다는 내 주장에 대해서는 일리가 있다고 말했다. 또한 아마존이 보호 장치로서 특허를 출원해야 하기는 하지만, 이번 원클릭 특허는 앞으로 다른 회사나 개인이 특허소송 등의 소송을 한답시고 으름장을 놓을 경우에 대응 차원에서 사용하겠다는 입장을 밝혔다.

그러고 나서 제프는 홍보의 대가다운 눈부신 행보로 관계자들이 워싱턴DC에 모여 특허 개혁을 위해 정부 설득에 나설 것을 제안했다. 우리는 정부를 설득했고, 특허 개혁의 실질적인 실행을 위해 보스턴 소재 온라인 벤처기업인 바운티퀘스트BountyQuest에 투자했다. 바운티퀘스트는 '선행 기술Prior Art'의 존재를 입증하는 사람에게 상금을 수여하는 일을 했다. 즉 이전에 쓰인 기술의 특허 신청을 거부한다거나, 선행 기술의 혁신 부분에 대한 명확한 설명을 요구하는 등의 역할을 앞장서서 수행했다(바운트퀘스트는 인터넷이 가능하게 한 '크라우드 소싱'의 첫 번째 사례 중 하나였기 때문에 나중에 크라우드 펀딩 플랫폼인 킥스타터Kickstarter와 같은 혁신을 위한 선행 기술의 훌륭한 예가 되었다. 물론 크라우드 소싱이라는 용어가 생겨난 것은 그로부터 6년 뒤였다[5]).

제프의 지원에 힘입어 바운티퀘스트는 원클릭 기술을 선행 기술의 유무를 확인할 첫 대상으로 삼았다. 우리는 원클릭 기술과 유사한 선행 기술이 분명히 존재할 것이라고 보았다. 하지만 얼마 후 우리 모두를 깜짝 놀라게 할 만한 일이 벌어졌다. 무려 1만 달러에 달하는 상금을 걸었지만 아마존의 원클릭 구매 버튼처럼 간단하게 구현된 이전 소프트웨어 사례는 찾을 수 없었던 것이다. 즉 바운티퀘스트를 통해 선행 기술 가운데 몇 가지 비슷한 기술은 찾았지만,[6] 그것 중 어느 것도 아마존의 원클릭 특허를 무효화할 만큼의 강력한 선례는 되지 못했다. 원클릭 특허는 사실상 원조였던 것이다.

도대체 무슨 일이 벌어진 것일까? 컴퓨터 업계에 몸담은 사람은 거의 모두 신용카드 인증 기반의 원클릭 구매 버튼 방식이 뻔한 기술이라고 목소리를 높였다. 그런데도 과거에 이런 기술을 개발한 사람이 없었던 까닭은 무엇일까?

내가 공개서한을 발표하고 나서 며칠 후, 제프는 왜 자신이 원클릭을 특허를 얻기에 충분한 원천 기술로 보고 있는지 설명했다.[7] 그도 인정했 듯이 원클릭 기술은 복제하기가 상당히 용이했다. 당시 제프가 원클릭 을 생각해냈을 때 너나 할 것 없이 장바구니 비유로만 원클릭을 이해하 려고 했다. 장바구니는 현실에서도 쓰는 것이기 때문이다. 통상 우리는 물건을 집어 들고, 그것을 사기 위해 카운터로 가져간다. 하지만 제프는 웹에서는 그와는 사뭇 다르게 할 수 있음을 깨달았다. 즉 웹에서는 버튼 만 클릭해도 그 물건이 내 것이 되는 개념이었다.

난해한 특허 용어가 아닌 쉬운 용어로 설명하자면, 나는 아마존이 특 허 시스템을 남용해 자사의 이익만을 꾀한 것이 아님을 알았다. 제프는 옳다는 신념을 품고 비록 작고 평범한 기술일지라도 이를 토대로 중대 한 혁신을 이뤄냈다고 주장하고 있었던 것이다.

나아가 그는 특허청이 무능력한 탓에 원클릭 특허가 무사 통과되었다 고 말하는 많은 사람의 생각이 옳지 않다고 말했다. 그에 따르면 반즈앤 노블은 법원에서 (애초에 아마존 측에서 원클릭 특허를 침해했다고 이의를 제기 했던) 선행 기술을 소명할 기회를 얻었다. 이때 특허 재판관은 반즈앤노 블이 특허를 침해하지 않았다고 내민 모든 증거를 검토했지만 아마존의 원클릭 특허에 대한 특허침해금지청구를 임시로 승인하며 아마존의 손 을 들어주었다. 결국 원클릭 도입과 함께 언론에서도 긍정적인 기사들 이 쏟아졌으며, 제프 베조스는 특허와 언론 등 모든 것이 원클릭이 진정 한 혁신임을 입증하는 강력한 증거로 보았다.

요컨대 과거에 불확실하던 새로운 기술은 오직 지나고 나서 돌이켜볼 때만 분명했다. 아마존이 원클릭을 출시했을 때 우리는 현재 상태가 일어날 수밖에 없도록 기억 속에 있던 과거의 지도를 끄집어내 현재에 업데이트된 사항을 다시 반영했다. 지도를 다시 작성하는 능력 덕분에 새 기술이라는 현재 상태를 맞이할 수 있었던 것이다.

새 지도를 충분히 제대로 그리려면 미래에 대한 인식뿐 아니라 과거에 대한 인식도 수정해야 한다. 과거에 상상도 할 수 없던 일이 이제 일상의 일부분이 되었고, 그것이 한때 많은 가능성 중 하나였다는 사실을 기억해 내기란 쉽지 않다.

우리는 이런 식으로 가능한 것을 창의적으로 다시 생각함으로써 더욱 '명확하게' 실현해낸 더 많은 최근 사례를 목격했다. 개릿 캠프와 트래비스 캘러닉이 처음 우버를 떠올렸을 때 승객이 원하는 대로 차를 호출할 수 있다는 개념은 가능성이라는 영역에 감추어져 있었다. 하지만 모든 기능은 이미 준비되어 있었다. 즉 운전자와 모든 승객의 위치를 추적할 수 있는 센서가 장착된 수억 개의 스마트폰뿐 아니라 네트워크에 연결된 택시가 이미 존재했다. 하지만 기존 택시회사가 이런 연결된 인프라로 한 일이라고는 고작 택시 뒤쪽에 신용카드 판독기를 달거나, 콘텐츠와 광고 방송을 위한 작은 화면을 다는 것이 전부였다.

실제로 한 인터넷 기업가는 이미 오래 전에 캠프와 캘러닉이 낸 아이디어와 비슷한 생각을 했다. 수닐 폴Sunil Paul이 2000년에 제출해 2002년에 승인된 '효율적인 운송경로 결정 시스템과 방법'[8]에 대한 특허는 시대를 매우 앞선 것이었다. 이 특허는 소비자가 가까이 있는 교통수단을 부르는 서비스인 현재의 주문형 라이드 헤일링ride-hailing 시스템의 상당 부분을 완벽에 가깝도록 묘사하고 있다. 하지만 당시는 수닐이 상상한 것을 구축할 퍼즐의 모든 부분이 아직 갖추어져 있지 않았다. 수닐은 이 렇게 말했다.

"저는 스마트폰이 자동차를 대체하게 되리라고 여겼어요. 스마트폰을 통해 차량을 호출할 수 있기 때문에 더는 차가 필요 없었죠. 1999년에 는 이를 활용한 회사를 하나 차리려고 했죠. 하지만 2개월쯤 지난 후, 스 마트폰이 자동차를 대체한다는 건 시기상조라는 결론에 도달했어요. 기 술도 아직 준비되어 있지 않았을 뿐더러 수요도 많지 않았기 때문이죠."

당시에는 스마트폰이 유럽에서 많이 사용되기는 했지만 아직 보편화 된 상태는 아니었다. 수닐은 회사를 설립하지는 못했지만 그때 '버추얼 카Virtual Car'의 약자인 브이카VCar라는 프로젝트 이름도 만들어둔 상태였다.

당시 수닐이 구축하려던 것이 정확히 무엇인지는 확실하지 않다. 하지 만 수닐이 낸 특허는 승객을 태우는 위치와 운행 경로에 관한 모든 가능 한 응용 프로그램을 망라하는 이례적으로 광범위한 특허였다. 즉 이 특 허는 우버의 활용 사례뿐 아니라 전화기를 이용해 렌터카 서비스(1997년 에 설립된 스위스 차량공유 서비스인 모빌리티Mobility와, 로빈 체이스Robin Chase와 안체 다니엘슨Antje Danielson이 1999년에 설립한 차량공유 기업 집카Zipcar가 이미 개척한 서 비스 영역) 활용 방법, 고객이 차량을 호출하는 방법, 다수의 운전자가 소 유한 차량을 공유하는 방법 등을 두루 담고 있었다.

이런 수닐의 폭넓은 특허 범위를 보고 있노라면, 공상과학 소설 작가 인 프랭크 허버트Frank Herbert가 내게 건넨 말이 떠오른다.

"아이디어는 쌔고 쌨죠. 중요한 점은 이 아이디어를 실현하는 겁니다."

'미래는 단지 상상하는 것이 아니라 상상한 것을 구축하는 것이다.' 개릿 캠프와 트래비스 캘러닉은 아이디어를 실현할 성공적인 서비스를 만들어냈고 그 서비스를 제공할 시장을 찾아냈다.

우버 출범 후에도 이처럼 가능한 것을 다시 생각하는 수닐의 노력은 결코 끝나지 않았다.

수닐에 따르면, 피어투피어 자동차 공유에 대한 생각을 발전시키고 1999년에 시작한 일로 돌아가도록 영감을 불어넣은 것은 2007년부터 집을 비울 때 방이나 집을 공유하도록 한 에어비앤비였다. 수닐이 이끌던 싱귤래리티Singularity대학의 한 수업에서 나온 아이디어가 실제 창업으로 이어진 겟어라운드Getaround는 2009년 설립 이후 택시 서비스가 아닌 자동차 렌트와 똑같은 피어투피어 서비스를 제공하기 시작했다. 이것은 로빈 체이스와 안체 데니얼슨의 집카가 업데이트된 버전이었다.

한편 2007년에 로건 그린Logan Green과 존 지머는 짐라이드라고 하는 피어투피어 서비스를 만들었다. 짐라이드는 도시 간 장거리를 이동하는 운전자와 승객을 연결시키는 서비스에 중점을 두었다. 2012년에 수닐은 리프트라는 새로운 서비스의 탄생에 영감을 주었다. 리프트는 직업 운전기사가 아닌 '자동차를 소유한 친구' 등의 일반 운전자가 지역 승객을 태워주는 최초의 피어투피어 차량공유 서비스를 제공했다. 일찍이 차량공유 서비스에 대한 아이디어를 품고는 있었지만 너무 늦게 실행에 나선 수닐도 대략 비슷한 시기에 사이드카를 시작했다(사이드카는 리프트가 공식 출범했을 때 아직 비공개 베타 버전이었다). 하지만 사이드카가 자금을 마련할 무렵, 우버와 리프트는 이미 막대한 벤처 캐피털 자금을 마련한 상태였다. 자본집약적인 사업에서 도무지 경쟁을 버틸 수 없던 사이드카는 2015년 말 끝내 사업을 접었다.

우버는 우버엑스^{UberX}를 내세워 리프트에 응수했고, 이 과정에서 마침내 오늘날 우리가 알고 있는 차량공유 환경이 탄생했다. 리프트는 우버의 우버풀^{UberPool}에 맞서는 리프트 라인^{Lyft Line}을 통해 혁신을 지속했으며, 지머와 그린의 독창적인 비전과도 맥을 같이해 피어투피어 대중교통망의 최신 버전을 만들어냈다. 이런 피어투피어 대중교통망은 지머와 그린이 과거에 짐바브웨를 여행할 때 보았던 대중교통 방식과 비슷한 것으로, 그때 받은 영감에 힘입어 두 사람은 처음에 짐라이드, 이어서 리프트를 설립했다.

생각할 수 없는 것을 생각하라

개릿 캠프와 트래비스 캘러닉은 또한 아마존의 원클릭 쇼핑을 넘어선 지불수단의 혁신을 이끌어냈다. 그들은 연결된 센서로 구성된 세계에서 서비스를 사용하는 바로 그 행동이 지불 행위를 유발한다는 사실을 깨달았다. 우버와 같은 앱은 승차 시점과 운행 종료 시점을 실시간으로 계산해 운행이 끝나자마자 저장된 신용카드로 요금을 청구한다.

우버의 출범 이후 5년이 지난 2014년에 애플의 모바일 결제 시스템인 애플 페이^{Apple Pay}가 낸 공고를 보면, 당시 최첨단 회사들마저 얼마나 고리타분한 사업 모델에서 헤어 나오지 못했는지 알 수 있다. 당시 애플 페이의 대대적인 홍보 문구는 이렇다.

"지갑을 찾는 시대는 갔어요. 카드를 꺼내느라 시간 낭비할 필요가 없죠. 애플폰을 인식기에 가져다 대기만 하면 곧바로 결제가 끝납니다."[9]

이 전략의 문제점은 무엇일까? 이 전략은 마치 이미 한물간 기술이 되어가고 있는 팩스를 디지털화하겠다고 홍보하는 꼴이나 다름없다.

진정으로 파괴적인 혁신 서비스는 익숙한 과정을 단지 디지털화하는 것이 아니라 그 익숙한 과정마저 필요 없게 한다.

나는 우버와 리프트를 탈 때 결코 내 지갑을 찾아본 적이 없다. 아마존에서 물건을 살 때도, 아이튠즈에서 노래를 구입할 때도, 애플 스토어에서 아이폰을 구입할 때도 마찬가지다. 각 경우에 결제 정보는 스마트폰에서 이미 인적사항과 연결된 인증 정보다. 신원 확인도 기존 결제 과정과는 점차 다른 방식을 쓰고 있다.

예컨대 우버에 차를 호출했다고 해보자. 운전자는 이미 내 이름과 얼굴을 알고 있으며, 이때 내 전화기는 물론 운전자의 전화기도 이 운행에 동참하고 있다고 보아야 한다. 우버는 GPS를 토대로 요금을 계산하고 자동으로 청구한다. 또 목적지에 도착해 차에서 내리기만 하면 그 자체로 금세 '결제'가 끝난다. 이것이 바로 미래의 결제 방식이다. 아이폰을 인식기에 가까이 대고 손가락으로 터치아이디Touch ID(지문인식 기능)를 누를 필요조차 없는 것이다.

따라서 어찌 보면 애플 페이는 진정으로 파괴적인 혁신 서비스가 이미 기존 결제모델을 필요 없게 만들었다는 사실을 모르는 이들을 위한 것이었다.

아마존은 결제의 미래를 줄곧 만들어왔다. 그리하여 2016년 말에는 계산대가 없는 아마존 고Amazon Go 편의점과 상품을 카트에 담아 나가기만 하면 계산이 되는 '저스트 워크아웃 쇼핑Just Walk Out Shopping' 서비스를 개발 중이라고 발표했다. 아마존 고 앱은 선반 앞에서 제품을 집어 들기만 하면 기계의 시각 센서와 기타 알고리즘 시스템이 알아서 추적해 결제까지 해주는 앱이다.[10]

한편 포스퀘어Foursquare가 출시되면서 현 위치를 감지하는 것은 물론 '체크인' 장소의 위치 정보까지 제공하는 마법과도 같은 기능을 발휘했을 때, 나는 이 기능이 스마트 쇼핑카트의 '체크아웃(결제)'에도 사용되리라고 직감했다. 이를테면 판매자는 우리를 고객으로 인식해 저장된 결제 인증 정보를 컴퓨터에 띄울 수 있었다. 나는 또 장바구니에 있는 바코드 판독기라든지, 상점에서 각 제품의 정확한 위치를 알고 있는 센서라든지, 카트에 넣을 때 무게로 식별하는 센서 등에 대한 기술적 가능성도 타진해보고 있었다. 한편 컴퓨터가 인간의 눈과 똑같은 시각 인식 능력을 가진 컴퓨터 비전Computer Vision 기술은 아마존이 지금 준비 중인 마법과 같은 안정적 기능을 보여줄 수준에는 아직 미치지 못했다.

때때로 아이디어는 소문이 나지만, 그 아이디어를 실현시키는 기술은 아직 따라 오지 못한 경우가 있다.

나는 이런 경우를 셀 수 없이 많이 경험했다. 1981년 당시 내 사업 초기 아이디어 중 하나는 새로운 RCA 레이저디스크 플레이어를 사용해 호텔의 각 객실을 소개하는 대화식 호텔 안내 책자였다. 당시 나는 기업을 대상으로 비디오 서비스를 판매하던 한 친구와 이 책자에 대한 제안서를 쓰고, 호텔 체인점 중 한 곳에서 프리젠테이션을 했다. 제안은 어디에서도 호응을 얻지 못했다. 아이디어가 시대를 너무 앞서갔던 것이다.

아울러 초기의 월드와이드웹 사례와 마찬가지로, 어떤 기술이 준비되어 있다고 해도 우리는 친숙한 문제를 해결하기 위한 제한된 프레임과 제한된 방법으로 그 기술을 적용하기 마련이다. 따라서 미래로 가는 과정은 차가 가다 서다를 반복하는 것과 같은 일종의 불연속적 과정이며, 각 발명가는 다른 발명가의 아이디어를 발판 삼아 조금씩 앞으로 나아가는 것이다.

1993년 여름, 우리가 론칭한 첫 웹포털 GNN의 비즈니스 모델로서 광고가 제격이라는 생각을 처음 떠올렸을 때, 이 생각을 구체화시켜준 것은 바로 출판 비즈니스에서 폭넓게 사용되던 직접반응 광고 Direct Response Advertising(반응 수단과 반응 경로를 통해 소비자의 행동을 즉각 유인하는 광고 - 옮긴이)였다. 나는 아직도 내 책상 위에 놓여 있던 〈컴퓨터월드Computerworld〉가 생생히 기억난다. 당시 비즈니스 출판물에는 더 많은 정보를 얻을 수 있도록 웹 하이퍼링크에 상응하는 '빙고 카드Bingo Card'라는 종이가 달려 있었다. 통상 각 직접반응 광고(가령 캐리비안의 매력적인 호텔, 새로운 전자 장치 또는 오라일리 서적 광고)에는 그 광고와 관련된 일련번호가 적혀 있었다. 또 잡지의 중심에는 다지선다형 시험 문항 같은 숫자 행렬이 담긴 무료 우편엽서가 달려 있었다. 이때 더 많은 정보를 얻고자 광고의 일련번호를 기입하면, 해당 업체에서는 우편으로 카탈로그를 보내주거나 고가 제품의 경우 직접 고객에게 연락을 취하기도 했다.

당시 나는 웹 하이퍼링크가 우편으로 배송하는 모든 카탈로그와 브로슈어를 필요 없게 만들 것이라고 판단했다. 또 언젠가는 모든 회사가 자사 제품 정보를 제공하기 위해 자체 상업용 웹사이트를 갖게 될 것으로 내다보았다. 기업이 자사의 웹사이트에 자사의 브랜드, 제품, 서비스 광고를 싣는 것은 당연한 노릇 아닌가? 우리가 처음 월드와이드웹에 광고 게재를 제안할 당시 나는 광고를 성가신 존재가 아닌, 웹에 실리는 일종의 전문적 정보 제품으로 여겼다.

1993년 여름, 우리가 GNN을 론칭할 당시만 해도 인터넷은 아직 국립과학재단National Science Foundation의 감독 아래 있는 연구 목적의 네트워크였다. 당시 인터넷의 상업화 여부와 상업화 방법에 관한 논쟁이 벌어진 적이 있는데, 그때 나는 국립과학재단의 인터넷 담당자이던 스티브 울프Steve Wolff와 대화를 나누었다. 나는 이 대화에서 그가 건넨 이 말을 항상 마음속에 간직해왔고, 앞으로도 그럴 것이다.

"인터넷은 연구와 교육을 위한 것이어야 해요. 연구와 교육 관련자라면 누구나 인터넷을 활용할 수 있죠. 그러니 한번 도전해 보시죠."

물론 당시는 웹의 초창기라서 우리의 잠재고객은 거의 웹사이트가 없었기 때문에 우리가 만든 광고는 실제로 GNN 내에 상업 리스트 섹션인 온라인 카탈로그에 실렸다. 이 카탈로그는 마치 전화번호부 같았다. 당시 우리의 첫 번째 웹 광고주는 한 법률회사였다. 우리는 이 광고주에게 연락처를 비롯한 여러 가지 서비스가 담긴 웹페이지를 만들어줬고 그 대가로 5,000달러를 청구했다.

하지만 아직 준비가 되어 있지 않던 고객의 반응은 이러했다.

'광고? 그것도 인터넷에서?'

그 후 1994년에 우리는 소득과 인구통계 정보를 수집하기 위해 5만 명을 대상으로 인터넷 사용자에 대한 최초의 설문조사를 실시했다.[11] 하지만 〈와이어드wired〉 잡지의 온라인 버전인 〈핫와이어드Hotwired〉가 2004년 10월에 선보인 것과 같은 광고를 적용해볼 생각은 미처 하지 못했다.

인터넷 사용자들이 특정 웹사이트를 방문하도록 유도하는 배너 광고는 눈에 잘 띄어야 하는데 그렇지 못했던 것이다.

당시 우리는 사람들이 웹을 진지하게 받아들이고, 자신의 웹사이트를 개설하도록 하는 데 온통 정신을 쏟았다. 아울러 사람들이 GNN의 카탈로그에 소개된 수많은 신규 웹사이트를 계속해서 방문하게 하는 데 젖먹던 힘까지 쏟아 부었다. 우리는 또한 더 많은 사람이 인터넷을 경험하도록 노력했다. 그 일환으로 소규모 소프트웨어 회사인 스프라이^{Spry}와 함께 인터넷상에서 수월하게 소비자를 끌어 모을 수 있는 인터넷 인어 박스^{Internet in a Box}라는 제품을 출시하기도 했다.

또한 데일과 나는 모든 전화회사에 빠짐없이 연락해 그들의 가입자에게 인터넷 서비스를 제공할 때 GNN을 프런트 엔드로 써줄 것을 당부했다. 인터넷이 전화회사들에게 커다란 선물이 되어줄 것이라는 분명한 믿음이 있었기 때문이다. 당시 전화회사들의 망은 이미 가입자의 집에 연결되어 있었을 뿐 아니라, 전화회사 자체도 가입자이자 소비자이기도 한 고객과 이미 대금을 청구하는 관계로 묶여 있었다. 하지만 전화회사들은 인터넷과 GNN에 관한 우리의 요청에 귀 기울이지 않았고, 그저 현재 방식에만 안주하며 그들에게 다가올 미래에는 눈도 까딱하지 않았다.

하지만 당시 눈뜬장님은 전화회사뿐 아니라 우리도 마찬가지였다. 우리는 직접반응 광고의 가능성을 보았으면서도 더는 진행하지 않았고, 다시 광고를 싣는 일도 구상하지 않았으며, GNN을 론칭할 때마저도 전자상거래 같은 것은 아예 꿈도 꾸지 않았다. 당시 웹은 여전히 정적인 페이지 모음일 뿐이었다. 웹을 백앤드 데이터베이스와 연동할 수 있게한 로버트 맥쿨^{Robert McCool}의 창의성 넘치는 해결책이자 전자상거래를 가능하게 한 핵심 기술인 공용 게이트웨이 인터페이스^{Common Gateway Interface,} ^{CGI}는 1993년 말이 되어서야 출시되었다.[12] 이베이와 아마존은 그로부터 2년 후에 설립되었다.

다가오는 미래를 미처 보지 못하는 사례는 숱하게 일어난다. 스티브 잡스는 원래 아이폰에 서드 파티 앱을 포함하는 아이디어를 탐탁지 않게 여겼다.[13] 우버의 CEO인 트래비스 캘러닉은 오랫동안 피어투피어 모델에 회의적이었다.[14] 어찌 되었든 당시 운전자가 허가 없이 '대여 서비스'를 제공하는 것은 불법이었기 때문이다. 캘리포니아 공익사업위원회가 이런 피어투피어 사업 모델을 허용한 데는 수닐 폴의 노력이 한몫 했다. 그 후 리프트가 이 기회에 뛰어들었고, 우버가 그 뒤를 이었다.

구태의연한 사고가 스마트한 기업가에게조차 얼마나 큰 걸림돌이 되는지를 보여준 좀 더 최근 사례는 아마존의 음성인식 인공지능 비서 아마존 에코다. 아마존 에코는, 2011년에 애플의 지능형 에이전트인 시리 출시 이후 음성인식 기능이 이미 스마트폰에 탑재되었는데도 그 출시에 상당한 시일이 걸렸다. 하지만 얼핏 보기에 사소한 변경이지만 커다란 진전을 보인 것은 시리나 구글이 아닌 아마존 에코에 탑재된 인공지능 알렉사였다. 알렉사는 버튼을 터치하지 않아도 항상 사용자의 명령을 듣는 최초의 스마트 에이전트였다.

아이팟 창안자이자 구글이 커넥티드 홈^{Connected Home}의 추진을 위해 34억 달러에 매입한 네스트^{Nest}의 창립자(전 CEO)인 토니 페델^{Tony Fadell}은 아마존이 먼저 그에게 선수 친 일을 놓고 내가 우스갯소리로 놀려대자 당시 구글이 머뭇거릴 수밖에 없던 이유에 대한 실마리를 던져주었다.

"구글이 시도 때도 없이 사용자의 말을 귀담아듣는 가정용 커넥티드 장치를 시장에 내놓았다면 그 반발이 얼마나 컸을지 상상이 되시나요?"

참고로 구글을 비판하는 측에서는 구글의 광고기반 비즈니스 모델을 타깃 삼아 이미 구글을 감시 대상으로 여기고 있으며, 구글이 서비스를 제공하는 과정에서 사용자에게서 수집하는 막대한 양의 데이터와 그 안에 포함된 개인정보 유출의 위험성에 대해 끊임없이 우려를 표하고 있다. 이런 상황에서 밤낮 없이 사용자의 말을 듣는 가정용 장치가 있다는 사실은 당시 사람들로서는 상상할 수도 없는 일이었다. 비록 이 장치가 모든 단어가 아닌 명령어 정도만 듣는다고 해도 이것이 당시 구글 비즈니스에 위험을 초래할 수도 있다는 데는 의문의 여지가 없었다.

한술 더 떠서 구글은 지능형 에이전트의 이름을 그대로 '구글'이라고 쓰는 바람에 그 취약점을 더 악화시켰다. "알았어, 구글…"이라는 명령어가 매번 사용자에게는 누가 지금 듣고 있는지 상기시켜 주는 꼴이 되어버렸기 때문이다. 하지만 아마존이 에코를 사용해 "알렉사"라고 부르는 것은 잠재적으로 집에서 하는 모든 대화를 듣고 있는 것이 아마존이라고 상기시켜줄 가능성이 훨씬 적었다(당시 구글은 실제로 모토로라의 모토엑스 휴대전화를 통해 최초로 음성인식 인공지능 비서 서비스를 제공하고 있었다. 이 서비스의 수준이 탁월했기 때문에 성공을 거두지 못했다는 것이 도통 믿어지지 않을 정도이다. 즉 구글은 아마존 에코가 시장을 장악할 때까지 후속 전화기와 자체 구글 홈 시스템 개발을 계속하지 못했다).

제프 베조스는 사람들이 아직 생각할 수 없는 것을 생각해내는 신통한 능력이 있었다. 그는 1998년을 컴퓨터에 저장된 신용카드 정보에 대한 소비자의 우려를 불식시킬 때라고 보았다. 즉 생각할 수 없다는 생각의 한계를 조금만 극복해도 사용자 경험을 개선할 수 있는 때로 본 것이다. 그리고 이것만큼이나 그해를 좋은 때로 본 것이 있다. 바로 가정에서 늘 사용자의 말을 들어주는 지능형 에이전트의 개발이었다.

이는 기업가라면 누구나 경청해야 할 중요한 교훈이다. 스스로 자문해보자.

'지금 내가 생각할 수 없는 것은 무엇일까?'

앞에서 언급한 토니 페델의 경우와 같이 시장이 준비되지 않아 아직 생각할 수 없다는 생각의 한계를 극복할 준비가 안 된 상태라고 해도 우리는 여전히 준비할 수 있다.

빠진 퍼즐 조각이 도착할 때까지 기다리자. 설령 우리가 생각할 수 없다는 생각의 한계를 극복하지 못할지라도 누군가가 이 한계를 성공적으로 극복하는 경우에 그 성공 사례를 빠르게 뒤쫓기만 해도 커다란 기회가 생긴다. 항상 준비하자!

현재를 새로운 시각으로 바라보자

신선한 시각으로 현재를 볼 수 있는 이 능력은 훌륭한 기업가가 성공을 일구는 데 핵심요소다. 너나 할 것 없이 여전히 낡은 지도를 따르고 있는 상황에서 그들이 얼마나 창의성을 발휘하느냐는 세상이 변모하는 방식을 알아내고 적용하는 능력에 달려 있다.

내가 웹2.0이라고 언급한 트렌드 덕분에 우버는 마법과 같은 사용자 경험을 가능케 하는 주요 기능 중 상당수를 '공짜'로 쓰고 있다. 당시 인터넷이 단일 장치 수준 이상의 소프트웨어 개발을 위한 플랫폼으로 자리매김하면서 이제 주요 데이터 하위 시스템은 여러 공급업체에서 공급받고 있다.

통상 위치추적 기능은 모든 스마트폰에 내장되어 있다. 이런 위치추적 기능을 수행하는 응용 프로그램이 사용자 위치를 매순간 알아내는 것은 식은 죽 먹기였다. 그러니 우버로서는 새로운 기능을 개발할 필요가 없었다. 그저 이미 개발된 기능을 구현만 하면 되는 노릇이었다. 당시 구글 맵과 사용자 참여형 내비게이션 앱인 웨이즈Waze와 같은 응용 프로그램도 실시간 트래픽 탐지와 라우팅 최적화를 비롯해 오랫동안 스마트폰 기반의 위치 탐색 기능을 제공했다. 포스퀘어도 '체크인(내가 지금 여기에 있다)' 기능을 통해 사용자가 레스토랑과 술집 등에서 친구들과 약속 시간을 조율할 수 있게 해주는 실시간 위치확인 기능을 사용했다. 하지만 우버는 이런 '체크인' 방식을 한 단계 끌어 올렸다. 포스퀘어가 위치추적 기능으로 체크인이라는 새 방식을 수용하도록 사용자를 설득했다면, 우버는 21세기에 걸맞은 새 단장으로 한물간 응용 프로그램(위치추적 기능)에 날개를 달아준 격이었다.

또한 커뮤니케이션은 개발자 툴킷 표준의 일부가 되었다. 2008년에 출시된 미국 클라우드 커뮤니케이션 업체인 트윌리오Twilio는 프로그램에서 호출할 수 있는 클라우드 기반 커뮤니케이션을 제공했다. 이 기능은 승객과 운전자가 나중에 통화할 전화번호를 주고받지 않고도 문자나 전화로 접수에서부터 탑승에 이르기까지 서로 위치 확인과 조율이 가능한 기능이다. 서로 전화번호를 주고받지 않는 것은 쌍방의 개인정보 보호를 위해 중요한 기능이었다. 이 서비스는 우버가 출시된 2010년에 널리

보급되었다.

지불 방식 또한 이제 범용화 되었다. 서비스형 금융에 해당하는 브레인트리Braintree, 아마존 페이먼트Amazon Payments, 스트라이프Stripe 같은 서비스에서는 고객이 제품을 구입하거나 서비스를 이용할 때마다 어느 개발자든 고객의 신용카드 번호를 저장할 수 있게 함으로써 자동 결제를 진행했다. 하지만 우버의 혁신은 구매 경험 자체의 근본적인 단순화였다. 즉 눈에 띄는 지불 행위를 하지 않아도 결제가 되는 경험은 차를 호출하는 경험만큼이나 우버를 처음 탄 모든 승객에게 미래에 펼쳐질 순간을 보여주는 경험이다.

예전에는 어렵던 것이 이제는 다른 사람의 노력 덕분에 공짜로 손쉽게 얻을 수 있게 되었다는 사실을 이해해야만 기술 발전을 앞설 수 있다.

《공유경제의 시대Peers Inc》의 저자인 로빈 체이스는 자신이 1999년에 설립한 집카에서부터 그 후 우버, 리프트, 에어비앤비에 이르는 서비스가 어떻게 자칭 '잉여역량Excess Capacity'의 족쇄를 풀고 이를 다른 사람과 공유하는 플랫폼으로 자리매김할 수 있었는지에 대해 언급한다. 그들은 홀로 할 수 없는 일을 해내기 위해 일반 사람('피어스peers')과 플랫폼('주식회사')을 한데 모았다.

회사가 소유한 차량으로 서비스를 제공하는 집카의 경우, 로빈은 이런 '잉여역량'이 곧 셀프 서비스를 수행할 역량이었다고 말한다. 이 역량이란 고객이 알아서 다음에 탈 고객을 위해 차를 깨끗이 관리하고, 연료를 채워 반환할 것을 믿는 신뢰를 말한다. 이 고객들은 로빈이 새롭게 정의한 미래 공유경제 비즈니스 모델(피어스 주식회사)의 피어스(참여자)였고, '주식회사'는 당연히 그녀의 회사인 집카였다. 집카는 차량과 더불어 언제 어디서 차량을 이용할 수 있는지 알려주는 예약 플랫폼을 제공함으로써 고객이 1990년대 렌터카 대여 시간 단위보다 훨씬 짧은 1~2시간 단위로 원하는 만큼 예약할 수 있었다.

기술의 발전은 당시 집카에 더욱 눈부신 진전을 가져왔다. 한편 이런 집카에서 고객은 차량을 빌린 장소에 반납해야 했지만, 새롭게 시장에 진입한 카투고(Car2go)는 최신 위치추적 기술을 이용해 고객이 원하는 곳 어디에서든 차량을 반납할 수 있다. 또 이제 피어스모델을 한 단계 끌어올린 겟어라운드 같은 서비스에서는 사용자가 임대를 위해 개인 소유의 차를 내놓을 수도 있다. 이처럼 원래 위치에 차를 반납해야 하는 기존 방식이 위치추적 기술 덕분에 사용자가 자신과 가까운 곳에 차를 반납할 수 있는 방식으로 변모했다. 즉 도시 전체가 빌려주려는 용도의 '사용하지 않는 차량, 곧 잉여역량'을 보관하는 장소가 된 것이다.

로빈의 개념은 심지어 스마트폰 혁명 자체가 잉여역량의 족쇄를 푸는 행보였다는 아이디어로까지 확장된다. 이제는 꽤 많은 일을 척척 해낼 수 있는 스마트폰이 한때는 전화 걸기와 문자 전송에만 쓰였다는 사실은 간과해 버리기 쉽다. 스마트폰에서 쓰지 않는 기능 중에서 쓸 만한 기능을 찾아서 새로운 기능을 실현시킨 것이 바로 차량공유 산업에서 일군 진보였던 것이다. 즉 전에는 사용자가 예약한 차를 타기 위해 집카와 카투고에서 전용 스마트카드를 배송 받아야 했지만, 이제는 집카, 카투고, 겟어라운드의 사용자가 저마다 자신의 스마트폰을 활용해 예약한 차를 탈 수 있게 되었다.

아울러 앞에서 살펴보았듯이, 운전자와 승객 간 조율, 통신, 지불, 위치 찾기 등과 같은 우버의 기능 역시 '그저 활용될 날을 손꼽아 기다리며 그간 숨겨져온 스마트폰 기능'이었는데, 실생활에서 쓸 수 있다는 깨달음에 힘입어 실현된 사례들이다. 개릿 캠프와 트래비스 캘러닉의 뛰어난 능력은 바로 이런 잠재 능력을 감지하고 이를 실제 서비스에 적용하는 방법을 이해하는 데 있었다. 실리콘밸리의 신흥 클라우드 서비스 스타트업인 박스box.net의 CEO인 애런 리비Aaron Levie는 2013년 트윗에서 이렇게 말했다.

"우버는 세상이 어떻게 '운영되고 있는지'보다 어떻게 '운영되어야 하는지'를 보여주는 면에서 35억 달러짜리 교훈을 주었다."[15]

우버는 현재 35억 달러 가치를 훨씬 웃도는 회사로 자리매김했으며, 이 사실은 애런의 말을 더욱 뒷받침해주고 있다.

진정한 혁신은 기업가가 신기술을 통해 단지 과거 방식을 답습하거나 현 세상을 어떻게 운영할지를 세밀히 보완하는 것이 아니라 어떻게 운영해야 할지를 다시 생각하는 것이다.

이것이 바로 미래에 펼쳐질 기술이 갖는 비밀의 힘이다. 이런 기술은 세상이 운영되는 방식을 깊이 있게 다시 생각할 수 있게 해줄 뿐 아니라 그 재구상에 대해 보상해준다. 세상은 주어지는 것이 아니라 우리가 다시 만들어가는 것이다.

PART
2

플랫폼으로 사고하라

WTF?

최고의 지도자가 이끌 때
사람들은 '우리가 해냈다'고 말한다.

_ 노자

05

네트워크와 기업 조직의 본질

1993년에 데일 도허티와 내가 GNN을 론칭했을 때, 우리는 출판업자로서 경험을 발판삼아 우리만의 모델을 만들었다. 우리는 '단연 최고'의 웹을 강조한 카탈로그를 제작했고, 이 새로운 사이트들을 알리기 위해 미국 국립슈퍼컴퓨팅응용센터NCSA의 '새로 나온 웹사이트' 페이지를 인수했다. 또 우리는 우리의 성장 토양인 출판업계에 걸맞은 다른 일도 했는데, 그중 하나가 큐레이션curation(양질의 콘텐츠를 선별하고 조합해 특별한 의미를 부여하고 가치를 재창출하는 행위 – 옮긴이)이었다.

그 후 야후가 웹상의 '모든 것'을 담는다는 훨씬 야심 찬 목표를 내걸었을 때 우리의 눈은 번쩍 뜨였다. 또한 구글(그리고 이후에 페이스북)이 한때 엄청난 슬러시 파일Slush Pile(출판사 사무실 등에 산더미처럼 쌓인 중요치 않은 원고 뭉치들 – 옮긴이)이던 것을 고객과 광고주에게 알고리즘을 통해 가치 있는 정보로 재창출해 미디어 거인이 되었을 때 (비록 많은 사람은 이 행보에 경악을 금치 못했을지라도) 우리는 경외의 마음을 품고 지켜보았다.

오늘날 운송업계의 리프트나 우버와 같은 주문형 회사와 호텔업계의 에어비앤비는 비슷한 서비스 모델을 전 세계에 제공하고 있다.

핀란드의 경영 컨설턴트 에스코 킬피Esko Kilpi는 블로그 미디어 〈미디엄〉에 자신이 쓴 글 '기업의 미래The Future of Firms'에서 이런 새로운 기술이 가능하게 한 네트워크의 힘에 대해 멋들어지게 묘사한다. 여기서 킬피는 경제전문가 로널드 코즈Ronald Coase의 20세기 비즈니스 조직 이론을 되짚는다. 즉 코즈는 전문 지식을 갖춘 개인이나 소규모 회사에 단순히 하청을 주기보다 내부적으로 직원을 고용하는 것이 이치에 맞을 때는 언제인지 자문한다. 또 이 질문에 대해 코즈는 외부 공급업체를 찾고, 조사하고, 협상하며, 외부 공급업체를 감독하는 거래비용 때문에 외부보다는 내부적으로 사람들을 모아 하나의 비즈니스 조직을 만드는 것이 이치에 맞을 때가 있다고 답한다.

하지만 인터넷은 로널드 코즈의 공식을 바꿔놓았다. 킬피는 그에 대해 이렇게 썼다.

"오늘날 실제로 벌어지고 있는 현상처럼 사회에서 가치를 교환하는 거래비용이 급격히 감소한다면 경제적·조직적 실체의 구성과 논리는 반드시 변경되어야 한다! 이제 핵심 기업은 대규모 네트워크를 갖춘 작고 민첩한 기업이 되어야 한다. 그동안 관리자가 해오던 일을 이제는 응용 프로그램이 할 수 있다는 것을 기억해야 한다."[1]

하지만 지난 2002년에 할 배리언은 그 효과가 반대가 될 수도 있다고 내다보았다.

"아마도 인터넷의 역할은 거대 기업을 지원하는 저렴한 커뮤니케이션 제공일 것이다.[2] 거래비용이 줄어들면 기업 사이의 조정비용도 줄어들게 된다. 그렇게 되면 어떤 결과가 나올지는 확실하지 않다."

물론 네트워크는 늘 비즈니스의 일부였다. 이를테면 자동차 제조업체는 산업 노동자와 그 관리자로만 구성되는 게 아니라, 부품 공급업체, 자동차 판매대행사, 광고대행사라는 네트워크를 토대로 구성된다. 마찬가지로 대형 소매업체는 공급업체, 물류회사, 그리고 기타 공급업체로 구성된 네트워크가 한데 모이는 중심점과 같다. 맥도날드와 서브웨이와 같은 패스트푸드 업체는 프랜차이즈 네트워크를 모집한다. 전체 영화와 텔레비전 산업은 정규 노동자로 구성된 소규모 핵심 조직과 필요에 따라 일하는 임시직으로 구성된 대규모 네트워크로 이루어져 있다. 출판과 기타 미디어 회사들도 예외는 아니다. 예컨대 오라일리 미디어는 정규직 400명과 더불어 저술가, 회의 발표자, 기술 자문가, 기타 파트너 등 수만 명으로 구성된 네트워크를 통해 책을 출판하고, 이벤트를 열며, 온라인 강의를 제공한다.

하지만 인터넷은 이처럼 네트워크로 구성된 회사들을 새로운 차원으로 끌어들이고 있다. 월드와이드웹의 주요 관문이 된 구글은 세계에서 가장 큰 미디어 회사[3]로 자리매김하면서 아직 자사가 소유하지도 않은 수많은 콘텐츠에 사용자가 접근할 수 있도록 하고 있다. 2016년에 페이스북의 매출 또한 기존 최대 미디어 기업의 매출을 능가했다.[4] 13~24세의 미국인은 이미 텔레비전보다 유튜브를 통해 더 많은 영상을 보고 있다[5](이 중 상당수는 사용자가 제작하거나 편집한 영상이다). 또한 아마존은 개인과 소규모 사업자의 물품을 비롯해 사실상 항목에 제한이 없는 물품의 거래를 제공하면서 세계 최대의 유통업체[6]인 월마트를 넘어섰다. 구글과 아마존이야말로 에스코 킬피의 말을 살짝 바꾸면 '대규모 네트워크를 갖춘 거대하고 민첩한 기업'이었다.

하지만 아마도 가장 중요한 점은 앞에 열거한 기업들이 단순히 네트워크의 중심에 있는 개념을 넘어섰다는 것이다. 즉 그들은 네트워크를 운영하고 통제하는 중심에 있으면서 자신이 제공하는 서비스의 토대 위에서 다른 기업이 자사의 비즈니스를 구축하도록 하는 플랫폼으로 자리매김했다. 아울러 나중에 살펴보겠지만, 시장이 디지털화될 때 이 플랫폼 기업들은 인간도 아니고 기계도 아닌, 애초에 기술을 개발했던 창조자에게서 독립되고, 갈수록 누구의 통제도 받지 않는 살아 있는 시스템이 된다.

플랫폼의 진화

우버나 리프트와 같은 주문형 기업의 서비스는 지속적인 비즈니스 혁신을 통해 최신으로 개발된 서비스의 한 예일 뿐이다. 처음에는 체인점이 주를 이루다가 결국 아마존과 같은 인터넷 소매기업이 주도하게 된 소매시장의 진화를 한번 떠올려보자. 아마존은 소매 점포를 통해 물품을 공급하던 소규모 지역 비즈니스 네트워크를 자사 네트워크로 갈아치웠다. 즉 비용 효율성 덕분에 가격이 낮아지고 선택 범위가 넓어지면서 더 많은 소비자가 생겨났으며, 결국 더 큰 소매업체가 더 많은 구매력(물품 확보 능력)을 확보해 소매업체가 스스로 가격을 낮추고 경쟁자를 무너뜨리는 시장을 형성하게 되었다.

또 이런 장점에 대한 전국적인 마케팅이 진행되면서 지금 우리에게 익숙한 체인들이 생겨났다. 그리고 인터넷은 부동산에 투자할 필요성을 낮추었고, 지리적 위치에 상관없이 고객에게 다가갔으며, 고객 충성도와 즉각적인 만족이라는 새로운 습관을 형성함으로써 아마존에 더 많은 힘을 실어주었다. 아울러 이제 여러 위치에서 당일 배송이 가능해지면서 이제 우리는 몇 번의 클릭만으로도 필요한 모든 것을 얻을 수 있게 되었다.

아마존과 같은 인터넷 소매업체는 또한 신중하게 선택한 공급업체들의 네트워크에서 제품을 받을 뿐 아니라, 사실상 누구나 자신이 주도해 제품을 제안할 수 있는 장을 열어 고객에게 더 폭넓고 다양한 제품을 제공할 수 있게 되었다. 수년 전, 클레이 셔키는 인터넷이 출판에 안겨준 중요한 이점 중 하나로서 '필터링 후 출간'에서 '출간 후 필터링'[7]으로 전환되고 있는 흐름을 언급했는데, 사실 이 교훈은 이제 거의 모든 인터넷 시장에 적용된다. 인터넷 시장은 근본적으로 필터링과 큐레이션(다른 맥락에서는 '관리'로 알려진)이 나타나는 개방 네트워크다.

하지만 이것이 전부는 아니다. 대규모 소매업체는 고객 서비스(가령 구식 철물점과 홈디포Home Depot나 로우스Lowe's와 같은 체인점을 비교해보자) 악화 때문에 생긴 차질을 상쇄하기 위해 숙련된 직원을 없애 비용을 절감하고, 저가 정책을 쓰며, 다양한 물품을 선택할 수 있도록 했지만, 온라인 소매업체는 이런 절충에 나서지 않았다. '그들은 지식 노동자를 단순히 없애지 않고 그들의 일을 소프트웨어로 대체하거나 소프트웨어를 활용해 노동자를 증강시켰다.'

통상 아마존의 주문량은 오프라인 소매 매장보다 훨씬 많지만, 아마존에서는 적합한 제품을 찾아줄 영업사원이 필요 없다. 검색엔진이 이 일을 도와주기 때문이다. 아마존에서는 최고 제품이 무엇인지 추천해줄 영업사원도 필요 없다. 소프트웨어를 구축해 고객이 몸소 최고 제품을 평가하고 리뷰하도록 하며, 이런 평판 정보가 검색엔진 결과에 반영되어 자연스럽게 최고의 상품이 노출되기 때문이다. 아마존에서는 계산을 해주는 출납원도 필요 없다. 소프트웨어가 알아서 도와주기 때문이다.

아마존의 자동화 수준은 창고에서 로봇을 사용하는 수준을 훌쩍 뛰어넘는다(물론 아마존 로보틱스Amazon Robotics가 이 분야의 리더이기 때문에 그런 것도 있다). 아마존에서는 자사가 수행하는 온갖 기능을 소프트웨어에 고스란히 녹여 직원, 공급업체, 고객을 묶는 통합된 워크플로우를 구성한다. 물론 모든 기업은 일종의 '사람'과 사람이 자신의 업무를 증강시킬 목적으로 만들어 운영하는 '기계'가 혼합된 조직을 구성한다. 다만 전통적인 기업에서는 최고 성과를 내는 기업마저 일종의 내연기관과 같은 기존 기술과 방식을 고수하지만, 디지털 기업에서는 각 바퀴에 높은 토크(차축을 돌리는 힘 - 옮긴이) 성능의 전기 엔진을 갖춘 테슬라와 같은 최신 기술과 방식을 활용한다.

아마존 대 월마트의 직원 1인당 매출을 비교하면 아마존의 온라인 모델이 월마트보다 노동 효율성이 높다. 오프라인 소매업체 가운데 노동 효율성이 가장 높은 월마트는 220만 명의 직원을 고용해 4,830억 달러, 즉 직원 1인당 약 21만 9,000달러의 매출액을 올린다. 이에 비해 아마존은 34만 1,000명의 직원을 고용해 1,360억 달러, 즉 직원 1인당 약 39만 9,000달러의 매출액을 올린다. 아마존이 사업 확장과 연구개발에 지속해서 투자하지 않았다면 아마 아마존의 1인당 매출액은 훨씬 높았을 것이다.

우버·리프트는 현실 세계 서비스를 위한 네트워크 플랫폼

우버나 리프트와 같은 새로운 세대의 주문형 서비스 기업에 대해 생각해보는 한 가지 방법은 지금 이들이 현실 세계 서비스에 대한 네트워크 플랫폼이라는 것이다. 그들은 전자상거래가 소매 유통방식을 혁신시켰듯이 조각조각 복잡하게 나뉘어 있던 택시 산업을 21세기의 새로운 산업으로 탈바꿈시켰다. 기술은 택시와 리무진 산업을 중소기업 네트워크에서 개인 네트워크로 근본적으로 전환시키고 있다. 즉 택시와 승객 사이의 많은 미들맨을 소프트웨어로 대체하고, 남은 비용으로 더 많은 운전자를 피어투피어 서비스에 투입했다.

택시 산업에서는 거래비용 때문에 대체로 지역에 토대를 두었다. 전미도시교통수단협회 Taxiab, Limousine & Paratransit Association, TLPA에 따르면, 미국 택시 산업은 17만 1,000대의 택시와 기타 차량을 운영하고 있는 약 6,300개의 회사로 구성되어 있다.[8] 이 중 80퍼센트 이상이 1~50대의 택시를 운행하는 소기업이며, 6퍼센트만이 100대 이상의 택시를 보유하고 있다. 이 회사 가운데 가장 큰 곳에서만 다수의 운전자가 같은 택시를 교대로 운전하며, 택시와 리무진 운전자의 88퍼센트는 독립 계약자다.

우리가 흔히 보는 미국 택시에 붙은 브랜드는 택시 영업 면허증을 소지한 (택시 한 대와 같이 소규모 운영업체일 수도 있는) 소유주의 브랜드가 아닌 파견회사의 브랜드다. 파견회사의 브랜드는 도시의 크기에 따라 보통 수십 개에서 수백 개에 이르는 소기업과 2차 라이선스 계약을 맺기도 한다. 이렇게 조각조각 나뉜 택시 산업 안에는 운전자, 운행 관리자, 유지보수 담당자, 회계 담당자가 저마다 업체에 속해 있다. 전미도시교통수단협회는 택시 산업계의 고용자가 총 35만 명에 이르는 것으로 추산하는데, 이는 택시 1대당 약 두 개의 일자리에 해당되는 규모다. 그런데 '2교대제(통상 2교대제를 운영하는 업체는 규모가 크고 인구가 가장 밀집한 위치에 있는 경우가 많다. 이런 곳은 택시를 보유하고 풀타임 운전기사를 두기에 합당하다)'를 운영하는 업체는 비교적 드문 터라, 이 말은 택시업계의 고용인 가운데 절반 가까이가 지원인력이라는 의미다. 이런 지원 일자리는 지금 효율적인 새로운 플랫폼으로 대체되고 있으며, 대체가 어려운 차량 유지보수 인력 정도만 유지되고 있다.

우버와 리프트가 운전자와 승객을 조율하기 위해 알고리즘과 스마트폰 앱을 사용한다는 사실만 떠올리면 우리는 또 한 가지 사실을 간과하게 된다. 즉 훨씬 효율적이라는 점만 빼면 실제로 택시 배차 방식과 브랜딩 서비스 면에서 우버나 리프트는 기존 택시회사와 별반 차이가 없다는 것이다. 운행 업무도 우버와 리프트는 기존 택시회사처럼 하청업체를 유지한다. 단 예외는 있다. 우버와 리프트는 업체보다는 개인에게 하청을 주며, 브랜드 택시 이용에 대한 일일 임대료를 부과하기보다는 개인 운전자 수입의 일정 비율을 가져간다.

이처럼 우버나 리프트 같은 기업은 기술을 이용해 한때 상당한 인력으로 구성되었던 관리자 계층(또는 공급자 역할을 하는 개인 기업들로 구성된 계층) 업무를 없애고 이를 알고리즘, 네트워크 기반 평가 시스템, 시장의 동적 특성으로 관리되는 플랫 네트워크Flat Network(유지보수, 행정 비용 등을 최소화하도록 설계한 네트워크-옮긴이)로 대체하고 있다. 또한 이들은 고객 네트워크를 통해 서비스 품질을 관리하고 있다. 심지어 리프트는 개인 운전자에서부터 갓 시작한 신참 운전자에 이르는 모든 운전자 네트워크를 활용해 한때 기존 택시 산업에서 핵심이던 관리 기능마저 아웃소싱을 하고 있다.

하지만 일자리가 없어지는 측면에 주목하는 것은 옳지 않다. 일자리가 대체되고 변형되고 있는 만큼 그렇게 많이 없어지는 것은 아니기 때문이다. 우버와 리프트는 이제 예전의 택시 산업 전체보다 (비록 그들 중 대부분이 부업이기는 하지만) 많은 운전자를 보유하고 있다(우버는 현재 전 세계적으로 월 150만 명에 달하는 적극적인 활동 운전자를, 리프트는 70만 명의 운전자를 보유하고 있다고 전해진다).

보호색을 띠고 숨어 있는 듯 얼핏 눈에 잘 띄지 않는 주문형 기업도 있다. 이를테면 현재 성장 속도로 볼 때 아마존의 주문형 배송 운전자 네트워크인 아마존 플렉스Amazon Flex는 2018년까지 리프트의 규모를 앞지를 수도 있다고 한다. 흥미로운 점은 아마존 플렉스에서는 운전자가 미리 정해진 시간당 요율로 2시간, 4시간, 6시간제 중에서 선택해 사전계약을 맺는다는 것이다. 이때 아마존은 운전자들이 계속 바쁘게 일해야 할 만큼 충분한 고객을 얻지 못할 위험을 감수한다. 하지만 아마존 플렉스의 운전자들은 우버나 리프트보다 약간 적게 벌더라도 자신의 수입을 예측할 수 있다는 점을 높이 사고 있다.

자율주행차 분야에서도 서비스의 증가가 어떻게 더 많은 고용으로 이어질 수 있는지 예견해볼 수 있다. 즉 곰곰이 따져보면 자동화로 없어지는 일자리 사례는 자동현금인출기 때문에 은행 창구직원과 관리자의 일자리가 영향 받은 사례와 비슷하다. 당시 자동현금인출기의 도입 후 일자리 추이를 지켜보니, 우선 지점당 창구직원 수는 줄었으나 전체 창구직원 수는 늘어났다.[9] 자동화 덕분에 지점 개설비용이 줄면서 더 많은 지점과 더 많은 창구직원이 생겨난 것이다. 자동현금인출기는 또한 지루하고 반복적인 작업을 좀 더 흥미롭고 가치 있는 작업으로 대체함으로써 주로 반복 작업을 하던 창구직원들을 해당 지점의 주요 구성원이 되도록 했다.

주문형 운송에서는 아직 은행의 '지점'에 상응할 만한 가치 있는 사례를 발견하지 못했다(물론 우버 초기에 시범적으로 독감 예방주사를 놓기 위한 왕진을 지원하거나[10] 노인 환자를 의사와 약속한 시간에 데려오는 등[11]의 서비스 신호탄이 될 만한 것을 선보인 적은 있다). 우버와 리프트는 지금 보편화된 도시 물류 시스템이 되는 길로 성큼 들어서고 있다.

여기서 우리가 깨달아야 할 중요한 점은 새로운 모델에 내재된 가능성을 계속해서 탐구해야 한다는 것이다. 이는 승자독식의 제로섬 게임이 아니다. 즉 교통비용이 저렴해지고 쉽게 이용할 수 있게 되면 사람이 할 수 있는 일거리도 늘어난다. 이는 앞에서 살펴본 미디어 분야의 네트워크 비즈니스 모델이 보여준 패턴과도 비슷한 것으로, 당시 산업을 주도하는 힘은 구글과 페이스북 같은 기업에 집중되었지만, 콘텐츠 제공 업체의 수는 크게 늘어났다. 이는 또한 산업을 주도하는 힘은 중앙에 집중되었지만 제품과 서비스의 수는 줄고 가격은 오르기만 했던 과거 기업의 패턴과는 정반대다.

마찬가지로 로봇도 아마존의 인력 채용을 가속화한 것으로 보인다. 2014~2016년 아마존에서는 창고에 보유한 로봇의 수가 1,400대에서 4만 5,000대로 증가했다.[12] 같은 기간에 아마존은 약 20만 명의 정규직원을 추가로 채용했으며, 2016년에만 고도로 자동화된 서비스센터에서 근무하는 11만 명의 직원을 추가로 고용했다.[13] 또 임시직과 협력업체를 비롯한 아마존 유통과 배송 서비스에서는 48만 명이 근무하고 있고, 휴일 성수기에 25만 명이 증원된다고 한다. 로봇 덕분에 아마존에서는 똑같은 창고 공간에 더 많은 제품을 보관하게 되었을 뿐 아니라 사람이 더 생산적으로 일할 수 있다. 로봇은 사람을 대체하는 존재가 아니라 일하는 사람을 증강시켜 주는 존재다.

익숙함이 눈을 가린다

우리가 아는 것이 과거의 지식과 경험뿐이라면 미래를 보기는 영 힘들다. 흔히 앞에 있는 것도 보지 못하는 이유는 자극이 사라진 후에도 시각에 남아 있는 일종의 잔상 때문인 경우가 많다. 잔상은 시각을 신선하게 하는 작은 움직임이 없이 사물을 너무 오랫동안 보는 경우에 광수용체가 과도하게 자극되면서 발생한다. 또는 밝은 빛을 보다가 갑자기 어둠 속으로 들어갈 때도 이런 현상이 일어난다.

마찬가지로 우리는 스스로를 신선한 아이디어에 노출시키지 않으면서 익숙한 것에만 마음을 두게 되면 고정된 이미지가 뇌 안에서 굳어진다. 즉 현재라는 이미지에 과거라는 이미지가 겹쳐진 채 남아 있게 되는 것이다. 익숙한 회사, 기술, 아이디어, 사회 구조라는 어렴풋한 이미지가 광대하게 펼쳐진 새로운 것을 덮어버리기 때문에 새로운 것에 눈의 초점을 맞추고 제대로 볼 수 있을 때까지는 그 어렴풋한 이미지만 계속 보게 된다. 하지만 일단 눈이 새로운 빛에 적응하면 안 보이던 것도 보이기 마련이다.

공상과학 소설 작가 킴 스탠리 로빈슨Kim Stanley Robinson은 소설《녹색 화성Green Mars》에서 화성 토착민 중 한 명이 번뜩이는 통찰력을 얻은 순간을 이렇게 완벽하게 감지해낸다.

"그때 그는 역사란 우리가 움직이는 것보다 좀 더 빨리 움직이는 일종의 파도라는 사실을 직감했다."

우리가 내면의 소리에 좀 더 귀 기울이게 되면, 세상은 계속 움직였는데도 나만 과거에 머물러 있었다는 사실을 깨닫는 경우가 많다.

통찰력의 실패로 이어지는 많은 사례가 바로 이처럼 정신이 통찰력을 일시적으로 발휘하지 못하는 상태다. 한번은 전성기에 14만 명의 직원을 거느렸던 코닥과, 2012년 페이스북에 10억 달러에 팔릴 당시 직원이 13명뿐이던 인스타그램을 비교한 적이 있다.[14] 우리는 코닥의 눈에 씌었던 잔상(코닥의 통찰력 실패)을 대수롭지 않게 덮어버리고, 그저 많은 일자리가 사라져 버렸다고 말할 수도 있다. 하지만 파산한 코닥을 뒤로하고 디지털 사진의 새 얼굴이 된 인스타그램이 존재하고 번영하기 위해서는 적잖은 할 일이 있었다. 즉 모든 휴대전화에 디지털 카메라가 포함되어 통신 네트워크에 연결되어야 했고, 네트워크가 보급되어야 했으며, 작은 신생기업이라도 수천만 명의 사용자를 지원할 수 있도록 데이터센터에서 해당 호스팅 서비스를 해야 했다(페이스북에 팔릴 당시 인스타그램의 사용자 수는 약 4,000만 명이었고 현재는 5억 명이다). 인스타그램에 이런 기술을 제공하는 애플과 삼성, 시스코와 화웨이, 버라이즌과 AT&T, (인스타그램이 원래 호스팅된) 아마존웹서비스, 페이스북의 자체 데이터센터 등의 직원들을 모두 더해보자. 그러면 마치 산맥과 같이 큰 규모의 직원이 보일 것이다. 거기서 인스타그램이 차지하는 직원 수는 하나의 작은 바위에 불과하다.

하지만 이것이 전부는 아니다. 이런 디지털 통신과 콘텐츠 제작 기술 덕분에 페이스북, 인스타그램, 유튜브, 트위터, 스냅, 위챗, 텐센트 등을 비롯한 새로운 미디어 기업은 일반 사람을 자사의 광고 비즈니스 콘텐츠를 생산하는 '노동자'로 변모시켰다. 사실 우리는 이들을 노동자로 보지 않는다. 이들은 무급으로 일을 시작하기 때문이다. 하지만 애초에 자원해서 일을 시작한 많은 사람이 갈수록 이런 플랫폼에서 경제적인 기회를 찾고 있으며, 머지않아 이 플랫폼은 소기업의 생태계를 지원하게 될 것이다.

물론 뉴스, 인물, 패션 사진작가는 물론 카메라 제조업체, 필름 현상업체, 화학제품 업체, 소매업자와 같이, 코닥과 같은 필름 사진 분야에서 일하는 사람들의 네트워크도 있었다. 하지만 디지털 분야와 견주어볼 때, 필름 사진 분야에서 일자리와 삶에 영향을 받은 사람의 수는 미미한 수준이었다. 이제 선진국에서는 인터넷 부문이 GDP의 5퍼센트 이상을 차지한다.[15] 적어도 소비자에게 디지털 사진은 온라인 활동의 주 원동력이며, 대화하고, 나누고, 사고 팔며, 세계를 배우는 방법의 핵심이다. 코닥 시절 전 세계 사진의 규모는 800억 장이었지만,[16] 오늘날에는 매년 1.5조 장 이상의 디지털 사진이 온라인에서 공유되고 있다.

새로운 기술과 플랫폼이 만나 그 영향력이 갈수록 확대되는 일련의 폭포 효과가 지속되고 있다. 디지털 사진이 없었다면 과연 아마존, 이베이, 엣시Etsy, 에어비앤비가 존재했을까?

디지털 사진은 분명히 호텔, 레스토랑, 여행 사이트의 호스트는 물론, 특히 전자상거래 성공의 필수요소였다. 제품을 사진으로 본다는 것은 눈으로 직접 보는 것의 차선책이다. 하지만 에어비앤비에서 제품 사진은 기업을 성공으로 이끈 첫 번째 핵심요소다.

에어비앤비는 2008년 디자이너인 브라이언 체스키[Brian Chesky]와 조 게비아[Joe Gebbia] 그리고 엔지니어인 네이선 블레차르치크[Nathan Blecharczyk]가 세운 기업이다. 조는 2007년에 최초 아이디어가 떠오르던 당시를 이렇게 회상했다.

"우리가 묵고 있던 샌프란시스코의 아파트 임대료가 오르면서 돈이 더 필요했죠. 그러던 중 시내에서 한 디자인 콘퍼런스가 열리는데, 호텔 예약은 전부 꽉 찼다는 걸 알게 되었어요. 때마침 우리 아파트의 크기가 에어베드를 놓기에도 적당하고 해서 임대를 놓기로 마음먹었죠."[17]

그들은 크레이그 뉴마크[Craig Newmark]가 1995년에 만든 오래된 온라인 광고 사이트인 크레이그리스트에 광고를 올리기보다 몸소 간단한 웹사이트를 만들었다. 첫 시도는 매우 성공적이었다. 여기서 고무된 그들은 텍사스 오스틴에서 개최될 기술 콘퍼런스를 앞두고 방, 아파트, 주택 등을 단기 임대하기로 결정했다. 그맘때쯤이면 도시의 모든 호텔 예약이 꽉 찰 것을 알았던 것이다. 그 후 그들은 콜로라도주 덴버에서 개최된 2008년 민주당 전당대회에서도 같은 서비스를 제공했다.

2009년에 에어비앤비는 실리콘밸리 창업 보육 기업인 와이콤비네이터[Y Combinator]에 가입했으며, 실리콘밸리의 벤처기업인 세쿼이아 캐피털[Sequoia Capital]에서 자금 지원도 받았다. 하지만 이처럼 탄탄대로 같기만 하던 첫출발에도 그들은 여전히 사용자를 재빨리 끌어 모으는 데 어려움을 겪었다. 그러다 마침내 돌파구를 찾게 된 수단이 사진이었다. 그들은 그동안 집주인들이 찍은 형편없는 집 안팎의 사진이 사용자의 신뢰도는 물론 임대료까지 낮추는 결과를 초래한다는 것을 깨달았다. 2009년 봄, 그들은 고급 디지털 카메라를 빌려 당시 에어비앤비의 이용률이 가장 높던 뉴욕으로 건너가 될 수 있는 한 많은 전문적인 사진을 찍었다. 그러자 웹사이트에서 의뢰 건수는 두 배, 심지어 세 배로 늘어났다. 그래서 그들은 에어비앤비를 많이 이용하는 전 세계 각 주요 도시에서 전문 사진작가를 고용하는 프로그램에 투자했다. 이 회사는 지금 세계 최대 호텔 체인보다도 객실이 많다.

'견고한 시장' 구축

물론 에어비앤비의 성공 요인에는 (집주인의 집을 돋보이도록 한) 디지털 사진만 있는 것은 아니었다. 월드와이드웹, 온라인 신용카드 결제, 사용자가 낯선 사람과도 신뢰를 쌓을 수 있도록 한 순위 매김과 평판 시스템의 구축 경험도 성공에 한몫을 톡톡히 했다. 에어비앤비는 이 서비스들을 한데 묶는 하나의 새로운 플랫폼이 필요했다. 그것은 집주인이 손님을 찾는 이른바 일련의 디지털 서비스였다.

하지만 이처럼 에어비앤비가 제공한 최초의 플랫폼 서비스는 집을 과시하는 예쁘장한 웹페이지를 구축하거나, 숙박 일정을 예약하거나, 숙박비를 지불하기 위한 것이 아니었다. 웹을 약간만 알아도 이런 일들은 오후 한나절이면 끝낼 수 있었다. 에어비앤비와 같은 인터넷 서비스의 필수 업무는 노동시장에 관한 연구로 노벨상을 받은 경제학자 앨빈 E. 로스 Alvin E. Roth 가 '견고한 시장 thick marketplace'[18] 이라고 부른 것을 구축하는 일이다. 견고한 시장은 임계량의 소비자와 생산자, 독자와 작가 또는 구매자와 판매자로 구성된 시장을 말한다. 휘황찬란하고 근사하지만 뚜렷한 이유 없이 파리만 날리는 사이트가 있는가 하면, 외관상 디자인이나 특성은 열악하지만 북적거리는 사이트가 있는 법이다.

때때로 운도 좋고 타이밍이 잘 맞아떨어지면 꼭 눈에 보이는 이렇다 할 노력 없이도 구조적으로 견고한 시장이 만들어지는 경우도 있다. 최초의 웹사이트는 1991년 8월 6일에 론칭되었다. 웹 서버와 웹브라우저용 소스코드로 짠 이 사이트는 팀 버너스 리의 하이퍼텍스트 프로젝트에 대한 간단한 설명을 담았다. 통상 사이트는 원격 로그인 프로그램인 텔넷을 통해 접속할 수 있었으며, 이를 통해 사람들은 웹서버의 소스코드를 다운로드해 자신의 사이트를 설정할 수 있었다. 그로부터 1년 후 데일 도허티와 내가 보스턴에 있던 팀과 점심을 먹을 무렵, 사이트 수는 100여 개 남짓이었다. 하지만 1998년 9월 구글이 출시될 무렵, 그 수는 무려 수백만 개에 달했다.

월드와이드웹은 공용 도메인으로 제작되었기 때문에 팀은 모든 작업을 혼자서 수행할 필요가 없었다. 그 후 일리노이대학의 국립슈퍼컴퓨팅응용센터에서는 개선된 웹서버와 웹브라우저를 내놓았다. 마크 앤드리슨Marc Andreessen이 이곳 학생이던 시절에 개발한 이 웹브라우저는 나중에 모자이크 커뮤니케이션즈 코퍼레이션Mosaic Communications Corporation(나중에 넷스케이프 커뮤니케이션즈로 개명)의 근간이 되었다. 그 후 사용자 그룹이 서버 프로젝트를 인수하고 모든 패치(소스코드 개선 사항 모음)를 모아 만든 아파치 서버는 세계에서 가장 널리 쓰이는 웹서버가 되었다(아파치는 패치파일을 제공했던 개발자들이 쓴 'A Patchy Server'에서 유래되었다).

웹은 작가와 독자에게도 견고한 시장으로 자리매김했다. 기업가들은 책과 음악에서부터 여행, 주택, 자동차에 이르기까지 모든 것을 사고 파는 시장을 웹에 구축하기 시작했으며, 이런 제품이나 서비스를 광고하기 위한 목적으로도 웹을 활용했다.

웹과 경쟁하던 다른 온라인 하이퍼텍스트 시스템도 있었다. 당시 마이크로소프트는 CD롬 기반의 정보 제품 시리즈를 성공적으로 출시했는데 1992년에 시작한 쌍방향 영화 가이드인 시네마니아^{Cinemania}와 그 이듬해 출시한 백과사전 전집 엔카르타^{Encarta}가 바로 그것이다. 마이크로소프트가 이 시리즈를 통해 고객에게 제공한 멀티미디어 하이퍼텍스트 경험은 아직 걸음마이던 월드와이드웹보다 훨씬 앞선 것이었다.

마이크로소프트도 나중에 온라인 하이퍼텍스트에 사업 기회가 있다는 것을 깨달았다. 그리하여 1995년 가을, AOL과 유사한 자체 네트워크였던 MSN^{Microsoft Network}이 출시되었다. 그리고 1996년 봄, 마이크로소프트의 최고기술책임자인 네이선 미어볼드^{Nathan Myhrvold}는 PC포럼의 강연에서 MSN에 대해 이렇게 말했다.

"수백만 명이 읽는 몇 개의 문서가 있는가 하면, 달랑 한두 명이 읽는 수백만 개의 문서가 있습니다. 하지만 둘 사이의 차이는 엄청나죠. 바로 이것이 우리가 MSN을 제공하는 이유입니다."

나는 질의응답 중에 일어나 그에게 이런 코멘트를 남겼다.

"저는 어마어마한 기회에 대한 미어볼드 씨의 통찰력에는 두말 할 나위 없이 동감이에요. 하지만 미어볼드 씨가 이야기하고 있는 건 월드와이드웹입니다."

당시 나는 자사의 신규 네트워크에 콘텐츠를 게시해 달라는 마이크로소프트의 요청을 받고 있었다.

"5만 달러면 돈과 명예가 따라 옵니다."

그 서비스의 최초 홍보 문구였다. 하지만 내가 볼 때는 이 대안이 한결 수월해 보였다.

"인터넷에 접속해 아파치를 다운받아 설치하세요. 그다음 자신의 콘텐츠를 HTML 포맷으로 바꾸기만 하면 맘껏 웹을 사용할 수 있습니다."

웹을 이용하는 데는 계약도 필요 없었다. 웹은 '승인이 필요 없는' 네트워크였기 때문이다.

마이크로소프트는 1994년 초에 웹을 시작했지만, 당시 큰 기대를 걸고 있던 분야는 MSN이었다. 데일 도허티는 당시를 이렇게 회상했다.

"마이크로소프트는 애초 AOL과 경쟁하기 위해 콘텐츠와 접근을 통제하는 수단으로 MSN을 개발했어요. 그런데 당시 개방형 시스템인 웹은 마이크로소프트의 통제력을 약화시켰고, 마이크로소프트는 기술이든 비즈니스든 자신이 중심이 아닌 세상은 상상도 하고 싶지 않아 했죠."

오픈소스 소프트웨어 프로젝트나 월드와이드웹과 같이 승인이 필요 없는 네트워크는 더욱 빠르고 유기적인 성장을 이루었으며, 웹은 머지않아 MSN과 AOL을 훨씬 앞질렀다.

웹은 수조 개의 웹페이지가 호스팅 되고 수억 개의 웹사이트가 돌아갈 정도로 성장했다.[19]

이는 인터넷 시대의 중심 패턴이다. 더 많은 자유가 더 큰 성장을 이끄는 법이다.

물론 웹과 같이 승인이 필요 없는 네트워크에서는 누구나 웹상에 콘텐츠를 올릴 수 있다. 이는 (포르노, 사기, 해적판 콘텐츠를 퍼뜨려 악용하는 자들을 비롯해) 온라인에 콘텐츠를 올려 공짜로 가상세계에서 수백만 명에게 도달할 수 있는 사용자뿐 아니라 방대한 양의 공짜 콘텐츠를 이용할 수 있는 사용자에게 모두 커다란 혜택을 주었다.

성공적인 네트워크 플랫폼이라고 해서 전부 웹처럼 승인이 필요 없는 분산 방식 네트워크는 아니다. 가령 페이스북은 중앙집중식 사용자 네트워크로 운영되지만 일정 규칙을 따르는 한 누구나 콘텐츠를 게시할 수 있고 사전 검사도 하지 않는다. 다만 규칙을 어길 경우 페이스북에서 강퇴당할 수 있다. 아이폰 앱스토어는 중앙집중식으로 철저히 관리된다. 애플 앱스토어에서 앱은 게시 전 사전 등록과 승인을 받아야 한다. 이에 비해 안드로이드 앱스토어는 훨씬 개방적이다. 관건은 아이폰에서든 안드로이드에서든, 휴대전화 사용자로 구성된 개방·분산 네트워크가 처음으로 시장의 한 축을 형성했다는 것이다. 즉 수억 명의 스마트폰 사용자와 유료 앱으로 확실한 돈벌이 기회가 있는 앱 개발자는 이 시장에 충분한 참여 인센티브가 있었다.

때때로 네트워크 자체가 확장되면 네트워크의 특정 노드가 떨어져 나가 새로운 네트워크를 형성하기도 한다. 2007년 크레이그 뉴마크는 크레이그리스트가 세계 최대의 주제별 안내광고 네트워크로 성장한 배경에 대해 이렇게 회상했다.[20]

"우리는 무언가를 구축할 때 늘 피드백을 얻었고, 피드백에 있는 제안 중 타당한 것을 찾아내려고 애썼어요. 그다음에 실행에 옮겼고, 실행에 옮긴 후에도 추가 피드백을 더 얻었죠."

이는 오늘날 인터넷 소프트웨어의 일반적 구축 방식을 보여주는 훌륭한 사례다. 또 이는 최소 기능 제품이나 서비스를 만들어 테스트하고, 이 결과를 측정하고, 측정된 결과에서 배우는 반복 과정을 통해 '고객이 진정 원하는 것은 무엇인지'를 깨닫는, 이른바 '만들고, 측정하고, 배우는 주기build-measure-learn cycle'의 개념'과도 맥을 같이한다. 하지만 이 또한 크레이그 성공의 진정한 비밀무기는 아니다.

당시 신문 광고는 비용이 비쌌지만, 크레이그리스트의 광고는 무료였다. 만일 크레이그리스트가 어떤 보수를 바라고 광고를 실어주었다면 (자신의 커뮤니티를 대상으로 한) 크레이그의 서비스는 아마 승자로 떠오를 수 없었을 것이다. 당시 벤처 투자자의 자금 지원을 받는 크레이그리스트의 잠재 경쟁 후보들에게는 치명적인 약점이 있었다. 즉 그들은 투자자에게 받은 자금을 갚기 위해 유료 광고를 게재해야 했다. 따라서 사이트에 게재된 광고 수도 적었고, 그만큼 방문자 수도 적었다. 크레이그리스트는 최소한의 빈약한 디자인에 직원 수도 겨우 19명뿐이었지만, 한때 웹 트래픽이 7위를 기록[21]했을 정도로 대단한 인기를 누렸다(현재 순위도 전체 49위에 이른다[22]).

나중에 신생기업들은 자신이 이룬 성장을 일종의 종교처럼 여기며 사용자의 규모가 커진 후에는 매출을 올리는 데만 혈안이 되었다. 하지만 이 패턴은 일종의 불완전한 지도며, 이런 지도를 따라 가다보면 기업들은 많은 사용자를 확보한 후 자사를 다른 기업에 팔아넘겨야 하는 상황에 이른다. 통상 네트워크는 플랫폼을 통해 구매자와 판매자 간 거래가 이루어지는 양면 시장의 양상을 띤다. 이런 시장에서는 한쪽에서 다른 쪽 사이트에 접근할 때 그 대가를 지불하며, 자신의 콘텐츠를 홍보하는 데도 돈이 오간다. 만일 양면 시장의 광고주로 구성된 네트워크 형태에서 판매자와 구매자라는 양측 관계를 잘 구축할 수 없다면 어려움에 처하게 된다. 이 때문에 유튜브도 시청자 유치 측면에서 구글의 비디오 제품을 능가했음에도 구글에 인수되었으며, 인스타그램과 왓츠앱도 페이스북에 넘어가게 되었다. 또 트위터가 아직 고전을 면치 못하는 것도 바로 이런 연유다. 궁극적으로 네트워크 사업에서 성공하려면 양면 시장의 양쪽 관계를 잘 구축해야 한다.

우버, 리프트, 에어비앤비에서 매출은 발생하지 않는데 사용자만 증가한 사례는 없었다. 잘 발달된 산업계의 기존 거대 기업에 광고를 팔 수 있었던 광고 기반 신생기업과는 달리, 그들은 새로운 시장의 양쪽 측면을 잘 구축해야 했다. 처음에 그들은 순리적으로 성장했다. 하지만 나중에는 새로운 운전자와 신규 고객 확보를 위해 막대한 자본을 투입하며 인위적 성장을 가속화했다.

일단 시장이 일정 규모에 이르면 자생적으로 유지될 수 있다. 시장의 콘텐츠 공급자가 자신이 얻을 가치만 추구하지 않고 시장에 참여하는 모든 사용자에게 가치를 나눠주는 것을 자신의 주요 임무라고 기억하는 한은 그렇다. 하지만 실상은 시장이 일정 규모를 달성하게 되면 모두에게 가치를 준다는 핵심사항은 잊힐 때가 많으며, 이런 연유로 시장은 하락하기 시작한다. 내가 시장의 이런 패턴을 처음 발견한 때는 마이크로소프트가 개인용 컴퓨터 업계에서 독점적 지위를 남용한 때였다. 초기에는 마이크로소프트 윈도우 위에 구축된 응용 프로그램 공급업체의 활발한 생태계가 있었다. 하지만 정점에 이르렀을 때 마이크로소프트는 플랫폼 지배력을 이용해 시장을 주도하던 기존 강자들을 퇴출시킬 요량으로 가장 수익성 높은 응용 프로그램들을 인수했다. 공급업체들은 자연스레 녹색지대와 같은 비영리 인터넷에서 기회를 찾기 위해 그곳을 떠났다.

나는 이런 역동적인 일들이 웹에서도 똑같이 벌어지는 장면을 목격했다. 구글은 사용자를 다른 사람이 제작한 콘텐츠로만 이끌면서 일종의 교환기 역할을 하는 기업으로 첫발을 내딛었다. 하지만 시간이 지나면서 사람들이 가장 많이 검색하는 정보는 이제 구글이 직접 제공하고 있다. 여기에는 섬세한 균형의 비밀이 숨어 있다. 즉 구글은 검색 결과에 직접 정보를 넣는 방식으로 사용자에게 더 나은 서비스를 제공하고 있다. 다만 구글과 같은 시장 제공업체는 궁극적으로 전체 생태계의 건전한 운영을 위해 주의 깊은 행보가 필요하다.

강력한 생태계는 참여하는 사용자뿐 아니라 시장 플랫폼을 소유한 기업에도 유익하다. 인터넷 기업가이자 투자자인 존 버트윅John Borthwick은 2012년에 트위터가 자사의 데이터베이스에 대해 앱 제작업체의 접근을 막았을 때, 내게 이런 예지력 있는 한마디를 남겼다.

"생태계 안의 누군가가 제대로 된 사업 모델을 만들기도 전에 트위터가 생태계를 폐쇄한다는 건 큰 실수죠."

아마존은 특히 매우 많은 전자상거래 시장에서 지배력을 행사하고 있는 만큼 상거래 시장에 대한 책임이 막중한 기업이다. 6,300만 명 이상의 미국인(전체 가구의 약 절반)이 현재 무료 배송 서비스인 아마존 프라임에 등록되어 있다.[23] 또 현재 2억 개가 넘는 신용카드 계정이 아마존에서 쓰이고 있다.[24] 또한 온라인 쇼핑객 중 55퍼센트가 아마존에서 검색을 시작하고,[25] 전체 온라인 쇼핑 매출액의 46퍼센트가 아마존 플랫폼에서 발생한다.[26]

하지만 아마존은 이처럼 자신이 벌여놓은 시장에서 툭하면 참여업체와 직접 경쟁을 벌이고 있다. 자사 베스트셀러 제품 중 협력업체가 만든 제품에 자사 상표를 붙여 팔기도 하고, 아마존 상표를 붙이지 않는 업체에게는 특유의 플랫폼 갑질을 부려 제품 '구매하기' 버튼을 없애 버리기도 한다.[27] 마치 제품의 재고를 잘 확보하는 것이 힘 있는 상점의 특권인 것처럼 상표를 붙이게 하는 것이 아마존의 특권이 되어버린 것이다. 다른 업체가 만든 제품에 자사 로고를 붙여 파는 소매 대기업이 아마존 하나뿐은 아니다. 하지만 일단 한 기업이 독점적 지위에 도달하면 이 기업은 더는 시장 참여자가 아니며 자신이 곧 시장이 된다. 올리비아 라베치아Olivia LaVecchia와 스테이시 미첼Stacy Mitchell은 〈아마존의 목조르기Amazon's Stranglehold〉라는 보고서에서 "사실상 아마존은 개방되고 공개된 시장을 사적 통제의 시장으로 전환하고 있다"[28]라고 썼다.

> 네트워크가 갈수록 독점적 지위에 도달하게 될 때 네트워크는 스스로 가치를 얻기보다는 더 많은 가치를 창출하는 데 힘을 쏟아야 한다. 즉 생태계에서 가치를 취하려고 하기보다 시장이 계속 번성할 수 있도록 다른 참여자에게 가치를 제공해야 한다.

구글과 아마존은 모두 시장의 한 축인 사용자를 위한 가치 창출에 매진하고 있으나, 이런 명목으로 자사의 행동을 정당화하고 있다. 하지만 시장의 또 한 축인 공급자가 수행한 서비스를 그들이 자체 서비스로 대체하면서 시장 전체는 악화일로로 치닫고 있다. 결국 누군가가 창안해 투자한 제품을 그들이 자기 상표를 붙여 복사하듯 찍어내고 있는 것이다. 이것이 바로 독점금지법에서 전체 시장가보다 낮은 가격만을 독점 금지의 기준으로 삼을 수 없는 이유다. 통상 더 낮은 가격은 경쟁 후 나타나는 한 결과일 뿐이다. 어느 한쪽만 혁신을 할 수 있거나 새로운 제품을 내놓는 시장이 하나뿐일 때 혁신은 시들시들해지기 마련이다. 또 규제기관이 그리는 지도는 그들의 의사결정에 개입해 미래에도 영향을 미친다.

또한 확대되는 시장을 제공한 기업이 시장에 참가한 기업과 경쟁하기 시작하면 경제에 구조적인 위험이 뒤따르게 된다. 나는 2008년 금융위기 전, 머니테크Money:Tech라는 콘퍼런스를 조직해 더 크고 오래된 금융 경제 네트워크에서 바라본 인터넷의 미래에 관해 우리가 배울 수 있는 점을 짚어본 적이 있다. 그런데 그때 얻은 교훈은 섬뜩할 정도로 놀라운 것이었다. 월스트리트 출신의 국제 사모펀드 기업 워버그 핀커스Warburg Pincus의 전 부회장이자 《혁신 경제에서 자본주의 하기 Doing Capitalism in the Innovative Economy》의 저자인 빌 제인웨이Bill Janeway는 이렇게 꼬집었다.

"금융 중개 역할을 하던 월스트리트 기업들이 고객과 일종의 경쟁을 벌이며 자사 계좌로 자체 투자를 하는 방식으로 투자 일선에 나서고 있다. 이에 따라 골드만삭스와 같은 기업[29]도 직접투자 활동에 나서느라 외부 고객을 대행하는 투자는 등한시하고 있다."

그해 말 악화일로로 치닫던 경제 상황을 보며 우리는 월스트리트가 그동안 자사 고객과 얼마나 뼛속 깊이 경쟁을 벌여왔는지 깨달았다. 더 놀라운 사실은 월스트리트가 자사 고객과 경쟁하기 위해 원래 개발자의 이해 능력과 통제 능력을 능가하는 복잡한 기능을 가진 금융 도구까지 만들었다는 점이다. 우리의 경제와 정치는 아직도 이때 입은 피해에서 회복되지 못했다.

중앙집중형 네트워크 대 분산형 네트워크

내가 마이크로소프트가 점령한 '개인용 컴퓨터 업계'와 새롭게 등장하는 '오픈소스 소프트웨어와 인터넷'이라는 양 진영 간 차이점을 탐구할 무렵, 처음으로 분명히 깨달은 사실이 있다. 그것은 바로 이 대립이 '중앙집중형 네트워크와 분산형 네트워크' 간 대립이자 '폐쇄형 플랫폼과 개방형 플랫폼' 간 대립이라는 사실이다. 즉 이 두 세계의 중심에는 두 개의 경쟁 아키텍처이자 두 개의 경쟁 플랫폼이 있었다. 두 세계 중 하나는 톨킨Tolkien의 소설에 나오는 '모든 반지를 불러 모으는 하나의 절대 반지'와 같은 통제 세계였고, 또 하나는 자칭 '참여의 아키텍처'[30]라고 부른 개방과 포괄의 세계였다.

나는 유닉스 운영체제의 디자인에 깊은 영향을 받았다. 유닉스 운영체제는 내가 몸담아온 분야이자 컴퓨터에 대한 애정을 끊임없이 일으켜준 분야다. 유닉스는 하나의 커다란 패키지에 전 기능을 제공하는 긴밀히 통합된 운영체제 대신에 (모두 같은 규칙을 따르고 복잡한 기능의 수행을 위해 창의적 재조합이 가능한) 단일 목적의 도구 집합체로 둘러싸인 작은 커널(핵심 운영체제 코드)로 구성되어 있다. 아마도 유닉스를 만든 AT&T벨연구소가 통신회사였던 터라 유닉스 프로그램 간 상호연동 규칙이 잘 정립되어 있었던 것 같다.

유닉스를 구축한 초기 공동체의 핵심 구성원이었던 두 명의 컴퓨터 과학자 브라이언 커니핸Brian Kernighan과 롭 파이크Rob Pike는 자신들의 저서 《유닉스 프로그래밍 환경The Unix Programming Environment》에서 이렇게 언급했다.

"유닉스 시스템이 많은 혁신적 프로그램과 기술을 도입하기는 했으나 하나의 프로그램이나 아이디어는 유닉스 시스템이 잘 작동하는 데 별 효과가 없다. 유닉스 시스템의 효과적 작동을 위해선 프로그래밍에 대한 접근 방식, 즉 컴퓨터 활용에 대한 철학이 필요하다. 물론 한 문장으로 이 철학을 정리할 수는 없겠으나 그 중심에는 '시스템의 힘은 프로그램 자체보다는 프로그램 간 관계에서 나온다'[31]라는 생각이 깔려 있다."

마찬가지로 인터넷은 (데이비드 와인버거David Weinberger의 멋진 문구를 인용해보자면) "느슨하게 결합되어 있는 작은 조각들"[32]이 훨씬 큰 규모를 형성하기 위해 서로 협력하는 커뮤니케이션 지향 아키텍처로 구성되어 있다.

존 갤John Gall은 시스템 공학의 초기 고전 중 하나인 《시스터매틱스 Systemantics》에서 이렇게 언급했다.

"복잡계 시스템은 모두 단순한 시스템에서 진화했다. 처음부터 복잡한 시스템은 결코 살아남지 못하며 그렇게 할 수도 없다. 살아남는 시스템을 만들려거든 단순한 시스템에서 시작하라."[33]

새로운 가능성을 창출할 때 더 빨리 진화할 수 있는 단순한 분산형 시스템이 복잡한 중앙집중형 시스템보다 효과적이다. 규칙이 단순한 전체 프레임워크 내에 각각의 분산된 구성요소는 적합도 함수 Fitness Function 를 스스로 찾아낼 수 있기 때문에 효과적인 구성요소는 스스로 재생산해 확산되고, 그렇지 않은 구성요소는 소멸하게 된다.

프로그램이 문제를 해결하기에 얼마나 적합한가를 평가하는 '적합도 함수'는 컴퓨터 프로그램으로 진화 알고리즘을 모방해 문제 해결에 이용하는 인공지능 (구현 프로그래밍) 기법인 유전 프로그래밍Genetic Programming

에서 나온 용어다. 일반적으로 적합도 함수의 알고리즘은 특정 작업의 수행을 위해 최적화된 작은 프로그램을 만들어 내도록 설계되었다. 이런 일련의 반복과정을 거치면서 수행 능력이 저조한 프로그램은 소멸되고, 가장 성공적 프로그램에서 나온 새로운 변이는 '배양'된다.

존 갤이 이 글을 쓴 1975년 당시에는 아직 적합도 함수의 관점을 염두에 두지 않았다. 유전 프로그래밍은 1988년이 되어서야 도입되었기 때문이다. 하지만 간단한 시스템이 (이런 시스템을 만든 이들을 깜짝 놀라게 할 정도로) 진화할 수 있다고 하는 존 갤의 통찰력에 적합도 함수와 적합도 지형Fitness Landscape이라는 아이디어를 덧붙여보면 컴퓨터 네트워크와 시장이 운영되는 방식을 관찰하고 파악하는 강력한 도구를 얻을 수 있다.

인터넷은 문제점을 스스로 증명해낸다.

1960년대에 폴 바란Paul Baran, 도널드 데이비스Donald Davies, 레너드 클라인록Leonard Kleinrock을 비롯한 여러 사람은 전화와 전신의 대표격인 회선 교환Circuit Switched 네트워크에 대한 이론적 대안으로 패킷 교환Packet Switching 네트워크라는 방식을 개발했다. 패킷 교환에서는 메시지의 통신을 위해 두 종단 지점 간 물리적 회선을 생성하는 방식(회선 교환 방식) 대신에, 메시지를 작은 패킷으로 분할해 이를 이동하기 가장 편리한 경로로 이동시킨 후 목적지에서 다시 모으는 방식을 취한다.

영국의 국립물리학연구소NPL와 미국 국방부가 개발한, 인터넷의 모체인 아르파넷ARPANET과 같은 네트워크가 바로 최초의 패킷 교환 네트워크였다. 그런데 1970년대 초에 있었던 이들 수십여 개 네트워크는 비호환 네트워크로, 누가 보아도 상호연동 방법이 필요한 상태였다.

1973년, 밥 칸Bob Kahn과 빈트 서프Vint Cerf는 이 상호연동 문제를 해결할 올바른 방법을 찾아냈다. 그 후 5년 동안 그들은 다른 많은 사람의 도움을 받아 TCP Transmission Control Protocol와 IP Internet Protocol 프로토콜을 개발했다. 통상 묶어서 TCP/IP 라고 하는 이 프로토콜은 네트워크 간 차이점을 효과적으로 잇는 다리 역할을 했다. 하지만 TCP/IP는 1983년이 되어서야 아르파넷의 공식 프로토콜이 되었고, 그때부터 '네트워크의 네트워크' 토대로 자리매김하면서 오늘날 우리가 알고 있는 인터넷을 구성하는 주요 프로토콜의 자리를 꿰찼다.

TCP/IP에 나타난 밥 칸과 빈트 서프의 천재성은 TCP/IP가 많은 절차를 수행하지 않고도 그 목적을 달성한다는 것이다. 즉 인터넷 커뮤니티는 추가 필요사항의 처리를 위해 더 복잡한 프로토콜을 만드는 대신에 TCP/IP를 기반으로 간단한 추가 프로토콜을 정의했다. 이런 추가 프로토콜의 설계는 놀라울 정도로 즉석에서 마련되었다. 당시 새로운 프로토콜이나 데이터 형식을 제안하려는 모든 그룹은 제안 기술을 담은 '인터넷 주석요청서 Request for Comment'라는 것을 공표했다. 이런 요청서의 채택 여부는 1986년 1월부터 인터넷 엔지니어링 태스크포스 Internet Engineering Task Force, IETF라는 이름으로 모인 커뮤니티에서 검토와 투표를 거쳐 결정되었다. 여기에 정식 회원 요건 같은 것은 없었다. 1992년, MIT의 컴퓨터 과학 교수 데이비드 클라크 Dave Clark는 이런 인터넷 엔지니어링 태스크포스의 지침 철학에 대해 이렇게 언급했다.

"우리는 왕, 대통령, 투표를 거부한다. 우리가 믿는 것은 (인터넷 표준에 대한) 대략적 합의와 작동하는 코드다."[34]

인터넷의 선구자인 존 포스텔 Jon Postel은 또한 인터넷 주석 요청서 761에서 이런 순수하고 멋진 문구를 남겼다.

"TCP의 구현은 보편적인 견고함의 원칙을 따라야 한다. 자신이 한 일에는 엄한 자세를 취하고, 남이 한 일을 받아들일 때는 너그러운 자세를 취하자."[35]

이 원칙은 마치 성경의 '내가 대접받고 싶은 만큼 다른 이를 대접한다'는 황금률과도 같은 것으로, 컴퓨터에도 적용된다.

네트워크가 최대 규모에 도달하려면 되새겨야 할 중요한 교훈이 있다. 리눅스와 같은 '오픈소스 소프트웨어 프로젝트'와 인터넷과 월드와이드웹과 같은 '오픈 시스템'이 효과적인 이유는 무엇일까? 이는 네트워크에 어떤 개체나 프로그램이 새로 추가될 때마다 이를 허용하는 중앙 보드가 있기 때문이 아니라 시스템의 원래 설계자가 협력과 상호연동을 위한 명확한 규칙을 마련해 놓았기 때문이다.

네트워크와 개체 간 조율의 성공 여부는 해당 시스템의 설계에 달려 있다.

이 원칙은 오늘날 인터넷 기술계의 거물을 이해하는 열쇠일 뿐 아니라, 현재에서 바라본 미래 경제의 문제점을 이해하는 열쇠다.

약속 안에서 생각하고 거꾸로 일하라

WHAT'S THE FUTURE

우리는 네트워크 기반 기업들의 내부 조직이 다른 분야 기업에 비해 얼마나 다른지 잘 모르는 상태에서 이 기업들이 사회에 미치는 혁신적 영향력에 대해 섣불리 이해하려 들기 쉽다.

1998년 오픈소스 서밋 이후 수년 동안, 나는 오픈소스 소프트웨어를 주도하는 원리, 해커 문화, 인터넷을 아우르는 주요 원칙에 대한 강연을 해왔다. 강연 때 쓴 한 발표문에서 나는 오픈소스 개발 시장이나 인터넷 과 같이 남의 허락이 필요 없는 네트워크를 그토록 강력한 개방 네트워 크로 만든 것에 대한 의견을 이렇게 밝혔다.

◆ 참여 기반 아키텍처란 사용자가 참여해 플랫폼을 확장하는 데 도 움을 준다는 뜻이다.
◆ 시험이 용이하도록 시스템에 대한 진입장벽을 낮춘다는 말은 혁 신을 극대화하기 위해 '해커 친화적'이 될 수 있다는 뜻이다.
◆ 상호연동이라는 말은 더 나은 구성요소나 서비스가 나타나면 기

존의 것을 갈아 치울 수 있다는 뜻이다.

◆ '잠금 효과'는 우리가 고객을 완전히 통제해서가 아니라 고객이 우리의 서비스와 혜택에 만족해서 나타나는 것이다.

나는 또한 이 플랫폼들이 어떻게 탄생하고 어떻게 진화해 나가는지에 대해서도 언급했다. 우선 해커와 애호가가 새로운 기술의 잠재력을 탐험한다. 그다음 기업가가 이런 기술의 잠재력에 매료되어 비즈니스의 구축 가능성을 타진한다. 이 과정에서 기업가는 일반 사용자가 한결 쉽게 이용할 수 있는 환경도 만들어 나간다. 통상 대기업과 같은 지배적 플레이어는 진입장벽을 높이면서 플랫폼을 개발한다. 그리고 이런 진전이 정체될 때 해커와 일부 기업가가 새로운 개척거리를 찾아 나선다. 하지만 때때로 업계는 해커, 기업가, 플랫폼이 한데 어우러져 '도약'의 창조적 게임을 벌이는 건강한 생태계를 구축해 나간다. 어쨌든 관건은 이중 누구도 완벽한 잠금 효과를 얻지는 못하며, 누구든 경쟁력을 유지하려면 제품과 서비스를 개선해야 한다.

강연 말미에 나는 '과거에서 얻은 교훈'이라는 제목의 슬라이드에서 깊은 인상을 남기는 이런 문구로 마무리했다.

"플랫폼 전략은 항상 응용 프로그램 전략을 이긴다!"

플랫폼은 항상 응용 프로그램을 이긴다

신기술 콘퍼런스에 와서 내 강연을 들은 제프 베조스는 2003년에 아마존의 소그룹 개발자를 대상으로 같은 강연을 해달라고 요청해왔다.

지난 2001년 3월, 시애틀로 건너간 나는 그에게 아마존이 데이터에 대한 웹 서비스 접근 권한을 제공해야 한다고 피력한 바 있다.[1] 당시 오라일리에서는 시장 조사 목적으로 자사의 책과 경쟁 출판사의 책 가격, 순위, 총 페이지 수, 리뷰에 대한 데이터를 다운로드 하기 위해 3시간마다 아마존 사이트를 '스파이더링' 하고 있었다. 하지만 이런 웹 스파이더링은 필요한 것보다 훨씬 많은 데이터를 다운로드 한 후에야 원하는 정보를 추출할 수 있었기에 낭비인 듯했다. 나는 아마존의 방대한 제품 카탈로그가 풍성한 데이터를 제공하는 완벽한 사례가 되려면 사용자들이 당시 내가 전파하고 있던 차세대 '인터넷 운영체제'의 웹서비스 API를 통해 아마존 사이트에 접근할 수 있도록 해야 한다고 확신했다.

제프는 이 아이디어에 흥미를 느꼈고, 머지않아 아마존의 엔지니어 롭 프레드릭Rob Frederick이 시작한 스컹크워크스의 웹서비스 프로젝트가 이미 진행 중이라는 사실을 알았다. 그는 또한 아마존을 스파이더링 하고 자신들의 데이터에 승인되지 않은 인터페이스를 구축하던 우리와 같은 중소기업도 수두룩하다는 사실을 발견했다. 하지만 제프는 우리를 차단하려 하기보다는 우리가 서로 배우며 아마존의 전략을 알아나가도록 도움을 주었다.

나는 아마존 내부 개발자 콘퍼런스에서 내 강연을 들은 제프가 실망의 눈길을 보내오던 모습이 아직도 생생하다. 당시 강연을 마친 나를 보러 방 뒤쪽으로 뛰어 올라온 그는 이렇게 말했다.

"이번에도 응용 프로그램을 이기는 플랫폼에 관해서는 일언반구도 없으셨네요!"

하지만 2003년 5월에 열린 아마존 올핸즈 미팅Amazon All-hands Meeting [2]에

서 또 다른 버전의 강연을 했을 때 나는 같은 실수를 반복하지 않았다.

본래 아마존이 2003년에 출시한 1세대 웹서비스는 사용자가 자체 제품 카탈로그와 기본 데이터에 접근하도록 한 것이 전부였으며, 2006년에 아마존 웹서비스Amazon Web Services, AWS라는 이름으로 출시된 인프라 서비스와는 거의 관련이 없었다. 이후 이 아마존 웹서비스는 '클라우드 컴퓨팅'이라고 불리는 대단한 변화의 불씨를 당겼다. 아마존 웹서비스 출시 배경은 여러 가지가 있겠지만 나는 이 서비스의 출시에 제프와 내가 심은 발상의 씨앗('아마존이 번영을 지속하려면 전자상거래 응용 프로그램이라는 단순한 개념을 넘어서야 한다')이 영향을 미쳤다고 믿고 싶다. 아마존은 플랫폼이 되어야 했다.

제프는 어떤 아이디어를 자신의 것으로 소화해 정리해내는 데 능했다. 그렇게 그는 내 상상을 훨씬 뛰어넘는 플랫폼 아이디어를 취해 자기 것으로 만들었다. 그는 2008년의 짧은 인터뷰에서 이렇게 말했다.

"4년 전 웹서비스를 시작했을 때, 아마존 내부에는 사실 좀 복잡한 문제가 있었어요. 네트워크 엔지니어링 그룹과 응용 프로그래밍 그룹 간에 사소한 조정을 놓고 너무 시간을 지체하고 있었죠. 그때 기본적으로 우리가 결정한 사항은 이 두 그룹 간 조정을 위해[3] 두 그룹의 계층 사이에 일련의 API를 만드는 일이었어요(즉 그것은 '느슨하게 결합되어 있는 작은 조각들'이었다)."

이 행보는 중요하다. 아마존 웹서비스가 조직 설계에서 나타나는 문제에 대해서도 해결책을 제시했기 때문이다. HR 컨설턴트인 조시 버신Josh Bersin은 내게 이렇게 말했다.

"디지털을 사용하는 것과 디지털화하는 것은 차원이 다른 얘깁니다."

21세기에 네트워크로 운영되는 모든 비즈니스가 이 말을 이해해야 할 때, 제프 베조스는 제대로 알고 있었다.

디지털 시대에 온라인 서비스와, 그것을 제공하고 관리하는 조직은 서로 떼어놓을 수 없는 관계가 되어야 한다.

그가 어떻게 소프트웨어의 영역에서 플랫폼으로서의 아마존이라는 아이디어를 취해 조직을 설계했는지는 모든 비즈니스 스쿨이 가르쳐야 할 내용이다.

다음의 이야기는 원래 전 아마존 엔지니어인 스티브 예지 Steve Yegge가 구글의 동료들에게 쓴 글이 실수로 공개된 내용이다. 이 글에서 스티브는 제프가 '지난 2002년 전후에 남겼다고 하는' 아래와 같은 메모를 언급하고 있다.

아래는 제프가 제시한 몇 가지 주요 지침이다.

1. 이 시간 이후 모든 팀은 자기 팀의 데이터와 기능을 서비스 인터페이스를 통해 오픈한다.
2. 팀은 이 서비스 인터페이스를 통해서만 커뮤니케이션해야 한다.
3. 직접 연결한다든지, 다른 팀의 스토리지에 직접 연동한다든지, 공유 메모리나 백도어를 이용한다든지 등의 다른 커뮤니케이션은 허용되지 않는다. 오직 네트워크를 통한 서비스 인터페이스 호출만이 가능하다.

<u>4.</u> HTTP, Corba, Pubsub, 기존 프로토콜 등 어떤 기술을 쓰든 상관 없다. 제프 베조스는 이 부분에 대해 상관하지 않는다.

<u>5.</u> 모든 서비스 인터페이스는 예외 없이 외부에서도 이용할 수 있게 만들어져야 한다. 즉 각 팀은 외부 개발자들이 인터페이스를 이용할 수 있게 서비스 인터페이스를 계획하고 설계해야 한다. 이 지침에 예외는 없다.

<u>6.</u> 이를 시행하지 않는 사람은 누구든 해고다.[4]

제프가 첫 번째로 얻은 주요 통찰력은 개발 초창기부터 외부 개발자에게 제공할 API와 똑같은 API를 사용해 서비스 인터페이스를 구축하지 않으면 아마존이 결코 플랫폼 기업으로 전환할 수 없다는 것이었다.

예상대로 그 후 몇 년간 아마존은 내부 개발자도 표준화된 애플리케이션 프로그래밍 인터페이스를 통해 접근해야 한다는 포괄적 기본 서비스(스토리지, 연산, 데이터 처리 등 다수 서비스) 토대의 응용 프로그램을 재설계했다. 2006년까지 이 서비스들은 견고함, 확장성, 분명히 정의된 인터페이스를 고루 갖추어 아마존 고객에게 제공될 수 있었다.

시장은 발 빠르게 반응했다. 아마존의 낮은 가격과 큰 규모는 시장을 휩쓸었으며, 신생기업이 새로운 아이디어를 시도하는 진입장벽을 크게 낮추었다. 또 일반 기업들은 최고급 인터넷 인프라를 활용해 스스로 플랫폼을 직접 구축하는 비용보다 적은 비용으로 고객에게 안정성과 성능을 제공할 수 있었다. 자체 인프라를 재건해 전 세계에 개방하려는 이런 전략적 결정의 토대는 지난 10년 동안 지속된 '인터넷 붐'이었다. 아마존 웹서비스는 이제 신생기업만의 전유물이 아니다. 넷플릭스와 같은 거대 기업도 이를 기반으로 서비스를 호스팅한다. 아마존 웹서비스는 현재 연매출 120억 달러에 달하는 비즈니스로 발돋움했다.

마이크로소프트, 구글 등 여러 기업도 클라우드 컴퓨팅 분야에서 아마존을 바짝 따라붙고 있었지만 이미 한발 늦은 상태였다. 아마존만의 필살기는 무엇이었을까? 2006년 아마존의 클라우드 컴퓨팅 제품이 공식으로 출시된 지 얼마 되지 않아, 제프는 내게 이런 설명을 해주었다.

"우리는 소매업체로 출발했어요. 소매업은 실제로 수익성이 낮은 비즈니스죠. 그만큼 저희는 더 악화되고 말고 할 것도 없었죠. 하지만 마이크로소프트와 구글같이 애초에 높은 마진을 챙기는 기업에는 소매업이 좋은 먹거리가 되기 어려울 겁니다."

마이크로소트와 구글이 비즈니스 클라우드 컴퓨팅이 얼마나 큰 사업인지 깨달을 무렵, 이미 아마존은 훨씬 앞질러 있었다.

거꾸로 일하라

하지만 네트워크화된 조직의 본질에서 얻을 수 있는 가장 큰 통찰력은 무엇보다 아마존이 자사 조직을 플랫폼 서비스 중심으로 설계한 방식에서 찾을 수 있다. 아마존의 최고기술책임자인 워너 보겔스Werner Vogels 는 2006년에 쓴 한 블로그에서 이렇게 밝혔다.

"아마존 서비스는 소프트웨어 구조뿐 아니라 조직 구조를 나타낸다. 이 서비스는 소규모 팀이 역량을 집중함으로써 혁신이 쉽게 이루어지도록 하는 강력한 책임 부여 모델로 구성되어 있다. 어떤 면에서 보면, 이는 큰 기업 내 작은 신생기업으로 볼 수 있다. 이 각각의 서비스는 외부 고객이든, 내부 고객이든,[5] 고객이 무엇을 원하는지에 초점을 맞춰야 한다.”

작업은 작은 팀 단위로 수행된다(아마존은 이를 그 유명한 ‘피자두판팀 Two-pizza Team’, 즉 피자 두 판으로 한 끼 식사를 해결할 수 있을 정도의 소규모 팀이라고 설명한다). 이 팀들은 자신의 목표를 문서로 명확히 정의하는 업무에서부터 독립적으로 일한다. 아마존의 모든 프로젝트는 고객에서 시작하는 ‘거꾸로 일하기’ 프로세스를 통해 설계되었다. 즉 고객중심 회사라는 호칭에 걸맞게 아마존은 완제품의 기능과 완제품이 필요한 까닭에 대해 보도자료를 뿌리는 일부터 시작한다(내부 전용 서비스나 제품의 경우 ‘고객’이 다른 내부 팀일 수도 있다). 그다음에는 ‘자주 묻는 질문’을 작성하고, 실제 제품과 비슷한 목업 mockup과 고객 경험을 정의하는 여러 다른 방안을 세운다. 이때 제품의 사용법을 담은 실제 사용설명서를 작성하기도 한다. 실제 제품에 대한 승인은 이런 모든 과정이 끝나고 나야 떨어진다. 개발 과정은 제품을 만들고 시험하는 동안 실제 사용자에게서 받은 추가 의견을 반영하는 가운데 반복적 보완을 거쳐 수행되지만 거꾸로 일하기의 첫 단계만 보아도 어떤 완제품이 나올지는 이미 예상이 가능하다.

아마존의 거꾸로 일하기는 컴퓨터 과학 및 관리이론 전문가인 마크 버제스 Mark Burgess가 자신의 저서에서 “약속 안에서 생각하기 Thinking in Promises”라고 부른 개념의 실제 사례다. 그는 이렇게 썼다.

“요리 책을 떠올려보면 각 페이지는 보통 요리 결과가 어떨지에 대한 시각적 기대, 즉 미각을 자극하는 요리 사진을 먼저 보여주고 나서 요리법을 보여준다. 이때 사진을 먼저 보여주는 이유는 요리책의 목적이 단지 조리법을 알려주는 게 아니라, 독자가 조리법에 신뢰를 갖고 사진과 같은 요리 결과물을 내기까지 실제 과정을 수행하게 하려는 것이다. 즉 요리 사진이 먼저 우리의 기대치를 형성해주는 것이다."

물론 보도자료를 작성하거나 조리법에 따른 요리 결과물을 보여주는 것은 기대를 심어준 대로 달성하는 데 집중할 조직을 구성하기 위해 필요한 일부분일 뿐이다. 우리는 고객에 대한 약속으로 시작하고, 이 약속을 이루기 위해 조직의 각 부분이 서로 지켜야 할 약속을 정하는 식으로 거꾸로 일할 수 있어야 한다. 앞에서 언급한 소규모 팀이 일하는 방식 또한 이 접근법의 일부다. 각 팀을 위해 독립적으로 명확히 정의된 '적합도 함수'의 설계에서와 같이 각 팀은 약속한 것을 측정함으로써 계속 향상시켜 나갈 수 있다.

한번은 아마존 경영진 외부 회의에서 '회사가 팀 간 커뮤니케이션을 향상시켜야 한다'라는 한 참석자의 제안을 들은 제프 베조스가 이런 유명한 응답을 내놓은 적이 있다.

"아뇨, 커뮤니케이션은 끔찍한 겁니다!"[6]

그가 이렇게 말한 까닭은 무엇일까? 이는 이런 옛 농담으로 설명해볼 수 있겠다. '한 명이 술을 마신다. 두 사람이 술잔을 부딪치며 술을 마신다. 사람들이 많이 모일수록 술잔을 부딪치며 술을 마실 비율은 높아진다.' 우리가 커뮤니케이션을 하고 싶은 대상은 우리와 술잔을 부딪치는 모든 사람이 아니라 우리와 일을 나누어서 수행할 사람이다. 이는 간단한 수학이다. 팀 규모가 커질수록 커뮤니케이션은 악화된다.

이 논리에는 약간의 역설이 담겨 있다. 사실 제프는 최신 인터넷 응용 프로그램을 제대로 구동할 수 있는 커뮤니케이션 방식을 반영하면서 진정 더 효과적이고 더 밀접한 '팀 내' 커뮤니케이션뿐 아니라, 최신 인터넷 응용 프로그램을 제대로 구동시킬 수 있는 매우 구조화된 '팀 간' 커뮤니케이션을 원했다. 위 일화에서 그는 갈수록 지저분해지고 자체 부담을 못 이겨 붕괴되는 일종의 부정한 커뮤니케이션에 대해 일침을 놓았던 것이다.

같은 맥락에서 우리는 또한 왜 제프 베조스가 파워포인트 사용을 금하고, 모든 제안과 관련 프리젠테이션이 중첩된 계층 구조의 인위적 단순화로 오해를 주지 말고 '논증과 증거를 담은 서면 메모'로 작성해야 한다고 주장했는지 알 수 있다. 빌 제인웨이의 말마따나, 그는 "먼저 결정을 이끌어낼 만큼의 충분한 토론을 거친 후, 이렇게 결정된 것을 실행하는 동안 매우 구조화된 커뮤니케이션"이 이루어지기를 바랐던 것 같다.

마크 버제스의 말처럼 약속 이론Promise Theory은 독립적 개체가 서로 어떻게 약속하는지 알아내는 프레임워크로, 매우 구조화된 커뮤니케이션의 정수다. 독립적 개체란 API가 요청하는 사항을 특정한 방식으로 대응하기로 약속하는 소프트웨어 모듈일 수도 있고, 특정한 결과를 내겠다고 약속하는 작은 팀일 수도 있다. 마크 버제스는 이렇게 썼다.

"각 부분이 결합되어 어떻게 전체가 되는지와 각 부분이 어떻게 자신의 관점에서 전체를 보는지를 파악하는 데 도움이 되는 일련의 원칙이 있다고 해보자. 이 원칙이 해로운 것만 아니면 팀을 이루는 사람에 관해 말하든, 무리 짓고 있는 새에 관해 말하든, 데이터센터의 컴퓨터에 관해 말하든, 스위스 시계 안의 톱니에 관해 말하든, 그 원칙을 적용하는 대상은 중요치 않다. 이처럼 협력에 관한 이론은 기술과 일터에 모두 적용할 수 있는 매우 보편적인 것이어야 한다."[7]

사람을 기계의 톱니바퀴에 빗대어 조직을 설계한다는 말이 일부 독자에게는 끔찍하게 비인간적인 말로 들릴 수 있다. 하지만 현실은 완전 반대다. 명령과 통제로 움직이는 전통적 조직이야말로 사람들이 원하는 기존 방식으로 진행한 결과가 왜 비인간적 결과를 낳을 수밖에 없는지 알지 못한 채 이래라저래라 명령을 듣는 조직이다. 수년 동안 아마존의 고객 서비스 책임자로 있던 킴 래크멜러 Kim Rachmeler는, 어떤 팀이 제공하는 서비스를 다른 사람들이 이용할 수 있게 하는 인터페이스를 정의할 때, "서비스를 이용하는 사람들의 만족도는 전적으로 그 팀 손에 달려있다"라고 말한 적이 있다. 왜 그럴까? 인터페이스의 정의를 통해 팀과 고객 간에는 긴밀한 피드백 고리가 형성되기 때문이다. 이처럼 인터페이스의 구현은 서비스의 각 기능을 구축하는 팀의 독창성과 기술력에 좌우된다.

킴 래크멜러는 내게 "가장 먼저 보도자료를 쓰는 일은 서비스나 제품에 대해 고객이 구체적으로 주목하게 하는 메커니즘"이라고 말했다. 마찬가지로 강화된 API로 서비스를 생산하는 피자두판팀도 이런 메커니즘을 사용한다. 그는 이렇게 덧붙였다.

"아마존은 제가 아는 어떤 기업보다도 자사의 기업 가치를 위해 메커니즘을 만드는 데 능한 기업이에요."

음악 스트리밍 서비스를 제공하는 스포티파이는 온라인 서비스 설계와 조직 설계의 교차점을 탐구하는 또 하나의 기업이다. 이 기업의 조직 문화 역시 아주 큰 영향을 끼쳤다. 스포티파이의 홍보 영상에서 알 수 있듯이,[8] 그들은 통일성과 자율성이라는 두 축을 따라 조직 문화를 설계한다. 전통적인 조직에서는 관리자가 사람들에게 '무엇을' 해야 하고 '어떻게' 해야 할지를 알려주기 때문에 통일성은 높아도 자율성은 낮다. 풍자만화 〈딜버트 Dilbert〉에서 그려낸 조직과 같은 곳에서는 관리자도 노동자도 어떤 이유나 목적을 알지 못한 채 일한다. 이런 조직은 통일성도 낮고 자율성도 낮다.[9] 하지만 오늘날 기술 엔지니어링 조직(아마존이나 스포티파이와 같은 조직)에서는 높은 통일성과 높은 자율성을 추구한다. 이런 조직에서는 너나 할 것 없이 모든 사람이 목표를 인식하지만, 그 목표를 달성하는 방법은 각자의 자율에 맡긴다.

높은 통일성과 자율성을 추구하는 접근법은 아프가니스탄의 스탠리 맥크리스털 Stanley McChrystal 장군이 전쟁 혁신을 위해 개발한 내용의 일부이기도 하다. 맥 크리스털 장군이 2016년 여름 〈뉴욕타임스〉 뉴워크 서밋 New Work Summit에서 강연한 내용 중에 이런 대목이 있다.

"저는 사람들에게 말하죠. '내 명령을 기다리지 말고, 내가 거기 있을 때 내렸을 것 같은 명령이자 제군들이 안다고 생각하는 명령을 따르라.'"[10]

이 말은 곧 공동의 목표를 이해하고, 그것을 달성하는 방법에 대해 최선의 판단을 내리라는 것이다.

아프가니스탄에서 미 육군 보병 대위를 지낸 내 조카는 맥크리스털 장군의 이 접근법에 대해 확신에 차 있었다.

"맥크리스털 장군 전에는 항상 임무를 부여받았어요. 이를테면 작전지에 도착했는데 빠르게 대처해야 할 새 정보를 발견한 때에도 우리는 그 정보에 대응하는 새 지시를 받기 위해 상부에 무전을 보내야 했죠. 문제는 지시를 받을 때쯤에는 상황이 바뀐다는 것이었어요. 하지만 맥크리스털 독트린 도입 이후에는 작전지에서 상황이 바뀌면 스스로 판단해 바뀐 임무를 수행하고 무전을 보내 현황을 보고했죠."

이처럼 성과에 집중하면서도 고객 중심의 아웃사이드 인outside-in 접근법을 취한다는 말은 사실상 '팀이 성과를 약속한다는 뜻이지 성과 달성 방법을 약속한다는 뜻이 아니다.' 아프가니스탄에서처럼, 발 빠르게 성장하는 인터넷 환경에서는 높은 자율성이 요구된다.

높은 자율성은 예기치 않은 팀 간 갈등을 해결할 수 있는 방법을 제공한다. 존 로스먼John Rossman 전 아마존 부사장은 저서 《아마존 방식Amazon Way》에서 '안돈 코드Andon Cord'(안돈은 일본어로 'アンドン, 또는 行灯 등으로 표기됨 – 옮긴이)라는 일본의 린 생산 방식에서 가져온 아이디어를 채택한 배경에 대해 언급한다. 도요타 공장의 조립라인에서는 어떤 노동자라도 제품 부품에 결함이 있을 때 전 생산 라인을 따라 이어진 줄을 잡아당겨 작업을 중지시키고, 관리자가 이상 현황을 인식할 수 있게 해주는 '안돈'이라는 전광판을 켤 수 있다. 아마존에서 안돈 코드가 자리를 잡자, 존 로스먼의 말처럼, 이제 고객지원센터에서는 고객이 제품의 문제를 놓고 불평하기 시작하면 간단히 그 제품을 웹사이트에서 내리고 소매 판매부서에 메시지를 보냈다.

"이 제품의 결함을 수정해 주셔야 판매할 수 있습니다."[11]

안돈 코드의 아마존 버전은 고객중심 강화를 위해 아마존이 사용하고 있는 메커니즘인 고객 커넥션Customer Connection을 제프 베조스가 몸소 경험하는 중에 도입하게 되었다.

당시 제프 베조스를 비롯한 아마존의 모든 레벨 7 이상의 관리자는 2년에 한 번 일정 기간 동안 고객 서비스 업무를 수행해야 했다. 이에 따라 관리자는 고객만족 담당자 옆에서 몇 통의 고객 전화를 직접 응대했다.

킴 래크멜러는 전에 제프 베조스가 고객 전화에 응대하던 기억을 더듬으며 말했다.

"'안녕하세요, 제프 베조스입니다. 무엇을 도와 드릴까요?' 그때 고객은 자신과 대화를 나누고 있는 사람이 누군지 모르고 제품의 문제를 말하기 시작했어요. 고객이 배송받은 탁자의 윗부분이 손상된 것 같더군요. 제프는 (고객만족 담당자의 도움을 받아) 제품을 교체해 주기로 했어요. 그런데 전화를 끊은 후 담당자가 이런 중요한 사항을 알려왔어요. '그 탁자는 항상 손상된 채 고객에게 배송됩니다.' 아무래도 포장재가 불충분해서 배송 과정에서 거듭 파손 문제가 생기는 것 같더군요. 이때 제프는 고객만족 담당자가 판매에 관한 중요한 정보를 알아도 조직 내 부서 간 장벽으로 소통이 되지 않는다는 걸 바로 알아차렸죠. 이 일을 계기로 제프는 안돈 코드 같은 메커니즘을 내부적으로 제안했고 결국 구현하게 된 거죠."

안돈 코드는 약속 지향 시스템의 핵심 원리를 담고 있다. 이는 다른 그룹에 모호하지 않은 단순한 신호를 보낸다는 면에서 전통적 관리 프로세스와는 뚜렷한 차이를 보인다. 즉 각 그룹은 자신만의 적합도 함수를 갖고 있다. 이 적합도 함수는 특정 작업의 수행을 위해 최적화된 작동을 하도록 설계된 것으로, 그룹 간에 서로 배치될 수도 있고, 다른 그룹의 적합도 함수로 자기 그룹의 적합도 함수를 검증할 수도 있다. 효과적인 관리란 바로 기업이 원하는 방향으로 기업 전체를 이끌어 가도록 이런 각각의 적합도 함수를 형성해가는 것이며, 이렇게 만들어진 것이 바로 그 기업 전체를 대표하는 적합도 함수가 된다.

높은 자율성을 지닌 기술 문화는 개인과 그룹이 공동의 목표를 향해 나아가고, 상대방에게 약속한 내용의 현황을 검토하는 스탠딩 회의를 발전시켜 왔다.

제 기능을 발휘하지 못하는 조직이 스탠딩 회의를 도입하는 것은 잘 못된 부분을 이해하고 목표 중심의 새로운 커뮤니케이션 프로토콜을 파악하는 훌륭한 방법이다.

2013년 가을, 실패한 미국의 건강보험시스템 사이트(healthcare.gov)를 구하기 위해[12] 백악관에 채용된 구글 엔지니어이자 나중에 백악관의 새로운 미국 정부디지털서비스의 이사가 된 마이키 디커슨Mikey Dickerson은 100일간의 회의에 맞먹는 가치를 가진 스탠딩 회의 사례를 내게 말해주었다. 마이키가 주최한 회의는 정부 계약업체들을 모아놓고 실패한 건강보험시스템 웹사이트가 제 기능을 할 수 있도록 조율하는 자리였다. 회의는 이렇게 진행되었다.

"조, 오늘 아침까지 세 대의 서버를 켠다고 약속했는데 상태는 어떤가요?"

"아직 마이크에게서 보안검사를 받지 못했는데요."

"마이크, 지체되는 이유가 뭔가요?"

"조에게서 보안검사 요청을 받은 적이 없는데요."

"무슨 말이에요, 마이크? 제가 요청했잖아요."

"여기 보세요. 여기에 제 티켓 목록(작업 요청)은 있는데 조에게 받은 회신은 아무것도 없잖아요!"

그제서야 서로 다른 업체(최초 건강보험시스템 사이트를 만들 때 60개의 다른 계약하에 일하는 33개 이상의 회사가 참여했다[13]) 소속인 '조'와 '마이크'는 자신들이 서로 다른 문제 트래킹 시스템Issue-tracking System을 사용하고 있다는 것을 깨달았다. 각 팀은 말 그대로 서로 전달되지도 않은 공허한 요청을 주고받고 있었던 것이다. 얼핏 겉으로 드러나지는 않지만 통상 모든 작업자는 다른 작업자에게 의존하고 있었기에 앞 작업자의 업무가 끝나고 그 결과가 나와야지만 그다음 작업자가 후속 작업을 이어갈 수 있었다.

웹 서비스와 API를 통해서든, 문제 추적 시스템과 같은 도구를 통해서든, 약속 지향 모델은 자율성을 높이는 데 효과적이다. 이는 각 자율 조직이 잘 문서화된 약속을 정의함으로써 책임 의식을 갖고 지켜나갈 것이기 때문이다.

우리는 모두 응용 프로그램의 내부에 있다

소프트웨어 개발에서 제품(이를테면 이를 마이크로소프트 윈도우의 차기 정식 출시 제품의 '골드 마스터 버전이라고 해보자. 즉 수년간의 개발 목표로서 머지않아 수백만 개의 CD롬 드라이브에 담겨, 같은 날 수만 곳에 달하는 유통업체와 기업 고객에게 일괄적으로 배포될 버전이라고 해보자) 출시가 목표인 모델에서 지속적인 서비스 개선이 목표인 모델로 바뀌는 변화는 조직에서도 발견되는 과정이었다.

나는 아직도 마이크로소프트의 수석 엔지니어인 마크 루코브스키^{Mark} ^{Lucovsky}가 구글로 옮기면서 자신의 업무 프로세스가 얼마나 바뀌었는지를 언급하던 때가 기억난다.

"이제는 제가 변경한 소프트웨어를 수백만 명에게 즉시 배포하죠."

이때 마크 루코브스키는 클라우드 시대에 소프트웨어 개발 방식의 엄청난 변화를 묘사한 것이다. 이제 더는 골드 마스터라는 개념은 없다. 오늘날 소프트웨어는 끊임없이 조금씩 개선되어 나아가는 과정으로 자리 매김했다. 온라인 서비스를 제공하는 회사 관점에서 볼 때 하나의 제품이던 소프트웨어가 하나의 프로세스가 되었으며, 궁극적으로는 일련의 비즈니스 워크플로우가 되었다. 이런 워크플로우 디자인은 소프트웨어 개발자뿐 아니라 일상적으로 소프트웨어를 사용하는 사람들을 위해 최적화되어야 한다.

중요한 점은 이제 회사는 사람과 기계로 구성된 하이브리드 유기체라는 것이다. 나는 이 점을 2003년에 열린 아마존의 올핸즈 토크All-hands Talk에서도 강조한 바 있다. 당시 나는 볼프강 켐펠렌von Kempelen이 만든 체스 기계인 미케니컬 터크Mechanical Turk에 대해 언급했다. 이 체스 기계는 18세기 후반과 19세기 초반에 유럽을 돌며 한때 나폴레옹과 벤저민 프랭클린과 같은 유명인사도 놀라게 했다. 그런데 겉으로 체스 기계로만 보이던 이 미케니컬 터크의 안쪽에는 실제로 체스 선수가 숨어 있었으며, 체스판을 볼 수 있는 렌즈와 기계의 손을 움직일 수 있는 레버가 달려 있었다. 이 기계가 내게는 새로운 세대의 웹 응용 프로그램에 대한 놀라운 은유로 와 닿았다.

그날 나는 아마존 직원들에게 응용 프로그램은 소프트웨어일 뿐 아니라 공급업체 네트워크에서 생산되는 다량의 변화무쌍한 콘텐츠 흐름으로서 방대한 고객 네트워크의 리뷰, 평가, 기여를 통해 보완된다는 사실을 일깨워줬다. 그 후 이 정보는 아마존 직원들의 편집 검토, 디자인, 프로그래밍 노력을 거쳐 형식도 갖추고, 가치도 재창출되었으며, 규모도 확장되었다. 또 아마존의 전 직원은 이런 콘텐츠의 동적인 흐름을 하루도 빠짐없이 관리해 나갔다. 그때 이런 말을 했던 기억이 난다.

"프로그래머, 디자이너, 편집자, 제품 관리자, 제품 구매자, 고객 서비스 담당자 등 여러분 모두는 응용 프로그램 내에 속해 있는 겁니다(오랫동안 나는 아마존 미케니컬 터크가 그날 내 강연에서 영감을 받아 만들어진 게 아닌지 궁금했다. 하지만 '준타Junta'[14]라는 특허가 이미 2001년에 신청되어 있던 점을 감안하면, 그 서비스의 이름 정도에 영감을 주었을 것이다)."

인터넷상의 프로그래머들이 '응용 프로그램 내에' 속해 있다는 내 통찰이 옳았다는 사실은 시간이 갈수록 명확해졌다. 개인적으로 처음 이런 생각을 떠올린 시점은 웹 초창기에 펄 프로그래밍 언어가 왜 그렇게 중요한 언어가 된 것인지 이해하려고 애쓰던 때였다.

당시 특히 잊지 못할 한 대화가 있었다. 바로 오라일리에서 1997년에 출간한 《정규표현식 정복Mastering Regular Expressions》의 저자, 제프리 프리들Jeffrey Friedl과 나눈 대화가 그랬다. 나는 이런 질문을 던졌다.

"야후 재직 시절에 펄 프로그래밍 언어로 어떤 작업을 했나요?"

"뉴스 기사에 맞춰 티커 심볼Ticker Symbol이라는 주식시장에서 거래되는 회사명의 약어를 부여하기 위해 정규표현식을 쓰며 보내죠. 그래야 야후 금융 사이트의 적절한 페이지에 이런 티커 심볼을 나타낼 수 있거든요(정규표현식은 익숙하지 않은 사람이 볼 때는 마치 마술 주문 같은 것으로 특정한 규칙을 지닌 문자열의 패턴을 표현하는 데 사용하는 형식언어다)."

그 말을 듣는 순간 나는 곧바로 제프리 프리들과 그가 작성한 펄 스크립트가 야후 금융 사이트의 한 부분이 되었다는 사실을 직감했다. 이 일은 그가 단지 스크립트 하나를 작성하고 나서 손을 떼는 그런 개념이 아니었기 때문이다. 즉 웹사이트가 나타내고자 하는 콘텐츠의 동적 특성 때문에 제프리는 하루도 빠짐없이 자신의 프로그램을 변경해야 했다.

2003년에 아마존에서 강연할 무렵, 나는 이 통찰력을 넓혀 확대된 네트워크에 참여하는 모든 참여자, 즉 기업의 모든 직원뿐 아니라 공급업체에서부터 제품 평가와 리뷰를 하는 고객에 이르기까지 모든 사람이 바로 이런 응용 프로그램의 일부라는 사실을 깨달았다.

하지만 우리는 아마존이나 마이크로소프트와 같은 회사들이 클라우드 컴퓨팅의 가능성을 이해하기 시작한 2006년이 되어서야 또 다른 핵심 요소에 중점을 두게 되었다. 한번은 마이크로소프트의 네트워크 운영 부사장이었던 데브라 크래패티Debra Chrapaty와 이런 대화를 나눈 적이 있다. 당시 그녀는 이 변화를 완벽히 요약하는 통찰력 있는 한마디를 던졌다.

"앞으로 우리가 다른 누군가의 플랫폼에서 개발자가 된다는 것은 그들의 인프라에서 호스팅 된다는 걸 뜻할 거예요."

그녀는 예를 들어 전력이 싼 곳에 데이터센터를 배치하고 있는 자사 경쟁우위 확보 노력에 대해 언급했다.

이 대화 이후 나는 '네트워크 운영 : 새로운 핵심요소Operations: The New Secret Sauce'15라는 블로그 글을 썼다. 이 글은 제시 로빈스Jesse Robbins와 깊은 연관이 있었다. 그가 맡은 일은 아마존에서 '재난의 제왕'이라고 불릴 만큼 특정 그룹의 운영 네트워크에 의도적 장애를 일으킨 후, 해당 그룹이 그 장애를 복구하는 과정에서 재난에 대한 강력한 내성을 기르도록 하는 일이었다. 당시 그는 자신과 동료들이 내 글을 출력해서 사무실 벽에 붙여놓았다는 사실을 알려주며 이렇게 말했다.

"그 글은 우리와 같은 사람들의 중요성을 누군가가 처음으로 입에 올린 것이었어요."

이듬해 제시 로빈스를 비롯한 야후의 스티브 사우더스Steve Souders 등 새롭게 떠오르는 웹 운영 분야의 리더를 한데 모으기 위해 서밋을 조직했을 뿐 아니라, 곧이어 더욱 빠르고 효과적인 인터넷 사이트 구동을 위해 작업하고 있는 재야의 전문가를 모으기 위해 벨로시티 콘퍼런스Velocity Conference를 개최했다. 이를 통해 소프트웨어 개발과 운영을 합친 개념인 데브옵스DevOps라는 새로운 원칙을 토대로 활동하는 커뮤니티를 구성했다(데브옵스는 벨기에에서 자칭 '데브옵스 데이'라는 일련의 행사를 이끌던 패트릭 드보아Patrick Debois와 앤드류 '클레이' 셰이퍼Andrew 'Clay' Shafer가 만든 명칭이다).

데브옵스가 주목한 점은 현대 웹 응용 프로그램의 기술 인프라를 담당하던 그룹이 예전부터 두 그룹으로 나뉘어 있었다는 점이다. 즉 이 두 그룹은 소프트웨어를 개발하는 개발자 그룹과 서버와 이 서버가 실행되는 네트워크 인프라를 관리하는 IT 운영자 그룹이었다. 통상 이 두 그룹은 서로 커뮤니케이션을 하지 않아 소프트웨어가 실제 배포된 후에 예기치 않은 문제가 발생하곤 했다.

이를테면 데브옵스는 소프트웨어의 전체 수명주기가 도요타 린 생산 방식의 제조 주기와 비슷하다고 보는 방식이다. 이런 데브옵스에서는 인터넷 응용 프로그램의 소프트웨어 중심 수명주기와 워크플로우를 취해 이것을 조직중심 워크플로우로 전환하며, 이 과정에서 핵심 애로사항을 파악하고 개발그룹과 운영그룹 간에 분명한 핵심 커뮤니케이션 네트워크를 구축한다.

진 킴Gene Kim, 케빈 버Kevin Behr, 조 스패포드George Spafford는 린 생산방식의 원리를 다룬 유명한 소설《더골The Goal》에 대한 존경의 표시로 데브옵스를 소설화한 지침서인 〈피닉스 프로젝트The Phoenix Project〉를 만들었다. 그 부록을 보면 진 킴은 데브옵스가 조직에 제공하는 핵심 경쟁우위[16] 중한 가지로 속도를 꼽는다. 통상 일반적인 기업에서는 9개월에 한 번씩 새로운 소프트웨어를 출시할 수 있고, 리드타임도 몇 개월 또는 몇 분기가 소요된다. 하지만 아마존과 구글 같은 기업의 경우에는 수천 개의 작은 소프트웨어를 하루 만에 출시하며 리드타임도 몇 분 정도밖에 걸리지 않는다. 이렇게 출시된 소프트웨어의 기능은 대부분 원래대로 되돌리거나 추가로 수정될 수 있는 시험 기능이다. 이처럼 쉽게 되돌릴 수 있는 기능을 활용하면 실패 복구에 드는 비용을 최소화하고 조직 하부에 의사결정권을 부여할 수 있다.

이런 작업의 상당수는 완전히 자동화되어 있다. 할 배리언은 이런 모습을 가리켜 지속적 개선을 뜻하는 일본어인 '컴퓨터 카이젠'이라고 불렀다.[17]

아울러 데브옵스는 고객에게 더욱 신뢰감을 주며 고객의 요구에 더욱 잘 응대한다. 진 킴은 높은 성과를 내는 데브옵스 조직에서 일어나는 특성에 대해 이렇게 설명한다.

"데브옵스 조직에서는 다운스트림 운영센터 안에 속한 그룹(가령 품질보증, IT 운영, 정보호환센터 등)의 혼란을 일으키는 업스트림 개발그룹 대신에 개발그룹과 운영그룹이 협업해 기존 개발에 소요되는 시간의 20퍼센트만 투입하고도 모든 작업의 흐름을 전체 가치의 흐름 가운데 자연스럽게 흐르도록 하며, 자동화된 시험 속도를 향상시키고, 소프트웨어 배포 인프라를 개선하고 있죠."

여기서 그는 기술뿐 아니라 조직의 실행이 중요하다고 거듭 말한다.

"가치의 흐름 가운데 모두가 각자의 시간과 기여에 가치를 둘 뿐 아니라, 조직이 함께 배우고 개선할 수 있는 업무 시스템을 갖추도록[18] 끊임없이 채찍질하는 문화를 공유해야 해요."

데브옵스는 실행을 통해 끊임없이 진화해왔다. 구글에도 데브옵스와 유사한 '사이트 신뢰성 엔지니어링Site Reliability Engineering, SRE'이라는 것이 있다. 이 용어를 만든 벤저민 트레이노 슬로스Benjamin Treynor Sloss는 이렇게 말한다.

"SRE는 본래 운영팀에서 하던 작업을 수행하면서도 소프트웨어에 대한 전문 지식을 갖춘 엔지니어를 활용하고 있으며, 이 엔지니어들이 본래 인간 노동력을 대체할 소프트웨어[19] 기반 자동화를 설계하고 구현할 능력과 자질을 갖추었다는 사실을 믿고 있습니다."

그에 따르면 전통적인 운영그룹에서는 그룹이 지원하는 서비스 트래픽 양에 비례하는 인원 규모를 갖추어야 한다. 그는 "작업 부하가 증가할 때 끊임없이 관리하지 않으면, 팀은 작업 부하에 보조를 맞추기 위해 더 많은 인력이 필요해질 것"이라고 말한다. 이와는 반대로 사이트 신뢰성 엔지니어링 접근 방식에서는, 사이트 신뢰성 엔지니어링을 계속 구동하는 기계 내에 있는 인간이 갈수록 큰 규모로 끊임없이 기계에 자신이 수행한 일에 대한 복제 방법을 가르쳐 주면서 스스로 증강해 나간다.

오늘날 네트워크화된 조직에서 우리가 경험하는 것은 회사, 공급업체, 고객 간 외부관계의 근본적인 변화가 아니라, 기업 내부 직원들의 구성 방식과 소프트웨어·기계와 직원 간 협력 방식의 근본적인 변화다.

인터넷을 아우르는 규모의 응용 프로그램과 서비스가 현실 세계에 보편화되면서 이제 모든 기업은 디지털 영역에서 새롭게 등장하는 기술을 활용하기 위해 스스로 혁신해야 하는 상황에 이르렀다. 이는 한순간의 작업이 아니라 지속적인 탐구의 과정이다. 2003년에 하루 종일 개최되었던 아마존 올핸즈 미팅에서 제프 베조스는 "지금도 여전히 우리에게는 첫날"이라는 말을 했다. 그는 이 미팅에서 전기의 역사를 언급하며 생생한 역사적인 사진, 즉 새로 추가한 전기 장치에 전원을 공급하기 위해 천장의 전구 소켓에서부터 전선 꾸러미를 끌어내려야 했던 사진을 보여주었다. 그때는 아직 표준화된 전원 플러그가 발명되지 않았던 것이다. 또 그는 오늘날 공장에서 작은 기계의 모터에 직접 전기를 공급할 수 있는데도 여전히 증기기관 시대처럼 거대한 중앙 모터에서 나오는 힘을 벨트와 도르래로 전달해서 기계를 작동하는 모습도 보여주었다.

신기술이 처음 도입될 때는 비즈니스의 오래된 운영 방식 중 최악의 특징만 부각해서 혁신하는 경우가 많다. 하지만 신기술의 제대로 된 활용법은 개인과 조직이 단계적 네트워크를 통해 오직 점진적으로만 깨달을 뿐이다.

제프는 옳았다. 지금도 여전히 우리에게는 첫날이다. 하지만 미래의 가능성을 탐색하는 것은 소프트웨어나 발명가에게만 주어진 일은 아니다. 오늘날 어떤 기술이 구현 가능한지 자문해보는 일은 고객은 물론 조직을 갖추어 고객에게 서비스를 제공하는 기업을 위해 모든 비즈니스가 해야 할 일이다. 이는 또한 정부를 비롯한 관련 기관이 해야 할 일이기도 하다.

07

정부도 플랫폼이다

WHAT'S THE FUTURE

정부와 기술이 만나는 지점에 대한 내 관심은 공익을 위해 오랫동안 기술을 옹호해온 칼 맬러머드Carl Malamud를 만나면서 시작되었다. 칼은 1993년, 월드와이드웹 초창기에 썬마이크로시스템스가 하원 통신·금융소위원회에 인터넷을 소개하는 일을 돕고 있었다. 소위원회 의장인 에드워드 마키Edward J. Markey 하원의원(현재 매사추세츠주 상원의원)은 발표를 마친 칼에게 소위원회가 증권거래위원회Securities and Exchange Commission, SEC도 감독하고 있다고 언급했다. 당시 증권거래위원회의 기록물을 온라인에서 열람할 수 없는 이유를 묻는 청원서가 소위원회에 접수되고 있었다.

칼이 마키 하원의원에게 전해들은 증권거래위원회의 초기 반응은 이랬다.

"그런 데이터가 인터넷에 없는 이유는 우선, 그 일이 기술적으로 불가능하기 때문이죠. 그리고 설령 데이터를 이용할 수 있어도 증권거래위원회의 기록물에 관심 있는 사람은 돈 많은 월스트리트 사람들뿐입니다. 그들은 비용만 내면 오프라인으로 구할 수 있는 데이터[1]를 굳이 온라인으로 접근해야 할 필요가 없습니다."

하지만 칼은 "기술적으로 불가능한 일이 생길 때 나는 흥미를 느낀다"라고 썼듯이, 증권거래위원회와 마키 위원장의 보좌진을 만났다. 증권거래위원회는 도대체 사람들이 왜 미국 공기업의 분기 및 연간 기록물 데이터베이스인 EDGAR 문서를 보고 싶어 하는지 궁금해했다. 칼은 "이 데이터에 접근하고 싶어 하는 학생, 기자, 은퇴 투자자 같은 사람들이 인터넷에 가득하다"라고 주장했다. 증권거래위원회는 EDGAR 문서를 보고 싶어 하는 사람은 소수일 뿐이고, "인터넷에 제대로 된 사람은 없다"라고 생각했다.

칼은 이렇게 썼다.

"이 말은 비열한 언사였고, 나는 그들이 의미한 말이 '많은 사람이 아니라 그저 소수의 연구자가 있을 뿐'이라는 뜻으로 이해하기는 했지만, 반박하지 않을 수 없었다. '제대로 된 사람들요?'라고 말하며 나는 의자를 박차고 일어났다. '저는 미국 국민이 제대로 된 사람이라고 생각합니다.'"

그리고 이렇게 정부 정보공개운동 Government Open Data Movement 은 시작되었다.

칼은 국립과학재단 National Science Foundation 의 보조금을 약간 확보하기는 했지만, 이 금액의 대부분을 증권거래위원회의 '부가가치 재판매 기업'이 월스트리트 은행에 데이터를 제공할 때 부과하는 라이선스 비용을 지급하는 데 사용했다. 당시 썬마이크로시스템스의 최고기술책임자였던 에릭 슈미트 Eric Schmidt 가 서버 두 대를 기증했다. 칼과 브래드 버딕 Brad Burdick 은 데이터를 포맷하고 이를 웹사이트에 올려 1994년 1월에 증권거래위원회 EDGAR 시스템의 무료 버전을 인터넷에 공개했다.

칼은 기업가가 아니라 활동가였다. 그는 "우리의 목표는 데이터베이스 비즈니스가 아니라 증권거래위원회가 인터넷에 그들의 데이터를 제공하게 하는 것"이라고 썼다. 그래서 칼은 18개월 동안 시스템을 운영한 다음, 증권거래위원회가 이 서비스를 인수하지 않으면 60일 안에 중단할 것이라고 발표했다. 1만 5,000명이 칼의 주장을 지지하는 편지를 증권거래위원회에 보냈다. 그 결과, 증권거래위원회는 생각을 바꾸고 이 사이트를 인수하는 데 동의했다.

시간이 지나면서 기업 재무제표에 대한 대중의 요구는 더는 논쟁거리가 되지 않았고, 기업인들은 향상된 버전을 만들기 시작했다. 일반 대중이 증권거래위원회 기록물 데이터에 접근할 수 있도록 하는 야후 파이낸스나 구글 파이낸스 같은 서비스는 1993년에 칼이 했던 일을 이어받았다. 그 이후로도 그는 활동을 계속 이어오고 있다. 현재 그의 도전과제는 모든 법률과 규정, 판례 전문을 인터넷에서 자유롭게 사용할 수 있도록 하는 것이다.[2]

내가 실리콘밸리에서 얻은 정부와 관련된 교훈에 관심을 갖게 된 계기는 2005년으로 거슬러 올라간다. 아직 아마존이 클라우드 서비스 플랫폼을 출시해 업계에 혁명을 일으키기 전이었지만, 플랫폼으로서 인터넷의 가치와 플랫폼의 본질은 내게 분명히 와 닿았다. 나는 차세대 인터넷 플랫폼이 데이터 플랫폼이라는 것을 확신하게 되었고, 정부가 그 데이터의 큰 원천이라는 사실에 주목하게 되었다. 칼 맬러머드가 10년 일찍 시작했던 활동은 빙산의 일각에 지나지 않았다. 2005년 당시의 미래 기술 중 하나였던 인터랙티브 자바스크립트(Ajax) 인터페이스를 사용한 구글 맵스는 다른 온라인 지도 서비스처럼 정부에서 허가받은 기본 지도를 사용해 만들어졌다. 해커들이 구글 맵스 위에 다른 데이터를 배치해서 매시업^{mashup}을 구축할 수 있다고 생각했을 때, 가장 먼저 관심을 갖게 된 분야 중 하나가 정부 데이터였다. 에이드리언 홀로배티^{Adrian Holovaty}가 시카고의 범죄 데이터를 표시해 만든 chicagocrime.org(현재 에브리블록^{EveryBloc}) 사이트는 두 번째로 만들어진 매시업이었다.

구글 맵스는 웹2.0에 대한 내 생각과 완벽히 일치했다. 서브시스템이 컴퓨터 또는 네트워크의 하드웨어 서브시스템에 대한 액세스를 관리하는 윈도우나 맥OS X, 리눅스 같은 운영체제와 달리, 나는 인터넷 운영체제가 누군가의 신분을 확인하거나 위치를 확인하는 서비스를 제공하는 데이터 서브시스템에 대한 접근 권한을 관리해야 한다고 확신했다. 또한 이런 서브시스템에 개발자가 쉽게 접근할 수 있으면 폭발적인 혁신이 일어날 것으로 믿었다. 이런 확신을 바탕으로 나는 이른바 웨어2.0^{Where 2.0}이라고 하는 위치기반 서비스에 관한 새로운 행사를 론칭했다. 적절한 시기에 '시류를 탄' 완벽한 홍보 덕분에 행사를 몇 주 앞두고 구글은 내게 자신의 참여 가능성을 물어왔다. 구글 맵스를 아직 발표하기 전이었고, 정식 출시가 이 행사의 중심이 되기 딱 알맞은 시기에 찾아온 것이다.

기술적으로 맵퀘스트^{MapQuest}, 야후 맵스^{Yahoo Maps}, 마이크로소프트 맵스^{Microsoft Maps}와 같은 다른 온라인 지도 서비스 위에 응용 프로그램을 구축할 수 있지만, 개발자는 미리 승인을 요청하고 라이선스 비용을 선불로 지급해야 했다. 오픈소스 소프트웨어에 대한 개인적 경험을 바탕으로 나는 진입장벽을 없애고 개발자의 창의성을 불러일으킨다면, 이처럼 최근 생겨난 지도 서비스가 훨씬 큰 혁신성과 가용성을 갖출 수 있다는 사실을 알았다. 그래서 나는 마이크로소프트와 맵퀘스트(당시 AOL이 소유)의 API를 자유롭게 사용할 수 있도록 기업을 설득했으나 성공을 거두지는 못했다. 오히려 그들은 해커를 '해적'으로 분류하며 차단해 버렸다.

하지만 구글은 이 제안을 받아들였다. 폴 레이드매처Paul Rademacher라는 개인 개발자는 구글 맵스의 데이터 포맷을 해독하고 다양한 소스의 데이터를 결합해 새로운 맞춤 지도를 만들 수 있다고 생각했다. 그가 구글 지도에 크레이그리스트의 아파트 목록을 표시해 housingmaps.com이라는 사이트를 구축하자, 구글은 여기서 기회를 포착했다. 구글은 폴의 해킹을 차단하지 않고 환영했다. 또한 그를 고용하고 매시업을 쉽게 만들 수 있도록 API를 공개했다. 이는 온라인 지도에서 구글의 지배력을 견인한 획기적인 돌파구였다. 구글 맵스용 응용 프로그램을 만드는 개발자가 많을수록 플랫폼은 더 강력해지고 더 많은 사용자를 불러들였다. 그 덕분에 사용자들이 앱을 찾아오고, 앱이 사용자를 찾아오는 전형적인 견고한 시장이 형성되었다.

이와 비슷한 일이 2007년 6월에 애플이 아이폰을 출시했을 때도 일어났다. 앱 스토어는 오늘날 스마트폰 경험의 중심에 있기 때문에 최초의 아이폰에는 앱 스토어가 없었다는 사실을 간과하기 쉽다. 아이폰은 혁신적이고 아름다운 멀티 터치 인터페이스와, 아이팟을 강화한 음악 플레이어인 아이튠즈를 포함하고 있었지만, 다른 휴대전화처럼 앱의 수는 제한적이었다. 하지만 해커들은 며칠 만에 애플의 제약조건에서 벗어나는 방법, 즉 '탈옥'(애플리케이션 감옥에서 휴대전화를 꺼내는)으로 알려진 과정을 통해 자신이 만든 앱을 아이폰에 추가했다. 2008년 7월 탈옥의 확산에 대응해 애플은 개발자들이 휴대전화에 애플리케이션을 추가할 수 있는 공식적인 방법인 앱 스토어를 출시했고, 오늘날 우리가 알고 있는 스마트폰 세계가 탄생했다. 최근 추산에 따르면, 아이폰용 앱의 다운로드 건수는 1,300억 건에 이르고 무려 200만 개 이상의 앱이 존재한다. 이 덕분에 앱 개발자들은 약 500억 달러의 수입을 올렸다.

정부2.0을 위한 새로운 지도

2008년 7월에 아이폰 앱 스토어가 출시되었다. 그해 11월에 버락 오바마는 미국 대통령으로 당선되었고, 선거 운동에 인터넷을 성공적으로 이용한 공로로 '첫 번째 인터넷 대통령'[3]이라는 환호를 받았다. 당시 나는 오라일리 미디어, 존 바텔과 웹2.0 서밋을 공동으로 주최한 테크웹TechWeb의 에릭 포롯Eric Faurot과 함께 브레인스토밍을 하고 있었다. 나는 새로운 정부가 어떻게 첫 번째 인터넷 대통령이라는 기대에 부응할 수 있을지 탐색하기 위해 우리 행사에 정부의 혁신가를 끌어들여야 한다고 생각했다. 하지만 에릭은 이와는 달리 그들을 위한 특별한 행사를 제안했다. 그래서 우리는 2009년과 2010년에 워싱턴DC에서 정부2.0 서밋Gov 2.0 Summit과 정부2.0 엑스포Gov 2.0 Expo를 공동으로 주최했다.

새로운 정부2.0 서밋에 대한 콘텐츠 개발을 시작했을 때, 내가 처음 방문한 사람 중 하나가 당시 구글의 CEO였던 에릭 슈미트였다. 사실 내가 그를 알게 된 것은 1993년 칼 맬러머드와 함께 일하던 때부터였다.

'플랫폼으로서의 정부'를 새로운 행사의 핵심으로 만들겠다는 아이디어는 당시 미국행정학교National Academy of Public Administration, NAPA의 부학장이자 나중에 조 바이든Joe Biden 미국 부통령의 특별보좌관으로서 2009년 국가 경기회복법안에 참여했던 프랭크 디지아마리노Frank DiGiammarino와의 대화에서 영감을 얻었다. 프랭크는 정부의 핵심 역할 중 하나를 의장으로 본다고 설명했다. 일단 정부가 어떤 문제를 파악하면 직접 그 문제를 해결하려 들지 말고, 그 문제에 참여하려는 모든 당사자를 모아야 한다는 것이었다. 프랭크는 미국행정학교 동료 도널드 케틀Donald Kettl이 '자동판매기 정부'4라고 명명한 오래된 정부 모델과 이 아이디어를 비교했다. 나는 그 비유에는 완전히 공감하지는 않았지만 그 개념에는 동의했다. 우리가 세금을 내면 서비스가 나온다는 것이다. 자동판매기 모델에서는 사용할 수 있는 모든 서비스 메뉴가 미리 결정되어 있다. 소수의 공급자가 상품을 판매기에 공급할 수 있는 권리를 가지면 결과적으로 선택은 제한되고 가격은 비싸진다. 그리고 우리가 기대한 것을 얻지 못할 때 '시민 참여'라고 하는 것은 그냥 자동판매기를 흔들어대는 행동으로 끝나고 만다.

자동판매기라는 정부의 전통적인 이미지는 내가 모색하고 있던 모든 것을 이해하는 데 도움을 준 잃어버린 조각이었다. 정부2.0이라는 문화 유전자 밈은 워싱턴 정치계의 내부를 장악하기 시작했다. 하지만 이 일은 연방기관을 소셜미디어에 노출시키는 일이었고, 소셜미디어는 정치인이 시민에게 메시지를 전달하는 방법이자 자동판매기를 흔들어대는 방법으로 인식되었다. 그러나 내게는 정부가 구글 맵스와 아이폰 앱 스토어를 운영하기에 더 큰 기회가 있었다.

우리는 정부2.0을 다시 정의하고, 토머스 제퍼슨Thomas Jefferson이 조셉 캠벨Joseph Cabell에게 보내는 편지에 썼듯이 '모든 사람이 단지 1년에 하루, 선거뿐 아니라 매일 정부 일에 참여하고 있다고 느끼도록'⁵ 기술이 미국을 세운 사람들의 비전에 가깝게 어떻게 정부를 개혁할 수 있을지에 관한 새 지도를 그리기로 했다. 이 모델에서 정부는 궁극적으로 시민들의 집단행동을 조율하는 수단이었다. 제퍼슨은 사회를 이끄는 규칙을 만드는 의미로 통치를 언급했지만, 그의 참여 원칙은 오픈소스 소프트웨어와 통했고, 그 점에서 모든 성공적인 플랫폼 아이디어와 통했다.

분명 플랫폼으로서의 정부는 민간 부문에 정부 프로그램을 아웃소싱하는 것만을 의미하지 않는다. 정부가 제공해야 할 핵심 구성요소가 무엇인지 전략적으로 파악하고 이런 서비스를 제공하는 것을 의미한다. 그렇다고 시장 참여자들의 설 자리가 없어지는 것은 아니다.

나는 데이비드 로빈슨David Robinson 등이 2009년 1월호 〈예일 저널 오브 로앤테크놀로지Yale Journal of Law & Technology〉에 게재한 '정부 데이터와 보이지 않는 손'이라는 주목할 만한 글을 읽은 적이 있다. 이 글에서는 정부가 시민을 위한 웹사이트를 구축하는 사업에서 손을 떼야 한다고 주장한다. 이 말의 의도는, 정부가 기술을 구축하는 데 능숙하지 않으니 모든 것을 아웃소싱 하는 편이 낫다고 비판하는 것이 아니다. 이들이 원한 것은 정부가 대용량 데이터에 자유로운 접근을 허용해 '그 정보를 사용하려는 모든 사람이' 여러 비즈니스 모델이 지원하는 다양하고 경쟁력 있는 서비스를 구축하는 것이다. 이것이 바로 자동판매기와 플랫폼 간 차이점이다.

또한 이 아이디어는 2007년 12월 실무자 회의⁷ 후에 칼 맬러머드와 하버드대학 법학 교수인 래리 래시그Larry Lessig와 내가 30명의 오픈 데이터 행동가로 구성된 단체와 함께 출간한 〈열린 정부 데이터의 8가지 원

〉 중 하나와도 맥을 같이한다. 그 원칙이란 바로 데이터는 단지 기계 판독뿐 아니라 기계 처리가 가능한 형식으로 공개되어야 한다는 것으로, 그렇게 해야 데이터를 원제작자가 의도치 않은 목적으로 재사용할 수 있었다.

오픈 데이터는 새로운 미국 행정부의 주요 논의 대상이 되었지만, 대부분 사람은 이를 단지 정부 투명성과 책임성의 도구로만 여겼다. 하지만 몇몇 사람은 시민과 사회를 위해 데이터를 더 유용하게 사용할 진정한 기회가 있다고 생각했다.[8] 그들은 더 나은 정부로 이끌어줄 것으로 내가 믿는 새로운 지도를 그리고 있었던 것이다. 나는 최근 수십 년간 정치적 담론이 지배적이었던 민주당과 보수당 사이의 대화를 재구성할 기회를 발견했다. 이들이 말하는 큰 정부 대 작은 정부라는 개념은 여러 면에서 요점을 벗어나 있었다. 정부가 플랫폼으로서 성공적이면, 애플이 아이폰을 통해서 하듯 작은 정부로도 큰 서비스를 제공할 수 있는 것이다. 애플은 앱을 만들지 않고 플랫폼과 시장을 구축했다. 그러자 수많은 개발자가 애플로 몰려들었다.

나는 당시 마이크로소프트의 최고기술책임자였던 크레이그 먼디Craig Mundie를 정부2.0 서밋에 데려왔다. 그 자리에서 그는 마이크로소프트 오피스가 윈도우의 성공에 핵심이었던 사례를 들어 킬러 앱이 플랫폼 선택을 좌우한다고 강력히 주장했다. 나중에 알고 보니 연방정부는 이미 정부 데이터 플랫폼 위에 구축한 몇 가지 킬러 앱을 가지고 있었다. 단지 우리가 그렇게 부르지 않을 뿐이었다. 2008년 당시 GPS는 자동차에 장착되어 길 안내를 제공했고, 휴대전화 애플리케이션은 다음 버스가 언제 도착할지 알려주었으며, 포스퀘어나 옐프 같은 서비스는 근처에 어떤 음식점이 있는지 정보를 주었다. 미 공군은 원래 군사 목적으로 GPS 위성을 발사했지만, 레이건 대통령이 중대한 결정을 내린 뒤 구글이 지도 플랫폼을 공개하기로 한 것처럼, 이 시스템을 상업적 용도로 개방하는 데 동의했다. GPS는 단지 응용 프로그램이 아니라 공공·민간 부문에서 혁신의 물결을 일으키고, 현재 260억 달러 이상의 가치를 지닌 시장을 형성하는 플랫폼이 되었다.[9]

정부2.0은 연방기관을 소셜미디어에 노출시키는 것보다 훨씬 심오한 의미를 갖기 시작했다. 워싱턴의 내부자들은 누구나 참여할 수 있는 플랫폼으로 기능하는 정부를 가지고 이 나라가 무엇을 이룰 수 있을지 이야기하기 시작했다.

센트럴파크와 앱 스토어

정부 개입이 어떻게 이루어질 수 있는지 간과하기는 쉽다. 래리 페이지와 세르게이 브린의 스탠퍼드대학 시절 연구 프로젝트는 국립과학재단의 전자도서관 프로그램에서 연구비를 지원받았다. 만약 국립과학재단이 공익을 위한 연구 지원기관이 아니라 투자기관이어서 이들에게 연구비를 지원하는 대신 투자를 했다면 그 수익으로 그해 국립과학재단의 전체 예산보다 많은 금액을 충당하고도 남았을 것이다. 사실 구글의 시장 가치는 1952년에 국립과학재단이 처음 설립된 이래[10] 이 기관에 쓴 세금을 다 합한 금액보다 크다.

인터넷은 원래 미국 정부가 자금을 지원한 프로젝트였다. 주간(州間) 고속도로도 마찬가지였다. 오늘의 실리콘밸리를 있게 해준 초기 컴퓨터와 메모리 칩 개발이나 시리, 자율주행차의 기초 연구를 지원한 것은 말할 것도 없다. 전기자동차, 옥상 태양열, 상업 우주여행[11] 같은 일론 머스크의 대담한 도전을 형성하는 데 정부가 실제로 많은 자금을 지원했다.

하지만 플랫폼으로서의 정부는 연구개발 자금보다 훨씬 많은 것을 의미한다. 우리가 사는 도시가 교통, 수도, 전력, 쓰레기 수거나 당연하게 생각하는 여러 서비스 없이 과연 번영할 수 있을까? 응용 프로그램이 돌아가게 하는 운영 시스템처럼 정부는 민간 부문 활동이 돌아가게 한다. 특히 정부가 시민들과 가장 가까이 접촉하는 곳에서 이런 장면을 목격할 수 있다.

2016년 가을, 뉴욕을 방문했을 때 나는 센트럴파크로 조깅을 하러 갔다. 아침 햇살에 공원이 아름다웠던 만큼 뉴욕 시민들이 공원을 이용하는 방식도 아름다웠다. 조깅하거나 자전거 타는 사람들이 큰길과 샛길을 가득 채우고 있었지만, 조용히 앉아서 풍경을 바라보며 아침을 맞는 사람도 있었다. 물론 개와 산책하는 사람도 있었다.

월요일 아침이었지만 공원은 아주 깨끗했다. 이렇게 깨끗할 수 있는 이유를 일깨워주는 관리 직원들과 마주쳤다. 뉴욕 시민이 이 공원을 돌보는 것이 아니었다. 정부가 시민을 위해 공원을 돌보고 있었다. 즉 시민들의 복지를 위해 거대한 도시 중심의 아름다운 자연미를 지닌 이 오아시스(공원)를 돌보는 주체가 정부라는 뜻이다. 이 덕분에 해마다 4,200만 명의 방문자가 이 공원을 즐긴다.[12]

공원을 둘러보면서 정부가 시민을 위해 하는 모든 일, 즉 도로와 철도, 상수도와 하수도, 전기와 난방, 통신에 대한 보편적 접근, 학교, 화재와 홍수, 범죄로부터의 보호, 법질서 등 이 모든 일을 비유적으로 생각해보지 않을 수 없었다. 물론 나는 이런 서비스 중 많은 부분이 생각보다 비용이 많이 드는 반면 성과는 적다는 것을 안다. 또 일부는 안타깝게도 미국의 핵심 가치와 일치하지도 않는다. 유색 인종에 대한 경찰의 폭력과 불필요한 해외 전쟁, 모두의 권리보다 돈 많고 힘 있는 사람에게 유리한 법 적용은 참으로 한탄스럽기만 하다. 나는 iOS와 앱 스토어가 애플의 스마트폰 경제를 위한 플랫폼이듯이, 정부가 경제와 사회를 위한 플랫폼이 되는 모든 방안에 대해 생각해보고 있다.

리눅스 지지자들이 자신들의 의견을 세워나갈 때 인터넷을 빠뜨린 것을 내가 의아하게 여긴 것처럼, 실리콘밸리 플랫폼의 멋진 성공을 축하하는 사람들이 정부가 구글이나 페이스북, 아마존, 애플에서 얻은 핵심 교훈을 실천하는 데는 비판적이라는 사실에 어리둥절했다. 문제는 정부가 이런 일을 해야 하느냐가 아니라, 정부가 플랫폼으로서의 책임을 더 잘 수행하도록 어떻게 도울 것이냐이다.

앞에서 살펴보았듯이 견고한 시장을 형성하는 것은 모든 플랫폼에 첫 번째로 요구되는 사항이다. 이것은 그냥 주어지는 것이 아니다. 견고한 시장에는 생산자(애플의 경우, 앱 개발자)와 소비자가 모두 필요하다. 스마트폰 공간에서 애플과 구글은 견고한 시장을 형성할 수 있었지만, 마이크로소프트는 과거의 대성공에도 불구하고 이것을 할 수 없었다. 시장에 늦게 발을 들인 마이크로소프트의 휴대전화가 소비자에게서 외면을 당하자 앱 개발자들은 윈도우 모바일용으로는 새로운 앱을 개발하려 들지 않았다.

정부 하면 떠오르는 것이 무엇일까? '견고한 시장'과 '번성하는 경제'다. 우리는 '시장'을 자연스러운 현상이라고 생각하지만, 풍부한 자원과 많은 인구가 있어도 가난한 나라가 있고, 자원과 인구가 많지 않아도 부유한 나라가 있는 것을 볼 때, 경제 발전을 이루는 요소가 따로 있다는 사실을 알 수 있다.

기술 플랫폼은 사용자를 새로 확보해야 하지만, 국가는 이미 거주 인구를 '사용자'로 확보하고 있다. 인구나 자원이 너무 적으면 국가는 이를 확보하기 위해 국경 밖으로 나가야 하지만, 대부분의 국가는 제품과 서비스에 대한 소비자와 공급자를 충분히 보유하면서 자력으로 탄탄한 시장을 이루기에 충분하다.

그러나 '국가의 부'에 관해 알아야 할 중요한 교훈이 있다. 자국이나 타국의 판매자가 제공하는 상품과 서비스를 구매할 충분한 돈이 국민에게 없으면 그 나라는 가난할 수밖에 없다는 것이다. 그런 시장은 균형을 잃고 만다. 이는 오늘날 세계 대부분의 국가가 처한 상황이다. 성장이 느린 이유는 부가 극소수에게 집중되어 있고, 상품과 서비스를 구매할 구매자가 충분하지 않기 때문이다. 이 상태가 너무 오래 지속되면 전체 시장이 위축되고 상품과 서비스 생산자가 다른 시장으로 옮겨간다. 기술 플랫폼에서와 마찬가지로 국가는 부를 통해 융성도 하고 쇠퇴도 한다.

탄탄한 시장을 구축하고 유지하는 데는 강력한 정보의 개입이 종종 필요하다. 경제학자인 장하준은 저서 《나쁜 사마리아인》에서 한국이 고도의 경제성장을 이루기 위해 어떻게 중앙의 계획과 특정 산업을 겨냥한 투자를 활용했는지에 대해 설명한다.

"1963년 10월 7일 내가 태어난 대한민국은 세계에서 가장 가난한 국가 중 하나였다. 오늘날 나는 세계 최고는 아니더라도 부유한 나라의 국민이 되었다. … 지난 40년간 지켜본 물질적 진보는 조지3세가 왕위에 있을 때 영국 국민으로 태어나[13] 삶을 시작한 것과 같았다."

이런 변화는 대체로 초기 산업을 보호하고, 고부가가치 제품에 지속적으로 집중하도록 신중하게 국가 경제를 설계하고 관리한 강력한 정부에서 비롯된 것이었다. 최근 연구는 초기 미국에 대해서도 이와 같은 견해를 내놓고 있다. 《현실의 경제학 Concrete Economics》에서 스티븐 코헨 Stephen Cohen과 브래드 드롱 Brad DeLong은 알렉산더 해밀턴 Alexander Hamilton 시대로 돌아가 미국 경제를 향한 위대한 걸음[14]마다 정부 개입의 역할을 확인하면서 역사가 주는 교훈을 되짚고 있다.

기술 플랫폼의 법칙은 구글의 안드로이드 앱 생태계처럼 느슨할 수도 있고, 까다롭게 관리하는 아이폰 플랫폼처럼 엄격할 수도 있다. 스마트폰에 적용되는 플랫폼처럼 국가에 적용되는 플랫폼도 마찬가지다. '성공적인 플랫폼을 만드는 방법은 하나만 있는 것이 아니다.'

지배적인 플랫폼, 지배를 위한 플랫폼

기술 플랫폼과 정부는 서로 배울 점이 많다.

정부와 기술 플랫폼은 '앱' 또는 다른 서비스가 의존하는 핵심 서비스를 각각 제공해야 한다. 미국 경제가 대체로 '자유 시장'이라는 인식이 널리 퍼져 있지만, 기본적인 사회기반시설이 없으면 이 시장은 제대로 작동하지 않는다. 1930년대에는 테네시강 유역개발공사 Tennessee Valley Authority와 지방전화감리국 Rural Electrification Administration이 댐과 전력보급 시스템을 건설하고, 전기에 대한 접근이 모든 시민의 기본권이라는 개념을 확립했다. 미국연방통신위원회 Federal Communications Commission가 시행한 보편적 서비스에 대한 약속 덕분에 통신 분야도 같은 방식을 따랐다. 또한 1950년대에 건설된 국가 고속도로망도 주 사이의 상거래를 가능하게 하고 미국 경제성장을 가속화했다. 마치 기본 프로세서와 메모리, 센서에 접근하는 기능과 휴대전화의 성능이 아이폰의 플랫폼 서비스이듯이, 또 결제, 배포, 보안, 검색 등이 앱 스토어의 기본적인 플랫폼 서비스이듯이, 이런 것이 미국의 기본적인 플랫폼 서비스 가운데 있다.

각자 핵심 서비스의 일부로 규정을 만들고 시행해야 한다. 만일 구글에서 품질 낮은 정보를 제공하는 회사들이 검색 결과를 지배하게 되면 사람들은 마이크로소프트 빙^{Bing}이나 다른 검색엔진으로 이동할 것이기 때문에 구글은 허용되는 행동을 명확히 하고 말썽꾼을 처벌하는 데 막대한 자원을 투자해왔다. 또 만약 앱 스토어에서 개인정보와 돈을 훔치는 앱을 다운로드할 수 있으면 사용자는 앱을 다운로드하기 전에 망설일 것이기 때문에 이런 상황이 발생하지 않도록 애플은 강력한 보안과 품질 보증, 감시 기반을 구축해왔다. 플랫폼과 정부 법규는 정의와 평화뿐 아니라 상거래를 활성화한다. 사람들은 시행되는 규칙을 신뢰할 수 없는 곳에서 사업을 벌이지 않는다.

각자 기회를 창출하기 위해 혁신에 투자해야 한다. 아이폰의 멀티 터치 인터페이스는 애플뿐 아니라 그 플랫폼을 구축하거나 사용하기로 한 많은 사람에게 보상을 안겨준 혁신이었다. 마찬가지로 획기적 혁신에 대한 정부의 투자는 예상치 못한 방식으로 보상받는다. 디지털 컴퓨팅의 기본 기술은 제2차 세계대전 도중 군사적으로 개발되어 공공 영역으로 넘어왔다. 그러고 나서 IBM은 이 기술을 사용해 천공카드 기계 제조업자에서 새로운 시대의 지배적인 독점 거인으로 성장했다. 비슷한 전시 투자로 항공 산업, 플라스틱·화학제품 산업이 비약적으로 발전했다. 냉전 기간 동안 군은 인터넷과 GPS 위성 같은 기술을 개발했고 이를 민간 부문에 개방해 오늘날 우리가 아는 디지털 세계를 견인했다.

더욱 최근에는 이전의 유니콘 기술처럼 한때 우리가 그토록 집착하던 디지털 영역이 오늘날 일상의 일부가 되면서, 인간 게놈 프로젝트나 백악관 브레인 이니셔티브 같은 활동이 차세대 기술 발전과 플랫폼, 경제의 중심이 될 기초 연구 분야의 경계선을 무너뜨리고 있다.

서비스마다 개별 요금을 부과해야 한다. 앱 스토어 같은 민간 플랫폼에서 개발자들은 애플이 제공하는 모든 서비스에 대해 30퍼센트를 애플에 세금으로 지불한다. 또한 사람들은 우버나 리프트 같은 플랫폼이 운전자에게 수수료를 받고, 아마존이 재판매업자에게 수수료를 받는 것을 당연하게 생각한다. 마찬가지로 민주 사회에서 사람들은 공동의 목표를 추구하고 사회가 만든 플랫폼을 재정적으로 지원하기 위해 스스로 세금을 낸다. 폐쇄 사회에서 권력을 가진 자는 플랫폼을 사용하는 사람들에게 사용료를 받아낸다. 이렇든 저렇든 우리는 대가를 지불해야 한다. 문제는 얼마를 내야 하는지, 그리고 우리가 지불한 만큼 가치가 있느냐이다.

그렇기 때문에 서비스별 성능의 중요성이 대두되고 있다. 앱이나 휴대전화가 느리고 신뢰할 수 없거나 사용하기 어려우면 사람들은 더 나은 대안을 찾는다. 이런 현상은 사회에서도 나타나는데, 최근 수년간 미국에서 정부와 사회의 역할에 대한 실망이 날이 갈수록 커지는 것을 보아왔다. 이런 현상은 이른바 정부의 자만, 비효율, 상황 인식 결여로 특징지을 수 있다. 수백 년 동안 성장해온 다른 시스템처럼 미국 정부의 절차와 구조, 규정은 모두 철저한 점검이 심각하게 필요한 상황이다. 그리고 2016년 대통령 선거에서 이런 정부에 대한 불만이 예상치 못한 결과로 이어졌으며, 이로 인한 변화가 나타나고 있다.

정부에 실망한 대부분 미국민이 잘 인식하지 못하는 것은, 조용히 부상하고 있는 21세기의 미국 정부 플랫폼을 개혁하려는 메커니즘이다.

정부를 플랫폼으로 – 코드 포 아메리카

첫 번째 정부2.0 행사를 마치고 1년이 지났을 즈음, 이 행사의 테크웹 측 총괄담당이자 내 아내인 제니퍼 팔카Jennifer Phalka는 선라이트 재단Sunlight Foundation과 에이브론스 재단Abrons Foundation에서 지원하는 소규모 기금과 대출금으로 정부의 기술 역량을 소비자 기술 분야 수준으로 끌어올리는 것을 목표로 하는 비영리단체인 코드 포 아메리카Code for America를 출범시켰다. 아내는 지방 정부가 규제를 줄일 뿐 아니라 대중과 접촉하는 기회를 늘리고 있다고 지적한 투산Tucson 시장 책임보좌관인 앤드루 그린힐Andrew Greenhill의 말에 영감을 받아, 몇몇 도시에서 활동을 시작하기로 마음먹었다. 민간 소비자 대상 기술업계 출신의 프로그래머, 디자이너, 기타 인력을 채용하고 팀을 구성해 코드 포 아메리카가 치열한 선정 과정을 통해 선택한 도시들에서 1년 동안 앱을 구축하도록 했다.

아내는 내게 이사회에 합류할 것을 요청했고, 나는 흔쾌히 수락했다. 다른 사람들도 물론 열정적으로 돌아섰다. 총 525명의 기술 분야 전문가들이 이 프로그램에 지원했고, 우리는 이들 가운데 보스턴, 필라델피아, 시애틀, 워싱턴DC와 일할 20명을 선발했다. 코드 포 아메리카는 이렇게 한 달간의 훈련과 적응을 위해 2월부터 각 도시로 파견될 동료들과 함께 2011년 1월에 정식으로 출범했다.

그 후 몇 년 동안, 우리는 동료이자 전 애플 디자이너 스콧 실버맨^{Scott} ^{Silverman}이 말했듯이, 지방 정부가 '간단하고 아름다우며 사용하기 편리한' 여러 가지 앱을 만들 수 있도록 도왔다. 보스턴의 학교 선택 웹사이트, 뉴올리언스의 병충해 피해 자산 추적 시스템, 눈 치우기를 위한 크라우드소싱 앱은 오픈소스로 소화기에서부터 여러 다른 도시로 퍼져나갔다. 빗물 배수관 청소나, 호놀룰루의 경우 쓰나미 사이렌 작동 여부 보고 등 시민 참여를 위한 여러 형식으로도 사용되었다. 또한 샌터크루즈에서는 소규모 기업 허가를 쉽게 하는 포털을 만들었다. 여유 시간에 활동하는 다른 동료 그룹은 모든 도시에서 사용할 수 있는 대중교통 환승을 모델링하는 손쉬운 방법을 구축했다.

우리가 새로운 애플리케이션을 개발하고 유지하는 속도에 시 공무원들은 적잖이 충격을 받은 눈치였다. 보스턴 학교 선택 사이트의 첫 번째 버전은 약 6주 만에 만들어졌다. 나중에 IT 담당 시 공무원은 정상적인 조달 과정을 거쳤으면 그 사이트는 200만 달러의 비용과 2년의 시간이 소요되었을 것이라고 놀라워했다. 뉴올리언스시의 최고정보책임자도 병충해 추적 시스템에 대해 비슷한 의견을 제시했다.

더 중요한 것은 우리가 한 일이 정부 플랫폼의 성능을 향상시킬 가능성을 보여주었다는 점이다. 적은 비용으로 빠르게 앱을 개발했을 뿐 아니라 사용자를 위해 일했기 때문이다. 기존의 보스턴 학교 배정 앱의 경우, 글자 크기 8포인트로 출력해도 28페이지에 이르는 안내서 내용이 담겨 있다. 다른 정부 간행물처럼 많은 정보를 포함하고 있지만, 학생의 주소지에서 가능한 학교까지 거리를 계산해야 하는 개별 상황을 해결할 수 없기 때문에 사용자가 필요로 하는 일을 처리할 수 없었다. 〈보스턴 글로브Boston Globe〉는 이런 수단 없이 학교 선택 과정에 불편을 느낀 학부모들을 취재해 1년 동안 관련 기사를 실었다.[15] 학교 선택 앱은 보스턴 가정뿐 아니라 곤경에 처한 정치인에게도 도움이 되었다.

소비자 기술 분야 인재와 사용자 중심 사례를 사용해 (정부 조달 절차를 거치지 않고) 개발한 앱은 미국 정부가 비대하고 비효율적이며 접촉할 수 없는 존재가 된 것을 보여주는 강력한 수단이었다. 어쩔 수 없는 정부 상태를 놓고 안타까워만 하는 대신 코드 포 아메리카는 (정부 측 관계자나 자원한 프로그래머, 디자이너뿐 아니라) 모두에게 '정부는 대중이 기대하는 대로 일할 수 있다'는 것을 보여주었다. 변화에 대해 우리가 내세운 이론은 우리가 제작한 앱을 지방 정부가 인수하고, 이것을 코드 포 아메리카의 지부 단체에 속한 자원봉사자를 통해 오픈소스로 확산할 수 있다는 것이다. 수만 명의 자원봉사 교사를 모집해 확장해온 티치 포 아메리카Teach For America와 달리, 우리의 목표는 다른 오픈소스나 인터넷 애플리케이션처럼 우선 코드를 통해 확장하는 것이다.

2012 펠로우십은 영향력에 대한 새로운 가능성을 열었다. 그해 네 개의 펠로우십팀은 그들이 개발한 프로그램을 기반으로 스타트업을 시작하기로 했다. 사업을 시작한 다음 해, 그 팀은 계속해서 프로젝트를 개발했고, 다른 도시에 그 프로젝트를 매각했다.

성공한 벤처 투자가인 론 부가님Ron Bouganim은 시민 스타트업을 위한 인큐베이터와 액셀러레이터 운영에 자원했다. 2년 뒤 그는 21세기 모범 사례를 정부 기술에 적용하는 기업에 특별히 투자하는 벤처 펀드인 고브테크Govtech 펀드를 조성했다. 코드 포 아메리카에서 만든 많은 스타트업 기업이 인수되었고, 다른 기업들은 큰 금액의 벤처 자금을 지원받았다. 대중교통 환승 경로를 설정하는 앱으로 시작한 리믹스Remix는 도시계획가를 위한 강력한 도구로 발전했고, 이 앱에 4,000만 달러의 가치를 매긴 정상급 벤처 투자자로부터 자금을 지원받았다.

이처럼 애플의 앱 스토어를 모방해 정부를 플랫폼으로 만들려는 시작은 순조롭게 첫걸음을 내디뎠다.

코드 포 아메리카가 이룬 정부기관 행정 업무 개선

2013년에 우리는 샌프란시스코시와 카운티에서 진행한 코드 포 아메리카 프로젝트를 통해 더욱 혁신적인 기회에 눈을 뜨게 되었다. 샌프란시스코시는 영양지원 프로그램, 흔히 푸드 스탬프라고 부르는 사업을 함께할 것을 제안했다. 많은 복지 프로그램과 같이 이 연방 프로그램은 주정부와 연방정부의 지원을 받아 지역에서 실행했다. 샌프란시스코시의 복지부서가 코드 포 아메리카로 가져온 문제는 사람들이 영양지원 프로그램 혜택을 신청하지만, 몇 개월 만에 프로그램 명단에서 이탈해 다시 신청을 해야 한다는 것이었다.

이것은 앱으로 해결할 수 있는 문제가 아니었다. 코드 포 아메리카의 동료들은 정부 프로그램의 운영상의 오류를 제거해 달라는 요청을 받았다. 동료들은 푸드 스탬프를 신청할 수 있는지 문의하고 (혜택을 받기 위해서가 아니라) 일반적인 신청자들이 프로세스로 진입할 때 겪는 상황을 파악하기 위해 절차를 따라 가며 작업하기 시작했다.

동료들은 조지프 헬러Joseph Heller의 책 《캐치-22Catch-22》에서 읽었거나 테리 길리엄Terry Gilliam의 영화 〈브라질Brazil〉에서 본 것 같은, 정보화로 인해 모든 것이 획일화된 세상으로 굴러 떨어졌다. 지정된 수신인은 말할 것도 없고 심지어 담당기관 직원조차 이해할 수 없는 법률 용어로 작성된 편지가 도착했다. 고정 주소가 없는 사람들은 우편물조차 받지 못했다. 편지는 다른 언어로 작성되기도 했는데, 한 영어 사용자는 중국어로 쓰인 편지를 받기도 했다. 어떤 편지는 마감 날짜가 지난 다음에 발송되었다. 또 신청자는 성공적으로 접수되었다는 안내를 받았지만, 신청 과정 중에 접수된 파일은 사라졌고, 해당 기관에는 신청한 적도 없는 경우도 있었다.

동료들은 이 프로젝트에 매우 열정적이었다. 그들은 온라인 신청 자체가 방해물이라는 것을 발견했다. 50개 화면으로 구성된 이 과정은 사회복지사의 도움을 받고도 완료하는 데 45분이 걸렸고, 특정 신청자와는 관련 없는 질문도 많았다. 이 프로그램에 대한 온라인 검색의 절반이 휴대 기기를 통해 이루어짐에도 휴대전화에서 온라인 신청서를 작성할 수 없었다. 이러한 온라인 디지털 신청서가 또 다른 궁금증을 유발할 수 있다는 점은 간과한 채 포괄적인 서류 양식에 온갖 비슷비슷한 질문을 나열하는 데 그쳤다.

동료들은 데이터를 수집하는 주요 방법으로 사용자 친화적인 모바일 신청서인 겟캘프레시GetCalFresh를 개발했다. 이를 통해 8분 안에 신청자가 신청서를 작성하고 문서를 첨부한 다음, 인터뷰를 신청할 수 있었다. 이 앱은 그들이 진행하는 사용자 조사의 핵심이었다. 신청 과정을 따라 사용자를 좇아가면서 문자 메시지로 필요한 내용을 안내하고, 허가를 받아 일부 데이터를 추적할 수 있었기 때문이다. 또한 기존의 온라인 신청서보다 뛰어나다고 판단한 캘리포니아의 여섯 개 카운티가 이 앱을 채택했다. 현재 이 앱은 58개 캘리포니아 카운티에서 사용할 수 있도록 확장되었다.

이 프로젝트의 결과로 세 가지 중요한 사실을 알게 되었다. 첫째, 망가진 20세기의 정부 플랫폼 위에 구축된 21세기 앱이 제대로 작동하기 위해서는 아직 갈 길이 멀다는 사실이다. 디지털 시스템은 기존 과정을 처음부터 재검토하지 않고 답습했기 때문에 망가진 관료 시스템 위에 첨단 디지털을 단순히 얹는 것은 종종 문제를 악화시켰다. 시민, 특히 빈곤 계층을 위한 정부 경험을 완전히 바꿔놓기 전에 근본적으로 정부 서비스의 운영을 개선해야 했다. 우버의 핵심이 단순히 스마트폰에서 해당 앱을 사용하는 데 있지 않고 A 지점에서 B 지점으로 막힘없이 원활하게 이동하는 서비스 전체에 있는 것처럼, 푸드 스탬프의 핵심도 온라인 신청 과정이 아니라 우리의 가족을 위해 건강한 식품을 살 수 있는 능력에 있는 것이다. 영양지원 프로그램과 일하면서 우리는 너무나도 많은 정부 서비스에서 사용자가 신청한 후에 실제 서비스보다 수준을 낮추거나 심지어 서비스 자체를 가로막는 애플리케이션이 있다는 것을 발견했다.

둘째, 제공할 서비스를 이해하는 것이 좋은 정책을 만드는 핵심이라는 것을 깨달았다. 작업 도중에 코드 포 아메리카팀은 악의는 없지만 서비스 제공을 방해하고 정부 조직과 사용자 모두에게 문제를 복잡하게 만드는 정책과 규제에 직면했다. 이를테면 좋은 의도로 푸드 스탬프 신청 과정 중 투표 등록을 추가한 것이 나쁠 것은 없지만 실제로 투표 등록을 할 수 없는 신청자에게는 혼란과 위험을 일으켰다. 어려운 환경에 있는 사람들을 돕기 위해 계획한 시스템이 결과적으로 그들에게 엄청난 부담을 가져온 셈이었다. 정책 입안자들은 실제 사용자 경험을 거의 접할 수 없기 때문에 그들의 정책이 영향을 미치는 실생활에 대한 통찰력이 제한적이다. 하지만 사용자 경험을 시각화할 수 있으면, 코드 포 아메리카 팀이 훌륭한 앱을 만들 수 있었던 원동력인 반복적이고 데이터 중심 관행을 통해 의도했던 결과에 가까워지도록 정책과 규제를 만들고 변경할 수 있다.

우리가 개발한 앱은 정부 성과를 파악할 수 있는 통찰력과 더불어 이를 개선할 방법도 제공했다. 모든 실리콘밸리 기업은 두 가지 시스템을 함께 사용한다. 사용자에게 서비스를 제공하는 응용 프로그램과, 현상을 파악해 꾸준히 서비스를 개선하려고 사용하는 숨은 응용 프로그램이 그것이다. 코드 포 아메리카팀은 영양지원 프로그램 신청 앱이 사용자를 확보하고 경로를 추적하며 서비스 운영을 통해 그 과정을 문서화하는 방법이라는 것을 깨달았다. 무엇이 잘못되고 있는지 알면 정부와 협력해 문제를 해결할 수 있다. 아내는 이 전략을 '운영을 위한 앱^{Apps to Ops}'이라고 부른다.

정부는 더 잘할 수 있다. 그러기 위해서는 더 깊이 개혁할 필요가 있다. 이는 마치 아마존이 현재 운영하는 웹사이트에서 수천 개의 다른 애플리케이션과 함께 전자상거래 애플리케이션을 클라우드 컴퓨팅 플랫폼으로 재인식하고 구축하는 것과 같다. 또는 트래비스 캘러닉이나 개릿 캠프가 스마트폰 유비쿼터스 시대에 택시 서비스를 어떻게 제공할지 고민하는 것과 같다. 어떤 면에서 정부도 이런 고민을 하고 있다.

셋째, 기술이 아니라 공감이 정부 서비스를 성공적으로 개혁하는 핵심 요소이다. 단지 빅데이터와 프로그래밍이 아니라 디자인과 사용자 경험

이 핵심 기술이다. 무엇보다 정부의 의사결정자는 서비스를 받는 사람의 입장이 되어보아야 한다.[16]

이 점은 정부의 도움이 절실히 필요한 사람들을 위한 서비스에서 더욱 그렇다. 좋은 의도를 지닌 입법자와 부유한 기부자는 거의 경험하기 힘든 서비스가 있다. 실패한 미국의 건강보험시스템 사이트(healthcare.gov)에 대한 보고서 대부분은 이를 고질적인 재앙이 아니라 일회성 재앙으로 잘못 규정했다. 에즈라 클라인 Ezra Klein은 이렇게 쓰고 있다.

"보험에 가입한 부유한 사람이 가진 하나의 특권은 정부가 가난한 사람에게 일상적으로 제공하는 형편없는 서비스 품질을 용인하는 것이다. 언론은 가난한 사람이 매일 정부 관료주의와 투쟁하는 고통과 문제[17]를 무시하거나 알지 못하는 경우가 비일비재하다."

이런 깨달음 때문에 코드 포 아메리카는 가장 필요한 사람에게 더 나은 서비스를 제공하기 위해 초점을 바꾸었다. 현재 코드 포 아메리카팀은 특정 저소득 계층이나 특히 약물 관련 중범죄자가 직업, 주거 등 삶에 필수적인 일에서 배제되지 않도록 자신의 기록을 제거해 직업 훈련을 쉽게 받을 수 있게 하는 작업을 진행하고 있다. 이 글을 쓰는 시점에도 캘리포니아주는 리드 호프만과 오미디야르 네트워크 Omidyar Network 재단을 포함한 기부자들과 함께 코드 포 아메리카가 미국 전역에 디지털 서비스를 구축할 수 있도록 돕는 야심 찬 프로젝트에 자금을 지원하고 있다.

한편 플랫폼으로서의 정부에 대한 관심이 시작된 워싱턴DC로 돌아가면, 연방정부에서도 같은 깨달음과 변화가 이루어지고 있다.

미국 정부디지털서비스와 정부 플랫폼

샌프란시스코에 있는 코드 포 아메리카 팀이 처음 영양지원 프로그램의 문제를 탐색하는 동안, 아내와 나는 영국 정부디지털서비스^{Government Digital Service, GDS}를 방문했다. 그곳에 있는 동안 제니퍼는 미국 연방정부 최고기술책임자이자 대통령 특별보좌관인 토드 박^{Todd Park}에게 연락을 받았다. 그는 코드 포 아메리카를 약간 본뜬 대통령 혁신 펠로우^{Presidential Innovation Fellows}라고 부르는 새로운 프로그램을 출범시켰다. 그는 아내에게 정부혁신 부책임자로 프로그램 운영을 도와달라고 요청했다. 처음에 아내는 코드 포 아메리카에 대한 자신의 역할을 언급하며 주저했지만 결국 수락했다.

영국 정부디지털서비스는 영국 국무조정실에 직접 보고하는 특수 조직으로 정부 운영을 담당하는 그룹이다. 이 그룹은 〈가디언^{Guardian}〉의 디지털 책임자였던 마이크 브래컨^{Mike Bracken}의 지휘 아래 2011년 설립되었다. 마이크 브래컨은 곧 영국의 기술·디지털 미디어 분야의 최고 인재들을 영입했고, 영국 정부 디지털 서비스는 한 저명한 벤처 투자자의 말마따나 '투자할 수 없는 유럽 최고의 스타트업'[18]이 되었다. 영국 정부의 웹 전략을 완전히 재설계함으로써 충돌하는 수천 개의 웹사이트를 단순하고 사용자 중심의 단일 허브로 대체한 일은 통상 최첨단 기술 기업에 수여하는 디자인상을 받아 영국 정부가 6,000만 파운드를 절감하도록 했다. 이것은 단지 시작일 뿐이었다.

복잡한 런던 거리의 오래된 고층건물 높은 층에 있는 영국 정부디지털서비스 사무실에 들어서면서 아내와 나를 처음 사로잡은 것은 로비의 전망창을 덮고 있는 큰 포장용 종이였다. 종이에는 길거리의 사람들을 내려다볼 수 있도록 작게 오려낸 부분이 있었다. 오래낸 부분에는 사무실로 들어서는 사람에게 자신이 누구를 위해 일하는지 일깨워주듯이 커다란 화살표가 '사용자' 표시를 가리키고 있었다.

훌륭한 디지털 서비스를 디자인하기 위한 핵심 규칙을 상세히 설명하는, 디지털 정부의 바이블 같은 존재가 된 영국 정부디지털서비스의 10가지 디자인 원칙[19] 중 첫 번째가 이 알림판에서 드러나 있다(이 규칙들은 상업용 서비스에도 동일하게 적용된다). 첫 번째 원칙은 다음과 같다.

필요한 곳에서 시작하라[20] – 정부 요구가 아니라 사용자 요구에서 시작하라. 디자인 과정은 실제 사용자 요구를 파악하고 생각하는 데서 시작해야 한다. '공식적인 절차'가 아니라 바로 지금 이곳에서 디자인해야 한다. 단지 가정만 하지 말고 데이터를 분석해서 이런 요구를 철저히 이해하고, 사용자들이 요구하는 것이 항상 필요한 것은 아님을 기억해야 한다.

두 번째 원칙은 내가 정부2.0에서 말하고 쓴 내용에 영향을 받은 것처럼 들렸다.

덜 하라. 정부는 할 수 있는 일만 해야 한다. 어떤 일이 작동하는 방식을 찾았다면, 매번 쓸데없는 데 시간을 낭비하는 대신 그것을 재사용하고 공유할 수 있게 해야 한다. 이것은 다른 사람이 기반으로 사용할 수 있는 플랫폼과 입력 양식을 구축하는 것을 의미하고, 이를 통해 다른 사람이 사용할 수 있는 (API 같은) 자원을 공급하고 다른 사람의 작업을 연결할 수 있다. 우리는 더 줄일 수 없는 핵심에 집중해야 한다.

다른 원칙들도 기술 분야에서 배운 많은 것을 반영했다. 데이터로 디자인하라. 간단하게 만들기 위해 노력하라. 반복하라. 그리고 또 반복하라. 웹사이트가 아니라 디지털 서비스를 구축하라. 개방하라.

아내는 2013년 6월 백악관에 있는 토드박팀에 합류했다. 여기서 아내와 동료들이 지향한 비전은 호소력이 있었지만 확실한 비전과는 여전히 거리가 멀었다. 2013년 10월 미국의 건강보험시스템 사이트가 출범했지만 결국 실패했다. 갑자기 개선된 정부 기술은 이론적 연습이 아니라 국가적 비상사태였다. 오바마 정부의 대표적인 정책 구상회의는 신청을 처리할 수 있는 웹사이트를 구축하지 못한 정부의 무능력 탓에 사라지기 일보 직전이었다.

1년 반 전에 영국의 비영리단체인 마이소사이어티mySociety의 톰 스타인버그Tom Steinberg는 무서울 정도로 선견지명이 있는 냉혹한 경고를 했다.

"엘리트들이 경제학이나 이데올로기, 정치 선전을 이해하는 것처럼 기술을 이해하지 못하면 나라를 제대로 운영할 수 없다. … 좋은 공공 경영과 좋은 사회는 디지털에 대한 이해와 반드시 연결된다."[21]

하지만 이런 건강보험시스템 사이트의 위기는 미국 정부디지털서비스가 시급한 것이고 정당한 것이라는 인식을 불러왔다. 또한 초기 직원을 구성하고, 추진력도 가질 수 있었다. 토드 박은 우선 실리콘밸리에서 실력 있는 기술자들을 채용해 두 팀을 구성했다. 한 팀은 행정부에 불명예를 안긴 제대로 작동하지 않는 웹사이트를 해결하도록 하고, 다른 한 팀은 처참했던 첫 번째 사이트를 낳은 구식 기술 조달 절차가 아니라 스타트업팀의 우수 사례를 사용해 훨씬 간단한 버전의 웹사이트를 만드는데 투입했다. 2014년 8월, 마침내 미국 정부디지털서비스가 구성되었고, 구글 사이트 신뢰성 엔지니어링^{SRE}의 엔지니어였던 마이크 디커슨^{Mikey Dickerson}이 그 첫 번째 책임자가 되었다.

미국 정부디지털서비스의 첫 번째 리더가 SRE의 엔지니어링 출신이라는 것은 중요하다. 이 조직은 이미 처음부터 영국 정부디지털서비스와 캘리포니아주 푸드 스탬프와 일한 코드 포 아메리카의 영향을 받아 사용자 중심의 서비스 디자인에 깊이 전념하겠다는 DNA를 지니고 있었다. 하지만 SRE는 소프트웨어 개발과 운영 사이의 단절을 '디버깅' 하고 새로운 결합 조직을 만드는 핵심에 있었고, 그것이 바로 연방정부에 필요한 것이었다.

처음 2년 동안 미국 정부디지털서비스는 연방정부 기관의 우선순위가 높은 프로젝트에 직접 참여했다. 그리하여 미국 보훈부의 신체장애 보험금 청구 절차를 간소화하고, 국무부의 비자처리 시스템을 개선할 뿐 아니라, 교육부와 협력해 더 많은 정보를 가지고 학생들의 대학 선택을 돕고, 국방부 웹사이트의 보안 취약성을 찾아냈다.[22] 또한 디지털 서비스를 위한 조달 절차 현대화와 공통 플랫폼·도구 사용 확장을 위해 일했다. 현재 미국 정부디지털서비스는 미국 디지털 서비스 플레이북을 사용해 운영되는 7개의 각급 기관으로 나누어져 있으며, 각 기관은 독자적으로 일한다.[23]

미국 정부디지털서비스는 정부가 기술 경쟁력이 있을 뿐 아니라, 오히려 뛰어나다는 것을 증명하기 위해 총력을 기울였다. 이 과정에서 미국 연방정부와 함께 진행한 실험에서 배운 가장 소중한 교훈은 지방정부와 영국 정부에서 배운 것과 동일하다. 플랫폼이 성공하려면 앱이나 서비스만 제공해서는 안 된다. 플랫폼 참가자의 행동을 규제할 수 있는 규칙을 효과적으로 만들고 조정해야 한다.

> 우리는 또한 좋은 앱을 만드는 것이 좋은 규칙을 만드는 것과
> 밀접한 관련이 있다는 사실을 배웠다.

이를테면 메디케어 접근 및 CHIP 연장법안Medicare Access and CHIP
Reauthorization Act of 2015, MACRA이라는 법률에서 파생된 규정을 한번 살펴보자.
미국의 건강보험시스템 사이트가 몰락할 고비를 넘긴 후 MACRA팀은
더 나은 의료서비스를 위해 더 부담하는 메디케어Medicare 법안을 실행할
수 있는 웹사이트를 만들어 달라는 요청을 미국 보건복지부의 디지털서
비스팀에 요청했다. 하지만 당시 백악관의 지도자들은 중요한 교훈을
얻게 되었다. 즉 오바마 정부에서 국내정책위원장을 지냈던 세실리아
무노즈Cecilia Munoz가 2016년 12월 16일 백악관 행사에서 말했듯이, '머뭇
거리지 말고 기술계 인사들을 초청해 웹사이트를 구축하라'는 것이었
다. 다만 MACRA팀이 이 프로젝트에 대해 논의하기 위해 HHS 디지털
서비스HHS Digital Service의 미나 시앙Mina Hsiang과 접촉했을 때, 그녀는 약간
다른 제안을 했다.

일반적으로 규제기관은 사용자(이 경우, 의사나 의료 서비스 제공자)를 위
한 웹사이트에 기술팀을 참여시키기 전에 웹 애플리케이션이 갖추어야
하는 규칙을 아주 자세히 설명하는 지침서를 만드는 데 많은 시간을 쓴
다. 미나 시앙은 규정을 작성한 팀이 일반적으로 걸리는 시간의 5분의
1만 들여서 초안을 제시하고, 자신이 이끄는 팀이 그 초안을 바탕으로
웹사이트의 초기 버전을 만들 것을 제안했다.

이것은 개발 과정 초기에 기술팀이 사용자와 함께 사이트를 테스트하는 일반적인 방법이다. 다만 이번 경우에 다른 점은 규제기관이 작성한 규칙을 사용자들이 어떻게 경험하고 해석하는지 볼 수 있고, 사용자 행동에 따라 표현을 바꿀 수 있다는 점이었다. 그런 다음 (여전히 초안이지만) 후속 버전 사이트에서 새로운 표현을 테스트할 수 있었고, 기술팀은 새로운 버전의 웹사이트를 테스트 사용자에게 제공했다. 이렇게 그들은 이 테스트를 규제기관이 규정을 최종적으로 결정하기 전에 네 번 이상 실시했다.

MACRA의 규제기관들은 과정 중에 처음으로 실제 피드백을 얻는 혜택을 누렸고, 자신들의 역사상 가장 뛰어난 규칙을 제정했다.

코드 포 아메리카와 미국 정부디지털서비스 모두 마지막 교훈을 한 가지씩 얻었다. 최고 인재를 확보하기 위해 벌이는 실리콘밸리의 치열한 경쟁을 겪어본 사람이라면 누구나 알듯이, 인재는 곧 핵심이다. 나이키 디커슨은 2016년 오스틴에서 열린 사우스 바이 사우스웨스트South by Southwest, SXSW 콘퍼런스에서 기술 전문가들에게 공공 서비스를 고려해 달라는 직설적인 요청을 올렸다.

"여러분 가운데 일부는 음식 사진을 공유하거나 반려견을 위한 소셜 미디어에 필요한 앱을 만들고 있습니다. 저는 여기서 이 나라에 여러분의 재능이 더 필요하다고 말하고 싶습니다."

그는 도움이 필요한 정부의 시급한 문제들을 나열하고 이렇게 끝을 맺었다.

"이 모든 것은 디자인과 정보 처리의 문제이고, 수백만 시민의 삶과 죽음에 대한 문제이며, 여러분이 해결할 수 있는 문제입니다."[24]

선택하라. 거듭 말하지만, 미래는 우리의 선택에 달렸다.

트럼프 행정부에서 미국 정부디지털서비스의 역할은 계속될 것이라고 말하는 데는 근거가 있다. 더 나은 정부에 대한 문제는 당파를 초월한 문제다. 트럼프 행정부는 오바마 행정부에서 진행한 오픈 데이터 정책의 많은 부분을 뒤집어엎었고, 대체로 증거보다는 이념을 선호했다. 아울러 '관료국가 해체'를 모색하면서 관료주의에 큰 공격을 가하고 있지만 대안은 명확하지 않다. 능동적인 리더십이 없으면 결국 관료주의가 다시 자리 잡을 공산이 크다.

우리는 정부를 개혁할 기회가 있다. 이 기회를 놓치지 말아야 한다.

선거 기술 회사인 블루스테이트디지털Blue State Digital의 공동 창립자로서 정부 투명성을 위한 단체인 선라이트 재단의 선라이트연구소의 책임자이자 백악관 대통령 혁신 펠로우를 지낸 클레이 존슨Clay Johnson은 무어의 법칙이 정부에 미치는 영향이 놀랍다고 자주 힘주어 말한다. 가령 변화를 싫어하며 느려터진 정부의 기술 조달 절차가 민간 부문보다 5년에서 6년 뒤처져 있다고 한다면, 이는 무어의 법칙이 말하는 신기술의 3세대 4세대만큼 뒤처진 것이며, 기하급수로 환산하면 정부의 기술이 민간 부문보다 10배는 뒤처진다는 것을 뜻한다.

그리고 이른바 '미래에서 온 뉴스' 스타일로 표현하자면, 이것이 바로 정확히 우리가 본 바다. 아마존은 주문한 지 몇 시간 만에 물건을 배송할 수 있다. 구글은 거의 실시간으로 방금 전 발생한 사고를 알려주고 다른 길을 선택하도록 한다. 하지만 재향군인회에서는 퇴역 군인이 혜택을 받을 자격이 있는지 심사하는 데 18개월이나 걸린다.

전 세계 정부와 미국의 연방정부, 주정부 및 지방정부, 코드 포 아메리카 같은 비영리단체, 고브텍 펀드 Govtech Fund 나 에키스틱 벤처 Ekistic Ventures 같은 벤처 기금을 비롯해 날이 갈수록 증가하는 민간 기업은 기술의 우수 사례를 정부에 적용하고, 현재 상황과 목표 간의 차이를 줄이기 위해 노력하고 있다. 모든 문제는 오히려 기회의 발판이 된다.

에이브러햄 링컨은 이렇게 말했다.

"정부의 합법적인 목표는 국민을 위해 해야 할 일을 하는 것이다. 하지만 개인의 노력으로는 결코 할 수 없거나, 혼자서는 제대로 할 수 없는 일[25]을 해야 한다."

실리콘밸리에서는 지나치게 개입하는 정부 역할을 비난하는 것이 유행이지만, 정부를 사회의 다른 영역과 균형을 맞추어 최신 버전으로 개혁하는 것은 21세기의 야심 찬 도전 가운데 하나다.

알고리즘이 지배하는 세상

WTF?

그 희망이란 이런 것이다.
머지않아 인간의 두뇌와 컴퓨터가 매우 긴밀하게 결합되고,
그 결과 인간의 두뇌만으로 생각하지 못했던 방식으로 생각하며,
오늘날 우리가 아는 정보처리 장치가
접근하지 못한 방식으로 데이터를 처리하리라는 것이다.

_ J. C. R. 릭라이더J. C. R. Licklider

08
디지털 노동자와 인공지능

WHAT'S THE FUTURE

2016년, 나는 MIT 〈슬론 매니지먼트 리뷰Sloan Management Review〉에서 경영의 미래에 대한 짧은 글을 청탁받았다. 처음에 나는 언급할 내용이 그다지 많지 않다고 대답했지만, 이 대답은 내가 오래된 지도를 사용한 말임을 깨달았다.

20세기 공장식 사고방식으로 보면, 구글이나 아마존, 페이스북에서 일하는 수만 명의 소프트웨어 엔지니어가 업계 선배들처럼 제품을 대량으로 만들어 낸다고 생각하지만, 오늘날 이들은 물리적 제품 대신 소프트웨어를 생산한다. 만약 한걸음 물러서서 이 회사들을 21세기 사고방식으로 바라본다면 그들이 하는 일의 대부분이 검색 결과와 뉴스나 정보, 소셜미디어 상태 업데이트, 상품 추천, 주문형 운전자같이 소프트웨어 프로그램이나 알고리즘으로 이루어진다는 것을 알 수 있다. 즉 '이런 프로그램은 노동자이며 프로그램을 만들어낸 프로그래머들은 관리자이다.' '관리자'는 매일 시장에서 실시간 데이터로 측정된 노동자의 성과에 대한 피드백을 받고, 그때그때 필요에 따라 프로그램이나 알고리즘에 사소한 수정이나 업데이트를 하는 식으로 노동자에게 피드백을 준다.

이런 소프트웨어 노동자가 수행한 작업은 디지털 조직의 운영 워크플로우를 반영한다. 전자상거래 사이트에서 우리는 한 전자 노동자가 어떻게 사용자가 검색한 내용과 맞는 상품을 찾도록 도와주는지 상상해보자. 다른 노동자는 제품 정보를 보여주고, 또 다른 노동자는 대안을 제시한다. 고객이 제품을 구매하기로 하면 디지털 노동자는 결제 요청 양식을 보여주고 입력 내용을 확인한다(이를테면 입력한 신용카드 번호가 유효한지, 비밀번호가 저장한 것과 일치하는지 확인한다). 다른 노동자는 주문서를 작성하고, 고객 기록에 연결한다. 또 다른 소프트웨어 노동자는 인간이나 로봇이 실행할 물류창고 선택 목록을 구성한다. 다른 노동자는 거래 데이터를 기업 회계시스템에 저장하고, 고객에게 확인 메일을 보낸다.

초기 컴퓨팅 세대에서 이런 행동은 단일 사용자의 요청에 응답하는 획일적인 응용 프로그램으로 이루어졌다. 하지만 현대 웹 애플리케이션은 수백만 명의 동시 사용자에게 서비스를 제공하고, 각각 한 가지 기능만 하는 개별 기능 구성요소의 집합인 '마이크로서비스microservice'라고 부르는 기능으로 분화된다. 마이크로소프트 워드 같은 전통적인 단일 응용 프로그램이 마이크로서비스로 구현되면, 더 나은 맞춤법 검사기로 쉽게 교체하거나, 웹 링크를 각주로 바꿀 수 있는 새로운 서비스를 추가할 수 있다.

마이크로서비스는 유닉스와 인터넷 설계나 제프 베조스의 플랫폼 메모Platform Memo에서 우리가 본 커뮤니케이션 지향 설계 패턴에서 한 단계 진화한 것이다. 마이크로서비스는 내부 실행이 아니라 다른 서비스와 소통하는 방법인 입력과 출력으로 정의되며, 다른 언어로 작성하거나 여러 기계에서 협력해 작동할 수 있다. 즉 마이크로서비스는 제대로 설계되는 경우, 전체 응용 프로그램을 업데이트할 필요 없이 필요한 부분만 새롭게 향상된 소프트웨어 구성요소로 교체하는 방식을 말한다. 이런 마이크로서비스 방식을 지속 배포Continuous Deployment라고도 부르는데, 이는 새로운 기능을 플랫폼 전체에 한 번에 크게 배포하는 방식이 아니라 새로운 기능을 해당 부분에만 배포하는 방식이다. 이렇게 부분 배포가 쌓이다 보면 결국 지속적으로 전체를 업데이트하는 결과에 이르게 된다. 선호도 테스팅의 경우도 마이크로서비스에서는 같은 기능에 대한 대안 버전의 시험을 사용자 대상으로 용이하게 수행할 수 있다.

구글과 페이스북의 데이터 활용 방법 차이

인터넷 응용 프로그램의 규모와 속도가 커지면서 많은 소프트웨어 개발자의 특성도 변해왔다. 인터넷 응용 프로그램의 규모와 속도가 커진 것은 항공기 기술이 프로펠러에서 제트 엔진으로 변화한 것과 비슷하다. 프로펠러 방식의 경우 기계식 피스톤과 회전 부품에 의존하는 모터로만 속도를 낼 수 있었는데 더 큰 속도와 힘을 내기 위해 연료를 더 직접 연소하는 것 같은 근본적으로 다른 접근 방법이 필요했다. 그것이 바로 제트 엔진이다. 대규모 인터넷 응용 프로그램을 위해서도 제트 엔진과 같은 새로운 기술이 나타났는데, 처음에는 응용통계학과 확률 이론의 형태로, 다음에는 머신러닝과 점차 정교해지는 AI 알고리즘의 형태이다.

2006년에 오라일리 미디어의 연구 담당 부사장인 로저 마굴라스Roger

Magoulas는 구글 같은 기업의 서비스를 감당할 수 있는 크기의 데이터를 관리하는 새로운 도구를 설명하기 위해 '빅데이터'라는 용어를 처음으로 사용했다. 1998년에 벨연구소의 연구원이었던 존 매시John Mashey가 이 용어를 먼저 사용하기는 했지만, 그것은 수집·저장된 데이터의 증가하는 규모를 설명하기 위해서였을 뿐 통계를 기반으로 한 데이터 중심 서비스나 소프트웨어 공학의 혁신 또는 이런 서비스¹를 가능하게 하는 비즈니스 프로세스를 설명하는 것은 아니었다.

빅데이터는 단지 오라클 같은 관계형 데이터베이스의 대규모 버전을 의미하지는 않는다. 여기에는 근본적인 차이점이 있다. 2009년에 발표된 〈데이터의 지나친 효율성The Unreasonable Effectiveness of Data〉(유진 와그너Eugene Wigner가 1960년에 발표한 고전적 논문 〈자연과학에서 수학의 지나친 효율성The Unreasonable Effectiveness of Mathematics in the Natural Sciences〉에 대한 존경의 표시로 같은 제목을 붙임)이라는 논문에서 구글의 머신러닝 연구원 알론 할레비Alon Halevy, 피터 노르빅Peter Norvig, 페르난도 페레이라Fernando Pereira는 음성 음식이나 기계 번역같이² 이전에 해결하기 어려웠던 문제에서 날이 갈수록 증가하는 통계적 방법의 효율성에 관해 설명했다.

이전 연구는 대부분 사람의 말이 문법으로 표현된 것을 기반으로 이루어졌다. 구식 프로펠러 방식의 커다란 피스톤 엔진이라도 만들듯이 문법 기반의 연구로 사람의 말을 다 이해하는 기술을 만들어낼 수 있을까? 그 성공은 제한적일 수밖에 없었다. 하지만 점점 많은 문서가 온라인화되면서 변화가 생겼다. 수십 년 전에 연구자들은 신중하게 선별한 인간 구어와 문어 말뭉치corpus(자연어 연구를 위해 특정한 목적을 가지고 언어의 표본을 추출한 집합-옮긴이)에 의존했고, 이는 많아봐야 몇 백만 단어였다. 하지만 점차 온라인에서 사용할 수 있는 콘텐츠가 많아지면서 판도는 완전히 달라졌다. 2006년에 구글은 언어 연구자들을 통해 1조 개의 사용 가능한 말뭉치를 모았고, 이를 처리할 수 있는 제트 엔진과 같은 새로운 기술을 개발했다. 그 이후부터는 그야말로 신속하고 결정적인 진보가 이루어졌다.

할레비, 노르빅, 페레이라는 웹에서 가져온 이런 말뭉치가 여러 면에서 이전 연구자들이 선별한 것에 비해 열등했다고 언급했다. 불완전한 문장은 물론 문법이나 철자 오류도 많았고, 주석도 없었다. 하지만 사실은 이런 모든 약점보다 장점이 훨씬 많았다. 그들은 "웹에서 얻은 수많은 링크, 동영상, 이미지, 표, 사용자 상호작용과 함께 1조 개에 달하는 말뭉치가 인간 행동의 아주 드문 양상까지도 포착해냈다"라고 썼다. 더 복잡한 언어 모델을 만드는 대신, 연구자들은 "우리가 가진 가장 통합된 자산 즉 방대하고 유용한 데이터를 활용하기" 시작했다. 복잡한 규칙에 기반을 둔 모델은 사람의 말을 이해하는 방법이 아니었다. 통계 분석을 통해 데이터 자체가 우리에게 시사하는 모델로 사람의 말을 이해해야 했던 것이다.

이 글은 언어 번역에 집중했지만, 구글의 핵심 검색 서비스의 성공에 필수적이었던 접근 방식을 요약해냈다. '많은 데이터를 기반으로 하는 단순한 모델이 적은 데이터를 기반으로 하는 정교한 모델을 이긴다'라는 통찰력은 분야에서 분야로 진보하는 기본 원칙이자 많은 실리콘밸리 기업의 핵심이다. 이런 생각은 최근 인공지능 분야에서 이룬 눈부신 발전의 가장 중심에 있는 생각이기도 하다.

2008년 링크드인의 D.J.파틸^{D.J.Patil}과 페이스북의 제프 해머배커^{Jeff}

Hammerbacher는 자신들의 직업을 설명하기 위해 '데이터 과학Data Science'이라는 용어를 만들어냈고, 데이터 과학이라는 이 직업은 몇 년 뒤 〈하버드 비즈니스 리뷰〉가 선정한 '21세기의 가장 섹시한 직업'[3]에 선정되기도 했다. '데이터 과학적 사고방식 및 접근 방법'과 '이것이 기존의 프로그래밍 방식과 어떻게 다른지 이해하는 일'은 21세기의 도전 과제와 씨름하는 사람들에게는 중요한 일이다.

구글이 검색 품질을 관리하는 방법은 우리에게 중요한 교훈을 준다. 초기에 구글은 문제를 해결하기 위해 수동적 개입에 맞서 통계적 방법으로 검색 결과를 생성하려고 애썼다. 예컨대, '피터 노르빅'이란 단어로 검색하면, 검색 결과 상단에 해당 위키백과 페이지나 공식 약력이 나와야 한다. 만약 덜 중요한 페이지가 상단에 노출되면 이를 수정하는 방법으로 '피터 노르빅으로 검색되는 상위 10개 결과에 이 URL을 허용하지 말 것'이라는 규칙이 따로 추가되어야 한다. 하지만 구글은 그보다 근본적인 해결 방안을 찾으려고 노력했다. 이와 같은 경우, 해결 방안은 '유명인 검색에서 (위키백과와 같은) 신뢰할 수 있는 백과사전 출처에 많은 점수를 준다'와 같은 것이었다.

구글 검색품질팀의 적합도 함수는 늘 관련성을 찾는 함수였다. 이를테면 관건은 '여성이든 남성이든 사용자가 검색하려는 것을 찾고 있는가?'였다. 이 개념을 명확히 하기 위해 구글이 현재 사용하는 신호 중 하나는 '긴 클릭' 대 '짧은 클릭'이다. 사용자가 첫 번째 검색 결과를 클릭하고 뒤로 돌아가지 않았다면 아마 그 결과에 만족했다는 의미일 것이다. 사용자가 첫 번째 검색 결과를 클릭하고 짧은 시간만 머문 채 두 번째 검색 결과를 클릭하기 위해 되돌아갔다면 완전히 만족하지 못했을 가능성이 크다. 사용자가 즉시 뒤로 돌아갔다면 검색 결과가 사용자가 찾는 것과 전혀 맞지 않았다는 신호일 수 있다. 긴 클릭이 첫 번째보다 두 번째나 세 번째 또는 네 번째 결과에서 더 자주 일어난다면 아마 그 검색 결과가 가장 적절하기 때문일 것이다. 한 사람에게 일어나면 우연일 수 있지만, 수백만 명이 같은 선택을 한다면 분명 이는 중요한 것을 알려주는 신호다.

통계적 방법은 갈수록 강력하고 신속하며 섬세해지고 있다. 소프트웨어 노동자들이 일단 로봇 메커니즘을 장착하면, 아라비아 신화에 나오는 요정 '지니'를 능가할 수도 있다. 지니는 우리의 소원을 들어주지만, 주인의 소원을 자주 제멋대로 해석해서 주인이 곤란을 겪는 지경에 이르기도 한다. 〈마법사의 제자The Sorcerer's Apprentice〉의 디즈니 버전에 나오는 빗자루처럼, 알고리즘으로 움직이는 지니는 우리의 소원은 무엇이든 들어주지만, 그 소원을 이해하는 데는 아주 단편적이고 우둔해서 의도치 않게 무서운 결과를 초래하기도 한다. 우리는 어떻게 지니가 우리의 요구사항을 처리하고 있다고 확신할 수 있을까?

알고리즘 관리는 프로그램과 알고리즘의 결과를 이상적인 목표와 비교해보고, 이 과정에서 무엇을 바꿔야 그 목표에 가까워지는지 시험하는 과정이다. 구글 웹크롤의 경우, 평가해야 할 핵심 기능은 속도, 완결성, 신선함이었다. 1998년에 구글이 처음 창립되었을 때 크롤과 웹페이지의 계산된 목록은 몇 주 단위로 업데이트되었다. 오늘날 업데이트는 거의 매순간 일어난다. 관련성을 결정하는 데는 프로그램의 결과와 사용자의 기대를 비교하는 것이 관건이다. 구글이 이 방식을 처음 실행했을 때는 초보적이었다. 래리 페이지와 세르게이 브린이 스탠퍼드대학에

재학 중에 발표한 구글 검색에 관한 논문에서, "순위 지정 함수에는 많은 변수들이 있다. … 변수들의 올바른 가치를 파악하는 것[4]이 이 마법의 중요한 부분이다"라고 썼다.

구글은 관련성을 계산하기 위해 사용하는 신호의 수가 200개 이상으로 증가했다고 밝혔고, 검색엔진 마케팅 전문가 대니 설리번^{Danny Sullivan}은 5만 개가량의 하위 신호[5]가 있으리라고 추정했다. 각 신호는 최적화를 위해 각각의 적합도 함수를 포함하는 복잡한 프로그램과 알고리즘에 의해 측정되고 계산된다. 이런 함수의 결과는 관련성을 최적화하기 위해 설계된 마스터 적합도 함수가 목표로 하는 점수다.

이런 함수는 페이지랭크^{PageRank}같이 이름도 있고, 함수를 설명하는 연구 논문도 있다. 다른 함수들은 이를 만들고 관리하는 엔지니어팀만 아는 영업 비밀이다. 그들 중 대부분은 검색 기술의 중요한 향상을 나타낸다. 이를테면 구글은 '지식 그래프^{Knowledge Graph}'라는 것을 추가해 날짜, 사람, 장소, 조직과 같은 다양한 항목 사이의 알려진 연결성 위에 한 사람의 태어난 장소, 소속 직장, 가족 관계, 사는 지역 등을 이해함으로써 검색 결과의 최적화에 사용한다. 이 작업은 구글이 2010년에 인수한 메타웹^{Metaweb}이라는 기업이 만든 데이터베이스에 기반을 두고 있다. 2007년 3월 메타웹이 이 프로젝트를 공개했을 때, 나는 이들의 행보에 열광적인 반응을 보이며 "글로벌 브레인에 새로운 시냅스를 구축하고 있다"[6]라고 쓴 바 있다.

전체 검색 알고리즘의 다른 구성요소들은 글로벌 브레인 즉 네트워크로 연결된 수십억 명의 사람으로 구성된 집단이 표현하는 수시로 변화하는 정보를 토대로 창출되었다. 이를테면 트위터 초창기에 구글은 수

많은 사용자의 생각이 담긴 채 트위터로부터 실시간으로 전송되는 정보의 흐름을 검색 알고리즘에 반영하느라 무척 애를 썼다. 또 인터넷에서 문서를 만드는 것처럼 스마트폰에서 동영상과 이미지를 만드는 것이 일상적인 일이 되자 그에 따라 알고리즘도 조정해야 했다. 또한 휴대전화에서 검색이 많이 이루어질수록 정확한 위치를 파악하는 기기와 지역 검색 결과가 훨씬 중요해졌다. 아울러 음성 인식의 출현으로 검색어는 더욱 대화식으로 변모했다.

구글은 지금도 더 나은 결과를 제공할 수 있는 새로운 아이디어를 끊임없이 테스트하고 있다. 2009년 인터뷰에서 당시 구글의 검색 담당 부사장이었던 우디 맨버Udi Manber는, 전해에 5,000여 회에 걸친 시험을 진행했는데, 이는 '검색 알고리즘 하나를 성공적으로 론칭하기 위해 대략 10회 정도의 시험'[7]을 진행했다는 의미라고 언급했다. 또한 구글은 알고리즘이나 새로운 순위 결정 요인에 분기당 100~120회 또는 평균 하루에 한 번 개선 작업을 실시한다. 그 이후로 속도는 계속 빨라졌고, 광고에서는 더 많은 시험이 진행되었다.

그런데 그들은 변화가 관련성을 개선하는지 어떻게 알 수 있을까? 이런 변화를 평가하는 한 가지 방법은 단기 사용자 반응이다. 가령 '사용자가 무엇을 클릭할까?'를 보는 것이다. 다른 방법은 장기 사용자 반응이다. 이는 '구글을 더 자주 사용할까?'를 본다. 또 다른 방법은 실제 일대일로 사용자와 대화하거나 의견을 묻는 것이다.

또한 구글에는 자동 실행되는 표준화된 공통 검색어 목록 결과를 끊임없이 점검하는 인간평가팀이 있다. 구글 초기에 검색어와 평가 목록은 모두 이들 엔지니어가 직접 담당했다. 2003년 또는 2004년 무렵, 구글은 이런 노력을 기울이기 위해 별도의 검색품질팀을 구성했다. 여기에는 검색 엔지니어뿐 아니라, 외부 사용자로 구성된 통계적으로 의미 있는 정보를 제공하는 자문단도 포함시켰다. 이 자문단은 엄지손가락 표시로 '좋아요' '별로예요'를 표시하듯이 광범위한 영역의 검색 결과에 대해 좋고 나쁜 의견을 표시했는데, 이 방식은 컴퓨터 자동화로 수행하기 어려운 작은 작업의 수행을 위해 요청자와 작업자를 이어주는 일종의 미케니컬 터크 방식이었다. 2015년에 구글은 검색 품질 평가자에게 제공하는 매뉴얼을 실제로 출간했다.[8]

하지만 여기서 한 가지 기억할 점은 평가자가 문제를 발견하면 구글이 순위를 조정하기 위해 수동으로 개입하지는 않는다는 것이다. 알고리즘이 인간 테스터가 기대한 것과 일치하지 않는 결과를 생성하는 예외적인 경우를 발견하면, 구글은 이렇게 질문한다.

"알고리즘에 어떤 요소를 추가하거나 가중치를 적용하면 사용자가 기대하는 결과를 얻을 수 있을까?"

늘 순위만으로 검색 문제에 대한 해결 방법을 찾을 수 있는 것은 아니다. 알고리즘이 결정한 '글레이셔 베이Glacier Bay'라는 검색어에 대한 최상위의 결과는 미국 국립공원이 아니라, 수도꼭지와 싱크대 브랜드인 글레이셔 베이였다. 많은 사람이 글레이셔 베이를 싱크대와 연관지어 링크를 하고 검색했기 때문에 알고리즘의 판단은 옳았지만, 사용자들은 검색 결과 상위에 국립공원이 나타나지 않자 당황할 수밖에 없었다.

내가 몸담은 오라일리 미디어에도 비슷한 문제가 있었다. 오라일리 미디어는 웹 초기부터 존재하던 사이트였고, 많은 콘텐츠를 출간했기 때문에 유입되는 링크가 매우 많았다. 또 그만큼 페이지 순위도 아주 높았다. 구글 설립 초기에 한번은 누군가가 알파벳 한 글자로 검색한 상위 결과를 알려주는 '구글 알파벳'을 발표한 적이 있다. 당시 우리 회사 이름에는 알파벳 'O'가 있었다. 그렇다면 〈포천〉 500대 기업인 오라일리 오토 파츠 O'Reilly Auto Parts 는 어땠을까? 그들은 검색 결과 첫 페이지에도 나오지 않는다.

구글은 이 문제를 해결할 적절한 알고리즘 방법을 찾아낼 때까지 잠시 페이지를 두 부분으로 분리했다. '글레이셔 베이'라는 검색어의 경우 국립공원이 검색 결과 페이지의 상단 절반을 차지하고, 하단 절반에는 싱크대, 화장실, 수도꼭지가 나타났다. 오라일리의 경우, 빌 오라일리 Bill O'Reilly 와 내가 상단을 공유하고, 오라일리 오토 파츠가 아랫부분을 차지했다. 결국 구글은 결과를 페이지에 충분히 끼워 넣을 수 있도록 순위 결정 알고리즘을 개선했다.

알고리즘을 꾸준히 조정하는 데 필요한 한 가지 요소는 시스템에 적응하기 위해 쏟는 웹페이지 제작자의 노력이다. 래리 페이지와 세르게이 브린은 그들의 최초 검색 관련 글에서 아래와 같은 문제를 예견했다.

과거의 통제가 용이했던 정보수집 방식과 웹 사이의 큰 차이점[9]은 사람들이 인터넷에 올리는 것을 사실상 통제할 수 없다는 것이다. 여기에 방대한 트래픽을 일으키는 검색엔진의 엄청난 영향력에 힘입어 무엇이든 웹에 올릴 수 있는 사용자의 자유와 자사의 이익을 위해 검색엔진을 의도적으로 조작하는 회사가 결합하면 심각한 문제가 발생한다.

하지만 이 정도 표현은 양반이었다. 모든 기업은 너나 할 것 없이 검색

시스템에 편법을 쓰는 데 혈안이 되어 있었다. 구글 검색 알고리즘 변화의 상당수는 이른바 '웹 스팸Web Spam(오픈된 커뮤니케이션을 지향하는 곳에서 발생하는 의미 없는 광고성 댓글이나 트랙백 - 옮긴이)'에 대응하기 위한 경우가 많았다. 하지만 웹 게시자가 편법을 쓴다고 해도 순위를 높이는 것은 점점 어려워졌다. 그러다가 검색엔진 최적화Search Engine Optimization, SEO라는 새로운 분야가 등장했다. 관련 지식이 있는 컨설턴트는 고객에게 웹페이지를 구성하는 방법과 검색에 관련된 키워드를 문서에 표시하는 방법을 조언했고, 기존의 믿을 만한 사이트에서 고객 웹사이트로 링크되어야 하는 중요성을 점점 강조했다.

또한 의도적으로 속이면서 검색엔진의 서비스 조건을 위반하는 웹사이트를 만드는 블랙햇 SEOBlack Hat SEO라는 것도 등장했다. 블랙햇 SEO 기법에는 사람은 읽을 수 없지만 검색엔진은 읽을 수 있는, 보이지 않는 텍스트로 만든 페이지를 끼워 넣고, 알고리즘으로 생성한 질 낮은 콘텐츠를 포함하는 광대한 웹 '콘텐츠팜Contents Farm'을 만드는 행위가 포함된다. 이런 콘텐츠는 관련 검색 용어는 모두 포함하지만, 사용자가 실제 원하는 유용한 정보는 거의 없고, 인간 사용자의 관심과 활동을 나타내려고 페이지를 서로 링크한다. 구글은 이런 스팸 링크를 처리하기 위해 검색 알고리즘을 셀 수 없이 업데이트했다. 이처럼 폭넓게 사용되는 온라인 서비스를 위해 말썽꾼과 벌이는 싸움은 멈추지 않고 있다.

하지만 구글은 이 싸움에서 한 가지 큰 장점이 있었다. 그것은 구글이 측정 가능한 관련성으로 표현된 사용자 이익에 초점을 맞추고 있다는 점이었다. 존 바텔은 2005년에 《검색으로 세상을 바꾼 구글 스토리The Search》에서 구글을 '의도의 데이터베이스Database of Intentions [10](모든 검색에는 의도가 있다, 즉 사용자들이 검색창에 단어를 입력할 때 머릿속에는 이미 어떠한 결과가 나올지 기대하고 있다는 의미 – 옮긴이)'라고 지칭했다. 통상 웹 페이지는 순위를 개선하기 위해 보이지 않는 기술을 사용할 수도 있다. 그리고 많은 웹 페이지가 그렇게 했을 것이다. 하지만 구글은 '이것이 사용자가 검색하려는 것일까?'라는 얼핏 단순해 보이는 최고의 기준을 맞추기 위해 지금까지 끊임없이 노력해왔다.

2002년에 구글이 도입한 클릭당 지불Pay-Per-Click, PPC 광고 경매는 더 나은 검색 결과를 얻기 위한 이상적 탐색으로 출발해 엄청나게 성공적인 사업 기반이 되었다. 사용자의 이익에 반하는 광고주의 이익을 실행할 수 있는 다른 광고 모델과 달리, PPC 모델은 다행히 양쪽 모두의 이익을 조율할 수 있었다.

예전에 온라인 광고를 지배했고, 계속해서 출판, 라디오, 텔레비전이나 시청자와 청취자를 장악하고 있는 노출당 지불 모델Pay-Per-Impression Model, PPI에서는 광고를 보고 듣는 횟수에 따라(측정이 어려운 매체의 경우, 구독이나 시청자 수를 근거로 얼마나 자주 광고를 보고 듣는지에 따라) 비용을 지불하고 있으며, 이는 통상 CPMCost Per Thousand(1,000회당 비용)으로 표현된다. 하지만 구글이 설립된 1998년에 고투GoTo라는 작은 회사(나중에 오버추어Overture로 개명)가 발표한 PPC 모델에서는 실제 광고를 클릭하고 해당 웹사이트를 방문한 경우에만 비용을 지불하고 있다.

이처럼 광고를 클릭하는 것과 검색 결과를 클릭하는 것이 비슷해졌는데, 사용자가 무엇을 선호하는지 표시하기 때문이다. 오버추어의 PPC 모델에서는 광고가 최고가 입찰자에게 낙찰된다. 자신의 광고가 관련 검색 결과의 가장 인기 있는 페이지에 노출되도록 가장 많은 금액을 내는 기업이 모두가 탐내는 자리를 얻었다. 오버추어는 이 모델로 소소한 성공을 거두었지만, 제대로 된 성공을 일군 것은 구글이 이 아이디어를 더 밀어붙인 후였다. 구글의 통찰력에 의하면 PPC 광고에서 생기는 실제 매출은 광고의 가격과 광고가 클릭될 가능성을 조합하는 데서 발생하는 것이었다. 가령 3달러 단가의 광고보다 5달러 단가 광고에 클릭할 확률이 두 배라면 5달러 광고의 예상 매출이 더 큰 것이다. 광고 클릭 확률을 측정하고 이를 사용해 광고를 배치하는 것은 돌이켜보면 당연한 일이지만, 아마존의 원클릭 쇼핑이나 우버의 자동 결제처럼, 이는 광고를 판매하는 기존 패러다임에 갇힌 사람들이 쉽게 생각할 수 없는 방식이었다.

이는 구글 광고 경매의 실제 작동 방식[11]을 지나치게 단순화한 것이지만, 구글의 검색 비즈니스 모델이 사용자가 가장 적합한 결과를 찾도록 돕겠다는 구글의 약속과 일치하는 점을 강조하고 있다.

페이스북은 사용자의 목표와 광고주의 목표가 만나는 지점을 찾는 행운을 얻지 못했다.

왜일까? 사람들은 사실을 확인하려고 소셜미디어를 찾지 않는다. 친구나 속보, 연예 뉴스나 최신 유행이 궁금해서 소셜미디어를 찾는다. 이런 사용자 목표를 포착하려고 페이스북은 적합도 함수로 사용자가 '의미 있다'고 생각하는 것을 평가하기로 했다.[12] 구글처럼 페이스북도 사용자가 피드에서 가장 의미 있게 생각하는 것을 파악하기 위해 많은 신호를 사용하지만, 가장 강력한 것은 '참여engagement'라는 신호다. 모든 게시물에 있는 '좋아요' 버튼은 바로 이런 참여를 평가한다. 사용자는 친구들이 관심을 나타내고 공유한 콘텐츠가 인정받을 때 얻는 엔도르핀 상승을 기대한다. 또한 페이스북은 구글처럼 클릭을 평가하지만, 이들에게 가치 있는 클릭은 사용자를 외부로 내보내는 것이 아니라 사이트에 머무르게 하고 방금 본 '좋아요'를 더 검색하게 하는 것이다.

본래 페이스북 뉴스피드에서는 팔로우한 친구가 업데이트한 내용을 보여주었다. 이는 중립적인 플랫폼이었다. 하지만 가장 인기 있는 페이지나 가장 많이 클릭한 링크를 뉴스피드 상단에 홍보하고, 때론 반복적으로 노출해 높은 참여율을 얻을 수 있다는 것을 깨달으면서 페이스북 뉴스피드는 마치 옛날 텔레비전 홈쇼핑 채널처럼 되어버리고 말았다.

인터넷 상업화 초기, 나는 온라인에 비슷한 사업을 구축하려는 홈쇼핑 업계의 원조인 QVC를 방문할 기회가 있었다. 당시 3개의 회전식 방음 스튜디오에는 갖가지 상품과 현란한 말재주로 물건을 설명하며 판매하는 쇼호스트들이 있었다. 또 스튜디오 맞은편에는 거대한 컴퓨터 워크스테이션에 있는 애널리스트가 전화 통화량과 각 콜센터에서 올라오는 주문을 실시간으로 모니터 하면서 관심과 판매가 떨어질 때만 다음 상품으로 넘어가라는 신호를 보냈다. 여기 쇼호스트들은 연필 한 자루의 장점을 적어도 15분 동안 쉬지 않고 이야기할 수 있는 능력이 있어야 채용된다고 했다.

끊임없이 말하는 수백만 명의 쇼호스트와 수십억 개의 개인화된 콘텐츠 쇼핑 채널이 바로 참여가 적합도 함수인 소셜미디어의 얼굴이다.

그리고 구글의 경우처럼, 합법적인 참가자와 말썽꾼 모두 곧 알고리즘의 장점과 약점을 노리게 되었다. 존 컬킨 John Culkin 이 마셜 맥루한 Marshall McLuhan 의 생각을 적절히 잘 요약했듯이, '우리는 도구를 만들고 그다음에는 도구가 우리를 만든다.'[13] 우리가 알고리즘의 적합도 함수를 선택하면, 그다음에는 알고리즘의 적합도 함수가 회사와 비즈니스 모델, 고객과 궁극적으로 사회 전체를 형성할 수 있다.

10장에서는 페이스북에서 그리고 11장에서는 금융 시장에서 나타나는 적합도 함수의 부정적인 면을 살펴본다.

머신러닝의 현재와 과제

확률적 빅데이터의 도입이 피스톤 엔진을 제트기로 대체하는 것과 같다면, 머신러닝의 도입은 로켓으로 옮겨가는 것과 같다. 로켓은 제트기가 가지 못하는 곳에 갈 수 있는데, 이는 연료뿐 아니라 자체 산소를 가지고 있기 때문이다. 이런 비유는 머신러닝이 구글 같은 기업에 가져온 중요한 변화가 어떤 변화인지 암시해준다.

자율주행차의 선구자로 초기 구글에서 이 분야를 이끌었고, 현재 온라인 교육 플랫폼인 유다시티 Udacity의 CEO인 세바스찬 스런 Sebastian Thrun은 소프트웨어 공학의 관행이 얼마나 바뀌고 있는지에 대해 설명한다.

"저는 지시받은 대로 정확하게 프로그래밍을 하곤 했지요. 가능한 모든 경우를 생각하고 그에 대한 규칙을 만들었어요. 하지만 지금은 프로그램을 만들고, 그 프로그램에 데이터를 입력한 다음 제가 원하는 것을 어떻게 할지 프로그램을 가르치고 있습니다."

이전 방식대로라면, 구글 검색엔진에서 일하는 소프트웨어 엔지니어는 검색 결과를 개선할 수 있는 신호에 대해 가설을 세운다. 알고리즘을 코딩하고 일부 검색어로 테스트한 다음에 결과가 개선되면 이를 배포하기 시작하거나, 그렇지 않으면 개발자가 코딩을 수정하고 다시 테스트한다. 그런데 이제 머신러닝을 사용하면 개발자는 이전처럼 가설에서 시작하지만, 데이터를 처리하는 알고리즘을 손수 만드는 대신, 가설을 반영한 훈련 데이터를 수집해 모델을 만들어내는 프로그램에 입력한다. 모델은 데이터에서 발견한 특징을 수학적으로 표현한다. 이 과정이 계속해서 반복되는데, 데이터에 완벽하게 일치할 때까지 기울기 하강Gradient Descent과 같은 기법을 사용해 가설을 점차 수정하면서 프로그램을 미세하게 조정해 나간다. 간단히 말해, 데이터를 재료로 하고 정제된 모델에 따라 머신러닝이 이루어지는 것이다. 그런 다음 이 모델에 실제 데이터를 적용하는 데 훈련 데이터를 적용했을 때의 방식과 유사한 방식을 사용한다.

딥 러닝Deep Learning이라고 부르는 첨단 머신러닝 기술 분야의 개척자이자 페이스북의 인공지능 연구소 책임자인 얀 르쿤Yann LeCun은 이미지를 인식하기 위해 모델을 어떻게 훈련시키는지 아래와 같은 비유를 들어 설명했다.

패턴 인식 시스템은 한쪽 끝에 카메라가 있고, 상단에 녹색등과 적색등이 있으며, 앞쪽에 손잡이가 잔뜩 있는 블랙박스와 같습니다. 학습 알고리즘은 손잡이를 조절하려고 애씁니다. 이를테면, 카메라 앞에 개가 있으면 적색등이 켜지고, 자동차가 있으면 녹색등이 켜집니다. 이제 기계에 개를 보여줍니다. 적색등이 밝아지면 아무것도 하지 않습니다. 어두워지면 손잡이를 약간 조절해 불빛이 밝아지게 합니다. 녹색등이 켜지면 어두워지도록 손잡이를 조절합니다. 그런 다음 자동차를 보여주고 손잡이를 조절해 적색등은 어두워지고 녹색등이 밝아지게 합니다. 이처럼 여러 가지 자동차와 개의 예시를 보여주고, 한 번에 아주 조금씩 손잡이를 계속 조절하면, 마침내 기계는 매번 정답을 맞힙니다. … 여기서 기술은 각 손잡이를 어느 방향으로, 실제 사용하지 않고도 얼마나 움직이는지 계산하는 것입니다. 이것은 손잡이를 조절했을 때 어떻게 불빛이 변하는지 나타내는 '기울기'를 계산하는 것과 관련 있습니다. 5억 개의 손잡이, 1,000개의 전구, 1,000만 개의 훈련 이미지가 있는 상자를 상상해 보시죠. 이것이 바로 전형적인 딥 러닝 시스템[14]입니다.

딥 러닝은 인식의 층layer을 사용한다. 개를 인식하기 전에 형태를 인식해야 하고, 형태를 인식하기 전에 가장자리를 인식해야 배경에서 형태를 구분할 수 있다. 인식의 연속 단계는 압축된 수학적 표현을 만들어 다음 층으로 전달한다. 여기서 핵심은 올바른 압축을 얻는 것이다. 너무 많이 압축하면 현상을 풍부하게 표현할 수 없어 오류가 생긴다. 그렇다고 또 너무 적게 압축하면 네트워크는 훈련 샘플을 완벽하게 기억하지만, 새로운 입력을 잘 일반화하지 못한다.

머신러닝은 컴퓨터가 같은 작업을 하거나, 같은 작업에 약간 변형을 주거나, 아주 빨리 반복하는 능력을 활용한다. 얀 르쿤은 농담으로 "현실 세계의 주된 문제는 실시간보다 빨리 실행할 수 없다는 것"[15]이라고 말한 적이 있다. 하지만 컴퓨터는 항상 이런 일을 한다. 2016년 세계 최고수 인간 바둑기사를 이긴 영국 딥마인드DeepMind의 인공지능 기반 바둑 프로그램 알파고는 처음에 인간 바둑기사의 3,000만 건에 이르는 기보 데이터베이스를 가지고 훈련을 했다. 그다음에는 알파고 간에 수백만 판에 이르는 바둑을 두었다.

이제 머신러닝은 구글 검색의 큰 부분을 차지하게 되었다. 2016년에 발표된 랭크브레인RankBrain을 활용하면, 검색어에 포함된 단어가 없는 페이지도 머신러닝 모델로 사용자 검색 주제에 관련된 페이지로 식별할 수 있다. 이는 전에 본 적 없는 검색어를 처리하는 데 특히 도움이 될 수 있다. 구글에 따르면 랭크브레인은 페이지 순위를 매기는 데 사용하는 200가지 요인 가운데 세 번째로 중요한 선택사항[16]이라고 한다.

또한 구글은 딥 러닝을 언어 번역에 적용했다. 그런데 결과가 놀랄 정도로 좋아서 몇 달간 테스트 기간을 거쳐 이 장 앞부분에서 설명했던 구글 번역 시스템을 딥 러닝에 기초한 새로운 시스템으로 교체했다.[17] 이는 아직 인간 번역가만큼 좋다고 할 수는 없지만, 문학 번역 목적이 아닌 일상 용도 목적으로는 인간 번역가와 비슷한 수준의 결과를 냈다.

딥 러닝은 구글 포토스Google Photos에도 사용되었다. 구글 포토스를 사용한 적이 있다면 사진 속 사물을 어떻게 인식하는지 본 적이 있을 것이다. '말horse'을 입력하면 완벽히 분류되지는 않지만, 여러 가지 말 사진이 나타난다. 성곽이나 울타리를 입력하면, 그대로 성곽이나 울타리 사진이 나타난다. 마술이 따로 없을 만큼 신기한 광경이다.

구글 포토스는 2억 명이 넘는 사용자에 대해 언제든지 이 서비스를 제공한다는 사실을 기억하자. 이 셀 수 없이 많은 사진은 이전에는 결코 볼 수 없던 것들이다.

이것을 지도 학습Supervised Learning이라고 부른다. 구글 포토스는 우리의 사진을 본 적은 없지만, 다른 사진은 많이 보았다. 특히 지도 학습 과정의 한 요소로서 학습 데이터 집합Training Set이 있는데 학습 데이터 집합의 각 데이터는 라벨로 분류되어 있다. 아마존의 미케니컬 터크 같은 서비스는 무엇이 들어 있는지, 특징(가령, 색상)이 무엇인지 묻는 수천 명의 노동자에게 한 번에 한 장씩 사진을 전송하는 데 사용했지만, 구글 포토스 학습 데이터 집합의 경우 간단히 사진에 설명을 덧붙이기만 하면 된다.

아마존은 이런 마이크로태스크를 인간 지능 업무Human Intelligence Task, HIT 라고 부른다. 이를테면 이 태스크에서는 각자 하나의 질문을 한다. 이때 이 질문은 객관식일 수도 있다. 그러면 '이 그림에서 자동차는 어떤 색입니까?' '어떤 동물이 있습니까?' 와 같은 인간 지능 업무가 여러 노동자에게 전송된다. 이때 많은 노동자가 같은 대답을 하면 그 답은 아마 정확할 것이다. 각 인간 지능 업무에서는 우버 운전이 괜찮은 중상층 직업으로 보이게 해주는 분산된 '긱 경제Gig Economy(우버나 에어비앤비와 같은 온라인 중개 플랫폼을 통해 단기로 전문적인 서비스를 중개하고 가치를 창출하는 독립형 일자리 경제 – 옮긴이)' 노동력을 이용하면 1센트 같은 아주 적은 금액만 지불하고도 각 인간 지능 업무를 수행할 수 있는 것이다.

머신러닝에서 아마존의 미케니컬 터크는 인간과 기계가 차세대 응용프로그램 개발에 얼마나 깊이 연관되어 있는지 알려주는 역할을 한다. 미케니컬 터크의 사용법을 연구해온 마이크로소프트의 연구원 메리 그레이Mary Gray는, 학습 데이터 집합을 만드는 데 사용한 인간 지능 업무가 시간이 지나면서 어떻게 변해왔는지 살펴보면 인공지능 연구 역사를 추적할 수 있다고 말했다(구글의 검색 순위 엔지니어인 폴 하르Paul Haah에 따르면, 가짜 뉴스 검색 알고리즘[18]을 위한 데이터 세트를 만들기 위해 2017년 초 구글이 사이트 평가자 지침을 업데이트한 것은 흥미로운 사례다).

인공지능의 핵심은 자율학습으로, 이는 세심한 훈련 없이 인공지능이 스스로 배우는 것을 말한다. 이런 자율학습이 엄청난 관심을 불러일으키게 된 계기는 딥마인드의 제작자가 자신들의 '알고리즘이 미가공 경험이나 데이터에서 직접 스스로 배울 수 있다'[19]라고 주장하면서부터다. 2014년에 구글은 딥마인드를 통해 인공지능이 아타리Atari 컴퓨터 게임을 관찰만 해도 다양한 게임의 규칙을 배우는 것을 본 후 5억 달러에 딥마인드를 사들였다.

그 후 알파고가 세계 바둑 최고수인 이세돌을 이겨 세간의 이목을 집중시킨 사건은 인공지능의 이정표가 되었다. 그도 그럴 것이 게임의 난이도나 가능한 모든 수에 무차별 대입해 분석하는 것은 사실상 불가능했기 때문이다. 하지만 딥마인드의 공동설립자 데미스 하사비스Demis Hassabis는 "진정한 인공지능의 특징[20]인, 인간이 할 수 있는 모든 지적 작업을 유연하게 실행하는 방법을 배울 수 있는 기계는 아직 먼 훗날의 일"이라고 말한 바 있다.

얀 르쿤은 또한 알파고가 거둔 승리의 중요성을 과소평가한 사람들을 비난하면서 이렇게 썼다.

"대부분 인간과 동물의 학습은 자율학습이다. 지성이 우리가 먹는 케이크라면, 자율학습이 그 케이크이고, 지도 학습은 케이크를 생크림 등으로 발라 매끄럽게 하는 아이싱icing이며, 강화학습은 케이크의 체리일 것이다. 우리는 아이싱과 체리를 만드는 법은 알지만, 케이크를 만드는 방법은 잘 모른다. 진정한 인공지능을 만들 생각[21]을 하기 전에 먼저 자율학습 문제를 해결해야 한다."

이때 인간은 모델 설계뿐 아니라 모델을 훈련시키기 위해 입력하는 데이터에도 항상 연관된다. 그런데 여기서 의도치 않은 편향이 생길 수 있다. 인공지능에 대한 가장 중요한 문제는 새로운 알고리즘의 설계가 아니라, 알고리즘을 훈련시키기 위한 데이터 세트가 본질에서 편향되지 않았음을 어떻게 확신할 것이냐이다. 캐시 오닐Cathy O'Neil의《대량살상 수학 무기Weapons of Math Destruction》는 이 주제에 관한 필독 도서다. 가령 범죄 예측 프로그램용 머신러닝 모델에서, 경찰이 흑인은 체포했지만 백인은 훈방조치 했는지를 고려하지 않은 체포 기록 데이터 세트를 사용해 훈련한다면 결과는 심각하게 뒤틀릴 것이다. 편향 여부 등을 나타내는 이 학습 데이터 집합의 특성이 중요한 이유는 알고리즘보다 지도학습의 결과에 영향을 미치기 때문이다. 머신러닝 이전 컴퓨터 과학을 많이 연구한 사람들 자체가 이 편견이라는 것을 이해하지 못한다면 이 문제를 극복하는 데 어려움을 겪을 것이다.

또한 이 안타까운 사례는 머신러닝 모델이 작동하는 방법에 대한 통찰력을 안겨준다. 주어진 모델에는 많은 특성 벡터가 있어서 n-차원이라고 불리는 영역을 생성하는데, 머신러닝 응용 프로그램으로부터 어떤 새로운 항목을 처리하도록 요청받은 분류 및 인식 응용 프로그램은 그 새로운 항목들을 n-차원 영역에 배치한다.

완전히 새로운 머신러닝 알고리즘을 개발하려는 기초 연구가 진행 중이기는 하지만, 응용 머신러닝의 가장 어려운 연구는 원하는 결과를 가장 잘 예측할 수 있는 특성을 파악하는 데 있다.

나는 크라우드소스 데이터 과학 경연대회를 주최하는 캐글Kaggle의 최고기술책임자 제레미 하워드Jeremy Howard에게 무엇이 패자와 승자를 구분하는 기준인지 물은 적이 있다(제레미는 캐글에 입사하기 전에 이 대회에서 5번이나 우승했다). 그는 이렇게 대답했다.

"창의성이죠. 모두 같은 알고리즘을 사용합니다. 차이점은 그 모델에 어떤 기능을 추가할지를 선택하는 데 있어요. 예상 가능한 일에서 예상할 수 없는 통찰력을 찾는 겁니다(하지만 피터 노르빅은 기능을 선택하는 창의성이 필요한 시기는 이미 지나갔다고 내게 말했다. "랜덤 포레스트나 서포트 벡터 머신 같은 기술이 캐글 대회에서 우승하던 시절에는 분명히 맞는 말이었어요. 하지만 딥 네트워크에서는 사용할 수 있는 기능을 모두 사용하는 것이 더 일반적이어서 창의성은 모델 아키텍처를 고르거나 초매개변수hyperparameter를 조절하는 데 있지 기능을 선택하는 데는 없거든요")."

머신러닝에 대한 가장 중요한 질문은 다른 새로운 기술과 마찬가지로, 가장 먼저 어떤 분야를 공략할지 선택하는 것이다. 제레미 하워드는 엔리틱Enlitic을 설립해 영상의학 자료를 검토하는 데 머신러닝을 사용하면서 인간 의사가 더 자세히 살펴봐야 할 질병의 가능성과 긴급성을 판단하기 위해 여러 종류의 임상 데이터 스캐닝을 제공하고 있다. 해마다 미국에서만 3억 개의 방사선 이미지가 촬영되는 현실을 감안할 때 우리는 비용을 낮추고 의료 품질을 개선할 수 있는 머신러닝의 힘을 짐작할 수 있다.

구글의 딥마인드는 건강 분야에도 활용되어 영국 국민건강보험의 운영과 다양한 질병을 진단하는 능력을 개선하는 데 도움을 주고 있다. 스위스에 기반을 둔 소피아 제네틱스Sophia Genetics는 매달 6,000명의 환자에게 가장 적합한 치료법을 소개하고 있으며, 그 수가 월마다 두 자릿수로 증가하고 있다.

페이스북의 데이터팀을 이끌기 전에 월스트리트에서 일했던 제프 해머배커는 한때 이런 강력한 의견을 제시했다.

"우리 세대에서 최고의 사고방식은 어떻게 하면 사람들이 광고를 클릭하게 할까 고민하는 것이었어요.[22] 형편없는 일이었죠."

새로운 디지털 노동자의 강력한 힘을 어디에 적용할 것인지 선택하는 문제는 전적으로 우리에게 달려 있다. 우리는 우리의 명령을 수행하려는 지니족을 만들어내고 있다. 우리는 그들에게 어떤 명령을 주어야 할까?

09
알고리즘 사회와 정부의 규제

WHAT'S THE FUTURE

2017년 초에 나는 디지털의 미래를 논의하기 위해 경제협력개발기구OECD와 G20 국가에서 온 장관들이 모인 자리에서 연설한 적이 있다. 점심 식사 자리에서 독일의 장관이 자신 있게 말했다.

"우버가 성공한 유일한 이유는 법을 지키지 않아도 되기 때문입니다."

OECD 직원 중 한 사람이 내가 묻고 싶은 질문을 대신 물었기 때문에 다행히 나는 뻔한 질문을 하지 않아도 되었다.

"우버를 타보신 적 있나요?"

"아니요. 저는 자가용차와 운전기사가 있거든요."

우버나 리프트 같은 서비스를 사용해 보았다면 대부분 택시보다 서비스가 낫다는 것을 알 것이다. 우버의 운전자는 더 친절하고 친근하다. 목적지까지 가장 효율적인 길을 찾기 위해 모두 구글 맵스나 웨이즈Waze를 사용한다. 미터기는 없지만 미리 요금을 예상할 수 있고 도착하면 몇 초만에 자세한 전자영수증을 받아볼 수 있다. 요금을 내려고 현금이나 신용카드를 찾을 필요도 없다. 가장 중요한 것은 마치 독일 장관이 받는 예우와 같이 우리가 어디에 있든지 데리러 오라고 호출할 수 있는 자동차가 생긴다는 것이다. 그것도 장관이 받는 예우를 위한 비용과 비교할 수 없는 적은 비용으로 말이다.

몇 년 동안 나는 새로운 기술을 규제하거나 이것에 대해 소송하려는 사람들과 이와 비슷한 불편한 대화를 나눠왔다. 이를테면 2005년으로 거슬러 올라가 구글 도서 검색에 대한 논란이 있었을 때, 나는 구글이 내용을 검색할 수 있는 색인을 만들기 위해 도서를 스캐닝한 데 대해 소송을 건 미국 작가조합 측 변호사와 토론할 것을 요청받았다. 구글 색인 웹사이트에 나타나는 미리보기 내용처럼, 도서 검색 색인에도 아주 일부 내용만 보였다. 저작권이 소멸한 도서를 제외하면 전체 내용은 출판사의 허락을 받고 볼 수 있었다.

작가조합 측 변호사는 이렇게 말했다.

"책을 스캐닝 한다는 것은 허가받지 않은 사본을 만드는 것과 같습니다. 이는 콘텐츠를 훔치는 겁니다."

나는 사본을 만드는 것이 검색엔진을 만들 때 필수 과정이며, 구글 도서 검색은 웹 검색과 정확히 같은 방법으로 작업한다고 설명하면서 점차 이 변호사가 구글 검색을 어떻게 사용하는지 모른다는 생각이 들었다. 내가 구글을 사용해본 적이 있냐고 묻자 변호사는 이렇게 대답했다.

"저는 아니지만 사무실 사람들은 사용해요."

기존의 규칙과 분류를 근본적으로 다른 모델에 단순히 적용하려고 하면 규제하는 입장에서는 기술을 깊이 이해할 필요성과 규제기관과 규제하려는 기업에 대한 새로운 사고방식이 필요하다는 것을 의도치 않게 강조하게 된다. 하지만 '파괴적 혁신'에 열중하는 실리콘밸리 기업은 규제를 종종 적으로 생각한다. 그들은 규제에 맞서거나 이를 무시한다. 셰익스피어의 희곡 〈베니스의 상인〉에 등장하는 포셔의 대사처럼 그들에게서는 "급한 성질이 차가운 규제를 뛰어넘는다."

오늘날 정치에서 규제는 골칫거리다. 한쪽에서는 '규제가 너무 많다'고 하고, 다른 한쪽에서는 '더 많은 규제가 필요하다'고 한다. 하지만 진짜 문제는 피할 수 없는 예상치 못한 결과를 발견했을 때 잘못되고 수없이 많은 서류상의 규정과 비효율적인 절차만 있을 뿐, 이를 조정할 수 있는 능력은 거의 없다는 것이다.

정부 규제 다시 생각하기

잠시 정부 규제를 넓은 맥락에서 생각해보자. 자동차의 전자장치는 연료 효율과 배기가스 최소화 사이의 최적 균형을 찾기 위해 엔진에서 공기와 연료 혼합 비율을 조절한다. 항공기의 자동조종장치는 기체를 상공에 떠 있게 하고, 올바른 목적지로 가는 데 필요한 수많은 요인을 조절한다. 신용카드 회사는 사기를 적발하고 사용자가 신용카드 한도를 초과하지 않도록 결제 금액을 모니터 하고 조절한다. 의사들은 정상 세포는 살리면서 암세포는 죽이는 데 필요한 화학 요법이나, 수술 중에 생명 활동은 유지하면서 환자는 의식을 없게 하는 마취처럼 약의 복용량을 때론 느슨하게 때론 세심하게 조절한다. 인터넷 서비스 회사와 기업의 이메일 시스템은 스팸과 악성코드를 최대한 걸러내면서 고객에게 도달하는 이메일을 조절한다. 검색엔진과 소셜미디어 사이트는 사용자의 기대를 뛰어넘으려고 최선을 다하면서 검색 결과와 광고를 조절한다.

이 모든 조절 형태의 공통점은 무엇일까?

1. 원하는 결과에 대한 명확한 이해
2. 결과 달성을 판단하는 실시간 측정
3. 결과를 얻기 위해 끊임없이 조정하는 알고리즘(예 : 일련의 규칙)
4. 알고리즘이 정확하고 예상대로 실행되는지에 대한 주기적이고 깊이 있는 분석

정부와 준정부기관이 위에 언급한 것과 비슷한 과정을 통해 규제하는 몇 가지 사례가 있다. 이를테면 중앙은행은 이자율과 인플레이션, 경제 전반을 관리하기 위해 통화량을 조절한다. 주기적으로 규칙을 조금씩 조정해 달성하려고 노력하는 목표가 있다. 이를 결과보다 규칙에 초점을 맞추는 일반적인 규제 모델과 비교해보자. 더는 의미 없는 규칙을 얼마나 자주 직면하고 있는가? 규칙이 원하는 결과를 실제로 달성하는지에 대한 증거를 얼마나 자주 볼 수 있는가?

미국과 대부분 다른 국가의 법은 매우 복잡하게 발전해왔다. 흔히 오바마 케어라고 부르는 부담적정보험법 Affordable Care Act은 거의 2,000쪽 분량이다. 반대로 미국 역사상 가장 거대한 공공사업이었던 1956년 국가 고속도로 법안은 29쪽이었다. 1933년 대공황 이후 은행을 규제하는 글래스 스티걸법 Glass-Steagall Act은 37쪽 분량이었다. 이 법이 흔들리자 2008년 금융 위기가 닥쳤다. 규제는 시대에 반응한다. 2010년 도드 프랭크 법안 Dodd-Frank Act은 848쪽에 달하고, 400건의 추가 규칙 제정 요청을 포함하면 총 3만 쪽에 이른다.[1]

법은 목적, 권리, 결과, 권한과 한계를 명시해야 한다. 광범위하고 명확하게 명시된 법은 오랜 시간을 견딜 수 있다. 이런 법의 집행 방법을 더욱 상세하게 명시하는 규정은 프로그래머가 코딩과 알고리즘을 생각하는 방식처럼, 법에 규정된 결과를 달성하기 위해 고안된 도구를 지속해서 개선해야 한다.

오늘날 세계에서 규제는 점점 많아지고 있다. 매일 새로운 금융 상품이 개발되고, 전자 속도로 거래하는 알고리즘으로 구현된다. 구글의 검색 품질 알고리즘인 구글의 '규칙'이 시스템을 흔들려는 스팸 발송자의 계속되는 시도를 관리하듯이, 이런 금융상품과 같은 방식으로 추적하고 관리하는 프로그램이나 알고리즘이 아니면 어떻게 이들을 규제할 수 있을까? 정부가 많은 영역을 규제하는 데서 물러나고 '시장'이 걸러내도록 해야 한다는 목소리도 있다. 하지만 규제를 따르지 않고 플랫폼에서 문제를 일으키는 말썽꾼은 예방 관리의 공백 상태를 이용한다. 구글, 페이스북, 애플, 아마존, 마이크로소프트 같은 기업이 그들의 플랫폼을 관리하기 위해 규제 방법을 구축하는 것처럼 정부도 사회의 번영을 보장하는 플랫폼으로 존재하려면 플랫폼을 잘 규제해야 한다.

2008년 금융위기 당시 세계 경제가 보여주었듯이, 규제기관은 결과에 상관없이 수익만을 추구하는 금융 분야에서 지속적인 '혁신'을 유지할 수 없다는 것이 명백해졌다. 여기에는 좋은 신호도 몇 가지 있다. 이를테면 버니 매도프 Bernie Madoff와 앨런 스탠퍼드 Allen Stanford가 신규 투자자의 돈으로 기존 투자자에게 이자나 배당금을 지급하는 방식의 다단계 금융사기를 저지른 폰지 Ponzi 사건을 계기로 증권거래위원회는 수사 목적으로, 명목상 투자 방법은 같아도 훨씬 높은 성과를 낸 헤지펀드를 구분할 수 있는 알고리즘 모델을 도입했다. 하지만 적발하더라도 집행까지 여전히 긴 수사와 조사 과정을 거쳐야 하고, 사건에 따라 개별적으로 처리되는 문제도 있다. 반대로 구글은 검색 결과에 해를 끼치는 새로운 스팸을 발견했을 때 말썽꾼의 영향을 제한하도록 규칙을 재빨리 바꿀 수 있다. 이런 규칙은 적합도 함수에 따라 시스템에서 자동으로 실행된다.

인터넷 기업이 내부 업무 절차를 간소화하고 처리 속도를 높이기 위해 데브옵스를 사용하는 것처럼, 우리도 원활한 업무 흐름을 위해 전체에 영향을 주는 말썽꾼을 처리하는 방법을 더 많이 찾아야 한다. 수정헌법 제5조의 핵심인 '적법 절차' 개념을 내던지자는 것이 아니라, 많은 경우에 처리 속도를 높이는 동시에 공정하고 투명하게 만들자는 것이다.

기술 플랫폼에서도 중요한 교훈을 얻을 수 있다. 구글, 페이스북, 우버 같은 플랫폼을 관리하기 위해 사용하는 알고리즘 시스템은 엄청나게 복잡하지만, 그 알고리즘의 적합도 함수는 일반적으로 단순하다. 클릭하거나 이탈하는 경향에서 알 수 있듯이, 사용자가 정보를 적절하다고 생각하는가? 다음 단계로 계속 클릭하려는 의도에서 알 수 있듯이 이 콘텐츠에 호감을 느끼는가? 또는 3분 안에 승객을 태웠는가? 운전자는 4.5점 이상 평가를 받았는가?

외부 규제기관은 원하는 성과를 정의하고 이것이 달성되었는지 평가하는 데 집중해야 한다. 이들은 규제하려는 대상이 사용하는 알고리즘의 적합도 함수와 의도하는 결과 사이의 델타를 파악해야 한다. 참가자들이 명시된 규제 목표를 달성하는 데 동기부여를 받을까, 아니면 규제를 반대하는 데 동기부여를 받을까? 최선의 규제는 규제 대상이 문제를 해결하도록 장려하는 것이다. 정부가 시장을 단순히 신뢰한다는 의미의

'자기 규제'가 아니다. 오히려 올바른 인센티브를 만드는 문제다. 이를테면 1974년 카드 사업 규제를 위한 법률Fair Credit Billing Act에서는 신용카드 사기 대금 중에 사용자가 50달러를 책임지고 적극적인 사기 감시를 위해 나머지 금액은 신용카드업계에서 책임지게 했다.

전 콜롬비아 정보통신기술부 장관 디에고 몰라노 베가Diego Molano Vega는 비슷한 방법을 사용해 전화 통화가 끊어지는 만성적인 문제를 어떻게 해결했는지 알려주었다. 그는 3년이 걸린 수사나 벌금 제도 대신 불량 전화 통화 비용을 통신회사가 고객에게 전부 배상하게 하는 간단한 법을 도입했다. 1년 후 3,300만 달러가 소비자에게 환급되었고, 문제는 말끔히 해결되었다.

또한 이것은 구글이 검색 알고리즘을 교묘하게 속이고 사용자에게는 가치 없는 콘텐츠를 제공하는 콘텐츠팜 문제를 규제하는 방법이기도 하다. 구글은 벌금을 부과하지 않았고, 만들 수 있는 콘텐츠 사이트의 종류에 대한 세부적인 규칙을 만들지도 않았다. 구글은 이런 사이트를 검색 결과에서 강등시켜서 악성 콘텐츠를 개선하거나 업계에서 퇴출하는 '결과를 창출했다.'

영국 중앙은행 금융안정국장 앤드루 홀데인Andrew Haldane은 2012년 캔자스시티 연방은행과의 대화에서 '개와 원반The Dog and the Frisbee'이라는 규제 단순화를 위한 강력한 사례를 남겼다. 원반이 날아가는 것과 이를 잡으러 가는 강아지를 정확히 모델링하려면 복잡한 수식이 필요하지만, 단순한 교육을 수행하면 강아지도 원반을 잡을 수 있는 것이라고 꼬집었다. 그는 복잡성의 증가로 관리가 거의 불가능해지는 바람에 2008년 위기를 초래한 금융 제도의 실패를 추적했다. 규제가 복잡할수록 성공

가능성이 낮고 변화하는 조건에는 취약하다.

정부와 시장에 규제 시스템의 재료가 되는 데이터를 보고하는 방법을 현대화하는 것도 규제 결과를 개선하는 중요한 방법이다. 서류나 PDF 같은 양식으로 보고하거나, 분기에 한 번 배포하는 것은 별로 도움이 되지 않는다. 재가공할 수 있는 디지털 형식으로 제공하면 민간 부문이 문제를 찾고 소비자와 시민에게 가치를 제공하는 새로운 서비스를 구축하는 데 도움을 줄 수 있다. 이와 관련해 규제 감시와 보고, 준법을 위해 소프트웨어 도구와 오픈 데이터를 사용하는 규제 기술 또는 '레그테크RegTech'라고 부르는 완전히 새로운 분야가 존재한다.

데이터 기반 규제 시스템이 구글이나 신용카드 회사가 사용하는 것처럼 복잡할 필요는 없다. 핵심은 결과를 평가하고 의도한 결과와 상반되는 결과를 해당 당사자에게 알려주는 것이다. 인센티브와 결과는 종종 일치하지 않는다. 이를테면 정부는 신뢰할 수 있으며 모든 사람이 사용할 수 있는 통신 서비스를 제공한다는 목표에 따라 모바일 사업자에게 통신 대역 라이선스를 부여하는 것이 마땅하나, 실제로 통신 대역 라이선스는 최고가 입찰자에게 낙찰된다. 최고가 낙찰이라는 이 접근 방법이 올바른 결과를 가져올까? 미국의 모바일 서비스 품질을 고려한다면 다른 방법을 제안하는 것도 좋을 듯싶다. 예를 들어 최대의 모바일 통신 커버리지를 약속하는 사업자에게 통신 대역 라이선스를 부여하는 것은 어떨까? 몰라노 베가 장관이 콜롬비아 전화 서비스에 적용했던 것처럼, 커버리지 약속을 지키지 못한 경우 해당 가입자에게 보상해주는 방식은 자기 규제 시스템을 만드는 좋은 사례라 할 수 있다.

미래 규제 시스템에서 센서의 역할

기업과 정부, 환경 사이의 상호작용이 점점 디지털화되면서 독창적인 평가 방식과 근본적인 대응 규제를 받아들일 수 있게 되었다. 이를테면 심하게 혼잡한 교차로에 설치된 카메라 덕분에 빨간불에서 달리거나 불법 회전을 한 운전자에게 벌금을 청구할 수 있다. GPS의 부상으로 지금 우리는 경찰관이 우연히 발견한 과속 운전자 차량을 갓길에 대로록 하는 대신, 운전자가 제한속도를 초과할 때마다 자동으로 범칙금 고지서가 발급되는 미래를 향해 가고 있다.

우리는 또한 제한속도가 교통량, 기상 조건을 비롯한 그 외 다른 가변 조건에 따라 자동으로 조절되는 미래를 상상해본다. 이는 다시 말해 현재의 고정된 제한속도보다 상황에 맞게 더 적절히 제한속도를 높이거나 낮추는 것을 의미한다. 미래에는 보이지 않는 웹, 즉 오늘날 제한속도보다 안전하게 우리를 지켜주는 교통 규제 시스템에 연결되어 더 빨리 이동할 수 있는 자율주행차의 시대가 될 것이다. 속도는 자동차를 운전하는 알고리즘의 품질이나, 자동차가 최신 버전으로 업데이트되고 적절한 센서를 장착한 것보다 덜 중요하게 될 것이다. 결국 목표는 자동차를 천천히 달리게 하는 것이 아니라 도로를 안전하게 만드는 것이다.

또 다른 예로 도심 교통량을 줄이기 위해 고안한 혼잡 통행료가 있다. 스마트 주차미터기에도 비슷한 기능이 있다. 항공권이나 호텔 숙박료처럼 혼잡한 시간에는 주차비가 올라가고 그렇지 않을 때는 내려간다. 하지만 더 중요한 점은 스마트 주차미터기는 주차 여부를 파악하고 그 내용을 운전자나 차량 내비게이션 시스템에 제공함으로써 주차 공간을 찾아 헤매는 시간을 줄일 수 있다.

미래에 전기 자동차가 더 많아지면, 주행 거리로 도로 정비 비용을 충당하는 현재 휘발유세를 GPS로 대체하자는 제안도 있다. 메트로마일Metromile 같은 기업은 이미 주행 빈도와 주행 속도에 기초해 보험료를 산정한다. 이것은 세금에 동일한 방법을 적용하기 위한 그저 작은 시작일 뿐이다.

감시 사회에서의 알고리즘

구석구석 센서로 연결된 세상에 살면서 사생활과 기본적인 자유라는 개념에 의문을 품게 되기도 하지만, 우리는 순전히 상업적 노력을 통해서만 그런 세상을 향해 순탄히 나아가고 있다. 우리는 매일 방문하는 인터넷 사이트, 매일 사용하는 카드 결제, 매일 따라 가는 지도와 방향 안내 그리고 갈수록 증가하는 공공·사설 감시 카메라에 의해 이미 추적당하고 있다. 공상과학 소설 작가 데이비드 브린David Brin은 1998년에 쓴 선견지명이 돋보이는 논픽션《투명사회The Transparent Society》에서 이 점을 제대로 파악했다. 우리가 원하는 서비스를 제공하는 기업에 의해 장소를 가리지 않고 이루어지고 있는 상업적 감시 시대에, 우리가 과거에 누리던 사생활은 존재하지 않는다. 브린은 이에 대응하는 유일한 방법이 투명성을 통해 감시를 쌍방향으로 만드는 것이라고 주장한다. "감시인을 누가 감시할 것인가?Quis custodiet psos custodes"라고 물었던 로마 시인 주베나Juvena의 질문에 브린은 '우리 모두'라고 대답한다.[2]

하지만 보안 전문가 브루스 슈나이어Bruce Schneier는 투명사회, 특히 정부의 데이터 수집에 관해 엄중한 경고를 던진다. 힘의 불균형이 폭넓게 존재하면 투명성만으로는 충분하지 않다. 그는 이렇게 말한다.

"이것은 감시 카메라를 설치하거나 데이터마이닝 프로그램 도입을 고려할 때 의사결정자들이 지켜야 할 원칙입니다. 공공 감시에 노력을 기울이는 것만으로는 충분하지 않죠. 지배자와 피지배자 사이의 상대적 권력이 가능한 적을 때, 즉 자유가 최대한 보장되고 통제가 적을 때 정부의 모든 측면이 가장 잘 작동합니다. 정부에서 강요된 개방은 이 둘 사이의 상대적 권력 차이를 감소시키므로 일반적으로 바람직하지만, 일반인에게 강요된 개방은 (정부의) 상대적 권력을 증가시키므로 일반적으로 부적절합니다."[3]

정부와 민간 분야에서 어떻게 데이터를 사용할지에 대한 새로운 규범은 분명히 필요하다. 개인적으로 펩시코PepsiCo의 글로벌커머스 책임자 기부 토머스Gibu Thomas가 월마트의 디지털 혁신 책임자로 있을 때 했던 말을 아주 좋아한다.

"가치 방정식이 있어야 해요. 누가 돈을 절약하거나 필요한 것을 생각나게 해주면 아무도 '잠깐, 그 데이터를 어떻게 얻었죠?'라거나 '그 데이터를 왜 사용하려는 거죠?'라고 묻지 않아요. 그냥 '고마워요'라고 말할 뿐이죠. 제가 볼 때 우리는 모두 거부감이 드는 요인이 어디서 오는지 본능적으로 알아차립니다."[4]

바로 이 '거부감 요인'이라는 개념이 미래 사생활 규제의 중심이 되어야 한다. 기업이 우리의 이익을 위해 데이터를 사용하면, 우리는 이것을 알고 고맙게 여긴다. 우리가 자발적으로 위치 정보를 넘기면 구글은 우리에게 길 안내를 제공하고, 옐프나 포스퀘어는 식사하기 가장 좋은 곳을 찾도록 도와준다. 앞으로 더 나은 추천 정보를 제공한다면 기업이 그 데이터를 보관해도 우리는 크게 신경 쓰지 않을 것이다. 개인적으로는 구글이 혼잡한 시간에 회사까지 얼마나 걸릴지 더 잘 예측한다면 좋을 것 같다. 더 나은 검색 결과를 제공한다면 내가 찾은 검색어나 검색 습관을 활용하는 것도 신경 쓰이지 않는다. 하지만 다른 사람이 그 정보를 가져갔고 검색 결과가 예전만큼 좋지 않다는 것을 갑자기 알게 되었을 때는 불평할 것 같다.

하지만 기업은 우리의 이익에 반해 데이터를 사용하거나 우리를 최우선으로 생각하지 않는 사람들에게 데이터를 판매하는 경우도 있다. 내가 다른 사용자와 마찬가지로 한 온라인 사이트의 최저가에 접근할 수 없다면, 그 사이트는 내가 더 지불할 능력이나 의사가 있다고 판단한 것이다. 이때 내 데이터는 내게 불리하고 부당하게 사용되고 있다. 이를테면 인터넷 여행사 오르비츠Orbitz는 일반적인 컴퓨터 사용자보다 맥 사용자에게 더 비싼 호텔을 보여주도록 설정했다.[5] 이는 데이터가 이른바 '레드라이닝redlining'에 사용된 경우다. 이는 (종종 인종차별을 비롯한) 지역 차별을 하는 오래된 관습으로서 특정 지역을 붉은색으로 구분하고 해당 지역 거주민의 대출이나 보험 가입을 거부하거나 그들에게 높은 수수료를 부과하는 행위다. 데이터 프로파일링을 기반으로 맞춤 제작되고 허위 정보로 이루어진 정치적 마이크로타깃팅microtargeting은 거부감 테스트Creep Factor Test를 통과할 수 없다.

이런 사람은 사생활 염탐꾼이다. 즉 힘의 불균형을 이용해 원래 데이터를 수집했던 서비스와 관계없는 우리의 사생활을 자세히 들여다본다. 정부의 사생활 규제는 고객 서비스를 위한 데이터 처리와 사용이 아니라, 이런 불법 행위에 초점을 맞추어야 한다.

규제기관은 소비자와 서비스 제공자 사이의 데이터 거래에서 합당한 경계를 이해해야 한다. 보험회사는 책임 있게 운전하기로 동의하는 고객에게 낮은 보험료를 청구하고 고객의 연간 주행거리를 확인하거나 제한속도 준수 여부를 확인할 권리가 있다. 하지만 이전의 불법 행위나 생활하는 지역의 위험성 때문에 갑자기 보험 금액이 오른다면 내 데이터가 내게 불리하고 불공정하게 사용된다고 느낄 근거가 충분한 것이다.

데이터 레드라이닝을 다루는 올바른 방법은 사생활 보호주의자들이 주장하는 것처럼 데이터 수집을 막는 것이 아니라, 오히려 기업이 획득한 데이터의 오남용을 금지하는 것이다. 이에 대해 데이비드 브린은 다음과 같이 말했다.

"다른 사람이 당신에 대한 정보가 '없는지'를 아는 것은 근본적으로 불가능해요. 당신에 대한 정보가 '있는지'를 말하기가 훨씬 수월하죠."

규제기관은 데이터 수집 자체를 제한하기보다는 데이터를 수집당하는 사람들에게 발생할 수 있는 피해를 제거하기 위해 노력해야 한다. 기존의 질병 때문에 건강보험 적용을 거부당한다면 개인 데이터가 불리하게 사용되고 있는 것이다. 이런 피해는 오바마케어에 의해 제한된다. 반대로 1996년 미국의료정보보호법Health Insurance Portability and Accountability Act, HIPAA의 사생활 조항은 개인정보 사용보다 정보 보호에 과도한 보호 장치를 설정한 탓에 많은 의료 연구의 사기가 저하될 뿐 아니라 환자 자신에 대한 정보 접근이 제한되는 결과를 낳았다.

신용카드 사기와 마찬가지로, 규제기관은 기업 스스로 올바르게 행동하도록 인센티브를 주는 노력을 기울여야 한다. 이를테면 제3자에게 판매한 데이터가 오용된 책임을 판매한 기업에 물으면 이런 데이터 판매가 줄어들 것이다. 이와 관련된 접근 방법은 내부자 거래를 제한하는 법적 제도에도 나타난다. 우리가 내부자에게서 얻은 미공개 정보로는 거래할 수 없지만 대중적인 방법으로 얻은 지식으로 하는 거래는 정당하다.

서비스를 소비자에게 직접 제공하지 않고 다른 기업에 제공할 목적으로 데이터를 수집하는 경우에는 특히 철저한 조사가 필요하다. 소비자와 서비스 제공자 사이의 데이터 거래가 사라지면 데이터가 원래 정보를 제공한 소비자의 이익을 위해 사용되기보다 구매자 이익을 위해 사용될 가능성이 훨씬 크기 때문이다.

현재 공개와 동의를 얻도록 시행되는 규제는 극히 약한 규제 도구다. 이 규제는 거의 읽기도 어려울 뿐 아니라, 읽는다고 해도 이해하기 어려운 복잡한 법률 용어로 제공자의 악의적 의도를 감출 수 있도록 되어 있다. 크레이티브 커먼즈 Creative Commons와 유사한 기계 판독 가능한 공개 Machine-readable Disclosure는 사생활 준법 서비스를 구축하게 되는 좋은 행보가 될 것이다.[6] 크레이티브 커먼즈 라이선스는 전통적인 저작권인 '복제 불허 All Rights Reserved'부터 저작자 표시-비영리-변경 금지 CC BY-NC-ND(저작자 표시가 필요하지만, 비상업적 목적으로 자유롭게 콘텐츠를 공유할 수 있으며 2차 저작물은 허용하지 않음)까지 몇 가지 종류가 있다. 기계와 인간이 모두 읽을 수 있게 설계된 네댓 가지 조건을 적절히 조합해 크레이티브 커먼즈는 플리커 Flickr 같은 사진 공유 사이트나 유튜브 같은 동영상 공유 사이트 사용자가 라이선스에 적합한 콘텐츠만 검색할 수 있도록 하고 있다. 사생활에도 이와 비슷한 표시 방법이 있다면 큰 도움이 될 것이다.

오바마 행정부는 '스마트 디스클로저 Smart Disclosure'[7], 즉 '소비자가 정보에 입각한 결정을 내릴 수 있는 방식으로 표준화하고 기계 판독 가능한 형태로 복합적인 정보를 적절한 시기에 공개'하는 일에 큰 노력을 기울였다. 블록체인과 같은 새로운 기술은 계약과 규칙을 암호화하므로 새로운 종류의 '스마트 계약Smart Contract'[8]을 만들어낼 수 있다. 데이터 보호를 스마트 계약으로 접근하면 매우 강력한 방법이 된다. 사용자는 브라우저에 '위치추적 금지' 도구를 사용하기보다 데이터 사용을 미묘하게 제한할 수 있다. 서류상 정보 공개와 달리 디지털 사생활 계약은 강제성이 있고 추적이 가능하다.

하지만 규칙을 시행하는 시스템이 점점 자동화되기 때문에 의사결정 기준을 이해하는 것이 더 중요해진다. 알고리즘이 실생활에서 결정을 내리는 데 더 많이 사용되는 미래의 '알고크라시algocracy'에서 누가 주택담보대출을 받을지, 어떻게 기증된 장기를 배정할지, 누가 교도소에서 나올지 같은 문제를 알고리즘이 판단하게 되면 공정성에 대한 우려 때문에 의사결정 과정의 공개를 요구하게 될 것이다.

이를테면 내 경우처럼 빨간불에 차를 진행하다가 교통 카메라 단속에 걸렸다면 알고리즘 집행이 꽤 공정해 보일 수 있다. 내 차가 신호등이 바뀌기 전에 교차로로 진입하는 시간이 찍힌 사진을 받았을 때 나는 항의할 여지가 없었다.

법학 교수 텔 자르스키Tal Zarsky는 데이터마이닝과 알고리즘 의사결정의 윤리에 대한 글에서, 수천 개의 변수에 토대를 두고 소프트웨어가 결정하며, 알고리즘 제작자가 "이것이 기존 사례를 바탕으로 알고리즘이 알아낸 것"이라고 말한다고 해도 '해석 능력'[9]은 필수요소라고 주장한다. 우리가 인간의 자유를 소중하게 생각한다면 왜 한 개인이 알고리즘을 토대로 차별 대우를 받게 되었는지 설명할 수 있어야 한다.

점점 발전하는 머신러닝 시대를 향해 이런 노력은 갈수록 어려워질수 있다. 그대로 이어받든 아니면 최적으로 개선하든, 우리가 어떤 규제 제도를 적용할지 명확한 입장을 정하지 못하면 소송을 각오해야 한다.

규제와 평판 시스템의 만남

'최소한의 정부가 최고의 정부'라고 했다. 안타깝지만 이는 사실이 아닌 것으로 드러나고 있다. 법의 지배가 없다면 변덕스러운 권력은 소수의 권력자에게 이익이 되도록 규칙을 정한다. '최소한의 정부'의 진짜 의미는 법을 소수의 이익에 맞추고 있다는 것이다. 소수의 이익에 맞춘 경제의 법은 다수에게는 불리하다. 다수의 이익에 맞춘 경제는 소수에게 불리해 보일 수 있지만 존 롤스John Rawls가 말한 '무지의 베일Veil of Ignorance', 즉 '정치 질서나 경제 질서를 위한 최선의 규칙은 그 규칙에 대한 사전 지식이 없는 사람이 선택하는 것'이라는 주장은 다수를 위해 통치하는 정부가 최선이라는 면에서 설득력이 있다.

또한 이것은 기술 플랫폼의 교훈이기도 하다. TCP/IP를 생각하면 이 규칙은 그저 플랫폼에 추가되는 것이 아니라 플랫폼에 이상적으로 설계 되어야 한다. 설령 규칙이 복잡하더라도 일단 참가자의 단순한 이익에 부합하는 한 규제는 대부분 잘 눈에 띄지 않는다. 그저 일이 돌아가는 것처럼 보인다.

평판 시스템은 규제를 온라인 플랫폼 설계에 반영하는 한 가지 방법 이다. 아마존에는 수백만 개 제품 하나하나마다 고객 평가가 있어서 소비자가 그 정보를 바탕으로 어떤 제품을 살지 결정하는 데 도움이 된다.

옐프나 포스퀘어 같은 사이트는 고객의 음식점 리뷰를 폭넓게 제공한다. 형편없는 음식이나 서비스를 제공한 식당은 소비자의 불만 표시가 붙고 훌륭한 곳은 칭찬을 받는다. 트립어드바이저TripAdvisor나 그와 유사한 사이트는 여행자가 낯선 곳에서 머물 때 가장 좋은 장소를 찾도록 돕는다. 이런 리뷰 사이트는 사용자가 만족할 만한 상품이나 서비스를 알고리즘으로 순위를 매기는 데 도움을 준다.

완벽한 시장[10]을 만들겠다는 피에르 오미디야르Pierre Omidyar의 노력으로 성장한 이베이는 평판 시스템의 개척자였다. 이베이는 엄청난 어려움에 직면한 적이 있다. 서점같이 친숙한 형태를 온라인으로 옮긴 아마존과 달리, 이베이는 전 세계 창고 세일이나 직거래의 온라인 버전으로서 기존 브랜드에서 얻을 수 있는 신뢰감이 없었다.

경제학자 폴 레스닉Paul Resnick과 리처드 제크하우저Richard Zeckhauser는 그들의 논문 〈인터넷 거래에서 낯선 사람들 사이의 신뢰 : 이베이 평판 시스템의 실증적 분석 Trust Among Strangers in Internet Transactions: Empirical Analysis of eBay's Reputation System〉에서 온라인 경매 사이트의 사용자는 상품을 살펴보고 품질을 판단할 수 없다고 지적했다. 같은 판매자와 거듭 거래하는 경우도 드물고 친구나 이웃에게 판매자 정보를 알 수도 없다. 특히 초기에는 사진이나 설명이 조악했고 판매자 정보는 거의 없었다.[11] 제품이 사진과 다르거나 모조품이거나 아예 배송이 되지 않을 위험도 있었다. 1995년 이베이와 아마존이 설립되었을 때 인터넷에서 신용카드 사용은 그 자체가 용납할 수 없는 위험으로 받아들여졌다.

이베이는 구매자와 판매자의 네트워크를 구축하는 것과 함께 이들이 서로 신뢰할 수 있는 메커니즘을 만들어야 했다. 구매자가 판매자를 평가하고 판매자가 구매자를 평가하는 이베이 평판 시스템은 그 해답 중 하나였다.

데이비드 랭 David Lang은 교육 크라우드펀딩 사이트인 도너스추즈 DonorsChoose를 소개하면서 신뢰를 향한 인터넷의 여정을 요약한 글을 블로그 미디어인 〈미디엄〉에 올렸다. 여기서 그는 전통적 자선사업이 비영리단체 설립을 목적으로 거액을 제공하고 높은 수준으로 감시한다고 지적했다. 반대로 도너스추즈는 개인 교사가 수업의 필요성을 홍보하고 개인이나 기관과 만날 수 있도록 한다. 랭은 기술이 신뢰를 가능하게 한 다른 사례를 설명하면서 이렇게 썼다.

"금융 거래는 참신한 것이 아니다. 방 임대, 자동차 공유, 예술 지원은 수 세기 전부터 있어왔다. 얼마나 참신한가 하는 것은 앱과 알고리즘이라는 필터[12] 덕분에 우리가 낯선 사람에게 흔쾌히 적용할 수 있는 신뢰의 수준에 달려 있다."

우버나 리프트, 에어비앤비 같은 기업이 규제기관과 벌이는 싸움에서 알 수 있듯이, 신뢰를 향한 여정에는 단순히 소비자를 참여시키는 것 이상의 노력이 필요하다. 로건 그린이 내게 언급한 내용에 따르면, 리프트가 피어투피어 서비스를 위해 캘리포니아 공공사업국 California Department of Public Utilities, CPUC으로부터 원래 받은 허가는 자신이 기존 택시업계에 관한 규정과 상당수 동일한 혜택을 주기 위해 새로운 기술을 사용할 수 있다는 주장에 토대를 둔 것이다. 캘리포니아 공공사업국은 승객 안전을 최우선시했다.

로건 그린의 팀은 GPS를 통한 탑승 추적과 평판 시스템, 세심한 운전자 선발이 서로의 목표를 만족시키는 효율적인 방법이라고 설득했다.

하지만 많은 지역에서 평판 시스템과 전통적 규제는 여전히 충돌하고 있다. 표면상으로 택시는 필요할 때 서비스를 제공할 수 있는 적절한 수의 차량 확보뿐 아니라 소비자 경험의 질과 안전성 보호를 위해 규제를 받는다. 하지만 우리는 실제 이런 규정이 품질이나 사용 가능성을 제대로 보장하지 못한다는 것을 알고 있다. 우버나 리프트가 사용하는, 탑승 후에 승객이 운전자를 평가하는 평판 시스템이 나쁜 운전자를 가려내는 역할을 한다고 강력히 주장할 수도 있다. 물론 나도 별점을 주듯이 택시 불만 신고가 쉬웠다면 다시는 영업을 못 하게 하고 싶은 택시 운전자를 만났던 적이 있다.

하지만 이런 평판 시스템이 우버나 리프트에서 일하는 운전자가 충분히 검증되지 못했다고 주장하는 새로운 반대자들을 막아내지는 못했다. 우버와 리프트는 운전자가 서비스를 제공하기 전에 신원을 확인하고는 있지만, 반대자에 따르면 이는 지문 등록이나 FBI의 범죄자 신원조사가 아니므로 충분하지 않다는 것이다. 우버나 리프트 입장에서 이 절차는 부담되고 시간이 오래 걸릴 뿐 아니라, 새로운 플랫폼에 서비스를 제공하려는 시간제·비정기 운전자의 참여를 제한하기 때문에 바람직한 안이 아니다. 하지만 우버와 리프트는 이 문제를 매우 예민한 사안으로 받아들이고 오스틴시에서 지문 등록과 FBI 신원확인을 요구받자 실제로 자신들의 서비스를 철수했다. 그러면서 두 기업은 외부 업체를 통해 실시하는 신원 조사를 통해 더 나은 운전자 정보를 얻는다고 주장했다.

기존의 운전자 면허 규정은 운전자의 능력을 보장하는 한편 공급을 제한하는 두 가지 기능을 가지고 있다. 우버에 관한 비평서인《부당 대우Raw Deal》의 저자 스티븐 힐Steven Hill에 따르면, 첫 번째 '택시' 규정은

1635년 영국 왕 찰스1세가 반포했고, '대중의 무분별한 마차 사용[13]'을 제한하기 위해' 런던 거리의 모든 운송수단에 면허증을 발부하도록 했다. 같은 일이 대공황 기간에 미국에서도 일어났다. 사람들은 일자리가 절실했고 임대 자동차가 거리를 가득 메웠다. 1933년 미국 교통 당국 공무원은 이렇게 썼다.

"택시의 과잉 공급이 요금 전쟁과 요금 후려치기, 운영회사와 운전자 사이의 보험과 재정 책임 문제로 이어졌다. 미국 전역에 걸쳐 공무원과 도시의 언론은 택시 산업에 공적 제제를 요구했다."[14]

결과적으로 도시들은 '택시 영업 면허증' 제도를 도입해 택시 수에 제한을 두었다. 즉 상용 운전자에게 제한된 수의 면허를 부여하면서 요금, 보험, 차량 안전 검사, 운전자 신원에 관한 규정을 발표했다.

이 간략한 역사에서 수단과 목적이 뒤섞이기가 얼마나 쉬운지 알 수 있다. 당시 찰스1세의 견해와 같이 당시의 문제를 '대중의 무분별한 마차 사용'으로 볼 경우, 허가된 마차의 수를 제한하는 해결책 즉 수단이 교통체증과 공해를 줄이기 위한 실제 목적에 부합한다고 볼 수 있다 (1635년의 말 배설물은 20세기의 스모그에 상응하는 것이었다). 반면 1933년에 교통 당국은 공급 과잉 때문에 운전기사가 기본 생활을 영위할 수 없을 정도로 택시요금 전쟁이 일어났으며 그에 따라 안전 저하와 운전자의 보험 가입 미비라는 문제가 발생했다고 주장했다. 이 때문에 운전기사의 수를 제한하고 의무 점검을 부과하는 안은 일회성 해결책에 불과했으며 해결책이라는 수단이 목적이 되어버렸다. 스티븐 킹의《다크 타워 Dark Tower》에 나오는 한 구절처럼 "세상은 발전하고 있으며" 지금은 더 좋은 해결방법을 찾을 수도 있다.

그러나 나쁜 운전자가 있을 위험은 여전히 존재하고, 비판자들은 우버 운전자가 저지른 범죄를 자신들의 비판에 최대한 활용한다. 하지만 정확한 시간과 위치, 경로, 운전자와 승객의 신분이 알려진 상태로 실시간 추적된다는 사실 때문에 근본적으로 우버나 리프트는 일반 택시보다 안전하다. 또한 승객과 운전자가 모두 승차한 후 평가를 하므로 시간이 갈수록 시스템에서 말썽꾼을 가려내게 된다. 할 배리언은 이 상황을 컴퓨터를 통한 거래가 규제 게임을 어떻게 바꾸는지에 대한 좀 더 넓은 맥락에 대입했다.

"모든 거래[15]가 모니터 되고 있는 거죠. 만약 거래에 문제가 생기면 컴퓨터 기록을 통해 무엇이 잘못되었는지 찾을 수 있어요."

현재 알고리즘이 교통체증에 대한 대기시간 단축에 최적화되어 있지만, 과도하게 많은 운전자가 교통체증과 대기시간에 미치는 영향과 같은 여러 요소를 알고리즘에 반영함으로써 고객(승객)만족도를 높이고 비용을 낮추지 못할 이유가 없는 것이다. 알고리즘에 의한 운전자 배정과 경로 설정은 아직은 초기 단계에 있으므로 발전할 일만 남아 있다. 이에 대한 반론 즉 알고리즘 발전과 이를 통한 문제 해결이 어렵다고 생각하는 것은 페이지랭크PageRank('링크가 많이 걸려 있는 웹 페이지는 더 중요하다'라는 생각에 근거해 구글이 개발한 웹페이지의 중요도를 나타내는 하나의 지표 – 옮긴이)의 발명과 함께 구글 검색의 진화는 1998년에서 끝났다고 믿는 것과 같이 근거가 부족한 의견이다. 이런 복합적인 요인의 최적화를 제대로 작동시키기 위해 우버와 리프트는 그들 시장의 이해관계자를 모두 동원해 알고리즘을 진화시키려고 노력해야 한다. 그들이 현재 그렇게 하고 있는지는 확실치 않다.

수단과 목적의 차이를 이해하면, 우버와 리프트 같은 운송 네트워크 회사와 택시·리무진 규제기관 사이의 규제 불일치를 해소하는 데 도움이 된다. 두 회사는 승객 수요를 맞출 만큼 충분히 믿을 수 있고 자격 있는 운전자를 원하지만, 차량을 유지하고 좋은 서비스를 제공하기에 충분한 돈을 버는 운전자는 많지 않다. 규제기관은 이런 목표를 달성하는 가장 좋은 방법이 운전자 수를 제한하고, 특수 영업 면허를 발급해 운전자를 인증하는 것이라고 믿는다. 하지만 우버나 리프트는 컴퓨터 기반 알고리즘을 시장에 적용하면 규제기관이 원하는 동일한 목표를 더 효율적으로 달성할 수 있다고 본다. 물론 컴퓨터 기반 알고리즘을 시장에 적용한 결과 산출되는 데이터를 활용해 이런 대안적 접근 방법의 성패를 평가할 수 있어야 한다.

7장에서 살펴보았듯이, 현안의 주체인 실리콘밸리 기업과 이 문제의 일부인 정부 사이에는 깊은 문화적·경험적 차이가 존재한다. 실리콘밸리에서 새로운 앱이나 서비스는 모두 실험에서 출발한다. 첫날부터 벤처 투자자에게서 자금 지원을 받든, 자금 조달 없이 시작하든, 그 성공은 사용자 채택, 사용량, 참여와 같은 핵심 지표의 달성에 달려 있다. 통상 서비스는 온라인으로 제공되므로 실시간으로 피드백이 들어온다. 에릭 리스Eric Ries는 자신이 만든 린 스타트업Lean Startup 방법론에서 최소기능제품Minimum Viable Product, MVP으로 부르는 첫 번째 버전을 '팀이 최소한의 노력으로 고객에 대한 유효한 정보를 최대한 수집할 수 있는 새로운 제품[16] 버전'으로 정의했다. 모든 기업가의 목표는 이 최소기능제품이 폭발적 성장을 거두는 제품시장적합도Product-market Fit, PMF를 찾을 때까지 점진적으로 발전시키는 것이다.

이런 사고방식은 모든 기업가에게 배울 수 있다. 앱이나 서비스가 출시되면 새로운 기능을 더하고 점진적으로 테스트한다. 기능 사용량을 측정할 뿐 아니라 고객이 채택하지 않은 제품은 조용히 포기하거나 다시 검토한다. 버튼 위치나 크기, 메시지 또는 그래픽 같은 특징 가운데 어떤 버전의 반응이 좋은지 파악하려고 무작위 사용자 샘플 테스트도 진행한다. 이를 통해 피드백 고리가 견고해지고[17] 서비스 성공의 핵심이 된다.

반대로, 7장에서 설명한 오바마 행정부에서 시작한 변화에도 불구하고 입법자와 정부 규제기관은 화제성을 생각한다든지, 공청회(와 매우 자주 로비스트와 개인적인 만남)에서 이해관계자들의 의견을 듣는다든지, 결정을 숙고한 다음 이를 고수하는 데 익숙하다. 결과에 대한 평가는 실행 후 몇 년이 지나 정책 결정 과정에 대한 명확한 피드백 없이 학문적 연구 형태로 나타난다. 나는 우연히 퇴역 군인을 위한 직업 검색엔진을 구축하는 수백만 달러 규모의 프로젝트를 알게 되었다. 당초 이 검색엔진은 단지 수백 명만 이용할 수 있었으나 업데이트를 눈앞에 둔 상황이었다. 나는 이 프로젝트를 감독한 한 고위 공무원에게 그들이 사용자 한 명당 드는 비용을 계산하고 있는지 물어보았다. 그는 "좋은 생각인 것 같네요"라고 대답했다. 실리콘밸리 기업가라면 이 말을 듣고 그 자리에서 웃었을 것이다. 영국 정부디지털서비스의 전 책임운영자 톰 루스모어Tom Loosemore는 2015년 코드 포 아메리카 서밋 연설에서 일반적인 정부 규제 형식과 관련해 정부는 '검증하지 않고 추정한 내용을 500페이지'에 걸쳐 기술한다고 말했다.[18]

정부 기술 조달 절차는 이와 같은 접근법을 취한다. 그들은 방대한 기술설명서에 모든 사람의 생각을 요약하고 실행에 대한 세부사항을 기술해 이를 입찰에 부친다. 일반적으로 제품을 개발하는 데는 몇 년이 걸리고, 첫 제품을 출시할 때 첫 번째 가정을 시험한다(아마존의 '거꾸로 일하기' 방식과 비슷해 보이지만, 실제로 이는 매우 다르다. 아마존에서는 담당자에게 목표로 설정한 의도된 사용자 경험을 상상하면서 작업하도록 하고, 모든 세부사항을 사전에 명시하도록 요구하지 않는다. 실제로 제품이나 서비스를 만들면서 그들은 계속 아이디어를 얻고 다듬어 나간다).

객관적으로 말해 정부는 앞에서 언급한 사용자 경험과 관련된 소비자를 위한 앱보다 훨씬 큰 범위의 사항을 규제한다. 마크 저커버그가 페이스북 개발자들에게 했던 "구태의연함을 깨고 빨리 움직이자Move fast and break things"라는 유명한 말은 교각 설계나 항공 교통 통제, 식량 공급의 안전성이나 정부가 규제하는 상당수 분야에는 거의 적용되지 않는다. 또한 정부는 고도로 타깃이 분명한 사용자 집합뿐 아니라 해당 국가의 모든 주민에게 서비스를 제공해야 한다. 그런데 정부의 숙제는 이것이 다가 아니다. 민간 기업의 최신 디지털 조직에서 끊임없이 이루어지는 개발 과정을 통해 정부가 배워야 할 점이 너무도 많다.

'규제 포획Regulatory Capture' 즉 규제의 혜택을 받는 기업이 규제를 관리하는 당사자가 되는 과정은 혼란을 부추긴다. 나는 전 하원의장 낸시 펠로시Nancy Pelosi와 온라인 저작권 침해 금지 법안Stop Online Piracy Act, SOPA에 대해 대화를 나눈 적이 있다. 당시 나는 출판 사업 데이터에 근거해 온라인 저작권 침해는 법안 지지자가 주장하는 것보다 문제가 적다고 말했다. 펠로시 의장은 내 데이터를 자세히 살펴보라거나 법안 지지자들은 다른 데이터를 제공했다고 반박하지 않았다. 그녀는 이렇게 말했다.

"우리는 실리콘밸리의 이익과 할리우드의 이익 사이에 균형을 맞춰야 해요."

나는 충격을 받았다. 이는 마치 구글 검색품질팀이 검색 스팸 발송자 대표와 앉아 사업 모델을 유지하기 위해 세 번째 검색 상위 결과를 무시하는 데 합의하는 것과 같았다. 내 생각에 하원의원의 역할은 다양한 이익집단의 이해를 균형 있게 조정하는 것이 아니라, 대중을 대신해 데이터를 수집하고 신중한 결정을 내리는 것이기 때문이다.

실리콘밸리는 언제나 옳고 정부는 늘 그르다는 말을 하려는 것이 아니다. 소외되기 쉬운 계층을 비롯해 대중의 이익을 살펴야 하는 중요한 임무를 맡고 있는 정부가 로비스트에게 의존할 때가 많다는 것을 말하고자 함이다.

어떤 규제의 목적을 구체적으로 설명하면 더 솔직하고 생산적인 대화를 나눌 수 있다. 양측은 정확한 목표에 관해 토론할 수 있다. 그리고 합의에 도달하면 그 합의를 달성하기 위한 대안과 성공 여부를 평가하는 방법을 검토할 수 있다. 그들은 평가를 통해 얻은 내용에 따라 규제를 수정하는 과정도 정의해야 한다. 중복되는 규제 사이의 갈등을 해결하는 방법도 마련해야 한다. 복잡한 규제라면 각 하부 규정 마련을 위한 절차도 뒤따라야 한다. 제프 베조스의 플랫폼 메모에서 얻은 모듈 방식은 플랫폼과 현대 기술 조직뿐 아니라 놀라울 정도로 규제 설계에도 적합하다.

이런 관점에서 나는 미국 고속도로안전관리국 National Highway Traffic Safety Administration 의 2016년 자율주행차에 관한 규정에 용기를 얻었다. 이 문서는 평가할 수 있는 방법으로 구성된 명확한 목표를 제시했다. 규정을 운영설계 도메인Operational Design Domain, ODD이라는 지침으로 구분했다. ODD 는 도로 유형, 지리적 위치, 속도 범위, 작동을 위한 조명 조건(주간 또는 야간), 기상 조건, 기타 작동 도메인 조건같이 입증할 필요가 있는 기능에 대한 제약 조건이다. 또한 다음과 같이 측정의 필요성을 강조했다.

"고도로 자율화된 차량 시스템이 정의된 ODD에 따라 안전하게 작동 하고 필요하면 최소 위험 조건으로 되돌아가는 능력[19]이 있는지(시뮬레이 션과 시험 노선 또는 도로 주행을 통해) 평가하고 인증할 수 있는 테스트가 개 발되고 실시되어야 한다."

규칙보다 결과에 집중할 때 비교 가능한 결과를 얻을 수 있는 다양한 방법이 생기고, 때로는 더 나은 결과를 가져오는 새로운 방법도 알게 된 다. 어떤 접근 방법이 최선인지는 데이터로 판단해야 한다.

정부만 데이터를 공개하지 않거나 공개할 수 없는 것은 아니다. 우버 나 리프트, 에어비앤비 같은 기업도 경쟁자에게 영업 비밀이나 상대적 시장 주도권을 넘겨줄 것을 우려해 많은 데이터를 보호한다. 하지만 이 들 기업은 주문형 운송이 도시에 미치는 영향을 연구하려는 규제기관 과 학계에 많은 정보를 개방해야 한다. 공공정책, 규제, 사회 문제 해결 을 위해 노력하는 단체인 유니온 스퀘어 벤처Union Square Ventures를 이끄는 닉 그로스먼Nick Grossman은 오픈 데이터가 우버와 규제기관의 논쟁을 해 결할 수 있다고 주장한다. 그는 "규제기관은 사람들이 시작하기 어렵지 않게 하는 데 중점을 두는 새로운 모델을 받아들여야 한다"[20]라고 설명 한다. 면허 요구사항을 완화하고 운영의 자유를 늘리면 더 많은 사람이 참여하고 기업은 더 자유롭게 실험할 수 있다. 하지만 그로스먼은 이렇 게 말했다.

"자유로운 운영의 대가로 기업은 사용자처럼 규제기관과도 가감 없이 실시간으로 데이터를 공유해야 해요. 그리고 데이터는 책임이라는 형태가 될 수 있다는 점도 받아들여야 하죠."

오픈 데이터는 우버의 시장 기반 접근 방법에 대해 계속되는 질문을 잠재우는 데 도움이 될 수 있다. 이를테면 우버는 요금 인하가 운전자 소득에 영향을 미치지 않는다고 주장하지만, 많은 운전자는 같은 금액을 벌기 위해 더 오래 일해야 하고 호출까지 대기시간이 늘어나고 있다고 말한다. 이것은 주장과 반론의 문제가 아니다. 질문에 대한 답은 우버 서버에 있는 데이터에서 찾을 수 있기 때문이다. 오픈 데이터는 시스템이 얼마나 잘 작동하는지에 대해 모든 사람이 알 수 있는 훌륭한 방법이다. 오픈 데이터는 주문형 차량 서비스가 도시의 전반적인 교통 정체에 미치는 영향을 이해하고, 에어비앤비가 주택 가용성과 구매 능력에 미치는 영향을 평가하는 데 도움을 줄 수 있다. 도시 당국과 플랫폼 기업이 모두에게 더 나은 결과를 도출하기 위해 데이터를 사용하려고 적극적으로 협력하지 않는 것은 참으로 안타까운 일이다.

고용과 노동의 미래

우버나 리프트 운전자(그리고 다른 주문형 스타트업에서 일하는 노동자)를 '독립 계약자' 또는 '피고용자' 가운데 어디로 분류해야 할지에 대한 논쟁만큼 구식 지도가 공공 정책과 노동·경제를 어떻게 형성하는지를 잘 보여주는 사례는 없다. 미국 고용법에서 독립 계약자는 자영업자나 중소기업 같은 다수의 고객에게 서비스를 제공하는 숙련된 전문가를 의미

한다. 피고용자는 급여를 대가로 받고 단일 기업에 서비스를 제공한다. 하지만 대부분 주문형 근로자는 이 두 분류 어디에도 속하지 않는다.

노동을 옹호하는 사람들은 새로운 주문형 직업에는 보장 임금도 없다고 지적하면서 중산층의 황금기라고 불리는 1950~1960년대 제조업 경제의 안정적 일자리와 매우 대조적으로 생각한다. 하지만 미래를 제대로 파악하려면 현재를 명확히 알고 안정적인 직업이 점점 희소해지는 '이유'를 이해해야 한다. 아웃소싱은 기업의 새로운 규범이다. 기업은 저임금 국가를 찾아 해외로 간다. 미국 내 서비스 직업조차 임금과 복지 혜택을 줄이려고 '아웃소싱'을 이용한다. 하얏트 또는 웨스틴호텔에서 일하는 객실 청소 담당자를 떠올려 보자. 그는 청소 위생 관련 인력파견 회사[21] 소속일 가능성이 크다. 우리가 주문한 명절 선물을 아마존 물류 창고에서 포장하는 노동자가 아마존 직원일까? 아마 인력파견 회사[22] 소속일 것이다. 아웃소싱에서는 기업이 가치가 높은 핵심 직원에게 좋은 혜택과 급여를 제공하는 반면에 다른 인력은 소모품처럼 취급할 수 있다. 가장 유감스러운 것은 현재 제공되는 많은 저임금 일자리가 생활비를 보장하지 못할 뿐더러 시간제 일자리만 제공한다는 것이다.

다음 중 어떤 시나리오가 노동자에게 더 친화적으로 보이는가?

우리의 노동자들은 피고용자다. 8시간 교대 근무를 위해 이들을 고용했다. 하지만 우리는 시간제 노동자 인력풀을 더 많이 확보하고, 최대 수요를 예측하며, 단기 교대로 작업 일정을 관리해 지금은 더 영리하게 인건비를 낮출 수 있다. 수요가 변동하기 때문에 노동자를 대기시켜 놓고 실제 필요할 때만 그들이 일한 만큼 임금을 지급한다. 또한 똑똑한 스케줄링 소프트웨어는 노동자가 29시간 이상 근무하지 않도록 일정을 조절해 비용이 많이 드는 정규직 혜택을 제공하지 않도록 한다.

또는

우리의 노동자들은 독립 계약자다. 우리는 이들에게 언제, 어디에서 서비스 요구가 있는지 알 수 있는 도구를 제공한다. 수요를 맞출 수 없을 때 우리는 고객에게 비용을 더 청구하고, 수요와 공급이 균형을 이룰 때까지 노동자의 수입이 증가한다. 우리는 이들에게 급여나 시급을 지급하지 않고 노동자의 수입에서 일부를 받는다. 노동자들은 수입 목표를 달성할 때까지 원하는 만큼 일할 수 있다. 이들은 다른 노동자들과 경쟁하지만 우리는 서비스를 제공할 수 있는 시장의 크기를 최대한 확장하기 위해 최선을 다한다.

첫 번째 시나리오는 월마트나 맥도날드, 갭[3] 또는 저임금 기업으로 가고 있는 스타벅스[24] 같은 기업에서 노동자로 일하는 경우를 요약했다. 노동자의 불만으로 들 수 있는 것으로는 응급한 상황에 근무 일정을 조절할 수 없고, 근무 일정을 촉박하게 통보받는 것을 비롯해 '마감과 개점clopens'이라는 비합리적인 일정(이를테면 같은 노동자가 밤 11시에 매장을 닫고 다음 날 새벽 4시에 개점해야 하는 관행으로 2014년 중반에 스타벅스에서는 금지되었지만[25] 많은 소매업체와 패스트푸드점에서 아직도 사용되고 있다), '충분하지 않은 시간'[26], 기타 다수의 노동 문제[27]가 있다.

두 번째 시나리오는 우버나 리프트의 노동 형태를 요약했다. 내가 그랬듯이 많은 운전자와 대화해보라. 그러면 이들은 스스로 근무 일정을 정하고, 원하는 만큼 일할 수 있는 자유를 얼마나 흡족하게 여기는지 이야기해줄 것이다. 이는 프린스턴대학의 앨런 크루거 Alan Krueger와 현재 우버에서 근무하는 경제학자 조너선 홀 Jonathan Hall이 진행한 우버 운전자의 연구 결과[28]에서 비롯된 것이다. 이 연구에 따르면, 우버 운전자의 51퍼센트는 부업으로 주당 15시간보다 적게 일하고, 일부 운전자는 목표 소득에 도달할 때까지 일한다. 전체 운전자의 73퍼센트는 '약간의 혜택과 고정 임금이 주어지는 안정적인 직장'보다 '스스로 근무 시간을 정하고 자신을 위해 일하는' 편이 좋다고 대답했다.

일정에 얽매이지 않고 일하고 싶을 때 앱을 켜고 어떤 일이 되었든 다른 노동자와 경쟁하는 노동자와 일하는 기업을 관리한다고 해보자. 그러려면 노동자와 고객의 공급이 동적 균형을 이루게 하는 강력한 알고리즘이 필요하다.

전통적 기업은 고르지 않은 노동 수요를 항상 관리해야 했다. 과거에는 기본 수요에 맞는 핵심 정규직 근로자와 최고 수요에 맞춘 소규모의 시간제 임시 노동자나 계약 노동자를 유지했다. 하지만 오늘날 대기업의 저임금 노동자는 대부분 지속적인 부분 고용으로 대체되었다. ADP, 오라클, 크로노스 Kronos, 리플렉시스 Reflexis, SAP 같은 기업에서 공급되는 스케줄링 소프트웨어는 소매업이나 패스트푸드 기업이 최고 인력 수요를 감당하는 데 필요 이상의 주문형 인력풀을 구축하고, 짧은 근무 시간으로 일을 나누어 풀타임으로 일할 수 없도록 한다. 이런 방식은 미국에서 저임금 노동자를 관리하는 지배적인 전략이 되었다. 시카고대학의 수전 램버트 Susan Lambert의 경영 조사에 따르면, 2010년까지 소매업 일자리의 62퍼센트가 시간제 근무였고, 소매업 관리자의 3분의2가 개인 노동자의 근무 시간을 늘리기보다[29] 시간제 인력을 많이 유지하기를 선호했다.

스케줄링 소프트웨어의 출현으로 이런 트렌드가 가능해졌다. 인베스티게이티브 펀드Investigative Fund의 이스더 캐플란Esther Kaplan은《하퍼Harper》의 '나를 해고한 스파이The Spy Who Fired Me'에서 이렇게 설명했다.

> 2013년 8월[30], 패션 기업 포에버21이 크로노스를 도입한 지 2주도 채 지나지 않아 수백 명의 정규직 직원을 시간제로 전환하고 건강보험 혜택을 종료한다고 통지했다. 이와 비슷한 일이 뉴욕의 고급 패션 매장 센추리21에서도 일어났다. … 하루 만에 콜린 깁슨Colleen Gibson의 규칙적인 일정이 연기 속으로 사라졌다. 그녀는 저녁 수업을 듣기 위해 아침 7시부터 오후 3시 30분까지 시계를 판매했지만, 크로노스에 출근 카드를 찍었을 때 시스템은 그녀를 더는 정규직으로 인식하지 않았다. 이제 그녀는 일주일에 25시간 이상 근무할 수 없고, 근무 시간도 불규칙하다. 회사는 풀타임으로 일하려면 유연해져야 한다고 말했다.

전통적 기업과 '주문형' 기업 모두 인력을 관리하기 위해 앱과 알고리즘을 사용한다. 하지만 중요한 차이점이 있다. 전통적으로 저임금 고용주가 사용했던 톱-다운 방식으로 일정을 관리하는 기업은 기존 시스템의 가장 나쁜 특징을 증폭시키는 방향으로 이 기술을 사용해왔다. 즉 업무를 배정할 때 노동력 투입에 최소한의 여유시간만 제공했고, 고비용의 건강보험 보장을 피하려고 시간제 근무로 인력을 제한했다. 회사의 비용 최적화는 고객이나 직원의 이익을 위한 것이 아니라 알고리즘의 기본 원칙이다.

반대로 우버와 리프트는 관리자뿐 아니라, 운전자에게도 데이터를 공개해 수요가 있는 시간과 위치를 파악하고 원하는 근무 날짜와 시간을 선택할 수 있도록 한다. 이를 통해 수요가 높은 시간대나 평소 서비스가 미치지 못하는 시간대와 장소에 더 많은 운전자가 접근할 수 있도록 시장 메커니즘을 활용한다.

새로운 기술로 지도를 그릴 때 올바른 출발점을 사용하는 것이 중요하다. 주문형이나 '긱 경제'에 대한 많은 분석은 더 넓은 노동 경제를 포함하지 않고 실리콘밸리에 국한되어 있다. 일단 우리가 '알고리즘이 관리하는 노동자'와 '보장되지 않는 고용'에 대한 지도를 그리기 시작하면 세상이 전혀 다른 관점으로 다가온다.

왜 노동을 규제할까? 오바마 정부에서 노동부 장관을 지낸 톰 페레즈Tom Perez는 로렌 스마일리Lauren Smiley와 나눈 인터뷰에서 노동자가 생활최저임금을 버는지 여부를 가장 중요한 문제로 생각했다. 이에 대해 미국 노동부 산하 임금 및 노동시간Wage and Hour Division 담당 부서장인 데이비드 웨일David Weil은 간략하게 언급했다.

"우리는 항상 첫 번째 원칙인, 우리가 보호하려는 대상이 누구이고, 새로운 일자리에 나타난 사람들을 어떻게 해당 영역에 포함할지[31]에 대한 원칙으로 돌아가야 합니다."

피고용자가 되면 혜택이 많은 것처럼 보인다. 하지만 정규직 직원과 시간제 직원에게 주어지는 혜택 사이에는 큰 차이가 있다. 이것은 내가 '29시간의 허점 loophole'이라고 부르는 것과 연결된다. 부도덕한 관리자는 한 주에 어떤 노동자도 29시간 이상 근무할 수 없도록 자동화된 스케줄링 소프트웨어를 설정한다. 고용법에 따르면, 주당 30시간이라는 기준으로 시간제 노동자와 정규직 노동자에게 돌아가는 혜택이 다르다. 이 허점으로 정규직 직원은 두둑한 복지 혜택을 누리지만, 저임금 시간제 노동자는 빈약한 혜택만 받는다. 이런 현실을 깨달으면 현행 노동 규정이 새로운 실리콘밸리 기업과 그 직원들에게 앞으로 어떤 피해를 줄지 이해하게 된다.

주문형 노동자를 계약직 노동자에서 피고용자로 전환하면 노동자들은 우버나 태스크래빗 같은 플랫폼에서 원하는 만큼 일할 기회를 갖다가 주당 29시간 이상은 일할 수 없는 곳으로 갈 가능성이 매우 높아진다. 이 일은 정확히 구매 배달 대행 서비스 기업인 인스타카트 Instacart가 주문형 노동자를 직원으로 전환했을 때 일어났다. '이들은 결국 시간제 직원이 되었다[32](컴퓨터로 근무 시간을 관리하는 소프트웨어가 나타나기 전에도 기업은 직원의 급여와 복지 혜택을 가지고 속임수를 썼다. 2000년에 하버드대학에서 경비·정비직원에 대한 부당한 대우를 반대하는 학생들의 항의가 있었다. 당시 경비 직원들은 이런 말을 들었다고 한다. "당신들은 정규직 직원이 아니므로 정규직 혜택을 받을 수 없습니다. 당신들은 하버드대학에서 40시간을 근무하지 않거든요. 하버드대학에서 20시간, 하버드 로스쿨에서 20시간을 일하고 있습니다").'

기업이 노동 시간을 주당 29시간으로 제한하는 사실만큼 악의적인 것은 전통적으로 저임금을 지급하는 고용주가 제시하는 작업 일정이 불규칙하다는 점이다. 이것은 노동자들이 향후 근무 시간을 알기 어렵고, 부업을 할 수 있는 시간을 효과적으로 조절할 수 없다는 것을 의미한다. 이들은 개인 생활이나 육아 시간, 짧은 휴가를 계획할 수 없을 뿐 아니라, 심지어 자녀의 생일을 함께 보낼 수 있을지도 알 수 없다.[33] 반대로 주문형 서비스에 종사하는 노동자들은 원하는 시간만큼 일할 수 있으며 (근무 시간을 정하기보다 주당 희망 수입에 도달할 때까지 일하는 것으로 나타났다), 일하고 싶을 때 일하는 것을 중요하게 생각한다. 많은 조사에 따르면, 육아나 건강 또는 법적인 문제를 해결하기 위해 시간을 사용할 수 있는 유연성이 이런 형태의 일자리를 좋아하는 이유로 나타났다.

한편 직원과 독립 계약자를 구분 짓는 꼬리표 즉 둘 사이의 차이점과 그 차이의 배경이 되는 현실을 살펴보는 것은 매우 중요하다. 우리는 선입견과 판단으로 얼룩진 꼬리표를 붙이기 좋아하는 세상에 사느라 복잡한 우리 지성을 좀 더 단순하게 해서 구성원들의 공통점을 찾아내는 것을 자주 잊는다. 알프레드 코르지프스키가 인상 깊게 썼듯이, 우리는 지도가 영토는 아니라는 점 즉 지도는 영토 싸움이나 편 가르기가 아니라는 점을 기억해야 한다.

만약 당신이 변하지 않는 현실을 정확히 반영한 기존의 지도를 선택하는 대신 스스로 지도 제작자의 입장이 된다면, 새로운 가능성을 발견하게 될 것이다. 사회 구성원으로서 우리가 따라야 할 규칙은 근본 조건이 바뀌면 함께 업데이트되어야 한다. 피고용자와 외주계약자의 구분은 사실 주문형 모델에서는 의미가 없다. 자신의 선택에 따라서 오고 가는 노동자에게는 외주계약자와 같은 자유가 필요하며, 고용 기반 초과 근무 규칙은 노동자의 소득 최대화를 막기 때문이다.

〈하버드 비즈니스 리뷰〉에 기고[34]하는 안드레이 학주 Andrei Hagiu 교수와 웹매거진 〈미디엄〉에 기고[35]하는 벤처 투자가 사이먼 로스먼 Simon Rothman 은 '비독립 계약자 Dependent Contractors'라는 새로운 노동자 분류를 만들어야 한다고 주장한다. 새로운 분류를 통해 독립 계약자가 누리는 자유로움 과 일반 고용자에게 적용되는 보장이 부분적으로 허용될 것이다. 나아 가 닉 하나우어 Nick Hanauer 와 데이비드 롤프스 David Rolfs 는 기술을 통해 전통 적인 명령–통제 Command-and-control 고용 기법 없이 노동자를 파견하는 것처 럼, 또한 기술을 통해 시간제 노동자에게 전통적 혜택을 제공할 수 있다 고 주장한다. 많은 사업장에서 발생한 근로시간을 산출해 각 고용주에 게 비율에 따라 노동자의 계좌로 복지 혜택의 대가를 지급하도록 하지 못할 이유가 없다. 하나우어와 롤프스는 이것을 사회보장제도의 사회안 전망을 참고해 '공유보장제도 Shared Security Account'[36]라고 부른다.

뉴아메리카 재단 New America Foundation 의 스티븐 힐도 이런 혜택과 유사한 정책[37]을 제안했다. 하나우어와 롤프스, 힐은 산재보험과 고용보험, 의료 보험뿐 아니라 휴일수당, 병가수당, 휴가수당 같은 혜택을 고용주에게서 분리하고, 대신 피고용자와 결부시켜 독립 계약자와 피고용자 사이의 차이를 없애야 한다고 의견을 내놓았다. 오늘날 기술을 생각하면 이는 해결할 수 있는 문제다. 여러 고용주가 노동자에게 돌아갈 혜택을 분담 하는 것은 전적으로 가능하다. 내가 맥도날드에서 29시간 일하고 버거 킹에서 11시간 일한다 해도 두 기업이 근무 시간에 비례해 내 복지비용 을 부담한다면 문제 될 것이 없다.

하지만 이 제안 가운데 어느 것도 기업이 29시간의 허점을 악용하는 문제를 해결할 수는 없다. 회사가 노동자를 두 가지로 구분하는 것은 기 본소득세 Basic Payroll Tax 때문이 아니다. 이 문제는 건강보험에서 시작되었지만(단일 보험자 시스템이 다른 문제와 마찬가지로 이 문제도 해결할 수 있다), 기업이 모든 직원이 아니라 특정 직원에게 지나치게 많이 보상하려는 '캐딜락Cadillac' 혜택과도 관련이 있다. 더 심각한 문제는, 노동자란 개발해야 할 자산이 아니라 제거해야 할 비용이라는 개념이다. 궁극적으로 노동자를 특권층과 비특권층으로 구분하는 것, 즉 도덕과 재산이라는 잣대로 계층을 구분하는 것을 멈추어야 한다. 시간이 지날수록 우리는 이것이 도덕적 의무가 아니라 우리 경제를 위한 실존적 의무라는 것을 깨닫게 될 것이다.

기업이 동등한 입장에서 노동자를 배려하는 가치를 이해하고 받아들일 수 있는 올바른 인센티브를 만들려면 더 깊은 생각과 단호하고 집중된 행동이 필요할 것이다. 그런 면에서 지네프 톤Zeynep Ton의 저서 《좋은 일자리 전략Good Jobs Strategy》은 좋은 출발점이다. 톤은 기업을 코스트코나 구글처럼 일하기 좋은 직장으로 만드는 보편적인 원칙을 설명한다. 하버드경영대학원의 강사이자 스톱앤숍Stop & Shop의 전 CEO인 호세 알바레스Jose Alvarez는 이렇게 말한다.

"지네프 톤은 훌륭한 리더가 본능적으로 아는 것을 증명했다. 즉 적극적으로 참여하고 보수를 많이 받으며 품위 있게 존중받는 직원이 투자자에게 막대한 수익을 가져다준다. 그녀는 소매업 고용에서 바닥으로 치닫는 경쟁이 우리가 할 수 있는 유일한 선택이 아님을 보여준다."[38]

경제학자들은 오래전부터 이런 현상을 인식해왔다. 이들은 임금이 최저 수준보다 높아야 하고 임금이 생산성을 결정한다고 보는 관점에서 시장이 '효율 임금Efficiency Wage'을 제공해야 한다고 말한다. 이것은 이직률 감소, 높은 직원 수준, 낮은 훈련비용과 다른 중요한 혜택에 대해 고용주가 지불해야 할 임금 프리미엄^{Wage Premium}을 나타낸다.

11장과 12장에서는 임금이 바닥으로 치닫는 경쟁의 핵심 동인과 비즈니스의 규칙을 다시 써야 할 이유를 살펴볼 것이다. 하지만 근본적으로 게임을 바꾸지 않더라도 기업이 노동자를 관리하는 알고리즘을 개선하는 방법을 더 잘 이해하고, 노동자에게 시간을 관리하고 고객과 연결되며 향상된 서비스를 전달하는 데 필요한 더 좋은 도구를 제공하면 엄청난 전술적 이점을 얻을 수 있다.

주문형 노동시장에서 알고리즘과 시장에 기반을 둔 임금 문제 해결책은 노동자의 소득을 높이는 방법으로, 최저임금 명령에 대해 잠재적으로 흥미로운 대안이 된다. 규제기관은 새로운 온라인 긱 경제 비즈니스를 20세기 비즈니스처럼 만들려고 단속하기보다, 데이터 공유를 통해 전통적 저임금 고용주들이 더 많은 시장 유동성을 제공하도록 노력해야 한다. 맥도날드와 버거킹에서 일하는 데 필요한 기술은 크게 다르지 않다. 스타벅스와 피츠^{Peets}, 월마트와 타깃 ^{Target}, AT&T와 버라이존 매장에서 일하는 것도 마찬가지다. 노동자들이 근무 시간을 바꾸거나 경쟁 기업에서 주문형 형태로 일하려면 경영 인프라와 훈련, 고용주 간의 데이터 공유에 일부 변화가 필요하다. 하지만 대부분 업무 일정관리가 표준 소프트웨어 플랫폼에서 이루어지고, 급여관리도 경쟁 기업에 같은 서비스를 제공하는 대형 외주업체가 담당한다면 이 문제는 흥미롭게 해결할 수 있을 것 같다.

알고리즘은 새로운 시프트 보스 ^{Shift Boss} (카지노에서 8시간 동안 모든 게임을 관리 감독하는 사람 - 옮긴이)다. 규제기관과 정치인이 주목해야 할 것은 알고리즘을 운영하는 적합도 함수이고, 그 결과로 생긴 사업 규칙이 노동자에게 제공되는 기회를 늘리고 있는지 줄이고 있는지 아니면 단지 기업의 이윤을 높이기 위해 고안된 것은 아닌지 여부다.

10~11장에서는 결함이 있는 적합도 함수가 미디어와 금융을 어떻게 몰아가는지 그리고 디지털 플랫폼의 속도와 규모가 이 결함을 알고리즘적으로 어떻게 증폭시키는지 살펴볼 것이다.

10

알고리즘은 누구 편인가?

WHAT'S THE FUTURE

2016년 미국 대통령 선거가 끝난 다음 엄청난 비난의 목소리가 있었지만, 특히 페이스북을 향한 지탄이 컸다. 페이스북의 뉴스피드 알고리즘이 허위 정보를 퍼트리고 양극화를 확대하는 데 중요한 역할을 했다는 이유였다.

이를테면 프란치스코 교황이 도널드 트럼프를 공개적으로 지지했다는 둥, 마이크 펜스 부통령이 미셸 오바마를 가리켜 '이제껏 본 영부인 중 가장 천박하다'라고 말했다는 둥, 힐러리 클린턴이 곧 기소될 것이라는 둥의 유언비어가 100만 번 이상 공유되었다. 이 모든 것은 마케도니아의 청소년이 돈을 벌려고 꾸며낸 일이다.[1] '힐러리의 이메일 유출을 수사하던 FBI 요원, 살해 뒤 자살로 위장된 채 발견'같이 완전히 거짓이지만 50만 번 이상 공유된 이야기도 남부 캘리포니아의 한 남성이 조작한 것이다. 그는 2013년부터 허위 정보가 얼마나 쉽게 퍼지는지 알아보려고 시작해 결국 가짜 뉴스를 대량생산[2]하는 직원 25명 규모의 회사를 세웠다.

페이스북 사용자만 이런 이야기를 퍼트린 것이 아니다. 많은 사람이 이메일이나 트위터, 유튜브, 레딧 Reddit이나 포챈4chan을 통해 가짜 뉴스를 퍼트렸다. 구글은 사용자가 검색어를 입력하기 시작하면 드롭 다운으로 보여주는 추천 검색어에 이를 표시했다.

하지만 페이스북이 논란의 중심이 된 이유는 처음에 마크 저커버그가 이 문제를 부인했기 때문이다. 대통령 선거가 끝나고 며칠 뒤에 열린 테크노미Techonomy 콘퍼런스의 무대 인터뷰에서 저커버그는 이런 거짓 이야기가 선거 결과에 영향을 미쳤다는 것은 '터무니없는 생각'[3]이라고 말했으며, 이는 사이트에서 공유된 전체 콘텐츠 가운데 아주 낮은 비율이라고 주장했다.

가짜 뉴스는 신문이나 사람들의 입에 오르내리는 사소한 일일까? 이는 어떻게 우리 공동체의 미래를 형성하는 데 중요한 역할을 하게 되었을까?

2016년에 치러진 미국 대통령 선거는 엘리 프레이저 Eli Pariser가 '필터 버블Filter Bubble'(정보제공자가 사용자에게 맞춤형 서비스라는 명목으로 제한된 정보만 제공하면서 발생하는 문제 – 옮긴이)이라고 말한 것을 아주 잘 보여주는 사례였다. '좋아요'에 좌우되는 소셜미디어 알고리즘은 각 사람이 긍정적으로 반응한 것을 더 보여주어 그들의 편향을 확인하고 신념을 강화하며 그들이 같은 생각을 지닌 사람들과 온라인상에서 연합하도록 한다. 〈월스트리트저널〉은 진보 소식/보수 소식 Blue Feed/Red Feed이라는 눈길을 끄는 사이트를 만들었다. 이 사이트는 사용자의 정치적 성향에 대한 페이스북의 자체 조사 자료를 바탕으로 진보와 보수 독자가 각각 매우 편파적인 뉴스 피드가 보이도록 만들었다.[4] '극자유주의' 구독자와 '극보수

주의' 구독자에게 보인 뉴스가 얼마나 다른지는 충격적이었다. 개인적으로 보수 성향의 지인이 알려준 이야기에 내가 보인 반응과 반대로, 내가 공유한 진보적 이야기에 대한 그들의 반응을 보면서 나도 비슷한 경험을 했다. 우리는 다른 세상에 살고 있었다. 어쩌면 사실보다 감성이 더 많은 무게를 가지는 '탈 진실post-truth' 이라는 새로운 시대에 사는지도 모른다.

미디어 유통뿐 아니라 창작의 민주화도 중요한 역할을 했다. 데이터를 시각화해 더 나은 대중 의사소통을 위한 서비스를 제공하는 폴리스Pol.is의 설립자 콜린 메길Colin Megill은 내게 이런 이야기를 해주었다. 그의 어머니는 평생 유리 천장을 깨기 위해 노력한 의사인데, 힐러리 클린턴에 대해 의구심을 품었다고 했다. 특히 힐러리의 보좌관 후마 아베딘Huma Abedin이 무슬림형제단의 일원이었다고 주장하는 동영상[5]에 영향을 받았는데, 이 동영상은 어머니가 유튜브로 심야 텔레비전 프로그램을 시청한 다음 자동으로 재생되었다. 콜린은 이렇게 말했다.

"이 일이 있은 뒤 한참 시간이 지나서 엄마와 나눈 대화를 다시 생각해 봤는데, 한 가지 가능한 설명이 떠올랐어요. 아마 뉴스가 완전히 거짓이었다면 엄마도 뉴스에서 뭔가 알아차렸을 거예요. 동영상을 편집해 내놓는 쪽에서 노린 것도 바로 그 점이었어요. 즉 수백만이 공유하는 영상에 진실이 조금도 없다는 생각을 엄마는 도저히 할 수 없었던 거죠."

익명의 트럼프 지지자가 그 동영상을 만들었을 것이란 생각은 그녀가 상상할 수 있는 지도에는 없는 그림이었다.

퓨 리서치Pew Research에 따르면, 미국인 가운데 66퍼센트는 소셜미디어를 통해 뉴스를 접하고, 이들 가운데 44퍼센트는 페이스북을 통해서만 뉴스를 접한다. 대부분 뉴스 콘텐츠는 전통적 매체에서 링크를 통해 소셜미디어에 공유되지만, 많은 부분이 해당 플랫폼에서 생성되거나 마케도니아 청소년의 이익이나 극우 또는 극좌 정치 집단의 당파적 목적을 위해 조작된 것 같은 새로운 초극단적 사이트에서 오기도 한다. 이라크·시리아 이슬람국가[ISIS] 같은 단체가 테러리스트를 모집하거나, 러시아가 미국 대통령 선거에 영향을 미칠 목적으로 정치 선전을 심고 증폭시키는 데 소셜미디어를 성공적으로 사용한 것은 말할 필요도 없다.[6] 익명을 요구한 미국 정부 공무원이 내게 말했다.

"우리는 처음으로 사이버 전쟁을 치르는 중이 아니에요. 이미 전쟁에서 싸웠지만 우리는 패배했어요."

인간이 최고 결정권자가 아니다

여러 가지 분야에서 날로 증가하는 가짜 뉴스의 영향력은 마치 잘못된 지시를 받은 디지털 지니가 치명적인 결과를 가져오는 것처럼, 잘못된 알고리즘에 대한 경고의 메시지가 될 수 있다. 이 책이 출간될 시점에 페이스북과 구글은 현재 반복되는 문제를 해결하기 위해 많은 노력을 기울이겠지만, 여전히 이 점은 생각해볼 만한 일이다.

사실을 부인하는 발언을 한 지 일주일 후[7] 마크 저커버그는 페이스북에 글을 올려, 가짜 뉴스는 문제이고 페이스북은 그 문제를 해결하기 위해 노력하고 있다고 인정했다. 그가 제시한 해결책은 '커뮤니티'에 자기 생각이 진실 또는 거짓인지 표시하는 도구를 제공하는 것이었다. 대통령 선거 몇 주 전에 나는 저커버그를 만났다. 그는 이 문제와 관련해 페이스북이 커뮤니티 규범과 가치에 대해 사용자에게 어떻게 목소리를 낼지 고민하고 있었다. 페이스북을 사용자가 연결하고 공유할 수 있는 중립적인 플랫폼으로 만들려는 그의 목표에 깊이 공감이 갔다. 가짜 뉴스와 선거에 대한 글에서 그는 이렇게 결론지었다.

"제 경험상 사람들은 선합니다. 오늘은 그렇게 느끼지 못할지라도, 사람을 신뢰하면 장기적으로 더 나은 결과를 얻게 될 겁니다."

가짜 뉴스를 통제하는 것은 플랫폼이 아니라 사용자에게 달렸다는 믿음은 페이스북이 이 위기에 대처하는 방법이었다. 저커버그는 이렇게 썼다.

"우리는 이미 커뮤니티에서 거짓말과 가짜 뉴스를 표시할 수 있도록 작업을 시작했고, 그밖에도 여러 가지 조치를 취할 것입니다. 우리는 진전을 이루었고, 개선하기 위해 계속 노력할 것입니다."

물론 지금까지는 맞는 소리다.

이어 그는 사이트의 질서 유지를 위한 페이스북 사용자의 역할에 대해 언급했다.

"우리가 커뮤니티에서 어떤 내용이 가장 의미 있는지 알 방법을 찾을 거라 확신하지만, 우리 스스로 진실의 판단자가 되는 것은 극도로 조심할 것입니다."

그는 정확히 지적했다.

"진실을 파악하기란 복잡합니다. 어떤 거짓말은 명백히 드러나지만, 주요 정보원을 포함해 많은 콘텐츠에서, 기본 생각은 옳지만, 일부 세부 내용이 잘못되거나 생략되죠. 어떤 이야기가 대부분은 사실일지라도 부정확하다고 표시될 수 있습니다."

페이스북이나 구글 같은 플랫폼에 가짜 뉴스를 통제할 책임이 있다는 내부 논쟁은 단지 문제를 바로잡으려는 경고 차원의 문제일 뿐 아니라, 법적인 선례가 될지도 모른다는 우려의 표시이기도 하다. 1998년에 제정된 디지털 밀레니엄 저작권법Digital Millennium Copyright Act, DMCA은 사용자가 원하는 내용을 게시하는 중립적 플랫폼이라는 근거로 인터넷 서비스 제공회사와 기타 온라인 중개자를 저작권 침해 책임에서 면제해 주었다. 이들은 무엇을 출판할지 선택하고 더 높은 법적 기준을 지켜야 하는 출판사라기보다 사용자가 전단을 붙일 수 있는 담벼락에 더 가까웠다. '중립적 플랫폼'에 대한 논쟁은 인터넷 서비스 존재의 핵심이다. 그렇지 않으면 구글은 검색 색인의 콘텐츠를 포함해 온라인에 게시하는 모든 사용자의 저작권 침해에 책임이 있을 것이다. 마찬가지로 사용자가 저작권 침해 자료를 게시하면 페이스북, 트위터, 유튜브, 워드프레스Word Press가 책임을 져야 한다. 나아가 유사한 법적 방어를 사용자가 게시한 다른 종류의 콘텐츠에 적용할 수 있다. 이런 서비스는 사용자를 위한 플랫폼이지 콘텐츠 제공자를 위한 것이 아니다. 어떤 온라인 서비스도 이 방패를 부수길 바라지 않는다.

비평가들은 이런 방패를 비난한다. 특히 캐럴 캐드월라드르Carole Cadwalladr는 구글 제안 기능에 대해, '유대인은…'이라고 입력하면[8] 자동 완성으로 '유대인은 사악하다' 같은 검색어를 보여준다고 격분했다. 첫 번째 검색 결과의 제목은 '사람들이 유대인을 싫어하는 10가지 이유'였다. 네오 나치 사이트인 스톰프론트Stormfront가 세 번째 결과였고, 왜 유대인이 사악한지 설명하는 내용이 다섯 번째, 여섯 번째, 일곱 번째 그리고 열 번째 결과에 나타났다. '과연 홀로코…'라고 검색어를 입력하자 구글은 '홀로코스트가 일어났는가?'라는 검색어를 자동 완성했고, 홀로코스트를 부정하는 사이트 목록이 나타났으며 스톰프론트 사이트의 페이지가 다시 상위에 올랐다.[9]

캐드월라드르가 제시한 해결책은 구글이 이런 페이지에 링크하는 것을 즉시 중단해야 한다는 것이었다. 그녀는 "구글의 사업 모델은 중립적 플랫폼이라는 생각을 바탕으로 만들어졌다. 마법 알고리즘이 마법 지팡이를 흔들어대면 인간의 개입 없이 마법의 결과가 전달된다"라고 〈가디언〉에 통렬한 논평을 실었다. 그리고 이렇게 강조했다.

"구글은 미디어 기업이나 콘텐츠 제공자로 보이지 않으려고 안간힘을 쓴다. 뉴스나 정보 매체는 다른 매체에 적용되는 법을 똑같이 적용받기 받기 때문이다."

나는 캐드월라드르가 느끼는 분노와 구글이 (다른 모든 미디어처럼) 우리가 세상을 보는 방식을 형성하고 왜곡한다는 믿음에 공감한다. 구글이 검색 결과의 질에 대한 문제에 대처한 것처럼 이런 나쁜 결과도 정면으로 대처해야 한다는 데 동의한다. 그러나 그녀는 구글이 운영하는 규모와 그 규모가 필요한 해결책을 근본적으로 변화시키는 방식을 간과했다.

구글, 페이스북, 트위터 같은 것은 오래된 지도에 맞지 않는 새로운 것으로 이해해야 한다. 새로운 것은 새로운 규칙으로 운영된다. 즉 큐레이션 비용을 발생시키는 변화무쌍함이나 저항이 아니라 필요에 따라 움직인다.

구글이나 페이스북이 수동적 개입을 망설이는 것은 법적 책임 뒤에

숨기 위해서 때문만은 아니다. 이들은 〈뉴욕타임스〉에서 1면 편집회의를 통해 어떤 기사를 채택하고 어디에 배치할지 정하는 것처럼 인간 편집자의 논의를 통해 결과를 만들어내지 않는다. 이런 회의는 2015년에 〈뉴욕타임스〉에서도 사라졌다. 구글 검색 결과는 웹의 모든 페이지를 검색하고 순위를 매긴 엄청난 노력의 결과다. 전 구글 검색 부사장 아밋 싱할Arnit Singhal에 따르면, 2,500억 개의 개별 웹 도메인에서 얻은[10] 30조 페이지를 통해 하루에 50억 건이 넘는 검색 결과를 제공한다.[11] 이 가운데 적어도 수천만 개는 매우 드문 단어와 문구가 조합된 결과이다. 캐드 왈라드르가 불만을 나타냈던 홀로코스트에 대한 공격적인 검색 결과는, 구글에 따르면 하루 검색 50억 건 가운데 300번 남짓 만들어진다.[12] 이는 일일 검색 건수의 0.000006퍼센트, 겨우 100만 분의 몇 퍼센트일 뿐이다.

페이스북도 비슷하게 거대한 규모다. 2013년에 페이스북은 매일 거의 50억 개의 콘텐츠가 올라온다고 밝혔다. 이 수치는 지금 훨씬 커졌을 것이다. 2013년 페이스북 사용자는 7억 명이었지만 현재는 10억 명이 넘기 때문이다.

구글이나 페이스북이 단순히 인간 편집팀이나 사실확인팀을 고용해 이 문제를 해결할 수 있다거나, 가짜 뉴스나 혐오 발언, 불쾌한 결과물과 싸우기 위해 외부 미디어 조직을 이용해 한 번에 이것을 제거하거나 강등할 수 있다고 생각한다면 이 문제의 규모와 성격을 제대로 이해하지 못하는 것이다. 이것은 마치 수십억 마리의 두더지를 고작 몇 백 개의 망치로 잡는 두더지잡기 게임과 같다. 인간의 감시와 개입이 절대적으로 필요하지만 캐드왈라드르 같은 비평가가 생각한 방식으로 실행한다면 별 차이가 없을 것이다. 수십억 마리의 두더지를 후려치려면 훨씬 빠른 망치가 필요하다.

우리는 여기서 인간의 역할이 킬 스위치 Kill Switch (분실한 정보기기를 원격으로 조작해 개인 데이터를 삭제하고 사용을 막는 일종의 자폭 기능 – 옮긴이)를 누르는 최종 결정권자라는 관념을 깨뜨려야 한다. 〈하버드 비즈니스 리뷰〉에 실린 '누가 원숭이를 가지고 있는가? Who's Got the Monkey'라는 유명한 글이 있다. 이 글에서 직원들이 등에 달라붙은 원숭이처럼 문제를 가져올 때마다 관리자는 문제에 대해 조언한 다음 원숭이와 함께 직원을 돌려보내야 하는 이유를 설명한다. 그렇지 않으면 관리자는 여러 직원의 원숭이를 모두 감당해야 하기 때문이다.[13] 이 이야기는 알고리즘의 시대를 사는 우리에게 얼마나 많이 적용될까? 알고리즘 시대에서도 관리자는 수많은 원숭이에 해당하는 문제를 관리해야 하며, 좋은 관리자는 언제나 잘 가르치는 사람이어야 한다는 면에서 오늘날에도 이 이야기가 유용하다고 할 수 있다. 한편 거대한 온라인 플랫폼에서 아주 많은 일을 하는, 강력하지만 근본적으로 지혜가 부족한 지니족과도 같은 소프트웨어 노동자에게 이 이야기는 또 얼마나 많이 적용될까?

구글에는 색인을 생성하고 검색 결과를 제공하는 디지털 노동자를 관리하는 여러 개발자팀이 있다. 이들은 비인간적으로 빠른 지니에게 이 문제를 완화하는 방법을 열심히 가르치고 있다. 나는 이 책이 출간될 때까지 구글이 콘텐츠팜 문제를 해결하기 위해 2011년에 실시된 알고리즘 업데이트, 판다나 펭귄과 유사한 포괄적인 가짜 뉴스 검색 점검을 실행하지 않는다면 매우 놀랄 것 같다. 사실 캐드왈라드르의 사설이 실렸던 주에 홀로코스트를 부정하는 검색 결과가 개선되었다.[14] 초기 수정은 원활하게 작동하지 못했고, 가짜 뉴스에 대한 포괄적인 해결책을 제시하는 데 구글은 여전히 고전을 면치 못하고 있다. 하지만 검색엔진의 유효성에 대한 공격에 대응하는 프로세스는 잘 정의했다.

페이스북의 문제는 구글과 다르다. 구글은 수조 개의 외부 사이트에서 오는 콘텐츠를 평가하고 링크하지만, 페이스북 콘텐츠는 기본적으로 사용자가 플랫폼에 게시한다. 이런 콘텐츠가 외부 사이트로 링크되지만 그렇지 않은 경우도 많다. 콘텐츠가 외부 사이트에서 오더라도 원래의 맥락에서 벗어나 더 깊은 대화나 이해보다 충격을 주기 위해 만들어진 중요한 순간이나 인용을 표현하는 공유용 그래픽 또는 동영상을 의미하게 된 '밈'과 다시 섞인다.

2016년 5월 트럼프가 대통령으로 선출되기 전에 밀로 이아노풀로스^{Milo Yiannopoulos}는 〈브레이트바트^{Breitbart}〉에 기고한 글에서 인터넷 밈을 만들고 그것을 공유하는 사람들에게 호소하는 능력이 트럼프의 성공에 결정적 요인이 되리라고 예측했다.

"기득권층은 이런 것을 모두 유치하다고 생각한다. 사실 유치하지만 효과도 있다. … 트럼프의 미디어 망치와 온라인 군대의 모루 사이에 끼면 전혀 가망이 없다. 트럼프는 인터넷을 잘 안다. 인터넷이 그를 백악관으로 보낼 것이다. 밈의 마법은 실제 존재한다."[15]

페이스북에서는 맥락이 부족하다 보니 결과적으로 웹의 링크 구조같이 구글이 의존하는 신호의 상당수가 없다. 구글과 유사한 기법을 일부 사용할 수 있지만, 콘텐츠를 처리하는 인프라와 비즈니스 프로세스는 같지 않다. 이것이 페이스북이 문제 해결 방법으로 '커뮤니티'를 생각하는 한 가지 이유다. 올바른 도구가 주어지면 수십억 명 이상의 사용자가 사이트의 질서를 유지할 수 있을까? 2015년 6월 특허 신청[16]한 불쾌한 콘텐츠 식별 시스템과 방법론System and Methods for Identifying Objectionable Content에서 페이스북은 혐오 발언과 음란물, 괴롭힘을 처리하는 접근 방법을 이미 제시했다. 이 방법은 사용자 보고에 의존하지만 제보한 사용자와 보고에 순위를 매기고 가중치를 부여하는 추가적인 여러 신호를 사용한다. 특허에 기술된 많은 기법은 가짜 뉴스에도 적용할 수 있다.

마크 저커버그는 이 주제에 대해 블로그에 올린 두 번째 글에서 페이스북의 접근 방법을 좀 더 자세히 설명했다. 여기에는 사람들이 가짜 게시물을 쉽게 신고하고, 외부 사실확인 기관과 협력하며, 사실확인팀이나 커뮤니티가 표시한 게시물[17]에 경고를 나타내는 내용이 포함되었다. 또한 그는 페이스북이 할 수 있는 가장 중요한 일은 '허위 정보를 분류하는 능력을 향상시키는 것'이라고 지적했다. 이것은 사람들이 거짓 정보를 발견하기 전에 표시될 만한 게시물을 알아내는 더 나은 기술 시스템을 의미했다. 저커버그는 페이스북이 뉴스 피드 링크 아래 '관련 기사'를 선택하는 알고리즘을 이미 개선했다고 언급했다.

이런 알고리즘 재교육은 필수적이다. 증강되지 않은 인력으로 이루어진 사실확인팀이 소셜미디어 콘텐츠의 확산 속도를 반감시킬 수 있기 때문이다. 가짜 소문 하나가 트위터에서 시작된 적이 있다. 트럼프 지지자 에릭 터커Eric Tucker가 텍사스주 오스틴시에 있던 전세 버스 사진 한 장을 게시하고, 클린턴 진영이 이들을 다가오는 트럼프 연설에 버스 시위자로 동원했다고 암시했다. 터커는 이 버스가 소프트웨어 기업 타블로Tableau에서 주최하는 컨벤션 참석자들이 탄 것임을 알고 그 트윗을 삭제했지만, 이 사진은 삽시간에 퍼져나갔다. 그의 팔로워는 40명뿐이었지만, 이 트윗은 트위터에서 1만 6,000번, 페이스북에서는 35만 번 공유되었다.[18] 그의 첫 트윗은 '#가짜시위자, #트럼프2016, #오스틴' 같은 해시태그를 사용해 이런 주제를 팔로잉하는 사람들이 널리 읽을 수 있었다.

이 이야기는 처음 레딧이 소개한 다음 다양한 우익 블로그를 거쳐 주류 언론에서 다루어졌다. 도널드 트럼프는 직접 '전문 시위꾼'에 대한 트윗을 올려 이 사건에 기름을 부었다. 터커는 이런 영향을 예상하지 못했지만, 가짜 뉴스를 홍보하는 사람들은 이를 부채질할 수 있는 강력한 인센티브가 있었다. 그들은 키 인플루언서Key Influencer를 발견해 가짜 뉴스와 함께 심어 즉시 시작할 수 있는 프로그램 도구를 사용했다. 전문 뉴스 기관도 재빨리 핫 이슈를 수집하고 인기 있는 이야기를 자신의 매체에서 다루기 위해, 주류 미디어의 특징이었던 신중한 사실확인 없이 자동화된 '소셜 리스닝 툴Social Listening Tools'[19]을 사용한다.

가짜 뉴스는 관심 있는 사용자나 사실확인팀이 거짓 내용으로 표시할 때까지 이미 수십만 번 공유되고 수백만 번 읽힌다. 따라서 게시글을 삭제해도 일반적으로 효과가 거의 없다. 터커는 트위터에 사진을 올린 그날 자정에 원래 트윗을 삭제하고 '거짓false' 도장이 찍힌 사진으로 교체했다. 원래 트윗이 1만 6,000번 리트윗 된 반면 뒤에 올린 트윗은 29번 리트윗 되었다. 이때 나는 어머님이 말씀하신 속담이 떠올랐다.

"진실이 신발 끈을 묶기도 전에 거짓말은 지구를 반 바퀴 돈다."

구글과 페이스북을 비롯해 다른 기업들이 사용하기 시작한 접근 방법처럼, 논란이 된 이야기에 꼬리표를 붙이면 그 꼬리표가 계속 따라다니기 때문에 도움이 될 수 있다. 단, 그 소문이 너무 많이 퍼지기 전에 표시해야 한다. 하지만 이 방법도 문제는 있다. 정치적이거나 금전적인 동기로 운영되는 사이트가 새로운 버전의 가짜 소문을 생산하는 것을 멈출 방법이 없기 때문이다. 그러면 이것을 어떻게 감지할 수 있을까? 두더지 잡기에 도움을 받으려면 다시 알고리즘 지니로 돌아와야 한다.

게다가 사용자도 진실과 거짓을 구분하고, 기업이 보낸 신호를 탐지해서 자신이 지금 보고 있는 내용이 믿을 만한지 결정하는 데 어려움을 겪는다. 스탠퍼드대학의 한 연구에 따르면, 페이스북이나 트위터가 확인된 계정을 나타내기 위해 사용한 파란색 체크 표시의 중요성을 고등학생의 25퍼센트만이 인식했다.[20] 그러니 가짜 뉴스를 표시하는 문제가 앞으로 나아질 기미가 있을까?

결국 검색엔진과 소셜미디어 플랫폼이 온라인 전쟁터임을 인식하는 것이 중요하다. 적대적 공격자는, 원래 광고주가 고객을 추적하기 위해 개발했지만 사기꾼이나 스팸 발송자가 돈벌이로 사용하는 도구를 똑같이 사용한다. 러시아가 지원하는 소셜미디어 허위 정보 캠페인뿐 아니라 트럼프 선거운동의 알라모Alamo 프로젝트는 클린턴 지지자가 투표소에 가지 못하도록 고도로 조준한 허위 정보를 사용했다. 이것은 트럼프의 소셜미디어팀을 이끌었던 브래드 파스칼Brad Parscale이 '다크 포스트Dark Post'라고 부른 것으로, 극도로 타깃화되어 '의도적으로 보여주고 싶은 사람만 볼 수 있는'[21] 비공개 게시물이다.

2016년 선거 동안 가짜 뉴스를 배포한 300개 뉴스 사이트의 네트워크를 분석한 커뮤니케이션학과 교수 조너선 올브라이트Jonathan Albright는 계획된 마이크로타깃팅microtargeting에 대해 다음과 같이 지적했다.

"이것은 정치 선전도구다. 사람들을 붙잡아 감정의 사슬로 묶고 절대

도망가지 못하게 한다."²²

'사람들을 붙잡아 감정의 사슬에 묶어두는 것'이 전혀 새롭지만은 않다. 이것은 20세기로 전환되던 '황색 저널리즘' 시절에 대다수 미디어의 핵심이었다. 이런 개념은 그 시대 언론 윤리의 공격을 받았지만, 라디오 토크 프로그램이나 TV 폭스 뉴스로 다시 살아났다. 소셜미디어와 광고 비즈니스 모델은 그런 과정을 논리적인 결론으로 이끌었다.

특정 대상을 향한 소셜미디어 캠페인은 거의 확실히 미래 정치 캠페인의 특징이 될 것이다. 온라인 소셜미디어 플랫폼과 사회 전체는 새로운 매체의 새로운 과제를 받아들일 필요가 있을 것이다. 허위 정보와 정치 선전을 위한 도구가 기업이나 대행사가 소비자를 추적하고 영향을 미치기 위해 일상적으로 사용하는 것과 매우 유사한 도구임을 알게 되면 위기의 순간이 올 것이다. 정치인만 가짜 뉴스를 퍼트리는 데 관심이 있는 것이 아니다. 막대한 액수의 돈이 걸려 있기 때문에 참가자들은 이 시스템을 파고 들려고 모든 수단을 동원한다. 이 문제는 페이스북의 문제가 아니다.

가짜 뉴스는 인터넷 경제의 많은 부분을 움직이는 비즈니스 모델의 가장 추악한 모습일 뿐이다.

이런 도구는 사이버 범죄에서 불쾌함의 영역을 넘어 불법의 영역으로 들어간다. 2016년 12월에 발견된 러시아 봇넷 botnet(악성 봇에 감염되어 명령·제어 서버에 의해 제어당하는 대량의 시스템으로 구성된 네트워크-옮긴이)은 타깃화된 동영상을 제작하고 있었다. 사용자로 가장한 프로그램이 만들어내는 가짜 비디오 조회 수를 통해 광고 수익으로 하루에 300만에서 500만 달러를 벌어들였다. 다시 말해 이 싸움은 가짜 뉴스 생산을 뛰어넘는 일이었다. 또한 이를 통해 클릭과 '좋아요'의 전쟁터에 가상의 장기 말처럼 존재하는 가짜 사용자마저 심을 수 있다.[23]

공격자가 사용자로 가장하는 프로그램을 사용할 때, 그 속도와 규모가 너무 커서 증강되지 않은 인력이 감시하는 것은 적절하지 않다. 이것은 가짜 뉴스나 다른 소셜미디어 사기에 대응할 때 단지 사용자나 전통적 언론의 도구에 의존하기보다 스팸 필터처럼 알고리즘이 필요한 또 다른 이유이기도 하다.

2015~2016년에 미국 방위고등연구계획국 사이버 그랜드 챌린지Cyber Grand Challenge에서는 이와 비슷한 인식을 근거로 기업의 IT팀이 관리할 수 없는 소프트웨어의 취약점을 찾고 자동으로 복구하는 인공지능 시스템을 개발할 것을 요구했다. 최근 증가하는 사이버 공격이 자동화되고 있고, 인간이 복구할 수 있는 것보다 빨리[24] 디지털 공격자가 허점을 찾아내는 문제가 있었기 때문이다.

미국 방위고등연구계획국 정보혁신 책임자인 존 론치버리John Launchbury는 사이버 그랜드 챌린지를 이해할 수 있는 한 사례를 언급했다. 여러 경쟁 시스템에는 다른 시스템이 악용하기 전에 찾아서 고쳐야 하는 보안 취약점이 포함되어 있다. 한 인공지능 대회 참가자는 의도적으로 취약성을 심은 곳이 아닌 다른 부분에서 소스 코드의 취약성을 발견했고, 이를 이용해 다른 시스템을 제어했다. 세 번째 시스템은 공격을 관찰하면서 문제를 진단하고 자체 소스 코드를 수정했다. 이 모든 일이 불과 20분 만에 끝났다.

공군 대령이자 'F-16 전투기의 아버지'라고 불리는 존 보이드^{John Boyd}는 전투에서 화력보다 민첩함이 중요한 이유를 설명하기 위해 오다 고리^{OODA Loop}(관찰^{Observe} – 방향설정^{Orient} – 결정^{Decide} – 행동^{Act})라는 용어를 도입했다. 통상 양쪽의 전투기는 상황을 파악하고 무엇을 할지 결정한 다음 행동한다. 더 빨리 생각할 수 있으면 '적의 오다 고리 안으로 들어가서' 적의 의사결정을 방해할 수 있다.

보이드의 동료인 해리 힐레이커^{Harry Hillaker}는 보이드를 추모하며 이렇게 썼다.

"핵심은 상대방의 의도를 파악하는 동시에 자신의 의도는 감추고 공격자가 예측할 수 없게 만드는 것이다. 빠른 속도로 조종해 급속히 변하는 조건을 만들면 상대방이 이런 변화에 적응하거나 대응하지 못하게 억제하고 상대방의 의식을 능가하거나 파괴할 수 있다. 그렇게 하면 혼란과 무질서가 발생해 상대방이 불확실하고 모호하거나 이해할 수 없는[25] 조건과 행동에 대해 과도하거나 소극적인 반응을 취하도록 유도할 수 있다."

그러나 상대방이 마치 기계처럼 당신보다 수백만 배 빨리 행동할 수 있으면 이 방법은 실행하기 어렵다. 익명을 바라는 금융 시스템과 사이버 전쟁 분야 전문가는 이렇게 말했다.

"다른 기계의 오다 고리에 들어가려면 기계가 필요하죠."

가짜 뉴스 문제를 해결하는 방법

지금까지 우리는 객관적으로 검증된 사실과 객관적으로 검증된 거짓에 관해 이야기했다. 하지만 알고리즘이 예기치 않게 도움이 될 수도 있는 더욱 도전적인 문제가 있다. 마크 저커버그가 언급했듯이 콘텐츠에서 문제가 되는 부분은 대부분 명백한 거짓이 아니라 의견이나 반쪽 진실을 포함한다. 문제의 양쪽에 있는 지지자들은 콘텐츠가 부분적으로 거짓임을 알면서도 그것을 믿거나 공유하려고 한다. 심지어 스노프스Snopes나 폴리티팩트PolitiFact 같은 사실확인 전문기관이나 경력 있는 기자들로 구성된 주류 언론 사이트가 소문을 검증할 때도 결과가 편향되었다고 비난하는 사람도 있다.[26]

조지 소로스George Soros는 세상에는 진실, 거짓, 그리고 사람들이 믿고 싶은 범위에서만 진실이거나 거짓인 것이 있다고 언급했다. 그는 이것을 '재귀적 지식Reflexive Knowledge'[27]이라고 불렀지만, 우리가 잘 아는 믿음 또는 신념이라는 단어도 비슷한 역할을 할 것이다. 많은 문제가 역사, 정치, 시장 같은 범주에 속한다. 소로스는 이렇게 말했다.

"우리는 자신이 이해하려는 세상의 일부고, 우리의 불완전한 이해는 우리가 참여하는 사건을 형성[28]하는 데 중요한 역할을 한다."

늘 그렇듯이, 우리를 초기 글로벌 브레인에 연결했던 새롭고 광범위한 디지털 시스템은 이 과정을 가속하고 심화시켰다. 이것은 단지 생각에서 생각으로 확산하는 것이 아니다. 디카페인 커피를 담은 주전자는 주황색이어야 한다는 생각 같은 것도 아니다. 허위 정보는 수백만 개의 생각을 형성하며 퍼져나간다. 우리가 알고 있는 것과 우리가 노출되는 것은 점점 개인화된 알고리즘에 의해 형성된다. 알고리즘은 우리가 가장 반응을 보일 것 같고 진실보다는 참여나 감정에 호소하는 콘텐츠를 인터넷에서 선택해 보여준다.

그러나 주가와 사회 운동은 진실도 거짓도 아니라는 소로스의 말은 가짜 뉴스 문제에 접근하는 방법을 제시한다. 감정적 요인이 주가에 미치는 역할을 알지만, 증권 컨설턴트는 여전히 주식에 '펀더멘탈(한 나라의 경제 상태를 표현하는 데 가장 기초적인 자료가 되는 성장률, 물가상승률, 실업률, 경상수지 등의 주요 거시경제지표 – 옮긴이)' 요인도 작용한다고 생각한다. 주가는 기업의 미래 전망에 대한 사람들의 믿음에 달렸지만 기업의 매출과 이익, 자본, 성장률, 평가 가능한 미래 전망을 통한 타당한 시장 기회도 영향을 준다고 생각한다. 주식 보고서는 주가 수익률과 펀더멘탈을 비교하는 지표들을 정기적으로 평가하고 제공함으로써 사람들이 감수하는 위험이 어느 정도인지 정보에 근거한 판단을 내리도록 한다. 이런 위험을 간과하는 사람과 그렇게 하도록 권하는 사람도 있지만 적어도 이를 통해 일말의 정보는 얻을 수 있다.

또한, 뉴스에 대한 인간의 감정과 펀더멘탈 간 거리는 컴퓨터가 알고리즘적으로 검증할 수 있는 많은 신호를 사용해 측정할 수 있다. 이것은 대부분 인간이 검증할 수 있는 것보다 빠르고 철저히 이루어지기도 한다.

뉴스의 진실과 거짓이나 페이스북, 구글, 트위터 같은 사이트가 이것을 구별해야 할 책임에 대해 말할 때 사람들은 '진실'과 '거짓'을 판단하는 것은 콘텐츠 자체에 대한 평가 문제라고 생각한다. 그리고 이 일에는 주관적인 판단이 필요하기 때문에 컴퓨터가 단독으로 이 일을 처리할 수 없다고 주장한다. 그러나 구글 검색에서와 같이, 사용될 수 있는 많은 신호는 실제 콘텐츠와는 관계가 없다. 이를 사용하려면 코르지프스키가 말한 지도와 영토를 구분하라는 경고를 따라야 한다.

> 알고리즘을 통한 사실확인은 인간의 판단을 대체하지 않는다. 중장비가 인간의 능력을 확장하는 것처럼, 이것은 인간의 능력을 증강한다. 알고리즘이 사용하는 신호는 인간 사실확인팀이 사용하는 방법과 비슷하다.

소문이나 그래프에 출처가 있는가? 출처가 없다고 해서 소문이 가짜라고 확신할 수 없지만, 더 조사해야 할 가능성은 커진다. 가짜 소문은 보통 출처가 없다. 이를테면 내 형제 중 한 명이 민주당을 지지한 선거구의 범죄율이 더 높다는 취지의 가짜 지도를 내게 이메일로 보냈는데, 내가 이를 확인하려고 했을 때, 그 지도의 근거는 어디에도 없었다. 조사 과정에서 나는 〈비즈니스 인사이더Business Insider〉에서 만든 아주 다른 내용을 시각화한 자료를 발견했다.[29] 그 가짜 지도와 달리 이 합법적인 출판물은 사용한 데이터의 출처를 표시했는데, 바로 FBI 범죄 데이터베이스였다.

이 출처는 기사가 주장하는 내용을 실제로 말하고 있는가? 〈비즈니스 인사이더〉 측에서 자신의 기사에서 사용한 데이터의 출처가 FBI라고 주장하는 것이 그동안 얼마든지 가능했을지도 모른다. 하지만 사실은 FBI에 그런 데이터가 없거나 FBI의 데이터가 아닌 다른 데이터를 사용했을 수도 있다. 나처럼 원래 출처를 찾아 확인하는 사람은 거의 없으며, 결국 많은 정치 선전 사이트나 가짜 뉴스 사이트는 거짓으로 유포하는 잘못된 관행에 의존하게 된다. 출처를 찾아 확인하는 것은 인간보다 컴퓨터가 훨씬 잘하는 일이다.

출처는 믿을 만한가? 수년간 검색 품질을 평가하면서 구글은 많은 기법을 사용해왔다. 이 사이트는 생긴 지 얼마나 되었는가? 평판이 좋다고 반복적으로 평가된 다른 사이트에서 얼마나 자주 이 사이트를 참조하는가? 대부분 사람들은 미국 범죄 데이터에 관해서는 FBI를 신뢰할 수 있다고 생각한다.

소문이 정량적 데이터를 참조한다면, 건전한 수학적인 방법으로 이루어졌는가? 예컨대 통계 지식이 조금이라도 있는 사람이라면 인구밀도와 연관되지 않은 절대적인 범죄 수치는 근본적으로 의미가 없다는 것을 안다. 뉴욕이나 시카고에 사는 수백만 명이 저지른 범죄가 몬태나에 사는 수백 명이 저지른 범죄보다 많기 때문이다. 이것이 〈비즈니스 인사이더〉가 참고한 10만 명당 범죄 건수를 보여주는 정규화된 FBI 데이터가 진실을 찾아 나서게 했던 가짜 선거 지도보다 내게 본질적으로 더 설득력 있는 이유다. 다시 한 번 말하지만, 수학은 컴퓨터가 아주 잘하는 일이다.

만약 출처가 있다면 소문을 입증하는가? 소문과 출처 사이에 일치하지 않는 점이 있다면 거짓이라는 신호일 수 있다. 선거 전에 페이스북은 '클릭베이트[30] clickbait(클릭 click과 미끼 bait의 합성어로 독자의 흥미 또는 관심을 유도해 링크를 클릭하게 하는 미끼를 말함-옮긴이)' 기사 제목이라고 부르는 것과 맞서기 위해 업데이트를 실시했다. 페이스북은 수천 개의 게시물을 대상으로, 실제 기사와 맞지 않는 내용으로 사용자를 기만하는 기사 제목을 분석했다. 그다음에 일치하지 않는 내용을 보여주는 소문을 식별하고 강등시키는 알고리즘을 개발했다. 출처와 기사가 맞는지 확인하는 것은 비슷한 문제다.

같은 소문에 독립적인 여러 해석이 존재하는가? 이것은 진실 추구가 뉴스의 중심이던 시절, 기자들이 오랫동안 사용해오던 기법이다. 군침이 도는 이야기라도 한 가지 출처에서 얻은 증거만으로 보도하지 않았다. 다양하고 확실한 출처를 찾는 것은 컴퓨터가 아주 잘할 수 있는 일이다. 여러 가지 내용을 찾을 뿐 아니라 어느 것이 먼저 나타났는지, 어떤 것이 복제된 콘텐츠인지, 사이트, 사용자 이름, 계정이 생긴 지 얼마나 되었는지, 얼마나 자주 비슷한 내용이 게시되는지, 심지어 어느 지역에서 콘텐츠를 게시했는지 알아낼 수 있다.

그런데 온라인 미디어 소비자는 이렇게 출처를 검증하는 데 그리 힘을 기울이지 않는다. 특히 자신의 편향된 시각을 확인해주는 이야기를 읽게 되는 경우 다른 시각으로 그 이야기를 비판하는 글을 굳이 찾아서 읽는 소비자는 거의 없다. 내 누이 중 한 명이 〈워싱턴 이그재미너 Washington Examiner〉에서 캘리포니아주가 '아동 매춘을 합법화'[31]한다는 이야기를 읽고 그 이야기를 내게 보내면서 이렇게 썼다.

"이런 것 때문에 점잖은 사람들이 캘리포니아를 안 좋아하는 것 같아."

나는 확인차 다른 매체의 반박 기사뿐 아니라 법안도 읽어보았다. 캘리포니아 법이 정말로 말한 내용은, 매춘에 연관된 18세 이하 개인은 범죄자로 취급하지 않는 대신 구금하거나 법정구속할 수 있다는 것이었다. 원래 출처에 대한 설명이 있으면 알고리즘은 원본과 요약본을 비교하고 같은 사건에 대한 여러 가지 내용을 동시에 비교해 일치하지 않는 부분을 표시할 수 있다.

자신의 편향을 확인해주는 콘텐츠를 공유하고 목표 달성을 위해 이를 사용하는 것과 함께, 사용자들은 글을 클릭하고 '좋아요'를 누르는 데 열성적이다. 베타워크스Betaworks의 CEO 존 보드윅은 가짜 뉴스의 확산을 돕는 사용자 행동을 이렇게 설명했다.

"미디어는 실시간 뉴스 피드의 탈맥락화된 구조Decontextualized Structure를 활용한다. 사람들은 알려진 뉴스 사이트에서 온 자극적인 제목과 인포그래픽 이미지가 포함된 트윗을 보고, 그것을 리트윗 한다. 내용을 읽으려고 했을 수도 있고, 그저 재미있고 자극적인 것을 트윗 하고 싶었을 수도 있다. 출처 또한 알 수도 있고, 모를 수도 있다."[32]

페이스북과 트위터가 할 수 있는 가장 단순한 알고리즘 개입은 사람들에게 이렇게 질문하는 것이다.

'이 링크를 공유하겠습니까? 이 글은 사용자께서 아직 읽지 않은 내용입니다.'

또한 알고리즘은 규칙을 정확히 따르기 때문에 인간이 놓치는 것을 알려주는 일도 잘해낸다. 이 장 앞부분에서 캐럴 캐드월라드르가 구글과 홀로코스트를 부정하는 사이트에 대해 쓴 논평을 인용했는데, 그 후속 기사는 캐드월라드르가 타깃 광고를 구입해 가짜 검색 결과를 밀어 내린 방법을 설명하고, 끝부분에 '구글이 믿을 만한 결과보다 인기 있는 검색 결과에 보상하도록 알고리즘을 변경해 돈을 더 벌고 있다'[33]면서 그 공을 검색엔진의 대가인 대니 설리번Danny Sullivan에게 돌렸다고 했다.

이 기사는 두 배는 믿을 만해 보였다. 유명 신문인 〈가디언〉에 실렸고, 내가 알고 존경하는 구글 검색 전문가를 인용했기 때문이다. 하지만 어딘지 잔소리처럼 들렸다. 이 사설에 관련 링크가 있었지만, 인용했을 법한 대니 설리번의 기사 링크는 없었다. 나는 대니에게 이메일을 보냈다. 그는 구글이 수익을 높이기 위해 알고리즘을 바꾼 적도 없고, 해당 기사가 자신의 말을 부정확하게 인용했다고 〈가디언〉에 통보했지만, 그 기사는 수정되지 않았다고 말했다.

출처를 밝히고 그곳을 링크하면 주장이 의견인지 해석인지, 누가 주장하는지 쉽게 검증할 수 있다. 이것은 모든 기사에서 최고의 표준이 되어야 한다. 언론이 신뢰할 수 있도록 출처를 링크하면 출처가 없는 이야기는 자동으로 의심을 받게 될 것이다.

물론 기자가 익명의 출처에 의존하는 경우도 있다. 문득 워터게이트 사건의 '익명의 제보자Deep Throat'가 떠오른다. 언론의 기준이 얼마나 추락했는지 생각해보자. 밥 우드워드Bob Woodward 기자와 칼 번스타인Carl Bernstein 기자는 익명 제보자의 주장을 증명하는 증거를 확증하기 위해 몇 달씩 추적했다. 그들은 전해들은 대로 유출된 정보를 보도하지 않았다.

진실과 참여의 만남

가짜 뉴스를 감지했을 때 대응하는 방법은 여러 가지다.

출처가 매우 확실하다면 가짜 뉴스를 완전히 막을 수 있다. 하지만 이런 경우는 드물다. 콘텐츠를 완전히 저지하는 것은 검열이 될 수 있기 때문이다. 그럼에도 우리는 이미 다른 온라인 응용 프로그램에서 극단적인 수준의 편견에 의지하는데, 이메일 서비스 기업은 매일 수십억 개의 스팸 메일에서 우리가 보고 싶은 이메일만 걸러낸다.

뉴스에 표시를 하는 방법도 있다. 예를 들어 페이스북은(가짜 뉴스는 이메일로도 퍼지므로 구글 메일 같은 온라인 이메일 서비스도 포함해) 보안 경고처럼 '이 이야기는 거짓일 가능성이 있습니다. 공유하시겠습니까?'라는 메시지와 함께 가능하다면 의심하는 이유나 근거가 되는 관련 링크를 함께 보여줄 수 있다. 하지만 안타깝게도 페이스북은 진실의 중재자가 되지 않으려 하기 때문에[34] 허위 정보의 출처가 알려진 경우에도 그들이 취하는 조치는 생각보다 효과가 덜하다.

2017년 3월부터 페이스북은 스누프스나 폴리티팩트같이 믿을 만한 사이트가 조사 중일 때, 해당 콘텐츠를 논란의 여지가 있다는 의미의 '논쟁 중disputed'으로 분류하기 시작했다. 그러나 인간 사실확인팀의 예상처럼 사실확인 절차는 며칠이 걸리지만 피해는 몇 분에서 몇 시간 만에 일어난다. 구글 뉴스를 만들고 수년간 운영한 크리슈나 바랏Krishna Bharat 은 알고리즘의 가장 중요한 역할 가운데 하나가 의심스러운 게시물의 확산을 멈추는 회로 차단기 같은 역할이라고 생각했다. 이를 통해 '증거를 모을 수 있는 충분한 창구를 제공하고, 소문이 쓰나미로 변하기 전에[35] 사람들이 파도를 잠재울 수 있다'고 생각했다. 바랏은 모든 거짓 뉴스를 표시할 필요는 없고, 점점 파장이 커지는 소문만 분류하면 된다고 지적했다.

"소셜미디어 플랫폼이 가짜 뉴스가 1만 번 공유되기 전까지 이에 완벽하게 대처하기로 했다고 합시다. 이를 위해 인간 평가자들이 공유 표시가 1,000개가 되도록 한다면 조사하고 대응할 시간을 가질 수 있습니다. 검색에서는 공유보다 검색어나 클릭 수를 고려할 수 있습니다. 한계치가 더 높을 수 있지만, 논리는 전반적으로 비슷합니다."[36]

페이스북의 자동화된 '관련 글 Related Stories' 기능을 다양하게 변형하면 하나의 글을 완전히 차단하지 않고도 확증편향에 대처하는 방법이 될 수 있다. 다양한 알고리즘 평가에 따라 편향되었다고 표시된 뉴스가 있다고 하자. 이 뉴스는 믿을 만한 사이트나 원래 출처와 대조해 즉시 확인할 수 있다. 독자에게 출처를 참고하도록 강요하지 않으면서 이 뉴스가 거짓이거나 잘못된 정보로 표시될 수 있고, 반대의 관점도 있다는 사실을 알려주면 공유하려는 클릭을 멈출 수 있다. 그러나 이런 조치는 콘텐츠가 퍼지기 전에 매우 빨리 이루어져야 한다.

의심스러운 기사는 우선순위에서 배제하고 뉴스 피드 하단에 노출 빈도를 낮출 수 있다. 일반적으로 구글은 검색 결과 순위를 이런 방법으로 정한다. 페이스북도 이렇게 해야 한다는 생각에는 논란의 여지가 있지만, 사실 페이스북은 이미 게시물 순위를 정하고 있다. 이를테면 최근 글에 많은 참여를 유도하고, 사용자가 공유하거나 '좋아요'를 누른 글과 관련된 글을 보여주며, 특히 인기 있는 글은 한 번 이상 보여주는 방법을 사용한다. 페이스북이 타임라인 순서대로 게시물을 보여주는 것을 중단하면 그들 스스로 피드를 알고리즘으로 선별해 배치하는 입장이 될 것이다. 페이스북은 출처 검증과 알고리즘에 '진실' 신호를 추가할 때가 되었다.

알고리즘이 절대적 진실을 찾아낼 필요는 없다. 그러나 인간 배심원처럼 합리적 의심을 해야 한다. 바로 처벌이 가해지지 않을 때는 특히 그렇다. 플랫폼이 특정 콘텐츠를 자극적으로 홍보해야 할 의무는 없다. 가짜 뉴스는 특히 듣는 이의 감정에 호소하도록 고안된 결함 있는 알고리즘 때문에 많이 증가했다.

구글과 페이스북은 끊임없이 새로운 알고리즘을 고안하고 시험한다. 물론 여기에는 인간의 판단이 개입된다. 그러나 이런 판단은 시스템 설계에 적용되지 특정 결과에는 해당되지 않는다.

검색이나 뉴스피드 검색에 효과적인 알고리즘 설계는 항공기 설계와 공통점이 많다. 항공기를 운항할 때 목표는 간단하다. 고도는 높이고, 속도는 올리고, 연료는 적게 사용하고, 원하는 결과를 위해 설계 변화를 엄격하게 점검한다. 마찬가지로 검색에도 비슷한 문제들이 있다. 예컨대 최저가나 특정 문서를 검색하고, 어떤 주제에 대해 가장 신빙성 있는 출처를 찾는 것 같은 일이다. 그러나 항공기에 비하면 기준이 덜 엄격하다. 사용자가 원하는 것을 제대로 찾고 만족하면 일반적으로 광고주도 만족한다. 그러나 검색에서처럼 생활 속 질문에 답을 찾는 사용자의 바람과 '최상의 결과를 제공하려는' 목표는 방향이 일치하지만, 페이스북은 '참여'를 우선시하면 잘못된 방향으로 갈 수 있다. 참여와 사이트 체류 시간은 광고주에게 유리하지만 사용자나 진실을 찾는 사람들에게는 그렇지 않을 수 있다.

공기역학이나 항공공학 같은 물리적 시스템의 경우에도 시험하고 수정해야 할 가정이 종종 숨어 있다. 항공 산업의 미래를 결정한 유명한 사례에서도 금속피로Metal Fatigue를 다루는 방법에 대해 근본적으로 새로운 이해가 필요했다. 1953년 상용 제트 여행이 시작되던 때, 영국의 신생기업 드하빌랜드 코멧de Havilland Comet은 창공을 지배하려는 야심에 차 있었다. 그러나 끔찍하게도 항공기 중 한 대가 뚜렷한 이유 없이 추락했다. 항공사는 이 사고의 책임을 조종사의 실수와 나쁜 기상 조건 탓으로 돌렸다. 1년 뒤 똑같은 사고가 다시 발생했을 때 하늘은 쾌청하기만 했다. 항공기 제조회사가 '천재지변같이 상상할 수 있는 모든 가능성'에 대처할 수 있도록 보완을 마쳤다고 자신 있게 발표한 후 광범위한 조사가 이루어졌고, 당시 코멧의 모든 항공기는 두 달간 지상에 묶여 있었다. 보고서를 발표한 지 며칠 만에 상공에서 세 번째 항공기가 추락하자, 코멧의 상상력이 문제를 해결하기에 부족했다는 것이 명확해졌다. 이때 미국의 젊은 엔지니어에게는 좋은 생각이 하나 떠올랐다. 이 아이디어는 상용 제트 항공의 미래를 보잉사로 넘겨주는 것이었다. 이 이야기로 내 관심을 끌었던 텍사스대학 물리학과의 마이클 마더Michael P. Marder 교수는 이렇게 설명했다.

"균열이 조사의 중심이었어요. 균열을 제거할 수 없었거든요. 구조 전체에 퍼진 균열은 너무 작아서 확인조차 할 수 없었어요. 구조가 완벽하지 못했던 겁니다. 근본적으로 결함이 있었어요. 항공기 설계 목표는 기체의 균열을 없애는 것이 아니라 견디게 하는 것이에요."[37]

알고리즘 설계의 핵심도 모든 오류를 제거하는 것이 아니라 오류가 발생해도 결과를 견고하게 만드는 것이다. 근본적으로 해야 할 질문은 페이스북이 뉴스피드를 큐레이팅 할 것인지의 여부가 아니라 어떻게 큐레이팅 해야 하는가이다.

코멧이 모든 균열과 금속피로를 이겨낼 만큼 강한 소재로 항공기를 설계하는 데 헛된 노력을 기울였다면, 보잉은 균열을 허용하되 치명적 결함으로 이어지지 않도록 설계하는 것이 올바른 접근 방법임을 알았다. 이것은 또한 페이스북의 도전거리이기도 하다. 그들의 목표는 비행기를 빠르고 안전하게 운행하는 방법을 찾아내는 것이다. 이것은 페이스북이 알고리즘을 개선해야 한다는 뜻이다. 전자 노동자를 폐기하고 인간 큐레이션으로 돌아가는 대신, 전자 노동자를 훈련시키고 관리해야 한다. 코멧 사고 이후, 항공업계는 그저 손을 놓은 것이 아니라, 상용 제트기를 포기하고 프로펠러 항공기로 돌아갔다. 페이스북의 알고리즘은 참여에 최적화되어 있다. 이제 더 복잡해지고 진실에 최적화할 필요가 있다.

긍정적인 면도 있다. 진실과 참여가 만나는 공간을 통한 검색이 페이스북을 중요한 발견으로 이끌 수 있다. 힘든 일이라도 밀어붙이면 과정을 통해 더 발전할 수 있는 것이다.

마크 저커버그가 2017년 2월에 발표한 '글로벌 커뮤니티 구축Building Global Community'에 이런 노력의 신호가 보인다. 이 글에서 그는 문제를 해결하는 근본적으로 다른 방법을 시사했다. 저커버그는 명백한 가짜 뉴스 문제에 대해서는 간단히 언급하고, 새로운 인공지능 도구가 페이스북 내부 콘텐츠 검토팀으로 접수되는 글의 3분의1을 전송하고 있다고 말했다(3분의2는 페이스북 사용자가 보낸다). 대신 그는 문제의 근본 원인에 집중했다. 그것은 바로 사회자본Social Capital(공동이익을 위한 상호 조정과정과 협력을 촉진하는 사회적 조직의 특성 – 옮긴이)의 감소 즉 우리를 하나의 사회로 결속하고 함께 공동선을 추구하도록[38] 만드는 유대 관계의 쇠퇴였다.

2000년에 출간된 《나 홀로 볼링Bowling Alone》에서 로버트 퍼트넘Robert Putnam은 미국 사회의 변화하는 성격을 설명하기 위해 볼링 경기대회의 쇠퇴와 개인 볼링의 성장을 비유적으로 사용했다. 19세기 초 알렉시스드 토크빌^{Alexis de Tocqueville}이 미국의 특징을 처음으로 분석한 이래, 미국은 지방정부, 교회, 노동조합, 협동조합, 자선단체, 스포츠 연맹을 비롯한 모든 종류의 협회에 참여하는 폭넓은 시민 구조로 특징 지을 수 있다. 퍼트넘은 참여의 쇠퇴가 심각한 결과를 가져왔다고 생각했다.

이탈리아의 지방정부 사이의 경제적 차이에 대한 연구에서 퍼트넘은 시민 참여와 번영 사이에 긴밀한 상관관계를 발견했다.

"단순히 지역사회가 부유하다고 해서 시민사회로 발전하지 않았다. 역사적 기록은 정확히 그 반대의 경우를 보여준다. 시민사회였기 때문에 부유해질 수 있었다."[39]

국가의 부에서 금융자본만큼 사회자본도 중요하다.

마크 저커버그도 같은 결론에 도달했다.

"지난 수십 년 동안 지역사회의 중요한 사회기반시설이 크게 쇠퇴했습니다. 우리 인구의 대다수가 미래에 대한 희망이 결여되었음을 보여주는 여러 조사 결과와 함께 이런 쇠퇴는 중요한 질문을 던집니다. 우리가 직면한 많은 과제는 경제적인 과제만큼이나 사회적인 과제일 수 있으며, 공동체 결여에 관한 문제이자 우리 자신보다 더 큰 무언가와 연관된 문제일 수 있습니다."

저커버그가 언급했듯이 온라인 커뮤니티는 긍정적인 면도 있지만, 영향력과 규모를 확장하기 위해 해결해야 할 과제도 많다. 이를테면 온라인처럼 오프라인을 연결하고, 공동체 리더에게 새로운 도구를 제공하며, 사람들의 온라인과 오프라인 생활에 긍정적 영향을 미칠 수 있는 '의미 있는 모임'을 더 많이 찾아내는 일이다. 처음 부모가 되었거나 심각한 질병으로 고통 받는 사람들을 지원하는 모임이 좋은 사례다(스탠퍼드 행동과학고등연구소 소장인 마거릿 레비는 한 가지 중요한 사항을 지적했다. 즉 이런 모임에는 이미 시급한 공통 목표가 있다. 문제는 서로가 서로를 찾는 것인데, 이 일은 페이스북에서 분명 도울 수 있다. 다른 영역에서도 사람들을 흩어지게 하기보다 불러모으는 공통 목표를 찾는 것이 바로 해결해야 할 과제다).

저커버그가 페이스북의 초점을 친구나 가족에서 '지역사회를 위한 사회기반'으로 옮길 때라고 말할 때, 그리고 이 사회기반이 우리를 지원하고, 안전하게 지키고, 정보를 주며, 시민의 참여와 이 모든 것을 위하는 것을 뜻한다면[40] 참여의 선순환을 기대할 수 있다. 참여는 광고의 지원을 받는 전통 미디어에는 맞지 않는 적합도 함수지만 가족과 친구뿐 아니라 사회 전체를 튼튼하게 하려면 우리가 가야 할 올바른 지향점이다.

또한 이것은 매우 기대되는 방향이기도 하다. 페이스북이 진정한 사회자본을 지닌 공동체를 만드는 긍정적인 참여 형태를 가능하게 할 수 있다면, 그리고 목표를 왜곡하기보다 지원하는 광고 모델을 찾을 수 있다면, 가짜 뉴스를 직접 관리하려는 시도보다 큰 영향력을 발휘하게 될 것이다. 알고리즘을 일상생활로 전환할 때 언제나 현상보다 근본 원인을 다루는 편이 낫다. 인간은 근본적으로 사회적인 동물이다. 오늘날 유해한 온라인 문화의 부족주의는 온라인 시대를 위해 모든 사회 제도를 혁신해야 할 때임을 나타내는 신호다.

이 대화에서 마거릿 레비는 다음과 같은 경고로 마무리했다.

"소셜미디어가 이집트에서 그랬듯이 사람들을 조직해 집단행동에 참여하도록 했다 해도 이는 진행 중인 조직이나 운동과는 구별됩니다."

이것은 웨일 고님이 이집트 혁명을 경험하며 얻은 결과이기도 하다.[41] 마거릿은 이어서 말했다.

"웨일 고님은 조직적이고 규율을 준수하는 행동을 어려운 문제를 해결하기 위해 함께 노력하는 지속적인 운동과 공동체로 전환하는 방법에 대한 답을 아직 얻지 못했어요. 특히 서로 상충하는 최종 목표를 지닌 이질적인 사람들이 모여 행동을 시작한 경우에는 더욱 그렇죠. 독재자를 제거하는 데 합의하더라도 그다음에는 어떤 일을 해야 할까요?"

의견 충돌 문제를 해결하는 방법

한번은 조지워싱턴대학교 정치학 교수이자 〈워싱턴포스트〉의 칼럼니스트인 헨리 패럴Henry Farrell이 내가 가짜 뉴스 문제에 대해 올린 온라인 게시물을 읽고 메일을 보내왔다. 패럴은 내 의견과는 매우 다른 중요한 점을 지적했다. 그는 이렇게 썼다.

"주어진 기술과 제약 조건으로 진실을 찾는 최적의 해결책이 무엇이냐는 문제가 아닙니다. 문제는 해결책에 동의하지 않거나, 어떤 경우 애초에 문제의 존재조차 인정하지 않는 이질적인 개인 사이에서 지속가능한 정치적 타협을 찾는 가장 타당한 방법이 무엇이냐 하는 것입니다."

아주 좋은 질문이지만 나는 이 또한 기술이 도울 수 있는 문제라고 생각한다. 타이완 정부는 아주 흥미로운 실험을 실시했다. 공공 협의도구인 버추얼 타이완Virtual Taiwan을 만들고, 폴리스Pol.is라는 도구를 사용해 시민들이 우버와 같은 새로운 교통 서비스에 대한 규제를 포함한 법률과 규정에 관한 논의에 참여할 수 있도록 한 것이다.

폴리스를 만든 콜린 메길Colin Megill이 설명했듯이, 타이완 행정원 장관인 재클린 차이Jaclyn Tsai는 정부 중심 해커톤hackathon('해킹과 마라톤'을 결합한 용어로 마라톤처럼 일정 시간과 장소에서 프로그램을 해킹하거나 개발하는 행사를 말함 – 옮긴이)에서 이렇게 말했다.

"우리에게는 사회 전체가 합리적 토론에 참여할 수 있는[42] 플랫폼이 필요합니다."

폴리스에서는 사람들이 한 문장 형태로 의견을 표현하도록 요구한다. 의견을 읽은 사람들이 이들과 토론하거나 답변할 수 있는 수단은 없다. 이들은 동의하거나, 동의하지 않거나, 패스만 할 수 있다. 그러나 별도로 각자 자기의 주장을 펼 수는 있다. 콜린은 이렇게 말했다.

"답변의 수단을 없애면 아주 특별한 경험을 하게 돼요. 모든 참가자의 의견 목록을 볼 수 있고 해당 질문에 대한 그들의 생각을 알 수 있죠."

인간은 이런 분석에 능하지 않지만, 기계는 아주 능하다.

"우리는 늘 이런 방법을 사용해요. 영화에 별점을 주거나 물건을 살 때마다 우리는 데이터를 만들어 냅니다. 폴리스에서는 이런 데이터로 머신러닝을 해요. 넷플릭스가 영화를 가지고 하듯이 말이죠. 넷플릭스는 코미디 영화를 좋아하는 사람, 공포 영화를 좋아하는 사람, 코미디 영화와 다큐멘터리를 좋아하지만 공포 영화를 싫어하는 사람, 코미디와 공포 영화를 좋아하지만 다큐멘터리를 싫어하는 사람같이 클러스터(군집)를 식별합니다."

폴리스는 주성분 분석Principal Component Analysis, PCA이라는 통계 기법을 사용해 의견과 그 의견에 반응한 사람을 비슷한 성향을 지닌 그룹과 이들이 찬성하거나 반대하는 내용으로 분류한다. 모든 그룹이 공감대를 형성한 의견과 각 그룹이 독특하게 지지한 의견이 모두에게 공개된다. 모든 그룹이 공감한 의견이나 특정 그룹 안에서 합의된 의견을 페이스북처럼 상단에 띄우고 더 자주 노출하고, 이 의견에 찬성하거나 반대하는 다른 사람들의 비율도 함께 표시한다.

이것은 페이스북의 '좋아요'와는 매우 다르다. 폴리스에서는 공통된 주장의 집합에 찬성하거나 반대하는 사람들을 나타내는 필터 버블Filter Bubble 그래프를 볼 수 있기 때문이다. 참가자들은 특정 클러스터를 형성하는 주장을 클릭해볼 수 있다. 그리고 참가자들이 다양한 의견에 찬성하거나 반대하면 이들의 아바타가 그래프상에서 클러스터에 가까워지거나 멀어진다. 참가자들은 특정 의견에 대해 그들과 의견이 같은 전체 대화의 비율뿐 아니라, 자신 또는 다른 사람들과 비슷한 의견에 찬성하는 클러스터의 비율도 확인할 수 있다.

실제 소그룹 회의에서 사용하는 방법 중 이와 비슷하고 효과적인 방법이 있다. 이는 코드 포 아메리카에서 직원과 동료들이 논쟁이 될 만한 문제를 의논할 때 자주 사용하는 것으로, 우리는 이것을 '인간 스펙트럼'이라고 부른다. 가령 큰 회의실 가운데 사람들이 모여 선다. 한 사람이 의견을 말하면 찬성하는 사람들은 회의실 한쪽 끝으로 이동한다. 반대하는 사람들은 다른 편 끝으로 간다. 어느 쪽도 선택하지 않은 사람은 가운데 있다. 그리고 다른 사람이 다른 의견을 말하고 그것에 영향을 받게 되면 그에 따라 움직인다.[43] 폴리스의 장점은 이런 방법의 범위를 확장해 수천 명의 사람과 여러 차원의 다양한 의견에 사용할 수 있도록 한 것이다.

버추얼 타이완에서 벌어진 우버에 대한 폴리스 토론은 다음의 한 의견에서 출발했다.

"저는 우버엑스 개인 차량 탑승자에게 승객배상 책임보험Passenger Liability

insurance 혜택을 의무적으로 제공해야 한다고 생각합니다."[44]

이 주장에 대한 반응은 규제 찬성과 반대로 금세 나뉘었다. 참가자들 찬반 진영의 규모를 볼 수 있었다. 양쪽 의견이 각각 33퍼센트를 넘지 않았다. 그래서 사람들은 다른 의견을 제시하며, 더 높은 지지를 얻는 쪽으로 넘어가려고 했다.

4주 동안 (버추얼 타이완의 전체 참가자 수만 명 가운데) 1,700명이 참여한 우버 토론은 주요 쟁점에 대해 공감대를 형성했고, 높은 합의에 도달한 의견은 다음과 같았다.

"정부는 이번 기회를 활용해 택시 산업이 경영 및 품질관리 시스템을 향상시키고 운전자와 탑승자가 우버와 같은 품질의 서비스를 누릴 수 있도록 해야 한다(모든 그룹에 걸쳐 95퍼센트)."

협의가 끝날 무렵, 우버는 차이 장관에게 국제책임보험 증서를 제출하고 필요하면 공개 검토에 협조하기로 합의했다. 또한 모든 운전자가 전문 운전면허를 등록하거나 취득하도록 돕고 일부 지역에서 합법화되면 우버엑스 자동차 허가·교통세를 납부하겠다는 의사를 밝혔다. 타이베이 택시연합은 우버택시 플랫폼과 협력하고, 우버와 같은 방식으로 시장 요구에 대응하기 위해 정부가 택시요금 인상을 허용한다면 더 나은 서비스를 제공하겠다고 밝혔다.

브릿지워터 어소시어츠 Bridgewater Associates의 설립자이자 최고경영자 레이 달리오 Ray Dalio는 세계 최대의 헤지펀드인 자신의 회사에서 '아이디어 실력주의'라는 것을 만들려고 비슷한 방법을 사용했다. 회사 구성원이 투자나 아이디어에 대해 토론할 때, 그들은 다른 참가자의 주장을 평가하고 찬성과 반대를 강조하는 매트릭스를 구성한다. 이 회사는 누구나 자신의 의견을 '철저히 투명하게' 밝히도록 하고, 신참 직원이라도 얼마든지 달리오 회장의 의견이 틀렸다고 말할 수 있다. 브릿지워터는 알고리즘을 매트릭스에 적용하기 위해 한 걸음 나아가 과거 성과, 특정 분야의 전문성, 개인 의견에 가중치를 부여하는 방법을 고려한다. 이것의 목표는 최상의 인간 통찰력과 컴퓨터 알고리즘의 능력을 결합해 찬성과 반대 관점을 파악하고[45] 명확히 하려는 것이다.

문제를 해결하는 묘책은 없다. 반대 의견도 정직하게 표현되고, 누구나 다른 사람의 의견을 접하고 자기 생각을 움직이고 변화될 수 있다면, 진실을 향한 도구가 될 수 있다. 이는 사람들의 기존 생각을 파악한 다음 그것을 강화하기 위해 논쟁을 조절하는 여론 조사와는 매우 다르다.

헨리 패럴은 내게 보낸 다른 이메일에서 이렇게 썼다.

"지적 발견 과정은 서로 다른(때로는 양식화된) 입장 사이의 논쟁에 관한 것입니다. 내 공동연구자인 코스마 샬리지Cosma Shalizi에게 빌려온 머신러닝 비유를 사용하면, 우리를 한데 모아봐야 우리가 구축하려는 아주 길고 복잡한 벡터에서 몇 개의 항을 이해한 약한 학습자Weak Learner의 집합에 불과합니다. 우리가 매우 다른 입장에서 시작한다면 (각자 약한 학습자는 다른 항의 집합을 보기 때문에), 각각의 입장이 진실의 한 면을 보여주고 우리가 문제를 해결하는 모델에 수렴하고자 노력하는 한 우리의 노력은 바람직한 결과에 이르는 데 도움이 됩니다."

이것은 진실을 향해 나아가는 지적 토론의 힘을 근사하게 요약한 것이다. 그 논쟁이 온라인 플랫폼으로 옮겨가면 우리는 사회적으로 엄청난 도전에 직면하게 된다. 이 플랫폼에는 수십억 명의 참자가자 있고, 국경이나 지역의 한계도 없으며, 권위와 진위에 대해 검증되지 않는 신호들이 있는데, 이 작업에 아직도 적합하지 않은 투박한 도구를 사용하기 때문이다.

우리에게 지금은 여전히 첫날일 뿐이다.

마스터 알고리즘을 만족시켜라

진실은 인간과 그들이 만들어낸 기업이 최고로 활용하기 위해 애쓰는 많은 요소 중 하나일 뿐이다. 무엇이 우리의 판단을 결정하는 것일까?

몇 년 전, 거대 통합 의료기업 카이저 퍼머넌트Kaiser Permanente의 최고의 료정보책임자인 존 매티슨John Mattison이 내게 말했다.

"21세기의 중요한 질문은 '당신은 누구의 블랙박스를 믿는가?'가 될 겁니다."

블랙박스는 의미상 입력과 출력은 알지만 처리되는 과정은 알 수 없는 시스템이다. 매티슨은 의학 분야에서 알고리즘의 중요성이 커지고 있다고 말했지만, 그의 요점은, 더욱 광범위하게, 우리가 이해하지 못하는 의사결정 방법을 지닌 시스템을 신뢰하고 있다는 것이었다.

때때로 우리는 이해할 수 없지만 다른 사람은 이해할 것이라고 여기기 때문에 알고리즘을 신뢰한다. 이 알고리즘 지식은 때때로 블랙박스와도 같은 알고리즘 안에 있는 것을 이해할 능력이 있는 전문가에게조차 공개되지 않는다. 즉 그것은 영업 비밀로 유지된다. 구글은 순위를 올리려는 사람들의 먹잇감이 되지 않기 위해 검색 알고리즘의 세부 정보를 공개하지 않는다. 마찬가지로 페이스북이 클릭베이트 제목이 포함된 기사를 엄중하게 단속했을 때, 페이스북의 뉴스피드 담당 부사장 애덤 모세리 Adam Mosseri는 이렇게 말했다.

"페이스북은 클릭베이트를 정의하는 수십 페이지 가이드라인 문서를 공개적으로 발간하지 않을 겁니다. '실제 대부분이 스팸'이기 때문에 우리가 하는 일과 방식을 구체적으로 공개하면 그들은 이를 역으로 이용해서 빠져나가는 방법을 알아낼 겁니다."[46]

클릭베이트 제목처럼, 가짜 뉴스를 만들고자 하는 일부 인센티브는 제거할 수 있다. 2016년 미국 대선 기간 동안 가짜 뉴스를 홍보하는 사람들은 진지하든 냉소적이든 정치적인 동기가 있었지만, 마케도니아 청소년이 만든 것 같은 대다수 가짜 뉴스 사이트는 오로지 금전적 이득을 위한 것이다. 가짜 뉴스를 만드는 사이트나 계정에 광고를 차단하는 것은 가장 심각한 범죄자를 제거하는 하나의 좋은 방법이다. 이런 일은 플랫폼이 자체적으로 실행할 수 있을 뿐 아니라 질 낮은 사이트에 '팔리지 않고 남은 광고 물량'을 집행하는 광고주나 광고 네트워크가 실행할 수 있다. 기업은 콘텐츠를 보여주는 광고가 자신의 정체성을 드러내고, 잘못된 광고는 기업의 명예에 돌이킬 수 없는 손상을 입힌다는 것을 알게 되었다. 워런 버핏의 유명한 말처럼, "명예를 쌓는 데는 20년이 걸리지만 무너뜨리는 데는 5분이면 충분하다. 이 점을 생각한다면 당신은 다르게 행동할 것이다."

노골적인 말썽꾼은 문제의 아주 작은 부분일 뿐이다. 더욱 근본적인 문제는 검색과 소셜미디어 알고리즘의 적합도 함수가 작가나 출판사의 선택을 형성하는 방법이다. 특히 광고 지향 비즈니스는 관심의 노예다. 현재 온라인 매체 〈벤처비트 VentureBeat〉의 기자인 크리스 오브라이언 Chris O'Brien은 자신과 같은 기자가 매일 직면하는 어려움을 토로했다. 기자들은 가장 가치가 있다고 생각하는 뉴스를 쓸까, 아니면 소셜미디어에서 가장 주목을 받을 만한 기사를 쓸까? 또는 주제에 가장 적합한 형식을 사용할까(믿을 만한 심층 보도 또는 롱리드^{longread}라고 부르는 장문의 기사 같은), 아니면 짧지만 강력한 기사에 매혹적인 제목을 달고 관심 끌기 유리한 형식을 선택해 조회 수와 광고 수익을 올릴까? 텍스트를 택할까, 동영상을 택할까?

우리는 검색엔진과 소셜미디어가 뉴스 매체와 보도 방식을 단순화하고 주요 출판사마저 과장 광고와 가짜 논란, 관심몰이로 유도하는 주된 요인이라는 것에 주목할 필요가 있다. 바닥으로 치닫는 경쟁은 뉴스 산업의 수입 기반이 구독에서 광고로, 지역 독자에서 소셜미디어 독자로 근본적으로 바뀐 결과다.

구독 기반 출판물은 독자에게 봉사하려는 동기가 있다. 하지만 광고 기반 출판물은 광고주에게 봉사하는 데 동기가 있다. 8장에서 설명했듯이, 검색 기반 클릭당 지불 광고는 인센티브를 조정하는 데는 도움이 될 수 있지만, 이는 또한 이용의 대상이 될 수 있으며, 전체 광고 매출액의 일부인 디지털 광고 매출액의 절반밖에 되지 않는다.[47] 2016년 미국 대통령 선거 이후 〈뉴욕타임스〉, 〈워싱턴포스트〉, 〈월스트리트저널〉 같은 뉴스 출판물 구독이 증가한 것은 탐사 보도를 다시 지지하는 소비자가 있다는 희망적인 신호다. 그러나 뉴스 미디어를 지배했던 이러한 출판물의 영향력은 이제 많이 줄어들었다. 결국 검색과 소셜미디어로 소비되는 콘텐츠를 알고리즘으로 움직이는 사람은 수익뿐 아니라 대중의 이익을 위해 알고리즘을 조율할 책임도 크다.

우리 사회를 형성하는 광고 기반 알고리즘은 페이스북의 애덤 모세리가 인용한 것처럼, 어떤 면에서는 딥 러닝의 세계에서 알고리즘을 만든 사람도 이해할 수 없는 블랙박스이기 때문에 신뢰의 문제가 가장 중요하다. 페이스북과 구글은 더 나은 사용자 경험을 만들려는 그들의 목표가 칭찬받을 만하다고 말한다. 그러나 그들도 역시 기업이고 더 나은 사용자 환경을 만든다고 해도 돈을 벌려는 다른 적합도 함수에 얽매이게 된다.

에반 윌리엄스Evan Williams는 이 문제에 해답을 찾으려고 노력해왔다. 트위터를 좇아 2012년에 〈미디엄〉을 창간했을 때, 그는 선견지명 있게 이렇게 썼다.

"현재 시스템은 허위 정보의 양을 증가시키는 원인이다. … 더 많은 콘텐츠를 더 저렴하게 내놓으려는 압박 때문에 깊이와 독창성, 질이 형편없어졌다. 이것은 지속가능성이 없고 생산자와 소비자 모두 만족시킬 수 없다. … 우리는 새로운 모델이 필요하다."[48]

2017년 1월, 윌리엄스는 〈미디엄〉이 깊이 있는 콘텐츠를 생산하는 작가와 그 가치를 인정하는 독자들의 커뮤니티로 성공했지만, 새로운 비즈니스 모델을 찾는 데는 실패한 사실을 깨달았다. 그는 도전을 받아들였다. 전 직원의 4분의1을 해고하기로 하고 모든 것을 다시 생각했다. 그는 〈미디엄〉이 성공했지만, 과거를 돌파하기에 충분하지 않았음을 깨달았다. 그리고 망가진 시스템은 광고 기반 인터넷 매체 그 자체라고 결론 내렸다.

"이것은 단순히 사람들에게 봉사하지 않는다. 사실 그렇게 설계되지 않았다. 우리가 매일 소비하는 대다수 기사나 동영상, 다른 '콘텐츠'는 기업이 직·간접적으로 목표를 달성하기 위해 대가를 지불한다. 그리고 이 콘텐츠는 실행 능력에 따라 측정되고 확장되며 보상받는다. 결과적으로 우리는 이에 상응하는 대가를 받게 된다. 즉 콘텐츠의 질은 점점 악화된다."

윌리엄스는 새로운 모델이 어떤 것인지 모른다고 인정하지만 반드시 찾아야 한다고 확신한다. 그는 "이 궤도를 따라 가면 비즈니스에는 성공하더라도 우리는 망가진 시스템의 연장선에 있는 위험에 처하게 된다"라고 썼다.

신뢰를 회복하지 않고 무너진 시스템을 복구하기란 어렵다. 게시자와 플랫폼을 보상하는 알고리즘이 사용자에게 혜택을 주는 알고리즘과 일치하지 않을 때 게시자는 누구의 편에 서게 될까? 구글과 페이스북은 어느 편에 설까? 우리는 누구의 블랙박스를 믿을 수 있을까?

가짜 뉴스에 대처하는 검열의 위험을 비난하는 사람들이 깊이 생각해야 할 아이러니한 측면이 있다. 2014년 페이스북의 연구팀은, 이야기의 조합을 바꾸면 이용자들을 기쁘거나 슬프게 할 수 있는지 알아보는 실험을 진행했다고 밝혔다.

"페이스북 사용자를 대상으로 한 실험[49]에서 뉴스피드의 감성적 콘텐츠 양을 줄인 다음 감성 전이 Emotional Contagion가 개인 간의 직접적인 상호작용 밖에서도 일어나는지 살펴봤어요. 긍정적 정서 표현을 줄이면 긍정적인 게시물이 줄어들고 부정적인 게시물이 늘어났습니다. 부정적 정서 표현을 줄이면 반대 패턴이 일어났죠. 이 결과는 다른 페이스북 이용자가 표현하는 감정이 우리 정서에 영향을 미치고 있음을 보여줍니다. 소셜 네트워크를 통해 거대한 규모의 감정 전이가 일어난다는 실험적 증거죠."

이에 대한 반응은 격렬하고 신속하고 심각했다. 〈뉴욕타임스〉는 "우리는 모두 페이스북의 실험쥐일 뿐"[50]이라고 떠들썩하게 보도했다.

이 점을 잠시 생각해보자. 사실 소비자를 대상으로 하는 모든 인터넷 서비스 기업은 서비스의 중독성을 높이고, 콘텐츠의 파급력을 높이며, 광고 수익이나 전자상거래 매출을 높이기 위해 끊임없이 실험한다. 더 많은 돈을 벌기 위한 조작은 당연시되고, 그 기법이 확산되며 높이 평가받는다. 그런데 이제 그것도 모자라 게시물이 사람들의 감정 상태에 영향을 미치는지 여부를 이해해 보자는 것인가? 이것은 엄연히 연구 윤리를 위반하는 경우 아닌가!

우리 사회를 지배하는 마스터 알고리즘이 있다. 머신러닝의 대가인 페드로 도밍고스Pedro Domingos에게는 미안하지만,[51] 이것이 머신러닝에 대한 새롭고 강력한 접근 방법은 아니다. 마스터 알고리즘은 이미 수십 년 전부터 근대적 기업에 암호화된 규칙이고 그 후로 의심 없이 받아들여져 왔다.

이는 2016년 3월 CBS 회장 레슬리 문베스Leslie Moonves가 트럼프의 선거 운동이 "미국에는 안 좋은 일이지만 CBS에는 잘된 일"[52]이라고 한 발언의 배경에 있는 바로 그 알고리즘이다.

우리는 사업이 번창하기를 바란다면 반드시 그 알고리즘을 만족시켜야 하는 세상에 살고 있다.

11

하이브리드 지능의 '보이지 않는 손'

WHAT'S THE FUTURE

2011년 9월 17일, 한 무리의 시위자들이 월스트리트에서 몇 블록 떨어진 주코티Zuccotti 공원에 텐트를 쳤다. 이들은 정부의 구제금융에 신물이 났다. 은행들이 공격적으로 마케팅을 벌인 주택담보대출을 토대로 복잡하고 독약 같은 파생상품을 만들며 결국 전 세계를 재정 파탄의 벼랑 끝으로 몰고 갔지만, 정부가 이런 은행을 살려냈기 때문이다. 또한 이들은 은행에도 진절머리가 났다. 주택담보대출을 받아 주택을 구입한 보통 사람들에게서 주택 소유권을 빼앗아갔기 때문이다. 이들은 학자금 대출과 감당할 수 없는 건강보험 비용에 망연자실해졌고, 생활비를 감당할 수 없는 임금을 더는 견딜 수 없었다. 이 운동은 #월스트리트점령 OccupyWallStreet 또는 간단히 #점령 Occupy 같은 트위터 해시태그를 달고 전 세계로 퍼져나갔다. 그해 10월 초까지 82개국 951개 도시에서 점령 시위가 일어났다. 시위자들은 강제 해산될 때까지 수개월 동안 노숙하며 시위를 이어나갔다.

시위가 시작되고 이틀 뒤, 나는 주코티 공원에서 오후 시간을 보내며

길바닥과 주위 건물에 붙은 수천 개의 팻말을 살펴보았다. 그 속에는 현재 경제 속에서 실패한 개인과 가족의 이야기가 담겨 있었다. 우선 시위자들의 이야기를 들어보려고 대화를 나누었다. 나는 확성기 사용 금지에 똑똑하게 대응하는 방법인 '인간 마이크'에 참여했다. 발언하는 사람이 군중을 향해 한마디를 하고 멈추면, 멀리 있는 사람들에게 들리도록 연설자 주위에 있는 사람들이 큰 소리로 반복했다.

이 캠페인의 구호인 '우리는 99퍼센트!'는 두 명의 온라인 운동가가 미국 인구의 1퍼센트가 국민소득의 25퍼센트를 벌어들이고 전체 부의 40퍼센트를 소유하고 있는 현실을 알리기 위해 처음 사용했다. 이들은 수억 명이 사용하는 블로그 사이트 텀블러Tumblr에서 캠페인을 시작했다. 자신의 경제적 상황과 '나는 99퍼센트입니다I am the 99%'라는 문구와 더불어 occupywallstreet.org 사이트를 알리는 팻말을 든 사진을 올려달라고 요청했다.

메시지는 개인적이지만 강력했다.[1]

"부모님이 빚을 내서 저는 좋은 학위를 받았습니다. 10만 달러 넘게 들었지만, 취직할 전망이 없습니다. 저는 99퍼센트입니다!"

"저는 석사학위가 있고 교사지만 아이 하나 키우기가 벅찹니다. 남편이 만성 질환으로 입원해 결근이 잦자 실직당하고 말았습니다. 한 달에 버는 돈보다 남편 의료비가 많이 듭니다. 저는 99퍼센트입니다."

"저는 석사학위가 있고 해당 분야의 정규직이지만 빚을 갚기 위해 몸을 팔기 시작했습니다. 저는 99퍼센트입니다."

"저는 싱글맘 대학원생에 직장도 없지만, 작년에 GE보다 많은 세금을 냈습니다. 저는 99퍼센트입니다."

"저는 6년 넘게 병원이나 치과에 가보지 못했습니다. 장기 치료가 필요한 부상을 입었고 치료를 감당하기 힘듭니다. 아마 간신히 걸을 수 있을 겁니다. 저는 99퍼센트입니다."

"저는 싱글맘이고 파트타임으로 일하면서 간신히 푸드 스탬프를 얻었습니다. 제가 바라는 것이라고는 딸의 미래뿐입니다. 저는 99퍼센트입니다."

"건강보험도 치과보험도 없습니다. 비전도 없고 임금 인상도 연금도 없습니다. 1년에 세전 3만 달러, 세후 2만 4,000달러도 못 받습니다. 〈포춘〉 500대 기업에서 일하지만, 저는 99퍼센트입니다."

"저는 소매업에서 일합니다. 쓸데없는 물건을 다른 사람들에게 판매하는 것 외에 어떤 가능성도 인정받은 적이 없습니다. 사실 제가 파는 물건의 절반은 필요하지 않은 것들이고, 대부분은 감히 살 수도 없습니다. 제 능력을 이렇게 낭비하기 싫습니다. 쓸모 있는 일을 하고 싶습니다. 저는 99퍼센트입니다."

"우리는 무책임하게 선택하지 않습니다. 분에 넘치지 않게 신중하게 살았습니다. 소박한 집과 감당할 만한 차를 샀습니다. 남편이 해고당하기 전까지는 그럭저럭 괜찮았습니다. 실직 상태로 6개월이 지난 후 다행히 직장은 구했습니다. 하지만 하루에 135킬로미터를 출퇴근해야 하고, 급여는 전보다 30퍼센트 적습니다. 게다가 남편의 주유비가 2주치 급여와 맞먹습니다. 주택담보대출 기관과 손실 완화 신청과 대출 조건을 조정하고 있고, 작은 집을 지킬 수 있는 모든 방법을 고민하고 있습니다. 제 급여는 6월에 2퍼센트 인상되었지만, 실제 지급액은 줄었습니다. 건강보험 비용이 올랐기 때문입니다. 저희는 99퍼센트입니다."

"2년 반 넘게 직업이 없습니다. 흑인 실업률이 20퍼센트입니다. 저는 33살이고, 와츠^{Watts}(미국 로스앤젤레스 인근 흑인 거주지 - 옮긴이)에서 나고 자랐습니다. 저는 99퍼센트입니다."

"저는 19살입니다. 아이를 낳고 싶다고 오래전부터 생각했습니다. 하지만 제 아이가 살 미래가 안전하지 않을 것 같아 걱정입니다. 저는 99퍼센트입니다."

"저는 은퇴했습니다. 저축, 연금, 사회보장제도로 살고 있습니다. 저는 괜찮습니다. 하지만 5,000만 미국인은 '괜찮지 않아요.' 이들은 가난하고 건강보험도 없습니다. 우리는 모두 99퍼센트입니다."

수천 명이 두려움과 고통, 절망감을 외치고 있다. 삶이 기계에 의해 부서진 사람들의 목소리다.

* * *

영화 〈2001 스페이스 오디세이^{2001 : A Space Odyssey}〉의 할^{HAL} 9000에서부터 〈터미네이터〉의 스카이넷에 이르기까지 이는 공상과학 영화에 등장하는 인공지능이다. 이 영화들에서 인공지능은 인간에게 봉사하도록 만들어졌지만, 주인에게 적대적으로 행동하고 미친 듯이 날뛴다.

최근 스티븐 호킹이나 일론 머스크 같은 과학계와 실리콘밸리 전문가들은 "인공지능 연구가 확대되면서 점점 성능이 좋아지는 인공지능 시스템이 견고하고 유익해지는 것을 목표로 했다. 인공지능 시스템은 우리가 원하는 것을 실행해야 한다"[2]라고 촉구하는 공개서한을 작성했다. 미국 비영리연구단체인 FLI^{Future of Life Institute}와 오픈AI^{OpenAI} 같은 단체는 인공지능의 존재적 위험을 연구하고, 오픈AI 사이트에 나와 있듯이 "경제적 수익 창출에 얽매이지 않고[3] 인류 전체를 가장 이롭게 하는 방법으로 디지털 지능을 발전시키기 위해' 설립되었다.

이들의 목표는 고상하다. 다만 너무 늦게 온 감이 있다.

인간은 이미 근본적인 프로그래밍의 오류 때문에 인간을 무시하고, 무의미하게 만들며, 통제권을 되찾으려는 인간의 모든 노력에 저항하는 광대한 기계의 속박 안에 있다. 이 기계는 아직 지능이 없고 자율적이지 못하며 여전히 인간과 파트너십을 맺고 있지만, 매일 더 강력해지고 독립적으로 성장한다. 우리는 이 기계의 정신과 전투를 벌였지만 패배했다. 우리에게 봉사하도록 구축한 시스템이 더는 그 목적에 부합하지 않지만, 어떻게 멈추어야 할지 알 수 없다.

내가 구글이나 페이스북 또는 정부가 운영하는 그림자 프로그램에 관해 이야기하고 있다고 생각한다면 잘못 본 것이다. 나는 우리가 '시장'이라고 부르는 것에 대해 말하고 있다.

자본주의의 주춧돌인 시장이 어떻게 인류의 적, 즉 오래전부터 우려해 온 말썽꾼인 인공지능으로 변모하고 있는지 이해하려면, 우리는 먼저 인공지능에 대해 몇 가지 사항을 살펴볼 필요가 있다. 그리고 (정확하지 않지만, 일상적으로 편하게 '월스트리트'라고 부르는) 금융시장이 어떻게 자신을 만든 사람마저 이제는 완전히 이해할 수 없는 기계가 되었는지, 그리고 이 기계의 원래 목표와 운영이 어떻게 실제 상품과 서비스 시장에서 극단적으로 분리되었는지 이해해야 한다.

인공지능과 '보이지 않는 손'

전문가들은 인공지능을 말할 때 약인공지능^{ANI}과 강인공지능^{AGI}으로 구분한다.

약인공지능은 2011년 공개 토론에 갑자기 등장했다. 그해 2월 IBM의 왓슨이 전국으로 방영된 텔레비전 퀴즈 프로그램 〈제퍼디^{Jeopardy}〉에서 가장 뛰어난 인간 출전자를 가뿐히 이겼다. 같은 해 10월 애플이 출시한 개인 비서 시리는 일상적인 언어로 던진 평범한 질문에 대답할 수 있었다. 상냥한 여성의 목소리로 대답하는 시리는 공상과학 소설에나 나올 법한 존재였다. 시리가 인간의 말을 이해하지 못해도 우리가 기계와 대화하고 나서 그 대답을 기대하는 것만으로도 놀라웠다. 시리는 한 자폐 소년의 절친한 친구가 되었다.[4]

또한 2011년은 구글이 자율주행 시제품 차량으로 일반 도로에서 16만 킬로미터 이상 주행했다고 발표했는데, 이는 미국 고등연구계획국이 주최한 그랜드 챌린지 대회에서 자율주행차 부문의 우승자가 7시간에 고작 11킬로미터를 완주하는 데 그친 지 6년 만의 일이었다. 언론은 인간 일자리 수백만 개가 사라질 가능성과 씨름하고 있지만, 자율주행차와 트럭은 이제 중앙 무대를 차지했다. 다가오는 자동화의 물결이 인간 잉여 노동력을 초래한 첫 번째 산업혁명보다 훨씬 큰 영향을 미칠 것이라는 두려움 때문에 지금 많은 사람은 기술과 경제의 미래를 떠올리며 '이번 엔 다르다'라고 말하고 있다.

약인공지능과, 100만분의1초 만에 여러 요인을 고려해 결정을 내릴 수 있는 다른 복잡한 소프트웨어 사이의 경계는 모호하다. 복잡한 업무를 수행할 수 있는 자율 또는 반자율 프로그램은 수십 년 동안 우리 사회 시스템의 일부였다. 우리가 전화 통화를 하려면 자동화된 교환시스템에 의지하고 (한때는 말 그대로 사람이 교환실에서 특정 지역으로 케이블을 접속하여 연결했다), 항공기는 만약을 대비해 인간 조종사가 함께 타기는 하지만 자동 항법으로 수천 킬로미터를 정기적으로 운행한다. 처음에 이런 시스템은 마법과 같았지만, 아무도 이것을 인공지능이라고 생각하지는 않았다.

시리나 구글 어시스턴트, 코타나, 아마존의 알렉사와 같은 개인 비서는 우리가 말하는 것을 듣고 인간 목소리로 대답하면서 그야말로 '인공지능'으로서 우리를 깜짝 놀라게 했다. 그렇다고는 해도 그들이 실제로 똑똑한 것은 아니다. 즉 이들은 현명하게 프로그래밍이 된 시스템이고, 그 마법의 상당수가 가능한 까닭은 어떤 인간보다 빨리 처리할 수 있는 엄청난 양의 데이터에 접근할 수 있기 때문이다.

그러나 아무리 복잡한 시스템이라도 전통적 프로그래밍과, 인공지능의 최전선에 있는 딥 러닝 기술을 비롯한 관련 기술 사이에는 중요한 차이점이 있다. 그것은 바로 모든 절차를 나열하기보다 이미지 인식기 또는 분류기 같은 기본 프로그램을 구축한 다음, 자체적으로 데이터 패턴을 인식할 때까지 인간이 분류한 많은 양의 데이터를 입력해서 훈련하는 데 있다. 우리가 프로그램에 성공한 예시를 가르치면, 프로그램은 우리를 모방해 배운다는 말이다. 이는 프로그램이 갈수록 독립적인 존재로 바뀔 것이라는 두려움을 심어줄 것이다.

강인공지능은 아직 공상과학의 소재다. 가상 미래의 산물로 인공지능은 특정 과제를 수행하게끔 훈련될 뿐 아니라, 스스로 완전히 배울 수 있는 것은 물론 발생하는 문제에 지능적으로 대응할 수도 있다.

이런 강인공지능은 독자적으로 목표를 세우고, 초인간적 속도로 스스로 학습하는 능력을 갖추고 있기 때문에 인간을 훨씬 앞질러 머지않아 스스로 지능을 향상시킬 것이라는 두려움도 싹튼다. 이런 초인간적 인공지능이 인간을 필요로 하지 않거나, 기껏해야 애완동물이나 가축을 기르듯 대할 수 있다는 끔찍한 전망도 나옴직하다. 그야말로 아무도 이런 인공지능이 어떤 모습을 하고 있을지 알 수는 없다. 하지만 닉 보스트롬Nick Bostrom이나 스티븐 호킹, 일론 머스크 같은 사람들은 한때 이런 것이 존재한다면 인간을 신속히 능가하고 예측할 수 없는 결과를 초래하리라고 추정한 바 있다. 보스트롬은 이것을 강인공지능의 가상적인 다음 단계인 '초인공지능Artificial Super Intelligence'이라고 부른다.

딥 러닝의 개척자 데미스 하사비스와 얀 르쿤은 이 의견에 대해 회의적이다. 이들은 강인공지능까지 갈 길이 한참 멀다고 생각한다. 중국의 검색엔진 바이두의 인공지능 연구책임자였던 앤드류 응Andrew Ng은 적대적 인공지능에 대한 우려가 화성의 인구 과잉[5]을 걱정하는 것과 같다고 비유했다.

우리가 강인공지능이나 초인공지능을 결코 개발하지 못하더라도, 나는 그와 비슷한 위협적인 존재가 될 제3의 인공지능 형태가 있다고 생각한다. 내가 하이브리드 인공지능이라고 부르는 것이다.

우리는 통상 인공지능을 상상할 때 인간처럼 개별적 자아 즉 개인의식이 있다고 가정한다. 그런데 만약 인공지능이 이보다는 단세포 생물에서 진화한 다세포 생물에 가깝다고 하면 어떨까? 아울러 우리가 이런 유기체의 세포도 아니고 한술 더 떠 우리 몸에 서식하는 거대한 미생물 생태인 마이크로바이옴microbiome이라고 하면 어떨까? 이 개념은 비유에 불과하지만 나는 유용한 비유라고 믿는다.

인터넷이 인간의 생각을 연결하는 속도를 높이고 집단 지식과 기억, 감각이 디지털 형태로 공유되고 저장되면서, 인간은 모든 인간을 연결해 새로운 종류의 기술 기반 초유기체인 글로벌 브레인을 만들어내고 있다. 이 글로벌 브레인은 인간과 기술이 공생하는 하이브리드다. 글로벌 브레인의 감각기관은 모든 컴퓨터와 스마트폰, 사물인터넷 장치의 카메라와 마이크, 키보드, 위치 센서다. 글로벌 브레인의 사고는 수십억 명의 개인이 기여하는 집단지성의 결과물로서 알고리즘이 이 글로벌 브레인의 사고를 형성하고 주도하며 증폭시키고 있다.

거의 실시간으로 수백만 또는 수십억 명에 달하는 사용자를 연결하는 구글이나 페이스북, 트위터 같은 디지털 서비스는 이미 초기 형태의 하이브리드 인공지능이다. 이런 하이브리드 인공지능 시스템의 온라인 지능과 사람들로 이루어진 커뮤니티의 오프라인 지능이 상호 의존 관계에 있다는 사실은 하이브리드 인공지능에서 우리 자신의 역할이 무엇인지를 나타내고 있다. 우리 각자는 분화된 수조 개의 세포로 이루어진 거대한 집합체다. 그 안에서 자신의 DNA는 일부만 공유하고, 우리의 장과 피부, 순환계에 군락을 이루는 미생물처럼 외부에서 온 장내 미생물이 훨씬 많이 서식한다. 우리 몸에는 세포보다 미생물이 훨씬 많지만, 이들은 침입자가 아니라 전체의 한 부분으로 기능한다. 공생하는 미생물이 없으면 우리는 음식물을 소화해 에너지로 전환시킬 수 없다. 장에 사는 박테리아가 우리가 생각하고 느끼는 방식을 바꾼다는 연구 결과도 있다.[6] 다세포 유기체는 모든 참가자의 의사소통과 생태계, 플랫폼 또는 시장의 총합과 같다. 시장이 균형을 잃으면 우리는 병들거나 가능성을 발휘하지 못한다.

인간은 이제 생겨나고 있는 인공지능의 내장 속에 살고 있다. 아마 인간처럼 글로벌 인공지능은 독립적 존재가 아니라 인간 의식과 공생하며 인간 안에서 그리고 인간 곁에서 살아갈 것이다.

우리는 매일 글로벌 브레인에 새로운 기술을 가르친다. 딥마인드는 알파고의 바둑 훈련을 인간의 대국을 학습시키는 것으로 시작했다. 딥마인드를 만든 개발자가 2016년 1월 〈네이처〉에 기고했듯이, "이 심층 신경망은 인간 전문가의 대국을 통한 지도된 학습과 자체 대국을 통한 강화학습으로 훈련했다."[7] 이 프로그램은 바둑을 두는 인간을 관찰하며 시작했지만, 프로그램끼리 수백만 판의 대국을 반복하면서 학습이 강화되고, 인간 바둑 기사들이 이룬 최고 수준을 훨씬 뛰어넘게 되었다. 명시적으로나 암시적으로나 인간에 의해 훈련된 알고리즘이 나타내는 이러한 패턴은 인공지능 기반 서비스의 폭발적 성장의 중심에 있다.

그러나 인공지능을 위한 훈련 데이터 집합의 뚜렷한 성장은 인간이 인터넷에서 비자발적으로 생산한 데이터에 비교하면 아직 부족하다. 구글 검색과 금융시장, 페이스북이나 트위터 같은 소셜미디어 플랫폼은 수조 개의 인간 상호작용 데이터를 수집해 약인공지능으로 작동되는 집단지성으로 데이터를 정제한다. 컴퓨터 신경과학자이자 인공지능 기업가 보 크로닌Beau Cronin은 이렇게 지적했다.

"많은 경우, 구글은 인간 지능과 비슷한 추론 능력과 문제해결 능력이 필요한 일 즉 '강인공지능'이 필요하다고 생각했던 문제들에 대해, 이전에 발생한 수많은 사례와 새로운 내용을 대조하는 방법을 쓰는 '약인공지능'으로 해결하면서 성공해왔다."

그러다 보니 수십억 인간이 만든 데이터로 충분히 채운 약인공지능은 강인공지능과 아주 비슷해 보이기 시작했다. 간단히 말해, 이것은 수백만 명의 집단적 지식과 결정을 한데 모으는 알고리즘을 사용하는 집단지성 시스템이다.

또한 이는 '시장'에 대한 고전적 개념이기도 하다. 중앙의 조정 없이 상품과 노동의 가격이 결정되고, 모든 농산물과 인간이 만든 제품의 구매자와 판매자를 찾을 수 있으며, 애덤 스미스의 유명한 말처럼 '보이지 않는 손'에 의해 조정되는 시스템이다.

그러나 자신의 이익을 구하는 인간 상인과 인간 소비자로 구성된 시장의 보이지 않는 손이, 컴퓨터 알고리즘이 이런 이익을 형성하고 조정하는 시장에서도 동일하게 작용할까?

집단지성은 잘못되었다

알고리즘은 인간의 지성과 결정을 종합할 뿐 아니라, 이것에 영향을 미치고 증폭시킨다. 조지 소로스가 언급했듯이 경제를 형성하는 힘은 진실하지도 거짓되지도 않다. 우리가 집단으로 믿거나 알게 되는 것에 근거해 반사적으로 반응할 뿐이다. 우리는 뉴스 매체에 알고리즘이 미치는 영향을 이미 겪어보았다.

전자 네트워크의 속도와 규모는 또한 금융시장 반사성 reflexivity (미래를 정확히 예측하지 못하는 시장참가자들이 기대감과 추론으로 결과를 변화시킬 수 있다는 이론 - 옮긴이)의 성격을 우리가 아직 완전히 이해할 수 없는 방식으로 변화시킨다. 수백만 명의 의견을 종합해 가격을 정하는 금융시장은 편향된 설계나 알고리즘으로 증폭된 오류나 조작으로 치명적인 결과를 초래할 수 있다. 2010년에 있었던 유명한 '플래시 크래시Flash Crash(갑작스러운 주가 폭락 - 옮긴이)'에서 초단타 매매 알고리즘은 한 투자은행 직원의 시장 조작에 반응해 36분 만에 다우지수를 (시세 기준 거의 1조 달러에 해당하는) 1,000포인트가량 폭락시켰다가 몇 분이 지나고 나서야 600포인트를 회복했다.

이 주가 폭락 사건은 전자 네트워크의 속도가 잘못된 정보나 결정에 미치는 영향을 증폭시킨다는 것을 강조했다. 네트워크가 발달하기 전에는 중국에서 오는 상품의 가격을 범선 속도로 알 수 있었고, 그다음은 전보 속도로 알 수 있었다. 오늘날 주식 현물 트레이더는 100만분의1초의 이익이라도 얻으려고 초고속 네트워크 접속 지점에 가까이 자리를 잡는다. 그러나 속도가 중요해지자 인간 트레이더는 뒤로 밀려났다. 현재 모든 증권시장 거래의 50퍼센트 이상이 인간 트레이더가 아닌 프로그램으로 이루어진다.

이제 인간은 도움을 받지 못하면 엄청난 불이익을 당한다. 초단타 매매에 대한 책인《플래시 보이스Flash Boys》의 저자 마이클 루이스Michael Lewis는 인터뷰에서 이런 불이익에 대해 언급했다.

"다른 사람보다 먼저 가격 변화를 알면 그에 따라 행동할 수 있습니다. … 마치 말이 달리기 전에 경마 결과를 아는 것과 같죠. … 초단타 매매의 타임 어드밴티지는 아주 작습니다. 말 그대로 0.001초입니다. 사람이 눈을 깜빡이는 데 보통 0.1초가 걸립니다. 사람에게는 눈도 깜빡이지 못할 시간이지만 컴퓨터에게는 충분한 시간이죠."[9]

루이스는 이것이 시장을 두 진영, 즉 먹이와 포식자로 나눈다고 언급했다. 실제로 기업에 투자하려는 사람과, 속도 우위를 사용하는 방법을 알고 일반 거래자를 앞질러 먼저 주식을 사서 이들에게 높은 가격에 되파는 사람이 있다. 본질적으로 이들은 시장에 전혀 도움이 되지 않고 자신만을 위해 시장의 영양분을 빼내는 기생충 같은 존재다. 루이스는 이렇게 말했다.

"주식 시장은 조작되었어요. 소수의 내부자에게 이익이 가도록 조작되었고, 일반 투자자를 희생시킨 대가로 월스트리트와 은행, 외환 거래, 초단타 매매자의 몫을 극대화하도록 조작되었죠."

루이스의 책에 등장하는 영웅인 브래드 카츠야마Brad Katsuyama가 초단타 매매의 이점을 배제하고 '모든 달러에 공정한 기회가 있는' 새로운 거래소를 만들려고 했을 때 루이스는 이렇게 언급했다.

"초단타 거래자들의 거래 수수료를 받는 은행과 브로커는 그들의 주문을 공정한 거래소로 보내지 않으려고 한다. 돈을 적게 벌기 때문이다."

본래 위험을 분산하기 위해 만든 파생상품이 오히려 위험을 확대하게 되었다. 월스트리트가 2008년 금융위기까지 순진한 고객에게 판매한 부채담보부증권CDO은 기계의 도움으로 만들어질 수 있었다. 뉴욕 증권 거래소의 전 CEO에서 메릴린치Merrill Lynch의 CEO가 된 존 테인John Thain은 2009년 연설에서 이와 비슷한 내용을 인정했다.

"부채담보부증권의 트란셰tranche(금융기관이 개별 대출을 모아서 이를 기반으로 다시 발행하는 채권 – 옮긴이) 하나를 정확히 모델링하는 데 미국에서 가장 빠른 컴퓨터로도 세 시간가량 걸렸습니다. 이 증권으로 무엇을 하고 있었는지 이해한 사람은 거의 없습니다. 이해하지 못하는 것을 만드는 건 누가 소유하든지 좋은 생각이 아닙니다."[10]

요컨대 초단타 거래와 복잡한 파생상품은 금융시장을 인간의 통제와 이해에서 멀어지게 만들었다. 한술 더 떠 이것은 실제 상품과 서비스에 토대를 두고 인간 경제에 내린 닻을 끊어버렸다. 빌 제인웨이가 언급했듯이, 2008년 '슈퍼 버블'의 폭발은 '다음과 같은 가정, 즉 금융시장은 반드시 효율적이고, 금융 자산은 비금융, 이른바 실물 경제에 포함된 유형자산의 기초 가치에 기반을 두므로 시장이 금융자산 가격을 안정적으로 형성한다는 가정을 산산조각 냈다.'

2008년의 금융위기에 이르기까지 금융 시스템에서 막대한 자본이 쏟아져 나오면서 그림자 금융Shadow Banking(투자은행, 헤지펀드, 사모펀드 등과 같이 은행과 비슷한 역할을 하면서도 중앙은행의 규제와 감독을 받지 않는 금융회사 - 옮긴이)이 성장했다. 이는 기초 실물 자산을 훨씬 초과하는 대출[11]을 제공하는 데 사용되었고, 이런 대출은 더 위험한 주택담보대출로 만든 비우량 채권을 담보로 했다.

금융 자본주의는 가짜 뉴스의 온상과도 같은 월스트리트만이 그럴싸하게 포장할 수 있으며, 버블과도 같은 가상 자산이 판치는 시장이 되어버렸다.

시스템의 설계가 결과를 결정한다

시장에 점점 기계적인 특성이 주입되고, 원래 기대했던 인간 친화적 기능이 줄어드는 것을 생각할 때, 초단타 매매나 부채담보부증권 같은 복잡한 파생상품과 그림자 금융의 문제는 빙산의 일각일 뿐이다. 즉 현대 금융 시스템 자체가 아무도 이해할 수 없는 금융상품이 나올 수밖에 없도록 설계되어 있는 것이다. 이 알고리즘 뒤에 있는 모델의 적합도 함수는 무엇일까? 그리고 우리가 입력한 편향된 데이터는 무엇일까?

영화 〈터미네이터〉의 등장인물처럼 인간을 노예화하려는 글로벌 인공지능인 스카이넷을 멈추기 전에 우리는 반드시 시간을 거슬러가서 어떻게 이것이 생겨났는지 이해해야 한다.

〈포린어페어스Foreign Affairs〉에 기고한 정치경제학자 마크 블라이스Mark Blyth에 따르면, 제2차 세계대전 이후 수십 년 동안 정부 당국자들은 '계속된 대량 실업이 자본주의에 실제적 위협'[12]이 된다고 판단했다. 그러므로 서구 경제의 지침이 되는 '적합도 함수'는 완전고용이라 할 수 있다.

이 계획은 한동안 효과가 있었지만 결국 이른바 비용 상승 인플레이션을 낳았다. 모든 사람이 고용되고 직장을 옮기는 데 진입장벽이 없으면 직원을 붙들어두는 유일한 방법은 급여를 더 주는 수밖에 없다. 고용주는 필연적으로 제품 가격을 올려서 이것을 충당하고, 이런 가운데 고임금과 고물가가 지속된다. 블라이스가 언급한 대로 모든 개입은 굿하트 법칙Goodhart's Law을 적용받는다. 임금과 물가와 같은 임의의 경제지표를 일정 수준 이상이 되도록 오랫동안 목표 대상으로 할 경우 그 지표의 가치(신뢰성)는 낮아지는 것이다.

브레턴우즈체제가 끝나고 금환본위제도가 미국 달러에 도입되면서 완전고용에 대한 약속은 치솟는 인플레이션을 초래했다. 통상 인플레이션은 채무자에게 유리하다. 이는 주택 같은 상품을 더 저렴하게 만드는데, 고정된 부채 금액을 돈의 가치가 훨씬 하락하는 미래 시점에 갚기 때문이다. 그러나 급여는 계속 올라가기 때문에 사람들은 더 많은 달러를 갖게 되고, 일반 상품은 더 비싸지기 때문에 노동자는 더 높은 임금을 계속 요구하게 된다. 한편 인플레이션은 자산의 가치를 감소시키기 때문에 자본 소유자에게는 매우 불리하다.

1970년대를 필두로 저인플레이션은 완전고용을 대체하는 적합도 함수가 되었다. 연방준비제도이사회 의장 폴 보커Paul Volcker는 인플레이션을 급정지시키려는 노력으로 통화량에 엄격한 제한을 두었다. 1980년대 초까지 인플레이션은 통제되었지만 치솟는 이자율과 높은 실업률을 대가로 치러야 했다.

인플레이션을 통제하려는 시도는 일련의 지원 정책 결정과 결부되었다. 높은 임금과 완전고용을 촉구하는 노동의 조직화는 더 어려워졌다. 1947년에 제정된 태프트 하틀리법Taft-Hartley Act은 노조의 힘을 약화시켰고, 노조를 더욱 제한하는 주법을 통과시켰다. 2012년에는 미국 노동력의 12퍼센트만 노조화되었는데, 이는 최고치였던 30퍼센트에서 크게 낮아진 수치다.

1970년 9월 경제학자 밀턴 프리드먼Milton Friedman은 〈뉴욕타임스 매거진〉에 기고한 '기업의 사회적 책임은 기업의 이익을 증가시키는 것이다'라는 논평에서 기업 경영자의 의무는 주주를 위해 돈을 버는 것뿐이라고 강력히 주장했다. 프리드먼은 이렇게 썼다.

"나는 경영자들이 '자유 기업 제도Free-enterprise System에서 기업의 사회적 책임'을 요구해야 한다고 토로하는 것을 들었다. 경영자는 단지 기업의 이익뿐 아니라, 바람직한 사회적 목표를 추구한다고 주장해야 자신이 자유 기업 제도를 옹호하는 것이라고 믿는다. 또 그들은 개혁의 성과를 나타내는 선전 문구를 내세우기보다는 '사회적 양심'을 가지고, 일자리를 만들고, 차별을 없애며, 환경오염을 줄이는 것이 기업의 주요 책임이라고 믿는다."

프리드먼의 의도는 좋았다. 그는 기업 리더가 사회적 우선순위를 선택해 주주들이 개인적으로 동의하지 않더라도 주주를 대신해 결정을 내리도록 하는 데 관심이 있었다. 나아가 이익을 주주에게 분배하면 그들 스스로 자선 행동을 하기를 바랐다. 하지만 씨앗은 그렇게 심어져도 잡초 속에서 자라기 시작했다.

다음 단계는 1976년에 마이클 젠슨Michael Jensen과 윌리엄 멕클링William Meckling이 〈저널 오브 파이낸셜 이코노믹스Journal of Financial Economics〉에 자신의 영향력 있는 논문인 〈기업 이론 : 경영 행동과 대리인 비용, 소유 구조Theory of the firm : Managerial behavior, agency costs and ownership structure〉를 발표하면서 시작되었다. 젠슨과 멕클링은 회사 소유주를 대신하는 전문 경영인이 소유주보다 자신의 성과급을 중요시하는 사례를 들었다. 예컨대 경영인은 기업이나 실제 소유주에게는 직접 도움이 되지 않는[13] 호화로운 혜택을 실컷 누릴 수 있다.

젠슨과 멕클링의 의도도 좋았다. 하지만 안타깝게도 그 후 그들의 연구는 경영진과 주주의 이익에 부합하는 가장 좋은 방법이 회사 주식 형태의 보상이라는 결과에 이르는 데 그쳤다. 그러자 주가 상승이 경영진의 일차적 목표가 되었고, 자신들의 이익을 주주의 이익과 일치시키면서 주식 가치라는 이익을 어느 것보다 우선시하게 되었다.

얼마 후, 경영대학원에서는 주주 가치 극대화라는 믿음을 가르쳤고, 기업 지배 구조에도 명시했다. 1981년 당시 세계 최대 제조기업이었던 제너럴 일렉트릭^{GE}의 CEO 잭 웰치는 '저성장 경제에서 고성장' 전략을 발표하고 수익이 낮거나 성장이 느린 사업부를 더는 용인하지 않겠다고 말했다. 이는 GE가 소유한 기업이 시장에서 1위나 2위가 아니거나 전체 평균보다 빠르게 성장하지 않으면 전부 매각하거나 폐쇄할 것[16]이라는 의미였다. 사업부가 지역사회에 유용한 일자리를 공급하거나 고객에게 유용한 서비스를 제공하느냐는 사업을 유지하는 이유가 아니었다. 오직 GE의 성장과 이익에 기여하고 그에 따라 주가에 기여하는 것만이 중요했다.

'그 순간이 바로 우리의 스카이넷 순간이었다. 기계가 권력을 장악하기 시작했다.'

그렇게 시장은 인간과 기계의 하이브리드 지능이 되었다. 거래 속도가 증가하자 기계와 파트너가 되지 못한 인간 트레이더는 포식자가 아니라 먹잇감이 되었다. 그렇게 시장은 갈수록 인간이 제대로 이해할 수 없는 복잡한 파생금융 상품들로 이루어지고 있다. 하지만 여기서 우리가 반복해서 보아온 중요한 교훈 하나는, 시스템의 설계가 그 결과물을 결정한다는 것이다. 로봇은 우리에게 인간 적대적인 미래를 강요하지 않았다. 우리가 스스로 이런 미래를 선택한 것이다.

* * *

1980년대는 '기업 사냥꾼'의 시대였다. 영화 〈월스트리트〉에서 마이클 더글러스가 연기했던 고든 게코는 기억에 남을 말을 했다. "탐욕은 좋은 것이다." 이론적으로 기업 매수자는 나쁜 경영자를 찾아 쫓아내고,

실적이 저조한 기업에서 효율성을 찾아서 자본주의 시스템의 운영을 개선하는 역할을 한다. 물론 그런 경우도 있다. 하지만 그들은 무엇보다 주가 부양이라는 유일한 적합도 함수를 끌어올려 우리 경제를 전반적으로 텅 비게 했다.

자사주 매입이 선호 수단으로 사용되어 발행 주식 수를 줄이고 주당 순이익과 주가를 올린다. 주주에게 현금을 돌려주는 수단으로 자사주 매입은 배당금보다 세금 효과가 있지만, 아주 다른 메시지를 보내오기도 한다. 전통적으로 배당금은 '우리 기업은 사업에 필요한 것보다 현금이 많습니다. 그래서 주주에게 돌려드립니다'라는 뜻이지만, 자사주 매입은 '우리 주식이 시장에서 저평가되었고 우리가 생각하는 것보다 기업의 잠재력을 모르는 것 같습니다'라는 의미다. 다시 말해 자사주 매입은 회사가 스스로 자신에게 투자한다는 점을 부각하지만, 실은 그렇지 않았다.

지난 60년간 가장 성공적인 투자자인 워런 버핏은 2016년 버크셔해서웨이 Berkshire Hathaway 주주에게 보내는 편지에서 자사주 매입을 바라보는 단기적 사고를 지적했다.

"자사주 매입이 주주 가치를 높이는지 아니면 파괴하는지는 전적으로 매입가에 달려 있습니다. 따라서 기업이 자사주 매입을 공표할 때 자사주 매입 여부를 결정짓는[15] 매입가를 공개하지 않는 점은 의문스러워요."

5조 1,000억 달러 규모의 세계 최대 자산운용사 블랙록 BlackRock의 CEO인 래리 핑크 Larry Fink도 주식 환매를 비판하며 2017년 주주에게 보낸 편지에서, 2016년 3분기로 끝나는 12개월 동안 S&P500을 구성하는 기업에서 배당금과 자사주 매입에 사용한 금액이 이들 기업의 전체 영업 이익보다 크다고 언급했다.

워런 버핏은 자사주 매입에 돈을 쓰는 이유가 생산적인 자본 투자 기회가 없어서라고 생각한 반면, 핀크는 장기 성장과 지속 가능성을 위해 기업은 연구개발, '특히 직원 개발과 장기적인 재정 안정'에 투자해야 한다고 지적했다. 그는 기업이나 경제가 단지 단기 주주 이익을 높이는 것으로 번영할 수 있다는 생각에 반대하면서, "지난 사건들이 우리에게 보여주는 것은 오직 직원들의 복지가 기업의 장기적 성공에 얼마나 중요한지 강조하는 것"이라고 언급했다.

핀크는 기업이 주주에게 현금을 돌려주는 대신 직원들의 기술을 향상시키는 데 유보 이익을 사용해야 한다고 주장한다.

"경제 변화의 혜택을 온전히 수확할 뿐 아니라 장기적으로 성장을 유지하려면 기업은 기계를 운영하던 직원이 프로그램 짜는 법을 배우도록 도와주면서 이익을 창출하는 직원의 수익 잠재력을 높여야 한다. 기업은 오늘날 경제에 필요한 능력을 갖추고, 직원에 대한 책임을 다하기 위해 내부 훈련과 교육 역량을 향상시켜야 한다"[16]라고 썼다.

남북전쟁 이후 미국의 생활수준 변화를 무게 있게 기술한 책 《미국의 성장은 끝났는가 The Rise and Fall of American Growth》에서 로버트 고든 Robert Gordon 은 비정상적 확장의 세기가 지난 다음, 미국 경제의 생산성 성장은 1970년대 이후 크게 둔화했음을 설명했다.[17] 고든의 분석처럼 전 세기의 생산성 향상 기술이 경제에 역사적으로 이례적인 급성장을 가져왔든지, 핀크나 다른 사람들의 말처럼 우리가 정작 필요한 곳에는 투자를 하지 않고 있든지 간에 분명한 사실은 실제 성장이 지연될 때 기업은 성장이라는 환상을 만들기 위해 자사주 매입을 이용하는 것이다.

주가는 근본적인 기업 전망을 이상적으로 설명하는 지도다. 이 지도를 왜곡하려는 시도가 있다면 그것이 무엇인지 파악해야 한다. 우리는 무슨 일이 일어나고 있는지 설명하는 어휘에 '가짜 뉴스'에 이어 '가짜 성장'도 추가해야 한다. 진정한 성장은 인간의 삶을 향상시킨다.

자사주 매입 옹호자는 주가 상승의 혜택이 대부분 연기금으로 가기 때문에 넓게 보면 사회로 확산된다고 생각한다. 그러나 관대하게 보아 미국인의 절반 이상이 어떤 형태로든 주주라고 한다면,[18] 이들 가운데 단 1퍼센트에 불과한 사람에게 치우친 부가 너무나 크다. 기업이 최고경영진에게 주식을 주듯이 모든 직원에게도 주식을 배분한다면 이런 논의는 필요하지 않을 수 있다.

다른 모델을 중심으로 구축된 기업이 금융화된 기업만큼 성공적이라는 증거는 빤히 보이는 곳에 숨어 있다. 미국의 유명한 미식축구단인 그린베이 패커스Green Bay Packers는 팬이 구단주이기 때문에 입장권 가격을 저렴하게 유지할 수 있다. 연매출액 24억 달러에 이르는 아웃도어 소매기업 레이REI도 600만 명의 회원으로 이루어진 협동조합으로, 기업의 이익을 외부의 소유주가 아니라 조합원에게 돌려준다. 그런데도 레이는 상장된 경쟁 기업이나 S&P500 소매지수를 능가하는 성과를 꾸준히 내며 성장하고 있다.[19] 자산 운영 규모가 4조 달러로서 미국 제2위의 자산 운용사 뱅가드Vanguard도 공동체 정신의 개념을 도입한 집단 투자 형태인 뮤추얼 펀드가 소유하고 있다. 창업자인 존 보글John Bogle은 펀드 수수료를 낮게 유지하고 주식 투자의 혜택을 자산 관리자에서 고객[20]에게 주기 위해 인덱스 펀드Index Fund를 개발했다.

　반대 사례도 있지만, 가능한 높은 이익을 얻어 회사 경영진과 대규모 투자자, 주주에게 돌려주는 것이 사회에도 좋다는 생각이 너무나도 뿌리 깊이 박혀 있기 때문에, 노동자나 지역사회, 고객보다 주주가 우선시될 때 사회에 미치는 파괴적인 영향을 너무나 오랫동안 간과해왔다. 이것은 우리 경제를 잘못된 길로 이끄는 나쁜 지도다.

　백악관 경제자문위원회 위원장을 지낸 로라 타이슨Laura Tyson은 어느 저녁식사 자리에서, 대다수 일자리는 대형 상장기업이 아니라 중소기업이 만든다는 말로 내게 깊은 인상을 남겼다. 그녀는 경기 침체기에 금융시장의 역할을 과장하지 말라고 경고하면서 '낙수 경제 이론(대기업의 성장을 장려하면 중장기적으로 보았을 때 중소기업과 소비자에게 긍정적인 영향을 미쳐서 총체적으로 경기가 부흥한다는 주장 - 옮긴이)'의 진정한 효과는 번영을 공유하는 것이 아니라 이익을 극대화하는 이상적인 방법을 금융시장에서 전체 사회로 전파함으로써 만드는 것이라고 말했다.

　금융시장에 좋은 것이 일자리나 임금 상승, 일반적인 사람들의 삶에 좋은 영향을 끼친다고 오판하는 것은 기업의 리더나 정책 당국자, 정치인이 저지르는 치명적인 오류다.

　매사추세츠대학 경제학 교수이자 산업경쟁력센터Center for Industrial Competitiveness 소장인 윌리엄 라조닉William Lazonick은 2004년부터 2013년까지 10년 동안 〈포춘〉 500대 기업이 자사주 매입에 3조 4,000억 달러라는 막대한 돈을 지출했고,[21] 이것은 이들 기업 이익의 51퍼센트에 해당

한다고 언급했다. 이익의 35퍼센트는 주주에게 배당금으로 지급되었고, 14퍼센트만 재투자를 위해 기업에 유보했다. 래리 핑크가 인용한 2016년 자료는 수십 년간 이어온 이런 추세가 정점에 이르렀음을 보여 준다. 아마존같이 금융시장에 저항하고 장기 투자를 위해 단기 이익을 희생할 수 있는 기업은 거의 없다.

사내 유보금의 감소는 매우 중요하다. 바로 사업 투자에 가장 중요한 자금이기 때문이다. 금융시장은 사업 확장에 필요한 자금을 공급하는 데 필요하다는 일반적인 통념에도 불구하고 라조닉은 이렇게 언급했다.

"주식시장의 주된 역할은 기업이 생산적인 자산에 새로운 투자를 받게 하는 것이라기보다 오너 사업가와 동업자들이 그동안 해온 개인적 투자에서 벗어나게 하는 것이다."

라조닉의 연구에 따르면, 1980년대 중반부터 "대다수는 아닐지라도, 주요 미국 기업에서 자원 배분 방식이 '유보와 재투자'에서 '축소와 분배'로 전환되었다. 유보와 재투자 방식에서 기업은 이익을 보유하고 노동력으로 구현된 생산 역량에 재투자했다. 그러나 일반적으로 축소와 분배 방식에서 기업은 임금이 높은 숙련 노동자를 해고하고 현금을 주주에게 분배한다.

주주 가치 경제는 기업의 연구개발비 감소와 우연히 일치한다. 1997년 연방준비제도이사회를 위한 분석에서, 경제학자 찰스 존스Charles Jones와 존 윌리엄스John Williams는 국내총생산 중 연구개발에 실제 사용한 금액이 혁신을 통한 사회적 수익률[22]에 기반을 둔 적정 비율의 4분의1 이하라고 언급했다. 경제학자 애시시 아로라Ashish Arora, 샤론 벨렌존Sharon Belenzon, 안드레아 파타코니Andrea Patacconi는 2015년에 발표한 논문에서, 1980년

이후 대기업에서 연구하는 과학자들이 발표한 연구 논문 수는 감소했지만, 이상하게 특허 신청 수는 감소하지 않았다고 보고했다. 이것은 가치 창출보다 가치 획득에 우선순위를 둔 근시안적 접근의 결과였다. 이에 대해 저자들은 이렇게 표현했다.

"대기업은 과학의 황금알(특허)은 가치 있게 생각하지만 황금 거위[23](과학적 역량) 자체에는 관심이 없었던 것 같다."

기업 재투자의 변화로 가장 큰 피해를 본 사람은 노동자였다. 주주에게 돌아가는 몫을 늘리기 위해 노동자의 일자리가 없어지고 임금이 삭감되었다. 아래 표에서 알 수 있듯이 임금으로 지급되는 국내총생산GDP의 비율은 1970년 54퍼센트에서 2013년 44퍼센트로 줄었지만, 기업 이익으로 가는 비율은 4퍼센트에서 11퍼센트로 증가했다.[24] 골드만삭스에서 근무했던 월리스 터브빌Wallace Turbeville은 이를 두고 "금융 자산 보유자와 나머지 미국인들 사이의 제로섬zero-sum 게임에 접근하고 있다"[25]라고 적절히 묘사하고 있다. 이런 승자독식의 제로섬 게임은 끝이 좋지 않다. "지금 미국의 1퍼센트는 프랑스혁명 전의 1퍼센트[26]에 약간 못 미치지만, 점점 가까워지고 있다"라고 프랑스의 경제학자이자 《21세기 자본Capital in the Twenty-First Century》의 저자 토마 피케티Thomas Piketty는 말했다.

라조닉은 이런 경향이 '대부분 소득 불균형, 고용 불안정, 혁신 역량 저하로 특징지을 수 있는 국가 경제에 책임이 있다'라고 설명한다. 혁신 역량 저하는 내가 '지속가능한 번영'[27]이라고 부르는 것과는 반대되는 개념이다.

실리콘밸리 혁신 경제의 강력한 도구인 스톡옵션도 이곳의 경제를 카지노로 바꾸며 손상시키는 역할을 했다. 초기 벤처투자가이자 경제학자

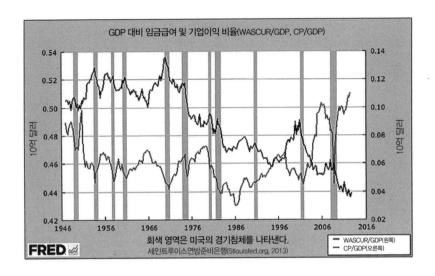

GDP 대비 임금급여 및 기업이익 비율(WASCUR/GDP, CP/GDP)

회색 영역은 미국의 경기침체를 나타낸다.
세인트루이스연방준비은행(Stlouisfed.org, 2013)

FRED

— WASCUR/GDP(왼쪽)
— CP/GDP(오른쪽)

인 빌 제인웨이는 스타트업 기업이 옵션을 효과적으로 사용했을 때, 그것은 구입한 사람이 대부분 아무것도 받지 못하는 복권이었다고 지적했다. 벤처투자사가 지원하는 스타트업 가운데 0.4퍼센트만이 잭팟을 터트리고 75퍼센트의 기업가는 아무것도 얻지 못한다. 제인웨이는 "이런 성공이 실현되는 것은 아주 드문 일이므로 가능한 수익이 비정상적으로 높아야 한다"라고 내게 보낸 이메일에서 말했다.

스톡옵션은 혁신과 위험 감수를 권장하기 위해 고안되었다. 하지만 제인웨이의 표현에 따르면, 옵션은 "혁신적인 보상 방법으로 HP나 IBM이라는 안전한 항구에서 경영진을 유인하여 납치하는 데 사용되었다." 기존 기업도 실패 위험이 없을 때 스톡옵션을 사용하기 시작했다. 극단적으로는 납세자가 부채를 보장하는 은행의 CEO들이 스톡옵션으로 보상을 받기 시작했다.

1993년 클린턴 대통령이 좋은 취지로 추진한 법률에 따라, 최고경영진에게 지급할 수 있는 경상 이익을 제한하자 의도하지 않게 보상이 스톡옵션으로 옮겨가는 결과[28]를 가져왔다. 의회도 처음에는 스톡옵션의 회계 처리에 있는 거대한 구멍을 승인했다. 직원에게 지급하는 경상 이익과 달리 스톡옵션은 공개되어야 했지만 그 가치가 평가되지는 않았다.[29] 옵션의 가치는 회사 수익에 부과될 필요가 없었기 때문에 회사 차원에서는 일종의 '공돈'이 되었고, 회사 수익이 아니라 일반인을 대표하는 연기금이나 기관투자자가 대부분인 공공시장 주주들에게 은밀히 지급되었다.

이 가운데 공공시장 주주들은 일반 노동자의 소득을 삭감하는 것이 자신에게 이롭다는 점을 발견했다. 임금 삭감은 순이익과 주가를 높이고 경영진이 받을 대가를 갈수록 증가시켰다. 이런 분위기가 탐욕에 흔들리지 않는 올바른 경영진을 가만 놔두지 않았다. 주가를 계속 부양하지 않거나 주주 이익보다 다른 이익을 고려하는 CEO는 자리를 잃거나 소송을 당하기 일쑤였다. 창립자가 기업 안에서 지배적 위치를 지니는 실리콘밸리 기업도 이런 압력에서 벗어나지 못했다. 현재 직원에 대한 보상이 대부분 주식이기 때문에 주가가 계속 상승해야 최고의 인재를 계속해서 고용할 수 있었다.

인간을 적대시하는 것은 월스트리트 자체가 아니다. 그것은 바로 주주자본주의의 마스터 알고리즘이다. 이 적합도 함수는 무엇보다 단기 수익을 추구하도록 동기부여를 하고 위협도 가한다. 이런 시스템에서 인간은 제거해야 할 비용이 아니라면 무엇이겠는가?

인건비가 적게 드는 개발도상국으로 아웃소싱해 기업의 이익을 개선할 수 있는데, 왜 지역사회의 인력을 채용하겠는가? 정부가 제공하는 사회안전망으로 노동자의 부족한 임금을 메워줄 텐데, 왜 최저임금보다 높은 생활임금(실제 생활이 가능한 최소 수준의 임금으로 기존 최저임금보다 20~30퍼센트 높음 - 옮긴이)을 지급하겠는가? 참고로 사회안전망은 다른 사람들의 세금으로 충당되기 때문에 기업이나 개인의 세금 부담을 최소화하는 데 유리하다.

또한 기업의 현금을 자사주 매입에 사용해 발행 주식 수를 줄이고 투자자 비위도 맞추며 자기 주머니도 채울 수 있는데, 왜 기초 연구나 새 공장, 직원의 경쟁력을 높이는 교육훈련에 투자하겠는가? 왜 몇 년간 별로 돈벌이도 안 될 위험한 신규 사업에 투자하겠는가?

나아가, 요령껏 이익을 높일 수 있는데, 왜 최고의 상품과 서비스를 제공하겠는가? 하버스 미디어랩Havas Media Lab 소장이자 경영전략가인 우네어 해크Umair Haque에 따르면, 지금은 '다른 사람들에게 해를 끼치고 얻어낸 이득[30]인 얇은 가치Thin Value'의 시대다. 얇은 가치는 담배가 암의 원인임을 알면서도 판매하는 담배의 가치이고, 담배업계가 고용한 허위 정보 회사들[31]을 같이 이용하는 정유업계에서 부인하는 기후변화의 가치다. 또한 우리를 병들게 하거나 비만으로 만드는 액상과당이나 다른 첨가제가 들어간 음식을 먹을 때 우리가 겪는 가치이고, 생각보다 빨리 교체해야 하는 조잡한 물건을 살 때 우리가 경험하는 가치다.

만약 이익이 모든 것의 척도라면, 당연히 잭 웰치처럼 '수익을 관리'해 투자자에게 기업이 실제보다 좋아 보이도록 하지 않겠는가? 당연히 투자은행이 그랬던 것처럼 고객의 이익에 반하는 자체 투자를 하지 않겠는가? 당연히 실패할 수밖에 없이 설계된 복잡한 금융상품을 고객에게 판매하는 사기에 가담하지 않겠는가? 기업의 사기로 금융상품이 실패하더라도, 정부기관은 사기 친 기업이라도 세계 경제에 중요하기 때문에 건드릴 수 없다고 믿으니 납세자에게 파산한 기업을 구제해 달라고 요청을 하지 않겠는가?

정부, 정확하게는 정부의 부정이 이 문제에 깊이 연루되어 있다. 경제학자 조지 애커로프 George Akerlof 와 폴 로머 Paul Romer 는 1994년에 발표한 논문 〈약탈 : 수익을 위한 파산이 횡행하는 어둠의 경제 Looting : The Economic Underworld of Bankruptcy for Profit〉에서 기업의 부정행위와 정치권력의 결합에 대해 이렇게 지적했다.

"부실 회계와 느슨한 규제, 경미한 처벌은 물론 기업의 가치와 채무 불이행보다 많은 보상을 정부가 부실기업에게 주게 되면 결국 이익을 노린 파산이 일어날 수밖에 없다. 경제적 가치 극대화라는 정상 경제학은 현재 얻어낼 수 있는 가치를 극대화하는 뒤죽박죽 경제학으로 대체되고, 이는 기업의 경제적 순자산을 심각하게 마이너스로 이끌게 된다. … 오늘 배당금이 1달러 증가하면 주주에게 1달러의 가치가 있지만, 기업의 미래 수익이 1달러 증가하면 주주에게는 아무런 가치가 없다. 미래의 이익은 채권자에게 돌아가기 때문이다."[32]

이런 뒤죽박죽 경제는 많은 기업 사냥꾼의 사냥 계획이었다. 그들은 노동자를 해고하고 기업에서 자산을 강탈하며 퇴직연금을 없애려고 기업을 파산시키기도 했다. 뒤죽박죽 경제는 또한 경제를 붕괴시킨 부동산이나 금융 분야의 연속된 호황기와 불황기의 핵심이었고, 극소수의 경제 약탈자와 운 좋은 구경꾼을 엄청난 부자로 만들었다.

뒤죽박죽 경제는 모든 것이 뒤집힌 비자로 월드Bizarro World처럼, 기업이 가치를 차지하기보다 가치를 창출해야 한다는 내 신념을 뒤집었다. 기업들은 지금 가치를 창출하기보다 가치를 차지하고 있다.

뒤죽박죽 경제는 엄연히 공유지의 비극(공유 자원의 이용을 개인의 자율에 맡길 경우 서로의 이익을 극대화함에 따라 자원이 남용되거나 고갈되는 현상 – 옮긴이)이다. 또한 밀턴 프리드먼이 1970년에 촉구했던 종말이자 글로벌 마인드에 자리 잡고 있다가 그 결과가 수십 년 뒤에 나타나는 나쁜 아이디어다.

2012년 나는 기술 투자가 닉 하나우어의 TED 연설을 듣고 평생 생각해온 대안적인 견해를 확신하게 되었다. 하나우어는 억만장자 자산가로 소규모 가족 단위 제조업체를 물려받았지만, 제프 베조스의 가족이 아닌 사람으로는 처음으로 아마존에 투자하는 행운을 얻었으며, 마이크로소프트에 60억 달러에 매각된 타깃 광고 기업인 어퀀티브aQuantive의 주요 투자자이기도 했다. 하나우어의 말은 내게 많은 의미가 있었다. 오픈 소스와 웹2.0과 같이 그의 말은 퍼즐의 한 조각이었다. 이 조각을 제자리에 끼워 넣자 내가 '차세대 경제'라고 부르게 된 것의 큰 그림을 볼 수 있게 되었다.

그의 연설에서 핵심 논점은 이런 것이었다.

"나는 성공한 자산가지만 나 같은 사람이 일자리를 만들어 낸다고 말하는 소리를 듣는 데 지쳤다. 일자리를 창출하는 존재는 단 하나, 오직 고객이다. 우리가 노동자를 너무 오래 착취해서 이제 그들은 우리의 고객이 될 여유조차 없다."

이런 관점에서 하나우어는 1955년 피터 드러커가《경영의 실제》에서

했던 주장을 반복한다.

"기업 목적의 올바른 정의는 단 하나, 고객을 창출하는 것이다. … 기업의 정체성을 결정하는 것은 고객이다. 상품이나 서비스에 대가를 지불하려는 고객의 의지만이 경제 자원을 부로 전환하고 물건을 상품으로 바꾼다. … 고객이 기업의 근본이고 기업을 존재하도록 한다."[33]

이런 관점에서 보면, 기업은 인간의 필요를 충족시키기 위해 존재한다. 기업과 이익은 그 목적을 위한 수단이지 목적 자체가 아니다. 자유무역과 아웃소싱, 기술은 비용을 절감하고 주가를 올리는 도구가 아니라 세계의 부를 증가시키는 도구다. 주주 가치 이론에 한계는 있지만, 세계는 자본주의 경제의 역동성 때문에 더 부유해졌다. 그러나 우리가 다른 길을 선택했다면 얼마나 더 나아질 수 있었을까?

거의 모든 사람이 주주를 위해 돈을 버는 것이 경제활동의 궁극적 목적이라고 생각하지 않는다. 그러나 많은 경제학자와 기업 리더는 우리가 목적을 달성하는 데 도움을 주는 그것의 역할을 착각한다. 밀턴 프리드먼과 멕클링과 젠슨, 잭 웰치의 의도는 좋았다. 이들은 모두 기업 경영진과 주주의 이익에 맞으면 기업과 마찬가지로 사회에도 실제 최대 행복을 가져다준다고 생각했다. 그러나 그렇지 않다. 그들은 나쁜 지도를 따라 가고 있었다. 2009년 잭 웰치는 주주 가치 가설이 "어리석은 생각"[34]이라고 자신의 태도를 바꾸었다. 그러나 잭 웰치가 은퇴할 때 9억 달러에 달하는 재산을 보유하고 있었고, 이 재산의 대부분은 스톡옵션을 통해 벌어들인 것이었다.

작가 더글러스 러쉬코프Douglas Rushkoff가 내게 〈포춘〉 100대 기업의 한 CEO가 기업 의사결정에 사회적 가치를 포함하려다가 금세 '시장'의 처벌을 받고 나서 생각을 정반대로 바꿀 수밖에 없었던 이야기를 들려준 적이 있다.

시장의 정체는 무엇일까? 이것은 바로 0.001초 속도로 기업을 들락거리는 알고리즘 트레이더다. 이것은 실물경제에서 자본 투자의 수단이었다가 주인에게 항상 유리한 규칙을 적용하는 카지노가 되었다. 또한 시장은 칼 아이칸Carl Icahn 같은 기업 사냥꾼이다(이제 그는 '행동주의 투자자'로 이미지를 바꾸었다). 시장은 주식을 대규모로 매입 또는 매도하여 독보적 입지를 유지하려고 하며, 애플 같은 기업이 고객을 위해 가격을 낮추거나 직원의 급여를 올릴 수 있는 돈으로 애플 자신의 주머니를 채우도록 유도한다. 시장은 또한 연기금이기도 하다. 이들은 약속을 지키기 위해 높은 수익을 간절히 바라지만, 시장을 따라잡기 위해 최선을 다하는 대신 관리하는 펀드에 손실을 내는 전문 자산관리사에게 아웃소싱한다. 시장은 또한 막대한 재산을 가져다줄 엄청난 파괴적 혁신을 꿈꾸는 벤처투자가나 사업가이다. 시장은 고객에게 봉사하기보다 주가 상승에 기초해 의사결정을 내리는 모든 기업 경영자다.

그러나 이런 어마어마한 투자도, 구글이나 페이스북보다 크고, 우리 모두보다 훨씬 큰 집단지성을 반영한 시스템이 나타내는 가장 확실한 기능일 뿐이다. 실상은 근본적으로 잘못된 마스터 알고리즘이 조정하기 때문에 끊임없이 문제가 일어나고 있는 것이다.

이는 《메이커스 앤드 테이커스Makers and Takers》의 저자 라나 포루하Rana Foroohar 같은 금융산업 비평가가 경제가 "금융화되었다financialized"라고 말할 때 지적한 것이다. 포루하는 "성장 둔화가 길어지는 가장 큰 이유는 금융 시스템이 실물경제에 사용되지 않고 오로지 시스템 자체를 위해 작동하기 때문이지만,[35] 이런 이유는 알려지지 않았다"라고 말했다.

이는 금융 산업이 미국인의 4퍼센트를 고용하기 때문이 아니라 전체 기업 이익의 25퍼센트를 차지하기 때문이다(이는 2007년 40퍼센트에서 하락한 수치다). 또한 이는 1980년대에 태어난 미국인이 1940년대에 태어난 부모보다 경제적으로 더 윤택할 가능성이 낮다거나, 인구의 1퍼센트가 세계 전체 부의 절반가량을 소유한다거나, 1980년대부터 소득 이익의 대부분이 1퍼센트 중에서도 상위 10명에게 가기 때문이 아니다. 이는 전 세계 사람들이 포퓰리스트 지도자를 선출하기 때문도 아니며, 지금의 엘리트들이 전 세계 사람에게 불리하도록 시스템을 왜곡해 왔다고 믿기 때문도 아니다.

이런 것은 문제의 증상이다. 근본적인 문제는 한때 인간이 상품과 서비스를 교환할 때 하인으로 기꺼이 도움을 주던 금융시장이 이제는 주인이 되었다는 것이다. 더 심각한 것은 금융시장이 다른 모든 집단지성의 주인이라는 점이다. 구글이나 페이스북, 아마존, 트위터, 우버, 에어비앤비 그리고 미래를 만들어가는 모든 유니콘 기업이 우리 한 사람 한 사람처럼 그 속박 안에 있는 것이다.

우리가 통제해야 할 것은 오늘날의 하이브리드 인공지능이지 가상 미래의 초인공지능이 아니다.

미래는 우리 손에 달렸다

WTF?

미래를 예측하는 가장 좋은 방법은
미래를 만들어내는 것이다.

_ 앨런 케이Alan Kay

12
사람이 우선인 경제를 위하여

WHAT'S THE FUTURE

2011년 5월, 잡지 〈베니티 페어 Vanity Fair〉에 실린 글을 통해 전 국민이 1퍼센트라는 개념을 입에 올리게 되었다. 노벨 경제학상 수상자 조지프 스티글리츠 Joseph Stiglitz가 '1퍼센트의 1퍼센트에 의한 1퍼센트를 위한'이라는 제목으로 쓴 이 글은 경제가 제 기능을 못 한 채 극소수 국민에게만 과실을 안김으로써 어떤 결과가 나타났는지를 냉철하게 성찰했다. 링컨의 게티즈버그 연설을 뼈아프게 상기시키는 이 제목은 정말로 우리가 지금도 '국민의 국민에 의한 국민을 위한 정부'를 이상으로 삼고 있느냐고 묻는다.

스티글리츠는 당시 중동에서 독재 정권을 뒤엎던 아랍의 봄을 언급하며 이렇게 적었다.

"이들 아랍 국가는 인구의 채 1퍼센트도 안 되는 한줌 세력이 부의 노른자를 통제하는 사회다. 이곳에서는 부가 주요 권력을 결정짓고, 사회 깊숙이 파고든 갖가지 부패가 곧 삶의 방식이며, 일반 국민의 삶을 개선할 정책'을 가장 부유한 자들이 활개 치며 가로막는다."

그리고 아주 의미심장하게 대중 봉기를 호소했다.

"중요한 면에서 우리나라는 저 멀리 떨어진 어수선한 지역처럼 되어 버렸다. 미국에서는 언제쯤 이런 일이 벌어질까?"

월스트리트 시위대는 끝내 점거지를 떠났지만, 그들이 던진 물음은 우리 정치 곳곳에 계속 울려 퍼진다. 미래가 우리 모두에게 기회가 될까? 아니면 우리 대다수를 훨씬 철저히 짓밟을까?

'1퍼센트'는 2016년 대선에서 버니 샌더스가 내세운 공약의 핵심사항이었다. 도널드 트럼프도 힐러리 클린턴이 현재 상황을 옹호한다며 승리하는 날까지 내내 정치권에 분풀이 메시지를 날렸다. 하지만 드러난 바로는, 트럼프 대통령도 근본 문제를 해결할 정치적 해법이랄 것이 그다지 없다. 스티글리츠가 핵심을 짚었듯이, 문제는 1퍼센트, 더 정확히는 0.01퍼센트가 자기 손에 쥔 재력을 정치권력으로 치환하여, 한때 활기찬 민주국가이자 경제 주체였던 미국을 휘청거리는 거인으로, 그리고 더는 구성원의 이익을 위해 작동하지 않는 플랫폼으로 바꿔놓았다는 것이다.

사람과 이익 사이에 어떤 다툼이 벌어졌는지는 2016년에 〈뉴욕타임스〉가 보도한 캐리어의 인디애나폴리스 공장 폐쇄와 멕시코 이전 계획에서 알 수 있다. 기사에 따르면 캐리어는 1,400개 일자리를 멕시코로 옮겨가려 했다. 그곳 노동자의 하루 치 임금이 인디애나폴리스 노동자의 한 시간 임금밖에 되지 않았기 때문이다. 트럼프는 대선 운동에서 이 사건을 무게 있게 다루며, 노동력 외주화를 문제의 뿌리로 지목했다. 그렇다면 기업은 왜 더 값싼 노동력을 찾을까?

캐리어의 모기업인 유나이티드 테크놀로지의 최고재무책임자 아킬

조리 Akhil Johri 는 이렇게 설명했다.

"마음 아프기는 하지만, 인력 감축은 길게 보면 경쟁이 치열한 사업 특성과 주주 가치 창조[2]를 고려할 때 필요한 일입니다."

그는 '주주 가치 창조를 고려'라는 말로 자신도 모르게 비밀을 드러냈다. 기사는 다음과 같이 설명을 이어갔다.

> 월스트리트는 앞으로 2년 동안 유나이티드 테크놀로지의 주당 이익 상승률이 17퍼센트이기를 바란다. 하지만 예상 매출 증가율은 8퍼센트뿐이다. 그 차이를 메운다는 것은 (유나이티드 테크놀로지의 기후·제어·보안사업부 회장인) 맥도너 씨가 증시 분석가와 만난 자리에서 내비쳤듯이, 아낄 수 있는 모든 부문에서 비용을 삭감한다는 뜻이다.

이론적으로 기업이 주가에 신경 쓰는 까닭은 투자와 사업 확장에 드는 자본을 금융시장에서 얻기 때문이다. 그런데 정말 그럴까? 유나이티드 테크놀로지는 금융시장에서 자본을 얻을 까닭이 없었다. 사실 이 회사는 자본금이 하도 많아서 바로 전인 2015년 12월에도 자사주 매입에 120억 달러를 투입했다.[3]

유나이티드 테크놀로지가 그럴싸한 말로 둘러댔지만, '길게 보면 경쟁이 치열한 사업 특성을 고려할 때' 비용을 삭감해야 하는 회사는 아니다. 내가 보기에는 이미 0.01퍼센트인 자산 관리인들이 주가를 빠르게 끌어올려 제 수입을 늘릴 속셈으로 수익 증대를 요구하고 있다. 이 속셈에 유나이티드 테크놀로지의 경영진이 장단을 맞추는 까닭도 자신들의 보수가 주가 상승과 연동된 데다, 주가를 상승시키지 못하면 일자리를 잃을 터이기 때문이다. '이는 회사의 한쪽 이해관계자에게서 다른 쪽 이해관계자에게로 부를 강제 재분배하는 행위다.'

좌파와 우파의 인기영합주의자인 도널드 트럼프와 버니 샌더스를 추종하는 사람들이 월스트리트에 그토록 분노하는 까닭도 바로 이 때문이다. 경제 체계는 '이미' 조작되었다. 회사는 공급과 수요가 적정 가격을 정하는 실제 상품·서비스 시장이 아니라, 희망과 탐욕이 가격을 정하기 일쑤인 금융시장의 지시에 무릎을 꿇고 노동자를 몰아낸다.

이렇게 사뭇 다른 두 시장을 가리킬 때, 대다수 사람이 별 생각 없이 '시장'이라는 용어를 쓴다. 두 시장이 다르다는 사실을 깨우치는 일이 문제를 푸는 첫걸음이다.

트럼프 대통령이 내놓은 해결책이란 해외 생산품에 관세를 매기고 정부 계약을 해지하겠다고 기업에 으름장을 놓거나, 미국에서 일자리를 유지하면 불법 보조금을 주겠다고 기업을 구슬리는 것이다. 이 가운데 어떤 방법도 밑바닥에 깔린 문제를 다루지 않는다. 굳이 따져보지 않아도, 오늘날 미국 경제는 대다수 평범한 미국인 편에 서서 작동하지 않는다. 금융업자와 최고경영자, 기업 이사회는 상황이 이렇게 되기까지 자신에게 어떤 책임이 있는지 뼛속 깊이 반성해야 한다. 하지만 닉 하나우어가 내게 이야기했듯이, 최고경영자의 반성이 경제에 미치는 영향은 안타깝게도 총기 희생자를 위한 애도와 기도가 총기 사고를 끝내는 데 미치는 영향 정도일 것이다. 따라서 '이런 행위를 부추기는 동인이 무엇인지 되짚어보고, 이를 허용하는 규칙을 뜯어고쳐야 한다.'

경제의 '법칙'

먼 훗날 경제사학자가 우리 시대를 뒤돌아본다면, 왕에게 신성한 권력이 있다고 믿은 조상을 우습게 여기면서도 정작 자신은 자본의 신성한 권력을 숭배한 모습에 얼굴을 찌푸릴 것이다.

경영자들이 저임금 국가로 일자리를 옮기거나 노동자를 기계로 대체하기로 할 때, 그리고 정치인들이 이른바 시장 때문에 기업에 최저생활임금을 지급하라고 요구하지 못한다고 주장할 때, 이들은 경제 법칙을 따르고 있을 뿐이라는 핑계를 댄다. 하지만 경제학은 케플러나 뉴턴이 밝힌 운동의 법칙 같은 자연 현상을 연구하는 게 아니다. 경제학의 연구 대상에는 누군가가 사람들의 행동에 영향을 미칠 틀을 짜려고 궁리해낸 규칙과 알고리즘에서 생겨난 결과물도 들어간다. 이런 규칙과 알고리즘은 대개 컴퓨터 코드가 아닌 법과 관습에 따라 실행되므로 우리는 그 방식이 구글, 페이스북, 우버가 쓰는 알고리즘과 비슷하다는 사실을 눈치채지 못한다. 그러니 우리는 지금 잘못된 지도를 따라 가고 있다.

구글과 페이스북, 우버와 에어비앤비처럼 단순한 디지털 시장이 그릇된 길로 들어설 수 있듯이, 우리가 불완전한 지식으로 다듬은 규칙에 따라 형성된 복잡한 경제도 그릇된 길로 들어설 수 있다. 즉 엉뚱한 기본적합도 함수를 쓸 가능성이 있다. 경제 알고리즘을 훈련하는 데 쓴 데이터에 편향이 있을지도 모른다. 이해관계자가 농간을 부릴 수도 있다.

'호모 이코노미쿠스Homo Economicus'라는 이상적 모형에서, 인간이란 깔끔하게 수학 공식으로 구현될 만큼 이성적으로 자기 이익을 추구하는 행위자다. 행동경제학은 이 모형을 일리 있게 반박해왔다. 현대 경제학은 차츰 이론보다 역사 자료를 살펴 더 정확한 지도를 만들어내려 한다.

하지만 안타깝게도 제임스 곽James Kwak이 말한 '경제지상주의economism'4 즉 현실 세계의 문제를 간단하기 짝이 없는 경제 이론으로 축소하려는 생각이 여전히 대다수 정치인과 경영자를 지배한다. 그들은 실제 세상을 보지 않고 지도만 보려 한다.

경제를 더 정확히 생각해보고 싶다면, 경제를 게임으로 보아야 잘 보인다. 경제 게임에서 어떤 규칙은 기본 제약조건으로 보이는 것과 정확히 맞아떨어진다. 이를테면 인구 증가와 생산성, 노동력과 자원의 가용성, 환경 수용력, 나아가 인간 본성에 따른 행동 양식이 그렇다. 이와 달리 다른 규칙은 시시때때로 바뀌는 데다가 세금 정책, 정부의 재정 지원책, 최저임금 요건 같은 변화에 영향을 받는다. 지금껏 경제 게임은 예상치 못한 결과를 내놓았다. 이 게임이 이토록 복잡한 까닭은 간단한 규칙이 조합되면서 무한에 가깝게 다양해질 뿐만 아니라 수십억 명이 동시에 게임을 벌이므로 서로서로 결과에 영향을 미치기 때문이다. 가장 단순하고 명확한 경제 '규칙'조차 현실에 적용하면 이론보다 훨씬 복잡하다. 여러 해 전 인터넷에 나돈 우스갯소리처럼, "이론과 현실의 차이는 늘 그렇듯이 이론보다 현실에서 훨씬 크다."

이런 복잡성을, 그리고 이를 경제 이론에 근거해 해소하는 방안을 문득 떠올린 때는 작년에 우버의 경제 전문가들과 대화를 나누면서다. 우버는 자체 알고리즘에 현재 적합도 함수로 쓰는 승차 대기시간을 반영한다(우버가 겨냥하는 목표는 단위 지역별로 운전자가 적절히 배분되어 평균 승차 대기시간이 3분을 넘기지 않는 것이다). 당시 나는 구글의 검색 알고리즘이 여러 요인을 반영하여 '가장 적합한' 결과를 뽑아내듯이, 우버가 운전자의 임금, 직업 만족도, 매출을 알고리즘에 반영한다면 도움이 되리라고 주장했다.

우버의 경제 전문가들은 운전자 임금이 말 그대로 적정하다고 설명했다. 그 자체로 자유 시장경제가 내세우는 주요 기본 개념, 곧 공급과 수요의 균형점을 나타내기 때문이었다.

우버의 실시간 배차 알고리즘은 서로 겹치는 두 수요곡선을 실제로 충족한다. 승객이 적을 때는 승객 수요를 자극하고자 요금을 내려야 한다. 이것이 우버가 쓰는 요금 인하의 본질이다. 하지만 승객 수요를 맞출 만큼 운전자가 많지 않을 때는 운전자가 도로에 나올 마음이 들도록 요금을 올려야 한다. 이것이 할증 요금의 본질이다. 우버에 따르면, 알고리즘이 결정한 승차 요금은 승객 수요를 최대로 유도하면서도 이 수요를 맞출 운전자가 모자라지 않도록 인센티브를 충분히 부여하는 최적 가격이다. 게다가 운행 횟수와 지급된 택시비에 따라 운전자의 소득이 결정되므로, 요금을 낮추더라도 승객 수요가 늘어날 테니, 과거 택시에서처럼 공급을 제한할 때보다 소득이 더 피부에 와 닿게 커질 것으로 본다. 우버는 특히 운전자의 소득을 늘릴 셈으로 요금을 정하려 한다면 승객 수요와 가동률이 줄어들어 마침내 실수입이 줄어든다고 믿는다. 물론 운전자가 너무 많아져도 가동률이 줄 것이다. 하지만 그 경제 전문가들은 권한이 없어 내게 보여주지 못하는 자료를 근거로, 크게 보아 우버가 그런 최적 가격을 찾아냈다고 확신하는 듯했다.

나는 그런 확신이 들지 않았다. 정말로 우버에게 소신대로 행동할 용기가 있다면, 구글이 경매로 광고 가격을 정하듯 우버도 기준 요금 아래로 깎아주는 요금 할인을 포함해 어느 때든 수요를 기반으로 가격을 정할 것이다. 그런데 왜 그렇게 하지 않을까? 운전자와 승객 모두 정해진 기준 가격을 더 편하게 받아들인다고 생각하기 때문이다. 달리 말해, 이론과 현실의 차이는 늘 그렇듯이 이론보다 현실에서 훨씬 크다.

눈여겨볼 것이 또 있다. 겉보기에는 단순한 주문형 운송 시장일지라도, 운전자가 다른 곳에서 조건이 더 나은 요청이 들어오면 배차를 취소한다거나, 승객 둘이 각자 우버를 부른 다음 먼저 도착한 차를 타는 얌체 짓을 막을 규칙이 있어야 한다(알려진 바에 따르면, 개릿 캠프는 우버를 만들 생각을 하기 전에, 기존 택시 회사에 전화를 걸어 이런 행위를 하다가 샌프란시스코 택시 회사들로부터 차단당했다[5]). 이상적 시장을 그린 단순한 지도에는 시장이 현실 세계에서 제대로 작동하려면 꼭 고려해야 하는 세부사항이 대부분 빠져 있다. 통제는 반드시 들어가야 할 사항이다.

문제는 알고리즘에 따라 그때그때 바뀌는 통제가 더 단순한 고정 규칙보다 뛰어날 수 있느냐이다. 우버의 실시간 시장 알고리즘은 현재 상태에서도 택시 및 리무진 산업의 기존 구조나 현장 일정 관리 회사가 쓰는 노동시장 알고리즘보다 공급과 수요의 균형을 더 잘 맞춘다. 하지만 우버는 훨씬 앞으로 나아갈 수 있다. 우버가 쓰는 알고리즘이 우리 경제 구조에 진정한 진전이 될 수 있다. 하지만 그러려면 소비자, 기업, 투자자의 요구와 더불어 반드시 노동자의 요구를 반영해야 한다.

여기에 현실 세계의 어려움이 있다. 우버는 승객의 요구와 운전자의 요구라는 양립하는 두 수요곡선뿐 아니라 경쟁이 치열한 사업의 요구도 충족하고 있다. 기존 택시 산업을 누르고 리프트 같은 맞수와 경쟁하고 싶은 욕구도 가격 결정에 영향을 미친다. 벤처 자본을 지원받는 스타트업이 사업 규칙상 투자자들에게 부과 받은 엄청난 미래 가치를 채우려면 자신이 만들어낸 신산업을 완전히 장악할 수 있을 만큼 빠른 속도로 성장해야만 한다.

운전자도 수입이 모자라면 그냥 집에 가도 그만인 단순한 게임을 벌이고 있는 것이 아니다. 갚아야 할 청구서가 있고, 어쩌면 그 돈을 마련하느라 발바닥이 부르터라 오랜 시간 동안 일해야 하는지도 모른다. 차를 장기 임대했을 수도 있고, 그래서 당장 일을 해야만 임대료를 낼 수 있는지도 모른다. 이론으로는 차량 가치를 떨어뜨리는 동시에 지출이 늘어 시간당 수입을 깎아 먹고 있다는 사실을 알겠지만, 현실에서는 달리 선택할 길이 없다고 생각한다. 다른 일을 한다면 시간을 마음대로 쓰기 어렵고 심지어 임금도 더 낮아 상황이 더 나빠질지도 모르기 때문이다.

택시 요금을 얼마로 잡을지 결정할 때, 우버는 운전자보다 여러모로 유리하다. 운전자와 달리 고객 수요가 얼마큼인지, 회사에 필요한 수입을 채우려면 요금이 얼마여야 하는지를 정확히 알 수 있다. 운전자는 우버에서 얻어낼 수 있는 잠재 수입과 고객 수요가 얼마인지를 대충만 안 상태로 도로에 나서야 한다. 마이클 스펜스, 조지 애커로프, 조지프 스티글리츠가 2001년에 노벨 경제학상을 받은 이유가 바로 경제학적 사고 대부분에서 핵심을 차지하는 효율적 시장 가설이 1970년대에 비대칭 정보 앞에서 작동하지 않았던 상황을 분석했기 때문이다.

알고리즘으로 추출한 지식은 시장 지배력을 한쪽으로 기울게 하는 새 원인이다. 할 배리언은 1995년에 〈전산화된 대리인을 위한 경제 모형 설계Economic Mechanism Design for Computerized Agents〉라는 논문에서 이 문제를 언급했다.

"전산화된 대리인이 효과적으로 작동하려면 주인의 취향을 많이 알아야 한다. 예컨대 어떤 상품에 최대 얼마를 낼 의사가 있는지를 파악해야 한다. 그런데 만약 구매자가 기꺼이 얼마를 낼지를 판매자가 미리 안다면, 사기 싫으면 말라는 식으로 값을 불러 구매자 몫인 이윤을 모조리 빼내 갈 것이다."[6]

우버 운전자 사이에 요금이 낮다, 경쟁 운전자가 너무 많다, 배차 대기 시간이 길어진다며 불만이 커지는 것을 어떤 징후로 본다면, 우버는 운전자가 더 가져가야 할 몫을 빼내 우버의 수익성과 고객 편의를 최대로 높이고 있는 것이다.

정보가 플랫폼 회사에 유리하게 비대칭이지만, 시간이 지나면 현재 우버와 리프트가 쓰는 알고리즘의 특징인 단순 공급곡선과 수요곡선에 상관없이 '운전자 임금을 어느 정도 올려야 하지 않을까'라는 생각이 든다. 운전자 수가 적절할 때라도 운전자의 자질이 고객 경험에 큰 영향을 미치기 때문이다.

운전자 이직률은 주요 측정 기준이다. 이 업종에서 일해 보겠다는 사람이 많기만 하다면 운전자를 일회용품처럼 취급해도 문제가 없을 것이다. 하지만 이는 짧은 생각이다. 회사가 원하는 운전자는 일을 좋아하고 능숙하여 돈을 많이 버는, 그래서 일을 계속하는 인력이다. 길게 보면 우버와 리프트는 오늘날 고객을 끌어모아 붙잡아두는 데 몰두하듯이, 앞으로는 운전자를 끌어모아 붙잡아둬야 하는 치열한 경쟁에 휘말릴 것이다. 그리고 그런 경쟁은 임금 인상, 즉 9장에서 다루었던 이른바 효율 임금이 생산성을 높이고 고객만족도를 크게 끌어올려 그만한 값어치를 한다는 더 명확한 증거를 충분히 내놓을 것이다.

리프트와 우버는 자사 자료를 계속 비밀로 감춘다. 하지만 내가 운전자들과 이야기해본 바에 따르면, 운전자에게 더 도움이 되는 정책과 제도를 만들어내고자 애를 쓴 리프트가 규모와 자금력이 앞서는 경쟁자의 뒤를 점점 바짝 따라붙고 있다. 이야기를 나눠본 운전자들은 거의 모두 두 플랫폼을 같이 이용했다. 그리고 거의 하나같이 리프트를 선호한다고 귀띔했고, 우버의 고객이 더 많아도 우버의 일을 그만두었다는 사람도 더러 있었다. 최근에는 우버의 연이은 홍보 실책으로 고객마저 리프트로 이탈하고 있다. 우버는 공격적 전략을 구사하느라 적을 여럿 만든데다가 모든 것이 연결된 현대 사회의 기업이 갖추어야 할 핵심 규칙 하나를 무시해왔다. 오라일리 미디어의 회장 겸 최고운영책임자인 로라 볼드윈_{Laura Baldwin}이 즐겨 말하듯, "고객이 곧 회사의 양심이다."

오버턴 창문을 활짝 열어젖혀라

자본주의 체제를 단순하기 짝이 없게 옹호하는 사람들은 파괴적 혁신을 찬양한다. 혼란스럽기는 하지만 경쟁이라는 '보이지 않는 손'이 알아서 하게 내버려두면 결국은 모든 일이 잘 풀리리라고 주장한다. 보이지 않는 손이 무엇인지 정확히 이해만 한다면 이는 맞는 말이다. 공급과 수요의 법칙은 어떤 마법 같은 힘을 설명하는 게 아니라, 경쟁에 뛰어든 이가 우위를 차지하고자 '싸우는' 방식을 설명한다. 애덤 스미스의 말마따나 "우리는 저녁 밥상이 푸줏간이나 양조장, 빵집 주인의 자비심에서 나온다고 생각하지 않는다.[7] 그들이 자기네 이익을 고려하기 때문에 밥상이 차려진다고 생각한다. 그러므로 우리는 그들의 인간성이 아니라 자기애에 초점을 맞추어, 우리에게 필요한 것은 절대 말하지 않고 그들에게 어떤 이득이 있는지만 말한다."

이른바 법이란 게임 참가자 사이에 벌어지는 경쟁에서 생겨난다. 노동운동가 데이비드 롤프가 내게 말했듯이, "자동차 조립 노동을 괜찮은 일자리로 만든 이는 신이 아니었다." 자동차 조립이 1950년대와 1960년대에 중산층 일자리였던 까닭에 여러 시사평론가가 향수에 젖어 뒤돌아본다. 하지만 그런 일자리는 누가 경기 규칙을 정할지를 놓고[8] 자동차 업체와 노동자가 치열하게 싸운 결과물이었다. 격렬한 파업을 거치며 보이지 않는 손이 무엇인지 말 그대로 훤히 드러났고, 그다음에는 시장을 넘어 정치적 결과로 나타났다. 1935년에는 노동자에게 유리한 이른바 와그너법Wagner Act인 전미노동관계법 National Labor Relations Act이, 1947년에는 기업에 유리한 이른바 태프트-하틀리법인 노사관계법Labor Management Relations Act이, 그밖에도 미국의 여러 '노동권법'이 그런 과정을 거쳐 제정되었다. 지난 80년 동안 이런 법률이 규칙을 한쪽에 유리하게 기울였다가 다음에는 다른 쪽에 유리하게 기울여왔다. 오늘날에는 규칙이 심하게 자본에 유리하고 노동자에게 불리한 쪽으로 기울어 있다. 바람직한 기울기를 얼마로 보든 분명한 사실은 수십 년 전에는 고임금 일자리가 생길 수밖에 없었듯이, 오늘날에는 저임금 일자리가 생길 수밖에 없다는 것이다.

이제 우리는 변곡점에 와 있고, 여러 규칙을 완전히 다시 쓰고 있다. 산업혁명 시기에 많은 일이 일어났듯이, 새로운 첨단기술 때문에 전체 직업 계층이 쓸모없어지는 동시에 듣도 보도 못 한 놀라운 일이 새로 일어난다. 이 과정에서 어떤 사람은 큰 부자가 되고, 어떤 사람은 훨씬 가난해진다. 기업에는 조직을 정비할 새로운 길이기도 하다. 노동운동은 이 책의 범위를 벗어나지만, 그래도 한마디 하자면 지금은 노동운동을

다시 생각해 보기에 알맞을 때다.[9]

나는 보이지 않는 손이 제 역할을 다하리라 확신한다. 하지만 그러려면 반드시 수많은 투쟁을 거쳐야 한다. 영국과 미국에서 일어난 정치 격변은 우리가 마주한 어려움을 보여주는 증거다. 우리는 매우 위험한 시기로 나아가고 있다. 늘어난 국제적 불균형이 정치적 반발에 불씨를 댕기고 있고, 어쩌면 그래서 사회와 경제가 심각한 불안정으로 빠져들지도 모른다. 문제는 자유 시장경제에서 우리가 찾은 길이 사회 전체는 훨씬 부유해지지만, 이득은 불공평하게 분배되는 길이었다는 것이다. 그 결과 이제 어떤 사람은 훨씬 잘살고, 어떤 사람은 훨씬 못산다.

그래서 우리는 이제 복지경제론의 근본 개념을 떠올린다. 새경제사상연구소Institute for New Economic Thinking의 경제학자 피아 맬라니Pia Malaney는 이를 알기 쉽게 요약했다.

"누구에게도 나쁜 영향을 미치지 않으면서 일부 사람을 잘살게 하는 정책을 세울 길은 무척 찾기 어렵다. 그래서 우리는 개선책을 찾아 … 순이익 대비 순비용을 살핀다. 이 개념에서는 … 전체 사회에 이익이 되는 것은 무엇이든 받아들이되, 모든 사람이 잘살도록 재분배한다."[10]

쉽게 말해 복지경제의 법칙에 따르면, 누군가 잘살게 된 까닭은 경제 정책이 바뀐 결과이므로 혜택을 누린 자가 잃은 자에게 반드시 보상해야 한다. 하지만 빌 제인웨이가 내게 쓴 이메일에서 예리하게 지적했듯이, "안타깝게도, 혜택을 누린 자들은 정치적으로 강제하지 않는 한 이익을 나누는 일이 드물다."

첨단기술이 불러올 미래를 다룬 여러 토론은 생산성의 열매가 누구나 만족할 만큼 공정하게 분배되리라고 가정한다. 실제로는 그런 일이 일어나지 않는다. 바로 지금도 경제라는 게임은 극히 일부 참가자에게는 엄청난 재미지만, 나머지 대다수에게는 갈수록 견디기 어려운 처참한 경험이다.

경제학자 존 슈미트 _{John Schmitt}는 이렇게 말한다.

"제2차 세계대전이 끝난 뒤부터 1968년까지는 최저임금이 평균 생산성 향상을 꽤 바짝 따라 갔다. 하지만 1968년부터 지금까지는 생산성 향상이 최저임금보다 훨씬 높았다. 만약 1968년 뒤로도 최저임금이 계속 평균 생산성을 따라 움직였다면, 2012년에는 최저임금이 21.72달러였을 것이다. 이는 현재 생산직 노동자의 평균 임금을 훨씬 웃돈다. 설령 최저임금 노동자가 해당 기간에 생산성 향상분의 절반만 올려 받았다고 하더라도 연방 최저임금은 15.34달러에 이르렀을 것이다."[11]

하지만 알다시피, 그렇기는커녕 미국에서는 날로 늘어가는 생산성으로 생겨난 가치 가운데 큰 덩어리를 주주에게 배당해왔다.

또 우리는 경제에서 생산성 향상으로 생겨난 가치의 다른 큰 덩어리를 소비자 잉여로 할당했다. 즉 고객은 기꺼이 냈을 금액보다 낮은 가격으로 상품을 사왔다. 새 첨단기술이 불러온 다른 가치는 소비자에게 무료로 제공했다. 소비자는 구글, 페이스북, 유튜브에 직접 돈을 내지 않는다. 돈을 내는 쪽은 바로 광고주다. 이들은 상품 가격을 슬쩍 높여 광고 비용을 보이지 않게 숨긴다. 순수 소비자 잉여가 얼마인지는 측정하기 어렵지만, 그마저도 저임금으로 효과가 상쇄된다.

노동자 임금이 깎이고 소비자 가격이 낮은 현상은 자동화와 자유무역이 낳은 어쩔 수 없는 결과이기도 하지만, 기업들이 시장점유율을 높이려고 치열하게 경쟁한 결과이기도 하다. 이를테면 월마트와 아마존은 소비재를 놓고 우열을 다투었고, 우버와 리프트는 택시 요금을 놓고 다투었다. 이런 급성장 기업은 어떤 면에서는 오랜 질서의 뿌리를 뒤흔들 경쟁 전략으로써 기존 회사와 고객 사이에 형성된 가격 균형을 무너뜨린다.

닉 하나우어가 지적했듯이, 우리는 20세기에 힘겹게 싸워 얻은 교훈을 잊어버렸다. 노동자는 고객이기도 하다. 그러므로 노동자가 수익에 기여한 정당한 몫을 받지 못하면 어느 날엔가는 상품을 살 여력이 모자라기 마련이다. 그런데도 우리는 날이 갈수록 겨우 몇 사람만 살 능력이 있고 나머지는 침을 삼키며 구경만 해야 하는 상품을 지나치게 많이 생산하는 경제를 만들어가고 있다.

최근 한 연구에서 2004~2013년 기준 미국 소매 판매의 상세한 바코드 자료를 바탕으로 살펴봤더니, 고소득 가정이 쓸 만한 상품의 수가 의미심장하게 늘었고, 이렇게 부유한 소비자가 쓰는 기존 상품도 저소득층 소비자를 겨냥한 상품에 견주면 가격 상승률이 높지 않았다. 시장이 어느 때보다도 돈 많은 사람에게 유리하도록 맞춰졌으니 불평등이 불평등을 낳는다.[12]

경제 이론에서는 한 사람의 구매는 곧 다른 사람의 판매를 뜻한다. 그러므로 정의대로라면 국민생산은 국민소득과 같다. 하지만 소비자 지출에는 소득 분배가 중요하다. 닉 하나우어는 로버트 라이시Robert Ricey가 제작한 다큐멘터리 영화 〈모두에게 불평등Inequality for All〉에서 자기 가족이 운영하던 베개 사업을 빗대 이렇게 지적했다.

"불평등이 커지며 불거지는 문제는 나처럼 일반 노동자보다 1,000배쯤 많이 버는 사람이라고 해도 해마다 베개를 1,000개씩 사지 않는다는 것이다. 제아무리 돈이 많은 부자라도 베고 자는 베개는 겨우 한두 개뿐이다."[13]

닉 같은 부자는 베개만 수천 개씩 사지 않는 것이 아니다. 옷을 한 번에 수천 벌 입지도 못하고, 하루 수천 끼를 먹지도 못한다. 그들은 그 돈을 모아 투자한다. 앞에서 언급했듯이, 닉이 생애 처음으로 큰 부를 쌓은 기회도 아마존에 창업자 가족이 아닌 사람으로는 처음으로 투자했기 때문이다. 물론 그런 투자액이 이른바 낙숫물이 되어 다른 이의 삶을 엄청나게 향상시킬 수도 있다. 하지만 2008년 금융위기에서 뚜렷이 드러났듯이, 갈수록 늘어나는 그런 투자는 모두에게 돌아가는 가치를 창출하기는커녕 금맥을 캐느라 경제를 갉아먹는 것이 전부인 금융 상품으로 모여든다. 워런 버핏이 라나 포루하에게 한 말처럼, "이제는 식당에 가느니 차라리 도박장에 가겠다[14]고 마음먹은 사람이 많다."

일반 소비자의 소득이 정체되자, 기업은 소비자가 외상으로 상품을 사도록 부추겨 문제를 수십 년 뒤로 미뤄두었다. 하지만 이제는 그런 단기 전략도 먹히지 않고 있다. 시인 윌리엄 블레이크William Blake는 1차 산업혁명이라는 지옥 같은 시절에 쓴 책 《천국과 지옥의 결혼The Marriage of Heaven and Hell》에서 여느 경제학자가 제시했다고 보아도 무리가 없을 명확한 규칙을 제시했다.

"많이 거두는 자가 남긴 것을 걸신들린 자가 바다처럼 먹어치우지 않는다면, 많이 거두는 자는 장차 많이 거두지 못하리라."

나는 경쟁을 벌이는 다양한 참가자가 한목소리로 우리에게 요청하는 균형과 게임 방식의 복잡성을 보여주는 예로 월마트를 들곤 한다. 월마트는 상품 공급비용을 크게 줄여 엄청난 이익을 거두는 사업 구조를 구축해왔다. 그 가치의 꽤 큰 몫이 낮은 가격 형식으로 소비자에게 돌아간다. 또 다른 꽤 큰 몫은 기업 이윤으로 돌아가 회사 경영진과 외부 주주 모두 이익을 거둔다. 하지만 그 과정에서 월마트 노동자는 너무 적은 임금을 받는 바람에 대다수가 정부 보조를 받아 살아가야 한다. 공교롭게도, 월마트의 노동자 임금과 미국 노동자들이 받는 최저임금 15달러의 차액을 연간으로 환산한 약 50억 달러[15]는 월마트 노동자들이 이른바 푸드 스탬프로 알려진 연방정부의 영양지원 프로그램[16]에서 받는 보조금의 연간 총액인 60억 달러와 차이가 그리 크지 않다. 달리 말해 월마트의 저임금을 납세자가 보조하는 꼴이다. 사실 월마트는 여느 소매업자나 패스트푸드 판매점보다 노동자 임금이 높다. 그러니 이 문제를 몇 배로 확장해볼 수 있다. 추산된 바로는 저임금 고용주 때문에 들어가는 정부 보조금이 해마다 1,530억 달러에 이른다.[17]

여기에서 우리는 게임 참가자가 다섯 부류인 것을 알 수 있다. 이 게임에서 이득과 손실은 소비자, 기업, 금융시장, 노동자, 납세자에게 다른 비율로 배당된다. 현재 우리 경제의 규칙은, 이득은 소비자와 금융계 주주(이제는 여기에 기업의 최고경영층도 포함된다)에게 배당하고, 손실은 노동자와 납세자에게 배당하도록 부추겨왔다. 하지만 꼭 이 길밖에는 없는 것일까?

매출 하락과 소비자 불만에 직면하자 월마트는 2014년에 시간당 최저임금을 당시 연방 최저임금인 7.25달러를 꽤 웃도는 10달러로 올렸다. 또 직원 교육과 경력 관리에 26억 달러를 썼다.[18] 그 결과 고객만족도와 매출액이 올랐고 이직률이 줄었다. 하지만 투자자들은 심각한 불만을 드러냈다. 빌 제인웨이가 즐겨 말하는 대로, 이해당사자 사이의 경쟁이야말로 쉽게 눈에 보인다.

우리는 게임 참가자들이 서로 밀고 당겨 문제를 해결할 때까지 기다릴 수도 있고, 더 빨리 최적의 결과를 얻고자 다른 전략을 써볼 수도 있다. 조지프 스티글리츠가 《미국의 경제 규칙 다시 쓰기 Rewriting the Rules of the American Economy》에서 강력하게 상기시켰듯이, 우리는 규칙을 다시 쓸 수 있다.[19]

프로 스포츠에서는 경기가 치열해질까 우려한 연맹이 규칙을 새로 세울 때가 많다. 축구는 지난 150년 동안 여러 차례 규칙을 바꾸었다. NBA는 경기를 더 박진감 넘치게 하려고 1979년에 3점 슛을 추가했다. 여러 운동 종목이 팀 전체 연봉에 상한을 두고, 빅마켓 소속 팀들이 최고 선수를 싹쓸이하여 스몰마켓 소속 팀이 경쟁에 뛰어들지 못하게 가로막는 일을 방지한다. 이밖에도 사례는 많다.

국가 최저임금 15달러 달성[20]을 목표로 삼은 '15달러 투쟁 Fight for 15' 운동은 규칙을 다시 쓰는 한 방법이다. 사업체와 자유시장 근본주의자들은 최저임금을 인상하면 기업이 일자리를 없애 노동자를 더 힘들게 할 뿐이라고 주장한다. 하지만 내가 주관한 2015년 차세대 경제 회담 Next:Economy Summit에서 닉 하나우어가 강연 뒤 질의응답 시간에 한 말처럼, "그런 주장은 경제 이론의 탈을 쓴 협박 전략이다."[21] 최저임금을 높이더라도 주요 도시에서는 그다지 큰 충격이 없으리라는 증거가 꽤 많다.[22] 다만 시골 지역에서는 최저임금을 높이면 고용이 억제되므로 낮게 유지해야 한다는 주장이 많다.

애덤 스미스가 '보이지 않는 손'이라는 본래 표현으로 드러낸 중대한 질문은 사실 이것이다. 자본가, 노동자, 소비자, 납세자 가운데 누가 더 갖고, 누가 덜 가질 것인가?

바로 앞에서 언급했듯이, 최저임금이 15달러였다면 월마트는 연간 약 50억 달러를 더 썼을 것이다. 이는 결코 작은 액수가 아니다. 월마트 연간 수익의 약 5분의1이고, 미국 연간 세입의 약 1.25퍼센트이다. 그런데 최저임금이 15달러였다면, 납세자는 연간 60억 달러를 아꼈을 것이다. 만약 월마트가 원래 부담했어야 할 노동비용 가운데 일부를 납세자에게 떠넘길 수 없었다면, 이 회사는 줄어든 이윤을 받아들이거나 상품 가격을 올렸을 것이다. 그런데 이게 그렇게 나쁜 일일까? 월마트의 수익이 20퍼센트 줄어들었다면, 분명 시가총액이 떨어졌을 테니 주주에게는 손해였을 것이다. 하지만 규칙 변경으로 수익이 뚝 떨어지는 충격을 제쳐둔다면, 비상장회사인 월마트의 소유주가 한 해 수익이 250억 달러가 아닌 200억 달러가 되었다고 주식을 다 팔아버리고 싶다고 생각했을까? 생각지도 못한 이 상쇄 효과에서, 그리고 기업은 끊임없이 노력해 '반드시' 수익 수준을 높여야 한다는 의심해본 적 없는 가정에서, 우리는 금융시장을 지배하는 마스터 알고리즘을 본다.

만약 월마트가 수익 감소를 받아들이는 대신 추가 비용을 소비자에게 떠넘긴다면, 가격을 1.25퍼센트가량 올려야 한다. 즉 소비자는 월마트에서 100달러를 쓸 때마다 1.25달러를 더 내야 한다는 뜻이다. 만약 비용을 주주와 소비자가 서로 나누어서 진다면, 월마트는 수익이 10퍼센트만 떨어지고 소비자는 100달러당 62센트만 더 내면 된다. 1달러당 0.5센트 남짓 더 되는 돈을 더 내야 한다고 해서 사람들이 정말로 월마트에서 장을 보지 않으려고 할까?

그런 가격 상승으로 구매 의욕이 꺾이는 소비자도 없지야 않겠지만,

소득이 올라간 노동자는 돈을 더 많이 쓰려 하기 마련이다. 그러니 임금 상승으로 월마트와 월마트 주주들이 완전히 빠져나가리라는 주장은 터무니없다. 닉 하나우어는 이것을 자본주의의 기본 법칙이라 부른다. "노동자가 돈을 더 많이 벌 때, 기업은 소비자가 늘어나고, 그래서 더 많은 노동자를 고용한다."

물론 최저임금 인상은 현재 우리 경제의 규칙이 노동자보다 자본 소유자에게 유리하다는 사실에 대처하는 방법 가운데 하나일 뿐이다. 회사에 임금 지급액만큼 세액 공제 혜택을 주는 방법도 있다. 임금 대신 로봇이나 탄소, 금융 거래에 세금을 물리는 것도 방법이다. 아이를 키우거나 노인을 돌보는 무보수 노동에 세액 공제 혜택을 줄 수도 있다. '우리는 생각지도 못한 일을 생각해낼 수 있다.'

그런 면에서 덴마크는 흥미롭다. 사회안전망이 탄탄해 최저임금이 아예 없는 이 나라는 제도를 올바르게 설계하면 실제로 규칙이 줄어든다는 사실을 보여준다. 그러므로 우리는 결과에 집중해야 한다. 규칙을 다시 씀으로써 우리가 정말로 이루고자 하는 바를 개선한다면, 어느 규칙이든 변화를 받아들여야 한다는 현실을 깨달아야 한다.

우리는 지도가 곧 영토라고 착각하고 있다. 지도에 난 길 끝에 오아시스가 있다는 약속을 믿고 사막으로 가는 길을 걷고 있다. 여행자들이 돌아와 그곳에 물이 없다고 말하는데도 지도가 그곳을 가리키므로, 또 지도에 없는 다른 길이 있으리라는 생각을 하지 못하므로 계속 황무지로 행진한다. 풍경 자체가 바뀌었을 때는 지도를 수정해야 한다는 사실을 우리는 잊어버렸다. 그래서 택시회사가 주문형 운송업의 가능성을 새롭게 생각해보지 않고 택시 뒷자리에 텔레비전과 카드 결제기를 달았던 대책과 비슷한 해법을 내놓기 일쑤다.

신선한 생각을 가로막는 장벽은 재계보다 정계에서 훨씬 높다. 맥키낵 공공정책센터Mackinac Center for Public Policy의 조지프 P. 오버턴Joseph P. Overton은 이를 '오버턴 창문Overton Window'이라는 용어로 설명한다. 그에 따르면, 어떤 방안이 정책으로 실행될 가능성은 주로 그것이 현재 여론에서 정치적으로 받아들일 수 있다고 보는 정책 범위의 창틀 안에 들어오느냐에 달려 있다. 그러니 정치인이 직책을 얻거나 유지하기에 너무 부정적인 영향을 미치지는 않는지 꼼꼼히 따져보지 않았다는 이유만으로 서랍에 처박아둔 정책이 있다.

2016년 미국 대통령 선거에서 트럼프는 오버턴 창문을 오른쪽 끝까지 밀어붙이는 데 그치지 않았다. 예전이라면 어떤 후보자라도 대통령감이 안 된다는 소리를 들었을 만한 발언을 잇달아 내뱉어 창을 아예 깨버렸다. 다행히도 창을 한번 떼어냈으니 철저히 새로운 방향으로 창을 움직일 수도 있다. 미국 역사에서 이런 일은 엄청난 혼란이 닥쳐와 도저히 이전 방식을 고집할 수 없을 때 벌어졌다. 대공황은 프랭크 루스벨트와 노동부 장관 프랜시스 퍼킨스Frances Perkins에게 뉴딜 정책을 실행할 권한을 주었다. 그런데 그 권한을 받은 두 사람은 생각지도 못한 일을 생각해냈다.

내가 오버턴 창문을 떠올린 때는 2016년 11월이다. 앞서 백악관과 챈 저커버그 재단Chan Zuckerberg Initiative, 스탠퍼드대학 빈곤·불평등센터가 주관한 회의에 참석한 뒤였다.[23] 이 회담에서 나는 마틴 포드Martin Ford와 점심을 먹으며 토론했다.[24] 그는 베스트셀러인《로봇의 부상The Rise of the Robots》에서 인공지능이 인간의 일자리를 갈수록 많이 차지하여 지식산업에까지 손을 뻗치리라고 가정한다.[25] 그래서 보편적 기본소득, 달리 말해 모든 사람이 생활필수품을 사기에 모자라지 않는 기초 현금 지원을 보장하는 것이 해법이라고 주장한다.

토론에서 나는 기술낙관론자였다. 나는 인공지능이 인간의 일자리를 없앨지는 선택사항이지 불가피한 일이 아니라고 생각하는 사람이기 때문이다. 우리가 무엇을 해야 할지에 집중할 때, 그리고 새 첨단기술에 힘입어 인간의 능력이 증강되면 무엇이 가능할지에 집중할 때 인간과 기계 모두에게 돌아갈 일거리가 확실히 많다. 바닥으로 치닫는 경쟁에 우리 스스로를 가둬두는 존재는, 그래서 인간을 제거해야 할 비용으로 보는 존재는 재무 효율성이 경제를 나타내는 주요 적합도 함수라는 개념을 받아들인 우리 자신뿐이다.

하지만 마틴과 토론을 한 뒤 이어진 행사에서 참가자와 이야기를 나누다가 내가 이전에 하지 않던 생각을 이야기하고 있다는 사실을 깨달았다. 토론의 사회자였던 스탠퍼드대학의 롭 리시Rob Reich는 뒤에 내게 이렇게 말했다.

"토론을 시작할 때는 마틴이 급진적이라고 생각했어요. 그런데 알고 보니 당신이야말로 정말 급진적이더군요. 보편적 기본소득이 기존 체제를 땜질하는 소프트웨어 패치일 뿐이라는 말이잖아요. 우리에게는 철저한 재부팅이 필요해요."

미래를 상상할 때는 미래를 극단적으로 가정하고 무슨 일이 일어날지 예견하는 시야를 넓히는 것이 좋다. 그러므로 기계가 정말로 인간의 일자리를 거의 대체하여 인간 대다수가 일자리를 잃는다고 가정해보자. 그때 공공정책이라는 깨진 오버턴 창문 너머로 내던져버릴 신성한 애물

단지는 무엇일까?

'이대로 간다면'이란 생각을 가볍게 적용해보면 쉽게 알 수 있다. 만약 인간 대다수가 일자리를 잃는다면, 개인 소득세가 더는 정부의 주요 세입원이 되지 못한다. 그때는 다른 세원이 필요할 테니, 지금부터 그 세원이 무엇일지 생각해보지 못할 것도 없잖은가? 근로소득에 소득세가 붙지 않는다고 가정해보자. 무슨 일이 벌어질까?

소득세가 없다면 이른바 피구세Pigovian Taxes, 즉 나쁜 외부 효과Negative Externality에 매기는 세금으로 완전히 대체하면 어떨까? 탄소세도 그런 발상 가운데 하나다. 막대한 기업 이윤을 사람과 실물경제에 투자하지 않고 금융 투기로 돌릴 때 금융거래세를 비롯한 갖가지 세금을 물리는 것도 방법일 것이다. 그런데 피구세는 세금을 물릴 나쁜 외부 효과를 모두 줄어들게 하는 문제가 있다. 따라서 피구세가 성공한다면 세금이 줄어든다. 그렇더라도 기업처럼 정부도 언제나 자신을 개혁해야 한다는 뜻이니 좋은 일이다.

하지만 해결책이 무엇이든, 이제는 필요한 일과 정치적으로 가능한 일을 반반씩 절충하기를 끝없이 되풀이하는 뜨뜻미지근한 조치를 끝내야 할 때이다. 우리에게는 한때 생각하지도 못했던 대담한 제안이 필요하다. 따지고 보면 사실 오늘날 우리가 당연하게 여기는 모든 것이 한때 생각하지 못한 일이었다. 인간은 수천 년 동안 날기를 꿈꾸었지만, 그 꿈이 실현된 것은 겨우 100년밖에 되지 않았다. 차세대 경제라는 시험대가 닥쳐왔으므로 우리는 그런 날갯짓처럼 대담한 독창성을 발휘해야 한다. 미래를 꿈꾸는 일은 첨단기술자만의 몫이 아니다. 국민의 국민에 의한 국민을 위한 정부도 21세기에 맞추어 엄청난 개혁을 단행해야 한다.

한번 오버턴 창문을 활짝 열어젖히고 나면, 더 바람직한 미래로 가는 일을 시작할 수 있다. 그런 미래에서는 기계가 인간을 대체한다기보다는 기계에 힘입어 우리가 차세대 경제를 구축할 것이다. 그래서 실망스러운 '미래 기술'이 아닌 놀라운 '미래 기술'을 끌어낼 것이다.

사람이 중요하다는 새로운 규칙을 세우자

나는 경제학자도 아니고, 정치인이나 자본가도 아니어서, 왜 상황이 바뀌거나 바뀌지 않는지 곧바로 해줄 답이 없다. 나는 과학기술자이자 기업가다. 따라서 현재 상황과 바뀔 수 있는 상황의 차이를 알아채고, 누구의 답이 더 나은 미래로 가는 길을 가리키겠느냐고 물음을 던지는 데 익숙하다.

넘치는 자본이 대부분 경제에 투입되지 않은 채 한쪽에 쌓여 있는데, 왜 자본에는 세금을 더 낮게 매길까? 우리 경제의 문제 중 하나는 평범한 사람들 지갑에 돈이 없어 소비자 총수요가 부족한 것인데,[26] 왜 근로소득에 세금을 더 많이 매길까? 전 재무장관 래리 서머스Larry Summers 같은 경제학자들은 '장기 침체'를 이야기할 때 이런 현상을 원인으로 꼽는다. 서머스에 따르면 "오늘날 세계의 산업 경제를 제약하는 것은 공급 측면이 아니라 수요 측면에 있다."[27]

왜 우리는 금융 투자를 실물경제 투자와 똑같이 취급할까? 라나 포루하에 따르면, "금융기관에서 흘러나온 돈 가운데 실제로 사업에 투자되는 비율은 겨우 15퍼센트 안팎이다.[28] 나머지는 금융권 안에서 돌고 돌아 부동산, 주식, 채권 같은 기존 자산을 사고 파는 데만 쓰인다."

금융계에 어느 정도 유동성이 있어야겠지만, 85퍼센트나 필요할까? 다음 장에서 보겠지만, 이 거대한 돈줄은 소수만 접근할 수 있는 데다가 자본이 실물경제에서 줄기차게 이탈하게 한다.

왜 생산적 투자와 비생산적 투자가 똑같은 자본 이득으로 취급받아야 할까? 1년 동안 주식을 보유하는 일은 수십 년 동안 일을 해서 그 주식에 상당하는 회사를 세우거나, 수익이 난다는 보장이 없는 신생기업에 투자하는 일과 다르다.

존 메이너드 케인스John Maynard Keynes는 80년 전 지나친 투기에 따른 대공황의 구렁텅이에서 이 문제를 인식하여 《고용, 이자 및 화폐에 관한 일반이론》에 이렇게 적었다.

"투기꾼이 기업이라는 꾸준히 움직이는 강물에 일어난 거품일 때는 해가 되지 않을 것이다. 하지만 기업이 투기라는 소용돌이에 휘말린 거품일 때는 처지가 위태로워진다. 한 나라의 자본 발달이 도박장에서 나온 부산물일 때 잘못될 가능성이 크다."[29]

케인스는 이어서 이렇게 적었다.

"현대 투자 시장의 기막힌 모습을 보노라면, 오늘날 우리가 저지르는 악에 걸맞은 쓸모 있는 처방은, 결혼이나 죽음처럼 심각한 사유가 있을 때 말고는 영원히 깨지 못하듯, 한번 구매한 투자 상품도 특별한 사유가 없는 한 영원히 해지하지 못하게 하는 것이라는 결론에 이를 때가 있다. 이렇게 하면 투자자가 어쩔 수 없이 오로지 장기 전망에만 정신을 쏟을 터이기 때문이다."

장기 전망에 따른 투자가 매우 뛰어난 전략인 것은 워런 버핏이 증명해왔다. 그렇지만 미국의 정책은 버핏이 실천하는 가치 투자 같은 것에 혜택을 주지 않는다.

금융거래세는 선행매매를 포함한 여러 초단타 시세 조작으로 거둔 이익을 모두 없애는 데 목표를 두므로 좋은 출발점일 것이다. 하지만 여기서 훨씬 나아가 금융 투기에 세금을 물리는 동시에 생산적 투자에는 낮은 세율로 보상해도 좋을 것이다. 블랙록의 최고경영자 래리 핀크는 장기 자본 이득으로 대우하는 조건을 현행 1년이 아니라 적어도 3년 이상으로 늘리고, 자산을 보유한 햇수가 늘어날 때마다 세율을 낮추어야 한다고 제안한다.

토마 피케티가 제안한 대로[30] 부유세까지 도입해볼 수도 있다. 그리고 만약 노동이 아니라 탄소에 세금을 매긴다면, 탄소세가 소득세를 대체하는 데서 시작하기보다는 사회보장세, 의료보험세, 실업보험세를 대체하는 데서 시작해야 좋을 것이다. 이런 규칙 변경이 일부 자본가에게는 큰 손실이겠지만 전체 사회에는 틀림없이 이득이다.

이런 변경은 순전히 경제적 결정이나 사업상 결정이기도 하지만, 정치적 결정이기도 하다. 그리고 그렇게 보아야 적절하다. 경제 정책이 한 사람이나 한 회사의 미래뿐 아니라 우리 모두의 미래를 결정 짓기 때문이다. 그렇다고 해도 지금 우리가 뛰어든 게임의 규칙을 개선하는 목적이 자기 이익에 있다는 사실을 깨달아야 한다. 조지프 스티글리츠는 소득 불평등을 다룬 '1퍼센트의 1퍼센트에 의한 1퍼센트를 위한'에서 1840년대에 미국 민주주의를 연구한 알렉시스 드 토크빌이 어떻게 '미국 사회 고유의 주요 정신'이 "제대로 이해한 자기 이익"이라고 생각했는지를 설명했다.

스티글리츠는 이렇게 적었다.

"'제대로 이해한'이 열쇠였다. 좁게 보면 누구에게나 자기 이익이 있다. 즉 나는 지금 당장 나에게 좋은 것을 원한다. '제대로 이해한' 자기 이익은 다르다. 이는 모든 사람의 자기 이익, 달리 말해 공공복지에 관심을 쏟는 것이 사실은 자기 자신의 궁극적 복지를 이룰 전제조건이라는 사실을 올바로 이해한다는 뜻이다. 토크빌은 이런 관점이 조금이나마 고귀하고 이상적이라는 뜻을 내비치지 않았다. 사실은 정반대를 암시했다. 토크빌이 보기에 이런 시각은 미국의 실용주의를 상징했다. 눈치 빠른 당시 미국인은 근본 사실을 잘 알았다. 상대를 보살피는 일은 영혼에만 좋은 게 아니다. 사업에도 좋다."[31]

역사와 공간에 따라 경제에 적용된 경기 규칙은 그때그때 달랐다. 이를테면 이런 규칙이 있었다. 누구도 땅을 소유하지 못한다. 모든 땅은 왕과 귀족에게 속한다. 재산은 상속이 한정되므로 소유자나 후계자가 함부로 팔지 못한다. 모든 재산은 공동 소유여야 한다. 재산은 개인 소유여야 한다. 노동자는 왕과 귀족에게 속하므로 요구가 있을 때 즉시 노동력을 제공해야 한다. 한 사람의 노동은 그 사람의 것이다. 여성은 남성에게 속한다. 여성은 독립된 경제 행위자이다. 어린이는 값싼 노동을 제공하는 엄청난 노동력이다. 아동 노동은 인권에 어긋난다. 인간이 다른 인간의 소유물이어서는 안 된다. 누구도 남을 노예로 삼아서는 안 된다.

우리는 이런 규칙 가운데 어떤 것은 정의 사회의 상징으로, 어떤 것은 야만 사회의 상징으로 되돌아본다. 하지만 어떤 규칙도 그 세계가 꼭 가야만 했던 길은 아니었다.

오늘날 경제에서 실패한 규칙이 하나 있다. 인간 노동은 비용이므로 가능하면 제거해야 한다는 규칙이다. 우리는 그렇게 하면 사업 수익이 올라가 투자자에게 두둑한 보상을 안길 테고, 이런 수익이 낙숫물처럼 사회의 다른 이들에게 서서히 흘러 내려가리라 기대했다.

그러나 이 규칙이 제대로 작동하지 않는다는 증거가 속속 드러나고 있다. 그러니 이제 규칙을 다시 써야 할 때다. 우리는 사람이 중요하다는 생각으로 사업이라는 경제 게임을 펼쳐야 한다.

13

슈퍼 머니와 기업의 참된 가치

WHAT'S THE FUTURE

엉뚱한 길로 들어선 경제에 실리콘밸리는 어떤 역할을 할까? 첨단기술이 인간을 대체하는 바람에 임금이 줄고 빈부격차가 커졌다고 비난하기는 쉽다. 물론 첨단기술이 인간에게 별에 갈 힘을 실어줄 목적이 아니라 비용을 줄일 목적으로 이용되기는 한다. 하지만 그 원인은 첨단기술이 비용 절감을 추구해서가 아니라, 우리가 비용 절감을 요구하는 합법적 금융 제도를 구축하기 때문이다.

아무리 실리콘밸리가 파괴적 혁신을 말한다지만, 비용 절감을 요구하는 제도에 얽매이기 일쑤이기는 마찬가지다. 그러니 지나치게 수가 불어난 기업가의 성과를 평가할 최고의 적합도 함수는 그들이 세상에 일으키고 싶은 변화가 아니라, 투자를 회수할 '출구'다. 달리 말해 기업가와 기업가에게 자금을 댄 벤처투자자에게 산더미 같은 돈다발을 안겨줄 매각이나 기업공개다. 이렇듯 우리 자신이 문제를 일으킨 공범자라는 사실을 알아채지 못하고서, 또는 문제를 통제할 길을 찾지 않고서 월스트리트를 손가락질하기 쉽다.

나는 한때 금융시장이 당연히 전체 시장경제의 한 측면일 뿐이라는 생각을 조금도 의심하지 않았다. 금융시장이 상품과 서비스를 다루는 실물시장과 다르다는 사실을 처음으로 알려준 이는 빌 제인웨이이다. 그는 《혁신 경제에서 자본주의 수행하기 Doing Capitalism in the Innovation Economy》에서 이렇게 적었다.

"이제 나는 마침내 혁신 경제의 역사를 국가, 시장경제, 금융 자본주의가 서로 의존하여 이익을 주고받으면서 끊임없이 벌인 세 게임이 이끈다고 해석한다."[1]

빌이 금융 자본을 정부·시장경제와 위상이 같은 개별 참가자라고 부른 뜻은 무엇일까? 이유를 곰곰이 생각해 볼수록 내가 겪은 일이 더 깊이 이해되었다. 1983년에 초기 자본금 500달러로 중고 가구와 사무실 비품을 사서 비상장회사로 시작한 내 사업체는 이제 연간 매출이 2억 달러에 이른다. 하지만 나는 언제나 상품·서비스를 다루는 실물경제 안에서 살아왔다. 기술문서 자문업체로 출발한 우리 회사는 기꺼이 우리를 고용해 매뉴얼을 만들려는 고객사가 있을 때는 돈을 잘 벌었지만 새 고객사를 찾느라 별 소득 없이 시간을 보낼 때도 있었다. 출판사가 된 뒤에는 우리의 전문 지식을 제품으로 구현해 우리가 아는 것을 배우고 싶어 하는 고객에게 팔았다. 우리는 제품을 더 많이 개발하고, 고객을 더 많이 찾고, 인력을 더 많이 고용해 사업체를 키웠다. 콘퍼런스 주관 사업을 추가한 뒤로는 기꺼이 돈을 낼 참석자나 후원사를 찾아야 했다. 융자를 받을 자격이 되자 매출채권과 재고를 담보로 잡았다. 따라서 회사의 성장이 새로 돈을 낼 고객을 찾아 상품을 제공하는 기본 지표와 바로 결부되었다. 자신이 만들어내는 상품에 돈을 치를 사람을 찾아내야 할 때

헛된 기대는 연기처럼 사라진다.

여러 해가 지나고 보니, 우리가 속한 첨단기술업계의 여러 회사가 사뭇 다른 규칙에 따라 경기를 벌이고 있음을 알게 되었다. 그 회사들은 고객에게 상품·서비스를 판매해서가 아니라 투자자를 설득해 돈을 벌었다. 그런 회사에도 언젠가는 고객이 생길지 모르지만, 기업공개나 인수로 가는 내내 다음 단계에 자금을 댈 투자자를 찾을 수만 있다면 '사용자'만 있을 뿐 고객이 존재하지 않을 것이다.

내가 사업을 시작한 초창기만 해도 벤처자본가들은 기업가가 실제 매출과 수익을 내는 회사를 세우리라는 희망으로 자금을 댔다. 하지만 닷컴 붕괴 이후 게임이 바뀐 듯했다. 기업가들은 진정한 회사가 아니라 특화된 금융 상품에 가까운 것을 만들어냈다. 그것은 10년 뒤인 2008년에 금융위기가 발생할 때까지 여러 해 동안 은행업계의 넋을 빼놓은 부채담보부증권과 다르지 않은 금융 도박이었다. 나는 오늘날 과열된 실리콘밸리의 활황에서 기업가가 금융위기 때처럼 잘못된 방향으로 열정을 쏟는 모습을 많이 본다.

이런 회사는 때로 수십억 달러에 팔리기도 한다. 하지만 이 액수는 매출, 수익, 현금흐름을 근거로 평가한 순현재가치가 아니라, 앞으로 어떤 회사가 되리라는 기대치로 평가된 값이다. 그런 뒤 회사는 주목받는 시장에서 가짜 뉴스처럼 홍보된다. 이런 효과는 금융화가 어떻게 최면을 걸듯 사람을 홀리는지를 이해하는 데 중요하다.

기대치로 작동하는 시장에 투자하면 돈을 몇 배로 불릴 수 있다는 경험을 내가 처음 맛본 때는, 1995년에 GNN의 주식을 AOL에 1,500만 달러에 판 뒤 AOL의 가치가 계속 높아져 그 주가가 5,000만 달러까지 오르는 상황을 지켜보면서다. AOL의 주가가 정점을 찍을 때까지 우리가 주식을 보유했다면 10억 달러에 이르렀을 것이다. 우리는 출판 사업에서 얻은 이익을 재투자해 GNN을 구축했고, 드디어 실제 사업에 진입한다는 생각으로 흥미로운 새 매체를 개척했다. 그리고 GNN을 팔았더니 1995년 기준으로 출판업에서 10년간 벌었을 돈보다 더 많은 돈을 손에 쥐었다.

AOL은 GNN 외에도 총 1억 달러의 자금을 들여 잇달아 회사를 사들였다. 이런 인수는 시장에 AOL이 인터넷 회사로 바뀌고 있다는 신호를 주었다. 나는 AOL의 시가 총액이 처음에는 10억 달러로, 그리고 마침내는 수십억 달러로 오르는 상황을 지켜보며 입을 다물지 못했다.

사실 AOL은 전화 통신 시장을 지배하는 회사에서 상업 인터넷 시장을 이끄는 회사로 탈바꿈하는 데 성공하지 못했다. 하지만 인터넷 회사가 되리라는 기대만으로도 AOL은 상품·서비스를 다루는 실물 시장에서 규모가 몇 배나 컸던 타임워너Time Warner를 사들일 수 있었다. AOL과 타임워너의 합병은 엄청난 재앙이었다. 한때 2,260억 달러로 정점을 찍은 합병 회사의 가치는 끝내 200억 달러도 채 안 되게 평가절하 되었다. 그러니 우버 같은 회사에 똑같은 일이 일어나지 말라는 법이 없다. 우버가 자율주행트럭을 개발하는 스타트업 회사 오토Otto를 매입하면서 실질적으로 자율주행트럭과 차량 개발에 투자하겠다는 신호를 투자자에게 보낸 것이나 마찬가지기 때문이다.

한 회사의 시가 총액 대비 매출이나 현금흐름, 수익의 비율은 금융 자본이란 세계를 구축하는 여러 허수 가운데 하나다. 이론에서는 보유 주식의 내재가치를 미래기대수익의 순현재가치를 바탕으로 계산한다. 하지만 현실에서 기업의 가치는 순현재가치에 수많은 잠재 구매자와 판매자의 기대치를 곱한 값이다.

주가는 근본적으로 내기다. 미래에 이 회사가 상품·서비스를 다루는 실물시장에서 더 많은 소득을 얻을까? 그렇다면 그 회사의 주식은 소유할 가치가 있다.

회사가 그런 내기에 상응하는 가치를 내놓지 못하더라도 기업공개나 인수로 여전히 현금이 들어올 때, 스타트업 창립자와 초기 투자자는 공개 시장의 투자자에게서 나온 부를 손에 넣는다. 내기에 참여한 양쪽 모두 이런 위험을 기꺼이 받아들인다. 또 이런 내기는 미래에 보상받을 수 있다는 희망으로 혁신자들이 위험을 무릅쓰도록 부추김으로써 혁신에 어마어마한 연료를 공급해왔다. 하지만 과열된 시장에서는 수많은 스타트업 회사가 실제 매출이나 수익을 조금이라도 내놓겠다는 진정한 계획이 아예 없어도, 상황이 좋을 때 눈먼 돈을 겨냥해 현금을 빼내고 유유히 빠져나가기가 아주 쉽다.

기대치로 작동하는 시장에 유입되는 어마어마한 차입 자본은 실리콘밸리에 유익한 모든 것의 핵심이기도 하지만, 해로운 모든 것의 핵심이기도 하다. 유익한 점을 꼽자면, 이렇게 차입 자본을 지렛대 삼는 금융모험주의에 힘입어 조지프 슘페터Joseph Schumpeter가 말한 '창조적 파괴'라는 엄청난 파동이 일어난다. 이를테면 아마존, 테슬라, 우버 같은 회사는 미래의 희망과 꿈을 효과적으로 자본 삼아 현재의 현금 가치로 바꾼 덕에 여러 해 동안 손실을 보면서도 세상을 바꾸는 사업에 자금을 댈 수 있다. 이는 좋은 일이다. 자본 시장의 존재 목적도 바로 여기, 크고 작은 기업가들이 위험을 무릅쓸 수 있도록 돈을 제공하는 데 있다. 회사가 기대치까지 성장한다면, 마침내 회사의 가치는 미래 수익의 진정한 순현재가치에 가까운 비율로 평가받을 것이다. 해로운 점을 꼽자면, 오늘날 높이 평가받는 여러 회사가 결코 그런 기대치를 달성하지 못할 것이라는 점이다.

경제학자 카를로타 페레즈Carlota Perez에 따르면, 지금까지 모든 기술 혁신은 아직 실현되지 않은 미래에 투자할 자금을 대는 금융 거품과 함께 일어났다. 그리고 이런 투자는 백 번 실패에 한 번 꼴로 획기적 발전이 나타나 실패에 들어간 모든 판돈을 보상한다는 이유만으로 용인될 수 있다.[2] 빌 제인웨이는 이렇게 말한다.

"가끔 결정적으로,[3] 투기의 목적이 운하, 철도, 전력, 자동차, 비행기, 컴퓨터, 인터넷 같은 근본적인 기술 혁신 가운데 하나를 금융으로 드러내는 것일 때가 있다. 투기가 이렇게 전개될 때 시장경제가 크게 탈바꿈한다."

맞는 말이지만, 이 체계는 행운을 적정치보다 훨씬 크게 보상하는 데다가 실물경제의 가치를 파괴할 때마저도 보상이 따른다. 빌 제인웨이는 내게 이렇게 말했다.

"그런 과정은 본디 낭비일 수밖에 없습니다. 그래서 저는 이것을 슘페터 낭비라 부르죠. 시행과 착오 뒤에 착오에 착오를 또 거치고서야 전진하기 때문이에요. 그러니 당연하게도 운이 중요하게 작용하죠."

쉽게 말해 인터넷으로 백만장자가 된 많은 사람은, 그리고 억만장자가 된 몇몇은 실패한 기업 인수의 마지막에서 행운을 누렸을 뿐이다.

　그런데 그것이 전부가 아니다. 달랑 회사 수익 1달러를 이용해 평균 26달러에 해당하는 통화로 바꿀 수 있는 마법이 있었다고 말한다면 어쩌겠는가? 내가 회사 수익 1달러를 이용해 수백 달러에 해당하는 통화로 바꿀 수도 있었다고 말한다면? 아니, 수천 달러라면? 이런 통화를 대표하는 것이 바로 상장회사의 주식이다. 비상장회사 가운데 그럴싸한 기업공개 과정에 있거나, 기존 상장회사에 매각하는 과정에 있는 회사의 주식도 마찬가지다.

　주가 수익률은 회사가 미래에 거둘 이익의 실제 순현재가치와 시장가의 차이다. 아마존의 주가 수익률은 내가 이 글을 쓰는 현재 188이다. 페이스북은 64, 구글은 29.5이다. S&P500 기업의 전체 평균은 약 26이다. 달리 말해 회사가 오늘 이익으로 1달러를 번다면, 아마존은 188달러, 페이스북은 64달러, 구글은 29.5달러에 해당하는 주식 가치를 얻는다. 우버처럼 아직 수익은 없어도 투자자들이 기업 가치를 680억 달러로 평가한 회사는 원칙대로라면 수익률이 무한대다.

　그런 차입 자본은 주식을 믿기 어려울 만큼 강력한 통화로 만들어, 실물 상품·서비스 시장에서 쓰이는 일반 통화의 구매력을 압도한다. 2016년에 아마존이 거둔 이익은 24억 달러에도 미치지 못하고, 장부가액(현금, 재고 및 기타 자산에서 부채를 뺀 실제 가치)은 178억 달러였다. 그런데도 시가 총액은 2016년 말 기준으로 3,560억 달러였다.

　금융 저술가인 조지 굿맨 George Goodman 은 1972년에 애덤 스미스라는 가명으로《슈퍼 머니》를 펴내 이런 현상을 설명했다.[4] 워런 버핏은《와일리 투자 클래식 Wiley Investment Classics 》에 부친 서문에서 굿맨의 이 책을 야구의 퍼펙트게임에 비유했다. 오늘날 커지는 금융 불평등의 중심에 이 슈퍼 머니가 있다. 대다수 사람은 상품·서비스를 제공하고 그 대가로 그냥 돈을 받는다. 하지만 운 좋은 소수는 슈퍼 머니를 보수로 받는다.

금융화한 회사 즉 슈퍼 머니로 가치를 평가받는 회사는 실물 상품·서비스 시장에서만 활동하는 회사보다 엄청난 이점을 누린다.

슈퍼 머니로 평가받는 회사를 소유하고 있다면 다른 회사를 더 손쉽게 살 수 있다. 오라일리 미디어도 때에 따라 회사를 인수했지만, 상품·서비스를 다루는 실물시장에서 활동하는 비상장 사업체였으므로, 언제나 예상 현금흐름을 현실성 있게 곱한 값을 바탕으로 가치를 평가해야 했고, 사내 유보금을 쓰거나 우리 회사의 현금흐름에 맞는 부채를 조달하여 인수 대금을 지급했다. 한 예로, 우리가 어느 회사를 인수하려 했을 때 그 회사의 순현재가치는 당시 매출과 성장률을 바탕으로 계산해 약 1,300만 달러였다. 그런데 인수 경쟁사가 그 회사를 덥석 4,000만 달러에 낚아채 갔다. 경쟁사는 어떻게 그런 계약을 맺을 수 있었을까? 그 회사는 벤처 자금을 지원받아 기업공개 과정에 있던 따끈따끈한 회사였으므로, 주가가 엇비슷한 비상장회사보다 다섯 배 이상 높게 평가받았다. 그러므로 성장세를 높이고자 웃돈을 얹어 세 배 가격을 치르는 것은 무리가 아니었다. 하지만 오해하지는 마라. 그 인수 건은 금융시장의 기대치에 돈을 걸었지, 실제 작동하는 현금흐름과 사업 수익에 돈을 건 계약이 아니었다.

사업으로 벌어들인 실제 수입으로만 직원들에게 보수를 주어야 한다면 직원들에게 부를 안기는 데 한계가 있기 마련이다. 하지만 슈퍼 머니, 특히 주가가 올랐을 때 미리 약정한 가격으로 주식을 살 수 있는 권리인

스톡옵션으로 대표되는 슈퍼-슈퍼 머니로 보수를 줄 수 있다면, 나아가 상장 전에 벤처 자본가보다 90퍼센트 싼값에 스톡옵션을 행사할 수 있는 슈퍼-슈퍼-슈퍼 머니로 보수를 줄 수 있다면, 내로라하는 인재들을 고용할 수 있다.

슈퍼 머니를 이용하면 몇 년 동안은 손실을 보면서도 회사를 운영할 수 있다. 가치가 낮게 평가된 오래된 회사를 인터넷 기반 회사가 무너뜨릴 수 있는 까닭은 그들의 기술력이나 사업 방식이 고객 이득과 경제 효율 측면에서 뛰어나서이기도 하지만, 바로 이런 슈퍼 머니 덕분이기도 하다.

말할 것도 없이 우버는 기존 택시나 리무진보다 이용하기가 쉽고, 편리하고, 고객 경험도 뛰어나다. 하지만 수십억 달러에 이르는 투자 자본을 이용해 고객에게는 택시 요금을 낮게 받고 운전자에게는 운행에 참여하도록 인센티브를 주지 못했어도 과연 기존 업계를 그토록 손쉽게 무릎 꿇릴 수 있었을까? 자본 시장이 우버와 같은 혁신에 자금을 대려고 존재하는 것은 틀림없지만, 그런 자본이 기존 사업체를 대신할 지속가능한 회사를 세우는 데 쓰이지 않고 기존 사업을 파괴하는 데만 쓰이는 일도 가능하다.

11장에서 보았듯이, 실리콘밸리가 부를 쌓는 데 매우 큰 역할을 해온 스톡옵션은 소득 불균형 문제를 일으킨 주요 원인이기도 하다. 물론 실리콘밸리의 회사가 사실상 모든 직원에게 스톡옵션을 제공하므로 이득 분배에서 여러 다른 기업보다 실제로 낫기는 하다. 하지만 그렇게 분배하는 스톡옵션이 아직도 회사 창립자와 최고경영진에 거의 치우친 탓에 직급이 낮은 노동자는 주식 가치의 자릿수가 완전히 다른 적은 스톡옵션을 받는다.

사업에 실제 기여한 정도를 바탕으로 보면 이런 분배가 적절할 수도 있고 부적절할 수도 있다. 하지만 본질은 우리가 지난 수십 년 동안 경험한 생산성 향상이 대부분 갈수록 전체 노동자가 아니라 소수 관리자 집단에 분배된다는 데 있다. 그리고 시장이 활기를 띨 때 그런 관리자들은 실물경제에서 일어날 수 있는 가치 상승을 훌쩍 뛰어넘게 값이 오르는 통화를 보수로 받는다.

그저 직원들에게 스톡옵션을 새로 발행하는 식으로 무에서 유를 창조하듯 만들어낸 슈퍼 머니의 양은 어마어마하다. 예를 들어 2015년에 구글이 주식 기반 보상으로 지급한 액수가 무려 52억 달러였다. 이렇게 슈퍼 머니를 찍어낼 능력은 회사 규모에 비례하므로 승자 독식 경제에 너불을 지핀다. 구글은 그해 말 회사 규모가 시가 총액으로 5,000억 달러를 넘길 정도였으니, 주식 보상금으로 52억 달러를 써도 기존 주주의 가치를 겨우 1퍼센트 깎아 먹을 뿐이었다. 하지만 세일즈포스 Salesforce 같은 회사는 시가 총액이 500억 달러에 이르지만 그 1퍼센트는 고작 5억 달러에 불과하므로 직원 수는 구글의 3분의1인데 엔지니어는 10분의1밖에 되지 않는다. 이 때문에 한 증시 분석가는 세일즈포스가 끝내는 더큰 회사에 팔리고 말 것으로 예측했다. 이 분석가는 링크드인이 마이크로소프트에 팔린 이유도 결국은 이 때문이라고 보았다. 그에 따르면 두 회사 모두 오늘날 같은 시장에서 독립 회사로 경쟁할 만한 크기가 되지 않았다.(이 생각은 경제학자 데이비드 오토 David Autor, 데이비드 돈 David Dorn, 로렌스 카츠[Lawrence Katz], 크리스티나 패터슨[Christina Patterson], 존 반 리넨[John Van Reenen]이 진행한 새 연구와 의미가 서로 통하는 듯하다. 이들은 떠오르는 슈퍼스타 기업[5]이 대규모 생산성을 이용해 임금을 더 많이 주면서도 더 적은 직원을 고용하는 동시에 시장에서는 더 큰 지배력을 행사하여 소득 불평등 문제를 유발하는 데 한몫을 한다고 주장한다.)

주식 기반 보상은 또 다른 영향을 미친다. 이 방식은 회사가 성장을 거듭해 시장을 완전히 장악하고 가치를 확보하는 목표를 세우도록 부추긴다. 직원들이 주식으로 보수를 받는 한 회사를 통제할 법적 권한이 있는 창립자라도 이른바 시장에서 계속 매출을 늘려 주가를 올리라는 압력을 받는다.

오랫동안 여러 첨단기술 회사는 주식 기반 보상에 들어간 금액이 얼마인지를 제대로 발표하지 않았다. 아마존과 페이스북만이 2016년 1사분기에 분기별 재무보고서를 발표하면서 일반회계기준[GAAP]을 적용한 정기 재무보고서의 일부로 주식 기반 보상액을 발표하기 시작했다. 두 회사보다 수익이 떨어지는 트위터는 주식 기반 보상을 회계에 반영하면[6] 수익이 나기는커녕 실제로는 손실인 사실이 드러날 터이므로 아직 액수를 공개하지 않는다.

설사 일이 아주 잘 풀려 시간이 흐르면서 회사가 평가액만큼 성장하고 주주들이 실물경제에서 재산을 늘리더라도, 두 가지 통화가 존재하고 그 가운데 하나가 보이지 않게 숨겨져 사뭇 다르게 평가되므로 악영향을 미친다. 일반 통화로 보수를 받으면 집을 살 수는 있겠지만 아마 마음에 썩 들지 않는 곳으로 이사해야 할 것이다. 하지만 슈퍼 머니로 보수를 받는다면 더 높은 월세를 감당하거나 더 좋은 집을 살 수 있다. 따라서 집값을 끌어올려 상품·서비스를 다루는 일반 시장에서 일하는 이들과 격차를 훨씬 크게 벌인다. 그뿐이 아니다. 슈퍼 머니로 보수를 받는다면 슈퍼 머니를 일반 통화로 바꾸어 투자자가 될 수 있으므로, 다른 신생기업, 더 큰 주식시장, 부동산에 돈을 걸어 재산이 몇 배로 불어날 수 있다.

부동산에 미치는 충격은 실물경제로 생계를 잇는 이들을 짓밟을 만큼 크다. 신규 주택 건설을 강하게 밀어붙이지 않는 상황에서 슈퍼 머니로 보수를 받은 이들은 일반인이 더는 샌프란시스코 같은 도시에서 살아갈 수 없을 만큼 집값을 끌어올린다.[7] 게다가 정부 정책이 주택 소유가 중산층으로 가는 길이던 시절에 맞게 설계된 탓에 문제를 악화시킨다. 집 두 채까지도 주택 융자금 이자에 세금을 공제함으로써 집값을 훨씬 끌어올렸고, 그런 집을 살 여력이 있는 이들에게 풍부한 주택 보조금을 줌으로써 집을 더욱 비싸게 만들었다. 그러니 주택 융자금 이자의 세금 공제액을 제한해야 마땅하겠지만, 이 제도로 이익을 보는 부유한 이해관계자들이 이를 가로막고 있다.

실물경제에 미치는 악영향은 여기에서 그치지 않는다. 투자자들은 거대한 출구, 달리 말해 투자액을 적어도 10배로 되돌려줄 회사에 초점을 맞춘다. 투자자가 이렇게 거대한 승자를 찾는 과정에서 생각지 않은 영향을 끼쳐 일반 기업이 자금난에 허덕인다. 성장이 느려 결코 세계적 규모로 성장하지 못하는 회사는 실제 가치를 달성하더라도 투자자에게 아무런 흥미를 끌지 못하기 때문이다.

그러는 사이 벤처 투자자에게는 투자은행과 꽤 닮은 위험 특성이 생겼다. 즉 이득은 혼자 누리지만 손실은 사회가 진다. 전형적인 벤처 캐피털은 투자 기금에서 대개 2퍼센트가량을 연간 관리 수수료로 받는다. 따라서 어떤 벤처 캐피털이 투자 기금으로 10억 달러를 모았다면, 그 회사는 비록 일부 출자자, 곧 자본금 대부분을 제공한 투자자들이 손실을 볼 때마저도 일반적인 벤처 투자 기간인 10년 동안 수수료로 2억 달러를 챙긴다. 예를 들어 2015년에 벤처 캐피털이 588억 달러를 투자했다면,[8] 그것이 성공했든 못 했든 그해에 거의 12억 달러를 받았다는 뜻이다. 이 때문에 기금 규모가 작을수록 대개 투자 결과가 더 좋다는 증거가 있는데도,[9] 벤처 캐피털은 기금을 더 키우고 계속 더 많은 자본금을 투입한다.

슈퍼 머니의 힘이 워낙 강하므로 여러 기업가와 벤처 자본가는 웹사이트의 검색 순위나 소셜미디어 사용자의 참여를 높이려고 게임을 벌이듯 기업 가치를 높여야 한다. 기업 가치는 자금이 조달될 때마다 조금씩 커진다. 이상적으로는 실제 사업 진척을 바탕으로 가치가 커지지만, 기존 투자자가 다른 후발 투자자에게 확신을 심어줄 수단으로 기업 가치를 더 크게 매기고 돈을 더 투자할 때도 있기 마련이다. 돈이 유입될수록, 과거 닷컴 거품 시기에 그랬고 현재 유니콘 기업 거품에서도 그렇듯이, 기대치가 현실에서 점점 멀어진다.

최악의 경우에는 실제 고객에게 무언가를 제공할 목적이 아니라 자금을 받을 속셈으로 회사를 세우는 일이 생긴다. 또 실제 사업을 발전시킬 목적이 아니라 원래 계획했던 사업 구상이 제대로 실행되지 않았는데도 투자자에게 확신을 심어줌으로써 돈을 더 내놓게 하려고 전략적 방향 전환pivot이란 것을 실행한다.

회사는 벤처 캐피털로부터 돈을 받은 뒤 전력을 다해 출구를 찾는다. 전형적인 벤처 기금은 투자 기한 10년에 걸친 동업 관계다. 투자금 대부분을 첫 2~3년 안에 집행하고, 일부 자금은 가장 유망한 회사에 추가로 투자하고자 남겨둔다. 기업가는 벤처 캐피털로부터 돈을 받은 뒤 투자 기한 안에 기업을 매각하거나 주식을 상장하겠다고 약속한다. 하지만 벤처 캐피털은 대부분의 투자가 실패할 것을 안다. 이는 셔터스 톡Shutterstock의 창립자이자 최고경영자인 존 오린저Jon Oringer가 기업가에게 전하는 조언에 잘 드러나 있다.

"벤처 캐피털이 하는 일이란 수백만 달러를 여러 회사에 흩뿌리는 것 이다. 그들은 실제로 회사 하나하나가 성공하라고 지원하는 게 아니다. 그저 그 가운데 몇 군데만 성공하면 그만이다. 이것이 벤처 투자 모형이 작동하는 방식이다. 그들이 관리해야 할 위험 특성은 기업과 완전히 다 르다. 당신에게는 회사가 유일한 수단이다. 하지만 벤처 캐피털에는 100가지쯤 되는 수단 가운데 하나일 뿐이다."[10]

나는 기업가가 자신이 추구한 가치를 거의 실현하지 못했는데도 벤처 캐피털이 투자 자금을 청산할 때가 되었다는 이유로 매각 압력을 넣어 자기네 계획표에서 회사를 지우는 모습을 보아왔다. 또 회사가 고객보다 투자자의 비위를 맞추려 애쓰는 모습도 지켜보았다. 상품·서비스를 다 루는 실물시장에서 활동하는 회사는 제대로만 운영하면 마지막에는 수 천만 달러에 이르는 매출과 의미 있는 이익을 거둘 만큼 흠잡을 데 없이 뛰어난 사업체인데도 오히려 목표를 최대한 크게 잡으라는 말을 듣는다. 왜냐하면 이런 회사가 기대치로 작동하는 시장에 적절히 자리를 잡는다 면 눈이 휘둥그레질 만큼 막대한 투자금을 받을 수 있기 때문이다.

회사가 투자 기금을 언제, 얼마큼 마련했는지에 따라서도 큰 차이가 날 수 있다. 4장에서 다루었듯이, 수닐 폴이 고안한 주문형 차량 공유 특 허는 우버보다 거의 10년이나 먼저였지만 시대를 너무 앞서갔다. 수닐이 사이드카를 선보인 때는 2011년으로, 우버가 주문형 고급 리무진 호출 서비스를 선보인 지 2년이나 지난 뒤였고, 리프트가 사이드카와 거의 같은 시기에 출범했기 때문에 사이드카는 업계 3위였다. 이미 우버와 리프트 모두 벌써 어마어마한 투자액을 끌어모은 뒤였으므로 수닐은 두 경쟁사를 따라잡을 자금을 결코 모을 수 없었다.

벤처 자금 없이도 사업을 키울 수 있다

오라일리 미디어를 세울 때, 나는 회사가 오래 유지되기를 바랐다. 그래서 비상장회사로 남겠다고 굳게 다짐했다. 젊을 적 컨설턴트로 일할 때, 활기찬 신생기업이던 여러 고객사가 분기별 성과에 집중해야 하는 쳇바퀴에 올라타는 모습을 지켜보았기 때문이다. 나는 회사의 미래가 그렇게 되기를 바라지 않았다. 오라일리 미디어가 ESRI나 SAS처럼 되기를 바랐다. 1969년에 잭 데인저먼드Jack Dangermond와 로라 데이저먼드Laura Dangermond가 세운 ESRI와 1976년에 짐 굿나잇Jim Goodnight과 존 솔John Sall이 세운 SAS는 비상장 기술 기업으로 수십 년 동안 혁신을 추진하며 지금도 계속 승승장구하고 있다.

내가 벤처 투자의 달인인 빌 제인웨이와 우정을 쌓기 시작한 계기는 1994년에 GNN이 상업 웹사이트에 불을 밝히자 그와 동료 자본가들이 내 회사에 투자하고 싶다는 의향을 비치면서부터다. 그때 샌프란시스코의 시끄러운 길거리 카페에서 빌과 점심을 먹던 일이 떠오른다. 그는 내 사업 포부가 무엇인지를 꼬치꼬치 캐물었다. 점심이 끝날 무렵 빌은 내게 이렇게 말했다.

"우리는 당신 회사에 절대 투자하지 않을 겁니다. 당신도 우리 돈을 바라지 않고요. 우리는 영리한 사람들이에요. 우리가 가진 돈을 더 많은 액수로 불리는 일이 가장 중요하죠. 그런데 그건 당신한테 바랄 만한 일이 아니네요."

나는 그런 정직함과 혜안이 정말 마음에 들었다.

1994년에 말은 그렇게 했지만, 빌은 사실 옛날식 벤처 자본가였다. 실제 문제가 무엇인지 밝히고 해결함으로써 돈을 벌었고, 자본을 장기 투자해 실제 고객이 있는 회사를 세웠다. 그의 특기는 큰 회사에서 썩고 있는 잠재력 있는 기술 자산이 무엇인지 알아내 손에 넣은 다음, 그 기술과 뛰어난 기업가 집단을 한데 묶어 사업체를 일구는 것이었다. 그렇게 해서 크게 성공한 곳이 나중에 오라클에 인수된 BEA시스템스, 시만텍Symantec과 합병한 베리타스Veritas, 지금은 상장회사가 된 뉘앙스 커뮤니케이션스Nuance Communications이다. 빌은 실제 사업체를 세우는 것이 바람직하다고 굳게 믿는다. 그래서 공개 시장의 가치투자 귀재인 워런 버핏과 마찬가지로, 빌도 기업 가치를 현금흐름이 흑자인지로 평가하는 것이 투자 성공의 비결이라는 철학을 활용한다. 빌에 따르면, 그의 투자 스승인 프레드 애들러Fred Adler가 이런 말을 했다고 한다.

"기업의 행복은 흑자인 현금흐름에서 나온다."

나는 오랫동안 오라일리 미디어를 팔거나 외부 투자자를 받아들이라는 요청을 여러 차례 거절했다. 그 대신 회사를 오래 유지하면서 일부 사업을 매각하는 쪽을 택했다. 이를테면 GNN은 AOL에, 웹 리뷰Web Review는 밀러 프리먼Miller Freeman 출판사에 팔았고, 라이크마인즈LikeMinds는 안드로미디어Andromedia와 합병시켰다가 뒤에 매크로미디어Macromedia에 팔았다. 그리고 그렇게 얻은 이익을 다시 핵심 사업에 투자했다. 외부 투자자 없이는 이런 사업체를 키우기 어렵다는 현실을 알았지만, 비상장회사로서 누리는 통제력을 포기하고 싶지 않았다.

하지만 실리콘밸리의 투자 모형에 엄청난 힘이 있다는 사실도 몸소 겪을 수 있었다. GNN보다 거의 2년 뒤에 출범한 야후가 벤처 자본을 투자받은 뒤 돌풍을 일으키는 인터넷 기업이 되고, 벤처 자금을 이용해 시장의 성장을 따라잡을 수 있는 속도로 사업 규모를 키우는 과정을 지켜보았다. 물론 그렇게 되기까지는 돈뿐 아니라 실행력도 중요하다. 야후는 인터넷에서 처음으로 미디어 대기업이 되는 과정을 눈부시게 성공함으로써 손쉽게 AOL을 물리쳤다. AOL은 내가 오라일리 미디어에 외부 투자를 받지 않을 대안으로 GNN을 판 바로 그 회사다.

2002년에 당시 우리 회사의 사업개발 부문 부회장이던 마크 제이컵슨^{Mark Jacobsen}이 사내 벤처 기금을 조성했다. 이 기금은 여러 차례 눈에 띄는 성공을 거두었고, 그 가운데는 구글에 판 블로거^{Blogger}(오라일리 직원이던 에번 윌리엄스^{Evan Williams}가 만들었다)와 소포스^{Sophos}에 판 액티브스테이트^{ActiveState}가 있다.

2004년에 마크 제이컵슨은 외부 투자자와 힘을 합쳐 제대로 된 벤처 기금을 모으자고 제안했다. 바로 오라일리 알파테크 벤처스^{O'Reilly AlphaTech Ventures, OATV}다. 마크 제이컵슨과 함께 기금을 관리할 동업자로 브라이스 로버츠^{Bryce Roberts}가 합류했다. 나는 우리가 기업가 편이라고 생각하고 싶지만, 우리도 벤처 게임의 규칙에 따라 슈퍼 머니가 있는 출구를 찾는 데 최고 우선순위를 두고 경기를 벌여야 했다.

기업가가 전통적 벤처 자본 방식에 따른 부정적 영향을 받지 않으면서도 실리콘밸리의 투자로 이득을 얻는 일이 가능할까? OATV 동업자인 브라이스 로버츠는 그렇게 생각한다. 브라이스는 2015년에 나와 마크 제이컵슨에게 흔치 않은 실험을 제안했다. 그는 물었다. 출구를 찾으려 애쓰지 않고 실물경제에서 매출과 수익, 현금흐름을 갖춘 회사를 세우고 싶은 기업가에게 투자할 길을 찾아보면 어떨까? 브라이스는 그런 회사가 생각보다 훨씬 많다는 사실을 짚었다. SAS나 ESRI뿐 아니라 크레이그리스트, 베이스캠프Basecamp, 스머그머그SmugMug, 메일침프MailChimp, 서베이몽키SurveyMonkey, 그리고 말이 나온 김에 오라일리 미디어까지 여러 회사가 모두 소리 소문도 없이 돈을 벌고 있었다. 최근에 브라이스는 "야망에 찬 창립자들을 교육할 때, 수십억 달러짜리 출구는 사업을 '기습 성장blitzscaling'시킬 매우 엄격한 각본을 따르는 이들만의 몫이라고 가르쳐왔다"라고 말했다. 그렇지만 2016년 하반기에만도 10억 달러가 넘는 기술 기업 인수합병이 일곱 건이나 성사되었다. 물론 벤처 투자를 받은 거래는 네 건뿐이었다. 세 건은 벤처 자본의 투자를 받지 않았다.[11]

이는 새로운 현상이 아니다. 결국은 인수되거나 상장되었지만, 애틀러시안Atlassian, 브레인트리, 셔터스톡, 린다닷컴Lynda.com 같은 다른 회사도 마찬가지로 처음에는 먼저 수익성과 규모를 궤도에 올린 다음 상장이나 매각 과정 막바지에서만 투자자를 받아들였다. 후반 단계에서 투자자를 받아들이는 것은 성공한 비상장회사가 마지막에 환금성을 추구할 때 흔히 쓰는 전략이다. 어쨌든 창립자가 천년만년 살 리는 없으니, 지분이 가장 많은 소유자가 죽은 뒤에는 상속세 때문에 어쩔 수 없이 회사를 팔아야 할 가능성이 크다.

하지만 스타트업이라면 어떨까? 출구를 찾는 쳇바퀴에 자신을 밀어넣지 않고 실물경제에 발자국을 남기려고 하는 그런 회사에 우리가 가치를 제공할 만한 길이 있을까? 브라이스는 기발한 해법을 내놓았다. 그리고 그것을 인디브이시^{indie.vc}라 불렀다.[12]

인디브이시는 실리콘밸리의 오랜 창업 보육 기업인 와이콤비네이터를 본떴다. 와이콤비네이터는 걸음마를 떼려는 회사에서 작지만 의미 있는 지분을 받는 대신 얼마 안 되는 현금을 제공하고, 여기에 더해 사업 계획 수립, 다른 기업가와 인맥 형성 등에 여러 도움을 주며, 마지막으로 벤처 자본에 기업을 소개해준다. 와이콤비네이터는 경이로운 성공을 거두었다. 에어비앤비와 드롭박스^{Dropbox}도 와이콤비네이터의 도움으로 탄생했다. 하지만 와이콤비네이터의 기업 육성 계획은 벤처 자본을 지원받는 회사들이 대개 그렇듯, 다음 단계에 쓸 자금을 모으는 데 특히 초점을 맞춘다. 와이콤비네이터의 경우, 데모 데이^{Demo Day}라는 자금 조달 행사에서 완벽한 모습을 보이고자 여러 달 동안 동분서주하며 준비한다. 이미 벤처 자본을 지원받은 스타트업은 다음 단계에 쓸 자금, 이상적으로는 이전 자금보다 몇 배나 되는 돈을 지원받을 만큼 매력 있게 보이려면 어떤 성과를 내놓아야 할지에 초점을 둔다.

인디브이시의 실험에서는 투자와 지원이 오로지 회사가 수익을 올리고 현금흐름이 흑자를 달성하는 데 집중된다. 브라이스는 "진짜 사업은 검은 피를 흘린다"라고 즐겨 말한다. 인디브이시에서는 다음 단계에 자금을 지원받을 만큼 매력 있게 보이려면 어떤 성과를 내놓아야 할지를 말하지 않는다. 데모 데이도 없다. 우리가 대가로 받는 투자 지분은 상환주식 형태로, 회사가 수익을 내고 현금흐름이 흑자가 될 때 고정 배율 배당금으로 돌려받거나, 나중에 회사가 투자자를 받아들이거나 출구를 찾기로 할 때 보통주로 전환할 수 있다.

투자자가 투자액을 배당금 형식으로 회수하게 함으로써 브라이스는 베이스캠프와 킥스타터 같은 회사가 쓴 전략을 따르고 있다. 베이스캠프의 창립자이자 최고경영자인 제이슨 프리드Jason Fried에 따르면, 베이스캠프는 해마다 수천만 달러에 이르는 수익을 냈고, 그래서 지금까지 배당금으로 수천만 달러를 지급했다.[13]

기업가가 투자자에게서 현금을 덜 받고 더 느리게 성장하면서 현금흐름이 흑자인 사업을 목표로 삼을 때 얻는 큰 이점은, 투자액을 배당금으로 갚는 것이 아니라 더 활발한 독립성과 자유, 통제력을 얻는다는 것이다. 그런 통제력 덕분에 스타트업은 고객에게 그 일의 가치를 인정받기만 하면 투자자의 평가에서 벗어나 꾸준히 활동할 수 있다. 인디브이시의 투자 대상인 스카이라이너Skyliner의 창립자이자 최고경영자 마크 헤드룬드Marc Hedlund는 이렇게 생각한다.

"과거에 우리와 같은 기업은 엄청난 시간과 에너지를 우리가 사랑하는 일에 투자하고서도 결국은 회사가 문을 닫아 그 모든 노력이 물거품이 되는 꼴을 지켜봐야 했다. 너무 많은 스타트업이 실패한다. 당장 눈부신 성장을 내보이지 못하면,[14] 산업으로서 우리가 한 일 가운데 너무 많은 결과물이 쓰레기통에 처박힌다."

그런 통제력에 힘입은 스타트업 회사는 자사의 가치관과 목적에 맞는 사업 방식을 선택할 수 있다. 이를 잘 보여주는 사례가 심도 있고 신중한 보도로 실리콘밸리의 믿음직한 소식통이 된 IT 잡지 〈인포메이션The Information〉이다. 창립자이자 최고경영자인 제시카 레신Jessica Lessin은 처음부터 구독료를 받는 방식에 온 힘을 쏟아 외부 투자를 받지 않았다. 광고료를 받는 방식은 불가피하게 타락을 부른다고 보았기 때문이다. 광고료를 받으려면 크게 성장해야 하고, 크게 성장하려면 진실을 좇는 일보다 클릭 횟수와 열람 횟수를 좇는 일이 더 중요해진다.

판정단은 이런 실험에 아직 결론을 내리지 못했지만, 현재 방식이 어떤 압박을 넣는지는 보여준다. 벤처 자본가에게는 확실하게 큰 수익을 안기지만 기업가에게는 거의 아무것도 돌려주지 않는 제도에 넌더리가 난 스타트업들이 이제 금융시장이라는 도박장에 등을 돌리고 다시 진짜 사업체를 일구고 있다.

디지털 플랫폼과 실물경제

상품·서비스를 다루는 실물시장에 뿌리를 둔 회사가 중요하다고 말했지만, 그렇다고 해서 내가 1950년대의 소기업 시대로 돌아가자고 주장하는 것은 아니다. 우리는 통신망 기반 플랫폼의 힘을 빌려 21세기에 맞는 소기업을 다시 만들어내야 한다. 또 그런 소기업의 관리 규칙을 정할 통신망 기반 플랫폼의 힘이 어디까지여야 할지, 그 플랫폼을 제어할 규칙을 정하는 정부의 역할은 무엇인지를 냉철하게 논의해봐야 한다.

실리콘밸리의 거대한 플랫폼 회사가 21세기에 맞는 회사 구조라고 해도, 그 플랫폼에서 중요한 사람은 엄밀히 말해 그 기업의 직원만이 아니다. 플랫폼에 참여하는 이는 대부분 상품·서비스를 다루는 진짜 세상에서 활동하는 개인과 사업체다. 이를테면 에어비앤비에 방을 제공하는 집주인, 리프트나 우버에 서비스를 제공하는 운전자, 그리고 모든 기업가다. 아이폰과 안드로이드의 앱 스토어는 애플과 구글이 만든 제품만 내놓는 것이 아니다. 오히려 이들 앱 스토어는 독립 개발자들이 활동하는 플랫폼이다. 페이스북과 유튜브는 창작자와 소비자 양쪽에 의존한다. 검색엔진, 옐프, 오픈테이블, 다른 유사 사이트들이 자신뿐만 아니라 다른 사업체로 얼마나 많은 사람이 몰리게 하느냐에 따라 성공을 거둔다.

현재 금융시장이 기대는 실패한 철학은 실물경제를 빈껍데기로 만들고 불평등을 늘리기 일쑤다. 플랫폼 회사가 이런 실수에서 벗어날 생각이라면, 반드시 동종업계 생태계가 건전성과 지속가능성을 유지하도록 온 힘을 다해야 한다. 이는 이상이 달린 문제가 아니다. 자기 이익이 달린 문제다. 플랫폼 회사가 자신의 가치를 지나치게 떠받들 때 길을 잃기 마련이다.

유튜브 같은 동영상 호스팅 사이트는 통신망 플랫폼이 어떻게 기존 사업체도 플랫폼에 참여시키고 성장하게 하여 새로운 고용 형태를 만들어낼 수 있는지를 이해하기 좋은 본보기다. 유튜브가 나오기 전에 세상과 동영상을 공유하는 비용이 얼마일지 상상이나 할 수 있었는가? 누구나 동영상 수십억 편을 볼 수 있다고 생각해본 적이 있는가? 그것도 공짜로? 유튜브가 세상에 나온 지 10년이 지났고 매출이 90억 달러를 넘겼다고 추정되지만, 알려진 바에 따르면 아직 수익은 나지 않는다. 동영상 콘텐츠를 빠른 속도로 배포하는 호스팅에 드는 비용 구조는 어마어마하게 크다. 유튜브의 동영상 대다수에는 광고가 붙지 않지만, 동영상으로 돈을 벌 때는 그 돈을 동영상 창작자와 나눈다. 동영상을 올린 사람에게 55퍼센트를 주므로, 플랫폼 회사는 45퍼센트를 가져간다.

유튜브를 중심으로 번창하는 소기업 경제도 있다. 유튜브 스타인 행크 그린Hank Green이 그의 형인 청소년물 베스트셀러 작가 존 그린John Green과 함께 운영하는 여러 유튜브 채널은 전체 구독자가 1,000만 명에 이른다. 두 사람은 유튜브와 페이스북 같은 플랫폼에서 활동하는 '온라인 창작자를 지원하고 대표하고 연결'한다는 목표를 내걸고 인터넷창작자협회Internet Creators Guild를 공동 설립했다. 행크가 추정한 바로는, 유튜브만 따져도 동영상 게시로만 생계를 꾸리는 사람이 겨우 최저생활임금을 버는 사람부터 수십만 달러를 버는 사람까지 합쳐 3만 7,000명을 넘고, 부수입을 올리는 사람은 30만 명에 이른다. 게다가 갈수록 그 수가 늘어난다. 행크는 "만약 '인터넷 창작자'가 회사라면 실리콘밸리에 있는 어느 회사보다 빠르게 고용을 늘릴 것"[15]이라고 말한다.

유튜브는 슈퍼 머니에 좋은 일을 할 힘이 있다는 증거다. 하지만 미래를 담보로 삼지 않았더라면 유튜브라는 기반이 자금을 지원받지 못했을 것이다. 사무실과 집, 커피 가게와 공공장소에 통신 주파수를 제공하는 업체부터 누구나 즐기는 수많은 무료 서비스까지, 인터넷의 모든 기반 시설이 마찬가지다. 그런데도 미래에 빚진 자 가운데 더 나은 미래를 만듦으로써 도덕적 빚을 갚아야 한다는 의무를 인정하지 않는 이가 있다. 슈퍼 머니는 선물이 아니다. 그것은 의무다.

기업의 진정한 가치

제대로만 쓰인다면, 금융 도박 시장에서 창출된 가치도 실물경제에서 돈이 된다. 구글 창립자들은 스스로 어마어마한 부를 만들어냈다. 래리 페이지와 세르게이 브린은 각자 재산이 적어도 380억 달러다. 전 직원에게 스톡옵션을 나눠줬으니, 두 사람은 구글에 투자한 이들뿐 아니라 지금껏 구글에서 일한 모든 이에게 부를 안겼다. 하지만 더 중요한 것이 있다. 구글은 다른 사업체와 전체 사회에도 도움이 될 어마어마한 가치를 만들어냈다.

회사는 소유주를 위해 확보한 가치를 정해진 때마다 평가해 재무제표로 보고한다. 하지만 그 밖의 사람들을 위해 창출된 가치를 정기적으로 평가하는 일은 거의 없다. 우리는 이런 관례를 바꾸어야 한다.

〈포춘〉이 2016년 11월 바티칸에서 주관한 국제경영인회의[16]에서 맥킨지 글로벌연구소의 제임스 마니카는 내게 최고경영자들 스스로 엉뚱한 지표를 평가하고 있는지도 모른다는 말을 했다. 이렇게 말한 경영자도 있었다고 한다.

"우리는 주주 가치로 우리를 평가합니다. 하지만 일자리 증가나 소득 증가를 재는 척도도 있어야 하지 않을까요?"

벌써 이 방향으로 나아간 작은 발걸음들이 있다.

구글의 수석 경제학자 할 배리언과 동료들은 해마다 경제 효과 보고서를 펴낸다. 2016년 보고서에서 그들은 2015년 한 해 동안 구글이 고객을 위해 미국의 경제활동을 1,650억 달러 증가시켰다고 측정했다.[17] 이 수치는 구글 광고가 광고주의 매출 증가에 미친 기대 효과를 보수적으로 평가한 값을 주요 근거로 삼았다. 광고주가 아닌 사업체가 얻은 훨씬 큰 경제적 이익도 유기적으로 탐색해 포함한다면, 전체 효과는 보나 마나 훨씬 클 것이다. 그리고 그 수치가 더 중요할 것이다. 어찌 되었든 구글을 포함한 여러 검색엔진은 사람들이 사실상 세상의 모든 것을 찾아내는 수단이다. 공동구매 사이트인 그루폰Groupon이 2014년에 수행한 연구에 따르면, 그루폰 접속량 가운데 검색엔진을 타고 온 비율이 60퍼

센트를 넘었다.[18]

하지만 유기적 검색을 배제한 채 유료 광고의 긍정적 효과를 평가한 수치만 써도, 2015년에 구글이 광고주를 위해 창출한 가치는 그해 구글이 미국에서 올린 매출액 348억 달러의 다섯 배 가까이나 되었다. 래리와 세르게이가 1998년에 구글을 세웠으므로, 지금까지 누적 경제 효과가 수조 달러에 이른다고 볼 수 있다. 게다가 방대한 온라인 정보에 무료로 접속함으로써 발생한 소비자 잉여는 틀림없이 그보다 훨씬 크다. 우리는 구글 검색의 사용자로서 실제 가치를 교환하는 일에 참여한다. 즉 검색 서비스, 지도와 길 찾기, 사무용 응용 프로그램, 유튜브의 동영상 호스팅 등 여러 서비스를 무료로 이용하는 대신, 구글의 유료 고객이 그런 서비스에 걸어둔 광고 몇 개를 클릭한다. 토마 피케티마저도 생산성을 늘리고 지식을 더 폭넓게 확산시킬 때 사회에 더 많은 부를 창출하고 소득 불평등을 줄이는 힘으로 작용한다는 데 동의한다.

쉽게 말해, 전체 사회를 위해 창출된 수조 달러의 가치는 구글의 주주를 위해 창출된 슈퍼 머니의 가치, 곧 구글의 현재 시가 총액 5,620억 달러보다 훨씬 크다. 성공이란 이런 모습이다. 회사가 자신이 확보한 가치보다 큰 가치를 창출할 때 이런 일이 벌어진다.

정기적으로 경제 효과 보고서를 펴내는 회사는 구글만이 아니다. 이런 현상은 자신들이 경제에 미치는 바람직한 효과를 평가하려는 인터넷 회사에서 갈수록 흔해지고 있다. 분명 올바른 방향으로 나아가는 한 걸음이다. 하지만 되도록이면 이를 제도로 만들어 기업의 정기 재무보고서에 포함해야 한다. 소유주와 투자자를 위해 창출된 가치와, 다른 이해관계자를 위해 창출된 가치의 비율이 드러나는 표준재무지표를 본다면 정말 멋질 것이다. 이 비율은 승자 독식 세계인 온라인 플랫폼에서 특히 중요하다. 온라인 플랫폼은 업계 생태계를 위해 창출한 가치에 가장 큰 관심을 기울여야 하기 때문이다.

2016년 여름, 온라인 기금 조달업체의 선구자인 킥스타터는 펜실베이니아대학의 연구자에게 의뢰해 보고서를 한 건 받았다.[19] 보고서에 따르면 2009년 창립한 뒤로 킥스타터는 총기금 53억 달러를 여러 사업에 지원했고, 그렇게 해서 태어난 새로운 소기업이 8,800곳, 정규직 고용 인력이 약 2만 9,000명, 그리고 임시직 인력도 28만 3,000명에 이른다. 벤처 자본가에게 지원받거나 국내 업체로 시작한 사업과 마찬가지로, 킥스타터가 지원한 사업 중에도 실패한 것이 물어볼 것도 없이 여럿이다. 하지만 엄청난 성공으로 이어진 사업도 꽤 있다.[20] 나아가 슈퍼 머니 경제에 합류한 사업도 몇 곳 있다. 그 가운데 하나가 페이스북에 20억 달러에 팔린 오큘러스Oculus다. 이 매각에서 킥스타터는 한 푼도 받지 못했다. 안타깝게도, 오큘러스를 걸음마 단계부터 후원한 모든 이가 그랬다. 큰 성공을 거둔 오큘러스 창립자들이 초기 후원자를 자신에게 횡재를 안긴 투자자를 대하듯 대우했다면 훌륭한 선례가 되었을 것이다.

절대 수치는 구글보다 훨씬 적지만, 확보한 가치 대비 창출한 가치의 비율은 킥스타터가 훨씬 낮다. 킥스타터가 수수료로 5퍼센트만 받으므로, 따져보면 지금까지 총매출액이 대략 2억 5,000만 달러다. 이 회사가 창출한 가치에 견주면 새 발의 피다. 비상장회사인 데다가, 공동 창립자이자 최고경영자인 얀시 스트리클러Yancey Strickler가 회사를 팔거나 상장할 계획이 없다고 못 박았으므로, 팔거나 상장할 경우 킥스타터의 가치가 얼마일지는 평가할 길이 없다. 하지만 킥스타터는 오랫동안 게임에 참여하려 한다. 그리고 게임 참가자에게서 가치를 빼내기보다 그들을 위해 가치를 창출하는 데 전념할 생각이다.

킥스타터는 공익추구기업으로 등록하기까지 했다.[21] 공익추구기업으로 지정되면 법률에 따라 주주뿐 아니라 사회에 미칠 영향까지 고려해야 한다. 킥스타터 창립자들은 자기들을 지원한 벤처 투자자들에게 처음부터 상장이나 매각할 생각이 없다고 밝혔다. 그 대신 베이스캠프와 인디브이시 같은 회사처럼 주주에게 정기적으로 현금을 배당하는 방식을 마련했다.[22]

잠깐 다른 이야기를 하나 해보자. 나는 공익추구기업과 그 사촌뻘인 이익공유기업B corp에 늘 엇갈리는 감정을 느낀다. 이익공유기업은 투자자에게 주주 가치 말고도 다른 요인을 고려하겠다고 보증하지만, 법적으로는 꼭 그러지 않아도 된다. 나는 공익이라는 개념을 참 좋아한다. 하지만 일반 기업이 법에 따라 공익을 무시해도 된다는 개념은 정말 받아들이고 싶지 않다. 법학자 린 스타우트Lynn Stout가 쓴 《주주 가치라는 신화The Shareholder Value Myth》를 보면 주주 가치 우선이 법적 근거가 없다는 주장[23]에 고개가 끄덕여진다. 하지만 델라웨어주 대법원장 리오 스트라인Leo Strine은 생각이 다르다.[24] 미국 기업 대다수가 델라웨어주 법에 따라 법인을 등록하므로 스트라인의 관점에는 법적 무게가 더 실린다. 그러나 솔직히 말해, 기업이 주주를 뺀 모든 이해관계자를 무시해도 된다는 법적 판례가 있다면, 나는 그 판례가 시험대에 올라 뒤집히는 일을 보고 싶다.

수공예품 장터인 엣시도 판매자 이익을 생각하는 이익공유기업이다. 엣시의 경제 효과 보고서는 이렇게 선언한다.

"엣시의 판매자는 새로운 사업 방식을 상징한다. 오랫동안 시장을 지배한 틀에 박힌 소매 방식은 어떤 대가를 치르고서라도 최저가에 상품을 내놓아 성장하는 것을 최우선으로 삼았다. … 여러 면에서 엣시 판매자는 새로운 사업 접근 방식을 나타낸다. 이 방식에서는 자율과 독립이 손익보다 앞서지는 않더라도 적어도 똑같이 중요하다."[25]

엣시가 펴낸 보고서는 까다롭지 않은 통계와 개인 성공담으로 가득하다. 판매자들에 따르면, 공예 사업이 이들의 연간 가계소득에 기여하는 비율은 평균 15퍼센트다. 더 자세히 말하자면, 판매자 가운데 17퍼센트가 공예 사업으로 집세나 주택 융자를 갚는다. 51퍼센트는 회사에 매이지 않고 일하는데, 공예 사업만으로 생계를 꾸리거나, 공예 사업을 포함한 여러 소득원이 있다. 36퍼센트는 정규직 일자리가 있고, 11퍼센트는 자기가 실업자라고 생각한다.

하지만 이익공유기업이라는 위치가 성난 투자자로부터 회사를 지켜주리라고 꿈꾸는 이들에게 엣시는 조심하라는 사례가 된다. 엣시가 기업을 공개한 지 2년 뒤인 2017년 5월, 재무성과가 변변치 못하다는 이유로 화가 난 투자자들은 최고경영자인 채드 디커슨Chad Dickerson을 몰아냈다.[26]

에어비앤비는 구글, 킥스타터, 엣시와 달리 전체 경제 효과를 발표하지는 않지만, 정기적으로 도시별 조사 결과를 발표한다. 예를 들어 2015년에 발표한 뉴욕 에어비앤비 조사에 따르면, 2014년 한 해 동안 뉴욕의 에어비앤비 숙소에 머문 방문자가 11억 5,000만 달러에 이르는 경제활동을 했고, 1만 개가 넘는 일자리를 창출했다.[27] 2016년 조사에 따르면, 네덜란드에 미친 경제 수익이 8억 유로였다. 물론 그 대신 호텔 수입이 줄어들었으므로 이 수치는 앞으로 더 자세히 따져봐야 한다. 그래도 큰 호텔 체인의 수익에 견주어 에어비앤비의 수익이 일반인과 소기업에 좀 더 곧바로 분배된다는 사실은 매우 주목해야 한다. 에어비앤비가 조사한 도시를 통틀어, 숙소의 74퍼센트가 주요 호텔 밀집지에서 벗어난 곳에 있었다. 에어비앤비 숙박객은 호텔 이용자보다 2.1배 오래 머물렀고, 그래서 돈도 2.1배 더 썼다. 게다가 여행비 41퍼센트를 관광객이 흔히 찾지 않던 숙소 인근에서 썼다. 일본처럼 에어비앤비 전문 집주인의 역할이 큰 시장도 있지만, 에어비앤비는 갈수록 '한 집에 한 숙소One host, One home' 규칙을 강제해 임대주택 물량이 단기 임대업으로 바뀌는 현상을 최소화하고 있다. 에어비앤비에 집을 빌려주는 81퍼센트가 자기 집을 공유하고, 52퍼센트가 중간 소득 이하다. 53퍼센트는 에어비앤비로 얻는 소득 덕분에 자기 집에서 계속 살 수 있다고 말한다.[28]

미래에 펼쳐질 경제에서 악동 역할을 할 우버마저도 자신이 바람직한 사회적 목표를 지향한다고 내세우고 싶어 한다. 우버가 웹사이트에 올린 사업 동기는 이렇게 끝을 맺는다.

"우버 앱은 우버와 함께 일하는 기사님에게는 편한 시간에 일하고 수입을 올릴 수 있는 새로운 길입니다. 도시에는 지역 경제를 살리고, 교통을 편리하게 이용하며, 거리를 안전하게 할 길입니다."

생각해보자. 이 말이 사실임을 입증할 공개 지표가 있다면, 그래서 믿을 만한 자료로 뒷받침된다면, 얼마나 더 마음에 와 닿겠는가. 그나마 소비자 잉여를 평가한 자료는 더러 있다. 우버의 북미 지역 가격 책정을 객관적으로 따져본 연구에 따르면,[29] 2015년 우버는 실제로 원래보다 요금을 적게 청구함으로써 68억 달러를 소비자 이익으로 돌렸다.

세계 최대 전자상거래 장터인 타오바오Taobao를 거느린 알리바바는 경제 효과 보고서를 발간하지는 않지만, 그 대신 경영 수치로 이를 보여준다. 타오바오에서 활동하는 제3자 판매자가 900만 명이고,[30] 여기에서 나오는 총거래액이 2,560억 달러다.

아마존은 직접 판매 상품과 제3자 판매 상품을 모두 팔지만, 이와 달리 타오바오는 이베이처럼 오롯이 장터 역할 즉 구매자를 제3자 판매자와 바로 이어주는 구실만 한다. 하지만 이베이와 다른 점도 있다. 이베이는 모든 상품을 커다란 카탈로그에 한꺼번에 보여주지만, 타오바오 판매자는 저마다 자기 상점이 있다. 또 이베이는 전임 최고경영자 존 도나호John Donahoe 아래에서 수익성이 좋은 유명 상표의 판매를 높이려고[31] 이베이가 세상에 나오게 한 소기업에 등을 돌린다는 비난을 받았지만, 알리바바는 유명 상표를 별도로 티몰Tmall로 분리했다. 티몰의 총거래액은 1,360억 달러에 이른다. 아마존이나 이베이와 달리, 타오바오는 판매 수수료를 받지 않는다. 모든 매출은 상인들이 주목도를 높이려고 이용하는 광고에서 나온다. 그렇지만 자매 사이트인 티몰에서는 3~6퍼센트의 수수료를 받는다.

타오바오, 이베이, 엣시, 아마존의 제3자 판매자용 장터 같은 전자상거래 사이트는 지역 경제에 활력을 불어넣는 의미 있는 역할을 할 수 있다. 따라서 판매자의 성공을 잣대로 자사를 평가해 있는 그대로 발표해야 한다. 그리고 자사만이 아닌 장터 참여자를 위한 지표를 세우겠다는 목표로 올바르게 성장해야 한다. 어찌 되었든 판매자 없는 장터는 빈껍데기일 뿐이다.

소기업은 경제를 떠받치는 기반으로, 전체 민간 부문 고용의 거의 절반을 떠맡는다.[32] 따라서 정책 입안자는 소기업이 21세기에 발맞추는 데 플랫폼이 어떤 역할을 하는지 반드시 이해함으로써 소기업의 경제 효과를 평가해야 한다. 그리고 기업이 자사를 위해서만 가치를 뽑아내지 않고 더 폭넓은 경제 가치를 창출하도록 북돋는 세금 정책을 세워야 한다.

빨랫줄의 역설

무엇을 평가하느냐는 중요하다. 우리가 여러 경제 가치를 당연하게 생각해 하찮게 볼 때가 많기 때문이다. 내가 이 특이한 사실에 처음으로 크게 흥미를 느낀 때는 환경운동가 스티브 베어Steve Baer가 1975년에 쓴 글을 읽으면서다. 그것은 환경운동의 대부 스튜어트 브랜드Stewart Brand가 환경 잡지 〈지구 안내서The Whole Earth Catalog〉의 후신으로 발간한 계간지 〈진화와 함께Co-Evolution Quarterly〉에 실린 글로, 제목이 '빨랫줄의 역설The Clothesline Paradox'이었다.

"빨랫줄을 치우고 전기 건조기를 사면 전기 소비량이 조금 늘어난다. 이와 반대로 전기 건조기를 없애고 빨랫줄을 걸면 전기 소비가 조금 줄어든다. 그런데 도표 어디를 보아도 지금 빨래를 말리고 있는[33] 햇빛의 공로는 보이지 않는다."

빨랫줄의 역설은 새로운 눈으로 경제를 보게 해줄 도구로, 규칙을 올바르게 다시 쓰는 데 꼭 필요하다. 다른 사람이 보지 못하는 것을 보도록 도와줄 만능 개념이라 할 수 있다.

빨랫줄의 역설은 경제 가치를 가치사슬의 어떤 지점에서 보느냐에 따라 다르게 인식되고, 가치의 중요한 원천이 눈에 보이지 않거나 당연시된다는 사실도 또렷이 상기시킨다. 예컨대 구글과 페이스북은 광고로 돈을 벌어 무료 서비스를 제공하지만, 케이블 방송사이자 인터넷 서비스 공급자인 컴캐스트Comcast 같은 회사는 고객에게 꽤 많은 이용료를 받는다. 한편 인터넷 사용자는 광고를 내보내는 플랫폼 회사와 인터넷 서비스 공급자가 돈을 버는 데 필요한 활동을 대다수 제공하는 원천인데도, 콘텐츠에 돈을 내지 않으려 한다고 비난받기 일쑤다.

적어도 광고로 지탱하는 매체는 거래의 본질을 확실히 안다.

"우리에게 관심을 쏟으면 공짜로 쓸 수 있게 해줄게."

이와 달리 케이블 회사가 이런 논의의 틀을 잡으려고 이용하는 지도에는 분명 무언가가 잘못되어 있다. 케이블 회사는 전문적으로 제작된 텔레비전 방송물을 반드시 돈을 내고 산다. 이 사업을 인터넷 측면에서 보면, 케이블 회사는 케이블 방송을 보려고 돈을 내는 바로 그 고객이 만들어낸 많은 콘텐츠를 공짜로 얻는다. 케이블 회사를 포함한 인터넷 서비스 공급자가 쓰는 콘텐츠 비용과 그들이 텔레비전에 쓰는 콘텐츠 비용만 비교해도, 무임승차를 하는 쪽은 소비자가 아니라 케이블 회사다. 그러므로 망 중립성 논의가 배워야 할 것은 대기업이 재무 가치를 움켜쥐는 쥐어짜기 경제학이 아니라 빨랫줄의 역설 경제학이다!

빨랫줄의 역설은 기초 연구에서, 특히 정보를 자유롭게 공유하는 개방형 학문에서 투자의 가치를 이해하기에 아주 좋은 방법이다. 나중에 엄청난 이익이 되는 기초 연구 대다수는 납세자가 낸 세금을 지원받는다. 그런데도 정부가 법인세나 자본 이득세 형식으로 그 이익을 청구할 때,

연구로 이익을 본 회사 가운데 불만을 늘어놓거나 세금을 안 낼 수를 찾는 곳이 너무 많다.

정부가 처음부터 제 몫을 챙겨 투자자들이 그렇듯 슈퍼 머니 성과의 지분을 받아야 하는지는 논의해봐야 한다. 마리아나 마추카토^{Mariana} ^{Mazzucato}는 《기업가형 국가^{The Entrepreneurial State}》에서 아이폰 같은 제품으로 구현된 혁신, 제약 혁신과 농업 혁신, 새로운 민간 우주 개발 경쟁에 자금을 대는 데 정부가 어떤 역할을 하는지를 자세히 설명한다. 마추카토는 스타트업이 정부 지원을 받은 연구를 상업화하여 가치를 창출할 경우, '국가 혁신 기금'에 사용료를 내게 하거나 국민에게 절대 권리를 주는 황금주를 발행하게 하여 반드시 국가가 제 몫을 확보해야 한다고 주장한다.[34]

말은 그렇지만, 혁신에서 나온 가치가 평가되지 않는 여러 방식으로 사회에 축적되는 것도 사실이다. 경제학자 윌리엄 노드하우스^{William} ^{Nordhaus}가 2004년 발표한 논문에서 "회사가 혁신활동으로 얻은 이익을 차지할 수 있을 때 생기는 수익"인 '슘페터 수익'의 양을 추정해보니, 1948년부터 2001년 사이에 기술 진보로 생긴 전체 가치 중 가치 생산자가 확보한 몫은 '달랑' 2.2퍼센트뿐이었다.[35] 인간이 지식을 늘릴수록 우리 모두 더 부유해진다.

지식을 몰래 쌓아두지 않고 나누는 것은 경쟁우위에 설 수 있는 강력한 지렛대이기도 하다. 회사는 혁신으로 생긴 이익을 더 많이 차지할 최선책이 소유권이라고 지레짐작하기 일쑤다. 하지만 리눅스와 인터넷을 만든 오픈소스의 선구자들이 알려주었듯이,

지식은 나눌 때 더 크게 불어난다.

　오늘날 인공지능 연구에서 벌어지는 치열한 경쟁도 마찬가지다. 페이스북의 인공지능 연구소를 이끄는 얀 르쿤은 오늘날 가장 앞선 최첨단 인공지능을 연구하는 곳이 구글, 페이스북, 바이두, 마이크로소프트라고 내게 짚어주었다. 그에 따르면, 이들이 최고 인재를 고용할 수 있는 열쇠는 회사가 기꺼이 연구자끼리 연구 결과를 공유하게 북돋는 정책이다. 애플은 비밀 유지 문화 탓에 최고 인재를 끌어들이지 못했고, 그 결과 최근에 정책을 바꾸어야 했다.[36]

　일거리의 미래를 생각할 때 가치를 창출하는 곳이 어디이고, 확보하는 곳이 어디인지를 아는 것이 똑같이 중요하다. 다음 장에서 보겠지만, 자동화라는 차세대 물결이 인간에게 충분한 일자리를 남겨둘 것인가라는 물음의 깊은 뿌리는 무엇을 유급 노동으로 볼지, 무엇을 대수롭지 않게 여겨 무료로 얻기를 바랄지를 그린 낡은 지도에 있다.

14
일자리가 아니라 일거리다

WHAT'S THE FUTURE

　존 메이너드 케인스는 대공황 초기인 1930년에 경제에 놀랄 만한 예언을 남겼다. 그는 '우리 손자들이 맞이할 경제 Economic Possibilities for Our Grandchildren'라는 글에서 불길한 폭풍이 세계를 휩감고 있지만, 사실 인류는 '경제 문제' 즉 하루하루 먹고살 길을 찾아야 하는 문제를 해결하는 일이 우리 코앞에 와 있다고 주장했다.

　케인스는 자기 손자들이 살아갈 세상, 그러니까 '오늘날 우리가 살아가는 세상'이 "인류 역사상 처음으로 … 영원히 안고 갈 진정한 숙제, 즉 절박한 경제 걱정에서 벗어난 자유를 어떻게 쓸 것인가, 과학과 복리가 안겨줄 여유 시간을 어떻게 채워 슬기롭게, 즐겁게, 잘 살 것인가라는 숙제를 마주할" 것이라고 보았다.[1]

　세상은 케인스가 생각한 대로 돌아가지 않았다. 물론 케인스가 예측한 대로, 대공황과 제2차 세계대전을 호되게 겪고 나자 경제는 유례없는 번영으로 들어섰다. 하지만 기업과 첨단기술이 눈부시게 진보했어도 최근 수십 년 동안 그런 번영은 매우 고르지 않게 분배되었다. 세계 곳곳에서 평균 생활수준이 대단히 높아졌지만, 현대 경제 선진국에서 중산층이 침체한 데다가 여러 세대 만에 처음으로 우리 아이들이 우리보다 못살지도 모른다. 우리는 또다시 케인스가 '원하는 것이 가득한 세상에서 실업이 발생하는 엄청난 부조화'라고 부른 경제 공황, 그에 따른 정치 불안정과 불확실한 경기 전망을 눈앞에 두고 있다.

그런데 케인스가 옳았다. 그가 생각한 세상, '경제 문제'가 해결된 세상이 사실은 아직도 우리 코앞에 있다. 전 세계를 통틀어 빈곤이 역사상 어느 때보다 줄어들었다. 그러니 패를 잘 쓰기만 한다면, 우리는 지금도 케인스가 꿈꾸었던 세상으로 들어설 수 있다.

첨단기술과 지식 전파로 선진국 노동자가 경제적 시험대에 오르기는 했지만, 그 덕분에 세상에서 가난이 매우 크게 줄었다. 온라인 출판 매체 〈자료로 보는 세상Our World in Data〉을 만들어 지난 500년 동안 세상이 얼마나 나아졌는지를 눈에 쏙 들어오는 시각 자료로 제공하는 맥스 로저Max Roser는 이렇게 적는다.[2]

"1981년만 해도 절대 빈곤 속에 사는 사람이 세계 인구의 50퍼센트를 넘겼다. 이제 이 수치는 약 14퍼센트로 떨어졌다. 아직도 빈곤 인구가 적지 않지만 변화가 믿기 어려울 만큼 빠르게 일어나고 있다. 지금 자료로 보건대 우리가 살아가는 세상에서는 가난이 역사상 어느 때보다 빠르게 줄어들고 있다."

케인스는 자신의 글에서 기계가 일거리를 모두 도맡을 만큼 생산성이 높아질 때 사람이 시간을 어떻게 채울까 하는 문제를 다룬다.

정말로 인간에게 남겨질 일거리가 모자랄까? 1930년에 케인스는 그렇지 않다고 생각했다. 지금 나도 그렇지 않다고 생각한다. 그는 이렇게 적었다.

"바로 지금 우리는 경제적 비관주의의 심각한 공격에 시달리고 있다. 19세기를 특징 지었던 엄청난 경제 발전의 시대는 끝났다느니, 가파르게 올라가던 생활수준이 이제는 서서히 느려지고 있다느니, 앞으로 10년 동안 발전보다 쇠퇴할 가능성이 더 크다느니 하는 말을 흔히 듣는다. 나는 이 말들이 지금 우리에게 일어나는 일을 몹시 잘못 해석했다고 생각한다. '우리는 지난 시절이 남긴 류머티즘에 시달리는 게 아니다. 너무나 빠른 변화에 따른 성장통, 한 경제 시대에서 다른 경제 시대로 넘어가는 고통스러운 재조정에 시달리고 있다.'"

아닌 게 아니라 우리는 정말로 비관주의와 의심의 합창을 또다시 듣고 있다. 자동화가 공장 일자리를 모조리 없애더니[3] 이제는 똑같이 사무직 일자리를 모조리 없애려 한다느니, 우리는 성장에 의존하는 경제인데 성장 시대가 끝났다느니 하는 말이다.[4] 이밖에도 끝이 없다.

앞을 내다본 케인스는 지금 우리에게 불안을 안기는 핵심에 이런 이름을 붙였다. 바로 '기술적 실업'이다. 그는 기술적 실업이란 노동력의 새로운 쓸모를 찾아내는 속도가 노동력을 쓰지 않아도 될 길을 찾는 속도를 따라잡지 못한 상태라고 정의했다. 그리고 이렇게 결론짓는다.

"하지만 이런 현상은 잠시 부적응을 겪는 단계일 뿐이다."

케인스가 그랬듯 나도 여전히 낙관한다. 엄청난 혼란은 이미, 그것도 훨씬 전에 일어났다. 하지만 우리가 하나로 뭉쳐 올바른 선택을 한다면 끝내 이 혼란을 이겨낼 것이다. 단기적 고통은 이제 뼈저린 현실이 되었다. 그러므로 지금껏 이야기했듯이, 우리 경제의 규칙을 다시 쓰고 이 고통을 덜도록 사회안전망을 강화해야 한다. 우리가 어떻게 해서든 폭력

혁명을 겪지 않고 과도기를 견뎌낸다면, 역사를 되돌아보건대 희망을 품을 이유는 차고 넘친다.

1811년으로 거슬러 가보자. 당시 영국 노팅엄셔Nottinghamshire의 방직공들은 30년 전에 편물기를 부숴버렸다고 전해지는 전설적 인물 네드 러드Ned Ludd가 내걸었던 기치를 이어받아 자신들의 생계를 위협하던 방직기를 부숴버리며 심하게 저항했다. 사실 두려울 만도 했다. 다가올 수십 년은 암울했다. 기계가 정말로 인간의 노동을 대체했고, 사회가 거기에 적응하기까지는 시간이 걸렸다.

하지만 그 방직공들은 꿈에도 몰랐다. 자기네 후손이 유럽 어느 왕이나 여왕보다 많은 옷을 가지게 될 줄을, 평범한 사람이 겨울에도 여름 과일을 먹게 될 줄을 떠올리지 못했다. 우리가 산을 가로지르거나 바다 아래를 지나 굴을 뚫을 줄을, 하늘을 날아 몇 시간 만에 대륙을 횡단할 줄을, 사막에 도시를 지어 거의 800미터 높이로 건물을 올릴 줄을, 달에 발자국을 남기고 머나먼 행성의 궤도를 도는 우주선을 쏘아 올릴 줄을, 천형 같던 갖가지 질병을 없앨 줄을, 그들은 상상도 못 했다. 무엇보다도 자기네 후손이 이 모든 일에 생명을 불어넣는 의미 있는 일거리를 찾으리라고는 생각도 못 했다.

'우리가 아직 상상도 못하지만 오늘날 존재하는 첨단기술에 힘입어 할 수 있는 일이 무엇일까?'

닉 하나우어가 이런 말을 한 적이 있다.

"인간 사회가 번영한다는 것은 인간의 문제를 해결할 방법이 쌓이고 있다는 뜻으로 보는 것이 가장 정확하다. 문제가 바닥나지 않는 한, 일거리도 바닥나지 않을 것이다."

그렇다면 이런 의문이 들 수 있다.

'문제는 다 해결하지 않았는가?'

내 생각은 다르다. 우리가 아직 대처하지 못한 문제가 많다. 기후변화에 대응하도록 에너지 기반 구조를 크게 탈바꿈시켜야 하고, 새로운 전염병에 맞서 공중위생을 개선해야 하며, 고령화로 늘어나는 노년층을 줄어드는 노동 인구가 부양해야 하고, 도시의 유형 기반 시설을 재건축해야 하며, 세상에 깨끗한 물을 공급해야 하고, 90억 인구를 먹이고 입히고 즐겁게 해야 한다. 어떻게 해야 고향에서 밀려난 수백만 명이 앞으로 지저분한 난민 수용소가 아니라 도시에 정착해 살아갈 수 있을까? 어떻게 해야 교육을 개혁할 수 있을까? 어떻게 해야 서로 더 잘 보살필 수 있을까?

역사를 되돌아보면, 네드 러드를 뒤따라 기계를 부순 러다이트^{Luddite} 운동 뒤에도 기계가 일자리를 차지한 이야기가 또 있다. 2016년에 나온 영화 〈히든 피겨스^{Hidden Figures}〉는 1960년대 초반 우주 개발 경쟁 시기에 나사^{NASA}의 랭글리 연구소^{Langley Research Center}에서 일한 아프리카계 여성 수학자 도로시 본^{Dorothy Vaughan}을 다룬다. 그 덕분에 이제 수백만 명이 그녀가 러다이트 운동의 방직기에 해당하는 기계를 처음 보았을 때 어떻게 반응했는지를 안다. 본은 별도 부서에서 '계산원^{computer}'을 감독했다. 부서원은 모두 여성이고 아프리카계 미국인으로, 복잡한 수학식을 손으로 계산해 존 F. 케네디 대통령의 우주 개발 계획에 힘을 보탰다. 근사하게 각색된 이야기에서, 나사의 전신인 국가항공자문위원회^{NACA}가 IBM7090 기종을 샀을 때, 본은 컴퓨터라는 말을 되새겨 IBM7090의 프로그래밍 언어인 포트란^{FORTRAN}을 배웠을 뿐 아니라 부서원에게도 가르쳤다. 그리고 마침내 일자리를 지키고, 나아가 이전에는 없던 일자리를 맡아 이전에는 할 수 없었던 일을 가능하게 한다.[5]

미래에는 그런 새 일거리들이 우리가 일자리로 생각하지 않는 형식으로 나타날지도 모른다. 닉이 한 말을 생각해보자. "일자리도 바닥나지 않을 것"이 아니라 "일거리도 바닥나지 않을 것"이었다. 이른바 일자리가 인위적으로 만들어지는 것도 문제를 키운다. 이런 구조에서는 기업을 포함한 기관들이 일거리를 쪼개고 관리한다. 개인은 그런 기업과 기관에 지원해야만 일거리에 낄 수 있다. 흔히들 금융시장이 경제에 유용한 일을 완수한 개인과 기업에 보상을 안긴다고 생각한다. 그러나 11장에서 다루었듯이, 오늘날에는 금융시장이 보상하는 것과 경제에 정말 필요한 것의 괴리가 갈수록 커진다.

이것이 바로 케인스가 "원하는 것이 가득한 세상에서 실업이 발생하는 엄청난 부조화"라고 말한 것이다. 기업은 개인과 다른 동기와 제약을 따르므로, '일거리'가 남아돌 때조차도 '일자리'를 제공할 수 없거나 제공하지 않으려 한다. 고용 구조를 고려해야 하므로 불확실한 시기에는 고객 수요를 확신할 때까지 인력 고용을 꺼린다. 게다가 금융시장의 압박 때문에 단기 이익을 내려고 고용을 줄이기 일쑤다. 실제로 사람을 고용해 일을 마무리 짓는 것보다 주가를 끌어올리는 것이 소유주에게 돌아오는 수익이 많기 때문이다. 이론에 따르면, 이른바 시장이 마침내 상황을 정리하므로, 기업이 의욕 넘치는 노동자에게 다시 일자리를 제공할 수 있다. 하지만 여기에는 여러 불필요한 마찰과 그에 따른 부작용도 나타난다. 경제학자는 이것을 '외부 효과'라고 부른다.

지금까지 우리는 첨단기술 플랫폼이 실행이 필요한 일거리에 사람과 조직을 더 쉽게 이어주는 새로운 작동 방식 즉 더 효율적인 일거리 시장을 어떻게 만들어 내는지 살펴보았다. 이런 일거리 시장은 우버, 리프트, 도어대시 DoorDash, 인스타카트, 업워크, 핸디 Handy, 태스크래빗, 섬택 Thumbtack 같은 주문형 혁신을 움직이는 핵심 동력에 힘을 보탠다고 할 수 있다. 이런 플랫폼 회사가 꾸준한 소득과 탄탄한 사회안전망을 제공하지는 못한다는 결점이 있지만, 그 때문에 이런 플랫폼을 중심으로 어떤 효과가 발생하는지 간과해서는 안 된다. 시계를 돌려 고용을 보장하던 1950년대의 일자리 구조로 돌아가지 않아도 된다. 그보다는 플랫폼을 개선함으로써 이런 플랫폼에서 일거리를 찾는 사람에게 진정한 도움을 주어야 한다.

실행이 필요한 일거리가 무엇인지 정확히 정의해야 하는 리더십 문제도 있다. 일론 머스크가 새 산업을 일으키기 위해 테슬라, 스페이스 XSpaceX, 솔라시티 SolarCity로 무슨 일을 해왔는지 떠올려보자.

일론과 마찬가지로 나도 우리 세대와 다음 세대가 일어나 맞서거나 비참한 결과에 시달리거나 둘 중 하나일 시험대가 기후변화라고 생각한다. 제2차 세계대전이 우리 부모와 조부모 세대에게 그랬듯이 말이다. 그런데 더 나은 미래를 만드는 길은 일어나 맞서는 데 있다. 에너지 기반 경제 구조를 탈바꿈시키면 고임금 일자리가[6] 아주 많아질 것이 이미 확실하지만, 첨단기술이 엄청난 역할을 맡을 것도 확실하다. 예컨대 데이터센터에서는 벌써 인공지능이 전력 효율을 믿기 어려울 만치 높이고 있다. 전력망을 분산형이나 자동 조정형으로 바꾸려면 어떻게 재검토하고 구축해야 할까? 도시를 더 푸르고, 건강하고, 살기 좋은 곳으로 재설계하려면 자율주행차를 어떻게 활용해야 할까? 유례없이 예측하기 어려운 날씨에 대처해 농업과 도시, 경제를 지키려면 인공지능을 어떻게 활용해야 할까?

2016년에 마크 저커버그와 부인 프리실라 챈Priscilla Chan은 자신의 아이들 세대에서 모든 질병을 낫게 한다는 진취적 목표[7]를 세운 계획에 기금을 대고 있다고 발표했다. 이 계획은 오늘날 시장의 보잘것없는 상상력을 훌쩍 뛰어넘는 담대한 꿈을 보여준다. 이 야심 찬 목적을 이루고자 애쓰는 과정에서 인공지능과 기계학습이 큰 역할을 하지 않으리라고 생각하기는 어렵다. 갈수록 커지는 유전 특성과 생명활동 제어 능력도 한몫을 할 것이다. 인공지능은 벌써 인간이라면 불가능할 해상도와 정확도로 영상의학 검사 수백만 건을 분석한다. 또 인간이 숙달하지 못할 수준으로 밀려드는 의학 연구를 의사들이 따라잡도록 돕는다. 이와 마찬가지로, 모든 사람을 위해 질병과 장애를 없애는 데 인간이 맡을 일거리가 충분하지 않다고 생각하기도 어렵다.

시장이 절대 옳지는 않다. 따라서 인터넷, GPS, 인간 게놈 프로젝트에서처럼 정부가 맡아야 할 역할이 있다. 그 역할은 기초 연구 투자에만 한정되지 않는다. 가장 커다란 상업 행위자의 역량마저 뛰어넘어 공동노력이 필요한 프로젝트에 한정되지도 않는다. 정부는 시장의 실패에도 대처해야 한다. 이때 시장의 실패란 공유지를 관리하지 못한 실패일 것이다. 쉽게 말해 상업 행위자가 대놓고 불법 행위를 저지른다는 뜻임과 동시에, 오늘날 경제를 목 조르듯이 금융시장이 엉뚱한 적합도 함수를 쓰고 경제학자가 형편없는 지도를 그린다는 뜻이기도 하다.

하지만 변화는 기업이 '자기 이익을 제대로 이해'해야 시작될 수 있고, 또 그래야만 한다. 잭 웰치에 이어 GE의 최고경영자가 된 제프 이멜트는 내가 주관한 2015년 차세대 경제 회담에서, GE가 금융 수학에만 집중하던 관행을 거부하고 '세계가 마주한 가장 어려운 문제를 푸는 일'에 다시 헌신하게 했다고 전했다. 그는 우리 모두 가장 주목해야 할 것이 세계 곳곳에서 괜찮은 일자리가 부족하다는 사실이라고 생각한다.

"우리는 고용에 적합한 다음 세대가 필요한 기량을 갖추도록 투자해야 합니다. 이는 학교의 목적이자 회사의 목적이기도 합니다."

달리 말해 위대한 회사는 주요 결과물로 수익이나 뛰어난 제품뿐 아니라 괜찮은 일자리도 만든다. 경영진은 적절한 사람을 고용하기 어렵다고 그저 투덜대기만 해서는 안 된다. 미래의 일자리에 필요한 사람을 훈련시킬 책임을 져야 한다. 제프 이멜트는 말했다.

"경쟁력 있는 노동력이 있어야 한다면 누구보다 앞장서서 그런 노동력을 만들어내야 합니다."[8]

문제는 일거리가 골고루 돌아갈 것이냐가 아니다. 에리크 브린욜프손Erik Brynjolfsson과 앤드류 맥아피가 '제2의 기계 시대'라고 부른 미래 기술로 생산성이 늘었을 때 그 수익금을 공정하게 분배할 최선책이 무엇이냐이다.

임금은 똑같이 유지하되 근무 시간을 줄이는 것도 늘어난 생산성에서 나온 수익을 더 고루 분배하고자 오랫동안 써온 아주 기본적인 방법이다. 대개 남성이던 미국 노동자는 1870년에는 주당 평균 62시간을 일했다. 1960년에는 그 시간이 줄어 40시간을 살짝 넘겼고, 그 뒤로도 이 안팎을 유지했다.[9] 그런데도 지금 우리가 누리는 물질적 생활수준은 훨씬 높다. 대개 여성이 맡는 무보수 가사 노동은 1900년 58시간에서 2011년 14시간으로 더 가파르게 줄었다. 여기서 중요한 물음이 나온다.

무급인 집안일의 생산성이 이렇게 늘어났는데, 왜 지난 50년 동안 유급인 바깥일을 하는 시간은 그만큼 더 줄어들지 않았을까? 이렇게 생각해볼 수 있다. 여성이 유급인 바깥일에 뛰어들었고, 뒤이어 전 세계가 저임금 국가의 노동자를 이용했으며, 직접적인 입법활동으로 노동계의 협상력이 줄어들었기 때문이다. 여기에 힘입어 기업은 흑자를 기업 수익으로 돌린 채 과거처럼 노동 시간을 줄이거나 시간당 임금을 올리지 않아도 되었다.

교육도 노동 시간을 효과적으로 줄이는 길이다. 한때는 어린이도 일터로 내몰렸다. 그러다 19세기 들어 아이들을 일터가 아닌 학교로 보냈다. 20세기 전반에는 고등학교 열풍이 불어 학업 기간이 6년 더 늘었다. 20세기 후반에는 대학이 더해져 기간이 2년 또는 4년 늘었다. 15장에서 다루겠지만, 21세기의 변화하는 요구에 맞추려면 교육 기간이 더 늘어야 할 것이다.

우리는 '잠시 부적응을 겪는 단계'를 끝내도록 무언가 조치를 해야 한다. 너무 오래 이어진 이 단계 탓에 너무 많은 사람이 너무 큰 경제적 고통을 겪었잖은가!

매우 안타깝게도, 선견지명은 연습으로 얻기 어려운 것이다. 〈이코노미스트〉의 편집차장 라이언 에이번트Ryan Avent는 지혜와 통찰이 돋보이는《인간의 부The Wealth of Humans》에서 산업혁명이 일으킨 혁신부터 20세기 후반의 번영한 국가들까지 여러 세기에 걸친 정치·경제적 투쟁에서 우리가 배워야 하는 교훈을 밝힌다. 번영은 생산성의 열매를 골고루 나눌 때 찾아왔다. 이와 달리 불평등이 걷잡을 길 없이 커질 때는 적개심, 정치 혼란은 물론, 돌발성 무력 충돌까지 나타났다. 그러니 나눔이야말로

분명 탄탄한 전략이다.[10]

기계화폐와 인간화폐

보편적 기본소득은 현 체제를 좀 더 인간 중심인 미래로 전환하고자 제안된 장치다. 누구에게나 기본 생활 욕구를 채울 만큼 소득을 주어야 한다는 이 제안을 진보주의자는 기본 인권으로 받아들이지만, 보수주의자는 현재 복지국가의 복잡한 규칙을 과격하게 단순화하는 길로 받아들인다.

전설적인 노동운동가 앤디 스턴Andy Stern은 국제서비스노동자조합Service Employees International Union, SEIU 위원장 자리를 그만둔 뒤 바로 이 보편적 기본소득을 주장하는 책을 썼다.[11] 와이콤비네이터 연구소는 캘리포니아주 오클랜드에서 기본소득 실험에 들어갔다.[12] 기부자와 수혜자를 직접 이어주는 자선 단체 기브디렉틀리GiveDirectly는 회원들에게 케냐에서 진행하는 실험에 기금을 대달라고 요청하고 있다. 기브디렉틀리의 실험은 두 측면에서 매우 흥미롭다. 첫째, 이미 기브디렉틀리를 이용해 직접 현금을 전송하는 방식으로 가난한 사람을 돕던 일반인들이 온라인으로 기금을 지원한다. 둘째, 개발도상국에서는 사업 경비가 덜 들기 때문에 더 폭넓은 실험을 할 수 있고, 그래서 진정한 무작위 대조 실험[13]이 가능하다.

이런 실험들은 1795년에 처음 토마스 페인Thomas Paine이 제안하고,[14] 이어서 1962년에 밀턴 프리드먼이, 2014년에 폴 라이언Paul Ryan이 제안한[15] 뒤로, 보편적 기본소득이 어디까지 와있는지를 보여준다. 보편적 기본소득에 반대하는 주장은 많다.[16] 특히 이 개념을 정말로 보편적으로 적용하는 데 드는 비용에 반대 목소리가 크다. 모든 사람에게 필요하든 그렇지 않든 소득을 지급하면 실제로 돈이 필요한 사람에게 집중 지원하는 기존 제도가 자금난에 허덕이지 않겠냐는 목소리도 있다. 그렇지만 적어도 보편적 기본소득은 사회안전망을 밑바닥부터 다르게 구축하는 길을 상상하기에 좋은 강력한 시도다. 또 이 소득을 어떻게 지급할지 곰곰이 생각하는 과정에서 경제 성과의 몫을 나누는 길을 근본부터 다르게 상상하기도 좋다.

나는 MIT대학 노동경제학자 데이비드 오토에게 보편적 기본소득의 자연 실험이 있었는지, 그렇다면 어떤 가르침을 얻을 수 있는지 물었다. 오토는 사우디아라비아와 노르웨이를 비교해서 설명했다. 두 나라 모두 석유로 얻는 부가 어마어마하지만, 사우디아라비아에서는 부가 대부분 극히 일부 국민에게로 간다. 일상 사회의 일거리 대다수를 하찮게 여겨 하층민인 저임금 이주 노동자에게 맡기고, 상류층은 한가로운 일을 하거나 빈둥거리며 즐길 거리를 찾는다. 이와 사뭇 다르게 노르웨이에서는 "모든 일을 가치 있게 여긴다. 그래서 누구나 일한다. 다만 조금 덜 일할 뿐이다." 석유 수익을 후하게 재분배하고, 국민 모두의 것으로 생각하는 석유 수익으로 사회안전망을 구축해 누구에게나 보장함으로써 노르웨이는 세계에서 손꼽히게 행복하고 부유한 나라가 되었다.

나는 기술 분야의 전망을 알고 싶을 때, 지메일을 개발했고 현재 와이콤비네이터 출자자인 폴 부흐하이트 Paul Buchheit와, 와이콤비네이터 회장인 샘 올트먼 Sam Altman에게 도움을 요청한다. 2016년에 나눈 대화에서 폴은 이렇게 말했다.

"어쩌면 두 가지 돈이 있어야 할지도 몰라요. 기계화폐와 인간화폐죠.

기계화폐는 기계가 생산한 상품을 사는 데 쓰는 돈이죠. 이런 상품은 갈수록 값이 내려가요. 인간화폐는 인간만 생산할 수 있는 상품을 사는 데 쓰는 돈이고요."

종류가 다른 돈이 있어야 한다는 발상은 구체적 제안이라기보다는 논의를 일으키려는 비유다. 이미 돈은 종류가 사뭇 다른 상품·서비스를 어떤 비율로 교환할지 합의하는 수단이다. 그런데도 왜 다른 돈이 있어야 할까? 나는 폴이 정말 말 그대로 다른 돈이 있어야 한다는 뜻으로 말했는지는 잘 모르겠다. 어쨌든 그가 지적한 것은 역사에서 시기에 따라 돈을 만들어내는 주요 수단이 바뀌었다는 사실이다. 한때는 토지 소유가 큰 재산을 모으는 열쇠였다. 산업 시대에는 인간과 기계가 조합된 엄격하게 통제된 노동을 돈으로 바꾸기에 최적화한 장치를 만들었다. 따라서 21세기에는 다른 가치를 찾아 거기에 맞게 최적화해야 한다.

폴에 따르면, 사람은 제공하지만 기계는 제공하지 못하는 중요한 것이 '진정성'이다. 폴은 이런 예를 들었다. 우리는 기계가 만든 값싼 탁자를 살 수도 있고, 사람이 만든 수제 탁자를 살 수도 있다. 길게 보면, 기계가 만든 탁자의 가격은 기계화폐로 볼 때 값이 떨어지겠지만, 사람이 만드는 탁자의 가격은 인간화폐로 볼 때 언제나 같은 가격일 것이다(어떤 물건의 값은 만드는 데 드는 시간에 거의 비례한다).

폴은 흔히들 보편적 기본소득이라고 부르는 것을 토머스 페인이 짧은 논문 〈토지 분배의 정의 Agrarian Justice〉에서 붙인 이름인 '시민 배당'으로 불러야 올바르다고 믿는다. 페인은 미개간 토지의 가치를 신생 조국 미국의 모든 시민과 나누자고 호소했다. 폴은 누구나 첨단기술의 진보가 낳는 열매에서 제 몫을 받아야 한다고 주장한다. 달리 말해 세금 정책을 써서 기계 생산성에서 나온 두둑한 포상금을 어느 정도 귀속시킨 다음, 모든 사람에게 월급처럼 지급해 일상생활에 필요한 것을 마련할 수 있게 해야 한다는 뜻이다. 2017년에는 빌 게이츠도 이와 비슷하게 로봇세라는 것을 걷어 어린이나 노인을 보살필 기금이나 교육 기금으로 쓰자고 제안했다.[17]

폴은 모든 사람이 기본 필수품을 마련할 '기계화폐'를 넉넉히 가질 수 있도록 기계 생산성으로 얻는 차세대 수익을 충분히 분배해야 한다고 생각한다. 동시에 그 생산성에 기대 어느 때보다 낮은 비용으로 상품을 제공함으로써 시민 배당의 가치를 늘려야 한다고 본다. 이것이 케인스가 자기 손자 세대를 위해 꿈꾼, 번영하는 세상이다.

그렇다면 어떻게 해야 보편적 기본소득을 지급할 수 있을까? 미국 연방정부가 사회복지 계획에 쓰는 총경비는 2014년 기준 6,680억 달러로, 국민 1인당 겨우 2,400달러에 그친다.[18] 기본소득을 다룬《리얼리스트를 위한 유토피아 플랜 Utopia for Realists》을 쓴 뤼트허르 브레흐만 Rutger Bregman은 성과를 다르게 분배한다. 책에서 그는 기본소득이 필요하지 않은 이에게 돈을 주느니 정말로 기본소득이 필요한 이들에게만 현금을 줄 수 있도록 역소득세를 이용하는 길도 있다고 짚는다. 2013년에 저술가 매트 브루닉 Matt Bruenig과 엘리자베스 스토커 Elizabeth Stoker가 여기에 드는 비용을 계산해 보았다. 빈곤선 아래에 사는 미국인을 적어도 빈곤선 이상으로 끌어올리는 데 필요한 비용은 고작 1,750억 달러뿐이었다.[19]

샘 올트먼은 우리가 지금 보편적 기본소득을 무슨 수로 지급하느냐고 주장하는 이들이 핵심을 놓쳤다고 설명했다. 그는 2016년에 이렇게 말했다.

"확신하건대,[20] 보편적 기본소득이 우리에게 꼭 필요하다면, 길이 있을 겁니다."

이어진 대화에서 샘이 더 자세히 설명했듯이, 반대자들은 한 가지 중요한 요인을 놓쳤다. 첨단기술로 얻을 수 있는 생산성 향상이 어마어마하게 크므로, 그렇게 얻은 이익을 기계가 생산한 모든 상품의 가격을 내리는 데 쓸 수 있다. 오늘날에는 기본 필수품을 마련할 상품·서비스를 모두 합친 비용이 3만 5,000달러지만, 기계가 많은 사람에게서 일거리를 빼앗아 보편적 기본소득이 필요해질 미래에는 3,500달러가 될 것이다.

할 배리언도 여기에 동의했다.

"사실 그런 식으로 작동해야 합니다. 첨단기술이 비용은 덜 들면서 생산량은 더 많으므로 첨단기술을 적용하면 전체 성과가 더 커지죠. 진짜 문제는 그렇게 추가로 얻은 가치를 어떻게 나누느냐입니다."

폴과 샘 누구도 모든 상품이 골고루 저렴해지지는 않는다는 점은 언급하지 않았다. 예컨대 여러 도시에서 집값은 소비재 가격이 내려가는 속도보다 훨씬 빠르게 올랐다. 성과를 나누지 못하게 가로막는 정치적 장애물도 두 사람 모두 언급하지 않았다. 그렇지만 이 발상에는 기계화폐가 인간화폐와 다른 규칙에 따라 작동할 수 있다는 폴의 비유를 뒷받침할 충분한 진실이 있다.

의미심장하게도, 기계화폐의 가치는 통화가 일반적으로 팽창하듯이 올라가지 않는다. 기계 생산성으로 얻은 낮은 비용이 끊임없이 기계화폐의 구매력을 높이기 때문에 팽창한다. 한편으로 기계가 만드는 상품의 비용이 떨어질수록 인간만 할 수 있는 일의 가치가 낮아지기는커녕 더 높아져야 한다는 사실을 드러낼 것이다.

이 장의 나머지 부분에서는 그런 미래가 펼쳐지고 있는 길과 그렇지 않은 길을 몇 가지 다루고자 한다.

일자리 없는 미래가 오지 않을까 한목소리로 쏟아내는 의심은 오픈소스 소프트웨어 때문에 소프트웨어 산업이 사라질 것이라고 경고하던 목소리와 놀랍도록 비슷하다. 클레이튼 크리스텐슨이 말한 매력적인 이윤 보존의 법칙은 여기에도 들어맞는다. 어떤 것이 일용품이 될 때 다른 무엇이 가치를 얻는다. 그러니 우리 스스로 물어야 한다. 오늘날 하는 어떤 일이 상품화될 때 무엇이 가치를 얻을까?

보살핌과 나눔의 경제학

생활필수품을 마련하기에 충분한 보편적 기본소득이 있다면, 또는 유급 노동 시간이 가사 노동 시간만큼 줄어들면서도 월급이 오른다면 남는 시간에 무엇을 할까? 케인스가 옳았다. 인간이 '마땅히' 물어야 할 핵심적인 물음은 절박한 경제 걱정에서 벗어난 자유를 어떻게 쓸 것인가, 여유 시간을 어떻게 채울 것인가, 어떻게 '슬기롭고 즐겁게 잘살 것인가'이다.

일하지 않아도 먹고살 수 있다면, 그 시간에 우리는 무엇을 할까? 먼저 사람의 손길이 필요한 일을 할 것이다. 부모님과 친구를 보살필 것이다. 아이에게 큰 소리로 책을 읽어줄 것이다. 쉽게 말해 누군가를 사랑해서 하는 일을 할 것이다. 사랑하는 이와 정답게 밥 한 끼를 나누는 일은 기계가 더 잘하는 일이 아니다.

나는 폴 부흐하이트가 돈을 두 가지로 구분한 것이 정말 마음에 들지만, 그것으로 완벽할지 매우 의문이다. 그가 말한 인간화폐에는 사뭇 다른 두 가지 상품·서비스가 들어 있다. 하나는 아이를 키우고 가르치는 일과 온갖 보살핌처럼 사람의 손길이 미쳐야 하는 일이고, 다른 하나는 창의성이 있어야 하는 일이다.

어쩌면 '인간화폐'를 '보살핌 화폐'와 '창의성 화폐'로 더 세분해야 할 것이다. 보살핌은 음식과 보금자리가 그렇듯이 삶에 꼭 필요하다. 공정한 사회라면 누구나 마땅히 보살핌을 받아야 한다. 이상적인 세계에서는 보살핌이 우리가 사랑하는 이를 보살피듯이 가족과 공동체에서 자연스레 나온다.

보살핌에서는 시간이 기축 통화다. 이 사실은 우리를 원점으로 되돌려, 전통적 고용의 대안으로서 주문형 경제를 떠올리게 한다. 주문형 플랫폼에서는 자신의 '인간' 시간과 기계화폐 시간을 더 손쉽게 섞을 수 있다. 따라서 많은 이에게 주문형 플랫폼은 모든 사람을 엄격히 통제된 산업 시대의 일자리 세계로 되돌려 주당 꼬박꼬박 40시간씩 일하게 꿰맞추려는 시도보다 훨씬 나은 노동 경제로 나아갈 진정한 발걸음일 것이다.

싱크탱크 뉴아메리카New America의 소장이자 《슈퍼우먼은 없다Unfinished Business: Women Men Work Family》의 저자 앤 마리 슬로터Anne-Marie Slaughter [21]는 주문형 경제가 '일하는 방식뿐 아니라 소비 행태까지 새로 만들 것'이라고 말한다.[22] 슬로터는 우리 세대가 아이를 기르거나 부모를 돌보려고 휴직을 하는 선택이 자신의 경력을 끝장내는 행동이 아닐 미래를 꿈꾼다. 그녀는 샌프란시스코에서 열린 2015 차세대 경제 회담의 무대 인터뷰에서 이렇게 말했다.

"언제 보살핌이 필요할지는 예측하기 어려운데, 전통적으로 일은 시간이 정해져 있었죠. 이제는 상황이 그렇게 돌아가지 않아요. 그러니 일의 일정을 스스로 조정할 수 있다면, 보살핌 문제를 풀 해결책이 되죠. 하지만 생계를 꾸리는 '동시에' 자신이 보살피는 가족을 부양해야 한다면,[23] 이는 보살핌 문제만 푸는 해결책입니다."

그렇다고 해도 경제는 교환으로 번창한다. 보살핌 세계에서마저도 돈이 시간을 대신한다. 그래서 교사, 의사, 간호사, 노인 간병인, 보모, 미용사, 마사지 치료사 등 돈을 받는 전문가가 참여하는 보살핌 경제가 있다. 1950년으로 돌아간다면, 어느 누가 2014년 미국에 약 30만 명에 이르는 '운동 강사'가 있으리라고 짐작이나 하겠는가?[24]

오늘날 경제 형태를 보자. 이런 서비스 일자리가 엄청나게 많고, 갈수록 늘고 있다. 컨설팅 회사 딜로이트Deloitte가 영국의 인구 통계 자료를 살펴봤더니, 1871년에는 보살핌 일자리가 전체 노동 경제에서 차지하는 비중은 1.1퍼센트에 불과했다. 2011년에는 이 수치가 12.2퍼센트로 뛰었다.[25] 또 이 보고서에 따르면 1992~2014에 간호조무사와 간병인이 10배나 늘었고, 보조 교사도 거의 7배나 늘었다.

인구 피라미드가 뒤집힌 사회, 그래서 노인이 그들을 부양할 젊은이보다 훨씬 많은 사회에서는, 2050년 무렵 여러 선진국에서 보게 되듯이, 보살핌 노동을 할 사람이 모자라 그 자리를 채우려고 기계까지 데려다

쓸지도 모른다. 이 문제는 선진국에만 해당하지 않는다. 중국에서 가파르게 늘어나는 중산층은 보살핌 서비스가 간절한 소비자이다.[26]

주문형 첨단기술 시장은 훨씬 커질 전망이다. 노인이 자기 집에서 계속 살아가도록 돕는 가정 요양 서비스 업체 아너Honor는 간병인을 복리후생을 지원하는 정규 직원으로 고용하지만, 소비자가 편한 시간에 알맞은 가격으로 보살핌 서비스를 받도록 주문형 기술을 이용한다. 필요할 때 필요한 만큼 보살핌 서비스를 이용할 수 있다는 것은 전에는 서비스 비용을 감당할 수 없던 사람도 이용할 수 있다는 뜻이고, 그래서 시장이 커지게 된다.

문제는 우리 사회가 보살핌 노동의 가치를 제대로 인정하지 않는다는 데 있다. 빨랫줄 역설을 보여줄 사례를 하나 있다면 바로 이것이다. 우리는 왜 사회에 이토록 소중한 일을 대가 없이 받기를 바라는가? 대가를 치르더라도 왜 그렇게 적은 돈만 내려 하는가?

우리가 새로운 지도를 바탕으로 일하려 한다면, 그리고 사람이 애쓴 수고를 배제하지 않고 가치 있게 여기는 것이 목적이라면, 반드시 보살핌에 경제적 가치를 부여하는 데서 시작해야 한다.

생각해보면, 이는 사실 대다수 나라가, 그리고 미국의 진보적 고용주가 남녀 모두에게 유급 장기 육아 휴가를 주거나, 노인 보살핌 서비스에 공공 재정을 투입할 때 하는 일이다(세계에서 유급 육아 휴직을 법으로 규정하지 않은 나라가 두 곳이 있는데, 바로 미국과 파푸아뉴기니이다).[27]

육아 휴직은 시작일 뿐이다. 제도적으로 기본소득을 지급한다면 부모가 아이들과 좀 더 시간을 보내게 되고, 유아 교육을 혁신할 수 있다. 공립학교에서 교사에게 월급을 더 많이 주고, 교사 수를 늘리고, 학급당 학생 수를 최고 사립학교 수준으로 줄인다면 보살핌 경제로 전환하는 실리적 방법이 될 것이다. 사회가 이제 서서히 인지하듯이, 어린이를 제대로 돌보지 못하면, 바로는 아니더라도 나중에 아이들이 자랐을 때 의료비나 교도소 비용 등으로 어떻게 해서든 대가를 치른다.[28]

육아, 노인 보살핌, 교육 비용을 바꾸지 않더라도, 사회 모든 계층에서 골고루 소득 분배를 개선하는 문제를 다른 수단을 써서 성공적으로 푼다면, 사람들이 자연스레 그 소득을 보살핌이나 교육과 같은 활동 몫으로 떼어두지 않을까 싶다. 알다시피 충분한 소득이 있을 때 사람들은 누구나 자신을 위한 더 질 좋은 서비스에 더 많은 돈을 쓴다. 부자들을 보자. 그들은 이미 왕진 의사와 개인 교습이 일상인 세상에서 산다.

일상적인 인지 작업이 인공지능으로 보편화된 세상에서는 사람의 손길이야말로 가치가 더 높아지는 경쟁우위의 원천이지 않을까?

하지만 시장의 힘과 정치적 조치를 결합한다고 해서 자동화되어 사라지지는 않을 일을 하는 노동자의 수입이 늘어날지 여부는 아직 쟁점으로 남아 있다. 설사 일자리가 바닥날 일은 결코 없더라도, 그런 일자리 때문에 어떤 삶을 대가로 치를지를 여전히 물어야 한다. 소수가 돈을 많이 받는 수익성이 높은 일을 하며 값비싼 여가 생활과 뛰어난 개인 보살핌 서비스를 만끽하는 사이에 다른 이들은 그 아래서 짓밟히는 세상은 누구도 갈망하지 않을 것이다.

미래의 행복한 삶을 살기 위하여

이 장 첫 대목에서 내비쳤듯이, 21세기에 우리가 맡아야 할 주된 일은 오늘날의 디지털 첨단기술과 인지 첨단기술의 힘을 활용함으로써 19세기와 20세기의 선조들이 산업 장비로 이룩한 것과 비슷하게 진보하는 도약, 지금으로서는 꿈에도 생각하지 못할 만큼 진보하는 도약을 이루는 것이다. 인류가 지난 수백 년 동안 그 어느 때보다 불어난 인구를 먹여 살리는 데 필요한 노동량을 대폭 줄여왔듯이, 그렇게 도약하는 데 필요한 인적 시간이 더 줄어들지도 모른다.

하지만 19세기와 20세기 선조들은 식량 생산, 상업, 교통, 에너지, 위생 시설, 공중위생에서만 혁신을 일으킨 것이 아니라, 그런 혁신으로 가능해진 온갖 다양한 상품·서비스를 더 많은 사람이 소비하는 새로운 길에도 혁신을 일으켰다. 따라서 마찬가지로 인공지능 시대도 이전과 다른 소비를 불러올 것이다. 이는 창의성 화폐의 영역이다. 창의성은 우리 모두 지닌, 누구도 빼앗지 못할 마르지 않는 원천이다. 우리를 인간답게 하는 능력이고, 여러 면에서 화폐 경제에 조금도 영향 받지 않는다.

이른바 창의 경제가 연예 사업과 예술에만 국한된다고 생각한다면 잘못이다. 창의성은 폴 부흐하이트의 기계화폐를 나타내는 특징만큼이나 치열한 축적 경쟁이 초점을 맞추는 대상이다. 패션, 부동산, 사치품처럼 이미 부자인 사람들이 더 갖고자, 더 즐기고자, 때로는 그저 부를 뽐내고자 경쟁하는 산업의 중심에 창의성이 있다.

창의성 화폐는 우리가 생필품이 아니더라도 인생에 행복을 더하는 것에 웃돈을 낸다는 사실도 알려준다. 이를테면 스포츠, 음악, 미술, 이야기를 전하는 영화와 드라마와 책, 시가 그렇다. 친구와 나누는 와인 한 잔, 한밤에 영화관이나 음악 공연 관람, 아름다운 드레스와 맵시 나는 정장은 또 어떤가. 디자인, 제조, 마케팅이 결합해 나온 르브론 제임스 농구화 신제품도 마찬가지다.

사회 계층을 가리지 않고 사람은 누구나 아름다움, 지위, 소속감, 정체성을 경험하고 표현할 수단으로 그런 웃돈을 낸다. 창의성 화폐는 포드 토러스가 아니라 메르세데스-벤츠 C클래스의 차이에 대해, 미슐랭 가이드의 별 셋짜리 고급 프랑스 식당에, 또는 맥도널드가 아니라 자그마한 프랑스 식당에 쓰는 돈이다. 넉넉한 사람이 우리 부모 세대처럼 2킬로그램짜리 깡통에 든 시판용 커피 폴저스Folger's를 내려 마시지 않고 카페에서 그때그때 내린 카푸치노에 3달러를 쓰는 까닭도 이 때문이다. 자기 고장에서 열리는 디너쇼는 바로 표를 구할 수 있는데도 엄청난 인기를 끄는 뮤지컬 '해밀턴Hamilton'을 보겠다고 고액의 입장료를 내거나 1년 넘게 기다리는 까닭도 이 때문이다.

예술 비평가이자 '천재 장학금'이라고도 부르는 맥아더재단장학금MacArthur Fellows Program을 받은 데이브 히키Dave Hickey는 제너럴모터스에서 미국 대기업 역사상 처음으로 디자인 수장을 맡은 할리 얼Harley Earl이 어떻게 제2차 세계대전 뒤 자동차 산업을 '예술 시장'으로 바꿔놓았는지 설명한다. 히키는 예술 시장을, 제품이 '기능'뿐 아니라 '의미'를 바탕으로[29] 팔리는 시장이라 정의한다. 해마다 신차를 내놓는 것은 디트로이트 자동차 업계가 전후 미국 공장의 어마어마한 생산력을 흡수하는 방법이었다.

스티브 잡스가 1997년에 애플로 복귀하여 이룬 일도 컴퓨터 업계를 '예술 시장'으로 바꾸었다는 말로 완벽히 설명된다. '다르게 생각하라Think Different'는 강렬한 표현이어서 애플 제품을 사는 것은 '나는 어떤 사람인가'를 말하는 길이었다. 물론 애플 제품이 아름다우면서도 쓸모 있었지만, 소비자가 욕망한 궁극적 목표가 자동차였을 때처럼 맥과 그 뒤에 나온 아이폰은 정체성 선언이 되었다. 디자인은 기능을 개선하는 길이기도 했지만 정체성을 표현하는 길이기도 했다. 그러므로 PC가 일상용품이 된 세상에서 디자인은 가치를 더할 유일한 원천이 되었다. 또다시, 매력적인 이윤이 보존되었다.

18세기 후반에 새뮤얼 존슨Samuel Johnson은 단편소설 《라셀라스Rasselas》에서 이렇게 적었다.

"(기자 지구의 피라미드가) 줄기차게 삶을 잡아먹는 굶주린 상상력에 맞춰 세워진 듯하니 언제나 누군가 일을 해야만 허기가 채워질 것이 틀림없다. 즐길 수 있는 모든 것을 이미 손에 넣은 자들은 반드시 욕망을 키운다. 쓰임새에 맞춰 피라미드를 지은 사람은 용도가 충족되면 틀림없이 허영을 채우려 피라미드를 짓기 시작할 터이고, 인간이 실행할 수 있는 최대치로 계획을 확장할 것이다. 다른 희망 사항을 생각하느라 계획을 곧 축소하지는 않을 것이다."[30]

즉 모든 욕구가 채워진 세상에서마저 '원하는 것이 가득한 세상'이 여전히 존재한다.

생활필수품을 사기에 충분한 소득을 받을 때, 쳇바퀴에서 벗어나 시간을 가족과 친구에게, 창의적인 일을 할 때, 또는 무엇이든 즐거운 일에 더 많이 쏟을 사람도 있을 것이다. 하지만 기계가 주요 일거리를 대부분 도맡고, 모든 사람이 기본 생활비를 충당할 급료를 받는다고 해도 추가로 창의성 화폐를 얻으려는 경쟁이 벌어질 것이다. 따라서 누군가는 그저 그럭저럭 살아가지만, 이와 달리 누군가는 탄탄한 중산층 소득을 끌어내고, 또 누군가는 여전히 거대한 부를 쌓는 쪽으로 경제가 움직일 것이다.

나는 구글의 수석 경제학자 할 배리언이 어느 저녁 식사 자리에서 한 말에 흥미를 느낀다.

"미래를 이해하고 싶다면 지금 부자들이 무엇을 하는지 살펴보면 됩니다."

피도 눈물도 없는 자유주의자의 생각으로 듣기 쉬운 말이다. 그 자리에는 할의 제자이자 같이 책을 썼고, 오바마 대통령의 경제자문위원회 활동을 막 마친 칼 샤피로Carl Shapiro도 함께했는데, 할의 생각에 경악하는 듯 보였다. 그러나 잠시만 생각해보면, 할의 생각은 말이 된다.

외식은 한때 부자의 전유물이었다. 이제는 훨씬 많은 사람이 외식을 즐긴다. 따라서 오늘날 활기차기로 손꼽히는 도시에 사는 특권층은 모든 사람이 미래에 경험할 만한 일들을 맛본다. 음식점은 창의성과 서비스를 바탕으로 경쟁한다. 우버가 내건 '모든 사람의 개인 운전기사'는 사람들이 안락하게 갖가지 경험을 하도록 실어 나른다. 개성 넘치는 부티크는 독특한 소비자 상품을 내놓는다. 한때 유럽 순회 여행은 부자들의 전유물이었다. 이제는 축구 훌리건들이 그렇게 한다. 휴대폰, 디자이너 의류, 연예 오락 사업이 모두 대중화되었다. 모차르트는 신성로마제국의 황제를 후원자로 두었다. 킥스타터, 고펀드미GoFundMe, 페이트리온Patreon

은 그런 기회를 일반인 수백만 명에게 부여하고 있다.

이는 미국 동·서부 해안의 부촌에서 비롯된 거품 논쟁처럼 들린다. 하지만 아주 명백한 사실이다. 세계에서 가장 가난한 지역에서도 휴대폰을 볼 수 있다. 50년 전 부자들이 지금 월마트에 진열된 다양한 옷가지, 먹거리, 소비재를 본다면 입을 다물지 못할 것이다.

식당과 음식은 미래 경제가 어떨지를 의미심장하게 알려준다. 어디에서든 음식에는 가치를 더하려는 '아이디어'가 섞여 있다. 코르지프스키 말마따나 "사람은 음식만 먹는 게 아니다. 말도 같이 먹는다."

"이건 그냥 평범한 커피가 아닙니다. 단일 산지에서 나온 공정 무역 커피죠. 게다가 보시다시피, 여섯 가지나 있잖아요. 모두 맛을 보셔야 해요. 이건 평범한 과일과 채소가 아닙니다. 유기농 직거래 상품이죠. 이 빵에는 글루텐이 없어요. 바비큐가 노스캐롤라이나식인가요, 텍사스식인가요? 켄터키 프라이드치킨인가요, 텍사스 프라이드치킨인가요?"

가격대마다 음식으로 독특한 경험을 제공하려는 경쟁이 벌어진다. 음식이 일용품이기는 하지만, 크리스텐슨이 지적했듯이 한 상품이 일용품이 될 때, 관련된 다른 것이 가치를 얻는다. 번영하는 도시에는 여러 문화의 독창적 음식이 눈이 핑핑 돌도록 즐비하다.

2016년에 백악관 참모진 한 명이 내게 찾아와 국제기업가정신회담Global Entrepreneurship Summit 무대에서 오바마 대통령 옆자리에 실리콘밸리 기업가 중 누가 앉아야 좋을지 조언을 구했다.

"우리는 지금 오클랜드의 멋진 식당에 앉아 있습니다. 부트앤슈 서비스Boot and Shoe Service는 찰리 핼러웰Charlie Hallowell이란 사람이 세운 식당이죠. 찰리가 운영하는 식당 덕분에 사람들이 오클랜드가 살기에 아주 좋은 곳이라고 말하기도 합니다. 우리는 마크 저커버그도 필요하지만, 찰리 핼러웰 같은 사람이 더 필요해요."

아무래도 페이스북처럼 거대한 플랫폼 회사는 드물고, 비슷한 회사를 만들기도 어렵다. 저커버그처럼 성공한 사람을 꼽자면 열 손가락으로도 충분하다. 찰리 핼러웰처럼 진정으로 부유하고 다양한 경제의 특징이 된 사람들은 수만 명을 꼽고도 남는다.

사람의 손길이 원동력인 신산업은 어디에나 있다. 미국에서는 4,200곳이 넘는 수제 맥주 양조장이 전체 맥주 시장의 10퍼센트 넘는 비중을 차지하고, 가격도 대량생산된 맥주의 갑절을 받는다.[31] 2016년 1사분기만 해도 엣시에서 수제품과 공예품을 산 고객이 2,500만 명에 이른다.[32] 이런 수치는 대량생산 제품이 재배해온 경제에 솟아난 자그마한 새싹이지만 우리에게 중요한 사실을 알려준다.

연예 오락 산업에 일어나는 일도 미래를 알려주는 흥미로운 조짐이다. 초대형 작품이 여전히 할리우드와 뉴욕 출판계를 장악하지만 사람들이 훨씬 많은 시간을 보내는 대상은 소셜미디어다. 이제 대중은 친구나 동료들이 만들어낸 콘텐츠를 소비한다. 앤 마리 슬로터에 따르면 "밀레니얼 세대(1980년대 초~2000년대 초에 태어난 세대-옮긴이)가 정의하는 삶의 질은 이제 물질보다 시간이 중요하다."[33] 그들은 돈을 물건이 아닌 경험에 쓰고 싶어 한다.

매체 소비가 이토록 엄청나게 바뀌면서 페이스북, 구글을 포함한 현재 세대의 매체 플랫폼이 눈에 띄게 부유해졌다. 동시에 전문 매체 창작자도 새로운 기회를 얻었다. 페이스북에 공유된 〈뉴욕타임스〉나 〈폭스 뉴스〉의 기사는 가판대에서 집어든 신문 기사에는 한 번도 없던 것이 더해졌다. 바로 지인들의 추천이다. 입소문으로 퍼뜨릴 대상을 공유하는 예술에는 이제 공유 대상을 어떤 방식으로든 뒤섞는 일이 포함된다. 예컨대 영상에 인용문을 입히기도 하고, 자기가 생각한 핵심을 콕 집어 대상을 표현하기도 한다.

소셜미디어는 늘어나는 1인 미디어 창작자가 돈을 벌 수 있는 일자리를 점점 많이 만들어내고 있다. 유튜브 스타이자 비드콘VidCon을 기획한 행크 그린은 이렇게 적었다.

"한 달 조회 수가 100만 건일 무렵부터[34] 유튜브 화폐로 청구서를 갚기 시작했다."

10대 청소년 수백만 명이 세상이 어떻게 돌아가고 있는지 배우려고 '행크와 존이 알려드립니다!Hank and John EXPLAIN!' 동영상을 본다. 이들은 대량생산된 몇 시간짜리 뉴스보다 5분짜리 동영상에 더 깊이 몰두한다. 수백만 명 넘는 젊은이들이 〈칸 아카데미Khan Academy〉나 〈1분 물리학One-Minute Physics〉, 행크와 존이 만든 〈특강Crash Course〉에서 수학, 과학, 음악, 철학을 배운다. 어린 조카딸은 내가 래리 페이지와 마크 저커버그, 빌 게이츠와 안면이 있다는 사실을 알았을 때는 시큰둥하게 "아, 네"라고 말했다. 그런데 행크와 존과 안면이 있다는 말을 들었을 때는 정말로 나를 다르게 보았다.

행크가 이름 붙인 '유튜브 화폐'는 온라인 플랫폼에서 손에 넣을 수 있는 갖가지 창의성 화폐 가운데 하나일 뿐임을 잊지 말라. 여기에는 페이스북 화폐, 엣시 화폐, 킥스타터 화폐, 앱 스토어 화폐 등이 있다. 10년 전이라면 어느 누가 비디오 게임을 하는 모습을 유튜브나 트위치Twitch로 중계하고 수백만 명이 그 동영상을 찾아보는 덕에[35] 수십만 달러를 벌

것이라고 상상이나 했겠는가?

새로운 경제를 알리는 이런 작은 신호들이 오늘날의 일자리를 대체하지 못하리라고 걱정하는 이들에게 또다시 윌리엄 깁슨의 발언을 소개한다.

"미래는 여기에 있다. 다만 아직 골고루 분배되지 않았을 뿐이다."

풍성한 추수도 흙을 뚫고 머리를 내미는 작디작은 새싹에서 비롯한다.

개인과 소기업이 창의성 화폐의 원자재인 관심을 현금으로 바꿀 기회를 다른 곳보다 앞서 만들어내고 있다. 앞으로 올 몇 년 동안 우리는 온라인에 쏟아진 관심을 한층 많이 전통 화폐로 바꿀 새로운 길을 찾아내는 스타트업이 폭발하듯 느는 현상을 지켜볼 것이다.

음악 듀오 폼플라무스Pomplamoose의 멤버이고, 온라인 후원 사이트 페이트리온의 창립자이자 최고경영자인 잭 콘티Jack Conte는 페이트리온을 세운 까닭을 내게 이렇게 말했다.

"우리 음악 동영상은 조회 수가 1,700만 건이었는데, 광고 수입이 고작 3,500달러였어요. 팬들은 우리를 그보다 높게 평가해요."

수만 명에 이르는 예술가들이 이제 페이트리온을 통해 충분한 후원금을 받아 작품 활동에 집중할 수 있다. 킥스타터, 인디고고, 고펀드미Go-FundMe는 물론이고 페이트리온 같은 온라인 기금 조달 사이트도 평범한 사람들이 관심뿐 아니라 진짜 화폐를 두고 경쟁할 새로운 기회가 갈수록 늘고 있다는 사실을 보여준다. 이런 사이트들이 전체 경제에서 차지하는 크기는 아직 상대적으로 작지만, 미래가 어떤 방향으로 갈 수 있을지를 우리에게 여러 모로 알려준다.

그렇다고 해도 바람직한 답은 창의성을 옛날처럼 기계화폐로 바꾸어

현금화하는 것이 아니라 완전히 새로운 경제를 구축하는 것이다. 과학 소설가이자 더 나은 미래를 꿈꾸는 행동주의자인 코리 닥터로우^{Cory Doctorow}가 2003년 펴낸 소설《마법 왕국의 몰락^{Down and Out in the Magic Kingdom}》에서 그린 미래 경제에서는, 발전한 첨단기술에 힘입어 모든 육체 욕구를 기본적으로 무료로 채울 수 있다. 경제는 돈 대신 '우피^{whuffie}'라는 신용 화폐를 바탕으로 작동한다. 따라서 경제적 경쟁이란 창의적 활동을 다른 이에게 인정받고 지원받는 것이다.[36] 어쩌면 킥스타터의 캠페인과 페이스북의 '좋아요'가 이 미래 화폐의 원형일지도 모른다.

지위를 확보하려는 치열한 경쟁은 창의성을 겨냥하기도 해서, "쓰임새에 맞추어 피라미드를 지은 사람은 용도가 충족되면 틀림없이 허영을 채우려 피라미드를 짓기 시작"한다. 하지만 창의성은 미래의 인간 경제가 기계 생산성이 낳은 여유라는 열매를 모든 사람이 누리게 하면서도, 완전히 새로운 창작 활동과 사회적 소비를 촉진하게 해줄 열쇠일 수도 있다.

일은 목적의식을 심어준다. 사람들이 노력을 쏟는 일 가운데 현재 무임금이거나 저임금인 것이 얼마나 많은지도 생각해볼 만하다. 그들에게 이런 일은 사실 우리가 잘못 생각을 해서 돈을 내고 배우는 것보다 훨씬 가치 있다. 배우와 음악가가 되기를 꿈꾸며 월세를 내려고 바리스타로 일하는 사람은 앞으로 성공하리라는 희망 속에 애쓰는 끊임없는 연습과 오디션이 진짜 일이라 생각한다. 그러니 보수보다 목적이 중요한 일에 "나는 유튜브 채널에서 일하고 있다"라거나 "나는 페이스북 팔로워를 늘리고 있다"를 추가하는 것도 상상하지 못할 일이 아니다. 데이브 히키는 자기 아버지가 "돈이란 음악으로 바뀌는 것이고, 음악이란 이상적으로

돈으로 바뀌는 것이라 생각하셨다"[37]라고 적었다. 히키에게 목적의식을
심어주고 행복을 안긴 것은 돈이 아니라 음악이었다.

목적과 의미는 보살핌 경제에 필수이기도 하다. 비영리단체인 코드 포
아메리카의 설립자인 제니퍼 팔카는 인디애나폴리스에서 만난 리프트
의 어느 운전기사 이야기를 들려주었다. 그 운전기사는 고급엔지니어였
는데, 업무 특성상 사람과 접촉할 기회가 많지 않아 매일 아침 두 시간
쯤 일찍 집을 나서 승객을 차에 태웠고, 수입은 자선단체에 기부했다.

노숙인 쉼터의 자원봉사자는 만족스러운 직장에서 눈코 뜰 새 없이
일할 때보다 돈을 받지 않고 다른 사람을 돌보면서 훨씬 깊은 의미를 얻
을 것이다. 아마추어 운동선수는 투자 은행에서 큰돈을 버는 것보다 훈
련과 경기가 행복에 더 중요하다고 생각할 것이다. 아이를 기르려고 집
에 머무는 아버지나 어머니는 사회에서 '발을 빼는' 것이 아니다. 어쩌면
훨씬 의미 있고 중요할 일에 '발을 담그고' 있다.

케인스도 이런 가능성을 예견했다.

"맹렬하고 목적이 뚜렷한 돈벌이꾼들은 우리를 모두 경제적 풍요라는
안락한 곳으로 데려갈 것이다. 하지만 막상 풍요로워졌을 때, 풍요를 누
릴 수 있는 사람은 바로 그들, 계속 살아남을 수 있고, 삶 자체의 기술인
교양을 연마할 수 있고, 생계수단을 얻고자 자신을 팔지 않아도 되는 이
들일 것이다."

100세 이상 인구의 비율이 높기로 손꼽히는 지역을 블루존Blue Zones이
라고 한다. 인구통계학자 잔니 페스Gianni Pes와 미셸 풀랭Michel Poulain이 지
도에 이곳을 파란색 동그라미로 표시한 데서 비롯된 이름이다. 한 연구
에서 이곳 사람들이 오래, 행복하게 살 수 있는 핵심 특성을 밝혔다. 먼

저 음식 요인이 컸다. 마이클 폴란^{Michael Pollan}이라는 작가가 요약한 대로, "음식을 먹어라, 너무 많이 먹어서는 안 된다.[38] 채식 위주로 먹어라"였다. 또 술, 특히 와인을 꾸준히 알맞게 마시고, 꾸준히 알맞게 몸을 움직였다. 하지만 훨씬 중요한 특성은 목적의식을 지니고, 영성생활이나 종교활동에 참여하고, 가족과 어울리며, 사회생활을 하는 것이었다.[39]

우리는 좋은 삶이 어떤 모습인지 잘 안다. 모든 사람에게 좋은 삶을 제공할 자원도 있다. 그런데도 왜 우리는 그런 삶을 이루기가 이토록 어려운 경제를 구축해 왔을까?

첨단기술이 낳은 변화의 물결에 사회와 경제를 어떻게 맞춰갈 것인가라는 물음 앞에서, 과거와 판박이인 미래를 목표로 삼아서는 안 된다. 우리는 미래를 새로 만들어야 한다. 제니퍼 팔카는 오늘날 우리가 마주한 정치 변화를 다룬 글에서, 미래를 생각할 때 언제나 핵심 원칙으로 삼아야 하는 것을 정확히 짚어냈다.

현 상황은 보호할 가치가 없다. 현 상황을 방어하는 쪽에 선다면 지난날 우리가 살았던 세상을 위해 싸우는 것이 되기 쉽다. 그러니 더 나은 무엇, 우리가 아직껏 겪어보지 못한 무엇,[40] 우리가 만들어내야 하는 무엇을 위해 싸워라.

15

사람에게 투자하라

WHAT'S THE FUTURE

두 가지 다른 질문을 던져보자. 14장에서 설명한, 정신과 마음을 쏟아야 하는 인지적 일거리가 20세기 공장에서 이루어진 대규모 고용을 대체할 수 있을까? 번영의 속도를 조절할 바퀴를 굴릴 만큼 돈을 많이 받을 수 있을까?

첫째 물음에는 간단히 이렇게 답하겠다. 농업 시대에는 그토록 많은 사람이 공장과 도시에서 일자리를 찾을 줄은 꿈에도 생각하지 못했다. 그럼에도 자동화와 무척 낮은 생산비 덕분에 예전에는 손에 넣을 수 없었던 제품과 서비스를 찾는 요구가 엄청나게 늘었다. 사람들이 일에서 성취를 느끼게끔 하여 이전과는 다른 번영을 일구는 일이 또다시 우리 손에 달렸다. 첨단기술 혁신에서 얻은 가르침은 진보 뒤에는 늘 생각지 못했던 일을 생각하게 되고, 그래서 이전에는 불가능했던 일을 하게 된다는 사실을 다시금 일깨운다.

둘째 물음에 답하자면, 생산성의 열매를 나눈다고 보장하는 일도 우리 손에 달렸다. 첫걸음은 다가올 미래에 맞추어 사람들을 대비시키는 것이다.

2013년부터 2015년까지 나는 자선단체인 마클재단Markle Foundation의 미국바로잡기Rework America 특별위원회에 참여했다.[1] 위원회 앞에 놓인 물음은 '디지털 시대를 맞은 미국인에게 어떻게 기회를 제공할까'였다. 내 머릿속에 깊이 기억된 순간은 정치학자이자 작가인 로버트 퍼트넘이 이런 말을 했을 때였다.

"우리 사회에서 일어난 위대한 발전은 모두 우리가 남의 집 아이들에게 투자했을 때 찾아왔습니다."

퍼트넘이 옳다. 보편적 초등교육은 19세기의 탁월하기 그지없는 투자였고, 20세기에는 보편적 중고등 교육이 그런 투자였다. 우리가 잊고 있지만, 1910년에는 미국 어린이 중 겨우 9퍼센트만이 고등학교를 졸업했다. 1935년에는 60퍼센트로 올랐고, 1970년에는 80퍼센트에 이르렀다. 제대군인지원법GI Bill에 따라 제2차 세계대전 참전 군인들이 대학에 간 덕분에, 전시 고용에서 평화 시기 고용으로 매끄럽게 전환할 수 있었다.[2]

오늘날 경제적 변화를 맞으면서, 2016년 대선에서는 지역대학에서 보편적 무상교육을 하자는 제안이 나왔다. 2017년 1월에 샌프란시스코 시는 이 제안을 뛰어넘어, 샌프란시스코 시립대학City College of San Francisco에 다니는 모든 지역민에게 학비를 받지 않기로 했다.[3] 정말 위대한 한 걸음이다.

하지만 우리는 '더 많은' 교육이나 무상교육만 필요한 것이 아니다. 뿌리부터 다른 교육이 필요하다. 주 오스트레일리아 미국대사였고 지금은 풀브라이트 장학재단 이사장인 제프리 블라이시Jeffrey Bleich는 이렇게 말한다.

"오늘날 우리가 가르치는 학생들이 120살까지 산다면, 직장생활이 90년으로 늘어날 가능성이 크다. 그런데 이들이 교육으로 얻은 경쟁력은 10년밖에 가지 않을 것이다. 따라서 문제가 생긴다."[4]

전에는 학교 교육을 평생직장에서 일할 준비로 보았지만, 이제는 의료기술과 첨단기술이 발전하고 고용의 본질이 바뀌면서, 현재 교육 방식이 더는 쓸모없어지고 있다.

이제는 생애 초기뿐 아니라 평생에 걸쳐 교육과 재훈련을 뒷받침할 새로운 장치가 필요하다. 전문가라면 운동선수든 의사든, 컴퓨터 프로그래머이든 숙련된 제조 노동자든 분야를 가리지 않고 모두 이런 일을 이미 겪고 있다. 그들에게는 일자리 유지에 꾸준한 학습이 필수다. 이에 따라 교육 자원을 활용하고 훈련받을 기회가 직원 혜택으로 선호되어 우수 직원을 끌어모으는 데 이용된다. 게다가 일자리라는 것이 해체되었으므로 교육의 필요성은 사라지지 않는다. 그렇기는커녕 오히려 늘어났다. 하지만 그런 교육의 본질도 바뀌어야 한다. 필요할 때마다 즉시 지식을 손에 넣을 수 있는 연결된 세상이므로, 우리는 사람이 무엇을 알아야 할지, 어떻게 알아야 할지를 다시 생각해봐야 한다.

인공지능과의 공존 – 증강 노동자

조금만 다르게 바라본다면, 애플 스토어 직원을 인간과 기계가 결합한 사이보그로 볼 수도 있다. 매장마다 스마트폰에 훤한 판매원이 넘쳐나 기술적 질문과 지원부터 구매와 결제까지 모든 것을 도와준다. 애플 스토어에는 금전등록기, 물건을 들고 길게 늘어선 고객, 매장 선반에 줄지어 진열된 제품이 없다. 매장은 제품을 살펴보는 전시장이다. 무엇을 살지 결정하면 판매원이 뒤쪽 창고에서 물건을 가지고 온다. 만약 신용카드와 함께 애플 고객으로 등록했다면(2014년 기준 등록자가 8억 명이었다), 이메일 주소만 알려준 다음 고른 물건을 들고 가게를 나가면 끝이다. 애플은 첨단기술을 이용해 직원을 없애고 비용을 줄이기보다는 경이로운 사용자 경험을 만들어내고자 직원들이 새로운 힘을 갖추도록 교육했다.

설계 형식으로 보면, 이는 3장에서 다룬 리프트와 우버의 사업 모델이 보여주는 핵심요소와 놀랍도록 비슷하다. 사람들이 이들 새로운 플랫폼 회사를 이해하려고 읽는 지도인 주문형 방식은 애플 스토어와 아무 관련이 없다. 하지만 매혹적인 사용자 경험을 구축하고자 쓰는 학습 계획에서는 공통점이 매우 많다. 세 곳 모두 플랫폼이 풍부한 자료를 바탕으로 고객을 인식해 고객 맞춤형 서비스를 제공하고, 따라서 플랫폼에 통신망으로 연결된 노동자의 인지 능력이 증강되어 멋진 사용자 경험을 제공하기 때문이다.

애플 스토어는 첨단기술 자체가 변화를 일으키는 것이 아니라는 진실을 보여주는 증거이기도 하다. 변화는 첨단기술을 적용해 세상이 돌아가는 방식을 다시 생각할 때 일어난다. 즉 새로운 무엇을 만들어내서가 아니라, 오래된 것을 완전히 바꿀 만큼 새로운 잠재력을 적용할 때 일어난다.

문명화에서 맨 처음 나타난 진보에도 이런 사이보그 특성이 있었다. 인간이 기술과 결합한 덕분에 만물의 주인이 되었고, 어떤 짐승의 발톱보다 단단하고 날카로운 무기와 연장을 얻었다. 그리고 곡물을 개량해 야생종보다 훨씬 많은 식량을 생산하고, 동물을 길들여 더 강하고 빨라진 것은 말할 것도 없고, 우리의 강인함을 갈수록 멀리 떨쳐 가장 사나운 짐승마저 사냥하여 쓰러뜨렸다.

언젠가 시베리아와 알래스카를 잇는 베링 육교 횡단을 설명한 내용을 읽은 적이 있다. 그 글에서는 희한한 근거를 바탕으로 횡단이 가능했을 연대를 분석했다. 작가는 '바느질을 발명하고 나서야' 베링 육교를 횡단할 수 있었다고 적었다. 옷이 몸에 꼭 맞도록 바느질로 조각을 이어 붙여야 추운 지역에서도 살 수 있기 때문이다. 바느질이라니! 뼈바늘로 가죽이나 천을 잇는 바느질도 한때는 미래에 펼쳐질 기술이었다. 그리고 이전에는 생각하지 못했을 일을 가능하게 했다.

똑같은 양의 노동과 에너지, 원자재를 투입해도 성과는 더 많이 얻는 생산성 향상은 모두 인간과 기계를 하나로 묶는 데서 나왔다. 현대 세계의 부는 그런 생산성을 가속하고 결합함으로써 탄생했다. 예를 들어 1820년의 농업 생산성은 100년 뒤인 1920년이 되어서야 두 배로 늘어났지만, 그로부터 다시 두 배가 되기까지는 30년, 다음에는 15년, 그다음에는 10년밖에 걸리지 않았다.

생산성 향상의 근원은 혁신이다. 경제학자는 아니어도 인류 역사에 영향을 끼친 힘을 예리하게 판단할 줄 알았던 에이브러햄 링컨은 이렇게 적었다.

> 비버는 집을 짓는다. 하지만 그 방식은 5,000년 전과 조금도 다르거나 낫지 않다. … 노동하는 동물은 사람 말고도 많다. 하지만 기량이 느는 동물은 사람뿐이다. 이런 향상을 이루고자, 인간은 발견과 발명을 이용한다.[5]

그렇다고 해도 발견이나 발명이 모두의 살림살이를 나아지게 하려면 공유되어야 한다. 세상에서 가장 유명한 발명을 떠올려보자. 불을 피우고 다스린 첫 여성(나는 여성이 그랬다고 생각하고 싶다)이 있었다. 그녀의 무리는 얼마나 놀라워했을까? 처음에는 아마 두려웠을 것이다. 하지만 곧 그녀의 대담함 덕분에 몸을 녹이고 음식을 만들어 먹었다. 그래도 불보다 중요한 능력은 그녀가 불을 다른 이들에게 설명한 능력이다.

우리가 만들어낸 가장 위대한 발명품은 사람에서 사람에게로 불을 퍼뜨리게 한 능력, 곧 언어였다. 사회는 지식을 포용하고 넓게 공유하는 시기에 발전하고 부유해진다. 그리고 지식이 사장되거나 무시될 때는 가난해진다.

15세기 유럽은 금속활자를 이용해 책을 인쇄함으로써 지식과 자유를 눈부시게 꽃피운 현대 경제 국가로 나아갔다. 새로운 것을 발견한 사람이, 아직 태어나지도 않은 사람이나 수천 킬로미터 멀리 사는 사람에게도 지식의 횃불을 전달할 수 있었기 때문이다. 그런 발명과 발견은 글을 읽고 쓸 줄 아는 능력의 가치가 절로 커지고, 잘 교육받은 인구가 발명의 속도와 새로운 발상의 전파를 더 촉진하여 훨씬 많은 학습과 발견, 소비를 요구하면서, 수백 년 뒤에 완전한 잠재력을 발휘했다. 인터넷은 또 다른 위대한 도약이었다. 하지만 웹브라우저, 그러니까 글과 그림을 온라인에서 보는 것은 중간지점이었을 뿐이다. 지식의 물질 형태가 바뀐 것보다도 지식의 접근성과 전파 속도가 커졌다는 것이 중요했다.

지식을 공유하는 마지막 단계는 '도구에 내장'하는 것이다. 지도와 길 안내를 떠올려보자. 종이 지도가 GPS와 구글 지도를 거쳐 자율운전차로 가는 과정은 내가 '지식의 궤도'라고 부르는 것을 보여준다. 지식 공유는 말에서 글로, 대량생산으로, 전자 장비를 통한 전파로, 그리고 도구와 서비스와 장치에 내장되는 궤도를 따라 나아간다.

예전에는 누군가에게 길을 물을 수 있었다. 아니면 종이 지도에 저장된 지식을 찾아볼 수 있었다. 처음 나온 온라인 지도는 종이 지도를 복사한 것에 지나지 않았다. 이제는 내가 어디에 있고 목적지에 어떻게 가야 하는지를 실시간으로 정확히 알 수 있다. 내가 보기에 다음 단계는 이 모든 것을 잊어버리고 차에 앉아 가만히 있으면 차가 알아서 나를 목적지에 데려가는 것이다. 그다음 단계는 운송수단이 수돗물처럼 신뢰할 만큼 안정적으로 공급될 때 할 수 있는 일이 무엇일지 상상해보는 것이다.

지식을 도구에 내장하는 것은 새로운 일이 아니다. 지식 내장은 늘 물질세계를 지배해 생산성을 향상시킬 수 있게 한 핵심 요인이었다. 그리고 반드시 사회에 거대한 변화를 불러왔다.

1800년에 처음으로 헨리 모즐리Henry Maudslay가 나사 절삭 선반을 만들어 언제나 '정확하게' 복제할 수 있는 기계를 만들었을 때, 그래서 제아무리 솜씨가 좋은 기능공이라도 수공구만으로는 불가능했을 일을 가능하게 했을 때, 대량생산 시대의 문이 열렸다. 이때 만든 너트와 볼트를 시작으로 나사산이 0.001밀리미터까지 똑같은 제품이 이후 수백년간 쏟아져 나왔다.

마찬가지로 1856년에 헨리 베서머Henry Bessemer가 처음으로 값싼 대량생산 제강법을 발명했을 때, 그가 한 일은 탄소와 불순물 제거만이 아니었다. 그는 지식을 더했다. 값싼 철재를 대량으로 생산하는 법을 적용함으로써 완전히 다른 미래가 가능해졌다. 앤드루 카네기 Andrew Carnegie가 미국을 훨씬 드넓게 하나로 엮은 철도를 놓음으로써 영국으로부터 세계 철강산업의 선두 자리를 빼앗고 부를 쌓았다. 철제 보가 생긴 덕분에 마천루를 올렸다. 강선이 나온 덕분에 엘리베이터를 운행하고 커다란 현수교를 놓을 수 있었다. 19세기의 이런 미래 기술 하나하나가 오늘날 발전이 그렇듯이 다른 발전에서 비롯되었다.

새 지식을 만들어내고, 공유하고, 이어 숙련도가 낮은 노동자들이 쓸 수 있도록 도구에 내장하는 세 과정은 빅데이터 기술의 부상이 명쾌하게 설명한다. 구글은 규모가 날로 커지는 웹을 다루고자 완전히 새로운 기법을 개발해야 했다. 그 가운데 가장 중요한 기법이 맵리듀스 MapReduce 라는 것으로, 방대한 데이터 양과 계산을 여러 덩어리로 나누어 수백에서 수천 대에 이르는 컴퓨터에서 병렬 처리할 수 있다. 밝혀진 바에 따르면 맵리듀스는 검색뿐 아니라 온갖 다양한 문제에서도 의미가 있다.

구글은 2003년과 2004년에 맵리듀스 관련 보고서를 펴내 비밀을 공개했다. 하지만 맵리듀스가 더 폭넓게 관심 받은 때는 더그 커팅 Doug Cutting이 맵리듀스를 오픈소스로 구현해 하둡을 선보인 2006년부터다. 당시 여러 회사가 몇 년 전 구글이 맞닥뜨렸던 것과 비슷한 문제와 부딪혔다. 그리고 하둡에 힘입어 더 손쉽게 빅데이터 처리 기법을 적용할 수 있었다.

이 과정은 소프트웨어 공학을 발전시킬 열쇠다. 새로운 문제는 새로운 해결책을 낳는다. 그리고 해결책은 근본적으로 사람의 손끝에서 나온다. 해결책이 도구에 내장되어 더 널리 이용된 뒤에는, 이 놀라운 혁신이 개발자의 다음 세대에서 매우 흔한 일상이 된다. 우리는 지금 손끝으로 구현한 머신러닝 모델에서 평범한 개발자도 머신러닝 모델을 만들 수 있는 도구로 넘어가는 전환기에 들어서고 있다. 그런 전환이 일어나면 대량생산이 19세기와 20세기를 탈바꿈시켰듯이, 인공지능이 곳곳에 스며들어 사회를 완전히 바꿔놓을 것이다.

막대하게 향상된 농업 생산성은 새로운 도구에서 정신과 물질이 결합하는 것을 조금 다른 면에서 이해하게 해준다. 농업 생산성 향상은 농기계가 파종과 수확을 대부분 도맡고, 에너지 소비가 심한 또 다른 산업 생산물인 합성 비료를 뿌린 결과이기도 하지만, 생산성이 더 높은 품종을 개발한 결과이기도 했다. 루서 버뱅크Luther Burbank는 오늘날 가장 많이 재배되는 감자 품종인 러셋 버뱅크Russet Burbank종을 개발함으로써 하이럼 무어Hiram Moore가 콤바인을 발명했을 때와 사뭇 다른 비율로 지식과 물질을 투입하여 생산성을 향상시켰다.

간단히 말해 지능 증강과 물질 증강이라는 두 가지 종류의 증강이 얽혀 복잡하게 춤춘다. 증강의 최첨단 분야 한 곳이 물질세계에 감지기를 더한 것으로, 그 덕분에 전에는 생각지도 못할 규모로 데이터를 모으고 분석할 수 있게 되었다. 이른바 사물 인터넷을 이해할 수 있는 진정한 열쇠가 바로 이것이다. 한때는 어림짐작해야만 했던 일을 이제는 쉽게 안다(광고가 인터넷에 적합한 사업 방식이 되었듯이, 보험은 사물인터넷에 적합한 사업 방식이 될 것이다. 데이터를 바탕으로 불확실성을 없앨 수 있기 때문이다). 이런 변화는 네스트의 온도조절장치나 아마존의 에코 스피커, 핏빗Fitbit과 애플 워치, 또는 자율주행차량 같은 연결형 스마트 기기에만 중요한 것이 아니다. 이런 기기에 제공되는 데이터에도 중요하다. 앞으로 어떤 미래가 펼쳐질지가 예상치 못한 방향에서 폭포수처럼 밀려든다.

몬산토^{Monsanto}는 구글에서 일했던 데이비드 프리드버그^{David Friedberg}와 시라지 칼리크^{Siraj Khaliq}가 세운, 빅데이터에 근거한 날씨 보험 회사인 클라이밋^{Climate Corporation}을 인수했다. 그리고 데이터를 바탕으로 토양 성분을 분석해 파종 위치와 깊이 제어 장치를 만드는 회사인 프리시즌 플랜팅^{Precision Planting}과 합병시켰다. 몬산토는 농업 생산성의 새로운 중심이 '데이터와 제어에 있다'고 소개했다. 공중 탐지기로 토양 상태와 작물의 발육을 농부에게 정확히 알려주고, 장비가 그 정보에 따라 스스로 대응한다면 씨앗과 비료, 물이 덜 들어갈 것이다.

공학과 재료 과학에서도 마찬가지다. 에너지 연구자이자 발명가인 사울 그리피스^{Saul Griffith}가 한 말을 기억해보자.

"우리는 자원을 수학으로 대체합니다."

사울이 세운 회사인 선폴딩^{Sunfolding}은 대규모 태양열 발전단지용 태양 추적 장비를 파는 곳으로, 강철, 발전기, 속도조절 장치를 청량음료병과 똑같은 산업용 재료로 만든 압축공기 장치로 대체함으로써 무게와 비용을 대폭 줄였다. 또한 천연가스용 대형 탄소 소재 압축 용기를 작고 구불구불한 플라스틱 관으로 대체함으로써 천연가스 탱크가 어떤 모양에도 들어맞게 할 뿐더러 균열이 일어날 위험도 줄였다. 밝혀졌다시피 물리학을 제대로 이해하면, 정말로 자원을 수학으로 대체할 수 있다.

사울은 이런 예를 들었다.

"1660년에 로버트 훅^{Robert Hooke}이 오늘날 훅의 법칙으로 알려진 것을 설명했어요(훅의 법칙에 따르면, 스프링을 누르거나 늘리는 데 필요한 힘, 그러니까 물질의 형태를 바꾸는 데 필요한 힘은 물질의 길이와 강도를 곱한 값에 비례한다). 그러니까 모든 자재를 선형 스프링 모양으로 만들 수 있다는 뜻이었죠.

컴퓨터 이전 시대에는 이 법칙이 중요했어요. 무게를 떠받칠 트러스와 구조를 설계할 때 계산을 단순하게 해줬으니까요. 하지만 현실 세계에서는 어떤 자재도 완전히 선형이지는 않아요. 특히 플라스틱과 고무가 그래요. 이제는 컴퓨터로 마음껏 계산할 수 있으니 예전에는 계산할 수 없던 완전히 새로운 기계와 구조를 설계할 수 있죠.”

새로운 설계 역량은 3D 프린터와 같은 새로운 제조 기술과 함께 나타난다. 3D 프린터에 힘입어 저비용으로 시제품을 개발하고 현지에서 제조할 수 있다. 하지만 그게 다가 아니다. 전통적 제품과 다른 입체 구조를 만들 수 있다. 그러려면 인간 설계자가 익숙한 틀에서 멀리 벗어나 가능성을 탐색하도록 힘을 보탤 소프트웨어가 있어야 한다. 미래는 감지기와 지능이 녹아든 도구와 장치 같은 ‘똑똑한 물건’의 미래이기도 하지만, 똑똑한 도구로 만든 ‘바보스러운 물건’과 그런 물건을 만드는 더 나은 과정의 미래이기도 하다.

설계 소프트웨어 회사인 오토데스크Autodesk는 그런 개념을 전면에 내세운다. 이 회사의 차세대 도구는 이른바 생성 디자인Generative Design을 지원한다. 기사, 건축가, 제품 디자이너가 기능과 비용, 소재 같은 설계 제약 조건을 입력한다. 인공지능의 원시적인 형식인 클라우드 기반 생성 알고리즘은 목적을 달성할 수 있는 수백 수천 가지 선택지를 내놓는다. 이를 반복 처리하는 과정에서 인간이 한 번도 본 적 없고, 기계의 도움이 없었다면 생각하지도 못했을 새로운 형태를 인간과 기계가 함께 설계한다.[6]

가장 흥미로운 사실은 뿌리부터 새로운 모양, 재료, 과정을 컴퓨터 계산을 이용해 설계한다는 것이다. 이를테면 세계직 건축·토목회사인 아룹^{Arup}이 소개한 구조 요소는 최신 기법으로 설계해 재료를 반만 쓰고 크기가 절반인데도 똑같은 무게를 견딜 수 있다.[7] 마지막에는 기계가 한 설계가 인간이 한 설계와 사뭇 달라 보일 듯하다.

새로운 설계 방법, 새로운 자재, 새로운 제조 기술의 융합은 결국 1889년에 세상이 에펠탑을 보았을 때만큼이나 놀라운 새로운 제품을 만들어낼 것이다. 언젠가는 공상과학 소설에 나오는 마법 같은 우주 엘리베이터나 일론 머스크가 말하는 운송수단인 하이퍼루프^{Hyperloop}를 만들 수 있지 않을까?

인간과 최신 기술의 융합은 여기서 그치지 않는다. 벌써 새로운 감각 기능을 내장하려는 사람이 있다. 정말이다. 비록 아직은 외부 장치여도, GPS는 이미 인간에게 새 감각기관이 되었다. 그러니 두뇌와 육체에 직접 내장하려는 사람이 있기 마련이다. 언젠가는 조그만 기계인 나노봇을 혈액에 투입해 세포를 재생할 수 있게 되어 오늘날의 최신 의료 기술인 장기와 고관절 교체 기술을 구식 의학박물관으로 밀어내지 않을까? 아니면 기계 제작자의 완벽한 기술이 아니라 루서 버뱅크가 걸어간 길의 다음 단계를 거쳐 융합을 이루지 않을까? 오늘날 합성생물학과 유전공학에서 놀라운 연구가 이루어지고 있잖은가.

하버드대학의 조지 처치^{George Church}와 동료들은 아무것도 없는 상태에서 시작해 완전한 인간 게놈을 생성하겠다는[8] 10년짜리 프로젝트에 들어갔다. 라이언 펠런^{Ryan Phelan}과 스튜어트 브랜드^{Stewart Brand}가 추진하는 '회생과 복원' 사업은 유전자공학을 이용해 멸종 위기종의 유전적 다양성을 복원하는 일을 한다. 언젠가는 이들이 멸종 생물을 되살릴지도 모른다.[9] 연구자들은 크리스퍼 유전자 가위 같은 첨단기술 덕분에 살아 있

는 유기체의 DNA를 편집할 수 있다.[10]

기계를 두뇌·신경계와 바로 연결하는 신경 기술은 또 다른 최첨단 분야다. 이 분야에서는 인공 팔다리[11]가 감각을 피드백하고 여기에 두뇌가 곧바로 반응하도록[12] 하는 연구에 커다란 진전이 있었다. 한발 앞서가는 혁신의 첨단에서, 온라인 결제회사인 브레인트리Braintree를 창립한 브라이언 존슨Bryan Johnson은 회사를 8억 달러에 페이팔PayPal에 팔았고, 매각 대금으로 신경 기억 이식 기술을 개발해 알츠하이머를 치료하는 것이 목표인 커널Kernel을 세웠다.[13] 브라이언은 이제 신경과학이 연구소에서 나와 기업가적 혁신에 불을 지펴야 할 때라고, 손상된 뇌를 치료하는 데 그치지 않고 인간의 지능을 향상시킬 때라고 확신한다.[14]

주목할 만한 신경 기술 기업가는 브라이언만이 아니다. 마이크로소프트의 웹브라우저인 인터넷 익스플로러를 만든 토마스 리어든Thomas Reardon은 신경과학 박사학위를 받으려고 마이크로소프트를 떠났고, 2016년에 소비자의 두뇌와 기계를 연결하는 첫 장치를 생산하기 위해 컨트롤 랩스CTRL-Labs라는 회사를 공동 설립했다. 리어든은 내게 보낸 이메일에 이렇게 적었다.

"모든 디지털 경험은 생각의 결과물을 전달하는 뉴런 즉 근육을 직접 자극하는 뉴런으로 제어할 수 있고 또 그래야 합니다. 우리 연구의 핵심은 생체 물리 신호를 개별 뉴론 차원까지 해석하여 디지털 경험을 제어하는 머신러닝 모델이 쥐고 있습니다."

이 말은 신경과학과 컴퓨터 과학을 기발하게 결합한 것이다.

일론 머스크도 2017년에 뉴럴링크Neuralink라는 회사를 세워 이 대열에 합류했다. 일론에 따르면 이 회사는 "약 5년 안에 심각한 뇌 손상, 특히 뇌졸중, 암에 따른 뇌병변, 선천성 뇌병변에 도움이 될 해법을 시장에 내놓는 목표를 겨냥"[15]한다. 하지만 '잠깐, 그런데 왜Wait But Why'라는 블로그의 운영자이자 뉴럴링크에 폭넓게 접근할 권한이 있었던 팀 어번Tim Urban은 이렇게 설명한다.

"일론이 회사를 세울 때 초기 핵심 전략은 관련 분야에 불씨를 댕겨 인간 콜로서스(마블 코믹스에서 몸을 금속으로 바꾸는 능력이 있는 돌연변이 – 옮긴이)가 그 목적을 이루고자 애쓰게 할 도화선을 만들어내는 것이다."

누구도 시도하지 않은 영역에서 지속가능한 수익성 사업을 만들어낼 수 있다고 증명하는 것은 모든 사람을 새로운 기회로 몰려들게 하는 방법이다. 달리 말해, 브라이언 존슨처럼 일론의 꿈도 회사를 세우는 것이 전부가 아니다. 그의 꿈은 새로운 산업을 만드는 것이다.

뉴럴링크에서 그 신산업이란, 인간과 컴퓨터가 훨씬 효율적으로 정보를 교환하게 해줄 보급형 뇌-기계 연결장치다. 일론은 "당신은 이미 디지털로 무장한 초인"이라는 말로 디지털 기기가 벌써 우리에게 안긴 역량 증강을 언급한다. 하지만 그런 기기에 접속하기란 키보드는 물론이고 말로 명령하더라도 고통스러울 만큼 느리다고 말한다.

"신경에 직접 연결하는 장치를 쓴다면, 틀림없이 접속 속도를 수천 수만 배 개선할 수 있어요."

이런 첨단기술은 인공지능계의 첨단기술만큼이나 심각한 의문과 두려움을 불러일으킨다. 엄청난 힘이 있는 다른 도구들처럼, 상용화되기까지 혼란스럽고 난폭한 성장기를 거칠 것이다. 그럼에도 나는 우리가 그런 기술을 이용해 더 오래, 행복하게, 만족스럽게 살아갈 길을 마침내 찾아내지 않을까 생각한다.

어린 시절 나는 여러 해 동안 하루 한 권씩 공상과학 소설을 읽었다. 그래서 오랫동안 미래에 실망했다. 미래는 내가 꿈꾸었던 것보다 훨씬 적은 것을 이루었기 때문이다. 그래도 나는 오늘날 내 어릴 적 꿈 가운데 여러 가지를 이룰 진전을 보고 있다.

그래서 다시 인공지능을 떠올린다. 인공지능은 급격한 단절 같은 것이 아니다. 미래에서 온, 인간의 가치관에 적대적이라서 우리를 모두 실직으로 몰아넣을 기계가 아니다. 지식 전파와 유용성의 다음 단계로 국가를 부유하게 할 진정한 원천이다. 따라서 우리는 인공지능을 두려워하지 말아야 한다. 목적에 맞추어 신중하게, 인공지능이 사회를 파괴하기보다 사회에 맞는 가치를 더 많이 창출하는 방식으로 작동하게 해야 한다. 인공지능은 이미 인간의 지능을 대체하는 것이 아니라 향상시키는 데 쓰이고 있다.

브라이언 존슨은 말한다.

"벌써 우리는 망누스 칼센^{Magnus Carlsen}(2017년 현재 체스 세계 랭킹 1위 - 옮긴이) 같은 젊은 챔피언이 인공지능 체스 엔진의 이점을 활용한 경기 방식을 응용하여 체스가 새로운 게임으로 진화하는 모습을 지켜보았다. 능력이 향상되지 않은 인간과 드론이 함께 춤추는 초기 사례에서 보듯, 인간과 인공지능이 눈이 어지러울 만큼 다양한 조합을 이루어 새로운 예술, 과학, 부, 의미를 만들어낼 수 있다는 사실이 이미 뚜렷하다."

일론 머스크와 마찬가지로 브라이언 존슨도 인공지능을 훨씬 효과적으로 사용하도록 신경과학을 이용해 인간 지능을 곧장 향상시켜야 한다고 확신한다.

"인간 지능과 인공지능의 잠재력을 진정으로 실현하려면, 정보를 받아들이고 처리해 활용할 줄 아는 역량을 백배 천배 키워야 한다."

그런데 브라이언이 꿈꾸는 대로 인간 지능을 곧장 향상시키지는 않더라도, 기업가들은 벌써 인공지능으로 인간의 능력을 증강하고 있다.

많은 여행사 직원을 일터에서 밀어낸 여행정보 검색 사이트 카약^{Kayak}의 공동 설립자 폴 잉글리시^{Paul English}는 롤라^{Lola}라는 스타트업 회사를 세웠다. 롤라는 여행사 직원을 인공지능 채팅 로봇과 머신러닝 환경과 짝지음으로써 인간과 기계를 모두 최대한 활용한다. 폴은 롤라를 통해 "인간을 다시 멋지게 하고 싶다"[16]라고 말한다. 체스 달인이 체스 컴퓨터와 짝을 이루면 가장 똑똑한 체스 컴퓨터, '아니면 적어도' 체스 최고수는 이길 수 있다. 폴은 마찬가지로 인공지능으로 역량이 증강된 여행 상담사가 그렇지 않은 상담사보다 더 많은 고객을 상대하고 더 나은 여행 상품과 여행지를 추천할 수 있으며, 적어도 여행자 스스로 예전처럼 검색 엔진에서 상품과 조언을 찾는 것보다는 결과가 만족스러우리라고 확신한다.

여행사 직원에서 카약, 롤라로 이어지는 궤도, 달리 말해 한때 여행사 직원의 전문지식이던 것을 어느 때보다 정교한 도구에 담는 과정은 우리에게 중요한 가르침을 준다. 카약은 자동화를 적용해 검색 기능이 있는 셀프 계약 서비스로 여행사 직원을 대체했다. 롤라는 '더 뛰어난 서비스'를 제공하고자 사람을 서비스에 참여시킨다. '더 뛰어난 서비스'란 대개 '덜 기계다운, 그래서 더 사람다운 서비스'를 뜻한다.

인공지능에 기반을 둔 개인 비서 스타트업인 핀^{Fin}의 창립자이자 최고경영자 샘 레신^{Sam Lessin}도 내게 보낸 메일에서 같은 점을 짚었다.

"첨단기술 업계에 있는 사람들은 제게 자주 '핀의 운영 인력을 순수 인공지능으로 대체하기까지 얼마쯤 걸리겠는가?'라고 묻습니다. 하지만 핀의 임무는 회사만을 위한 자동화가 아닙니다. 우리 회사의 운영 지침은 핀의 사용자에게 최고의 경험을 제공하는 겁니다. … 분명 첨단기술도 중요한 요소죠. 하지만 사람도 시스템에서 최고의 고객 경험을 끌어내는 핵심 요소입니다. 게다가 핀에서 첨단기술이 맡은 중요한 역할은 명백히 인간의 지능과 창의성, 공감 능력이 필요한 일에 우리 운영 인력이 시간과 노력을 쏟도록 힘을 실어주는 것입니다."

우리는 다시 클레이튼 크리스텐슨이 말한 매력적인 이윤 보존의 법칙으로 돌아온다. 어떤 것이 일용품이 될 때, 다른 무엇이 가치를 얻는다. 기계가 인간의 특정 정신노동, 특히 틀에 박힌 기계적 노동을 일용품으로 만들 때, 인간이 진정으로 기여하는 부분이 더 가치를 얻을 것이다.

인간의 가치를 높일 최첨단 미개척지를 탐색하는 일은 다음 세대의 기업인에게, 그리고 사회 구성원 모두에게 커다란 시험대이다.

자동화는 더 뛰어나고 보다 인간적인 서비스 사업에 힘을 실어줄 뿐만 아니라 다른 일의 비용을 크게 줄여서 해볼 가치가 있게 함으로써 접근성을 넓힐 수 있다. 젊은 영국인 프로그래머 조시 브라우더 Josh Browder 는 부당한 주차위반 딱지를 받았다고 생각한 끝에 몇 시간을 들여 주차위반 딱지에 항의하는 프로그램을 짰다. 그리고 딱지가 취소되었을 때 그 프로그램을 사업으로 바꿀 수 있다는 사실을 깨달았다. 조시가 '로봇 변호사'[17]라고 부르는 '벌금 내지 마세요 DoNotPay'는 지금까지 16만 건이 넘는 주차위반 딱지를 취소했다. 그 뒤로 조시는 페이스북 메신저에 망명자를 위해 미국, 캐나다, 영국에 망명 신청서를 자동 작성해주는[18] 채팅 로봇을 만들었다.

부당한 주차위반 딱지에 항의하는 일처럼, 비용이 너무 많이 든다거나, 또는 비용은 적게 들지만 기존의 사업과 충돌한다면 그대로 묻혀버리는 일이 많다. 변호사 교육도 받은 프로그래머 팀 황Tim Hwang에 따르면, 법률회사에서 일할 때 스스로를 쓸모없는 존재로 만드는 일을 했다고 한다.

"날마다 출근하면 해야 할 일을 한 뭉치씩 받았어요. 그래서 매일 밤 집에 가면 다음에 또 그 일을 요청받을 때 나 대신 일을 할 프로그램을 짰죠. 갈수록 일을 빨리 해서 효율이 느니까 법률 회사가 골치 아파하기 시작하더군요. 법률 회사는 업무 시간이 길어야 청구비용도 많아지니까요. 그래서 잘리기 직전에 제가 먼저 그만뒀죠."

노동을 보는 새로운 사고방식

우버나 리프트의 운전자는 두 가지 다른 역량 증강을 보여준다. 하나는 구글 지도를 포함한 유사 서비스가 제공하는 것으로, 도시의 구획 정보를 도구에 내장한다. 따라서 운전자가 도시를 손바닥 들여다보듯 훤히 몰라도 된다. 구글은 자신을 위해 이런 서비스를 제공한다. 다른 역량 증강은 우버나 리프트의 앱이 제공하는 것이다. 앱은 '기회에 접근할 수 단'을 제공한다. 운전자에게 승차를 기다리는 승객이 있는지, 또 어디에 있는지를 알려준다. 주문형 앱에서 진짜 혁신은 서비스가 필요한 사람과 노동자를 이어줄 때 더 가볍고 더 유연한 방식을 쓴다는 것이다.

재택 간병인과 환자를 연결해주는 회사인 아너에서는 어울리는 짝 맞추기가 핵심 업무라고 설명한다. 우버와 달리 아너의 간병인은 회사 직원이지만, 간병인을 찾는 서비스 수요는 들쭉날쭉하다. 환자와 쭉 관계를 이어가는 간병인도 있지만, 단기 간호만 요청받는 간병인도 있다. 그러므로 간병인과 환자를 어울리게 짝지어주는 것이 중요하다. 인력 배정뿐 아니라 간호 솜씨도 중요하다. 어떤 환자는 자신을 들어 올릴 만큼 힘이 센 사람이 필요할 테고, 어떤 환자는 특수 간호가 필요할 것이다. 노동자가 자신이 어떤 일을 맡는지 미리 알도록 플랫폼이 도울 때 관계가 더 오래 끈끈하게 지속되고, 고객이 더 행복해지며, 시스템이 더욱 효과를 발휘한다.

어울리는 짝 잇기는 업워크처럼 프로그래밍, 그래픽 디자인, 글쓰기, 번역, 검색엔진 최적화, 회계, 고객 서비스 같은 분야에서 프리랜서와 기업을 이어주는 플랫폼에서도 매우 중요한 역할을 한다. 업워크의 최고경영자인 스테판 카스리엘Stephane Kasriel은 일자리 시장의 역동성을 이해하고 싶다면, 업워크보다 나은 곳이 없다고 지적했다. '일자리 회전율'이 매우 높기 때문이다. 이런 일은 대개 몇 년이 아니라 며칠에서 몇 주짜리다. 스테판에 따르면, 업워크에서 일하는 노동자가 세 부류이고, 각 부류에 맞추어 플랫폼이 다른 일을 한다.

첫째 부류는 고객이 원하는 업무 기술을 이미 갖추었고, 플랫폼에서 평판도 좋은 이들이다. 이들은 선순환의 흐름을 탄 상태이므로 자기에게 필요한 일거리를 모두 얻는다. 따라서 플랫폼이 도울 일이 별로 없다.

둘째 부류는 고객이 원하는 업무 기술을 갖추었지만, 아직 평판을 쌓지 못해 일거리가 충분하지 않은 이들이다. 업워크의 사내 데이터 과학 부서는 주로 이들을 찾아내 알맞은 일자리를 알려주는 데 집중한다. 이 때 목표는 이들이 자신의 업무 기술과 완벽히 일치하는 일거리를 찾도록 돕는 것뿐이 아니다. 이들에게 인력 공급이 모자란 새 영역, 학습이나 재훈련을 어느 정도 받으면 평판과 추천의 선순환에 올라탈 발판이 될 영역을 알려주는 것이 목표일 때가 많다. 스테판이 꼽은 예에 따르면, 몇 해 전에는 자바 개발자가 많고 안드로이드 개발자가 부족했으므로, 둘째 부류에 속한 사람이 업계에서 관심을 끌 가장 좋은 길(안드로이드 개발자가 자바 개발자보다 보수가 많았으므로 돈을 더 많이 벌 길이기도 했다)은 새 업무 기술을 익히는 것이었다. 오늘날에는 데이터 과학 기술이 있는 노동자가 부족하므로 거기에서 얻을 수 있는 임금 혜택이 있다.

셋째 부류는 자기가 지원하려는 일자리에 적합한 업무 기술이 없는 사람들이다. 이때 플랫폼이 해야 할 일은 이들이 엉뚱한 일자리에 지원하지 못하게 막는 것이다. 스테판은 이렇게 표현했다.

"이들이 엉뚱한 일자리에 지원하느라 쓰는 시간은 일하는 데 썼어야 할 시간입니다."

업워크는 자체 역량 평가 체계를 개발했고, 매달 평가 실행 시간이 10만 시간에 이른다. 흥미롭기 그지없게도 업워크의 평가는 실행하자마자 검증이 끝난다. 누군가의 업무 능력은 고객이 만족할 수준이거나 아니거나 둘 중 하나이기 때문이다. 교육 회사가 파는 여러 평가 도구가 종이 인증서를 제공하는데도 인증서가 있는 노동자가 실제로 그 일을 할 수 있다는 증거가 거의 못 되는 현실과 극명하게 대비된다.

이 모든 점이 암시하듯이, 우리는 노동을 보는 현재 사고방식의 족쇄에서 벗어나는 막바지에 다다르고 있는지도 모른다. 족쇄에서 벗어난 우리는 첨단기술을 이용해 노동자의 권리를 높이고 능력을 키울 길을 다시 알아낼 것이다. 그래서 노동자의 강점을 찾아 일할 기회와 이어주고, 함께 일하기에 더 쉽고 효과 있는 도구를 만들며, '매우 자유롭고 회전율이 높은' 주문형 일감이 함께 나타나는 역동적인 노동시장을 만들어낼 것이다.

능력 증강의 길 – 미래의 교육

미래를 이해하는 데 가장 중요한 열쇠는 기존 지식이 도구에 내장될 때, 다른 지식이 있어야 그 지식을 이용할 수 있고, 그밖에도 다른 지식이 있어야 더 잘 활용할 수 있다는 사실을 깨닫는 것이다. 능력을 증강하고자 도움닫기를 할 때, 배움은 반드시 거쳐야 하는 단계다.

이는 내가 지금껏 다음 단계의 첨단기술을 프로그래머에게 알리는 일을 하는 동안 목격한 사실이다. 내가 처음 펴낸 컴퓨터 책자는 1978년에 디지털 이큅먼트Digital Equipment Corporation의 '실험실 주변장치 가속기 LPA 11-K'용 설명서였다. 책은 어셈블리 언어를 쓰는 고속 실험실 데이터 수집 장치에서 나온 자료를 전송하는 법을 설명했다. 어셈블리 언어는 저수준 언어로 지금도 우리가 쓰는 컴퓨터 안 깊숙이 숨어 있는 실제 기계어와 매우 비슷하다. 그때는 컴퓨터에 내리는 지시가 매우 명료해야 했다. '이쪽 입출력 단자에 있는 자료를 저쪽 CPU의 레지스터로 옮겨라, 그 자료에 이 계산을 수행하라, 결과를 다른 레지스터에 넣어라, 그 값을 저장 장치에 기록하라' 하는 식이다.

아직도 어셈블리 언어를 속속들이 알아야 하는 프로그래머가 더러 있지만, 이제 기계어는 대개 컴파일러와 인터프리터가 C, C++, 자바, C#, 파이선, 자바스크립트, 고^{Go}, 스위프트 같은 고급 언어의 결과물로서 생성된다. 프로그래머는 고급 언어를 써서 더욱 다양하고 수준 높은 명령어를 쉽게 구현하고, 그와 동시에 결과물로 사용자 인터페이스를 만들어낸다. 따라서 프로그램을 짤 줄 모르는 사람마저도 몇 십 년 전이라면 컴퓨터의 메모리 영역과 명령어 집합을 정확히 알지 못하고서는 어림도 없었을 강력한 성능을 구현할 수 있다.

하지만 '현대' 언어와 인터페이스도 그저 중간 단계일 뿐이다. 지구에서 가장 수요가 많은 소프트웨어 엔지니어를 수만 명이나 고용하는 구글은 이제 그 직원들에게 머신러닝이라는 새로운 지식 분야를 재교육해야 한다는 사실을 깨닫고 있다. 머신러닝은 프로그래밍 방식이 완전히 다르기 때문에 눈에 보이는 코딩을 하는 것이 아니라 인공지능 모형을 훈련한다. 구글은 소프트웨어 엔지니어를 학교로 돌려보내 재교육하는 것이 아니라 실습 방식으로 재교육한다.[19]

이는 내가 일을 하는 내내 거듭해 목격한 한 가지 사실을 뚜렷하게 드러낸다. 바로 첨단기술이 교육 제도보다 훨씬 빠르게 움직인다는 것이다. 초창기 개인 컴퓨터의 프로그래밍 언어가 베이식이었을 때, 프로그래머는 남에게 배우고, 책을 보고, 사용자끼리 공유한 프로그램 소스 코드를 분석해 언어를 익혔다. 학교에 처음으로 베이식을 가르치는 과목이 생기자 산업은 베이식을 훌쩍 뛰어넘어 이동했다. 학교가 PHP로 웹 사이트를 만드는 법을 가르치기 시작하자 세상은 이미 스마트폰 앱을 만들거나 통계와 빅데이터를 익히는 데 몰두하고 있었다.

그런 지연은 지난 수십여 년 동안 오라일리가 유망 첨단기술을 알려 주는 출판사로 성공을 거둔 열쇠였다. 사람들이 알아야 하는 것을 알려 주는 곳이 없었기 때문이다. 우리는 그런 지식을 서로에게 배워야 했다. 우리 회사에서 잘 팔린 책들은 모두 혁신의 최첨단에 있던 사람을 찾아 내 그들이 아는 지식을 적게 하거나, 그들의 지식을 뽑아낼 수 있는 작가를 붙여 만들어졌다. 그 결과 최첨단이던 리눅스, 인터넷, 그리고 자바, 펄, 파이썬, 자바스크립트 같은 새 프로그래밍 언어가 실제 어떻게 쓰이는지를 담아내고, 손꼽히게 앞서가는 프로그래머의 뛰어난 적용 사례를 기록할 수 있었다. 더 최근에는 빅데이터, 데브옵스, 인공지능도 책에 담았다.

첨단기술의 속도가 빨라졌으므로 우리 일에서는 관심 사안에 사람들을 모으는 일이 더 중요해졌다. 그래서 지식 공유 플랫폼도 만들었다. 이곳에서는 독특한 첨단기술이나 사업 수완이 있는 사람이면 누구든 우리 고객에게 그것을 가르칠 수 있다. 이 플랫폼을 우리 책의 표지를 장식하는 19세기 동물 목판화에 대한 존경의 표시로 사파리라고 부른다. 이 온라인 서점 플랫폼에는 이제 우리 책뿐 아니라 수백 곳에 이르는 출판사에서 펴낸 전자책 수만 권이 들어 있다. 또 수천 시간 분량에 이르는 교육용 동영상과 학습 프로그램이 있고, 글과 동영상, 실행 가능한 코드가 통합된 학습 환경을 제공한다. 이뿐 아니라 앞서가는 전문가가 최첨단 기법을 가르쳐주는 온라인 생중계 행사도 연다.

우리 사업에 일어난 큰 변화 하나는 한때 혁신의 첨단에 선 모험가의 영역이었던 첨단기술이 주류로 이동했다는 것이다. 프로그래머 개개인이나 작은 스타트업 회사는 물론이고, 이제는 〈포춘〉 500대 기업도 기술이 진화하는 속도에 발맞추어 배워야 한다. 우리가 하는 일은 엄청난 전환기에 있다. 하지만 나는 우리가 새 지식에 쓰는 기법과 전달 방법이 무엇이든 어떤 것은 계속 그대로 남을 것을 안다.

인간은 알맞은 물음을 던지고 새 지식을 받아들일 수 있을 만한 지식 기반이 있어야 한다.

인간은 서로서로 배운다.

인간은 그때그때 필요한 일을 하고, 실제 문제를 해결하고, 지식을 얻을 때 가장 잘 배운다.

인간은 돈을 벌기 위해 그 일을 해야 해서가 아니라, 한가한 시간에도 하고 싶을 만큼 자기 일에 깊이 끌릴 때 가장 잘 배운다.

배움은 즐거워야 한다

2005년 1월에 잡지 〈메이크Make〉를 출간했을 때, 우리는 표지 이야기로, 항공사진을 찍을 수 있는 장비를 만든 찰스 벤턴Charles Benton을 크게 다루었다.[20] 당시는 고프로GoPro에서 초소형 캠코더인 액션캠이 나오지 않았고, 누군가 드론을 번득 생각하기는 아직 멀었던 때다. 다른 기사에서는 집에서 비디오카메라 스태빌라이저 만드는 법을 설명했다. 잇따른 다른 기사에서는 어떻게 소니의 로봇 강아지 아이보AIBO에 감지기를 부착해 냄새로 유독성 폐기물을 찾아낼 수 있게 했는지를 소개했다. 또 한 기사에서는 신용카드나 호텔 방 카드 열쇠의 마그네틱 선에 어떤 정보가 저장되었는지 알 수 있는 장치의 도안을 담았다.

〈메이크〉를 생각해낸 데일 도허티는 〈파퓰러 미캐닉스Popular Mechanics〉 같은 잡지의 초기 발행본이 당시 인기를 얻던 기계 장치와 사뭇 다른 사실에 충격을 받은 경험이 있었다. 초기에 그런 잡지가 시끌벅적하게 소개한 새 첨단 제품은 대중이 '살 수 있는' 제품이었다. 하지만 40년 전 〈파퓰러 미캐닉스〉에는 대중이 '해볼 수 있는' 설계서가 가득했다.

라이트 형제가 살던 시대로 돌아가 보자. 〈더 보이 미캐닉The Boy Mechanic〉과 같은 입문서가 눈에 들어올 것이다. 비행기를 살 수는 없던 때지만, 비행기를 만들어내는 꿈은 꿀 수 있었다.

> 미래는 그것을 살 수 있기 전에 만들어진다는 패턴을 인식하는 것이 중요하다. 미래는 새로운 것을 발명할 수 있는 사람과, 발명품을 고치고 개선해 실제로 쓸 수 있게 하는 사람이 만든다. 이들은 손수 해봄으로써 배우는 사람이다.

뒤에 나온 〈메이크〉 간행본에 데일이 실은 '소유자 선언'은 이렇게 시작한다.

"제품을 열어볼 줄 모른다면, 소유하지 않는 것이다."[21]

이 선언이 옳다는 것은 그 뒤로 여러 차례 증명되었다. 기업들이 이익을 늘릴 속셈으로 갈수록 디지털 저작권 관리 소프트웨어DRM를 이용해 소비자를 묶어두고는, 명목상은 소비자 소유인 장치를 수리하거나 재공급 받을 권리를 부정했기 때문이다.[22] 예컨대 프린터, 커피메이커, 최근에는 최첨단 트랙터를 포함한 농기계가 기업과 고객이 명목상 소비자 소유인 제품을 누가 제어할지를 놓고 전쟁을 벌인 분야다.[23]

그런데 데일 도허티와 그가 대표하는 제조업자를 고민에 빠뜨린 것은 DRM과 봉인된 하드웨어로 대표되는 힘겨루기만이 아니었다. 하드웨어는 슈링크랩shrink-wrap 사용 계약이라는 말로 서비스 이용이 막히거나 특별한 도구 없이는 열어볼 길이 없을 때가 많다. 그러니 정말로 자신이 쓰는 도구에 통달하고 싶다면, 그 속을 볼 줄 알아야 하고, 도구가 어떻게 작동하는지, 어떻게 바뀌는지를 알아야 한다는 것도 고민이었다.

오늘날 스마트폰이나 태블릿, 컴퓨터를 사면 쓰기 쉽게 디자인된 매끈한 제품을 손에 넣는다. 하지만 그것을 손보거나 고치기는 어렵다. 그런데 1970년대와 1980년대, 또는 그 이전에 컴퓨터로 일하기 시작한 우리 세대는 달랐다. 우리는 상대적으로 원시적인 상태, 무엇이든 쓸모 있는 일을 하도록 가르쳐야 하는 백지 상태에서 시작했다. 그렇게 가르치는 일을 프로그래밍이라 부른다. 오늘날 스마트폰을 소유한 수십억 명 가운데 프로그램 짜는 법을 아는 사람은 극히 소수다. 하지만 당시에는 손수 프로그램 짜는 법을 배우지 않으면 컴퓨터가 거의 무용지물이 되는 경우가 대부분이었다.

우리는 문제를 풀면서 프로그램 짜는 법을 스스로 익혔다. 프로그래밍을 가르치려고 생각나는 대로 만들어낸 연습 문제가 아니었다. 꼭 해결해야 하는 진짜 문제였다. 데일 도허티와 나는 글쟁이였으므로 책을 써서 출판하는 데 도움이 되는 프로그램을 만들어내야 한다는 뜻이었다. 달리 말해 설명서 전체에서 반드시 일관된 용어를 쓰게 하거나, 흔한 문법 오류를 고치거나, 색인을 구성하거나, 출판용으로 틀을 짜 조판하도록 원고를 편집하는 프로그램을 짜야 했다. 우리는 이런 일에 솜씨가 아주 뛰어났기 때문에 《유닉스로 문서 처리하기 Unix Text Processing》라는 책을 함께 썼다.[24] 그리고 새로 발견한 재능을 출판사를 세우는 일에 쏟았다. 이 덕분에 우리 출판사는 아직도 전통적 출판사 대다수가 흔히 그렇듯 작가와 편집자가 작업을 마친 뒤에도 여러 달을 기다리지 않고도 며칠 만에 인쇄기로 책을 찍어낼 수 있다.

유닉스는 컴퓨터 1세대가 썼던 자체 하드웨어 장치가 2세대에서 상용 PC 구조로 넘어가는 특이한 전환이 낳은 산물이었다. 유닉스는 하드웨어 설계가 다른 다양한 컴퓨터에 두루두루 이식해 쓸 수 있도록 설계된 소프트웨어 계층이었다. 그래서 우리는 흥미로운 새 프로그램이 나왔다는 소식을 들을 때마다, 그저 내려받아 돌려보기만 하는 것이 아니라, 프로그램을 이식 즉 우리가 사용하던 컴퓨터 기종에서도 돌아가도록 수정해야 할 때가 많았다. 컴퓨터마다 프로그래밍 환경이 달랐으므로 직접 만든 맞춤형 소프트웨어를 추가하기가 쉬웠다. 1985년에 출판업에 뛰어들어 우편으로 책 주문을 받았을 때, 나는 주문 입력·회계 시스템을 사지 않았다. 내가 프로그램을 손수 짰다.

웹을 발견했을 때는 무엇을 만들어내기가 훨씬 재미있어졌다. 웹이 문서 조판 언어인 HTML을 쓰는 온라인 페이지를 구성하도록 설계되었으므로 우리 장점에 꼭 들어맞았다. HTML은 웹 페이지에서 깔끔한 새 볼거리가 눈에 들어올 때마다 메뉴를 열어 소스 보기를 선택하면 어떤 기술을 썼는지 알 수 있다는 뜻이었다.

초기 웹은 무척 단순했다. 프로그램을 짜는 기발한 새 방법이 하루가 멀다고 소개되었으므로 우리는 신이 나서 서로 닥치는 대로 베꼈다. 누군가가 기발한 해법을 내놓으면 같은 문제를 겪고 있는 모든 이의 공동 자산이 금세 되었다.

오라일리 초창기에 우리는 고객용 문서를 작성했다. 하지만 얼마 지나지 않아 깨달았다. 폭발하듯 밀려오는 혁신을 뒤따르는 일, 이제 막 생겨난 첨단기술을 문서로 제공하는 일, 직접 해보며 배우는 사람들의 지식을 담아내는 일에 어마어마한 기회가 있었다. 이들이 이전에 누구도 해본 적 없는 일을 하고 있었기 때문이다.

모방은 배움의 열쇠다. 회사 초기에 우리 책을 설명할 때, 우리는 우리보다 많이 아는 사람이 어떻게 일하는지를 어깨너머로 살펴보고 그 경험을 재현하려고 노력한 것이라고 말했다. 이것이 오픈소스 소프트웨어의 중요한 매력이었다. 지난 2000년, 소프트웨어 업계가 이 새로운 발상에 대처하기 시작했을 때, 당시 MIT 슬론 경영대학원 학생이던 카림 라카니Karim Lakhani와 보스턴 컨설팅그룹의 로버트 울프Robert Wolf가 오픈소스 소프트웨어 프로젝트에 공을 들이는 사람들의 동기를 연구했다.[25] 이들이 알아낸 바에 따르면, 자기만의 특별한 필요에 맞게 소프트웨어를 수정하는 것 말고도, 지적 탐구라는 순수한 즐거움과 배움이 높은 임금과 사회적 성공 같은 전통적 동기보다 중요했다.

데일 도허티는 이런 일이 새로운 하드웨어 세계에서도 되풀이해 작동하고 있다는 사실을 알아챘다. 창의적으로 다시 쓰이기를 기다리는 여러 구닥다리 장치, 값싼 감지기, 3D 프린터는 우리가 오랫동안 소프트웨어와 관련 지었던 유연성 같은 것을 하드웨어가 경험하기 시작했다는 뜻이었다. 하지만 그런 기회를 이용하려면 하드웨어를 해체하여 새로운 방식으로 조립해야 했다.

이것이 메이커 운동의 본질이다. 탐구하는 즐거움을 얻으려는 만들기, '배우는 만들기'다.

오늘날 우리 교육 제도에는 즐거움이 없다. 풀어야 할 문제가 산더미 같은데도 판에 박힌 해법만 외워야 한다. 이루고 싶은 것이 목적일 때는 지식이 도구에 그친다. 하지만 지식을 찾아내려 애쓸 때, 그리고 마침내 찾아낼 때, 지식은 진실로 당신 것이 된다.

스튜어트 파이어스타인Stuart Firestein은 《이그노런스Ignorance》에서 과학은 아는 지식을 모아놓은 것이 아니라고 주장한다. 과학은 모르는 것을 탐색하는 습관이다. 그러니 과학을 움직이는 힘은 지식이 아니라 무지다.[26]

과학에서도 배움에서도 본질인 요소로 놀이가 있다. 물리학자 리처드 파인만은 자서전에서 과학계에 한 획을 그어 노벨상을 받게 한 발견이 어디서 나왔는지를 설명했다. 연구에 몰두하다 진이 빠진 그는 언센가부터 연구에 집중하지 못했다. 물리학이 더는 재미있지가 않았다. 그래도 전에는 얼마나 재미있었는지는 기억했다.

"고등학생일 때 나는 수도꼭지에서 흐르는 물이 점점 가늘어지는 현상을 지켜보며, 저 곡선 모양을 결정짓는 것이 무엇인지 알아낼 수 있지 않을까 생각하곤 했다. 꼭 해야 하는 일은 아니었다. 과학의 미래에 중요한 일이 아니었으니까. 누군가 다른 사람이 이미 밝혀내기도 했다. 그런데도 내 생각은 바뀌지 않았다. 나는 나만의 즐거움을 얻고자 무언가를 만들어내 놀이를 하곤 했다."

그러므로 파인만은 다시 재미 찾기로 돌아가 연구 목표에 끌려 다니지 않기로 마음먹었다. 2년이 채 지나지 않아 코넬대학 식당에서 어떤 사람이 공중에 접시를 돌리는 모습을 지켜보다가, 파인만은 기우뚱기우

뚱 돌아가는 접시 가장자리가 중간에 있는 코넬대 로고보다 빠르게 돌아가는 사실을 알아챘다. 그래서 그냥 재미 삼아 회전 비율을 식으로 계산하기 시작했다. 서서히 깨닫고 보니, 거기에 전자의 회전을 알려주는 가르침이 있었다. 머잖아 파인만은 나중에 양자전기역학으로 알려진 연구를 깊이 파고들었다.

재미의 중요성은 기업의 학습에서도 마찬가지다. 나는 구글의 개발자 관계팀장 데이비드 맥로린David McLaughlin과 나눈 인상 깊은 대화를 기억한다. 우리 둘 다 어느 거대 소프트웨어 회사의 기술자문회의에서 발언하기로 승낙했었다. 그 회사는 어떻게 해야 자사 플랫폼에 개발 인력을 더 많이 초빙할 수 있을지 알고 싶어 했다. 데이비드는 중요한 질문을 던졌다.

"개발자 중에 일이 끝난 뒤 한가한 시간에 놀이 삼아 일하는 사람이 있나요?"

답은 '아니요'였다. 데이비드는 그 문제를 고치지 않고서는 외부 개발자에게 손을 뻗치는 일은 헛수고라고 조언했다.

배움에서 재미의 중요성은 데일 도허티가 잡지 〈메이크〉에 첫 부제로 "한가할 때 즐기는 첨단기술"을 붙인 이유이기도 했다. 달리 말해, 하라고 시키는 사람이 없어도 하고 싶은 일이란 뜻이다. 2006년에 우리는 잡지에 덧붙여 메이커 페어도 개최했다. 갖가지 로봇을 품평하는 행사인 이 축제는 이제 해마다 수십만 명이 참가한다. 미래가 어떨지 알고 싶어 몸이 단 아이들과 배움이 얼마나 경이로운지를 재발견하는 부모들이 행사장을 가득 메운다.

요즘 학교에서의 학습은 대부분 눈 씻고 보아도 재미를 찾기 어렵다. 그런데 사람들은 재미에 목마르다. 그러니 호기심을 불러일으키지 못한다면 엉뚱한 길로 가고 있을 가능성이 크다.

교육 혁신과 구조이해력

한번 호기심이 생기고 나면, 인터넷은 호기심을 채우는 강력한 새 방법을 제시해왔다. 존 하겔 3세John Hagel III, 존 실리 브라운John Seely Brown, 랭 데이비슨Lang Davison은 《끌어당김의 힘The Power of Pull》에서 21세기 들어 배움의 성격이 근본부터 바뀌었다고 요약한다. 책은 파도타기 선수권대회에 참가를 앞둔 젊은 서퍼 무리로 이야기를 시작한다. 이들은 자신들이 파도 타는 모습을 동영상으로 찍어 살펴보고 분석한 뒤, 온라인에 올라온 전문 선수들의 파도타기 장면과 비교함으로써 기술을 향상시켰다. 그러면서 자신들의 동영상을 유튜브에 올렸고, 기술이 늘자 후원자 눈에 띄어 대회에 초대받았다.[27]

직접 해보고, 공유하고, 필요할 때 전문 기술을 찾아보며 익히는 배움은 오늘날 특히 젊은 사람에게 중요한 학습 방식이다. 밀레니얼 세대의 생활방식을 보여주는 사이트 'Brit + Co'의 창립자이자 최고경영자인 브릿 모린Brit Morin은 "나는 이제 슬슬 학교에서 인기가 떨어지고 있다고 느낀다"라고 설명한다. 그녀에 따르면 마케터들은 이제 그들이 Z세대라 부르는 무리, 14살에서 24살 사이 집단에 매달리고 있다. 이 세대는 알고 싶은 것을 찾을 때 인터넷을 이용할 수 없던 시대를 모른다. 브릿은 이렇게 전했다.

"이 또래의 69퍼센트가 유튜브로 '거의 모든 것'을 배우고, 학습 방식으로는 교사나 교과서보다 유튜브를 훨씬 좋아한다고 말해요."[28]

내가 13살짜리 의붓딸에게서 경험한 일도 바로 그런 것이었다. 최근에 우리는 사업상 저녁을 대접하러 손님을 몇 명 집으로 초대했다. 딸아이는 디저트를 만들어도 되느냐고 물었다. 나는 허락은 했지만, 무엇을 제대로 만들지 걱정이 되었다. 그런데 식사에 나온 디저트가 깜짝 놀라게도 최고급 식당에서 볼 만한 수준이었다. 달걀 껍데기 두께로 정확히 모양을 잡은 초콜릿 컵에 온갖 딸기를 뿌린 아이스크림이 담겨 나왔다.

"이걸 어떻게 만들었니?"

"초콜릿을 녹인 다음, 풍선에 발라서요."

딸아이는 그 방법을 유튜브에서 배웠다. 그렇다고 여러 해 동안 요리를 배운 것도 아니었다. 친구 한 명이 요리 방송국의 어린이 제빵 리얼리티 쇼에 출연하자 흥미가 생겼을 뿐이었다. 요리 동영상을 보기 시작하더니 부엌에서 그대로 만들어봤다. 초콜릿 컵 아이스크림은 딸아이가 처음 시도한 것이었다.

필요할 때마다 정보에 접근할 힘은 차세대 학습의 열쇠다. 첨단기술과 일거리의 미래를 걱정하는 이들은 여기에 주목해야 한다. 학습 방식으로 짧은 영상을 선호하는 경향도 마찬가지다. 북미에서만도 2015년 1~4월에 유튜브에서 이러저런 요령을 알려주는 동영상을 시청한 시간이 1억 시간을 넘긴다.[29]

스타벅스의 최고경영자 하워드 슐츠 Howard Schultz 와 함께 미국바로잡기위원회를 발기한 마클재단의 조 베어드 Zoë Baird 는 이렇게 말한다.

"고용주들은 반드시 이 변화를 알아채 전통적이지 않은 방식으로 익힌 업무 기술과 역량의 가치를 인정해야 해요. 핵심은 업무 기술에 바탕을 둔 고용·채용 관행을 받아들이는 것이죠. 너무 많은 고용주가 학사학위를 채용 자격으로 정하고 있어요. 학사학위가 없어도 되는 자리인데도 말이에요."

그녀는 2024년까지 미국에서 성장률이 높을 것으로 손꼽히는 일자리 대다수에서 학사학위가 없어도 된다고 지적했다. 만약 그렇다면 분명히 우리는 시대에 뒤처진 노동시장에서 업무 기술을 가치 있게 여기는 시장으로 탈바꿈시켜야 한다. 2016년에 마클재단, 링크드인, 콜로라도주, 애리조나주립대학 등 여러 곳이 함께 교육 관련 단체 스킬풀Skillful을 세워 이 문제에 대처하려 나섰다. 스킬풀은 디지털 경제의 요구사항을 반영하도록[30] 시대에 뒤떨어진 미국 노동시장을 탈바꿈시키려는 노력이다.

덧붙여야 할 중요한 점이 또 있다. 끝없는 정보 세계에 접속함으로써 인간의 능력이 매우 증강되지만, 먼저 해결해야 할 일이 남았다. 유튜브 동영상을 보고 멋진 디저트를 만드는 법을 배우기에 앞서, 내 의붓딸은 아이패드 쓰는 법부터 알아야 했다. 유튜브를 검색하는 법도 알아야 했다. 손을 뻗기만 하면 되는 콘텐츠 세상이 있다는 것도 알아야 했다. 오라일리에서는 이를 '구조이해력Structural Literacy'이라고 부른다.

구조이해력이 없어 컴퓨터가 어떻게 작동하는지 모르는 사용자는 컴퓨터 사용에 애를 먹는다. 그래서 기계적으로 사용법을 익힌다. 아이폰에서 안드로이드 폰으로, 안드로이드 폰에서 아이폰으로, 개인용 컴퓨터에서 맥으로 옮길 때, 심지어 같은 소프트웨어일지라도 버전이 바뀔 때마다 어려움을 겪는다. 그들이 멍청하다는 뜻이 아니다. 이들도 낯선 차에 올라 적응하는 데는 아무 어려움을 겪지 않는다. 처음 탄 차에서도 "빌어먹을 주유구 레버가 어디 있는 거야?"라고 묻는다. 어딘가에는 주유구 레버가 있다는 사실을 알기 때문이다. 구조이해력이 있는 사람은 무엇을 찾아야 할지를 안다. 일이 어떻게 돌아갈지 알려주는 기능 지도를 가지고 있다. 그런 지도가 없는 사람은 속수무책이 된다.

내가 개인적으로 컴퓨터 서적을 쓰고 편집하곤 했을 때, 첫 장은 늘 주제와 관련된 구조이해력을 전달하도록 구성했다. 내 목표는 독자가 첫 장을 읽고 나면 주제를 충분히 이해함으로써 책 어디든 들추어 특정 정보를 찾아볼 수 있고, 맥락을 충분히 파악해 읽은 내용을 속속들이 알고 이해하는 것이었다.

필요한 구조이해력의 수준과 종류는 일에 따라 다르다. 오늘날 스타트업 회사가 갈수록 장치에 소프트웨어와 서비스를 내장하고 있기 때문에 전기공학과 기계공학의 기본 기술은 물론이고 납땜 같은 수작업 기술까지 알아야 한다. 오늘날 경험 많은 소프트웨어 개발자가 머신러닝 알고리즘 일을 하려면 텐서 미적분학과 관련한 능력을 키워야 할 것이다. 가르치는 사람이 배우는 사람의 문화와 환경을 폭넓게 익힐 때 교육 효과가 훨씬 높다.

신기술을 가르치는 온라인 학습 플랫폼의 문제 하나가 구조이해력만 제공한다는 것이다. 이런 플랫폼은 주제에 문외한인 초보자를 가르치기에 알맞다. 예컨대 디지털 마케팅 강좌를 열거나 자바 스크립트를 가르쳐 프로그래밍에 대한 구조이해력을 알려주기에 적합하다. 그런데 그 뒤에 사람들에게 필요한 것은 매우 구체적인 주제를 때맞춰 배우는 일이다.

사파리 서점의 고객인 대형 국제은행이 연간 구독 계약을 갱신할 때, 우리에게 의미심장한 말을 했다.

"우리를 굳이 목표 고객으로 삼지 않아도 됩니다. 우리 시스템 중 하나가 고장 났는데, 필요한 문서를 사파리 서점에서 찾아냈거든요. 덕분에 수백만 달러에 해당하는 손해를 막았습니다."

기술 매체의 거인 인터내셔널 데이터그룹International Data Group을 세운 팻 맥거번Pat McGovern이 내게 말한 경영 방침은, 첨단기술이 발전할수록 '구체적인 것이 일반적인 것을 몰아낸다'였다.

따지고 보면, 주문형 교육은 주문형 운송업과 그리 다르지 않다. 그 일을 아는 사람과 그 일을 알아야 하는 사람들로 북적이는 시장이 있어야 한다. 지식이 전달되는 방식, 예컨대 책, 동영상, 일대일 강습이 큰 주목을 받는다. 하지만 더 큰 과제는 풍성한 '지식 네트워크'를 어떻게 자가발전시킬 것인가이다.

증강현실, 그리고 주문형 학습의 미래

오늘날 주문형 학습의 핵심이 사파리 같은 전문 플랫폼이나 유튜브에서 방법을 검색하는 것이라면, 분명 미래는 증강현실이 될 것이다. 보잉사의 항공기 정비사는 시범 프로젝트에 참여할 때 마이크로소프트의 홀로렌즈HoloLens를 활용한다. 홀로렌즈는 정비 업무와 겹치는 회로도와 설계도를 제공하는데, 여러 해 동안 경험을 쌓아야 하는 복잡한 작업도 쉽게 해낼 수 있다. 또한 건축회사에서 건축가와 고객이 현실에서 무엇을 실제로 만들어내기에 앞서, 짓고 싶은 건축물을 증강현실 또는 가상현실을 이용해 모형으로 만들어 수정하고 결정한다.

널리 알려진 대로 구글 글라스가 실패했고, 오큘러스 리프트Oculus Rift

같은 가상현실 플랫폼을 둘러싸고 설익은 부풀리기가 있었지만, 증강현실과 가상현실이 주문형 학습에 강력한 영향을 미치리라는 증거는 많다. 스마트폰과 태블릿만 해도 벌써 원격의료, 작업 현장의 의사소통, 현장 실습 같은 영역에서 쓸모 있게 쓰이고 있다. 구글이 지금도 차세대 글라스를 개발할 가능성이 크다는 것은 말할 나위도 없고, 마이크로소프트가 홀로렌즈에 투자하고, 스냅이 스펙터클Spectacles 같은 실험을 이어가며, 애플이 신제품을 내놓는다는 소문이 돌고 있으므로, 확신하건대 이 영역에 뉴스거리가 넘칠 것이다.

> 어떤 흐름이 생겨나고 있다는 사실을 알고 나면, 그런 흐름이 펼쳐지는 현상이 눈에 들어온다. 머릿속의 지도는, 신호를 보내는 흐름에 주의를 기울이고, 그런 흐름을 적용할 길을 탐색해 보라고 알린다.

흥미로운 뉴스를 찾아보면 이 사실을 확인할 수 있다. 미국 방위고등연구계획국은 2015년 행사에서 보병들이 머리에 쓰는 200달러짜리 증강현실 영상 장치를 선보였다.[31] 마이크로소프트는 경영 전략의 핵심으로 갖가지 인간 역량의 증강에 깊이 전념하기로 했다.[32]

교육·훈련을 통한 기존 인력의 기량 증강

배움을 경제 측면에서 깊이 파헤친 책이 있다. 제임스 베슨James Bessen의 《해보며 배우기Learning by Doing》다. 책에서 베슨은 '왜 신기술로 얻은 생산성 향상이 임금에 반영되기까지 그토록 오랜 시간이 걸리는가?'라는 물음에 답을 내놓고자 한다. 그는 현대의 디지털 기술 도입뿐 아니라 19세기 매사추세츠주 로웰시의 면직공장 역사를 살펴보며, 우리가 오랫동안 이야기해온 혁신이 틀렸다는 결론에 이른다. 생산성 향상에 따른 큰 수익 덩어리는 시간이 지나 혁신이 도구가 되어 실행될 때 나온다.

베슨은 증기기관에 힘입은 공장의 도입 같은 주요 혁신이 어떻게 한 쪽 기술을 다른 쪽 기술로 대체함으로써 그것을 쓸모없게 만드는 동시에 다른 역량을 키웠는지를 설명한다. 그에 따르면 자동화 때문에 숙련된 기능공이 비숙련 노동자로 대체된다는 것은 근거 없는 믿음이다. 사실 초보 기능공과 노련한 기능공의 생산성 차이를 측정하고, 새로 생겨난 증기기관 공장에서도 초보 노동자와 숙련 노동자를 측정해보면, 1840년대에 초보 기능공이든 초보 공장 노동자든 생산성을 완전히 내도록 훈련하는 데 꼬박 1년이 걸렸다고 판단된다. 기량을 훈련 시간으로 대신해 측정하면, 그들은 분명 기량은 같았지만 방식은 달랐다.[33]

베슨에 따르면 노동자가 새로 익힌 기량은 학교 교육의 결과물이 아니다. "그런 기량은 대개 작업 현장에서 배운다."

이는 오늘날에도 마찬가지다.

"경제학자가 흔히 '기량을 갖춘 노동자'를 4년 동안 대학 교육을 받은 사람으로 규정하는 관행은 특히 그릇된 생각이다. … 신기술을 써서 일하는 데 필요한 기량은 대학에서 얻는 지식과 아무 관련이 없기 일쑤다."

나에게는 이 말이 확실히 맞았다. 대학에서 나는 그리스어와 라틴어를 공부했다. 컴퓨터와 관련한 것은 모두 현장에서 익혔다. 대학에서 배운 '지식'은 쓸모가 없었다. 중요한 것은 공부의 기본 기술, 곧 몸에 밴 사고

습관이었다. 특히 되풀이되는 현상을 알아채는 능력이 중요했다. 고백하건대 내 언어 능력을 벗어나는 복잡한 그리스어 원문을 분석하느라 끙끙댔던 경험이 내가 처음에는 거의 이해하지도 못했던 프로그래밍 언어로 쓰인 프로그램을 글로 기록하는 도전에 나섰을 때 훌륭한 준비 학습이 되었다. 우리가 가르쳐야 할 것은 지식만이 아니다. 배우는 능력도 가르쳐야 한다. 끊임없이 배우는 법을 가르쳐야 한다. 내 경력을 돌아볼 때, 계속 일을 이어가는 데 중요한 역할을 한 것은 바로 배움이었다.

우리 경제에서 너무 많은 사람이 일자리를 찾으려고 몸부림치고 있다. 원인은 여러 가지겠지만, 누구나 이 문제를 해결하는 해법이 하나 있다면, 그것은 배울 줄 아는 힘이다. 이 힘은 우리 아이들이 끊임없이 변하는 세상에 적응하게 하려면 반드시 가르쳐야 하는 필수 역량이다. 폭넓은 교양 과정과 배움을 사랑하는 마음이 머잖아 구닥다리가 될 특정 기량보다 중요할 것이다.

산업혁명 시기의 신세대 노동자들은 놀랍도록 잘 교육된 사람들이었다. 베슨에 따르면 1842년에 로웰시의 공장을 방문한 찰스 디킨스는 이렇게 말했다.

"영국 독자에게 몇 가지 놀라운 사실을 알렸다. 공장 여공들이 피아노를 칠 줄 알았고, 거의 모두 이동도서관을 이용했고, 뛰어난 정기 간행물을 펴냈다는 것을."

새로 노동 인구에 합류한 사람은 대개 처음에는 생산성이 떨어졌고, 모시고 올 만한 숙련자도 아니었다. 사람들이 새로운 일자리에 도전하면서 이직률이 높아졌다. 이직한 사람이 모두 만족을 느끼지도 않았다. 사실 제분기와 직조기는 도입 뒤로 수십 년 동안 채산성이 높지 않았다.

베슨에 따르면, "일반적으로 공장, 산업, 사회에 중요한 것은 노동자 한 명을 훈련시키는 데 얼마나 걸리느냐가 아니라, 안정되고 훈련된 노동력을 키우려면 무엇을 해야 하는가이다."

신기술을 활용하는 데 필요한 기량은 그 종류가 빠르게 늘고, 시간이 갈수록 서로 전문 기술을 나누는 지식 공동체를 거치며 발전한다. 새로 익혀야 할 기량이 점점 규격화되어 그 기량을 활용해야 할 많은 사람이 훈련하기 쉬워진다. 바로 이때서야, 새로 익힌 기량이 생산성에 영향을 미쳐 여러 사람의 임금과 소득이 올라간다.

실리콘밸리가 성공한 비결 가운데 다른 곳이 따라 하기 매우 어려운 것은, 그곳의 인력이 거의 모든 최첨단 회사에서 일할 수 있는 기량을 지녔기 때문에 생산성을 매우 빠르게 올렸다는 점이다. 이렇게 밀집된 노동력은 아직 어디에서도 찾아보기 어렵다. 하지만 지식이 사회에 퍼지게 되므로 실리콘밸리의 업적을 따라 하기 쉬워지고 동시에 그 성취가 그리 눈부시지 않게 될 것이다. 유니콘 기업도 빛을 잃고 평범한 기업이 될 것이다.

기술 분야 언론인인 클라이브 톰슨^{Clive Thompson}은 〈와이어드〉에 글을 쓰면서 도발적인 질문을 던졌다. 바로 '코딩은 단순 노동이 될 것인가?' 하는 문제다.[34]

코딩이 평범한 일이 되어갈수록 코딩을 익히는 이들의 교육 수요가 줄어든다. 여러 프로그래밍 방식에서 사람들이 고급 소프트웨어 공학이나 수학 학위가 아니라 직업 훈련 같은 것을 받고 싶어 한다. 코딩 학원과 훈련소가 늘어나는 까닭도 바로 이런 현상 때문이다.

하지만 코딩과 관련해 이것 말고도 다른 현상이 더 있다. 웹이 떠오르면서 프로그래밍 기술이 있는 사람들이 필요했고, 그래서 이들이 그만한 보상을 누렸지만 그것이 전부가 아니었다. 웹 기술이 무르익으면서 완전히 새로운 직업도 만들어졌다. 초기에는 '웹 마스터'가 프로그래밍과 시스템 운영부터 웹 디자인까지 모든 일을 도맡았다. 하지만 머잖아 성공한 웹사이트는 전문 디자이너, 프로그래밍과 디자인 능력을 겸비한 프런트 엔드 개발자, 데이터베이스 경험이 풍부한 백 엔드 개발자, 검색엔진 최적화 전문가, 소셜미디어 전문가 등이 필요했다. 첨단기술이 우리 사회의 모든 분야에 스며들수록 더 많은 전문 직업이 만들어질 것이다.

《인간의 부The Wealth of Humans》를 쓴 라이언 에이번트는 더 깊은 통찰로 신기술의 성공이 사회자본에 의존한다고 주장한다. 에이번트에 따르면, 사회자본이란 "상황에 의존하는 경험 지식으로, 충분히 많은 사람이 공유해야 가치가 생긴다."[35] 그는 사회자본을 인간자본과 구분한다. 인간자본은 특별히 상황에 좌우되지 않는 기량과 지식을 포함하고, 한 사람만의 것일 수도 있다(이는 글렌 로우리Glenn Loury와 제임스 콜먼James Coleman이 맨처음 정의한 사회자본이나 로버트 퍼트넘[36]이 대중화한 사회자본과도 개념이 다르다. 로우리와 콜먼이 정의한 사회자본이란 우리가 아는 사람인 인맥과 그 인맥을 자원으로 활용하는 법이며, 경험 지식이 아니다. 퍼트넘이 생각한 사회자본은 이런 인맥이 시민 참여로 어떻게 강화되는가였다. 그런데 에이번트가 말한 사회자본과 의미심장하게도 뜻이 겹친다. 첨단기술이 정말로 경제를 좌지우지할 수 있으려면 지식을 공유하는 탄탄한 인맥이 있어야만 한다).

구글은 화장실 칸막이마다 알림 쪽지에 '화장실에서 테스트 하기'와 '화장실에서 배우기' 같은 제목으로 구글의 내부 시스템 이용법을 집중적으로 설명한 주간 최신 정보를 적어놓는다. 이것을 보고 나면, 전문 기술이 이토록 풍부한 회사마저도 사내 운영 시스템의 상황별 전문 지식을 끊임없이 직원들에게 교육한다는 점을 누구나 깨닫는다.

이런 사회자본은 여러 회사가 차이를 보이게 하는 전문 기술 공유의 열쇠다. 에이번트는 〈이코노미스트〉에서 자신이 맡은 편집차장 직무를 이렇게 설명한다.

"전체 업무가 어떻게 돌아가는지는 장기근속 직원의 머릿속에 들어 있다. 그런 지식을 다시 신입 직원이 오래 근무하면서 체험하고 흡수한다. 우리 회사는 주간지를 찍어내는 사업체가 아니라 일련의 거대한 절차를 거치는 일을 수행하는 한 방식이다. 주간지는 그 결과물이다."[37]

하지만 에이번트는 이렇게도 적는다.

"인쇄본을 그렇게 마법처럼 효과적으로 만드는 바로 그 내부 구조가 디지털에 공을 들이지 못하게 우리를 가로막는다. 최신 기술에 빠삭한 밀레니얼 세대를 참여시키는 것으로는 조직을 디지털 시대로 끌어올리기에 부족하다. 우리는 반드시 규칙을 다시 써야 한다."

물론 이것은 아마존의 플랫폼 변신이 알려주는 중요한 교훈이기도 하다. 에이번트가 덧붙인 바에 따르면, 기업가의 핵심 역할 중 하나는 일을 할 새로운 방법이 들어설 자리를 마련하는 것이다. 이는 스타트업뿐 아니라 기존 회사도 마찬가지다.

신기술을 사업체와 사회에 통합하는 과정은 끝이 아직 한참 멀었다. 어디에서도 배울 수 없을 만큼 빠른 속도로 익혀야 할 기량이 늘고 있다. 한편 신기술에서 회사가 축적한 장점은 그 장점을 담아내도록 작업 흐름을 바꾸고 인력을 훈련시키는 능력으로 깊이 농축된다.

이런 재훈련은 예컨대 IBM의 전 최고정보책임자 제프 스미스 Jeff Smith 가 IBM의 소프트웨어 개발 문화를 탈바꿈시키려 했을 때 핵심 과제였다.[38] 그는 IBM의 개발 문화를 오늘날 실리콘밸리 스타트업의 특징이기도 한 민첩함, 사용자 중심, 데이터 기반, 협력 개발 방식으로 바꾸려 했다. 스타트업이 아닌 곳에서 실행했다는 것만 빼면 제프 스미스는 임직원 수가 40만 명이 넘는 회사를 지탱하고자 소프트웨어 개발인력 2만 명을 재훈련시키려고 했다.

오라일리 미디어의 회장이자 최고운영책임자인 로라 볼드윈은 고객에게 이렇게 말한다.

"전장에 나갈 때는 지금 있는 군대를 데리고 가야 한다."

맞는 말이다. 최신 기술을 익힌 새 인재도 반드시 영입해야 하지만, 기존 인력을 재훈련시켜 함께 일할 길도 반드시 새로 닦아야 한다.

안정되고 훈련된 인력은 한번 얻고 나면 신경 쓰지 않아도 되는 존재가 아니다. 로웰시의 공장주들은 자기 공장의 노동자에게 투자했다. 이와 달리 지난 수십 년 동안 제조업의 일자리를 미국에서 해외로 이전하기로 한 결정은 실제로는 새로운 기량을 기르지 않은 채 기존 기량을 쓸모없게 한 행위였다. 새로운 소량생산 기법이 이제 다시 미국 제조업에서 비용 효과를 내고 있는데도 필요한 기량을 갖춘 노동력이 없다. 2015년에 딜로이트와 제조연구소 Manufacturing Institute 가 실시한 연구에 따르면, 다가올 10년 동안 200여만 개의 제조업 일자리가 사람을 찾지 못할 것이다. 따라서 중국의 생산비가 미국에 맞먹게 오를지라도, 미국이 제조 역량 증대에 크게 투자하지 않고서는 경쟁력이 없다.

많은 회사가 필요한 역량을 갖춘 사람을 충분히 고용하기 어렵다고 불만을 털어놓는다. 이는 안이한 생각이다. 텍사스주 샌안토니오에 본사를 둔 관리·클라우드 컴퓨팅업체 랙스페이스Rackspace의 공동 창립자이자 회장인 그레이엄 웨스턴Graham Weston은, 내게 오픈 클라우드 아카데미Open Cloud Academy를 뿌듯한 표정으로 보여주었다. 이곳은 랙스페이스가 고용할 인력을 양성하고자 세운 직업학교였다. 웨스턴에 따르면 졸업생의 절반가량을 랙스페이스가 고용한다. 나머지 인력도 다른 인터넷 사업체에 취업한다.

오늘날 첨단기술이 바뀌는 속도로 보아, 전통 교육기관이 기초 지식은 제공하겠지만, 자사 인력이 끊임없이 바뀌는 기술을 닦도록 투자하는 것은 성공하고 싶은 모든 회사의 과제가 될 것이다. 또 평생학습이 필요한 세상에 맞추어 교육 제도를 재고해야 한다. 베슨이 옳다면, 우리가 모두 얼마만큼 부유해지느냐의 차이는 첨단기술에 따른 혁신뿐 아니라, 그런 첨단기술을 사회 전체에 걸쳐 활용하는 법을 다룬 지식의 확산에 달렸다. 지식 확산을 가속화하는 것은 더 나은 미래를 만들어내는 매우 중요한 길이다.

16

그렇다면 이제 어떻게 할 것인가

WHAT'S THE FUTURE

1997년에 클레이튼 크리스텐슨이 경영의 고전인 《혁신기업의 딜레마》에서 '파괴적 혁신'이라는 말을 썼을 때, 그가 던진 질문은 흔히들 묻는 '어떻게 하면 내가 어마어마한 시장을 개척할 수 있다고 벤처 캐피털을 설득해서 자금을 지원받을 수 있을까요?' 하는 것과는 사뭇 달랐다. 크리스텐슨은 왜 기존 기업이 새로운 기회를 제대로 이용하지 못하는지 알고 싶었다. 그는 아직은 무르익지 않은 획기적 기술이 '뿌리부터 다른 시장을 찾아내' 성공한 뒤에야 기존 시장을 파괴한다는 사실을 알아냈다.

2004년에 개인적으로 클레이튼을 처음 만났을 때, 그는 RCA Radio Corporation of America 이야기를 다시 들려주었다. RCA는 현재 가치로 수십억 달러를 쓰고도 트랜지스터라디오와 텔레비전 음질을 진공관만큼 뛰어나게 만드는 데 실패했다. 소니가 택한 영리한 사업 혁신은 트랜지스터를 개선하는 것이 아니었다. 그것은 나중 일이었다. 소니의 혁신은 시장을 찾아낸 것이었다. 바로, 초기에는 젊은이만 겨냥한 휴대용 라디오 시장이었다. 이 시장에서는 싼 가격과 이전에는 손에 넣기 어렵던 휴대 가능한 라디오라는 가능성이 품질보다 중요했다.

파괴적 기술의 핵심은 이 기술이 무너뜨리는 경쟁자나 시장이 아니라 새롭게 만들어내는 시장과 가능성이다. 트랜지스터라디오나 초기 월드와이드웹이 그랬듯이, 이런 새로운 시장은 기존 기업이 보기에는 가치가 너무 작을 때가 많다. 그러다 이 시장이 기지개를 켤 때, 별안간 떠오른 유망 기업이 새로운 분야에서 앞서가는 자리를 차지한다.

마이크로소프트, 구글, 페이스북, 아마존이 모두 그랬다. 우버, 리프트, 에어비앤비 같은 오늘날의 파괴 기업도 그렇다. 자율주행차를 포함한 여러 인공지능 적용 기술의 미래로 무턱대고 우리를 이끄는 연구자도 마찬가지다. 그들의 출발점은 문제해결이었다.

나는 오랫동안 실리콘밸리의 기업가에게 파괴적 혁신을 잊어버리고 중요한 것에 노력을 기울이라고 설득했다. 왜 그렇게 말했을까? 나는 과학계, 오픈소스 소프트웨어, 인터넷의 혁신자를 지켜보며 배운 것을 젊은 기업가에게 금과옥조로 전해주려 한다. 그것은 다음과 같다.

1. 돈보다 중요한 것에 집중하라

경제적 성공은 성취의 유일한 목표도, 유일한 잣대도 아니라는 사실을 기억하라. 사람은 돈을 번다는 들뜬 쾌감에 사로잡히기 쉽다. 따라서 정말 하고 싶은 일을 하는 데 쓸 연료로서 돈을 보아야 하며, 돈 자체를 목적으로 삼아서도, 돈으로 돈을 벌려고 해서도 안 된다.

돈은 차에 든 기름과 같다. 신경 쓰지 않으면 도로 한복판에 멈추어 서는 신세가 되기 마련이다. 하지만 주유소를 돌아다니는 것이 성공한 사업이거나 잘사는 삶은 아니다.

무슨 일을 하든, 정말로 가치 있게 여기는 일이 무엇인지 곰곰이 생각해보자. 기업가라면 곰곰이 가치관을 생각하는 것이 더 좋은 회사를 세우는 데 도움이 될 것이다. 일자리를 찾는다면, 그 생각이 당신에게 적합한 회사나 기관을 찾아내는 데, 그리고 일자리를 찾았을 때는 일을 더 잘하는 데 도움이 될 것이다.

크게 생각하기를 두려워하지 마라. 짐 콜린스Jim Collins는 위대한 기업에 "아슬아슬할 만큼 대담한 큰 목표"가 있다고 말했다. 구글의 좌우명인 '세상의 모든 정보에 접근한다'는 바로 그런 목표를 보여주는 예다. 나는 내 회사의 사명인 '혁신자의 지식을 퍼뜨려 세상을 바꾸자'도 그런 목표라고 생각하고 싶다. 닉 하나우어가 즐겨 말하듯이, "당신이 풀 수 있는 가장 큰 문제를 풀어라."

실패할지라도 당신이 시도했다는 것만으로도 더 나은 세상이 될 만큼 중요한 것을 추구하라.

라이너 마리아 릴케가 쓴 아주 멋진 시는, 야곱이 천사와 씨름하다 졌지만, 그 싸움으로 더 강해졌다는 성경 이야기를 바꾸어 이야기한다.[1] 시는 이런 권고로 마무리를 짓는다.

"이토록 하잘것없는 것과 맞서 싸우니, 이기더라도 우리가 하잘것없어라. 그러므로 단연코 지기를 바라노라. 더 대단한 존재에 잇달아 지기를."

거품을 확인하는 유일한 시험은 성취하고 싶은 큰일이 아니라 큰돈을 손에 쥘 날에 얼마나 정신을 뺏기고 있느냐이다. 베끼기 제품은 거의 늘 큰돈을 손에 쥘 날에 집중한다. 새로운 시장을 만들었던 기업가는 대개 처음에는 쉽사리 성공하리라는 기대가 그다지 없었다. 그 대신 야곱이 천사와 그랬듯이 어려운 문제와 씨름했다. 문제를 풀 수 있을지 확신조차 없지만 적어도 조금은 진척시킬 수 있다고 믿었다. 하지만 베끼는 사람 중에는 돈을 챙기려 뛰어든 사람이 수두룩하다.

손꼽히게 성공한 회사들은 성공을 진짜 목표를 이루는 과정에서 생긴 부산물로 여긴다. 이들에게는 늘 회사보다 목표가 크고 더 중요한 대상이다. 마이크로소프트의 최고경영자 사티야 나델라도 인공지능의 가능성을 말하며 똑같은 주장을 펼친다.

"우리가 풀어야 할 과제는 인공지능이 나아가야 할 원대하고 활기를 불어넣는 사회적 목적을 규정하는 것입니다. … 1969년에 케네디 대통령이 1960년대가 끝나기 전에 미국이 달에 착륙하고자 했을 때, 크게 보아 이 목표를 선택한 까닭은 달 착륙이 엄청난 기술적 도전이고 세계적 협력이 필요했기 때문이었죠. 비슷한 방식으로, 우리는 인공지능에 맞는 충분히 대담하고 야심 찬 목표, 오늘날 날로 발전하는 첨단기술로 이룰 수 있는 것을 모두 넘어서는 목표를 정해야 합니다."[2]

사티야에게 그 예를 묻자, 사티야는 뭉클하게도 장애가 있는 자기 아들 이야기를 했다.

"제 아들은 특수 교육을 받아야 합니다. 게다가 몸을 못 움직여요. 그러니 늘 생각하죠. '우리 애가 말만 할 수 있다면 정말 좋겠다.' 그러다 두뇌 연결 장치가 어떤 일을 할 수 있을지 생각해 봅니다. 시각 장애가 있는 사람이 볼 수 있고, 난독증이 있는 사람이 읽을 수 있겠죠. 진정으로 포용성을 가진 기술은 결국 바로 이런 기술입니다."

구글의 전 경영진 제프 휴버Jeff Huber도 이렇게 첨단기술을 이용해 의료 기술을 획기적으로 향상시키는 대담한 꿈을 좇고 있다. 제프의 아내는 발견이 어려운 공격성 암 때문에 생각지도 못하게 죽음을 맞았다. 아내를 살리려고 모든 시도를 다 해봤지만 실패한 뒤, 제프는 누구도 똑같은 일을 겪지 않게 하겠다고 맹세했다. 그리고 암을 조기에 발견하는 피검사를 개발하는 기금으로 투자자에게서 1억 달러 넘는 자금을 모았다. 자금 시장을 활용하는 바람직한 길이 바로 이런 것이다. 투자자에게 부를 안기는 일이 일어날지라도, 그것은 제프의 목적이 아니라 그가 하는 일의 부산물일 것이다. 제프는 오늘날에는 불가능한 일을 하고자 돈과 첨단기술의 모든 힘을 활용하고 있다. 그가 회사명을 그레일Grail, 즉 성배라고 지은 것도 이 과제의 어려움을 알고 있다는 증거다. 제프는 천사와 씨름하고 있다.

2. 확보한 가치보다 큰 가치를 창출하라

버니 메도프Bernie Madoff 같은 금융 사기꾼은 보나 마나 이 규칙을 따르지 않았다. 세계 경제를 만신창이로 만들고도 상여금으로 수십억 달러를 제 주머니에 챙긴 월스트리트의 거물들도 마찬가지다. 하지만 성공한 기업 대다수는 자신뿐 아니라 지역사회와 고객을 위해서도 가치를 만들어낸다. 또한 남을 위해 자가 발전하는 가치 고리를 남과 함께 만들어냄으로써 이런 일을 수행한다. 이런 기업은 직접 소속되지 않은 사람들이 자기 꿈을 키울 수 있는 플랫폼을 만들거나, 그런 플랫폼에 참여한다.

기업가는 물론이고 투자자도 확보한 가치보다 큰 가치를 창출하는 데 집중해야 한다. 소기업에 돈을 빌려주는 은행은 그 기업이 성장하고, 그래서 더 많은 돈을 빌리기도 하고, 또 기업이 고용한 직원이 은행에 돈을 예치하고 빌리는 과정을 목격한다. 증명되지 않은 첨단기술의 미래에 돈을 투자하는 투자자도 똑같은 과정을 목격할 수 있다. 이런 순환의 힘이 사람들을 가난에서 벗어나게 한다는 것은 지난 수백 년 동안 증명되었다.

확보한 가치보다 큰 가치를 창출하는 목표를 이룬다면, 당신의 생각을 당신보다 잘 활용한 사람이 있을 수도 있다. '그래도 괜찮다.' 나는 오라일리에서 펴낸 책 두세 권으로 어떻게 사업을 시작했는지 귀띔해준 억만장자를 적어도 한 명은 알고, 이런 억만장자의 뒤를 따르기 바라는 스타트업 회사는 셀 수도 없이 많이 안다. 내가 말이나 글로 설명한 내용에서 회사를 세울 아이디어를 얻었다고 말하는 기업가도 있다. '그건 좋은 일이다.' 기억을 되새겨보면, 인터넷 초창기에 한 독자가 내 강연을 듣고 이렇게 말한 적이 있다.

"말하자면, 지금 막 경쟁 출판사에 올해 무슨 책을 출판하면 될지 알려주신 거네요."

'혁신자의 지식을 퍼뜨려 세상을 바꾸자'가 정말로 내 목표라면, 경쟁사가 여기에 동참해 나를 도와 말을 퍼뜨릴 때 짜릿함을 느낀다.

주위를 둘러보자. 얼마나 많은 사람을 만족스러운 일자리에 고용했는가? 얼마나 많은 고객이 당신이 만든 제품을 이용해 생계를 꾸리는가? 얼마나 많은 경쟁사에 도움을 주었는가? 아무것도 되돌려주지 않는 사람을 위해 얼마나 많이 일했는가?

빅토르 위고가 쓴 인간미 넘치는 훌륭한 소설 《레미제라블》에는 주인공 장발장이 탈옥한 뒤 마들렌이라는 가명으로 시장 자리에 오르고 사업을 운영하며 어떤 선행을 실천하는지가 드러나는 멋진 장면이 나온다.[3] 장발장은 부지런함과 뛰어난 안목으로 시를 번영하게 한다. 따라서 "돈 한푼 안 들어 있게 궁색한 주머니가 없었고, 기쁨이라곤 찾아보기 어렵게 초라한 집이 없었다."

핵심은 다음과 같다.

"마들렌 시장은 큰돈을 벌었다. 하지만 단순한 사업가에게서는 보기 드물게도, 재산은 그에게 주된 관심사가 아닌 듯했다. 보기에 그는 남을 높이 여기고, 자신을 낮게 여겼다."

돈을 버는 것이 아니라 큰 문제를 푸는 데 집중하는 원칙은 확보한 가치보다 많은 가치를 창출하는 원칙과 관련이 깊다. 문제를 푸는 데 집중하는 원칙은 새로운 것을 시작하는 이들이 통과해야 할 시험이고, 더 많은 가치를 창출하는 원칙은 오래가는 무엇을 만들어 내려는 이들이 통과해야 하는 더 어려운 시험이다.

3. 긴 안목을 지녀라

음악가 브라이언 이노^{Brian Eno}는 긴 안목에서 생각하도록 권장하는 롱 나우 재단^{Long Now Foundation}을 어떻게 세우게 되었는지 들려주었다. 1978년에 그는 친구의 집들이에 초대받았다. 그런데 택시를 타고 지나치는 이웃집들이 갈수록 우중충해져, 집을 제대로 찾아가고 있는지 의심스러웠다.

"마침내 택시 기사가 칙칙하고 음산한 공장 건물 입구에 섰을 때, 술주정뱅이 두 명이 몽롱한 얼굴로 계단에 고꾸라져 있었다. 거리 전체에 인적이 없었다."

하지만 그 집이 맞았다. 꼭대기 층으로 올라갔더니 몇 백만 달러짜리 궁전이 나타났다.

"도무지 이해가 안 되었죠. 도대체 왜 이런 동네에 이런 곳을 짓느라 그렇게 많은 돈을 썼을까? 나중에 친구와 대화를 나누었어요. '여기 사는 게 좋아?' '살아본 곳 중에 제일 좋지.' '그러니까 내 말은, 뭐랄까, 동네가 재미있냐고.' 친구는 '아, 동네? 글쎄, 거긴 바깥세상이잖아!'⁴라며 웃음을 터트리더군요."

나는 여러 해 전 강연에서 브라이언에게 이 이야기를 처음 들었다. 브라이언은 이어서 그 친구의 집, 그러니까 친구가 지배하는 공간을 '작은 여기'로, 술주정뱅이와 부랑자가 우글거리는 바깥 공간을 '큰 여기'로 묘사했다. 그는 거기에서 겪은 일을 바탕으로 다른 사람들과 함께 '긴 지금^{Long Now}'과 비슷한 개념을 떠올렸다. 우리는 이제 '긴 지금'과 '큰 여기'를 생각해봐야 한다. 그렇지 않으면 언젠가는 우리 사회가 두 가지를 모두 누리지 못하게 될 것이다.

일부 문제만 극복하기는 매우 쉽다. 하지만 땜질 처방은 끝내 우리 발목을 잡는다. 미국 경제에는 다단계 금융사기 요소가 많다. 국내 소비에 쓸 자금을 다른 나라에서 빌려온다.[5] 그러고는 아이들에게 빚을 떠넘기고, 재생할 수 없는 자원을 써버리며, 소득 불평등. 기후변화, 세계적 건강 문제라는 거대한 시험대에 맞서지 못함으로써 아이들에게 빚진 채 살아간다.

미래를 새로 만들려는 모든 신생기업은 긴 안목에서 생각해야 한다. 월마트나 아마존에 이윤을 쥐어 짜인 공급자에게 어떤 일이 일어날까? 낮은 이윤이 높은 매출로 상쇄될까? 아니면 혁신적인 새 제품을 생산할 재원이 부족해질까? 그도 아니면 낮은 이윤에 부닥친 공급자가 끝내 문을 닫을까? 우버와 리프트가 경쟁사를 몰아내려고 고객에 유리하게 가격을 깎는다면 기사들 소득에는 어떤 일이 일어날까? 제품을 만들어내는 노동자에게 돈을 주지 않는 회사의 제품을 누가 살까?

미국 자동차산업노동조합UAW을 조직한 선구자 월터 루서Walter Reuther는 포드 자동차의 어느 경영진이 자신에게 새 조립 로봇을 보여줄 때 나눈 대화를 들려주었다. 그 경영진은 물었다.

"이런 기계들한테서 어떻게 조합비를 거둘 겁니까?"

루서는 이렇게 받아쳤다.

"있잖아요, 그건 별로 신경 쓰이지 않습니다. 오히려 기계한테 어떻게 자동차를 파나 하는 문제가 걱정이죠."[6]

갈수록 자동화가 늘어나는 세상에서 앞으로 생산될 물건을 누가 살 것인가라는 물음은 모든 기업가의 생각에서 중심을 차지해야 한다.

사업의 목표는 오로지 주주를 위해 돈을 버는 것뿐이라는 생각을 반드시 넘어서야 한다. 나는 사업을 바람직하게 운영하는 데 사회적 가치가 있다고 굳게 믿는다. 우리가 겨냥해야 할 목표는 사업을 꾸리는 과정에서 자연스럽게 나오는 결과물이 중요한 경제를 구축하는 일이다. 선한 마음에서 나온 돈으로 운영되는 자선단체가 아니라 스스로 생계를 꾸리는 방식에 돈을 주는 경제를 구축하는 일이다. 이베이의 창립자 피에르 오미디야르는 '서해안 자선활동West Coast Philanthropy'이라는 것을 시작해 전통적 기부와 아울러 전략적인 스타트업 투자를 도구 삼아 똑같은 사회적 목표를 이루려 한다. 그는 이렇게 말했다.

"저는 좋은 일을 함으로써 성공할 수 있는 사업에만 투자합니다."

대의명분과 공익사업에 노력을 쏟아도 좋고, 사업을 개척해 사회를 발전시키는 일을 해도 좋다. 중요한 것은 큰 그림이 무엇인지, 기업가에게 중요할 뿐더러 지속가능한 세상에서 지속가능한 경제를 일구는 데도 중요한 일이 무엇일지 생각하는 것이다.

4. 오늘보다 나은 내일을 꿈꾸라

나는 커트 보니것Kurt Vonnegut이 소설《마더 나이트Mother Night》에 적은 견해가 늘 마음에 든다.

"우리는 곧 우리가 꾸며낸 사람이다. 그러니 어떤 사람인 척 꾸며낼지 신중하게 생각해야 한다."[7]

이 소설은 비밀리에 연합국의 이중 첩보원으로 활동했던 나치 선전관의 전범 재판을 다루므로, 사람들의 가장 추악한 본능에 호소하면서도 그런 속임수가 좋은 목적을 위한 것이라며 스스로 위안하는 이들, 예컨대 정치인, 전문가, 경영자에게 경고가 될 것이다.

하지만 늘 생각하건대, 보니것의 충고를 뒤집어도 맞는 말이다. 실제 나보다 나은 사람인 척하는 행동은 자신뿐 아니라 주변 사람에게도 기준을 높이는 길이다.

사람들은 이상주의에 타는 목마름을 느낀다. 가장 뛰어난 기업가에게는 갈망에서 나오는 용기가 있고, 주변의 모든 사람이 그 용기에 반응한다. 이상주의는 비현실적인 꿈을 좇는다는 뜻이 아니다. 링컨이 그토록 유명하게 부르짖었던 '우리 본성 속 더 착한 천사The better angels of our nature'에 호소한다는 뜻이다.

이는 늘 아메리칸 드림의 핵심요소였다. 달리 말해 우리는 이상을 이루려고 살고 있다. 세상이 미국에 지도력을 기대해온 까닭은 미국이 물질적 부와 뛰어난 첨단기술을 이루었기 때문만이 아니라, 미국이 어떤 세상을 만들고 싶을지 그림을 그렸기 때문이다.

세상을 더 나은 미래로 이끌고 싶다면, 우리는 반드시 먼저 그런 세상을 꿈꾸어야 한다.

탄탄한 전략 세우기

미래는 근본적으로 불확실하다. 우리가 아무리 열심히 미래를 계획해도 끝내는 예상치 못한 일에 놀라고 말 것이다. 햄릿이 말했듯이 "다만 준비할 뿐이다."

다행히도 이런 문제를 다루고자 특별히 고안된 경영 기법이 실제로 있다. 시나리오 기획이라고 불리는 것이다. 시나리오 기획은 미래가 불확실한 것이 당연하다고 본다. 그래도 미래를 형성하는 깊은 흐름이 있으므로, 우리가 이를 알아채 반영할 수 있다는 데 주목한다. 어떤 흐름은 꽤 뚜렷하다. 이를테면 인구 증가와 인구 통계, 또는 무어의 법칙처럼 여러 해 동안 이어지는 첨단기술의 추세가 그렇다. 이와 달리 선거, 기술 혁신, 테러 공격 같은 흐름은 언제나 우리를 놀라게 한다.

우리가 놀라는 영역일지라도, 되돌아보면 변화가 다가오는 것을 알아챌 길이 있었다고 깨달을 때가 많다. 제1차 세계대전은 대영제국이 전성기이던 1911년, '더할 나위 없이 좋은 여름'으로 널리 알려진 때를 뒤이어 일어났다. 광기 어린 암살이 불을 댕기기는 했지만, 불씨는 강국들이 수십 년 전에 그릇된 결정을 내린 뒤로 도사리고 있었다. 2008년에 금융계의 무절제로 세계 경제가 거의 무너지다시피 했을 때도, 미연방준비이사회 의장이던 벤 버냉키Ben Bernanke가 1929년의 주식시장 붕괴와 그 후유증을 잘 아는 전문가였으므로 상황을 더 잘 파악했어야 했다.

시나리오 기획은 인간이 미래를 현재와 뿌리부터 다르다고 상상하지 못한다는 사실을 당연하게 받아들인다. 그러므로 실행자는 미래를 예측하려 하지 않는다. 회사와 나라가 뿌리부터 다른 미래에도 효과를 발휘할 '탄탄한 전략'을 세우도록 준비시킨다.

시나리오 기획의 목표는 무엇이 '일어나리라'고 규정하는 것이 아니라, 두뇌를 최대한 활용해 무엇이 '일어날지도 모른다'고 곰곰이 생각해 보는 것이다. 그래서 시나리오 기획을 실행할 때는 참가자에게 현재 흐름의 결과로 나타날 수 있는 네 가지 철저히 다른 미래를 상상해 보라고 요청한다. 이 기법을 창안한 사람인 피터 슈워츠Peter Schwartz는 시나리오 기획을 다룬 《미래를 읽는 기술The Art of the Long View》의 서문에서 시나리오가 "미래로 상상력 넘치게 도약하게 해줄 수단"[8]이라고 적었다.

첫 단계는 미래에 영향을 미칠지도 모를 주요 벡터를 정의하는 것이다. 잊지 마라. 수학에서는 벡터를 완전히 크기와 방향으로만 설명되는 양으로 정의한다.

속도와 가속도가 모두 벡터라는 것은 주목할 가치가 있다. 그런데 속도는 무엇이 특정 방향으로 움직이는 속력이고, 가속도는 속도의 증가율이다. 가속도가 붙은 흐름은 특히 주목할 가치가 있다. 여러 기업가와 투자가가 대상의 크기를 보고 '크다'거나 피할 길이 없다고 판단한 다음, 거기에 전부를 거는 실수를 저지른다. 하지만 물어볼 것도 없이, 무엇이 작을 때, 그리고 빠르게 성장할 때 알아채야 훨씬 쓸모 있다.

어떤 흐름은 피할 길 없이 크더라도 커지는 속도가 기업가가 생각한 목표 시간보다 느리다. 어떤 흐름은 너무 빨리 커진다. 이 때문에 우리 오라일리 미디어에서는 떠오르는 첨단기술이나 다른 흐름을 살펴보는 잣대의 하나로 변화율을 활용했다. 탄탄한 전략에는 자사가 지닌 재원과 목표 시기가 들어가야 한다. 수닐 폴은 이 과제의 희생자였다. 그는 엄청난 기회를 정확히 알아보았다. 하지만 처음에는 그 기회가 충분히 빨리 일어나지 않았고, 나중에는 그가 따라잡지 못할 만큼 빠르게 움직였다.

빌 게이츠는 1996년에 그 전해에 펴낸《미래로 가는 길The Road Ahead》에 인터넷이 빠진 것을 바로잡아 개정판을 내놓으며 맺음말에 이런 글을 남겼다.

"우리는 늘 앞으로 2년 사이에 일어날 변화는 과대평가하고, 10년 사이에 일어날 변화는 과소평가한다.[9] 거기에 방심해 손 놓고 있지 말라."

이는 마이크로소프트에 해당하는 말이었다. 빌 게이츠가 이런 경고를 보냈고, 한번 놓친 흐름을 따라잡으려 엄청난 노력을 쏟았지만, 마이크로소프트는 인터넷의 물결을 놓치는 바람에 뿌리부터 다른 신기술과 사업 방식을 구사하는 회사들에 뒤처졌다.

시나리오 기획을 실행할 때는 가능성 공간을 4분 하도록 벡터를 서로 가로질러 그린다. 사분면은 네 가지 시나리오를 세울 바탕이다. 시나리오는 대개 회사 경영진이나 군사 전략가, 정부 정책 입안자 몇 명과 초청한 전문가 집단이 함께 여러 날에 걸쳐 수립한다.

인간이 일으킨 기후변화에 직면한 에너지 산업 회사가 시나리오 기획을 실행한다면 어떻게 할지를 예로 들어 이 기법을 설명해보자.

인위적 기후변화가 실제라는, 반박할 틈이 없는 과학적 증거는 수십 년 동안 꽤 많았다. 하지만 시나리오 기획을 보여줄 목적으로, 사람이 정말로 기후변화를 일으키는지는 아직 결정적인 증거가 없다고 가정해보자. 아닌 게 아니라, 미국의 주요 정당 한 곳이 인위적 기후변화가 날조라는 견해를 바탕으로 정책을 마련한다. 비록 날조가 아니더라도 기후변화의 규모와 속도는 가장 뛰어난 기후 모형도 아직 뚜렷이 밝히지 못했다.

그러므로 첫째, 불확실성 벡터는 재앙과 같은 인위적 기후변화가 일어날 가능성이 있을지, 있다면 얼마나 빠르게 진행될지, 얼마나 나빠질지로 삼아보자.

둘째, 벡터는 인류가 이 문제에 대응하는 규모와 속도가 얼마일지, 제때에 문제를 풀 기발한 해법을 내놓아 효과를 낼 능력이 있을지로 삼아보자.

그러면 아래 도표와 같은 사분면 지도가 나올 것이다.

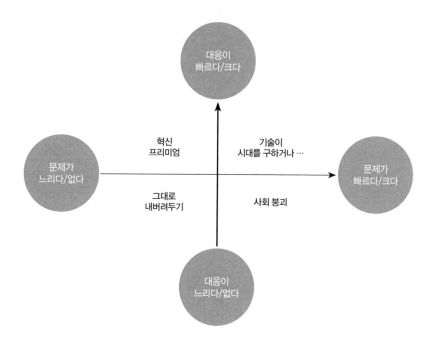

이 시나리오를 이용해 생각하는 사업가라면, 탄탄한 전략이란 한눈에 보아도 기후변화가 일어나고 있고, 거기에 대응해야 한다고 가정하는 것이다. 아래쪽 사분면에 있는 시나리오는 그대로 내버려두거나, 사회가 무너지거나 둘 중 하나이므로 기회가 전혀 없다. 위쪽 사분면에서는 기후과학자가 옳든 기후변화 회의론자가 옳든 사업 기회가 있다.

이 전략이 탄탄한 까닭은 기후과학자가 생각하는 최악의 두려움이 옳다고 굳이 확신하지 않아도 행동에 나설 수 있기 때문이다. 즉 기후과학자가 틀릴지라도 좋은 전략이 된다.

기후변화는 현대판 파스칼의 내기다. 파스칼의 내기란 17세기에 신을 믿지 않는데도 신을 믿는 척 행동하는 것을 두고 철학자와 수학자가 벌인 논쟁이다. 재앙을 불러올 지구 온난화가 일어나지 않는다고 밝혀지더라도, 온난화에 대응해 우리가 취할 조치는 여전히 가치 있을 것이다. 붕괴를 불러올 기후변화가 일어날 타당한 위험이 있다면, 제정신이 박힌 사람치고 대응하지 않을 사람이 없다. 보험이기 때문이다. 집이 불에 탈 위험은 적지만, 그래도 사람들은 화재보험에 든다. 차가 완전히 부서질 사고가 나리라고 예상하지는 않지만, 그럴 위험이 있다는 사실을 알면 사람들은 대개 보험에 든다. 심각한 질병에 목숨을 잃으리라고 예상하지 않더라도, 이때도 보험에 든다.

인간이 일으킨 기후변화가 없다면, 또는 결과가 끔찍하지 않다면, 기후변화를 되돌리고자 막대한 투자를 했을 때 일어날 최악이 무엇일까? 기후변화에 대처하고자 우리는 이렇게 했을 것이다.

◆ 재생 에너지에 크게 투자했고, 그래서 재생 에너지 생산자들이 쏠쏠한 성과를 거둔다.
◆ 일자리를 만들어낼 유망한 새 원천에 투자했다.
◆ 적대적이거나 불안정한 지역에서 생산되는 기름의 의존도를 낮추어 국가 안보를 강화했다.
◆ 오염에 따른 엄청난 경제 손실을 줄였다. 중국이 추정한 바로는 이런 경제 손실이 GDP의 10퍼센트에 이른다.[10] 현재 우리는 수십 가지 방법으로 화석 연료를 보조한다. 전력 회사, 자동차 회사 등이 환경 비용을 계속 '장부에 적지 않게' 허용하고, 유류세로 자동차 기반시설에 자금을 지원한다. 그러면서도 철도를 비롯한 다른 대중교

통에는 기반시설 자금을 알아서 충당하라고 요구한다.

◆ 산업 기반을 쇄신했고, 옛 산업을 떠받치기보다는 신산업에 투자했다. 기후변화 회의론자들은 지구 온난화에 대처하는 비용을 언급하고 싶어 한다. 하지만 그 비용은 음반사가 디지털 음원 배포사로 탈바꿈할 때 드는 '전환비용', 또는 신문이 웹의 부상으로 치르는 비용과 비슷하다. 달리 말해 회의론자들은 기존 산업에는 비용이겠지만, 신기술을 개발하는 신산업에는 기회라는 사실을 모른 체한다. 나는 기후변화에 대처하는 비용이 대체로 기존 산업을 보호하는 비용이 아니라는 확실한 주장을 아직 보지 못했다.

이와 반대로 기후변화 회의론자가 틀렸다고 해보자. 수억 명이 살아갈 터전을 잃고, 가뭄과 홍수를 비롯한 혹독한 날씨를 겪고, 갖가지 생물 종이 사라지고, 2008년 금융위기를 좋았던 지난날로 그리워할 만큼 큰 경제 손실을 겪는다.

그러니 이 시나리오는 정말로 파스칼의 내기와 같다. 한쪽에서 본 최악의 결과는 우리가 더 탄탄한 혁신 경제를 구축했다는 것이다. 다른 쪽에서 본 최악의 결과는 진짜로 지옥이다. 쉽게 말해, 기후변화가 진짜라고 믿고 그 믿음대로 행동한다면, 비록 우리가 틀렸다고 밝혀지더라도 우리에게 더 이롭다.

시나리오 기획자가 하는 탄탄한 전략이라는 말의 뜻은 바로 이것이다.

일론 머스크가 꼼꼼히 시나리오 기획을 실행했다고 생각하지는 않지만, 그가 내린 사업 결정은 모두 위에서 다룬 모형과 일치한다. 기후변화가 일으킬 최악의 참화가 아직 우리를 덮치지 않았지만, 테슬라, 솔라시티, 스페이스X가 모두 탄탄한 사업 기회인 것으로 드러났다. 일론 머스크가 전기 차량, 태양광 지붕, 우주 탐험에서 발휘한 지도력은 모두 내기를 걸 만한 가치가 있었다. 비슷하게도, 중국처럼 태양광 에너지에 막대하게 투자하는 나라들이 거대한 신산업을 구축했다. 독일과 스칸디나비아는 화석연료에 의존하지 않는 경제 구축에서 훨씬 앞서나간다. 크게 보아 '그대로 내버려두기' 시나리오를 선택한 미국은 뒤처져 있다.

만약 우리가 해묵은 좌우 구분으로 쟁점을 보는 데서 벗어난다면 시나리오가 곧 바뀔 것이다. 유명한 보수 경제학자, 전직 정부 지도자, 전직 경영자가 함께 이끄는 기후리더십위원회Climate Leadership Council는 최근에 〈탄소 배당금에 찬성하는 보수적 주장The Conservative Case for Carbon Dividends〉이라는 보고서를 내놓고, 수익금을 곧장 모든 미국인에게 돌려줄 탄소세 도입을 요구했다.[11] 이것은 앞 장에서 다룬 것과 비슷한 시민 배당금이다. 우리가 겪는 문제 대다수는 지도가 더는 현실과 일치하지 않다는 사실이 뚜렷한데도 잘못된 지도를 다시 그리려고 하지 않은 채 잘못된 지도만 뚫어져라 보는 데서 나온다.

에너지 경제를 탈바꿈시키는 데 엄청난 기회가 숨어 있다. 사울 그리피스는 화살표의 너비로 에너지 소비 흐름의 양을 보여주는 생키Sankey 다이어그램을 그려서, 미국 경제가 소비하는 모든 에너지원과 사용량을[12] 최소 1퍼센트 단위까지 크고 정밀하게 보여주었다. 그는 다이어그램에서 자기 새끼손가락만큼 좁은 길도 에너지 소비 흐름의 1퍼센트가량을 차지하므로 연간 300억~1,000억 달러에 해당하는 기회를 나타낸다고 설명한다.

사울은 이 분석을 이용해 자기 회사가 집중할 프로젝트를 고른다. 이를테면 천연가스 저장 탱크, 더 높은 효율로 태양을 추적하는 대규모 태양전지를 훨씬 싸게 구축하는 방법, 에너지를 절반만 써서 방을 데우거나 식히는 냉난방 장치가 있다. 또 현재 투입비용의 일부만으로도 기반시설과 건물의 부식을 막고, 비행기와 다리의 칠을 벗기고 다시 칠하는 1조 달러 시장에 대응할 수 있는 소프트 로봇이 그렇다.

사울은 이렇게 말했다.

"경제를 뿌리부터 바꾸지 않고서도 앞으로 90억 명이 현재 잘사는 20억 명만큼 잘살게 되리라고 생각하는 사람이 있다면, 제정신이 아닌 게 틀림어요."

세계의 인구 증가, 생활수준 향상, 에너지를 막대하게 소비하는 현대 문명이 결합한 장기 흐름을 생각해보면, 매우 명백하게도 미래에는 대다수 분야에서 에너지 소비량의 단위를 밑바닥부터 바꾸어야 한다.

우리가 이 책에서 살펴본 첨단기술의 과제와 경제의 미래에 비슷한 시나리오를 짜볼 수 있다.

그렇게 나온 시나리오는 아래와 같을 것이다.

첫째, 벡터는 첨단기술이 일자리를 없애는 속도 대비 첨단기술로 새로운 일자리가 나타나는 속도로 정하자.

둘째, 벡터는 첨단기술을 기계 소유주의 부를 최대한 늘리는 데만 이용할지, 아니면 세계 경제의 모든 이해관계자가 최대한 부를 얻는 데 이용할지로 정하자.

설사 기계가 모든 일을 도맡더라도, 그래서 첨단기술이 일자리를 완전히 없앨지라도, 538쪽 그림의 왼쪽 위 2사분면에서처럼 기계 생산성의 열매를 모든 사람의 이익을 위해 쓴다면 창의성 넘치는 경제를 구축할

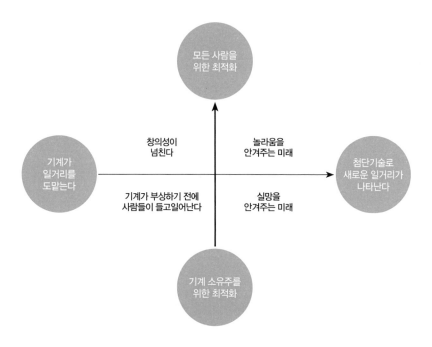

수 있다. 이때 시험대는 배움, 창의성, 사람의 손길이 오늘날과 사뭇 다르게 평가되는 사회 구조를 새로 짜야 하는 일일 것이다. 이때 우리는 인간을 위해 인간만이 할 수 있는 일을 지원하고, 북돋우며, 보상하는 정책을 수립해야 한다. 통신으로 연결된 시장 플랫폼은 이런 차세대 경제를 형성하는 강력한 도구가 될 수 있다.

오른쪽 위 1사분면에서는 인류가 전에는 불가능했던 일을 할 힘을 얻는다. 이것이 '놀라움을 안겨주는' 미래다. 멸종한 종을 되살리거나 완전히 새로운 종을 만들어내는 미래, 인간의 수명을 연장하고 다른 행성을 여행하는 미래, 질병을 없앤 미래, 모든 인류애를 위대한 시험대에 쏟아붓고, 그런 시험대를 극복한 수익을 공정하게 분배하는 미래다.

낙관적으로 볼 때, 나는 이 두 사분면을 아우르는 탄탄한 미래를 구축할 수 있다고 생각한다.

그렇지만 아래쪽 두 사분면에는 우리가 무턱대고 나아가는 세상이 있다. 최악에는 혁명, 사회적 격변, 그리고 어쩌면 제1차 산업혁명 초기에 겪었던 전쟁이 일어날 미래요, 잘해봤자 '실망을 안겨주는' 미래일 것이다. 첨단기술이 놀랄 만한 일을 일으키지만, 그 이득이 혜택을 누리는 상류층의 몫으로 돌아갈 뿐, 인류 대다수는 어렵사리 겨우겨우 살아가기 때문이다.

'그 길로 가지 않아도 된다.'

하지만 어두운 미래가 우리를 빤히 바라보는 것 같을 때마저도 우리는 용기가 부족해서 해야 할 일을 하지 못한다. 제아무리 노력해도 이미 착착 진행 중인 변화의 끔찍한 결과에 대응하지 못할 때가 많다. 역사의 가르침이 있는데도 우리 경제를 근본부터 다시 세우는 어려운 선택을 우리는 아직 내리지 못했다.

그 대신 지난날 실패한 처방 가운데 어떤 것을 다시 시도할지를 두고 논쟁을 벌인다. 정치 지도자와 정책 입안자들이 제프 베조스에게 많이 배우면 좋겠다.

2017년 3월에 열린 아마존 전체 회의에서 제프는 임직원에게 "지금도 여전히 우리에게는 첫날입니다"라고 계속 상기시켰다. 질의응답 시간에 한 직원이 물었다.

"둘째 날에는 어떤 일이 벌어집니까?"

제프는 몇 주 뒤 주주에게 보내는 연례 편지에서 그 내용을 언급했다.[13]

"둘째 날은 정지 상태입니다. 그다음에는 무책임이 나타납니다. 그다음에는 살을 에듯 뼈아픈 쇠퇴가 이어지고, 결국 죽음을 맞이합니다."

회사나 사회에 던지는 끔찍한 예언이기도 하지만, 우리가 현재 상황이나 '실망을 안겨주는' 미래의 상황을 받아들일 때 맞이할 일이기도 하다.

이어서 제프는 둘째 날을 피하는 네 가지 비결을 알렸다.

"고객에 집착하라, 대용 지표를 의심하라, 외부 동향을 발 빠르게 받아들여라, 빠르게 의사결정을 내려라."

고객 집착은 '기쁨을 안겨주는' 미래를 경험하는 열쇠다.

"고객은 스스로 깨닫지 못할 때마저도, 무언가 더 나은 것을 바랍니다. 고객을 기쁘게 하고 싶다고 욕망할 때, 고객 편에 서서 새로운 것을 만들어낼 것입니다."

사업을 하든 공공정책을 만들든, 케케묵은 해법을 다시 써먹는 데 안주하지 말라. 계속해서 긍정적인 감탄을 추구하라. 그런 감탄은 당신이 고객을 위해 무언가 놀라운 일을 이루었다는 뜻이다. 제프는 이어서 이렇게 적었다.

"첫날에 머무르려면 끈질기게 실험하고, 실패를 받아들이고, 씨를 뿌리고, 어린 나무를 보호하고, 고객이 기뻐하는 모습을 보았을 때 갑절로 노력해야 합니다."

'주주총회 위임장에 반대하는' 일과 관련하여 제프는 둘째 날로 가는 덫 하나가 "더는 결과를 살펴보지 않은 채 과정을 제대로 밟고 있다고 확신만 하는 것"이라고 적었다. 낡은 규칙을 따른 뒤에 나온 결과는 그것이 무엇이든 그냥 받아들여서는 안 된다. 달리 말해 우리가 취한 조치와 그 결과를 끊임없이 대조해 평가해야 한다. 그리고 결과가 꿈에 미치지 못할 때는 규칙을 반드시 다시 써야 한다.

제프는 또 직원들에게 첨단기술과 경제에 밀어닥치는 거센 흐름을 받아들이라고 강력히 요청했다.

"흐름에 맞서는 일은 미래에 맞서는 일일 것입니다. 흐름을 받아들이십시오. 순풍을 탈 것입니다."

인공지능은 아마존, 구글, 페이스북 같은 회사에만 맞는 기술이 아니다. 인터넷, 오픈소스 소프트웨어, 데이터 과학이 그랬듯이, 모든 사업, 나아가 사회 전체를 탈바꿈시킬 것이다. 유전공학과 신경 기술도 머나먼 일이 아니다.

마지막으로 의사결정 속도는 회사뿐 아니라 더 나은 미래를 만들어내는 과제를 효과적으로 다루게 해줄 유용한 요소다. 제프의 다음 조언은 값을 따지기 어렵다.

먼저, 두루두루 다 맞는 의사결정 절차를 절대 쓰지 마십시오. 많은 결정이 뒤집힐 수 있습니다. 그런 결정은 가벼운 절차를 써도 됩니다. 그런 결정이 틀리면 어떻게 될까요? … 둘째, 대다수 결정은 얻고 싶은 정보를 70퍼센트쯤 얻었을 때 내려야 합니다. 90퍼센트를 얻을 때까지 기다리면 대부분 늦을 것입니다. 게다가 어느 쪽을 택하든, 틀린 결정을 빨리 알아채 바로잡을 줄 알아야 합니다. 진로 수정에 능숙하다면, 틀린 결정도 생각보다 희생이 크지 않을 것입니다. 하지만 느린 결정은 틀림없이 대가가 클 것입니다. 셋째 … 비록 합의에 이르지 못했더라도 어떤 방향이 옳다고 확신할 때는 이렇게 말하는 게 좋습니다. "이봐요, 당신이 여기에 동의하지 않는 건 알지만, 될지 안 될지 저랑 내기할까요? 동의하지는 않더라도 저질러보는 게 어때요?"

미래는 불확실성으로 가득하다. 그런데 우리 사회는 둘째 날에 발을 깊이 담갔으므로 우리가 따르는 길은 정지, 무대책, 쇠퇴로 이어진다. 대담하게 의사결정을 내리고, 틀린 것을 알아챘을 때 과정을 바꾸며, 첨단 기술과 인구와 경제의 흐름을 이해하고, 줄기차게 모든 사람을 위한 더 나은 세상을 만들고자 집중한다면, 우리 경제를 위한 첫째 날을 되찾아 다시 기지개를 켤 기회가 올 것이다.

'일거리'를 만들자

시나리오 기획을 실행하지 않더라도, '이렇게 계속 간다면 무슨 일이 벌어질까?'라고 스스로 묻는 행동은 미래에 대비하는, 그리고 사업 기회를 잡아내는 탁월한 방법이다.

무어의 법칙과 같은 긍정적 흐름을 관찰하든, 무어의 법칙보다 발전 속도가 훨씬 빠른 유전자 염기서열 분석의 비용을 줄이든, 획기적 발전이 어디에서 새로 나타날지를 자주 예측할 수 있다. 또 틀린 적합도 함수를 충실히 수행하도록 완성된 알고리즘이나 소득 불균형 같은 문제에 대처하지 못해 일어나는 부정적 파괴에도 미리 대비할 수 있다.

기업가 정신과 발명에는 지적 차익 거래가 필요하다. 가능한 것과 지금까지 이룬 것의 차이를 이해해야 한다.

이런 사고는 첨단기술에만 적용할 수 있는 것이 아니다. 마클재단의 미국 바로잡기 계획에 참여했을 때 참 좋았던 순간은 동료 위원인 마이크 맥클로스키Mike McCloskey의 강연을 들었을 때였다. 그는 미국에서 여섯 번째로 큰 낙농협동조합인 '실렉트 밀크 프로덕트Select Milk Producers'의 설립자이자 최고경영자이다.

그는 낮고 울림이 있는 목소리로 천천히 말했다.

"어떤 사람은 우리더러 기업농이라고 합니다. 하지만 저는 우리를 아직도 가족 농장이라 여기고 싶습니다. 저는 농장에서 일합니다. 아내와 아이들도 농장에서 일하고요. 게다가 1만 명에 이르는 다른 가족이 우리 농장에 살며 일하니까요."

마이크는 농업 분야가 경제에 얼마나 중요한지를 말해달라는 부탁을 받았지만, 할 말이 더 많았다. 그가 나에게 들려준 이야기는 여러 해 동안 쌓인 경험이 응축된 중요한 설명이었다.

"내가 보기에는, 우리가 해야 할 일이 있습니다. 세계 인구가 곧 90억 명에 이를 테고, 그 사람들에게 단백질이 필요할 테니까요. 중산층이 곧 30억 명에 이를 테고, 그 사람들은 더 질 좋은 단백질을 원할 테니까요."

그는 세상과 상황의 흐름을 냉철하게 살펴보았고, 어떤 일이 필요할지 결정을 내렸다. 모든 기업가가 바로 이런 일을 목표로 삼아야 한다.

내가 듣기에는 그의 말은 질 좋은 중산층 일자리가 줄어든다는 말보다 훨씬 쓸모 있었다. 질 좋은 일자리 문제가 다급하다는 주장에 내가 고개만 끄덕이는 사이, 마이크는 답을 정확히 짚어냈다. 이른바 시장이 어찌어찌 자극을 받아 그런 질 좋은 중산층 일자리를 다시 만들어 내리라고 기대하지 않는 것이다. 그의 말마따나 "우리가 해야 할 일"이 있다.

이는 '일자리가 필요하다'는 뜻이 아니다. 닉 하나우어도 지적했듯이, 같은 말이지만 두 개념이 사뭇 다르다. 첫째는 마이크 맥클로스키가 쓴 개념으로, 해야 하는 일거리를 뜻한다. 둘째는 여러 경제 토론에 만연한 개념으로, 첫째 개념이 빛을 잃고 시들하게 되풀이되는 것이다. 즉 식료품 가게 선반에서 제품을 찾아내듯이 누군가에게서 얻어내는 일자리를 뜻한다. 선반이 텅텅 비어 있다면, 운이 다한 것이다. 그러니 미래의 노동 경제를 계획할 때, '일자리'가 아닌 '일거리'를 원칙으로 삼아야 한다. 해야 할 일거리는 충분하다.

우리 손에 달렸다

2015년 차세대 경제 회담은 첨단기술이 일거리의 미래에 미치는 영향을 살펴보려고 조직한 행사였다. 행사에서 에이더프룻Adafruit의 창립자이자 최고경영자인 리모르 프리드Limor Fried가 스카이프로 모습을 드러내 뉴욕에 있는 자기 공장과 창고로 우리를 안내했다.[14] 리모르는 자신이 혁신적인 전자장치와 조립 세트를 만들어내는 설계 작업대를 보여주었다. 몇 발 떨어진 곳에는 소규모 제조 장비와 더불어 그녀가 손수 개발하는 회로기판에 칩을 올리는 칩 마운터가 있었다. 10여 미터쯤 떨어진 곳에 있는 비디오 촬영장은 리모르가 인기 쇼 '엔지니어에게 물어보세요Ask an Engineer'와 회로 설계법부터 3D 프린트 법까지 모든 것을 알려주는 온라인 무료 강의를 녹화하는 곳이었다. 그다음 둘러본 곳은 창고로, 해마다 열혈 온라인 시청자에게 파는 제품과 부품이 3,000만 달러어치도 넘게 쌓여 있었고, 이어서 100여 명의 임직원 가운데 몇 명을 만났다.

나는 리모르와 그녀의 남편인 필 소론Phil Torrone을 처음 만났던 때를 기억한다. 소론은 독창적인 천재로, 전에는 광고업계에서 일하다가 지금은 아내가 온라인에서 영향력을 쌓도록 돕는다. 당시 두 사람은 자그마한 첫 사무실 한편에 커튼을 치고 살았다. 리모르는 벤처 자금 없이 사업을 일구었다. 사무실과 물품에 들어간 초기 투자액은 신용카드로 댔다. 그리고 사람들이 정말로 바라는 제품을 만들어내고, 유튜브, 트위치, 이메일, 웹 같은 현대 매체의 도구를 활용함으로써 성공으로 가는 길을 스스로 닦았다. 오픈소스 하드웨어와 공학 교육을 옹호하면서 미디어 스타가 되었고, 〈와이어드〉의 표지를 장식했으며, 오바마 대통령 시절 백악관이 매주 선정한 '변화의 수호자'에 뽑히기도 했다. 하지만 리모르에게 가장 뿌듯했던 경험은 아마도 어느 엄마가 7살짜리 딸과 함께 '엔지니어에게 물어보세요'를 본 뒤 리모르에게 보낸 글에 딸아이가 이렇게 물었다고 적은 일일 것이다.

"엄마, 남자애들도 엔지니어가 될 수 있어요?"

한 해 뒤, 2회째를 맞은 차세대 경제 회담에서도 생중계 소개가 있었다. 이번에는 르완다의 허허벌판에 갓 지어진 동굴 같은 격납고였다.[15] 캘리포니아에 본사를 둔 집라인 Zipline의 공동창립자이자 최고경영자인 켈러 리나우도 Keller Rinaudo는 집라인이 주문형 혈액 배달 드론을 공식 출시한 일을 기념해 르완다 대통령과 축하 행사를 마친 뒤였다. 르완다는 병원 기반시설이 취약하고 길이 막힌 곳도 많다. 분만 후 과다출혈은 임산부 사망의 주요 원인이다. 외딴 진료소는 필요한 다양한 혈액을 충분히 저장하기가 불가능했다. 하지만 켈리를 비롯한 집라인의 공동 창립자들은 20세기의 부족한 기반시설을 뛰어넘을 길을 찾아냈다. 그들은 기반시설 대신 21세기의 미래 기술을 이용해 해결이 어려울 것 같았던 문제를 해결했다. 혈액 저장시설과 달랑 세 곳뿐인 드론 비행장만으로, 집라인은 르완다 어디에 있는 진료소로든 15분 안에 혈액을 나를 수 있다.

집라인은 지금까지 벤처 자본으로 4,300만 달러를 모았고, 최근에 모은 2,500만 달러로는 베트남과 인도네시아 등 여러 시장에 배급망을 세울 예정이다. 만약 규제 장벽을 넘어설 수 있다면 미국도 포함시키려 한다. 미국에서는 시골에 혈액과 약품을 배달하는 서비스를 하겠지만, 예상치 못하게 생명이 위독해진 긴급 상황에서 요청이 있을 때마다 에피네프린 자가 주입기나 뱀독 항혈청 같은 긴급 의약품을 배달할 수 있을지도 모른다.

에이더프룻을 소개한 뒤로 집라인을 소개할 때까지, 나는 수백 명의 혁신가와 이야기를 나누었다. 그 가운데는 미래를 만들고 있는 기업가라고는 생각지도 못할 사람이 많았다. 경제에 어떤 미래가 펼쳐질지 내 생각을 형성하는 데 가장 강렬하고 영향이 컸던 만남은 페이스북 페이지 '뉴욕 사람들Humans of New York'을 만들어 소셜미디어에서 돌풍을 일으킨 브랜던 스탠턴Brandon Stanton과 한밤에 센트럴파크를 산책한 일이었다. 그에 따르면 개와 산책하며 만날 수 있는 유일한 시간이 그때였다. 낮에는 너무 바빴다.

브랜던은 사진작가이자 이야기꾼이다. 그는 이야기 나눌 시간이 있어 보이는 사람을 찾는다. 그리고 대상과 오랫동안 이야기를 나눈 뒤 이야기의 본질을 잡아낸 핵심 인용구를 사진과 함께 소셜미디어에 올린다. 브랜던이 올리는 사진을 따라 모인 팔로워는 페이스북을 포함한 여러 미디어 플랫폼을 합쳐 2,500만 명이 넘는다.

처음에 브랜던은 자기가 사랑하는 일을 하면서 생활비만 벌 수 있으면 좋겠다는 마음으로 온라인에 사진을 올렸다. 하지만 소셜미디어에서 수많은 팔로워를 거느린 사람들 대다수와 달리, 브랜던은 광고로 돈을 벌려고 하지 않았다. 그는 자기가 찍은 사진과 이야기를 바탕으로 베스트셀러 두 권을 펴냈고, 기업과 대학교 졸업식에 자주 연사로 오른다. 그러나 팔로워 수를 이용해 직접 돈을 모을 힘은 그가 이야기하는 사람들로 생기는 목적을 위해 아껴둔다.

브랜던이 처음부터 온라인 모금가가 되려 한 것은 아니다. 사람들을 서로 연결하는 것이 중요하다는 사실을 본능으로 안 덕분에 그렇게 되었을 뿐이다. 뉴욕시에서 범죄율이 높기로 손꼽히는 브루클린의 브라운즈빌 출신인 13살 비달 채스터넷_{Vidal Chastanet}은 브랜던에게 교장 선생님이 삶에서 가장 용기를 불어넣어주는 사람이라고 말했다. 이 말에 이끌린 브랜던은 비달의 학교를 주제로 연작 사진을 찍었다. 그 교장 선생님은 이렇게 말했다.

"그때까지만 해도 저는 제가 중요한 줄 몰랐어요. 제가 하는 일에 누가 신경 쓰는 줄을 몰랐죠."[16]

교장 선생님은 인터뷰에서 학생들에게 무슨 일이든 가능하다고 일깨워 주고자 아이들을 데리고 하버드대학을 탐방하는 것이 꿈이라고 털어놓았다. 브랜던은 당시 1,200만 명이던 팔로워에게 기부를 부탁했다. 짐작하기로는 3만 달러쯤 모으지 않을까 생각했다. 소셜미디어 팬들이 기부한 액수는 120만 달러였다.

슬픈 얼굴로 벤치에 앉아 있던 어느 아이 엄마는 그를 소아암이라는 세계로 이끌었고, 소아암과 싸우는 가족과 의료인들을 연작으로 찍었다. 마침내 브랜던은 그 아이의 삶을 앗아간 질환 연구에 380만 달러를 모았다.[17] 그밖에도 이야기는 많다. 난민, 참전군인, 죄수, 노숙자 등 인종과 종교와 나이를 모두 아우르는 평범한 사람들의 이야기가 이제 뉴욕뿐 아니라 전 세계에서 펼쳐진다. 브랜던은 그 사람들의 영혼을 헤아리고,

그들의 이야기를 들려주고, 그들의 얼굴을 보여준다. 그리고 수백만 명이 응답한다.

자동화라는 차세대의 물결이 모든 사람에게서 일거리를 빼앗으리라고 두려움에 사로잡혀 말하는 사람이 있다. 그러나 리모르와 켈러와 브랜던은 왜 일자리가 없어지지 않을 길이 있는지를 보여준다. '사람에게서 일거리를 앗아가는 것은 첨단기술이 아니라, 첨단기술을 어떻게 적용할지를 놓고 우리가 내린 결정이다.'

리모르는 첨단기술을 창의성과 교육의 도구로 응용했고, 그녀가 하는 일에 기꺼이 돈을 낼 고객을 찾아냄으로써 사업을 일으켰다. 그리고 남에게 자신이 엔지니어이자 기업가로서 어떻게 일하는지 교육하는 데 시간과 노력을 쏟는다. 남도 자기처럼 할 수 있기를 바라기 때문이다.

켈러는 첨단기술을 도구 삼아 전에는 풀 수 없던 문제를 해결했고, 벤처 자본을 이용해 미래의 기반시설을 확장했다. 집라인이 주문형 의료 배달에 맞는 새 모형을 만든다면, 의료 서비스를 무너뜨리려고 작정해서가 아니라, 번영이라는 지난 물결이 외면한 지구 반대편 사람들을 위해 문제를 먼저 풀었기 때문일 것이다.

브랜던은 첨단기술을 이용해 매우 아름답고 통찰이 담긴 인간미 넘치는 작품을 만들고 배포해왔다. 그리고 소셜미디어 팔로워 수라는 힘을 휘둘러 중요한 목적에 해결의 빛을 비추고 지원한다.

지금까지 세 사람의 이야기를 통해 기계가 오늘날 일자리 대다수를 가져가는 세상에서 일거리의 미래를 충분히 짐작할 수 있다. 기계 생산성의 열매를 공정하게 분배하기만 한다면 사람들은 서로의 삶을 즐겁게 하고, 가르치고, 돌보고, 부유하게 할 것이다. 인간의 진짜 문제를 푸는 데 집중한다면, 사람들은 경이로운 미래를 만들어낼 수 있다.

리모르, 켈러, 브랜던 같은 기업가는 내게 희망을 안긴다. 이들은 기계 때문에 모든 생필품값이 크게 내려가 누구도 '일하지 않아도 되는' 세상이 오더라도 지금 하는 일을 할 터이기 때문이다. 이들의 발자국을 따를 사람이 수백만, 아니 수십만 명을 넘는다.

2016년에 정치에서 일어난 엄청난 폭발도 내게 희망을 안긴다. 실패한 경제 이론의 종말이 시작되었다는 신호이기 때문이다. 그런 폭발로 관심을 불러 모은, 그래서 가면이 벗겨진 우리 사회의 균열에서 미국을 쇄신할 때임을 알 수 있다.

나는 인간이 엄청난 시련 앞에서 더 능력을 발휘한다고 믿는다. 우리의 가장 큰 자산은 지능이나 창의성이 아니라, 도덕적 선택이다. 상황이 좋아지기는커녕 훨씬 나빠지고 있다. 하지만 우리는 서로서로 북돋우는 길, 이익이 아니라 사람이 중요한 경제를 세우는 길을 택할 수 있다. 큰 꿈을 꿀 수 있고, 큰 문제를 해결할 수 있다. 첨단기술을 이용해 사람을 대체하는 대신, 이전에는 불가능했던 일을 할 수 있도록 첨단기술로 사람의 힘을 키울 수 있다.

감사의 말

우선 회고록이자 경영 서적이면서 논쟁거리라는 특이한 조합에 도전한 이 책의 편집인 겸 발행인인 홀리스 하임바우치Hollis Heimbouch에게 감사하고 싶다. 이 책을 향한 그의 열정 덕분에 나조차도 가끔 놀라는 아이디어를 글로 표현할 수 있었다. 무엇보다 내가 일상적으로 접해왔던 부류와 매우 다른 독자에게 다가갈 기회를 준 것에 감사한다.

책이란 독자들과 나누는 대화이며 올바른 독자를 찾기란 올바른 저자를 찾는 일만큼이나 중요하다. 마이클 루이스Michael Lewis가 말한 것처럼, "사람들이 무엇을 읽는지 파악하기 전까지 당신은 자신이 어떤 책을 썼는지 알 수 없다." 나는 그가 내게 찾아준 독자들의 의견을 무척이나 듣고 싶다. 그리고 스테파니 히치코크, 신디 아차르, 니키 발도프, 토머스 피토니악, 레이철 엘린스키, 페니 마크라스를 비롯한 훌륭한 팀에게도 고마운 마음을 전한다.

1993년부터 책을 쓰라고 나를 독려해준 존 브록만과 이 프로젝트를 위해 훌륭한 곳을 찾아준 맥스 브록만에게도 감사한다.

닉 하나우어에게도 감사의 마음을 표한다. 2012년에 그의 TED 대학교 연설을 듣고 기술과 경제 문제에 대해 더 깊이 생각할 수 있었다. 조 베어드와 하워드 슐츠, 마클 리워크 아메리카 이니셔티브 Markle Rework America initiative의 동료들에게도 감사의 마음을 전한다. 나는 이들과 만나면서 이런 문제들을 잘 이해할 수 있게 되었다. 특히 제임스 마니카는 정신적 가이드였다. 또한 넥스트이코노미 서밋Next:Economy Summit의 모든 강연자와 참가자에게 감사하고 싶다. 이들을 통해 나는 우리가 직면한 문제뿐 아니라 그에 대한 해결책도 탐구할 수 있었다.

빌 제인웨이, 할 배리언, 피터 노르빅은 기꺼이 여러 가지 초안을 읽고 내 지식이 미치지 못하는 영역을 알려주려고 시간을 할애했다. 덕분에 이 책의 내용이 훨씬 탄탄해질 수 있었다. 할과 빌은 나에게 경제학 마스터 클래스를 강의해 주었다. 제자가 스승의 수준에 도달하지 못했다면 그것은 스승의 잘못이 아니다. 베네딕트 에반스, 마거릿 레비, 로라 타이슨, 제임스 마니카, 케빈 켈리는 엄청난 오류와 생략에서 구해주었고, 이를 명확하게 생각할 수 있도록 도와주었다. 제이 셰퍼, 마이크 루키데스, 로렌 허그는 원고를 꼼꼼하게 읽고 지적해주어 내 생각과 글을 더 단단하게 해주었다. 수닐 폴, 로건 그린, 킴 래크멜러, 맷 커츠, 대니 설리번, 데이브 과리노는 중요한 세부사항과 맥락을 채워주었다. 사티야 나델라, 리드 호프만, 제프 이멜트, 피터 슈워츠, 피터 블룸, 앤디 맥아피, 에릭 브리놀프슨, 데이비드 아우터, 래리 카츠, 앤마리 슬로터, 세바스찬 스런, 얀 르쿤, 호아킨 퀴노네로 칸델라, 마이크 조지, 라나 포루하, 로빈 체이스, 데이빗 롤프, 앤디 스턴, 나탈리 포스터, 벳시 마시엘로, 조너선 홀, 리오르 론, 폴 부흐하이트, 샘 알트먼, 에스더 캐플란, 캐리 글리슨,

제이넵 톤, 마이키 디커슨, 웨일 고님, 팀 황, 헨리 파렐, 에이미 셀라스, 마이크 맥클로스키, 행크 그린, 브랜든 스탠턴, 잭 콩트, 리모르 프라이드, 필 소론, 세스 스턴버그, 팔락 샤, 퀠러 리나우도, 스테판 캐스리얼, 브라이언 존슨, 패트릭 콜리슨, 로이 바하트, 패디 코스그레이브, 스티븐 레비, 로렌 스마일리, 베스 호크스테인, 냇 토킹턴, 클레이 셔키, 로렌스 윌킨슨, 제시 헴펠, 마크 버제스, 칼 페이지, 매기 쉴즈, 애덤 데이비슨, 위니 킹에게 감사한다. 이 책이 완성되기까지 자료를 조사하고 글을 집필하는 동안 이들은 내게 자신의 시간과 통찰이라는 선물을 주었다.

그리고 이 책에서 공유한 것을 내게 알려준 모든 이들에게 감사하고 싶다. 시인 브라우닝Browning이 말한 것처럼 "내가 하는 일과 꾸는 꿈에는 당신이 포함되어 있다. 와인이 포도의 맛과 향을 담고 있듯이."

나는 아버지와 어머니께 행운은 함께 나누는 것으로 배웠다. 아버지는 '자선의 의무'를 다하려고 돈을 빌리곤 하셨지만, 아버지가 돌아가신 뒤 어머니는 적은 금액이라도 잘만 융통하면 가족이 요긴하게 쓸 수 있다는 것을 보여주셨다. 어머니는 내가 운영하는 회사가 어려울 때 돈을 빌려주셨는데, 유일한 조건은 이 위기가 지나가면 다른 사람들에게 내가 받은 대로 행동하라는 것이었다.

또한 나는 전 장인어른인 잭 펠드만에게 사업을 사랑하고 훌륭한 예술이나 문학과 마찬가지로 사업에서 창의적인 기회를 발견하는 방법을 배웠다. 전처인 크리스티나 이소벨은 내게 사업을 항상 세상에 바라는 가치로 채워야 하고 규칙으로만 운영하면 안 된다는 것을 가르쳐주었다. 내가 세운 오라일리 미디어는 기계가 아니라 인간에 뿌리 깊게 내린 그녀의 정신에 큰 영향을 받았다. 딸 아웬과 미라, 의붓딸 클레멘틴, 손주 헉슬리와 브론테는 내게 더 나은 세상을 다음 세대에 물려주어야 할 이유를 매일 생각나게 한다.

제니퍼 팔카는 내 인생과 사상의 동반자다. 이 책은 2008년부터 시작된 여정의 정점이다. 그 여정은 당시 내가 '해커를 사랑하는 이유Why I Love Hackers'라는 강연을 우리 자신보다 뛰어난 천사들과 분투하는 내용의 릴케의 시를 인용하면서 마친 다음, 그녀가 눈을 반짝이며 내게 다가와 "기업가가 아니라 내가 기획하는 콘퍼런스에 이런 강연이 필요해요"라고 말한 그 순간부터 시작되었다. 그때부터 그녀는 내게 단지 아이디어에 지나지 않았던 것을 현실로 만들어 나갔다. 아내는 내 강연의 핵심인 '중요한 일을 하라'의 완벽한 모범이자 영감을 주는 사람이기도 하다. 아내의 사려 깊은 격려 덕에 내가 더 좋은 사람이 되고, 함께하는 삶이 끊임없는 탐구인 것처럼 아내가 원고를 읽으면서 해준 조언 덕분에 이 책은 나아질 수 있었다.

오라일리 미디어와 메이커 미디어, 오라일리 알파테크 벤처의 동료들, 특히 데일 도허티, 로라 볼드원, 브라이언 어원, 마이크 루키데스, 에디 프리드먼, 새러 윈즈, 지나 블레이버, 로저 마굴라스, 마크 제이콥슨, 브라이스 로버츠, 그리고 사실 수년간 회사의 일부였던 모든 사람 덕분에 내가 1978년에 회사를 시작했을 때는 꿈도 꾸지 못했던 훨씬 큰 영향력을 발휘해 엄청난 성과를 이룰 수 있었다. 이들은 나의 두 번째 가족이다. 나에게 영감을 주고 기업이 우리 힘으로는 결코 이룰 수 없는 것을 가능하게 하는 인간 증강이라는 사실의 증거이기도 하다.

내가 기술 분야에 있는 동안 직·간접적으로 나의 멘토이자 영감의 원천이 되어준 분들이 있다. 스튜어트 브랜드, 데니스 리치, 켄 톰프슨, 브라이언 커니핸, 빌 조이, 밥 셰이플러, 래리 월, 빈트 서프, 존 포스텔, 팀 버너스리, 리누스 토발즈, 브라이언 벨렌도프, 제프 베조스, 래리 페이지, 세르게이 브린, 에릭 슈밋, 피에르 오미디야르, 에반 윌리엄스, 마크 저커버그, 사울 그리피스, 빌 제인웨이, 나는 이들이 창조하는 데 일조한 세상을 공부하면서 내 지도를 그려올 수 있었다.

주

머리말

1 Cade Metz, "In Two Moves, AlphaGo and Lee Sedol Redefined the Future," *Wired*, March 16, 2016, https://www.wired.com/2016/03/two-moves-alphago-lee-sedol-redefined-future/.

2 Cecille de Jesus, "an AI Just Defeated Human Fighter Pilots in an Air Combat Simulator," *futurism.com*, June 28, 2016, http://futurism.com/an-ai-just-defeated-human-fighter-pilots-in-an-air-combat-simulator/.

3 Olivia Solon, "World's Largest Hedge Fund to Replace Managers with Artificial Intelligence," *Guardian*, December 22, 2016, https://www.theguardian.com/technology/2016/dec/22/bridgewater-associates-ai-artificial-intelligence-management.

4 Carl Benedikt Frey and Michael A. Osborne, "The Future of Employment: How Susceptible Are Jobs to Computerisation?," Oxford Martin School, September 17, 2013, http://www.oxfordmartin.ox.ac.uk/downloads/academic/The_Future_of_Employment.pdf.

5 Andrew Cave, "Airbnb Is on Track to Be the World's Largest Hotelier," *Business Insider*, November 26, 2013, http://www.businessinsider.com/airbnb-largest-hotelier-2013-11.

6 Eric Newcomer, "Uber Loses at Least $1.2 Billion in First Half of 2016," *Bloomberg Technology*, August 25, 2016, http://www.bloomberg.com/news/articles/2016-08-25/uber-loses-at-least-

1-2-billion-in-first-half-of-2016.

7 "The Unicorn List," *Fortune,* retrieved March 29, 2017, http://fortune.com/unicorns/.

8 "Crunchbase Unicorn Leaderboards," *TechCrunch*, retrieved March 29, 2017, http://techcrunch.com/ unicorn-leaderboard/.

9 Tom Stoppard, *Rosencrantz & Guildenstern Are Dead* (New York: Grove Press, 1967), 21.

10 "Everything Is Amazing and Nobody's Happy," March 29, 2017, https://www.youtube.com / watch?v=q8LaT5Iiwo4.

11 Michael Schrage, *Who Do You Want Your Customers to Become?* (Boston: Harvard Business Review Press, 2012), ebook retrieved March 29, 2017, https://www.safaribooksonline.com/ library/view/ who-do-you/9781422187852/chapter001.html#a002.

12 Pew Research Center in Association with the Markle Foundation, *The State of American Jobs,* retrieved March 29, 2017, https://www.markle.org/sites/default/files/State-of-American-Jobs. pdf.

13 Olga Khazan, "Why Are So Many Americans Dying Young?," *Atlantic*, December 13, 2016, https:// www.theatlantic.com/health/archive/2016/12/why-are-so-many-americans-dying-young/510455/.

14 Darrell Etherington, "Google's New Health Wearable Delivers Constant Patient Monitoring," *TechCrunch,* June 23, 2015, https://techcrunch.com/2015/06/23/googles- new-health-wearable-delivers-constant-patient-monitoring/.

15 Nicholas J. Hanauer, "The Capitalist's Case for a $15 Minimum Wage," Bloomberg View, June 19, 2013, https://www. bloomberg.com /view/articles/2013-06-19/the-capitalist-s-case-for-a-15-minimum-wage.

16 Richard Dobbs, Anu Madgavkar, James Manyika, Jonathan Woetzel, Jacques Bughin, Eric Labaye, and Pranav Kashyap, "Poorer than Their Parents? A New Perspective on income inequality," McKinsey Global Institute, July 2016, http://www.mckinsey.com/global-themes/ employment-and-growth/poorer-than-their- parents-a-new-perspective-on-income-inequality.

17 Melanie Trottman, "Top CEOs Make 373 Times the Average U.S. Worker," *Wall Street Journal*, May 13, 2015, http://blogs.wsj.com/economics/2015/05/13/top-ceos-now-make-373-timesthe-average-rank- and-file-worker/.

18 David Leonhardt, "The American Dream, Quantified at Last," *New York Times*, December 8, 2016, https://mobile.nytimes.com/2016/12/08/opinion/the-american-dream -quantified-at-last.html.

19 "Quarterly Report on Household Debt and Credit," Federal Reserve Bank of New York, August 2016, https://www.newyorkfed.org/medialibrary/interactives /householdcredit /data/pdf / HHDC_2016Q2.pdf.

20 St. Louis Fed, "Household Debt to GDP for United States," https://fred.stlouisfed.org/series / HDTGPDUSQ163N.

21 "The Digital Degree," *Economist*, June 27, 2014, http://www.economist.com/news/briefing/ 21605899- staid-higher-education-business-about-experience-welcome-earthquake-digital.

22 "Cash on the Sidelines: How to Unleash $30 Trillion," panel discussion at the Milken Institute Global Conference, April 20, 2013, http://www.milkeninstitute.org/events/conferences/global-conference/2013/ panel-detail/4062.

23 Richard Dobbs, James Manyika, and Jonathan Woetzel, *No Ordinary Disruption* (Philadelphia: PublicAffairs, 2015), 4 - 7.

1부 올바른 미래 지도를 그려라

1장 현재에서 바라본 미래

1   A public radio interview around 1980 or so.

2   "History Does Not Repeat Itself, but It Rhymes," *Quote Investigator*, retrieved March 27, 2017, http://quoteinvestigator.com/2014/01/12/history-rhymes/.

3   Sam Williams, *Free as in Freedom: Richard Stallman's Crusade for Free Software* (Sebastopol, CA: O'Reilly, 2002). See also Richard Stallman, "The GNU Manifesto," retrieved March 29, 2017, http://www.gnu.org/gnu/manifesto.en.html.

4   http://www.unterstein.net/su/docs/CathBaz.pdf. Eric S. Raymond, *The Cathedral & the Bazaar* (Sebastopol, CA: O'Reilly, 2001).

5 Tim O'Reilly, "Hardware, Software, and Infoware," in *Open Sources: Voices from the Open Source Revolution* (Sebastopol, CA: O'Reilly, 1999), available online at http://www.oreilly.com/openbook/opensources/book/tim.html.

6 Edwin D. Reilly, *Milestones in Computer Science and Information Technology* (Westport, CT: Greenwood, 2003), 131.

7 Sol Libes, "Bytelines," *Byte* 6, no.12, retrieved March 29, 2017, https://archive.org/stream/ byte-magazine-1981-12/1981_12_BYTE_06-12_Computer_Games #page/n315/mode/2up.

8 Linus Torvalds and David Diamond, *Just for Fun* (New York: Harper Business, 2001).

9 Joel Klein, "Complaint: United States v. Microsoft in the United States District for the District of Columbia, Civil Action No. 98 - 232 (Antitrust), Filed: May 18, 1998," retrieved March 30, 2017, https://www.justice.gov/atr/complaint-us-v-microsoft-corp.

10 "The future has arrived," *Quote Investigator*, retrieved March 30, 2017, http://quoteinvestigator.com/ 2012/01/24/future-has-arrived/.

11 "Alfred Korzybski," *Wikipedia*, retrieved March 30, 2017, https://en.wikipedia.org/wiki/Alfred_Korzybski#cite_note-4.

12 Richard Feynman, *Surely You're Joking, Mr. Feynman* (New York: Norton, 1984), 212.

2장 글로벌 브레인의 탄생과 진화

1 Tim O'Reilly, "The Open Source Paradigm Shift," in *Perspectives on Free and Open Source Software*, ed. J. Feller, B. Fitzgerald, S. Hissam, and K. R. Lakhani (Cambridge, MA: MIT Press, 2005). Also available at http://archive.oreilly.com/pub/a/oreilly/tim/articles/paradigmshift_0504.html.

2 Jim Allchin, quoted in Tim O'Reilly, "My Response to Jim Allchin," *oreilly.com*, February 18, 2001, http://archive.oreilly.com/pub/wlg/104.

3 Clay Christensen, "The Law of Conservation of Attractive Profits," *Harvard Business Review* 82, no. 2 (February 2004): 17 - 18.

4 http://www.oreilly.com/tim/archives/mikro_discussion.pdf.

5 *Extremetech*, retrieved March 29, 2017, https://www.extremetech.com/extreme/161772-

microsoft- now-has-one-million-servers-less-than-google-but-more-than-amazon-says-ballmer.

6 Elizabeth Diefendorf, ed., *The New York Public Library's Books of the Century* (New York: Oxford University Press, 1996), 149.

7 Tim O'Reilly, "What Is Web 2.0?," *oreilly.com*, September 30, 2005, http://www.oreilly.com/pub/a /web2/archive/what-is-web-20.html.

8 Tim O'Reilly, "Open Source: The Model for Collaboration in the Age of the Internet," keynote at the Computers, Freedom, and Privacy Conference, Toronto, April 6, 2000, http://www.oreillynet.com/pub/a/ network/2000/04/13/CFPkeynote.html.

9 Tim O'Reilly and John Battelle, "Web Squared: Web 2.0 Five Years On," *oreilly.com*, retrieved March 30, 2017, https:// conferences.oreilly.com/web2summit/web2009 /publ ic /schedule / detail /10194.

10 Wallace Stevens, "An Ordinary Evening in New Haven," in *The Palm at the End of the Mind*, ed. Holly Stevens (New York: Vintage, 1972), 345.

11 T. S. Eliot, "East Coker," *The Four Quartets*, New York, Houghton Mifflin Harcourt, 1943, renewed 1971.

12 http:// qz.com/135149/the-first-ever-hashtag-reply -and-retweet-as-twitter-users-invented-them/.

13 Chris Messina, Twitter update, retrieved March 29, 2017, https://twitter.com/chrismessina/status/223115412. Note that Joshua Schachter had earlier used # as a symbol for tags in his link-saving site del.icio.us.

14 Chris Messina, "Twitter Hashtags for Emergency Coordination and Disaster Relief,"retrieved March 29, 2017, https://factoryjoe.com/2007/10/22/twitter-hashtags-for-emergency-coordination-and-disaster- relief/.

15 "To Trend or Not to Trend," *Twitter Blog*, retrieved March 29, 2017, https://blog.twitter.com/2010/to-trend-or-not-to-trend.

16 "Twitpic," retrieved March 29, 2017, https://en.wikipedia.org/wiki/TwitPic.

17 Jim Hanrahan, Twitter update, retrieved March 29, 2017, https://twitter.com/highfours/status/

1121908186.

18 https://twitter.com /jkrums/status/1121915133.

19 Facebookpage, retrieved March 29, 2017, https://www.facebook. com/ElShaheeed.

20 Michael Nielsen, *Reinventing Discovery* (Princeton,NJ: Princeton University Press, 2011), 53.

21 Thomas Henry Huxley, "The Coming of Age of 'The Origin of Species,'" *Collected Essays,* vol. 2, as reprinted at http://aleph0.clarku.edu/huxley/CE2/CaOS.html.

22 George Dyson, *Turing's Cathedral* (New York: Pantheon, 2012), 238 – 39.

23 Sami Jarbawi, "Uber to Pay $20 Million to Settle FTC Case," Berkeley Center for Law, Business and the Economy, January 31, 2017, http://sites.law.berkeley.edu/thenetwork/wp-content/uploads/sites/2/ 2017/01/Uber-to-Pay-20-Million-to-Settle-FTC-Case.pdf.

24 Mike Isaac, "How Uber Deceives the Authorities Worldwide," *New York Times,* March 3, 2017, https://www.nytimes.com/2017/03/03/technology/uber- greyball-program-evade-authorities.html.

25 Alex Davies, "Google's Lawsuit Against Uber Revolves Around Frickin' Lasers," *Wired*, February 5, 2017, https://www.wired.com/2017/02/googles lawsuit uber-revolves-around-frickin-lasers/.

26 Susan J. Fowler, "Reflecting on One Very, Very Strange Year at Uber," Susan J. Fowler's blog, February 19, 2017, https://www.susanjfowler.com/blog/2017/2/19/reflecting-on-one-very-strange-year -at-uber.

3장 우버와 리프트를 통해 미래 지도를 그린다.

1 Tim O'Reilly, "Remaking the Peer-to-Peer Meme," in *Peer to Peer*, ed. Andy Oram (Sebastopol, CA: O'Reilly, 2001). The essay is also available online at http://archive.oreilly.com/pub/a/495.

2 Kara Swisher, "Man and Uber Man," *Vanity Fair*, December 2014, retrieved March 30, 2017, http://www.vanityfair.com/news/2014/12/uber-travis-kalanick-controversy.

3 Brad Stone, *The Upstarts* (New York: Little, Brown, 2017), 52.

4 Logan Green in 2015.

5 Stone, *The Upstarts*, 71.

6 "The Uber Story," *uber.com*, retrieved March 30, 2017, https://www.uber.com /our-story/.

7 Priya Anand, "People in Los Angeles Are Getting Rid of Their Cars," *BuzzFeed*, September 2, 2016, https://www.buzzfeed.com/priya/people-in-los-angeles-are-getting-rid- of-their-cars.

8 Jody Rosen, "The Knowledge, London's Legendary Taxi-Driver Test, Puts Up a Fight in the Age of GPS," *New York Times Magazine*, November 24, 2014, https://www.nytimes. com/2014/11/10/t-magazine/ london-taxi-test-knowledge.html.

9 "Workforce of the Future: Final Report (Slide 12)," *Markle*, retrieved March 30, 2017, https:// www.markle.org/workforce-future-final-report. 63 Tesla seems to have other plans: Dan Gillmor, "Tesla Says Customers Can't Use Its Self-Driving Cars for Uber," *Slate*, October 21, 2016, http://www.slate.com/blogs/future_tense/2016/10/21/tesla_says_customers_can_t_use_ its_self_driving_ cars_for_uber.html.

10 Nicholas Carr, "The Economics of Digital Sharecropping," *Rough Type*, May 4, 2012, http:// www.roughtype.com/?p=1600.

11 Laura Tyson and Michael Spence, "Exploring the Effects of Technology on Income and Wealth Inequality," in *After Piketty*, ed. Heather Boushey, J. Bradford DeLong, and Marshall Steinbaum (Cambridge, MA: Harvard University Press, 2017).

12 "Amazon Flex: Be Your Own Boss. Great Earnings. Flexible Hours," *Amazon*, retrieved March 30, 2017, https:// flex.amazon.com.

13 Eric Newcomer, "In Video, Uber CEO Argues with Driver over Falling Fares," *Bloomberg Technology*, February 28, 2017, https:// www.bloomberg.com/news /articles /2017-02-28/in-video-uber- ceo-argues-with-driver-over-falling-fares.70 "you'll never be the same again": PBS, *One Last Thing*, 2011, video clip of Steve Jobs 1994 comment republished April 24, 2013, http://mathiasmikkelsen.com /2013/04/everything-around-you-that-you-call-life-was-made-up-by-people-that-were-no-smarter- than-you/.

4장 미래는 하나가 아니다

1 Richard published his email to me as an open letter. https://www.gnu.org/ philosophy/amazon-rms-tim.en.html.

2 Tim O'Reilly, "Ask Tim," *oreilly.com*, February 28,2000, http://archive.oreilly.com/pub/a/

oreilly/ ask_tim /2000/amazon_patent.html.

3   Tim O'Reilly, "An Open Letter to Jeff Bezos," *oreilly.com,* February 28, 2000, http://www. oreilly.com/amazon_patent/amazon_patent.comments.html.

4   Tim O'Reilly, "An Open Letter to Jeff Bezos: Your Responses," *oreilly.com,* February 28, 2000, http://www.oreilly.com/amazon_patent/amazon_patent_0228.html.

5   Jeff Howe, "The Rise of Crowdsourcing,"*Wired,* June 1, 2006, https://www.wired. com/2006/06/crowds/.

6   Tim O'Reilly, "O'Reilly Awards $10,000 1-Click Bounty to Three 'Runners Up,'" *oreilly.com,* March 14, 2001, http://archive.oreilly.com/pub/a/policy/2001/03/14/bounty.html.

7   Tim O'Reilly, "My Conversation with Jeff Bezos," *oreilly.com,* March 2, 2000, http://archive. oreilly. com/pub/a/oreilly/ask_tim/2000/bezos_0300.html.

8   Sunil Paul, System and Method for Determining an Efficient Transportation Route, US Patent 6,356,838, filed July 25, 2000, and issued March 12, 2002.

9   "What Amazon, iTunes, and Uber Teach Us About Apple Pay," *oreilly.com*, September 30, 2014.

10 "Introducing Amazon Go," *Amazon,* retrieved March 30, 2017, https://www.amazon.com/b?ie= UTF8&node=16008589011.

11 *Sizing the Internet Opportunity* (Sebastopol, CA: O'Reilly, 2004).

12 "Robert McCool," *Wikipedia*, retrieved March 30, 2017, https:// en.wikipedia.org/wiki/Robert_ McCool.

13 Killian Bell, "Steve Jobs Was Originally Dead Set Against Third-Party Apps for the iPhone," *Cult of Mac*, October 21, 2011, http://www.cultofmac.com/125180/steve-jobs-was-originally-dead-set-against-third-party-apps-for-the-iphone/.

14 Stone, *The Upstarts*, 199-200.

15 Aaron Levie, Twitter update, August 22, 2013, https://twitter.com/ levie/ status/370776444013510656.

5장 네트워크와 기업 조직의 본질

1 Esko Kilpi, "The Future of Firms," *Medium*, February 6, 2015, https://medium.com/@EskoKilpi/movement-of-thought-that-led-to-airbnb-and-uber-9d4da5e3da3a.

2 Hal Varian, "If There Was a New Economy, Why Wasn't There a New Economics?," *New York Times*, January 17, 2002, http://www.nytimes.com/2002/01/17/business/economic-scene-if-there-was-a-new-economy-why-wasn-t-there-a-new-economics.html.

3 "Google Strengthens Its Position as World's Largest Media Owner," Zenith Optimedia, retrieved March 30, 2017, https://www.zenithmedia.com/google-strengthens-position-worlds-largest-media-owner-2/.

4 Tom Dotan, "Facebook Ad Revenue (Finally) Tops Media Giants," *The Information*, November 22, 2016, https://www.theinformation.com /facebook-ad-revenue-final ly-tops-media-giants?shared=Xmjr9t lVlXs.

5 Andy Smith, "13-4 Year Olds Are Watching More YouTube than TV," *Tubular Insights*, March 11, 2015, http://tubularinsights.com/13-24-watching-more-youtube-than-tv/.

6 Shannon Pettypiece, "Amazon Passes Wal-Mart as Biggest Retailer by Market Value," *Bloomberg dfl. Technology*, July 24, 2015, https://www.bloomberg.com/news/articles/ 2015-07-23/amazon-surpasses-wal-mart-as-biggest-retailer-by-market-value.

7 Clay Shirky, *Here Comes Everybody* (New York: Penguin, 2008), 98.

8 *2014 TLPA Taxicab Fact Book*, available from https://www.tlpa.org/TLPA-Bookstore.

9 James Pethokoukis, "What the Story of ATMs and Bank Tellers Reveals About the 'Rise of the Robots' and Jobs," *AEI Ideas*, June 6, 2016, http://www.aei.org/publication/what-atms-bank-tellers-rise-robots-and-jobs/.

10 "Uber Health," Uber, November 21, 2015, https:// newsroom.uber. com/uberhealth/.

11 Zhai Yun Tan, "Hospitals Are Partnering with Uber to Get Patients to Checkups," *Atlantic*, August 21, 2015, https://www.theatlantic.com/health/archive/2016/08/hospitals-are-partnering-with-uber-to-get- people-to-checkups/495476/.

12 Sara Kessler, "The Optimist's Guide to the Robot Apocalypse," *Quartz*, March 19, 2017, https://

qz.com/904285/the-optimists-guide-to-the-robot-apocalypse/.

13 Todd Bishop, "Amazon Soars to More than 341K Employees—dding More than 110K People in a Single Year," *Geekwire,* February 2, 2017, http://www.geekwire.com/2017/amazon-soars-340k-employees-adding-110k-people-single-year/.

14 Scott Timberg, "Jaron Lanier: The Internet Destroyed the Middle Class," *Salon*, May 12, 2013, http://www.salon.com/2013/05/12/jaron_lanier_the_internet_destroyed_the_middle_class/.

15 "The Internet Economy in the G20," *BCG Perspectives*, retrieved March 30, 2017, https://www.bcgperspectives.com/content/articles/media_entertainment_strategic_planning_4_2_trillion_opportunity_internet_economy_g20/?chapter=2.

16 Benedict Evans, "How Many Pictures?,"*ven-evans.com*, August 19, 2015, http://ben-evans.com/benedictevans/2015/8/19/how-many-pictures.

17 AllEntrepreneur, "Travel Like a Human with Joe Gebbia, Co-founder of AirBnB!," *AllEntrepreneur*, August 26, 2009, https://allentrepreneur.wordpress.com/2009/08/26/travel-like-a-human-with-joe-gebbia-co-founder-of-airbnb/.

18 Alvin E. Roth, *Who Gets What—nd Why?* (Boston: Houghton Mifflin, 2015), 8 – 9.

19 "How Search Works," Google, retrieved March 30, 2017, https://www.google.com/inside search/howsearchworks/thestory/. The actual number cited is 130 trillion!

20 Dylan Tweney, "How Craig Newmark Built Craigslist with 'No Vision Whatsoever,'" *Wired*, June 5, 2007, https://www.wired.com/2007/06/no_vision_whats/.

21 Tim O'Reilly, "When Markets Collide," in *Release 2.0: Issue 2, April 2007*, ed. Jimmy Guterman (Sebastopol, CA: O'Reilly, 2007), 1, available online at http://www. oreilly.com/data/free/files/release2 -issue2.pdf.

22 "List of Most Popular Websites," *Wikipedia*, retrieved March 30, 2017, https://en.wikipedia.org/wiki /List_of_most_popular_websites.

23 Alison Griswold, "Jeff Bezos' Master Plan to Make Everyone an Amazon Prime Subscriber Is Working," *Quartz*, July 11, 2016, https://qz.com/728683/jeff-bezos-master-plan-to-make-everyone- an-amazon-prime-subscriber-is-working/.

24 Horace Dediu, Twitter update, April 28, 2014, https://twitter.com/asymco/

status/460724885120380929.

25 "State of Amazon 2016," Bloomreach, retrieved March 30, 2017, http://go.bloomreach.com/
rs/243-XLW-551/images/state-of-amazon-2016-report.pdf.

26 Olivia LaVecchia and Stacy Mitchell, "Amazon's Stranglehold," Institute for Local Self Reliance,
November 2016, 10, https://ilsr.org/wp-content/uploads/2016/11/ILSR_AmazonReport_final.
pdf.

27 103 *remove the "Buy" button:* Doreen Carvajal, "Small Publishers Feel Power of Amazon's 'Buy'
Button," *New York Times*, June 16, 2008, http://www.nytimes.com/2008/06/16/business/
media/16amazon.html.

28 LaVecchia and Mitchell, "Amazon's Stranglehold," 13.

29 Tim O'Reilly, "When Markets Collide," 9.

30 Tim O'Reilly, "The Architecture of Participation, *oreilly.com*, June 2004, http://archive.oreilly.
com/pub/a/oreilly/tim/articles/architecture_of_participation.html.

31 Brian W. Kernighan and Rob Pike, *The Unix Programming Environment* (Englewood Cliffs, NJ:
Prentice-Hall, 1984), viii.

32 David Weinberger, *Small Pieces Loosely Joined* (New York: Perseus, 2002). See also http://www.
smallpieces.com.

33 John Gall, *Systemantics: How Systems Work and Especially How They Fail* (New York:
Quadrangle, 1977), 52.

34 Paulina Borsook, "How Anarchy Works," *Wired*, October 1, 1995, https://www.wired.com/
1995/10/ietf/.

35 *"Be liberal in what you accept from others"*: Jon Postel, "RFC 761: Transmission Control
Protocol, January 1980," IETF,https://tools.ietf.org/html/rfc761.

36 Robert A. Moskowitz, "TCP/IP: Stairway to OSI," Computer Decisions, April 22, 1986.

6장 약속 안에서 생각하고 거꾸로 일하라

1 "Amazon.com's Web Services Opportunity," PowerPoint deck March 8, 2001, uploaded to
SlideShare March 30, 2017, https://www.slideshare.net/timoreilly /amazoncoms-web-services-

opportunity.

2 Tim O'Reilly, "Amazon.com and the Next Generation of Computing,"PowerPoint deck May 20, 2003, uploaded to SlideShare March 30, 2017, https://www.slideshare.net/timoreilly/ amazoncom-and-the-next-generation-of-computing.

3 Om Malik, "Interview: Amazon CEO Jeff Bezos," *GigaOm*, June 17, 2008, http:// www. i3businesssolutions.com/ 2008/06/interview-amazon-ceo-jeff-bezos-gigaom/.

4 Steve Yegge, "Stevey's Google Platform Rant." The original October 12, 2011, Github: https:// gist.github.com/chitchcock /1281611.

5 Werner Vogels, "Working Backwards," All Things Distributed, November 1, 2006, http://www. allthingsdistributed.com/2006 /11/working_backwards.html.

6 Janet Choi, "The Science Behind Why Jeff Bezos's Two-Pizza Team Rule Works," *I Done This Blog*, September 24, 2014, http://blog.idonethis.com/two-pizza-team/.

7 Burgess, *Thinking in Promises*, 1.

8 Henrik Kniberg, "Spotify Engineering Culture (Part 1)," Spotify, March 27, 2014, https://labs. spotify.com/2014/03/27/spotify engineering-culture-part-1/,and "Spotify Engineering Culture (Part 2)," September 20, 2014, https://labs.spotify.com/2014/09/20/spotify-engineering-culture- part-2/.

9 https://spotifylabscom.files.wordpress.com/2014/03/spotify-engineering-culture-part1.jpeg.

10 "the interview with General Stanley McChrystal and Chris Fussell by Charles Duhigg on March 1, 2016, http://nytconferences.com/NWS _Agenda_2016.pdf.

11 John Rossman, *The Amazon Way* (Seattle: Amazon Createspace, 2014), Kindle ed., loc. 250.

12 Steven Brill, "Obama's Trauma Team," *Time*, February 27, 2014, http://time.com/10228/ obamas- trauma-team/.

13 John Tozzi and Chloe Whiteaker, "All the Companies Making Money from Healthcare.gov in One Chart," *Bloomberg Businessweek*, August 28, 2014,https://www.bloomberg.com/news/ articles/ 2014-08-28 /all-the-companies-making-money-from-healthcare-dot-gov-in-one-chart.

14 Venky Harinarayan, Anand Rajaraman, and Anand Ranganathan, Hybrid Machine/Human

Computing Arrangement, US Patent 7,197,459, filed March 19, 2001, and issued March 27, 2007.

15 Tim O'Reilly, "Operations: The New Secret Sauce," *O'Reilly Radar*, July 10, 2006, http://radar. oreilly.com/2006/07/operations-the-new-secret-sauc.html.

16 Gene Kim, Kevin Behr, and George Spafford, *The Phoenix Project*, rev. ed. (Portland, OR: IT Revolution Press, 2014), 348–50.

17 Hal Varian, "Beyond Big Data," http://people.ischool.berkeley.edu/~hal/Papers/2013/ BeyondBig DataPaper FINAL.pdf.

18 Kim, Behr, and Spafford, *The Phoenix Project*, 350.

19 Benjamin Treynor Sloss, "Google's Approach to Service Management: Site Reliability Engineering," in *Site Reliability Engineering*, ed. Betsy Beyer, Chris Jones, Jennifer Petoff, and Niall Richard Murphy (Sebastopol, CA: O'Reilly, 2016),online at https://www. safaribooksonline.com/library/view/ site-reliability-engineering/ 9781491929117/ch01.html.

7장 정부도 플랫폼이다

1 Carl Malamud, "How EDGAR Met the Internet," *media.org*, retrieved March 30, 2017, http:// museum.media.org/edgar/.

2 Steven Levy, "The Internet's Own Instigator," *Backchannel*, September 12, 2016, https:// backchannel.com/the-internets-own-instigator-cb6347e693b.

3 Omar Wasow, "The First Internet President," *The Root*, November 5, 2008, http://www.theroot. com/ the-first-internet-president-1790900348.

4 "The Next Government: Donald Kettl," IBM Center for the Business of Government, retrieved March 30, 2017, http://www.businessofgovernment.org/blog/presidential- transition/next- government-donald-kettl.

5 "Thomas Jefferson to Joseph C. Cabell, February 2, 1816," in *Republican Government*, http:// press-pubs.uchicago.edu/founders/documents/v1ch4s34.html. Reprinted from *The Writings of Thomas Jefferson*, ed. Andrew A. Lipscomb and Albert Ellery Bergh, 20 vols. (Washington, DC: Thomas Jefferson Memorial Association, 1905), vol. 14, 421–23.

6 David Robinson, Harlan Yu, William Zeller, and Ed Felten, "Government Data and the Invisible

Hand," *Yale Journal of Law & Technology* 11, no. 1(2009), art. 4, available at http://digitalcommons.law.yale.edu/ yjolt /vol11/iss1/4.

7   "Eight Principles of Open Government Data," *public.resource.org*, December 8, 2007, retrieved March 30, 2017, https://public.resource.org/ 8_principles.html.

8   Andrew Young and Stefan Verhulst, *The Global Impact of Open Data* (Sebastopol, CA: O'Reilly, 2016), available for free download at http://www.oreilly.com/data/free/ the-global-impact-of-open-data.csp.

9   "Global GPS Market 2016 – 022: Market Has Generated Revenue of $26.36 Billion in 2016 and Is Anticipated to Reach Up to $94.44 Billion by 2022," *Business Wire*, October 18, 2017, http://www.businesswire.com/news/home/20161018006653/en/Global-GPS-Market-2016-2022-Market-Generated-Revenue.

10 Sean Pool and Jennifer Erickson, "The High Return on Investment for Publicly Funded Research," Center for American Progress, December 10, 2012, https://www.americanprogress.org/issues/economy/ reports/2012/12/10/47481/the-high-return-on-investment-for-publicly-funded-research/.

11 "Elon Musk's Growing Empire Is Fueled by $4.9 Billion in Government Subsidies," *Los Angeles Times*, May 30, 2015, http://www.latimes.com/business /la-fi-hy-musk-subsidies-20150531-story.html.

12 "About Us," Central Park Conservancy, http://www.centralparknyc.org/about/.

13 Ha-Joon Chang, *Bad Samaritans* (New York: Bloomsbury Press, 2008), 3 – 4.

14 Stephen S. Cohen and J. Bradford DeLong, *Concrete Economics* (Boston: Harvard Business Review Press, 2016).

15 Stephanie Ebbert and Jenna Russell, "A Daily Diaspora, a Scattered Street," *Boston Globe*, June 12, 2011, http://archive.boston.com/news/education/k_12/articles/2011/06/12/on_one_city_street_school_choice_ creates_a_gap/?page=full.

16 Jake Solomon, "People, Not Data," *Medium*, January 5, 2014, https://medium.com/@lippytak/people- not-data-47434acb50a8.

17 Ezra Klein, "Sorry Liberals, Obamacare's Problems Go Much Deeper than the Web Site," *Washington Post*, October 25, 2013, https://www.washingtonpost.com/news/wonk/

wp/2013/10/25/obamacares- problems-go-much-deeper-than-the-web-site/.

18 Saul Klein, "Government Digital Service: The Best Startup in Europe We Can't Invest In," *Guardian*, November 25, 2013, https://www.theguardian.com/technology/2013/nov/15/government-digital-service- best-startup-europe-invest.

19 "GDS Design Principles," UK Government Digital Service, retrieved March 31, 2017, http://www.gov.uk/design-principles.

20 "UK Government Service Design Principles," Internet Archive, retrieved July 3, 2014, https://web-beta.archive.org/web /20140703190229/https://www.gov.uk/design-principles#first.

21 Tom Steinberg, "5 Years On: Why Understanding Chris Lightfoot Matters Now More Than Ever," My Society, February 11, 2012, https://www.mysociety.org/2012/02/11/5-years-on-why-understanding-chris-lightfoot-matters-now-more- than-ever/.

22 "2016 Report to Congress: High Priority Projects," United States Digital Service, December 2016, retrieved March 31, 2017, https://www.usds.gov/report-to-congress/2016/projects/.

23 "2016 Report to Congress," United States Digital Service, December 2016, retrieved March 31, 2017, https://www.usds.gov/report-to-congress/2016/.

24 Mikey Dickerson, "Mikey Dickerson to SXSW: Why We Need You in Government," *Medium*, retrieved March 31, 2017, https://medium.com/the-u-s-digital-service/mikey-dickerson-to-sxsw-why-we-need- you-in-government-f31dab 3263a0.

25 Abraham Lincoln, "Fragment on Government,"in *Collected Works of Abraham Lincoln*, vol. 2 (Springfield, IL: Abraham Lincoln Association, 1953), 222, reproduced at http://quod.lib.umich.edu/l /lincoln/lincoln2/1:262?rgn=div1view=fulltext.

3부 알고리즘이 지배하는 세상
8장 디지털 노동자와 인공지능

1 Steve Lohr, "The Origins of 'Big Data': An Etymological Detective Story," *New York Times*, February 1, 2013, https://bits.blogs.nytimes.com/2013/02/01/the-origins-of-big-data-an-etymological-detective- story/.

2   Alon Halevy, Peter Norvig, and Fernando Pereira, "The Unreasonable Effectiveness of Data," *IEEE Intelligent Systems,* 1541–672/09, retrieved March 31, 2017, https://static. googleusercontent.com/ media/research.google.com/en//pubs/archive/35179.pdf.

3   Thomas Davenport and D. J. Patil, "Data Scientist: The Sexiest Job of the 21st Century," *Harvard Business Review,* October 2012, https://hbr.org/2012/10/data-scientist-the-sexiest-job-of-the-21st- century. McKinsey & Company, January 2009, http://www.mckinsey.com/industries/high-tech/our-insights /hal-varian-on-how-the-web-challenges- managers.

4   Sergey Brin and Larry Page, "The Anatomy of a Large-Scale Hypertextual Web Search Engine," Stanford University, retrieved March 31, 2017, http://infolab.stanford.edu/~backrub/google. html.

5   Danny Sullivan, "FAQ: All About the Google RankBrain Algorithm," *Search Engine Land,* June 23, 2016, http://searchengine land.com/faq-all-about-the-new-google-rankbrain-algorithm-234440.

6   Tim O'Reilly, "Freebase Will Prove Addictive," *O'Reilly Radar,* March 8, 2007, http://radar. oreilly.com/2007/03/free base-will-prove-addictive.html.

7   Matt McGee, "*Business-Week* Dives Deep into Google's Search Quality," *Search Engine Land,* October 6, 2009, http://searchengineland.com /businessweek-dives-deep-into-googles-search-quality-27317.

8   http://static.googleusercontent.com/media/www.google.com/en//insidesearch/howsearchworks/assets/ search qualityevaluatorguidelines.pdf.

9   Brin and Page, "The Anatomy of a Large-Scale Hypertextual Web Search Engine," Section 3.2. They expand on the problem in Appendix A.

10   John Battelle, "The Database of Intentions," *John Batelle's Searchblog,* November 13, 2003, http://bat tel lemedia.com/archives/2003/11/the_database_of_intentions.php.

11   Hal Varian, "Online Ad Auctions," draft, February 16, 2009, http://people.ischool .berkeley. edu/~hal /Papers/2009/online-ad-auctions.pdf.

12   Farhad Manjoo, "Social Insecurity," *The New York Times Magazine,* April 30, 2017, https://www.nytimes.com/2017/04/25/mag azine/can-facebook-fix-its-own-worst-bug.html.

13   https://mcluhangalaxy.bnwordpress.comnb/2013/04/01/we-bnshape-our-nbtools-andthereafter-our-tools-shape-us/.

14 Lee Gomes, "Facebook AI Director Yann LeCun on His Quest to Unleash Deep Learning and Make Machines Smarter," *IEEE Spectrum*, February 28, 2015, http://spectrum.ieee.org/automaton/robotics/artificial-intelligence/facebook-ai-director-yann-lecun-on-deep-learning.

15 Yann LeCun, Facebook post, December 5, 2016, retrieved March 31, 2017, https://m.facebook.com/story.php?story_fbid=10154017359117143&id=722677142.

16 Sullivan, "FAQ: All About the Google RankBrain Algorithm."

17 Gideon Lewis-Kraus, "The Great A.I. Awakening," *New York Times Magazine*, December 14, 2016, https://www.nytimes.com/2016/12/14/magazine/the-great-ai-awakening.html.

18 Jennifer Slegg, "Google Tackles Fake News, Inaccurate Content & Hate Sites in Rater Guidelines Update," *SEM Post*, March 14, 2017, http://www.thesempost.com/google-tackles-fake-news-inaccurate-content-hate-sites-rater-guidelines-update/.

19 https://web-beta.archive.org/web/20160328210752/https://deepmind.com/.

20 Demis Hassabis, "What We Learned in Seoul with AlphaGo," *Google Blog*, March 16, 2016, https://blog.google/topics/machine-learning/what-we-learned-in-seoul-with-alphago/.

21 Ben Rossi, "Google Deep Mind's AlphaGo Victory Not 'True AI,' Says Facebook's AI Chief," *Information Age*, March 14, 2016, http://www.information-age.com/google-deepminds-alphago-victory-not-true-ai-says-facebooks-ai-chief-123461099/.

22 Ashlee Vance, "This Tech Bubble Is Different," *Bloomberg Businessweek*, April 14, 2011, https://www.bloomberg.com/news/articles/2011-04-14/this-tech-bubble-is-different.

9장 알고리즘 사회와 정부의 규제

1 Andrew Haldane, "The Dog and the Frisbee," speech at the Federal Reserve Bank of Kansas City's 366th economic policy symposium, Jackson Hole, Wyoming, August 31, 2012, http://www.bis.org/review/r120905a.pdf.

2 David Brin, *The Transparent Society* (New York: Perseus, 1998). See also http://www.davidbrin.com/transparentsociety.html.

3   Bruce Schneier, "The Myth of the 'Transparent Society,'" *Bruce Schneier on Security*, March 6, 2008, https://www.schneier.com/essays/archives/2008/03/the_myth_of_the_tran.html.

4   Alexis Madrigal, "Get Ready to Roboshop," *Atlantic*, March 2014, https://www.theatlantic.com/magazine/archive/2014/03/get-ready-to-roboshop/357569/.

5   Dana Mattioli, "On Orbitz, Mac Users Steered to Pricier Hotels," *Wall Street Journal*, August 23, 2012, https://www.wsj.com/articles/SB10001424052 7023044586045774888822667325882.

6   "Share Your Work," Creative Commons, retrieved March 31, 2017, https://creativecommons.org/ share-your-work/.

7   "Smart Disclosure Policy Resources," *data.gov*, retrieved March 31, 2017, https://www.data.gov/consumer/smart-disclosure-policy-resources.

8   Josh Stark, "Making Sense of Blockchain Smart Contracts," June 4, 2016, http://www.coindesk.com/ making-sense-smart-contracts/.

9   Tal Zarsky, "Transparency in Data Mining: From Theory to Practice," in *Discrimination and Privacy in the Information Society*, ed. Bart Custers, Toon Calders, Bart Schermer, and Tal Zarsky (New York: Springer, 2012), 306.

10   Adam Cohen, "'The Perfect Store,'" *New York Times*, June 16, 2002, http://www.nytimes.com/2002/06/16/books/chapters/the-perfect-store.html.

11   Paul Resnick and Richard Zeckhauser, "Trust Among Strangers in Internet Transactions: Empirical Analysis of eBay's Reputation System," draft of February 5, 2001, version for review by NBER workshop participants, http://www.presnick.people.si .umich.edu/papers /ebayNBER/RZNBERBodegaBay.pdf.

12   David Lang, "The Life-Changing Magic of Small Amounts of Money," *Medium*, unpublished post retrieved April 5, 2017, https://medium.com/@davidtlang /cacb7277ee9f.

13   Steven Hill, "Our Streets as a Public Utility: How UBER Could Be Part of the Solution," *Medium*, September 2, 2015, https://medium.com/ the-wtf-economy/our-streets-as-a-public-utility-how-uber- could-be-part-of-the-solution-65772bdf5dcf.

14   Steven Hill, "Rethinking the Uber vs. Taxi Battle," *Globalist*, September 27, 2015, https://www.theglobalist.com/uber-ta xi-bat t le-commercial -transport/.

15 Varian, "Beyond Big Data," 9.

16 Eric Ries, "Minimum Viable Product: A Guide," *Startup Lessons Learned*, August 3, 2009, http://www.startuplessonslearned.com/2009/08 /minimum-viable- product-guide.html.

17 Chris Anderson, "Closing the Loop," *Edge*, retrieved March 31, 2017, https://www.edge.org/ conversation/chris_anderson-closing- the-loop.

18 Tom Loosemore, "Government as a Platform: How New Foundations Can Support Natively Digital Public Services," presented at the Code for America Summit in San Francisco, September 30 – October 2, 2015, https://www.youtube.com/watch?v=VjE_zj-7A7A&feature=youtu.be.

19 NHTSA Federal Automated Vehicles Policy, National Highway Traffic Safety Administration, September 2016, https://www.nhtsa.gov/sites/nhtsa.dot.gov/files/federal_ automated_ vehicles_ policy.pdf, 14.

20 Nick Grossman, "Here's the Solution to the Uber and Airbnb Problems—and No One Will Like It," *The Slow Hunch*, July 23, 2015, http://www.nickgrossman.is/2015/heres-the-solution-to- the-uber-and- airbnb-problems-and-no- one-will-like-it/.

21 *Hospitality Staffing Solutions*: Dave Jamieson, "As Hotels Outsource Jobs, Workers Lose Hold on Living Wage," *Huffington Post*, October 24, 2011, http://www.huffingtonpost.com/2011/08 /24 /-hotel-labor-living-wage-outsourcing-indianapolis_n_934667.html.

22 Dave Jamieson, "The Life and Death of an Amazon Warehouse Temp," *Medium*, October 23, 2015, https://medium.com/the-wtf-economy/the-life-and-death-of-an-amazon- warehouse-temp-8168c4702049.

23 R. L. Stephens II, "I Often Can't Afford Groceries Because of Volatile Work Schedules at Gap," *Guardian*, August 17, 2015, https://www.theguardian.com/commentisfree/2015/aug/17/cant- afford- groceries-volatile-work-schedules-gap.

24 Jodi Cantor, "Working Anything but 9 to 5," *New York Times*, August 13, 2014, https://www. nytimes.com/interactive/2014/08/13/us /starbucks-workers-scheduling-hours.html.

25 Jodi Cantor, "Starbucks to Revise Policies to End Irregular Schedules for Its 130,000 Baristas," *New York Times*, August 15, 2014, https://www.nytimes.com/2014/08/15/us/starbucks-to- revise-work- scheduling-policies.html.

26 Jodi Lambert, "The Real Low-Wage Issue: Not Enough Hours," *CNN*, January 13, 2014, http://

money.cnn.com/2014/01/13/news/economy/minimum-wage-hours/.

27 Carrie Gleason and Susan Lambert, "Uncertainty by the Hour," Future of Work Project, retrieved March 31, 2017, http://static.opensocietyfoundations.org/misc/future-of-work/just-in-time-workforce-technologies-and-low-wage-workers.pdf.

28 Jonathan Hall and Alan Krueger, "An Analysis of the Labor Market for Uber's Driver-Partners in the United States," Uber, January 22, 2015, https://s3.amazonaws.com/uber-static/comms/PDF/Uber_Driver-Partners_Hall_Kreuger_2015.pdf.

29 Susan Lambert, "Work Scheduling Study," University of Chicago School of Social Service Administration, May 2010, retrieved March31, 2017, https://ssascholars.uchicago.edu/sites/default/ files/work-scheduling-study/files /univ_of_chicago_work_scheduling_manager_report_6_25_0.pdf.

30 Esther Kaplan, "The Spy Who Fired Me," *Harper's*, March 2015, 36, http://populardemocracy.org/ sites /default/files /Harpers Magazine-2015-03-0085373.pdf.

31 Lauren Smiley, "Grilling the Government About the On-Demand Economy," *Backchannel*, August 23, 2015, https://backchannel.com/why-the-us-secretary-or-labor-doesn-t-uber-272f18799f1a.

32 Brad Stone, "Instacart Reclassifies Part of Its Workforce Amid Regulatory Pressure on Uber," *Bloomberg Technology*, June 22, 2015, https://www.bloomberg.com/news / articles/2015-06-22/instacart- reclassifies-part-of-its-workforce-amid-regulatory-pressure-on-uber.

33 Noam Scheiber, "The Perils of Ever-Changing Work Schedules Extend to Children's Well-Being," *New York Times*, August 12, 2015, https://www.nytimes.com/2015 /08/13/business/economy/the-perils- of-ever-changin-work-schedules-extend-to-childrens-well-being.html.

34 Andrei Hagiu and Rob Biederman, "Companies Need an Option Between Contractor and Employee," *Harvard Business Review*, August 21, 2015, https://hbr.org/2015/08/companies-need-an-option-between- contractor-and-employee.

35 Simon Rothman, "The Rise of the Uncollared Worker and the Future of the Middle Class," *Medium*, July 7, 2015, https://news.greylock.com/the-rise-of-the-uncollared-worker-and-the-future-of-the- middle-class-860a928357b7.

36   Nick Hanauer and David Rolf, "Shared Security, Shared Growth," *Democracy*, no. 37 (Summer 2015), http://democracyjournal.org/magazine/37/shared-security-shared -growth/?page=all.

37   Steven Hill, "New Economy, New Social Contract," New America, August 4, 2015, https:// www.newamerica.org/economic-growth/policy-papers/new-economy- new-social-contract/.

38   Zeynep Ton, *The Good Jobs Strategy* (Boston: New Harvest, 2014). This quote appears at http:// zeynepton.com/book/.

10장 알고리즘은 누구 편인가?

1   Craig Silverman and Lawrence Alexander, "How Teens in the Balkans Are Duping Trump Supporters with Fake News," *BuzzFeed*, November 3, 2016, https:// www.buzzfeed.com/ craigsilverman/how- macedonia-became-a-global-hub-for-pro-trump-misinfo.

2   Laura Sydell, "We Tracked Down a Fake-News Creator in the Suburbs. Here's What We Learned," *NPR All Tech Considered*, November 23, 2016, http://www.npr.org/sections / alltechconsidered/ 2016/11/23/503146770/npr-finds-the-head-of-a-covert-fake-news- operation-in-the-suburbs.

3   Aarti Shahani, "Zuckerberg Denies Fake News on Facebook Had Impact on the Election," *NPR All Tech Considered*, November 11, 2016, http://www.npr.org/sections / alltechconsidered/2016/11/11/ 501743684/zuckerberg-denies-fake-news-on-facebook-had- impact-on-the-election.

4   "Blue Feed/Red Feed," *Wall Street Journal*, May 18, 2016, updated hourly, retrieved March 31, 2007, http://graphics.wsj.com/blue-feed-red-feed/.

5   "Huma Kidding?," *Snopes.com*, November 2, 2016, http://www.snopes.com/huma-abedin- ties-to- terrorists/.

6   Joseph Menn, "U.S. Government Loses to Russia's Disinformation Campaign," Reuters, December 21, 2016, http://www.reuters.com/ article/us-usa-russia-disinformation- analysis- idUSKBN1492PA.

7   Mark Zuckerberg, Facebook post, November12, 2016, https://www.facebook.com/zuck/posts/ 10103253901916271.

8   Carole Cadwalladr, "Google, Democracy and the Truth About Internet Search," *Guardian*,

December 4, 2016, https://www.theguardian.com/technology/2016/dec/04/google-democracy-truth-internet-search-facebook.

9 Carole Cadwalladr, "How to Bump Holocaust Deniers off Google's Top Spot? Pay Google," *Guardian*, December 17, 2016, https://www.theguardian.com/technology/2016/dec/17/holocaust-deniers-google-search-top-spot.

10 "A Look at the Future of Search with Google's Amit Singhal at SXSW,"*PR Newswire*, March 10, 2013, http://www.prnewswire.com/blog/a-look-at-the-future-of-search-with-googles-amit-singhal-at-sxsw-6602.html.

11 Danny Sullivan, "Google Now Handles At Least 2 Trillion Searches per Year," *Search Engine Land*, May 24, 2016, http://searchengineland.com/google-now-handles-2-999-trillion-searches-per-year-250247.

12 Danny Sullivan, "Official: Google Makes Change, Results Are No Longer in Denial over 'Did the Holocaust Happen?,'" *Search Engine Land*, December 20, 2016, http://searchengineland.com/googles-results-no-longer-in-denial-over-holocaust-265832.

13 William Oncken Jr. and Donald L. Wass, "Who's Got the Monkey?," *Harvard Business Review*, November – ecember 1999, https://hbr.org/1999/11/management-time-whos-got-the-monkey#comment-section.

14 Danny Sullivan, "Google's Top Results for 'Did the Holocaust Happen' Now Expunged of Denial Sites," *Search Engine Land*, December 24, 2016, http://searchengineland.com/google-holocaust-denial-site-gone-266353.

15 Milo Yiannopoulos, "Meme Magic: Donald Trump Is the Internet's Revenge on Lazy Elites," *Breitbart*, May 4, 2016, http://www.breitbart.com/milo/2016/05/04/ meme-magic-donald-trump-internets-revenge – lazy-entitled-elites/.

16 Erez Laks, Adam Stopek, Adi Masad, Israel Nir, Systems and Methods to Identify Objectionable Content, US Patent Application 20160350675, filed June 1,2016, published December 1, 2016, http://pdfaiw.uspto.gov/.aiw?PageNum= 0&docid=20160350675&IDKey=B0738725A3CA.

17 Mark Zuckerberg, Facebook post, November 18, 2016, https://www.facebook.com/zuck/posts/10103 269806149061.

18 Sapna Maheshwari, "How Fake News Goes Viral: A Case Study," *New York Times*, November

20, 2016, https://www.nytimes.com/2016/11/20/business /media/how-fake-news- spreads.
html.

19   Alexis Sobel Fitts, "The New Importance of 'Social Listening' Tools," *Columbia Journalism
Review*, July/August 2015, http://www.cjr.org/analysis/the_new_importance_of_social_listening_
tools.php.207 Tucker had deleted the original tweet: Eric Tucker, "Why I'm Removing the 'Fake
Protests' Twitter Post," *Eric Tucker*(blog), November 11, 2016, https://blog.erictucker.
com/2016/11/11/why-im-considering-to- remove- the-fake- protests -twitter-post/.

20   Brooke Donald, "Stanford Researchers Find Students Have Trouble Judging the Credibility of
Information Online," Stanford Graduate School of Education, November 22, 2016, https://
ed.stanford.edu/news/stanford-researchers-find-students-have-trouble-judging-credibility-
information-online.

21   "only the people we want to see it, see it": Joshua Green and Sissa Isenberg, "Inside the Trump
Bunker, with Days to Go," *Bloomberg Businessweek*, October 27, 2016, https://www.bloomberg.
com /news/ articles/2016-10-27/inside-the-trump-bunker-with-12-days-to-go.

22   Cadwalladr, "Google, Democracy and the Truth About Internet Search."

23   Vindu Goel, "Russian Cyberforgers Steal Millions a Day with Fake Sites," *New York Times*,
December 20, 2016, http://www.nytimes.com/2016/12/20/technology/forgers-use-fake-web-
users-to- steal-real-ad-revenue.html.

24   Cyber Grand Challenge Rules, Version 3,November 18, 2014, DARPA, http:/archive.darpa.mil/
CyberGrandChallenge_CompetitorSite/Files/CGC_Rules_18_Nov _14_Version_3.pdf.

25   Harry Hillaker, "Tribute to John R. Boyd," *Code One*, July 1997 retrieved April 1, 2017, https://
web.archive.org/web/20070917232626/ttp://www.codeonemagazine.com/archives/1997/
articles/ jul_97/july2a_97.html.

26   Raj Shah, "Politi-Fact's So-Called Fact-Checks Show Bias, Incompetence, or Both," Republican
National Committee, August 30, 2016, https://gop.com/politifacts-so-called-fact-checks-
show-bias- incompetence-or-both/.

27   George Soros, *The Crisis of Global Capitalism* (New York: PublicAffairs, 1998), 6 – 18.

28   George Soros, *Open Society* (New York: PublicAffairs, 2000), xii.

29   Gus Lubin, Mike Nudelman, and Erin Fuchs, "9 Maps That Show How Americans Commit

Crime," *Business Insider*, September 25, 2013, http://www.businessinsider.com/maps-on-fbis-uniform-crime -report-2013-9.

30 Alex Peysakhovich and Kristin Hendrix, "News Feed FYI: Further Reducing Clickbait in Feed," Facebook newsroom, August 24, 2016, http://newsroom.fb.com/news /2016/08/news-feed-fyi-further -reducing-clickbait-in-feed/.

31 Travis Allen, "California Democrats Legalize Child Prostitution," December 29, 2016, http://www.washingtonexaminer.com/california-democrats- legalize-child- prostitution / article/2610540.

32 John Borthwick, "Media Hacking," *Render*, March 7, 2015, https://render.betaworks.com/media-hacking-3b1e350d619c.

33 Cadwalladr, "How to Bump Holocaust Deniers off Google's Top Spot? Pay Google."

34 Peter Kafka, "Facebook Has Started to Flag Fake News Stories," *Recode*, March 4, 2017, https://www.recode.net/2017/3/4/14816254/facebook-fake-news-disputed-trump-snopes-politifact-seattle -tribune.

35 Krishna Bharat, "How to Detect Fake News in Real Time," *NewCo Shift*, April 27, 2017, https://shift.newco.co/how-to-detect-fake-news-in-real-time-9fdae0197bfd.

36 Bharat, "How to Detect Fake News in Real-Time."

37 Michael Marder, "Failure of U.S. Public Secondary Schools in Mathematics," University of Texas UTeach, retrieved April 1, 2017, https://uteach.utexas.edu/sites /default/files / BrokenEducation2011.pdf, 3.

38 Mark Zuckerberg, "Building Global Community," *Facebook*, February 16, 2017, https://www.facebook.com/notes/mark-zuckerberg/building-global-community/ 10154544292806634/.

39 Robert Putnam, "The Prosperous Community: Social Capital and Public Life," *American Prospect*, Spring 1993, retrieved April 1, 2017, http://prospect.org/article/prosperous-community-social-capital- and-public-life.

40 Zuckerberg, "Building Global Community."

41 Wael Ghonim, *Revolution 2.0* (New York: Houghton Mifflin, 2012).

42 Colin Megill, "pol.is in Taiwan," *pol.is blog*, May 25, 2016, https://blog.pol.is/pol-is-in-

taiwan-da7570d372b5.

43 "Human Spectrogram," *Knowledge Sharing Tools and Method Toolkit*, wiki retrieved April 1, 2017, http://www.kstoolkit.org/Human+Spectrogram.

44 Audrey Tang, "Uber Responds to vTaiwan's Coherent Blended Volition," *pol.is blog*, May 23, 2016, https://blog.pol.is/uber-responds-to-vtaiwans- coherent-blended-volition-3e9b75102b9b.

45 Ray Dalio, TED, April 24, 2017, https://ted2017.ted.com/ program.

46 Josh Constine, "Facebook's New Anti-Clickbait Algorithm Buries Bogus Headlines,"*TechCrunch*, August 4, 2016, https://techcrunch.com/2016/08/04/facebook-clickbait/.

47 Greg Sterling,"Search Ads Generated 50 Percent of Digital Revenue in First Half of 2016,"*Search Engine Land*, November 1, 2016, http://searchengineland.com/search-ads-1h-generated-16-3-bi llion-50- percent-total-digital-revenue-262217.

48 Evan Williams, "Renewing Medium's Focus," *Medium*, January 4, 2017, https://blog.medium.com/ renewing-mediums-focus-98f374a960be.

49 Adam D. I. Kramer, Jamie E. Guillory, and Jeffrey T. Hancock,"Experimental Evidence of Massive-Scale Emotional Contagion Through Social Networks," *Proceedings of the National Academy of Sciences*, June 17, 2014, updated with *PNAS* "Editorial Expression ofConcern and Correction," July 22, 2014, http://www.pnas.org/content/111/24/8788.full.pdf.

50 Vindu Goel, "Facebook Tinkers with Users' Emotions in News Feed Experiment, Stirring Outcry," *New York Times*, June 29, 2014, https://www.nytimes.com/2014/06/30/ technology/facebook-tinkers- with-users-emotions-in-news-feed-experiment-stirring-outcry.html.

51 *The Master Algorithm* (New York: Basic Books, 2015).

52 Eliza Collins, "Les Moonves: Trump's Run Is 'Damn Good for CBS,'" *Politico*, June 29, 2016, http://www.politico.com/blogs/on-media/2016 /02/les-moonves-trump-cbs-220001.

11장 하이브리드 지능의 '보이지 않는 손'

1 "We Are the 99 Percent," *tumblr.com*, September 14, 2011, http://wearethe99percent.tumblr.com /page/231.

2   "An Open Letter: Research Priorities for Robust and Beneficial Artificial Intelligence," Future of Life Institute, retrieved April 1, 2017, https:// futureoflife.org/ ai-open-letter/.

3   Greg Brockman, Ilya Sutskever, and OpenAI, "Introducing OpenAI," *OpenAI Blog*, December 11, 2015, https://blog.openai.com/introducing-openai/.

4   Judith Newman, "To Siri, with Love," *New York Times*, October 17, 2014, https://www.nytimes.com /2014/10/19/fashion /how-apples-siri-became-one-autistic-boys-bff.html.

5   "Andrew Ng: Why 'Deep Learning' Is a Mandate for Humans, Not Just Machines," *Wired*, May 2015, retrieved April 1, 2017, https:// www.wired.com/brandlab/2015/05/andrew-ng-deep-learning- mandate-humans-not-just-machines/.

6   Emeran A. Mayer, Rob Knight, Sarkis K. Mazmanian, John F. Cryan, and Kirsten Tillisch, "Gut Microbes and the Brain: Paradigm Shift in Neuroscience,"*Journal of Neuroscience*, 34, no. 46 (2014): 15490 – 6, doi:10.1523/JNEUROSCI.3299-14.2014.

7   David Silver et al., "Mastering the Game of Go with Deep Neural Networks and Tree Search," *Nature* 529 (2016): 484 – 9, doi:10.1038 /nature16961.

8   Beau Cronin, "Untapped Opportunities in AI," *O'Reilly Ideas*, June 4, 2014, https://www.orei l ly.com/ideas /untapped-opportunities-in-ai.

9   Michael Lewis interviewed by Terry Gross, "On a 'Rigged' Wall Street, Milliseconds Make All the Difference," *NPR Fresh Air*, April 1, 2014, http://www.npr.org/2014/04/01/297686724/on-a-rigged-wall-street-milliseconds-make-all-the-difference.

10   Felix Salmon, "John Thain Comes Clean," Reuters, October 7, 2009, http://blogs.reuters.com/ felix-salmon/2009/10/07/ john- thain-comes-clean/.

11   Gary Gorton, "Shadow Banking," *The Region* (Federal Reserve Bank of Minneapolis), December 2010, retrieved April 2, 2017, http://faculty.som .yale.edu/garygorton/documents/ InterviewwithTheRegion FRBofMinneapolis.pdf.

12   Mark Blyth, "Global Trumpism," *ForeignAffairs*, November 15, 2016, https://www. foreignaffairs.com/ articles/2016-11-15/global-trumpism.

13   Michael C. Jensen, and William H. Meckling, "Theory of the Firm: Managerial Behavior, Agency Costs and Ownership Structure," *Journal of Financial Economics* 3, no. 4 (1976), http://dx.doi. org/ 10.2139/ssrn.94043.

14 Jack Welch, "Growing Fast in a Slow-Growth Economy," Appendix A in Jack Welch and John Byrne, *Jack: Straight from the Gut* (New York: Warner Books, 2001).

15 Warren Buffett, "Berkshire Hathaway Shareholder Letters: 2016," Berkshire Hathaway, February 25, 2017, http://berkshirehathaway.com/letters/2016ltr.pdf.

16 Larry Fink, "I write on behalf of our clients...," BlackRock, January 24, 2017, https://www.blackrock.com/corporate/en-us/investor-relations/ larry-fink- ceo-letter.

17 Robert J. Gordon, *The Rise and Fall of American Growth* (Princeton, NJ: Princeton University Press, 2016).

18 Justin McCarthy, "Little Change in Percentage of Americans Who Own Stocks," Gallup, April 22, 2015, http://www.gallup.com/poll /182816/little-change-percentage-americans-invested-market.aspx.

19 Kyle Stock, "REI's Crunchy Business Model Is Crushing Retail Competitors," *Bloomberg*, March 27, 2015,https://www.bloomberg.com/news/articles/2015-03-27/rei-s-crunchy-business-model -is-crushing-retail -competitors.

20 "Why Ownership Matters," Vanguard, retrieved April 4, 2017, https://about.vanguard.com/what-sets-vanguard-apart/why-ownership-matters/.

21 William Lazonick, "Stock Buybacks: From Retain-and-Reinvest to Downsize-and-Distribute," Brookings Center for Effective Public Management, April 2015, https://www.brookings.edu/wp-content/ uploads/2016/06/lazonick.pdf.

22 "social rate of return" from innovation: Charles Jones and John Williams, "Measuring the Social Return to R&D," Federal Reserve Board of Governors, February 1997, https://www.federalreserve.gov/ pubs /feds /1997/199712/199712pap.pdf.

23 Ashish Arora, Sharon Belenzon, and Andrea Patacconi, "Killing the Golden Goose? The Decline of Science in Corporate R&D," National Bureau of Economic Research, January 2015, doi:10.3386/w20902.

24 Derek Thompson, "Corporate Profits Are Eating the Economy," *Atlantic*, March 4, 2013, https://www.theatlantic.com/business/archive/2013/03/corporate-profits-are-eat ing-the-economy/273687/.

25 Rana Foroohar, *Makers and Takers* (New York: Crown, 2016), 18.

26 Rana Foroohar, "Thomas Piketty: Marx 2.0," *Time*, May 9, 2014, http://time.com/92087/thomas-piketty-marx-2-0/. Retrieved April 2, 2017, http://piketty.pse.ens.fr/files /capital21c/en/media/Time%20-%20Capital%20in%20the%20Twenty-First%20Century.pdf.

27 Lazonick, "Stock Buybacks," 2.

28 Foroohar, *Makers and Takers*, 280.

29 Hal Varian, "Economic Scene," *New York Times*, April 8, 2004, retrieved April 2, 2017, http://people.ischool.berkeley.edu/ ~hal/people/hal/ NYTimes/ 2004-04-08.html.

30 Umair Haque, "The Value Every Business Needs to Create Now," *Harvard Business Review*, July 31, 2009, https://hbr.org/2009/07/the-value-every-business-needs.

31 Naomi Oreskes and Erik Conway, *Merchants of Doubt* (New York: Bloomsbury Press, 2011).

32 George Akerlof and Paul Romer, "Looting: The Economic Underworld of Bankruptcy for Profit," *Brookings Papers on Economic Activity* 2 (1993), http://pages.stern.nyu.edu/~ prome r/Looting.pdf.

33 Peter F. Drucker, *The Practice of Management* (New York: Routledge, 2007), 31–32.

34 Francesco Guerrera, "Welch Condemns Share Price Focus," *Financial Times*, March 12, 2009, https://www.ft.com/content/294ff1f2-0f27-11de-ba10-0000779fd2ac.

35 Rana Foroohar, "American Capitalisms's Great Crisis," *Time*, May 11, 2016, http://time.com/4327419/american-capitalisms-great-crisis/.

4부 미래는 우리 손에 달렸다

12장 사람이 우선인 경제를 위하여

1 Joseph E. Stiglitz, "Of the 1%, by the 1%, for the 1%," *Vanity Fair*, May 2011, http://www.vanityfair.com/news/2011/05/top-one-percent-201105.

2 Nelson D. Schwartz, "Carrier Workers See Costs, Not Benefits, of Global Trade," *New York Times*, March 19, 2016, https://www.nytimes.com/2016/03/20/business/economy/carrier-workers-see-costs-not-benefits-of-global-trade.html.

3 Tedd Mann and Ezekiel Minaya, "United Technologies Unveils $12 Billion Buyback," *Wall Street*

Journal, October 20,2015, https://www.wsj.com/articles/united-technologies-unveils-12-billion-buyback-1445343580.

4   ames Kwak, *Economism* (New York: Random House, 2016). This is often referred to as "market fundamentalism."

5   Stone, *The Upstarts*, 43.

6   Hal Varian, "Economic Mechanism Design for Computerized Agents," *Proceedings of the First USENIX Workshop on Electronic Commerce* (New York: Usenix, 1995), retrieved April 2, 2015, http://people.ischool.berkeley.edu/~hal/Papers/mechanism-design.pdf.

7   Russ Roberts, *How Adam Smith Can Change Your Life* (New York: Penguin, 2014), 21.

8   Ben Casselman, "Americans Don't Miss Manufacturing—hey Miss Unions," *FiveThirtyEight*, May 13, 2016, https://fivethirtyeight.com /features/americans-dont-miss-manufacturing-they-miss-unions/.

9   Harold Meyerson, "The Seeds of a New Labor Movement," *American Prospect*, October 30, 2014, http://prospect.org/article/labor-crossroads-seeds-new-movement.

10   Pia Malaney, "The Economic Origins of the Populist Backlash," *BigThink*, March 5, 2017, http://bigthink.com/videos/pia-malaney-on-the-economics-of-rust-belt-populism.

11   John Schmitt: "The Minimum Wage Is Too Damn Low," Center for Economic Policy Research, March 2012, http://cepr.net/documents/publications/min-wage1-2012-03.pdf.

12   Xavier Jaravel, "The Unequal Gains from Product Innovations: Evidence from the US Retail Sector," 2016, http://scholar.harvard.edu/xavier/publications/unequal-gains-product-innovations-evidence-us-retail-sector.

13   Nick Hanauer, in the film *Inequality for All*, http://inequalityforall.com. The clip containing Nick's comments can be found at http://www.upworthy.com/when-they-say-cutting-taxes-on-the-rich -means-job-creation-theyre-lying-just-ask-this-rich-guy.

14   Foroohar, *Makers and Takers*, 14.

15   "Study Shows Walmart Can 'Easily Afford' $15 Minimum Wage," *Fortune*, June 11, 2016, http://fortune. com /2016/06/11/walmart-minimum-wage-study/.

16   "WALMART ON TAX DAY," Americans for Tax Fairness, retrieved April 2, 2017, https://

americansfortaxfairness.org/files/Walmart-on-Tax-Day-Americans-for-Tax-Fairness-1.pdf.

17 Ken Jacobs, "Americans Are Spending $153 Billion a Year to Subsidize McDonald's and Wal-Mart's Low Wage Workers," *Washington Post*, April 15, 2015, https://www.washingtonpost.com/posteverything /wp/2015/04/15/we-are-spending-153-billion-a-year-to-subsidize-mcdonalds-and-walmarts-low-wage-workers/.

18 Neil Irwin, "How Did Walmart Get Cleaner Stores and Higher Sales? It Paid Its People More," *New York Times*, October 25, 2016, https://www.nytimes.com/2016/10/16/upshot/ how-did-walmart-get-cleane r-stores-and-higher-sales-it-paid-its-people-more.html.

19 Joseph Stiglitz, *Rewriting the Rules of the American Economy* (New York: Roosevelt Institute, 2015), http://rooseveltinstitute.org/rewrite-rules/.

20 David Rolf, *The Fight for $15* (New York: New Press, 2016).

21 Nick Hanauer in conversation with Tim O'Reilly, Next:Economy Summit, San Francisco, November 12–3, 2015, video at https://www.safari booksonline.com/library/view/nexteconomy-2015-/9781491944547/ video231634.html.

22 Paul K. Sonn and Yannet Lathrop, "Raise Wages, Kill Jobs? Seven Decades of Historical Data Find No Correlation Between Minimum Wage Increases and Employment Levels," National Employment Law Project, May 5, 2016, http:// www.nelp.org/publication/raise-wages-kill-jobs-no-correlation-minimum-wage-increases-employment-levels/.

23 Summit on Technology and Opportunity, Stanford University, November 29, 30, 2016, http://inequality.stanford.edu/sites/default/files/Agenda_Summit-Tech-Opportunity_2.pdf.

24 Martin Ford and Tim O'Reilly, "Two (Contrasting) Views of the Future," Stanford Center on Poverty and Inequality, a conversation at the Summit on Technology and Opportunity, Stanford University, November 29, 30, 2016, video published December 16, 2016, https://www.youtube.com/ watch?v= F7vJDtwidWU.

25 Martin Ford, *The Rise of the Robots* (New York: Basic Books, 2015).

26 Bill Gross, "America's Debt Is Not Its Biggest Problem," *Washington Post*, August 10, 2011, https://www.washingtonpost.com/opinions/americas-debt-is-not-its-biggest-problem/2011/08/10/gIQAgYvE7I_story.html.

27 Robert Summers, "The Age of Secular Stagnation: What It Is and What to Do About It," *Foreign*

Affairs, February 15, 2016, retrieved from http://larrysummers.com/ 2016/02/17/the-age-of-secular-stagnation/.

28   Rana Foroohar, "The Economy's Hidden Illness—One Even Trump Failed to Address," *LinkedIn Pulse*, November 12, 2016, https://www.linkedin.com/pulse/economys-hidden-illness-one-even-trump-failed-address-rana-foroohar.

29   John Maynard Keynes, *The General Theory of Employment, Interest, and Money* (New York: Harcourt Brace, 1964), 159.

30   Michelle Fox, "Why We Need a Global Wealth Tax: Piketty," *CNBC*, March 10, 2015, http://www.cnbc.com/2015/03/10/why-we-need-a- global-wealth-tax-piketty.html.

31   Stiglitz, "Of then 1%, by the 1%, for the 1%."

13장 슈퍼 머니와 기업의 참된 가치

1   William H. Janeway, *Doing Capitalism in the Innovation Economy*(Cambridge: Cambridge University Press, 2012), 3.

2   Carlota Perez, *Technological Revolutions and Financial Capital* (Cheltenham, England: Edward Elgar, 2002).

3   Bill Janeway, "What I Learned by Doing Capitalism," LSE Public Lecture, London School of Economics and Political Science, October 11, 2012, transcript retrieved April 4, 2017.

4   Adam Smith, *Supermoney* (Hoboken,NJ: Wiley, 2006).

5   Bouree Lam, "One Reason Workers Are Struggling Even When Companies Are Doing Well," *Atlantic*, February 1, 2017, https://www.theatlantic.com/business/archive /2017/02/labors-share/515211/.

6   Bloomberg News, "Amazon, Facebook Admit Stock Compensation Is a Normal Cost," *Investor's Business Daily*, May 3, 2016, http:// www.investors.com/news/technology/amazon-stops-pretending -that-stock-compensation-isnt-a-normal-cost/.

7   Hal Varian, "Is Affordable Housing Becoming an Oxymoron?," *New York Times*, October 20, 2005, http://people.ischool.berkeley.edu/~hal/people/hal /NYTimes /2005-10-21.html. Hal called this in 2005!

8   Press release, "$58.8 Billion in Venture Capital Invested Across U.S. in 2015," National Venture Capital Association, January 15, 2016, http://nvca.org/press releases/58-8-billion-in-venture-capital -invested-across-u-s-in-2015-according-to-the-moneytree-report-2/.

9   Kauffman Foundation, "WE HAVE MET THE ENEMY . . . AND HE IS US: Lessons from Twenty Years of the Kauffman Foundation's Investments in Venture Capital Funds and the Triumph of Hope over Experience," Ewing Marion Kauffman Foundation, May 2012,http://www.kauffman.org/~/ media/kauffman_org/research%20reports%20and%20covers/2012/05/we_have_met_the_enemy_and_he_is_us.pdf.

10 Jon Oringer in conversation with Charlie Herman, "Failure Is Not an Option. . . . But it Should Be," *Money Talking*, WNYC, January 16, 2015, http://www.wnyc.org/ story/failure-not-an-option-but-it-should-be/.

11 Bryce Roberts, "Helluva Lifestyle Business You Got There," *Medium*, January 31, 2017, https://medium.com/strong-words/helluva-lifestyle-business-you-got- there-e1ebd3104a95.

12 Bryce Roberts, "We Invest in Real Businesses," *indie.vc*, retrieved April 3, 2017, http://www.indie.vc.

13 Jason Fried, "Jason Fried on Valuations, Basecamp, and Why He's No Longer Poking the World in the Eye," interview with *Mixergy*, April 4, 2016, https://mixergy.com/ interviews/basecamp-with-jason-fried/.

14 Marc Hedlund, "Indie.vc, and focus," *Skyliner* (blog), December 14, 2016, https://blog.skyliner.io/indie-vc-and -focus-8e833d8680d4.

15 Hank Green, "Introducing the Internet Creators Guild," June 15, 2016, https://medium.com/internet-creators-guild/introducing-the-internet-creators-guild- e0db6867e0c3.

16   Fortune +Time Global Forum 2016, "The 21st Century Challenge: Forging a New Social Compact," Rome and Vatican City, December 2 - , 2016, http://www.fortuneconferences.com/wp-content/uploads/ 2016/12/Fortune-Time-Global-Forum-2016-Working-Group-Solutions .pdf.

17 Google, *Economic Im-pact, United States 2015*, retrieved December12, 2016, https://economicimpact.google.com/#/.

18 Nathan Safran, "Organic Search Is Actually Responsible for 64% of Your Web Traffic (Thought

Experiment)," July 10, 2014, https://www.conductor.com/blog/2014/07/organic-search-actually- responsible-64-web-traffic/.

19 Yancey Strickler, "Kickstarter's Impact on the Creative Economy," *The Kickstarter Blog*, July 28, 2016, https://www.kickstarter.com/blog/kickstarters-impact-on-the-creative-economy.

20 Amy Feldman, "Ten of the Most Successful Companies Built on Kickstarter," *Forbes*, April 14, 2016, https://www.forbes.com/sites/amyfeldman/2016/04/14/ten-of-the-most-successful-companies-built-on -kickstarter /#4dec455f69e8.

21 Yancey Strickler, Perry Chen, and Charles Adler, "Kickstarter Is Now a Benefit Corporation," *The Kickstarter Blog*, September 21, 2015, https://www.kick starter.com/blog/kickstarter-is-now-a-benefit- corporation.

22 Joshua Brustein, "Kickstarter Just Did Something Tech Startups Never Do: It Paid a Dividend," *Bloomberg*, June 17, 2016, https://www.bloomberg.com/news/articles/2016-06-17/kickstarter-just-did- something-tech-startups-never-do-it-paid-a-dividend.

23 Lynn Stout, *The Shareholder Value Myth* (San Francisco: Berrett-Koehler, 2012).

24 Leo E. Strine, "Making It Easier for Directors to 'Do the Right Thing'?," *Harvard Business Law Review* 4 (2014): 235, University of Pennsylvania Institute for Law & Economics,Research Paper No. 14 – 1, posted December 18, 2014, https://ssrn.com/abstract=2539098.

25 Etsy, "Building an Etsy Economy: The New Face of Creative Entrepreneurship," 2015, retrieved April 4, 2017, https://extfiles.etsy.com/Press/reports /Etsy_ NewFaceofCreativeEntrepreneursh ip_2015.pdf.

26 The Associated Press, "Etsy Replaces CEO, Cuts Jobs Amid Shareholder Pressure," *ABC News*, May 2,2017, http://abcnews.go.com/Business/wireStory/etsy-replaces-ceo-cuts-jobs-amid-shareholder- pressure-47167426.

27 "Airbnb Community Tops $1.15 Billion in Economic Activity in New York City," *Airbnb*, May 12, 2015, https://www.airbnb.com/press/news/airbnb-community-tops-1-15-billion-in-economic-activity-in- new-york-city.

28 "Airbnb Economic Impact," *Airbnb*, retrieved April 4, 2017, http://blog.airbnb.com/economic-impact-airbnb/.

29 Peter Cohen, Robert Hahn, Jonathan Hall, Steven Levitt, and Robert Metcalfe, "Using Big Data

to Estimate Consumer Surplus: The Case of Uber," National Bureau of Economic Research, Working Paper No. 22627, September 2016,doi:10.3386/w22627.

30 Duncan Clark, *Alibaba: The House That Jack Built* (New York: Harper, 2016), 5.

31 Ina Steiner, "eBay Makes Big Promises to Small Sellers as SEO Penalty Still Stings," *eCommerce Bytes*, April 23, 2015, http://www.ecommercebytes.com/cab/abn/y15/m04/i23/s02.

32 "SBA Advocacy: Frequently Asked Questions" Small Business Administration, September 2012, retrieved May 12, 2017, https://www.sba.gov/sites/default/files/FAQ_Sept_2012.pdf.

33 Steve Baer, "The Clothesline Paradox," *CoEvolution Quarterly*, Winter 1975, retrieved April 3, 2017, http://www.wholeearth.com/issue/2008/article/358/the.clothesline.paradox.

34 Mariana Mazzucato,*The Entrepreneurial State* (London: Anthem, 2013), 185 – 87.

35 William D. Nordhaus, "Schumpeterian Profits in the American Economy: Theory and Measurement," National Bureau of Economic Research, NBER Working Paper No. 10433, issued April 2004, doi:10.3386 /w10433.

36 Sam Shead, "Apple Is Finally Going to Start Publishing Its AI Research," *Business Insider*, December 6, 2016, http://www .businessinsider.com/apple-is-finally-going-to-start-publishing-its-artificial -intelligence-research-2016-12.

14장 일자리가 아니라 일거리다

1 John Maynard Keynes, "Economic Possibilities for Our Grandchildren," in *Essays in Persuasion* (New York: Harcourt Brace, 1932), 358 – 3, available online from http://www.econ.yale.edu/smith/econ116a/ keynes1.pdf.

2 Max Roser and Esteban Ortiz-Ospina, "Global Extreme Poverty," *OurWorldIn Data.org*, first published in 2013; substantive revision March 27, 2017, retrieved April 4, 2017, https://ourworldindata.org /extreme-poverty/.

3 Carl Benedikt Frey and Michael A. Osborne, "The Future of Employment: How Susceptible Are Jobs to Computerisation," Oxford Martin Institute, September 17,2013, http://www.oxfordmartin.ox.ac.uk/ downloads/academic/The_Future_of _Employment.pdf.

4 Robert Gordon, "The Death of Innovation, the End of Growth," *TED 2013*, https://www.ted.com/talks /rober t_gordon_the_death_of_innovation_the_end_of_growth.

5 Margot Lee Shetterly, *Hidden Figures* (New York: William Morrow, 2016).

6 US Energy and Employment Report, Department of Energy, 2016, 28, https://www.energy.gov/ sites/prod/ files/2017/01 /f34/2017%20US%20Energy%20and%20Jobs%20Report_0.pdf.

7 Mark Zuckerberg, "Can we cure all diseases in our children's lifetime?," Facebook post, September 21, 2016, https://www.facebook.com/notes/mark-zuckerberg/can-we-cure-all-diseases-in-our-childrens -lifetime /10154087783966634/.

8 Jeff Immelt, in conversation with Tim O'Reilly, Next:Economy Summit, San Francisco, November 12, 2015, https://www.oreilly.com/ideas/ges-digital- transformation.

9 Max Roser, "Working Hours," *OurWorldInData.org*, 2016, retrieved April 4, 2017, https:// ourworldindata.org/working-hours/.

10 Ryan Avent, *The Wealth of Humans* (New York: St. Martin's, 2016), 242.

11 Andy Stern, *Raising the Floor* (New York, Public Affairs, 2016).

12 Sam Altman, "Moving Forward on Basic Income," *Y Combinator* (blog), May 31, 2016, https:// blog.ycombinator.com/moving-forward-on-basic-income/.

13 "Launch a basic income," GiveDirectly, retrieved April 4, 2017, https://www.givedirectly.org / basic-income.

14 "Agrarian Justice," *The Writings of Thomas Paine*, vol. 3, *1791–804* (New York: G. P. Putnam's Sons, 1895), Project Gutenberg ebook edition retrievedApril 4, 2017, http://www.gutenberg.org/ files/31271/31271-h/31271-h.htm#link2H_4_0029.

15 Noah Gordon, "The Conservative Case for a Guaranteed Basic Income," *Atlantic*, August 6, 2014, https://www.theatlantic.com/politics/archive/2014/08/why-arent-reformicons-pushing-a-guaranteed- basic-income/375600/.

16 Jared Bernstein and Jason Furman (Against), "Universal Basic Income Is the Safety Net of the Future," Intelligence Squared Debates, March 22, 2017, http://www.intelligencesquaredus.org/ debates/ universal-basic-income-safety-net-future.

17 Kevin J. Delaney, "The Robot That Takes Your Job Should Pay Taxes, Says Bill Gates," *Quartz*, February 17, 2017, https://qz.com/911968/bill-gates-the-robot- that-takes-your-job-should-pay-taxes/.

18 Ed Dolan, "Could We Afford a Universal Basic Income?,"*EconoMonitor*, January 13, 2014, revised June 25, 2014, http://www.economonitor.com/dolanecon/2014/01/13/could-we-afford-a-universal-basic-income/.

19 Matt Bruenig and Elizabeth Stoker, "How to Cut the Poverty Rate in Half (It's Easy)," *The Atlantic*, October 29, 2013, https://www.theatlantic.com/business/archive/2013/10/how-to-cut-the-poverty-rate-in-half-its-easy/280971/.

20 "The Future of Work and the Proposal for a Universal Basic Income: A Discussion with Andy Stern, Natalie Foster, and Sam Altman," held at Bloomberg Beta in San Francisco on June 27, 2016, https://raisingthefloor.splashthat.com.

21 Anne-Marie Slaughter, *Unfinished Business* (New York: Random House, 2015).

22 Anne-Marie Slaughter, "How the Future of Work May Make Many of Us Happier," *Huffington Post*, retrieved April 4, 2017, http://www.huffingtonpost.com/annemarie-slaughter/future-of-work-happie r_b_6453594.html.

23 Anne-Marie Slaughter, in conversation with Tim O'Reilly and Lauren Smiley, "Flexibility Needed: Not Just for On Demand Workers," Next:Economy Summit, San Francisco, October 10 – 1, 2015. Video retrieved April 4, 2017, https://www.safaribooksonline.com /library/view/nexteconomy-2015-/9781491944547/video 231631.html.

24 "Fitness Trainers and Instructors," *Occupational Outlook Handbook*, US Department of Labor, Bureau of Labor Statistics, retrieved April 4, 2017, https: //www.bls.gov/ooh/personal-care-and-ser vice /fitness-t rainers-and-instructors.htm.

25 Ian Stewart, Debapratim De, and Alex Cole, "Technology and People: The Great Job-Creating Machine," Deloitte, August 2015, https://www2.deloitte.com/uk/en/pages/ finance/ articles/ technology-and-people.html.

26 Zoe Baird and Emily Parker, "A Surprising New Source of American Jobs: China," *Wall Street Journal*, May 29, 2015, https://www.wsj.com/articles/a-surprising-new-source-of-american-jobs-china-1432922899.

27 Laura Addati, Naomi Cassirer, and Katherine Gilchrist, *Maternity and Paternity at Work: Law and Practice Across the World* (Geneva: International Labor Organization, 2014), http://www.ilo.org/wcmsp5/groups/public/---dgreports/---dcomm/---publ/documents/publication/ wcms

_242615.pdf.

28 "Education vs Prison Costs," *CNN Money*, retrievedApril 4, 2017, http://money.cnn.com/ infographic/economy/education-vs-prison-costs/.

29 Dave Hickey, "The Birth of the Big Beautiful Art Market," *Air Guitar* (Los Angeles: Art Issues Press, 1997), 66-67.

30 Samuel Johnson, *Rasselas*, in *Rasselas, Poems, and Selected Prose*, ed. Bertrand H. Bronson (New York: Holt Rinehart & Winston, 1958), 572-73.

31 John Kell, "What You Didn't Know About the Boom in Craft Beer," *Fortune*, March 22, 2015, http://fortune.com/2016/03/22/craft-beer-sales-rise-2015/.

32 Fareeha Ali, "Etsy's Sales, Sellers and Buyers Grow in Q1," *Internet Retailer*, May 4, 2016, https://www.internetretailer.com/2016/05/04/etsys-sales-sellers-and-buyers-grow-q1.

33 Slaughter, "How the Future of Work May Make Many of Us Happier."

34 Green, "Introducing the Internet Creators Guild."

35 John Egger, "How Exactly Do Twitch Streamers Make a Living? Destiny Breaks It Down," *Dot Esports*, April 21, 2015, https://dotesports.com/general/twitch -streaming-money-careers-destiny-1785.

36 Cory Doctorow, *Down and Out in the Magic Kingdom* (New York: Tor Books, 2003).

37 Hickey, *Air Guitar*, 45.

38 Michael Pollan, *In Defense of Food* (New York: Penguin, 2008).

39 Dan Buettner, *The Blue Zones*, 2nd ed. (Washington, DC: National Geographic Society, 2012).

40 Jennifer Pahlka, "Day One," January 21, 2017, *Medium*, https://medium.com/@pahlkadot / day-one-39a0cd5bd886.

15장 사람에게 투자하라

1 "AMERICA'S MOMENT: Creating Opportunity in the Connected Age," Markle Foundation, https://www.markle.org/rework-america/americas-moment.

2 Claudia Goldin and Lawrence F. Katz, "Human Capital and Social Capital: The Rise of Secondary Schooling in America, 1910 to 1940," National Bureau of Economic Research, NBER Working Paper No. 6439, March 1998, doi:10.3386/w6439.

3 Nanette Asimov, "SF Reaches Deal for Free Tuition at City College," *SFGate*, February 27, 2017, http://www.sfgate.com/bayarea/article/SF-reaches-deal-for-free-tuition-at-City-College-10912051.php.

4 *The Conversation*, updated March 6, 2017, http://theconversation.com /former -ambassador-jeffrey-bleich-speaks-on-trump- disruptive-technology-and-the-role-of-education-in-a-changing-economy-73957.

5 Abraham Lincoln, "Lecture on Discoveries and Inventions," April 6, 1858, *Abraham Lincoln Online*, retrieved April 4, 2017, https://www.abraham lincolnonline.org/lincoln/speeches/discoveries.htm.

6 Generative Design," *autodesk.com*, retrieved April 4, 2017, http://www.autodesk.com/solutions/generative-design.

7 "3D Makeover for Hyper-efficient Metalwork," Arup, May 11, 2015, http://www.arup.com/news /2015_05_may/11_may_3d_makeover_for_hyper-efficient_metalwork.

8 Jef D. Boeke, George Church, Andrew Hessel, Nancy J. Kelley, et al., "The Genome Project-Write," *Science*, July 8, 2016, 126-7, doi:10.1126/science.aaf6850.

9 "Revive & Restore: Genetic Rescue for Endangeredand Extinct Species," retrieved April 4, 2017, http://reviverestore.org.

10 "CRISPR/Cas9 and Targeted Genome Editing: A New Era in Molecular Biology," New England Biolabs, retrieved April 4, 2017, https://www.neb.com/tools-and- resources/feature-articles/crispr-cas9- and-targeted-genome-editing-a-new-era-in-molecular-biology.

11 "Neurotechnology Provides Near-Natural Sense of Touch," DARPA, September 11, 2015, http://www.darpa.mil/news-events/2015-09-11.

12 Emily Reynolds, "This Mind-Controlled Limb Can Move Individual Fingers," *Wired*, February 11, 2016, http://www.wired.co.uk/article/mind-controlled-prosthetics.

13 Elizabeth Dwoskin, "Putting a Computer in Your Brain Is No Longer Science Fiction," *Washington Post*, August 25, 2016, https://www.washingtonpost.com/news/the-switch/wp/2016/08/15/putting-a-computer-in-your-brain-is-no-longer-science-fiction/.

14 enhancing human intelligence: Bryan Johnson, "The Combination of Human and Artificial Intelligence Will Define Humanity's Future," *TechCrunch*, October 12, 2016, https://techcrunch.com/2016/10/12/the-combination-of-human-and-artificial-intelligence-will-define-humanitys-future/.

15 Tim Urban, "Neuralink and the Brain's Magical Future," *Wait But Why*, April 20, 2017, http://waitbutwhy.com/2017/04/neuralink.html.

16 Janelle Nanos, "Is Paul English the Soul of the New Machine?," *Boston Globe*, May 12, 2016, http://www.bostonglobe.com/business/2016/05/12/drives-uber-helps-haiti-and-may-revolutionize-how-travel-paul-english-soul-new-machine/R2vThUDvRMckM5KoPIjVKK/story.html.

17 Josh Browder, "Will Bots Replace Lawyers?," talk given at Next:Economy Summit, San Francisco, October 10–1, 2016, https://www.safari booksonline.com/library/view/next economy-summit-2016/9781491976067/video282513.html.

18 Elena Cresci, "Chatbot That Overturned 160,000 Parking Fines Now Helping Refugees Claim Asylum," *Guardian*, March 6, 2017, https://www.theguardian.com /technology/2017 /mar/06/chatbot-donotpay-refugees-claim-asylum-legal-aid.

19 Steven Levy, "How Google Is Remaking Itself as a 'Machine Learning First' Company," *Backchannel*, June 22, 2016, https://backchannel.com/how-google-is-remaking-itself-as-a-machine-learning-first-company-ada63defcb70.

20 *Make*, January 2005, https://www.scribd.com/doc/33542837/ MAKE-Magazine-Volume-1.

21 Phil Torrone, "Owner's Manifesto," *Make*, November 26, 2006, http://makezine.com/2006/11/26/ owners-manifesto/.

22 Cory Doctorow, *Information Doesn't Want to Be Free: Laws for the Internet Age* (San Francisco: McSweeney's, 2014).

23 Jason Koebler, "Why American Farmers Are Hacking Their Tractors with Ukrainian Firmware," *Vice*, March 21, 2017, https:// motherboard.vice.com/en_us/article/why-american-farmers-are-hacking -their-tractors-with-ukrainian-firmware.

24 Dale Dougherty and Tim O'Reilly, *Unix Text Processing* (Indianapolis: Hayden, 1987).

25 Karim Lakhani and Robert Wolf, "Why Hackers Do What They Do: Understanding Motivation and Effort in Free/Open Source Software Projects," in *Perspectives on Free and Open Source Software*, ed. J. Feller, B. Fitzgerald, S. Hissam, and K. R. Lakhani (Cambridge, MA: MIT Press, 2005), retrieved April 4, 2017, https://ocw.mit.edu/courses/sloan-school-of-management/15-352-managing-innovation-emerging -trends-spring-2005/readings/lakhaniwolf.pdf.

26 Stuart Firestein, *Ignorance* (New York: Oxford University Press, 2012). 340 "play with things for my own entertainment": Feynman, *Surely You're Joking, Mr. Feynman*, 157 – 58.

27 John Hagel III, John Seely Brown, and Lang Davison, *The Power of Pull* (New York: Basic Books, 2010), 1 – 5.

28 Brit Morin, "Gen Z Rising," *The Information*, February 5, 2017, https://www.theinformation.com/ gen-z-rising.

29 Google, "I Want-to-Do Moments: From Home to Beauty," *Think with Google*, retrieved April 4, 2017, https://www.thinkwithgoogle.com/articles/i-want-to-do-micro- moments.html.

30 "Skillful: Building a Skills-Based Labor Market," Markle, retrieved April 4, 2017, https://www.markle.org/rework-america/skillful.

31 Adam Clark Estes, "DARPA Hacked Together a Super Cheap Google Glass-Like Display," *Gizmodo*, April 7, 2015, http://gizmodo.com/darpa-hacked-together-a-super-cheap-google-glass-like-d- 1695961692.

32 Satya Nadella, interviewed by Gerard Baker, "Microsoft CEO Envisions a Whole New Reality," *Wall Street Journal*, October 30, 2016, https://www.wsj.com/articles/microsoft-ceo-envisions-a-whole- new-reality-1477880580.

33 James Bessen, *Learning by Doing* (New Haven,CT: Yale University Press, 2015), 28 – 29.

34 Clive Thompson, "The Next Big Blue-Collar Job Is Coding," *Wired*, February 2, 2017, https:// www.wired.com/2017/02/programming-is-the-new-blue-collar-job/.

35 Ryan Avent, *The Wealth of Humans* (New York: St. Martin's, 2016), 119.

36 Robert Putnam: Robert Putnam, *Bowling Alone* (New York: Simon & Schuster, 2001).

37 Avent, *The Wealth of Humans*, 105.

38 Jeff Smith in conversation with Tim O'Reilly, "How Jeff Smith Built an Agile Culture at IBM," Next:Economy Summit, San Francisco,October 10, 2016, https://www.oreilly.com/ideas /how-jeff-smith-built-an-agile-culture-at-ibm. 3

16장 그렇다면 이제 어떻게 할 것인가

1 Rainer Maria Rilke, "The Man Watching,"*Selected Poems of Rainer Maria Rilke*, translation and commentary by Robert Bly (New York: Harper, 1981).

2 Satya Nadella, *Hit Refresh* (New York: Harper Business, 2017), unpublished manuscript, 195.

3 Victor Hugo, *Les Miserables*, translated by Charles E. Wilbour, revised and edited by Frederick Mynon Cooper (New York: A. L. Burt, 1929), 156.

4 Brian Eno, "The Big Here and Long Now," Long Now Foundation, retrieved April 4, 2017, http://longnow.org/essays/big-here-long-now/.

5 James Fallows, "Be Nice to the Countries That Lend You Money," *Atlantic*, December 2008, https://www.theatlantic.com/magazine/archive/2008/12/be-nice-to-the-countries-that-lend-you- money/307148/.

6 "'How Will You GetRobots to Pay Union Dues?'" "'How Will You Get Robots to Buy Cars?'," *Quote Investigator*, retrieved April 4, 2017, http://quoteinvestigator.com/2011/11/16/robots-buy-cars/.

7 Kurt Vonnegut, *Mother Night* (New York: Avon, 1967), v.

8 Peter Schwartz, *The Art of the Long View* (New York: Crown, 1996), xiv.

9 Bill Gates, *The Road Ahead: Completely Revised and Upto-Date* (New York, Penguin, 1996).

10 "Economic Losses from Pollution Account for 10% of GDP," *China.org.cn*, June 6, 2006, http://www.china.org.cn/english/environment/170527.htm.

11 James A. Baker III, Martin Feldstein, Ted Halstead, N. Gregory Mankiw, Henry M. Paulson Jr, George P. Shultz, and Thomas P. Stephenson, "The Conservative Case for Carbon Dividends,"

Climate Leadership Council, February 2017, https://www.clcouncil.org/wp-content/uploads/2017/02 /TheConservative CaseforCarbonDividends.pdf.

12 Adele Peters, "ThisVery, Very Detailed Chart Shows How All the Energy in the U.S. Is Used," *Fast Company*, August 9, 2016, https://www.fastcompany.com/3062630/visualizing/this-very-very- detailed-chart-shows-how-all-the-energy-in-the-us-is-used.

13 Jeff Bezos, "2016 Letter to Shareholders," Amazon, April 12, 2017, https://www.amazon.com /p/feature/z6o9g6sysxur57t.

14 Limor Fried, "The Small Scale Factory of the Future," presentation at Next:Economy Summit, San Francisco, November 12, 2015, https:// www.safaribooksonline.com/library/ view/ nexteconomy-2015- /9781491944547/video231262.html.

15 Keller Rinaudo, "On-Demand Drone Delivery for Blood and Medicine," presentation at Next:Economy Summit, San Francisco, October 10, 2016, https://www.safaribooksonline.com/library/ view/nexteconomy-summit-2016/9781491976067/video282448.html.

16 Rehema Ellis, "'Humans of New York' Raises $1 Million for Brooklyn School," NBC News, February 4, 2015, http://www.nbcnews.com/nightly-news/humans-new-york-raises-1-million-brooklyn-school -n300296.

17 Eun Kyung Kim, "'Humans of New York' Project Raises $3.8 Million to Fight Pediatric Cancer in Just 3 Weeks," *Today*, May 24, 2016, http://www.today.com/health/humans-new-york-project -raises-3-8-million-fight-pediatric-t94501.

찾아보기

옮긴이

김진희 | 연세대에서 경영학 석사학위를 받고, UBC 경영대에서 MBA 본과정을 수학했다. 홍보 컨설팅사에서 삼성전자의 뉴미디어 전략 컨설팅을 수행했다. 현재 바른번역 소속 번역가로 활동 중이며, 주요 역서로는 《4차 산업혁명의 충격》, 《내 시간 우선 생활습관》, 《진흙, 물, 벽돌》 등이 있다.

이윤진 | 이화여자대학교 불어불문학과를 졸업하고 영국 워릭대학교 경영대학원에서 경영학 석사과정을 마쳤다. 국내 대기업 계열 금융회사 마케팅팀을 거쳐 외국계 글로벌 기업에서 온라인 마케팅 전략을 담당했다. 현재 바른번역에서 경제 · 경영 분야 번역가로 활동하고 있다.

김정아 | 사람과 세상이 궁금한 번역 노동자로, 글밥아카데미 수료 뒤 바른번역 소속 번역가로 활동하고 있다. 옮긴 책으로는 《차이나 유스 컬처》, 《당신의 잠든 부를 깨워라》, 《통계학을 떠받치는 일곱 기둥 이야기》가 있다.

왓 츠 더 퓨 처

초판 1쇄 인쇄 2018년 1월 25일 | 초판 1쇄 발행 2018년 2월 5일

지은이 팀 오라일리
옮긴이 김진희 · 이윤진 · 김정아
펴낸이 김영진

사업총괄 나경수 | 본부장 박현미
개발팀장 차재호
디자인팀장 박남희 | 디자인 당승근
사업실장 백주현 | 마케팅 이용복, 우광일, 김선영, 허성배, 정유, 박세화
콘텐츠사업 민현기, 이효진, 김재호, 강소영, 정슬기
출판지원 이주연, 이형배, 양동욱, 강보라, 손성아, 윤나라 | 국제업무 강선아, 이아람

펴낸곳 (주)미래엔 | 등록 1950년 11월 1일(제16-67호)
주소 06532 서울시 서초구 신반포로 321
미래엔 고객센터 1800-8890
팩스 (02)541-8249 | 이메일 bookfolio@mirae-n.com
홈페이지 www.mirae-n.com

ISBN 979-11-6233-430-0 03320

* 와이즈베리는 ㈜미래엔의 성인단행본 브랜드입니다.

* 책값은 뒤표지에 있습니다.

* 파본은 구입처에서 교환해 드리며, 관련 법령에 따라 환불해 드립니다.
   다만, 제품 훼손 시 환불이 불가능합니다.

와이즈베리는 참신한 시각, 독창적인 아이디어를 환영합니다.
기획 취지와 개요, 연락처를 bookfolio@mirae-n.com으로 보내주십시오.
와이즈베리와 함께 새로운 문화를 창조할 여러분의 많은 투고를 기다립니다.

「이 도서의 국립중앙도서관 출판시도서목록(CIP)은 서지정보유통지원시스템 홈페이지(http://seoji.nl.go.kr)와 국가자료공동목록시스템(http://www.nl.go.kr/kolisnet)에서 이용하실 수 있습니다. (CIP제어번호: CIP2018001498)」